日据时期
台湾人民抗日斗争史

张海鹏 ◇ 主编

人民出版社

目　录

导　言

　　2016 年，我作为中国社会科学院台湾史研究中心主任，从台湾史学术研究需要出发，经过研究决定组织一个"台湾人民抗战史"课题。课题组成立后，对课题的重要性反复进行了讨论，对研究分工做了多次磋商，形成了本书的基本结构。2020 年底，经课题组同仁努力，完成初稿，随即送呈有关方面专家审查。2022 年 1 月，收到有关专家的审读意见，基本上肯定了这项研究成果。有关专家提了一些修改建议，课题组经过研究，采纳了其中一些重要建议，对书稿进一步加以修改。最后将本书定名为《日据时期台湾人民抗日斗争史》。

　　本书所指台湾，是指《马关条约》规定割让的台湾及其附属岛屿、澎湖列岛，不包括福建沿海的金门、马祖等岛屿，这与今天的台湾所指稍有不同。金门、马祖等岛屿归属于台湾，是在 1949 年后的复杂形势下形成的。

　　本书的逻辑结构是：清朝政府在甲午战争中失败，《马关条约》缔结，台湾及其附属岛屿、澎湖列岛（本书以台湾概指）被迫割让给日本。1895 年 5 月下旬，中日双方代表在基隆外海日本兵船上签署了台湾交割协定。从日本政府指定的所谓台湾总督桦山资纪率领武装部队从台湾东北部海湾登陆开始，台湾人民便以台湾"民主国"形式对日本的军事占领进行了反击。虽然到 1895 年 11 月，桦山资纪宣布台湾平定，台湾"民主国"在日本军事高压下消亡了，但台湾人民没有停止反抗。

　　台湾总督府对台湾实施了日本帝国主义的殖民统治，建立起了一系列统治机器。在殖民统治压力不断增强的形势下，从 1896 年到 1915 年，台湾人民没有间断武装反抗。尽管日本采用或"武官"政治或"文官"政治的不同手段，或者来回变换，不管哪种统治形式，对台湾人民的高压从来没有减轻。除了对台湾汉族人民的反抗连续镇压，还对台湾的少数民族（所谓"番人"）在"理番"的名义下进行了不断的扫荡和镇压，最终引发了 1930 年雾社少数民族的大反抗。在武装反抗日本统治难以实行的情况下，台湾人民采取了非武装的反抗形式，包括集会、结社、组党等手段，以争取台湾人民自治或自主权，也包括了台湾人民抵制日本统治者文化同化的各种抗争，还包括了为保存中华文化而斗争的各种手段。即使在日本帝国主义发动卢沟桥事变，开始全面侵略中国，台湾总督府服从日本帝国主义的总体战略，进一步把台湾变成"南进"基地的严重形势下，台湾人民各种隐秘的反抗形式也没有停止。还有一部分台湾人想方设法回到祖国大陆，组织各种抗日团体，从事公开的反日活动。中国全面抗日战争爆发后，部分台湾同胞组织起来直接参加了抗日战争，或者坚持中国立场从事各种形式的抗日斗争，或者在太平洋战争爆发后参与国家有关台湾光复的种种设计。由于中国人民坚持了6年的局部抗战和8年的全面抗战，在反法西斯战线各国人民支持下，日本于1945年8月15日宣布了无条件投降。抗日战争的胜利，为台湾回归祖国奠定了最坚实的基础。

通观日据时期台湾人民抗日斗争的历史，可以得出如下五点认识。

第一，日本对中国台湾的军事占领是帝国主义时代的产物。按照马克思列宁主义的解释，帝国主义是垄断的资本主义，是资本主义的特殊历史阶段。日本经过明治维新后大约30年的发展，成为一个后发的资本主义国家，大资本垄断企业迅速形成，这个资本与日本传统的封建制的天皇和武士道精神相结合，使日本迅速成长为军阀帝国主义国家。这个国家从明治维新开始就想方设法进行领土扩张，掠夺海外殖民地。明治维新伊始，明治天皇就立志要"继承列祖列宗之伟业"，要"开拓万里波涛，布国威于四方"，就把琉球、朝鲜和中国的台湾作为自己理想的扩张对象。明治维新的先驱者吉田松阴提出"北割满州之地，南收台湾、吕宋诸岛"。"脱亚入欧"论的主张者福泽谕吉要求日本"应同西洋人对待中国朝鲜之方法处分中国"。① 1890年，日本首相山县有朋在日本第一届国会上提出"主权线"和"利益线"概念，认为日本是主权线，朝鲜是利益线，为了确保利益线，就要进取中国。显然，日本已经将发动侵华战争的命题提上国会讲坛。在第四届国会上，天皇提出所谓"兼六合而掩八纮"②，把"八纮一宇"的概念提了出来，实际上就是提出了发动侵朝侵华战争的方针。《马关条约》规定日本可以在中国任意设厂制造，就是日本作为帝国主义国家获得了资本输出的保障。所谓主权线、利益线，所谓"兼六合而掩八纮""八纮一宇"，就是日本作为帝国主义国家参与瓜分世界的表现。资本输出、瓜分世界，正是资本主义发展到帝国主义时代的基本特征。日本以条约形式对中国台湾实行军事占领，正是帝国主义时代的产物。日本进军中国大陆，

---

① 吉田松阴、福泽谕吉言论，引自水野明：《日本侵略中国思想的验证》，《抗日战争研究》1995年第1期。

② 引自井上清著，天津市历史研究所译校：《日本历史》下册，天津人民出版社1974年版，第668页。

占领中国台湾，得到了列强的支持和配合，是帝国主义瓜分世界的一个影像。这是我们必须认识的第一点。

第二，日据时期台湾人民的抗日斗争是甲午战争的延续，是中国人民抗日斗争的一部分。甲午战争在一定意义上说，是日本军国主义者有意设计的，诱导清政府上当。它的目的主要不仅是占领中国台湾，而是占领中国或者中国大陆的一部分。甲午战前，日本政府和军方多次派遣间谍到中国侦察。情报人员足迹遍及北京、天津、上海、汉口、广州、福州、厦门、湖南、陕西、四川以及东北各地。一些后来在日本政坛担负重要职务的人都曾到中国做过调查，如桂太郎、川上操六、桦山资纪等。所有到中国搜集情报的人回国后都提交调查报告。著名的有桂太郎等《邻邦兵备略》、驻华武官福岛安正《征清意见书》、小川又次《清国征讨方略》以及海军部的六份《征清方策》等。1887 年春，参谋本部陆军大佐小川又次综合侦察结果提交的《清国征讨方略》，对中国总兵力和各省军力分布做了详细报告，分析了清政府的财政、军费、海军建设、沿海和长江防御设施、官僚和国民素质，也分析了日本政府财政状况、军费和海军建设、官僚和国民素质，提出"断然先发制人，制订进取计划"的侵略计划，建议将中国分成七块，而以八个师团军力"攻占北京，擒获清帝"，战后把长江以北沿海直至辽宁一带划给日本。① 战争的进程超出了日本的预想，清军的反抗、国际的干预，使得日本把主要矛头对准了中国台湾。清政府在《马关条约》上签了字，不能在台湾问题上有所表示，但台湾人民不答应日本占领台湾，反抗激烈。马关议和时，有关停战谈判，日本方面坚持停战不包括澎湖、台湾。在这个意义上可以说，台湾人民抵抗日本占领的斗争，是甲午战争的继续，是中国人民抵抗日本侵略的组成部分。半年多的台湾抗战，日军动用两个半师团，5 万兵力、26000 夫役和海军大部分舰只，付出死亡人数 10841 名的代价，这相当于《马关条约》订立前 9 个月日军在华作战死亡人数的四倍。可见，这半年的台湾抗战何其英勇。

第三，日据时期台湾人民抗日斗争的历史分期及其主要特征。从 1895 年 5 月底到 1915 年以余清芳为首的大规模抗日事件（又称"西来庵事件"或"噍吧哖事件"），是台湾人民用武装斗争的形式持续不断反抗日本军事占领的时期，前后大约 20 年。这个时期的武装抗日力量基本上是由两部分人组成的，一

① 小川又次：《清国征讨方略》，《抗日战争研究》1995 年第 1 期。

部分是台湾本地的农民，另一部分是留在台湾的原来的清廷驻军（主要是刘永福所部军人），他们的反抗常可以拉起数百人甚至上千人的队伍，带有大炮和其他武器，当然也有原始的射猎武器，可以给日本警察、军人以及政府工作人员带来一定的杀伤，对统治者造成某种威慑和震撼，事后也引起统治者严厉的镇压。

从 1915 年到 1937 年日本对中国发动全面侵略，是台湾人民非武装抗日活动的时期。这个时期的历史背景是，台湾总督府的统治已经巩固，统治机器已经很完备，警察已经密布民间，民间的枪支武器已经尽可能收缴，人民武装反抗的物质条件基本上已经不具备了。另外，距离 1895 年 6 月台湾总督府建立已经过去了 21 年，台湾新的一代人已经成长起来，他们受到中华文化的熏染，具备较高的文化水平，他们能够更多了解祖国大陆、台湾以及日本的社会情况，知道自己是中国人，对日本文化有自觉的抵制，在武装反抗日本统治的物质条件不存在的情况下，发动了非武装的抗日活动。所谓非武装，就是采用集会、结社、组党、请愿等合法斗争的形式，来表达台湾人民的诉求。如公开要求撤废赋予台湾总督特殊权力的"六三法"，要求建立台湾议会，让台湾人有机会进入议会表达诉求等，甚至多次到东京，利用台湾民意，利用台湾人的结社，向日本政府提出诉求。他们组织民众党，组织共产党，发动民众，发动工农，开展群众运动，开展工农运动等。

从 1937 年到 1945 年，是台湾人民抗日活动的第三个时期。这个时期，台湾被日本纳入战时体制，成为所谓"南进基地"，台湾的一切社会生活按照战时体制来安排。在这一体制下，日本对台湾的殖民统治空前强化，除了着力发展军需产业，推行统制经济，为战时经济服务外，还进一步强化对台湾人民的思想控制，大力推行"皇民化"运动，试图把台湾人民变成为所谓"真正的日本人"。在这种政治高压情况下，台湾人民公开的、大规模的反抗斗争很难展开，即使合法的请愿一类反映台湾人民要求自主的活动也难以展开。在这种形势下，台湾人民也没有停止反抗，只不过改变了反抗的形式而已。如抵制"皇民化"运动，在公开场合说点日语，在家里或私下场合仍讲闽南话或客家话；拒绝改日本式姓名；不信仰日本的神道教；私下利用创作、传播中华古诗词形式保存中华文化；在生活层面抵制殖民政府的奴化政策，将对殖民者的不满诉诸文字；或为了早日脱离日本的殖民统治，密谋展开武装抗日，通过各种可能的方式继续反抗日本的殖民统治。我们要高度重视、评价台湾人民在极端困难的殖民统治情况下，保存中华文化（包括中国民间信仰）的努力和保持对祖国的向心力。

第四，日据时期台湾人民的抗日斗争往往以祖国为依靠或者受祖国人民民主革命的启发。台湾人民抗日斗争的动力来自哪里？这是我们需要讨论和认识的又一个问题。日本据台之初，台湾各地人民抗日起义，往往打出"总统""皇帝"名义，与敌抗衡。1896 年台湾中部铁国山起义，首领柯铁于 11 月以"奉天征倭镇守台湾铁国山总统各路义勇军"名义，发出《晓谕》，指出"罔料去年日贼来侵疆土……不意此贼大非人类，任意肆虐，无大小之罪，无善恶之分，无黑白之辨，唯嗜杀戮，拿之即决，烧庄毁社，污辱妇女，种种非法难以尽拟。本总统等目击不平，爰乃招英雄，聚镇铁国山，与伊抗拒，誓欲灭彼朝食，克复台湾"。[1] 1897 年 1 月，台南黄国镇起而抗日，发出文告，以"皇帝"相称。1900 年 8 月，受到祖国大陆义和团反帝斗争的鼓舞，台中葫芦墩人魏春木等密谋发展抗日组织，准备发动抗日起义，旋被镇压。1901 年 2 月 1日，台湾中部詹阿瑞所部与赖阿来部 300 余人，在起事前散发题名《革命歌》的传单："此次动兵，奉旨而行：事有纪律，约束严明，义师伐罪，奠安台澎。救民脱苦，惟倭是征。定集人民，雪恨复清！"[2] 祖国大陆发生辛亥革命，清政府被推翻，中华民国成立。这件大事对于台湾人民有着很大的鼓舞作用。台湾人民奋起抗日，被台湾总督府称为民族革命运动。总督府档案资料认为："所谓的民族革命运动，是指凡以武装暴动为革命手段，意图推翻我方在台湾的统治权，使台湾达成民族独立或复归'支那'版图的所有运动。这种意义的革命运动，可以推至大正 4 年西来庵事件为止的十数次所谓'匪徒'阴谋事件，几乎全部包括在内。"[3] 总督府法务部承认：发生一系列抗日事件"其原因之一是受到'支那'革命的影响"。[4] 这以罗福星和余清芳抗日活动最为典型。罗福星在厦门加入中国同盟会，在南洋听了孙中山的演讲，对反清革命充满了信心。1913 年返台，成立华民联络馆，在台北、台中、台南各地发展反抗日本殖民统治的党人数万人。罗福星在苗栗召开台湾革命同志代表大会，发表宣言，

① 台湾宪兵队编，王洛林总监译：《台湾宪兵队史》（下），海峡学术出版社 2001 年版，第 235 页。
② 黄玉斋：《台湾抗日史论》，海峡学术出版社 1999 年版，第 272 页。
③ 《台湾社会运动史》第四册《民族革命运动》，台北创造出版社 1989 年版，第 1 页。
④ 总督府法务部编：《台湾"匪乱"小史》，见山辺健太郎编：《台湾》（1），日本现代史料 21，第 32 页。

揭露总督府的罪行，号召民众团结起来，"赶走日本人，光复台湾"。罗福星被捕后，在狱中写的"自白书"，实际成了宣传革命、推翻日本殖民统治的宣言书。1915 年 5 月，余清芳以"大明慈悲国奉旨本台征伐天下大元帅"名义，发布《谕告文》，历数总督府统治的暴行，宣称奉旨传檄三台，讨伐日本殖民者："古今中华主国，四夷臣卿，边界来朝，年年进贡。岂意日本小邦倭贼，背主欺君，拒献贡礼，不遵王法，藐视中原，侵犯疆土……乙未五月，侵犯台疆，苦害生灵，刻剥膏脂。荒淫无道，绝灭纲纪。强制治民，贪婪无厌。""今我中国南陵，天生明圣之君，英贤之臣，文有经天济世之才，武能安邦定国之志。""我朝大明，国运初兴，本帅奉天举义讨贼，兴兵伐罪，大会四海英雄，攻灭倭贼……但愿奋勇争先，尽忠报国，恢复台湾，论功封赏。"① 此后，祖国大陆发生的五四运动、抗日战争，都直接影响了台湾人民的觉悟，增强了台湾人民抗日斗争的信心。

第五，最后一个问题需要强调，日据时期台湾人民的抗日斗争，始终坚持了中国人的立场。通观日据时期台湾人民反抗日本统治的斗争，这一点是明确无误的。日据后期，在共产国际的指示下，在中国共产党的帮助下，在上海成立了台湾共产党。台湾共产党推动了工农群众反抗日本殖民统治的斗争，是有成绩的。台共纲领中提到了"台湾民族独立"及"建设台湾共和国"两条，这是出于策略斗争的需要。台湾是在《马关条约》里割让给日本的，处在日本的直接统治下，台湾人民的斗争，第一步是摆脱日本的统治，第二步是回归祖国。这种斗争的谋略是正确的。1941 年珍珠港事变后，中国政府正式对日本宣战，同时宣布废除《马关条约》，此后就不存在"台湾独立"问题。1945 年 10 月，中国政府宣布台湾回归祖国。台湾重新成为中国领土不可分割的一部分，中国的主权完整了。台共的主张是一定历史时期的产物，与今天在台湾当政的"台独"势力的主张绝然不同。当年台湾共产党主张"建设台湾共和国"是为了脱离日本统治，是为回归祖国创造前提，是进步的，是符合历史发展要求的。今天台湾的民进党党纲也要建立"台湾共和国"，是要脱离中国，这是反动的，是违背中国历史发展趋势的。道理很简单，台湾从来就是中国领土不可分割的一部分，是中国的一个省，台湾人民在日据时期的抗日斗争，根本目的

---

①　总督府法务部编：《台湾"匪乱"小史》，见山边健太郎编：《台湾》（1），日本现代史料 21，第 59 页；林衡道主编：《余清芳抗日革命全档》第 1 辑第 1 册，第 10—12 页。

就是要回归中国。今天"台独"势力却要脱离中国，当然是违背中国历史的，是违背台湾人民民意的，也是违背整个中国的民意的。

台湾是中国神圣领土的一部分，是中国的一个省，得到全部历史史实的证明，毋庸置疑。有着坚实历史资料支撑的这个结论，是任何人无法撼动的。"台独"理论鼓吹"台湾从来是一个国家"，拿不出任何历史史实佐证，完全是虚妄之词。

1946 年，统治中国的国民党发动反人民的内战，违反人民要求和平的意愿，违背民心，在人民解放战争中被摧枯拉朽，败逃台湾暂避。正当中国人民解放军准备解放台湾的时候，美国发动了侵朝战争，战火烧过三八线，烧到鸭绿江边，还把第七舰队开到台湾海峡，阻挡了中国人民解放台湾的行动，中国政府不得不集中力量抗美援朝。在美国支持下，蒋介石在台湾打起"中华民国"旗号，与祖国大陆相对抗。一个时期在国际上，出现了中华人民共和国代表中国，还是"中华民国"代表中国的争论。1971 年联合国 2758 号决议通过，中华人民共和国代表中国成为国际共识。① 1949 年后才出现的所谓"台湾问题"，是人民解放战争的遗留问题，是国家统一前的内部问题。国家统一了，"台湾问题"就不是问题了。

今天讲两岸关系，就是指台湾与祖国大陆的关系，是一个中国的内部关系。无论是两岸政治关系结束敌对状态，还是处理两岸交往中的事务性问题，还是经济关系、法律关系、人员往来关系、军事关系，都不能脱离一个中国的范畴。李登辉提出"两国论"，陈水扁提出"一边一国论"，蔡英文提出"中华民国台湾"都脱离了一个中国的范畴，两岸关系的路就走进死胡同，连海协会、海基会的联系也不得不停摆。所谓"九二共识"，就是以一个中国原则为

① 近些年来，美国"以台制华"的意图愈发明显，竟至质疑、挑战 1971 年联合国大会通过的 2758 号决议。美国国务院中国事务协调员蓝墨客竟在一次智库活动上称，联大第 2758 号决议"不反映（国际社会）对一个中国原则的共识"。也有美国官员表示，2758 号决议并不妨碍"台湾有意义地参与联合国系统和其他多边论坛"。这些论调，都是对事实的歪曲，对历史的篡改，对国际法和国际关系基本准则的践踏。"台独"分子也跟着起哄。事实上，1971 年第 26 届联合国大会通过的第 2758 号决议，清楚表明中华人民共和国政府是在联合国代表全中国的唯一合法政府；明确了台湾的非主权实体地位。台湾是中国的一部分，在 2758 号决议里不可能有它的位置。第 26 届联合国大会还拒绝了美国等国提出的涉及"两个中国"的"双重代表权"提案，进一步肯定了一个中国原则。2758 号决议没有给"两个中国""一中一台"留下丝毫余地，这也是确凿无疑的。决议坚决维护了一个中国原则，这是不容许有丝毫曲解的。参见张海鹏、冯琳：《妄图动摇 2758 号决议，是美国的梦呓》，《环球时报》（国际论坛版）2024 年 6 月 5 日。

前提。坚持"九二共识"，两岸关系的路就走活了，两岸来往就呈现热络状态，两岸交往就可以作出制度性安排，处理两岸关系的部门也可以直接来往，这就给进一步推动国家统一提供了前提。

一个中国原则不仅是两岸关系的政治基础，也是两岸和平统一的政治基础。祖国大陆真诚追求和平统一，真诚追求"一国两制"，前提都是建立在一个中国的基础上。在这个前提下，台湾海峡两岸可以就正式结束两岸敌对状态、发展两岸关系的规划、和平统一的步骤和安排、探索"一国两制"台湾方案、台湾当局的政治地位、台湾地区在国际上与其地位相适应的活动空间、与实现和平统一有关的其他任何问题展开协商和谈判，达成国家和平统一的目的。但是，如果一个中国原则没有了，和平统一的可能就丧失了。2005年全国人大通过的《反分裂国家法》，就是针对如果丧失了一个中国原则，"台独"分裂势力以任何名义、任何方式造成台湾从中国分裂出去的事实，或者发生将会导致台湾从中国分裂出去的重大事变，或者和平统一的可能性完全丧失，国家得采取非和平方式及其他必要措施，捍卫国家主权和领土完整。社会舆论不断关注"和统"还是"武统"，其实完整的答案就在这里。"和统"是我们追求的，"武统"也是必须准备的，国家统一是必须实现的。国家必须统一，是国家制定对台总体战略的前提。

一个中国原则也是两岸反对"台独"的政治基础。一个中国原则是两岸关系的政治基础，"台独"势力却要努力破坏这个基础。从一个中国的历史和现实出发，从一个中国的国际共识出发，"台独"没有立足的历史和现实政治基础。鼓吹"台独"和谋求"台独"都是背叛一个中国原则的，都是背叛中华民族整体利益的，都是抵制和阻挠中华民族复兴事业的，必须坚决反对，必须和谋求"台独"的利益集团及其代表人物作坚决斗争，必须根除"台独"势力，必须让"台独"势力代表人物付出代价。

一个中国原则还是两岸反对美国干涉的政治基础。1979年中美建交，美国断绝与所谓"中华民国"的外交关系后，中美两国签订的三个联合公报中均强调坚持一个中国原则，这是中美两国关于两国关系以及涉台问题的基础性文件。但是美国自己在国内又通过了一个所谓"与台湾关系法"，力图把国内法凌驾于国际法之上。这显示美国把台湾当作棋子，以台制华，阻挠中国统一，是我们必须坚决反对的。坚持一个中国原则和中美三个联合公报的原则是中美关系健康发展的政治基础，是我们反对美国错误的台湾政策的政治基础。美国的国内法"与台湾关系法"必须服从于中美之间签订的三个联合公报的原则。习近平总书记指出："中国人的事要由中国人来决定。台湾问题是中国的内政，事关中国核心利益和中国人民民族感情，不容任何外来干涉。"① 2023年11月15日，国家主席习近平与美国总统拜登在美国旧金山会晤，习近平主席深入阐述了中国在台湾问题上的原则立场，指出，台湾问题始终是中美关系中最重要、最敏感的问题。中方重视美方在巴厘岛会晤中作出的有关积极表态。美方应该将不支持"台独"的表态体现在具体行动上，停止武装台湾，支持中国和平统一。中国终将统一，也必然统一。② 2025年1月17日，国家主席习近平应约同美国当选总统特朗普通电话，谈到台湾问题时，习近平主席明确指出："台湾问题事关中国国家主权和领土完整，希望美方务必慎重处理。"③ 从历史发展的大趋势看，美国的干涉终究不能阻止中国的国家统一。

坚持一个中国原则的实质，是坚持一个中国的领土和主权不容分割的立场。1945年10月台湾光复，中国的领土、主权就完整了。台湾和大陆都是中国的一部分。1949年10月以后，中国的领土和国家主权并未分割。"台独"势力意欲"台湾独立建国"、意欲使"台湾成为一个正常的国家"，是没有历史和法理根据的，是不可能得逞的。他们"借壳下蛋"，以"中华民国在台湾""中华民国台湾"或者"台湾是中华民国"在国际上招摇撞骗，是违反国际共识的，也是违反一个中国原则的。国家追求和平统一，追求"一国两制"，当然不能允许"台独"势力以"借壳下蛋"的名义在"两制"下继续存在。这是坚持一个中国原则的必然结论。

30多年前讨论两岸关系，常常有时间在哪一边的议论。有的台湾朋友认为时间在台湾一边，因为台湾有经济发展优势，有所谓民主制度优势。30多年过去了，历史证明时间不在台湾一边。从经济发展优势来说，40年大陆发展不断改变着决定台海基本格局的力量对比态势。根据权威统计资料，2021年大陆GDP超过114万亿元人民币，约15.8万亿美元，比上年增长6.1%，约是美国的75%，突破人均1.2万美元，广东省、江苏省、山东省、浙江省、河南省、

① 《习近平谈治国理政》第三卷，外文出版社2020年版，第410页。
② 《习近平同美国总统拜登举行中美元首会晤》，央广网，见 https://news.cnr.cn/native/gd/sz/20231116/t20231116_526488200.shtml?sign=ABZ0cnNfd2NtX3ByZXZpZXVfYWNjZXNzAAAH-5wAAAAoAAAAQAAAACgAAABUAAAAA。
③ 《习近平同美国当选总统特朗普通电话》，新华社，见 http://www.xinhuanet.com/20250117/35100e2544bb42e2ba708a200843c0ae/c.html。

四川省、湖北省的 GDP 总量都突破了 5 万亿元大关，都超过了台湾。两岸经济实力对比高下立判。从民主制度优势来说，大陆在中国共产党领导下的民主政治是以人民为主体的民主政治，是全过程的优质的民主政治，是有利于国家发展、社会安宁、人民福利的民主政治。反观台湾的所谓民主，已经被许多台湾人指为劣质的民主，社会混乱、民生福祉得不到保障，是不争的事实。国家统一，实行"一国两制"，对提升台湾人民的中华民族的荣誉感、提升台湾人民的生活质量，是完全可以预期的。

第一章 甲午战争与台湾割让

一、明治维新后日本对台湾的领土野心与 1874 年日本侵台事件

日本对台湾的野心由来已久。早在中国明末时期，尚处于战国时期的日本，就曾试图侵犯台湾。东亚地区进入近代后，刚经历明治维新的日本很快便走上对外扩张之路，台湾再度成为它觊觎的目标。在中国第二次鸦片战争期间，日本国内就有主张趁火打劫，出兵占领福州、台湾，称"早日取得福州和台湾及朝鲜，以强化日本国防，乃是当前之要务"。① 1874 年（同治十三年），日本借口台湾"番民"杀害琉球难民，悍然派兵攻打台湾南部的牡丹社，并企图在台久踞，此事史称"牡丹社事件"。清政府获悉日本的侵台行动后，一面任命沈葆桢为钦差大臣渡海赴台拒敌，一面通过外交渠道与日本交涉。羽翼未丰的日本面临清廷的武力与外交压力，最终接受签约退兵，但也因此谋求了在琉球的更多权益。

琉球遭风难民事件本与日本无关。1871 年（同治十年），琉球宫古岛太平山、八重山岛民乘船到中山府纳贡，返程时遭遇船难。其中一艘太平山船漂至台湾东南岸八瑶湾，触礁沉没。幸存者上岸后，大部分被当地牡丹社人所杀。余者被当地汉人救助后，经福州返回琉球。

琉球与中国早有藩属关系，后来在明朝万历年间受到日本萨摩藩武力侵略，受到日本的影响与控制，被迫形成两属关系。日本在明治维新之后，通过"版籍奉还""废藩置县"的措施，不断蚕食琉球的主权。1872 年（同治十一年）7 月，琉球漂民在台湾被害的消息传到日本，即有人建议借机征台，② 得到时任日本外务卿副岛种臣的赞成。此时，副岛种臣正筹划彻底吞并琉球的计

---

① ［日］岛津齐彬：《齐彬公史料》，见［日］杉浦明平、别所兴一编：《明治期の开明思想》，东京社会评论社 1990 年版，第 193—194 页，转引自［日］藤井志津枝：《甲午战争前与日本大陆浪人的思想与行动》，台湾师范大学历史研究所历史学系编印：《甲午战争一百周年纪念学术研讨会论文集》，1995 年。

② ［日］伊能嘉矩：《台湾文化志》（中译本）（下），台湾省文献委员会编译，1991 年，第 79 页。

划，他显然意识到借此事可以进一步向中国声索琉球的主权，还可试图染指台湾，故对征台一事表示赞成。日本政府开始进行一系列精心的策划与准备。

为了打探台湾的情况，副岛种臣在美国驻日公使德朗（C. E. De Long）的推荐下，聘请熟悉台湾情况的美国驻厦门领事李仙得（Charles W. Le Gendre）作为顾问。李仙得曾代表美国政府处理在台湾的船难事件，其间私自与"生番"订有救护遭难美商船员协定。他随身携有整套的台湾地图和照片及多种有关资料。李仙得提出几条建议：第一，此次琉球人在台湾被害，日本可与闽浙总督等交涉，声明出事地点未建炮台灯塔，中国政府并未尽到保护遭难船员的责任。依万国公法，日本政府可自行修筑，保护人民。惟应立约为据，以免中国政府反悔。第二，中国遇有外国诘问，往往视台湾为化外之地，究属何国管辖，殊有问题；日本为亚洲国家，如欲占领台湾，他愿尽力协助；且中国政府在台防卫力量薄弱，只需两千兵力，即可攻取。第三，日本如因出兵台湾，致与中国决裂，自非善策，但既经依照万国公法商请中国政府保护遭难外国人民，中国政府未能办到，日本自行设法保护，乃理所当然；且此一地区迟早必须开发，终有为人攫取之一日。①

为了进一步了解中国政府的态度，日本接受李仙得等人的建议，以互换条约及祝贺同治皇帝亲政为名，派遣副岛种臣为特命全权大臣赴中国，刺探中国政府的态度，寻找出兵征台的"口实"。1873 年 3 月 11 日，副岛种臣偕副使柳原前光、翻译官郑永宁由横滨启程来华，李仙得作为代表团顾问随行。6 月 29日，代表团一行觐见同治皇帝。虽然日本代表团此行的主要目的是台湾"番地"问题，但为了避免引起西方列强的猜疑及中国方面的戒备，副岛种臣故意避谈台湾事件，直到在整个行程即将结束之际，才派柳原前光与郑永宁会见总理衙门大臣毛昶熙和董恂。柳原前光先旁敲侧击询问澳门的地位及朝鲜实际独立的程度等问题，最后提到台湾"生番"杀人的话题。中方官员答称："番民"之杀琉民，既闻其事，害贵国之人则未之闻。琉球系我藩属，彼时已将幸存者，妥为救护，并已送还其国。柳原又问：贵国既言已救护琉人，何不惩治台湾"番民"？中方官员答称：台湾之"番民"有生、熟两种，从前服王化者为"熟番"，置府县治之；未服王化者为"生番"，故且置之化外，未便穷治。中

---

① 《日本外交文书》第七卷，副岛种臣与李让礼对话书，第 13—15 页，转引自黄嘉谟：《美国与台湾：一七八四至一八九五》第七章"日军侵台与美国态度"。

方所以对"生番"未加穷究，系因政教所不及。然有闽浙总督救护琉人之奏报，待再查阅后，再作答复。柳原知道中方不可能在书面材料中有任何漏洞，便以副岛大使急于束装归国为由，表示不想等待以后的任何答复，总署官员亦未与之深论。①

当晚，副岛即向日本政府报告，称已从总理衙门方面获得原先想要的答复，即承认"番地"为中国政令及教化不及之地，任务已圆满完成。

在做了充分的准备后，日本政府决定将侵台计划付诸实施，以转移当时国内的政治危机。1874年1月26日，大久保利通和大隈重信被任命为台湾朝鲜问题调查委员，经过与儿玉利国及李仙得等人会谈之后，在2月6日的内阁会议中，作出攻台决定。大久保利通和大隈重信两人联署提出《台湾"番地"处分要略》，其内容为：

第一条　台湾"土番"部落为清国政府政权未逮之地，其证明在清国出处之书籍内亦明记为证，尤其去年前参议副岛种臣使清时，彼朝官吏之回答亦判然分明，故具备可视为无主地之道理。因此报复我藩属之琉球人民遭杀害一事，为日本帝国政府之义务，故讨"番"之公理于此可奠定深厚基础。但至于处分，则应以确实完成讨"番"抚民之役为主，以清国所生之一二议论为次。

第二条　应派公使赴北京，筹设公使馆，使之办理外交。清人若问琉球之所属，即准照去年出使之说法，谓琉球自古以来为我帝国之所属，并应明示现已更使其沐浴恩泽之实。

第三条　清官若以琉球向彼本国遣使献贡之故，而认为应为两国所属时，应不再回顾其关系，而以不回应其问题为佳。因为控制琉球之实权皆在于我帝国，且如果我方之目的在于处理完台湾问题后立即使其停止遣使献贡之非礼，故无须枉费力气与清政府辩论。

第四条　若清政府提起台湾处分之问题时，则应坚守去年之议点，收

① 关于柳原前光与总理衙门大臣谈话的内容在《同治甲戌日兵侵台始末》卷一"三月辛未（二十九日）总理各国事务恭亲王等奏"中有提到，但较简略。本节参考［日］伊能嘉矩：《台湾文化志》（中译本）（下），台湾省文献委员会编译，1991年，第84—85页；连战：《台湾在中国对外关系中的地位（一六八三年——一八七四年）》（载薛光前、朱建民主编：《近代的台湾》，正中书局1977年版）一文中有关中日双方会谈的内容。

集政权不逮于"番地"之明显证据,使之无可动摇。若由于土地比邻之故,而提出可议论时,则应以和平方式解决。若其事件涉及非常困难之部分,可向本国政府请示。惟于推托迁延时日之间而成事且不失双方之和,此为机谋外交之一策略。

第五条 "土番"之地虽视为无主之地,但其地势与清国版图犬牙相连,因而发生邻境关系之纠葛时,则于属福建省之台湾港置领事一名,令其兼管淡水事务,并于征"番"时办理有关船舰往来之各项事务。除上述职掌外,令其担当有关台湾处分时与清国地方官应对,极力保持和好为长久之计。但应任命视察清国之福岛九成为领事。

第六条 领事无关"番地"之征抚,担任征抚者无关于两国之应对,盖明其分界,以维持和好是也。若事涉及极端重要,则可转达驻北京公使。

第七条 福州为福建之一大港,但处分台湾之方便路径由是以台湾及淡水为要地,且福州有琉球馆,故应暂时置之度外,以避免嫌忌为佳。

第八条 应先派福岛九成、成富清风、吉田清贯、儿玉利国、田中纲常、池田道辉等六名至台湾,进入"熟番"之地,侦察土地形势,且令其绥抚怀柔土著,他日处分"生番"时,可使诸事便利。

第九条 侦察之要点为计划让军队由"熟番"之地琅峤、社寮港上陆,故应先注意此一带之地势及其他便利于停泊上陆之事宜。①

《要略》第一条显示,日本借口台湾"番地"为无主之地,以此名义出兵讨"番",达到阴谋占据"番地"目的。第二、三条为其外交策略,坚持琉球属于日本之说,若中国提出两属之说,则不加理会,待处分台湾后,再禁止琉球向中国朝贡。第五、六条指派福岛九成出任厦门领事,命其与台湾官员维持友好关系,并使领事事务与军事行动划分清楚以迷惑中国。第八、九条则为军事行动前的侦察要领,派桦山资纪等赴台,进入"熟番"部落侦察。日本先后秘密派遣多人潜入台湾,"各复命所见,献替征台之画策[良]多"。②

---

① 牡丹社事件史料专题翻译(二)《"处蕃"提要》,黄得峰、王学新译,南投市"国史馆"台湾文献馆编印,2005年,第101—103页。
② [日]伊能嘉矩:《台湾文化志》(中译本)(下),台湾省文献委员会编译,1991年,第85页。

　　为了实施侵台计划，日本政府专门设立"台湾'番地'事务局"，由大藏卿大隈重信担任长官，陆军中将西乡从道任都督。同时，由柳原前光为驻华全权公使，令其着重办理日军征台的交涉事宜。李仙得还推荐美国海军少校克些尔（Douglas Cassel，又译为克沙勒）和陆军中尉瓦生（Lientenant James Wasson）帮助日军策划军事和指导建筑阵地工程。侵台兵员的组成，主要以熊本镇台军（明治政府在熊本地区的正规部队）为主体，另外又在鹿儿岛征募兵员，总数共3600余名。大久保利通还委托大仓喜八郎组建大仓组商会，负责军需运输的任务。由于运力不足，日本另租借了英国商船"约克夏号"与美国商船"纽约号"来运送兵员与物资。

　　1874年4月9日，西乡从道率"日进号""孟春号"等军舰由东京湾品川港出发，正式发动侵台行动。日本出兵后，立即引起列强的关注。英国、俄国、意大利、西班牙等国先后宣布，不支持日本的行动。英美两国下令撤回受雇加入日本侵台军事行动的本国公民和船只。继而俄国、意大利、西班牙等也纷纷对日本的出兵提出质疑，宣布中立。①

　　除了列强的干预，文部卿木户孝允等亦对出兵持有异议，并于4月14日提出辞呈以示抗议。日本政府的信心有所动摇。4月19日，太政大臣②三条实美派权少内史金井之恭赴长崎，通知大隈重信暂停征台行动，但西乡从道拒绝接受，命令"有功丸"舰搭载首任厦门领事兼台湾"番地"参谋福岛九成、克些尔、瓦生、纽约前锋报记者爱德华·豪士（李仙得之秘书）及由二百多名士兵组成的先头部队，携带西乡从道致闽浙总督李鹤年之《日军征台之通知书》于27日连夜启航驶往厦门。而李仙得则因顾虑各方的反对意见，不得不放弃原先随军出发的打算，返回东京。5月2日，日将谷干城、赤松则良也率兵搭日进舰、孟春舰及运输船"三邦丸""明光丸"等组成的船队自长崎出发。

　　5月3日，"有功丸"进入厦门港。③ 福岛九成向厦门同知李钟霖递交西乡

① John A. Bingham to Tershima Munenori, Tokei, April 18, 1874, USNA：MD, Japan, M-133, R-28，参见黄嘉谟：《美国与台湾》第七章"日军侵台与美国"；并参见［美］爱德华·豪士：《征台纪事：牡丹社事件始末》，陈政三译述，原民文化事业有限公司2003年版，第35页注12以及李理前揭文。
② 日本律令制度下的官位，宰相级职务。
③ 本处时间据［美］爱德华·豪士《征台纪事：牡丹社事件始末》，而福建水师提督咨报中则称三月十五日（阳历4月30日）有日本大战船一只寄泊厦港（见《三月辛未总理各国事务恭亲王等奏》，《同治甲戌日兵侵台始末》，第2页），与前者所记稍有不同。

从道致闽浙总督李鹤年的照会，称这次奉命统兵进入"番地"，目的是对两年前劫杀琉球遭风人民的"土番"，"招酋开导，殛凶示惩"；并狂言要求清廷"晓谕台湾府县、沿边口岸各地中外商民"，对日军"不得毫犯"。① 日舰不等闽浙总督复函，就驶往台湾。

1874年5月7日，日军先头部队所乘坐的"有功丸"抵达琅峤湾。10日，谷干城、赤松则良率领千余名士兵乘坐"日进号""孟春号"驱逐舰及"三邦丸""明光丸"两运输船也相继抵达琅峤。日军采用李仙得的计划，先安抚琅峤地区的居民，孤立牡丹社与高士佛社，再以武力攻讨。5月15日，日军派遣赤松则良、克沙勒、瓦生、豪士及华裔美籍通译詹汉生（James Johnson）入山与头目接触。其时老头目卓杞笃已过世，由射麻里社的头目一色（Yisa）和老卓杞笃的幼子小卓杞笃与之会谈。日方借助李仙得的名义与头目建立了关系，并故意炫耀武力，企图与头目达成某种协议。不过，琅峤居民对日军仍"抱持戒心和敌意，即使军营附近的村民，也面露仇视的眼神……日军一开始即派人极力解释，试图安抚村民的情绪，但效果似乎有限"。② 此后几日，当地居民数次伏击派出侦察的日军。5月21日，日军侦察部队"往保力山巡哨，至石门洞，被牡丹'番'放铳伤毙六名"，③ 佐久间佐马太率大队日军赶往四重溪增援，双方在石门展开激战。石门两侧危崖耸立，直挺冲天，一边高约500英尺，另一边450英尺，崖底仅宽30英尺。牡丹社人占据有利地形，进行射击。日军大部队难以展开，乃从石门背后之山腹攀爬而上，然后从崖顶居高临下与下面的日军首尾夹攻。牡丹社人不支，撤入内山。是役牡丹社包括酋长阿禄父子在内12人战死，被日军馘首，日方死者则有14人。④

正当石门之役双方鏖战正酣之际，日本侵台军总司令西乡从道和参谋幕僚乘坐"高砂丸"抵射寮港，其他增援船只也陆续赶到。6月2日，日军依原计划兵分三路，对牡丹社进行总攻击。左翼由谷干城任指挥官，桦山副之，水野为通译，从枫港迂回进袭；中路自石门而入，以佐久间为指挥官，西乡偕克沙

---

① 王元穉：《甲戌公牍钞存》，第7页。
② ［美］爱德华·豪士：《征台纪事：牡丹社事件始末》，第83页。
③ 《摘抄另纸探报》，王元穉：《甲戌公牍钞存》，第49页。
④ 关于石门之战双方伤亡人数各方资料记载不一，如爱德华·豪士《征台纪事：牡丹社事件始末》载"生番"死十六人，日军有六名战死，近二十人受伤；中方委员周有基探报称日兵被"生番"铳杀七人，伤者十余人，"生番"被杀十三人。此处数字为林呈蓉据水野遵《台湾征"蕃"记》及桦山日记等资料所整理，见林呈蓉前揭文。

勒、瓦生、豪士等随行督师；右翼自竹社口进攻，以赤松则良为指挥官。三路共有兵力 1300 余人，另有火炮多门，声势颇大。3 日，日军攻占牡丹社，当地居民已事前逃离，不见踪影，日军遂放火将"番社"焚毁。为了安全和交通问题，日军撤出牡丹社，在双溪口设置分营，展开诱降行动。坚持近一个月后，周劳束酋长于 7 月 1 日率领牡丹社、尔乃社、高士佛社等六社酋长，透过统领埔头人林阿九等人之中介，在保力庄杨天保家中与日军议和。

日军占领牡丹社之后，在龟山等地盖建营房，设立"都督府"。又在枫港增驻一支营，派遣一小队把守周劳束海岸的"番地"入口。同时，从日本运来铁器、农具及果树苗木等，屯田、植树，以图久踞。

对日本的侵台行动，清廷后知后觉。接到英、法、西等询问对日本侵台的态度，及"生番"地界的主权问题，清廷才有所警惕。清廷一面复函各列强表明"生番"地界属于中国版图，一面了解日本侵台的情况。不久，李鸿章、李宗羲从江海关沈秉成抄送长崎电报得到消息，称日本为"生番"事件派人查问，并且在上海已有 8 名日本随员等候该国使臣，此消息与各国公使及赫德所述日本派兵赴台说法不符。李鸿章及总署据此认为日本不宣而战出兵侵台的可能性不大，故准备等日使柳原前光到达后，相机驳辩。不过，总理衙门也认识到"各国垂涎台湾已久，日本兵政寖强，尤滨海切近之患，早迟正恐不免耳"；并提出"勿恃其不来，恃吾有以备之"。① 之后，李鸿章从英、德、美领事处，获知攻台之信属实，于是在 5 月 10 日致函总署，提出对付日本侵台的若干办法：其一，根据掌握的情报，与美国公使辩论，要求美国遵照公法撤回李让礼（即李仙得），并严禁商船应雇装载日兵，迫使日本放弃侵台；其二，鉴于台地海防陆汛，无甚足恃，建议另调得力陆军数千，用轮船载往凤山琅峤附近一带，择要屯扎，为先发制人之计。设日本兵擅自登岸，一面理谕情遣，一面整队以待，庶隐然劲敌，无隙可乘。同时推荐"管辖新造兵轮船，又系闽人，情形熟悉"的船政大臣沈葆桢为专办日军侵台事件的负责人，由他"会商将军、督抚，密速筹办"。②

清廷采纳了李鸿章的建议。5 月 11 日，总理衙门照会日本国外务省，提出抗议。照会中称："查台湾一隅，僻处海岛，其中'生番'人等向未绳以法律，

① 《总署复福州将军文煜函》，王元穉：《甲戌公牍钞存》，第 18—19 页。
② 李鸿章：《论日本图攻台湾》（三月二十五日），《李文忠公选集》，第 16—18 页。

故未设立郡县；即《礼记》所云不易其俗、不易其宜之意，而地土实系中国所属。中国边界地方，似此'生番'种类者，他省亦有，均在版图之内，中国亦听其从俗，从宜而已。此次忽闻贵国欲兴师前往台湾，是否的确，本王大臣未敢深信。倘贵国真有是举，何以未据先行议及？其寄泊厦港兵船，究欲办理何事？希即见覆，是所深盼！"① 5 月 14 日，又发布上谕，称："'生番'地方本系中国辖境，岂容日本窥伺！该处情形如何，必须详细查看，妥筹布置，以期有备无患。李鹤年公事较繁，不能遽离省城；着派沈葆桢带领轮船兵弁，以巡阅为名，前往台湾'生番'一带察看，不动声色，相机筹办。"② 5 月 21 日，清廷谕令福建布政使潘霨"驰赴台湾，帮同沈葆桢将一切事宜妥为筹划，会商文煜、李鹤年及提督罗大春等，酌量情形，相机办理"。③

在福建，闽浙总督李鹤年于 5 月 8 日接到由西乡从道的照会后，也于 11 日复照，明示"番地"属中国版图："查台湾全地，久隶我国版图，虽其土著有生、熟'番'之别，然同为食毛践土，已二百余年，犹粤楚云贵边界猺獞苗黎之属，皆古所谓我中国荒服羁縻之地也。虽'生番'散处深山，猱狖成性，文教或有未通，政令偶有未及，但居我疆土内，总属我管辖之人"；并援引万国公法，认为"台湾为中国疆土，'生番'定归中国隶属，当以中国法律管辖，不得听凭别国越俎代谋"，指出日本政府"并未与总理衙门商允，作何办理，径行命将统兵前往，既与万国公法违背，亦与同治十年所换和约内第一、第三两条不合"；"琉球岛即我属国中山国疆土，该国世守外藩，甚为恭顺，本部堂一视同仁，已严檄该地方官，责成'生番'头人，赶紧勒限，交出首凶议抵。总之，台湾在中国，应由中国自办，毋庸贵国代谋。各国公使，俱在北京，必以本部堂为理直，应请贵中将撤兵回国，以符条约，而固邦交"。④ 李鹤年将这份照复送到台湾府，命台湾府派员赴琅峤与日军理论；同时一面将情况奏报清廷，一面严饬台湾镇、道，命其"按约理论，相机设筹，不可自我启衅，亦不可苟安示弱"。⑤

① 《给日本国外务省照会》，《同治甲戌日兵侵台始末》，第 4—5 页。该照会由总署雇用的英籍人士带往日本，但此人在上海耽误了近一个月，故于四月二十日（6 月 4 日）才送达日本外务省，而寺岛宗则又故意拖延至六月二日（7 月 15 日）才回复。

② 《清穆宗实录选辑》，台湾文献丛刊 190 种，第 145 页。

③ 《清穆宗实录选辑》，台湾文献丛刊 190 种，第 145 页。

④ 《日本外交文书》第七卷，第 78—79 页。

⑤ 《四月戊子（十六日）闽浙总督兼署福建巡抚李鹤年奏》，《同治甲戌日兵侵台始末》，第 9 页。

　　清廷发布上谕之后，又陆续接到各方传来的报告，称日本兵船已抵达台湾，欲攻"生番"。情势已十分严重，沈葆桢只以"船政大臣"身份赴台，不足以应付局面，"恐彼族以非办理各国事务官员，置之不理；且遇有调遣轮船、酌拨官弁等事，亦虑呼应不灵"，朝廷乃采纳总署的建议，于5月29日改授沈葆桢为钦差办理台湾等处海防兼理各国事务大臣，所有福建镇道等官，均归节制，江苏、广东沿海各口轮船，准其调遣。并令其驰赴台湾一带，"体察情形，或谕以情理，或示以兵威，悉心酌度，妥速办理"；同时让福建地方全力支持，"所有该大臣需用饷银，着文煜、李鹤年筹款源源接济，毋任缺乏。应调官兵，并着李鹤年迅速派拨，毋误事机"。①

　　沈葆桢是一位有胆有识、敢作敢为的政治家，接奉谕旨之后，即与福州将军文煜、闽浙总督李鹤年会筹台湾防务，于6月3日联衔上奏，提出全面改革台政的"防台四策"：其一，联外交。将递次洋船遭风各案，摘要照会各国领事。将日本不候照覆，即举兵入境，并与"生番"开仗各情形，亦分次照会，借列强来公评曲直。日本如怵于公论，敛兵而退最好；否则，亦可展转时日，为集备设防争取时间。其二，储利器。日本所以敢贸然侵犯，乃是窥中国军备不足，中国必须以深远之计赶紧着手军备建设。建议将闽省存款，移缓就急，其不足者，暂借洋款，用以购买铁甲船、水雷、洋枪、巨炮、洋煤、洋火药、开花弹及火龙、火箭等西洋武器，作为外交谈判的后盾。尽管"所费不赀，必有议其不量力者，然备则或可不用，不备则必启戒心。乘军务未萌之时，尚可为牖户绸缪之计，迟则无及矣"。其三，储人才。沈葆桢除了自己专责赴台外，还奏调福建陆路提督罗大春、籍隶广东之前署台湾道黎兆棠和吏部主事梁鸣谦等人随其东渡，以期集思广益。其四，通消息。台洋之险，甲诸海疆。欲消息常通，断不可无电线。提出敷设由福州陆路至厦门，由厦门水路至台湾之电报线，使情报瞬息可通，事至不虞作出仓卒。②

　　1874年6月14日，沈葆桢一行由福州马尾出发。潘霨乘伏波轮直放大洋，于次日抵达。沈葆桢与法籍军事顾问日意格（Prosper Giquel）、斯恭塞格（De Seonsac）等，分乘安澜、飞云两轮船则沿各港口而行，途经兴化南日、泉州深沪，16日抵澎湖，登岸踏勘炮台水口形势，17日抵安平，接见台湾镇、道，

———————————

① 《清穆宗实录选辑》，台湾文献丛刊第190种，第146页。
② 《五月壬寅（初一日）福州将军文煜、闽浙总督兼署福建巡抚李鹤年、总理船政前江西巡抚沈葆桢奏》，《同治甲戌日兵侵台始末》，第16—18页。

开始实地了解日军侵台的情形及台湾的防御情况。经悉心筹度后，沈葆桢提出"理谕"、"设防"及"开禁"三项防台措施。但"开禁"非旦夕所能猝办，必待外侮稍定，乃可节节图之。① 所以沈葆桢先从"理谕"及"设防"二项着手。

在"理谕"方面，沈葆桢先派其帮办福建布政使潘霨与西乡交涉。潘霨先前经过上海时已与日本公使柳原前光交涉，获得柳原给西乡"按兵不动，听候覈办"的文书。6月21日，潘霨偕台湾道夏献纶等抵达琅峤，递交照会给西乡从道。沈葆桢在照会中再度声明"生番"界属于中国版图："'生番'土地，隶中国者二百余年，虽其人顽蠢无知，究系天生赤子，是以朝廷不忍遽绳以法，欲其渐仁摩义，默化潜移，由'生番'而成'熟番'；由'熟番'而成士庶，所以仰体仁爱之天心也。至于杀人者死，律有明条，虽'生番'亦岂能轻纵？然此中国分内应办之事，不当转烦他国劳师糜饷而来"；② 对于日本未经与中国商办擅自出兵台湾，提出抗议。并指出日本烧毁牡丹社，伤及无辜之高士滑社，并传出将攻卑南社，显然与来文所称"殛其凶首"，"往攻其心者"不合，且有以德为怨之嫌。照会最后称"贵国方耀武功，天理不足畏，人言不足恤。然以积年精练之良将劲兵，逞志于蠢蠢无知之'生番'，似未足以示威。即操全胜之势，亦必互有杀伤。'生番'即不见怜，贵国之人民亦不足惜耶？或谓贵国既涉及无辜各社，可知意不在复仇。无论中国版图尺寸不敢以与人，即通商诸邦岂甘心贵国独享其利？"③ 6月22日至26日，潘霨率台湾道夏献纶、同知谢宝鼎及洋将日意格、斯恭塞格等针对与柳原会谈时言及的所谓西乡奉敕提出的限办三件事④，与西乡从道、佐久间佐马太等进行多次会谈交涉，再三要求牡丹社应由中国处分，且后续处理亦应由中国为之，但为西乡所拒绝。⑤ 23日，潘霨、夏献纶派县丞周有基、千总郭占鳌等进入"番社"，传集各"生

① 《五月丙寅（二十五日）福州将军文煜、闽浙总督兼署福建巡抚李鹤年、办理台湾等处海防兼理各国事务沈葆桢奏》，《同治甲戌日兵侵台始末》，第26—28页。
② 《给日本国中将西乡照会》，《同治甲戌日兵侵台始末》，第31—32页。
③ 《给日本国中将西乡照会》，《同治甲戌日兵侵台始末》，第31—32页。
④ 即"第一、捕前杀害我民者诛之。第二、抵抗我兵为敌者杀之。第三、'番'俗反复难制，须立严约，定使永远誓不剽杀难民之策"。见《柳原公使致福建布政使潘霨函》，牡丹社事件史料专题翻译（二）《处"蕃"提要》，黄得峰、王学新译，南投市"国史馆"台湾文献馆编印，2005年，第236—237页。
⑤ 牡丹社事件史料专题翻译（二）《处"蕃"提要》，黄得峰、王学新译，南投市"国史馆"台湾文献馆编印，2005年，第275—276页。

"番"头目，至者共一百五六十人，皆谓日本欺凌，恳求保护，因谕令具结前来。次早，除牡丹等三社因日人攻剿，不敢出来外，到者共有十五社，均呈不敢劫杀状。潘、夏即以好言慰之，酌加赏犒，"番目"等皆欢欣鼓舞，咸求设官经理，永隶编氓。潘、夏将各社具结办妥后，即致函西乡，约定时刻会晤，不料西乡竟托病不见。

25、26 两日，潘、夏等与西乡就"番地"领土主权所属再度展开激烈辩论。潘霨指出牡丹社实系中国版图，载在志书，岁完"番饷"，可以为凭。因系中国所管，故应由中国办理。并将带去的《台湾府志》一本（内开琅峤十八社系属归化"生番"），交与阅看。西乡答称"生番"非中国所管，中外各国书中俱有记载，即英国、花旂、荷兰诸国人，亦皆有此说并有地图。潘霨当即请其将地图及各书交出一看。西乡又复支吾，不能交出。最后，潘霨就柳原所议三条提出处理办法：第一条，由中国官员令牡丹"番"出来谢罪，以后誓不剿杀，并将前年戕害琉球人尸身交出；第二条，"抗拒为敌者杀之"，现在各社均无此事，可毋庸议；第三条，"'番'俗反复难治，应立约使永远誓不剿杀"，现已传各社"番"头目出具切结，以后永远保护，不敢再有欺凌杀害抢夺情事。西乡对此初甚不悦，称此事中国不必与闻。潘霨答称此系中国应办之事，乃云中国不必管，大不近理。并质问："舍中国有凭之志书，谓不足信，而硬派'生番'各社非我所管，譬如长崎系日本所管，我硬派非贵国辖境，有是理乎？"[1] 其实，日本在台的军事行动，基本已告结束，所以后来西乡也就顺水推舟说：伊亦望此三事早为办定，即可完结；然而又提出这次日本"大兴兵师，耗费财物，折损兵员之处不在少数"，其费用赔偿之事，应由中方考虑。潘霨问其究竟花费若干，意将何为？西乡称原共筹银 210 万元，现已用去 120 万元，要求贴补。[2] 潘霨则表示："贴补兵费，是不体面之事，中国不能办理。既系贵国擅行兴兵前来，更无贴补之理。"要求西乡应先将各社之兵调回勿动，并知照其政府以后不必添兵前来。西乡应允。[3]

经过潘霨在琅峤与西乡交涉以及对日军在台行动的观察，沈葆桢认识到日

---

① 《帮办潘、台湾道夏赴日营会晤情形节略》，王元穉：《甲戌公牍钞存》，第 82 页。
② 此处中方记载为银圆，《处"蕃"提要》中日方记载为美元。
③ 关于潘霨等与西乡交涉经过，见《帮办潘、台湾道夏赴日营会晤情形节略》，王元穉：《甲戌公牍钞存》，第 77—84 页及《西乡都督陈报大隈长官有关清官来"蕃"之应对手续等数件》，牡丹社事件史料专题翻译（二）《处"蕃"提要》，黄得峰、王学新译，南投市"国史馆"台湾文献馆编印，2005 年，第 271—280 页。

军有在台久踞之意，"非益严儆备，断难望转圜"。① 鉴于班兵惰窳成性，募勇又训练无素，沈葆桢乃奏请于北洋大臣处借拨久练洋枪队三千，于南洋大臣处借拨久练洋枪队二千，令其坐雇轮船赴台增援。② 李鸿章也了解到闽中陆勇寥寥，台地仅两营，尤嫌单薄，建议将"素习西洋枪炮，训练有年，步伐整齐，技艺娴熟"由记名提督唐定奎统领驻扎在徐州的武毅"铭"字一军十三营，移缓就急，调拨赴台。

李鸿章的建议迅速为清廷所采纳。③ 8 月 27 日，唐定奎率第一批援台淮军抵达，驻扎凤山，台湾军心为之一振。第二批五营亦于 9 月 15 日抵达澎湖。张其光与吴光亮所募粤勇二千余人，亦乘所雇轮船于 27 日到旂后登岸。④ 淮军的抵达，大大增强了台湾的防御力量。沈葆桢以这些雄厚兵力为后盾，在南北两路同时进行"开山抚'番'"工作，给日军相当的压力与威慑。

日本在出兵台湾的同时，也派遣柳原前光作为驻华全权公使，除履行公使职责外，也奉命掌理处分台湾之相关交涉事宜。1874 年 5 月 19 日，柳原自横滨启程，28 日抵达上海。中日先在上海谈判，后又移至北京。由于日方立场强硬，双方互不相让，谈判陷入僵局。日本原先想以军事上有限度的成功来赢取政治上的利益的如意算盘，显然已难以实现，而柳原前光入觐同治皇帝，呈递国书的要求也理所当然遭到中国方面的拒绝。

此时形势愈加对日本不利。日本政府接获报告，得悉中国已加强战备，而西方列强也日渐对中国的立场表示同情。曾经建议对台湾用兵以纾解国内反对派不满情绪的大久保利通此时已开始感到各方面的压力。8 月 5 日，日皇发布敕旨，任命大久保为全权办理大臣，派赴中国，代替柳原进行谈判。⑤

对谈判的僵局，中国方面也在寻找各种解决的方案。中国虽然调集淮军枪队，但只为设防备御，并非想与日本动武，并无必要时不惜与日军一战的打算。李鸿章也担心"若我军齐集，遽与接仗，即操胜算，必扰各口，恐是兵连

① 《六月己卯（初八日）福州将军文煜、闽浙总督兼署福建巡抚李鹤年、办理台湾等处海防兼理各国事务沈葆桢、帮办台湾事宜福建布政使潘霨奏》，《同治甲戌日兵侵台始末》，第 44—47 页。

② 王元穉：《甲戌公牍钞存》，第 87 页。

③ 《清穆宗实录选辑》，台湾文献丛刊 190 种，第 156—157 页。

④ 王元穉：《甲戌公牍钞存》，第 127、134 页。

⑤ 《致大久保办理大臣之敕旨》，牡丹社事件史料专题翻译（二）《处"蕃"提要》，黄得峰、王学新译，南投市"国史馆"台湾文献馆编印，2005 年，第 355—356 页。

祸结之象"，① 故叠函沈葆桢"祇自扎营操练，勿遽开仗启衅；并密饬唐提督到台后，进队不可孟浪。西乡苟稍知止足，断无以兵驱逐之理"。② 沈葆桢原先所提的"联外交"，请各国公使公评曲直一节，外国驻华公使多半作壁上观，不肯为中国出面干涉，"各国虽未明帮日人，未始不望日人之收功获利，断无实心帮我者"。③ 其他的方案，诸如招徕洋人一同开发"番"矿，借助列强牵制日本的野心；或者让琅峤成为通商口岸，也都因内部有不同意见而放弃。

8月27日，李鸿章提出解决台事的另一方案，称："平心而论，琉球难民之案，已阅三年，闽省并未认真查办，无论如何辩驳，中国亦小有不是。万不得已，或就彼因为人命起见，酌议如何抚恤琉球被难之人，并念该国兵士远道艰苦，乞恩犒赏饩若干，不拘多寡，不作兵费，俾得踊跃回国。且出自我意，不由彼讨价还价，或稍得体，而非城下之盟可比。内不失圣朝包荒之度，外以示羁縻勿绝之心"④。

9月1日，大久保抵天津，但并未拜会李鸿章，而是通过美国驻天津副领事毕德格放出风声，威胁称"不给兵费，必不退兵，且将决裂，扰乱中国各口"。⑤ 李鸿章于4日与毕德格会晤后立刻向总署报告此事，并就即将与大久保举行的谈判策略提出建议：与大久保交涉应避免激烈决绝之语。中国现拟办法，仍如柳原前在上海与潘霨所议三条，请大久保查明日本及日本属国人民（不必提琉球，免致彼此争较属国）在"番地"先后被害若干人？是何姓名？以便中国查拿凶酋问抵，并酌议抚恤，嗣后当设法保护，不准"番人"再有扰害行旅情事等云云。并说"此先发制人之计，若待彼先开口，或彼先照会，词气失平，便难登答"。⑥

9月14日，大久保与总理衙门正式谈判。与柳原前光所称"'番地'为无主野蛮"不同，大久保改变策略，以中国政教不及台湾"番地"为由来否定中国对"番地"的主权，并以福岛九成与枋寮"番地"居民谈话记录为据。最后提出两项书面问题：第一，中国既以"生番"之地谓为在版图内，然则何以迄今未曾开化"番民"？夫谓一国版图之地，不得不由其主设官化导，不识中国

① 李鸿章：《复王补帆中丞》，《李文忠公选集》，第55页。
② 李鸿章：《论台防》，《李文忠公选集》，第55—56页。
③ 李鸿章：《论柳原入京》，《李文忠公选集》，第51—52页。
④ 李鸿章：《论台事归宿》，《李文忠公选集》，第64—66页。
⑤ 李鸿章：《述美国副领事毕德格面议节略》，《李文忠公选集》，第70—72页。
⑥ 李鸿章：《述美国副领事毕德格面议节略》，《李文忠公选集》，第70—72页。

于该"生番",果施几许政教乎?第二,现在万国已开交友,人人互相往来,则于各国,无不保护航海之安宁。况中国素以仁义道德闻于全球,然则怜救外国漂民,固所深求。而见"生番"屡害漂民,置之度外,曾不惩办,是不顾怜他国人民,惟养"生番"残暴之心也。①

总理衙门虽然事前接到李鸿章采取先发制人的建议,但被大久保抢得先机之后,只好坚守原则,逐条据理予以辩驳。谈判的焦点又回到台湾"番地"主权之争上,几乎毫无进展。10 月 10 日,大久保在照会中又连篇累牍,仍事辩论,强词夺理,并以回国相威胁,但在照会末也提出:"贵大臣果欲保全好谊,必翻然改图,别有两便办法"。② 16 日,文祥致函大久保,称"贵大臣如真欲求两便办法,彼此自可详细熟商"。③ 中日双方遂于 18 日举行第五次会谈,双方停止有关"番地"领土主权的争论,转入"两便办法"的具体协商。大久保承认中国所说的"生番"为中国地方,对中国之政教实不实也不再提,但称日本此举数月中,伤亡、病殁兵勇,所花费用应由中国偿给,方可使本国兵回去。中方则称对日本不知台湾"番"境为中国地方而加兵一节,可以不算日本的不是。漂民被害案件,日本兵退之后,仍由中国查办。案中被害之人或其家属,查明实情,由中国皇帝恩典予以酌量抚恤。至于费用一层,中方认为两国并未失和打仗,如何能讲偿费。④ 谈判至此有了实质性的进展。

10 月 20 日,双方举行第六次会谈。双方因抚恤数目又发生分歧,郑永宁到总署告知,日本"须索银洋 500 万圆,至少亦须银 200 万两,不能再减"。⑤ 10 月 23 日,双方最后一次在总署举行会谈,大久保"仍切切于允给银数,而所言皆指费用";⑥ 并说"无数目,他实在不能回去"。⑦ 中方则认为抚恤是中国皇帝优待日本之意,故不妨从丰,但距大久保所说数目实在太远;且"虽就抚恤办理,而为数过多,是无兵费之名,而有兵费之实",故难以通融迁就。

---

① 《大久保面递第一条》《大久保面递第二条》,《同治甲戌日兵侵台始末》,第 144 页。
② 《大久保照会》,《同治甲戌日兵侵台始末》,第 157—160 页。
③ 《日本外交文书》第七卷,第 272 页。
④ 《重阳面谈节略》,中国第一历史档案馆藏,外务部档,第 2155 号。
⑤ 《九月辛酉(二十二日)总理各国事务恭亲王等奏》,《同治甲戌日兵侵台始末》,第 174—178 页。
⑥ 《九月辛酉(二十二日)总理各国事务恭亲王等奏》,《同治甲戌日兵侵台始末》,第 174—178 页。
⑦ 《毛大人、文中堂、沈大人与大久保问答节略》,中国第一历史档案馆藏,外务部档,第 2155 号。

双方严词激辩，不得要领。末了，大久保故技重施，表示议无成绪，即欲回国，并重提"'生番'为无主野蛮，日本一意要办到底"。中方则仍坚持"台'番'是中国地方，应由中国自主"。彼此不欢而散。

因中国官员不肯屈从其所提出的抚恤金数目，大久保在无法与中方达成协议的情况下，请英国驻华公使威妥玛（Sir Thomas Francis Wade）出面调停，表示日本愿在赔偿金数目上让步。在探明大久保来意之后，威妥玛决定出面调停，向总理衙门施压。这种情况下，总理衙门权衡利害重轻，认为情势迫切，若不稍予转机，不独日本铤而走险，事在意中，中国武备未有把握，随在堪虞。遂告以中国愿意支付10万两给受害琉球人家属作为抚恤，日本在"番"社修道、造房等件，留为中国之用，给银40万两，两项合计最多不能超过50万两。①

10月31日，在威妥玛的见证之下，中日双方谈判代表正式签订《互换条约》，内容如下：

照得各国人民有应保护不致受害之处，应由各国自行设法保全。如在何国有事，应由何国自行查办。兹以台湾"生番"，曾将日本国属民等妄为加害，日本国本意惟该"番"是问，遂遣兵往彼，向该"生番"等诘责。今与中国议明退兵，并善后办法，开列三条于后。

一、日本国此次所办，原为保民义举起见，中国不指以为不是。

二、前次所有遇害难民之家，中国定给抚恤银两。日本所有在该处修道、建房等件，中国愿留自用。先行议定筹补银两，另有议办之据。

三、所有此事两国一切来往公文，彼此撤回注销，永为罢论，至于该处"生番"，中国自宜设法妥为约束，以期永保航客，不能再受凶害。②

另有《互换凭单》，规定："日本国从前被害难民之家，中国先准给抚恤银10万两。又日本退兵，在台地所有修道、建房等件，中国愿留自用，准给费银40万两。"同治十三年十一月十二日（日本明治七年12月20日），日本国全行

① 《九月辛酉（二十二日）总理各国事务恭亲王等奏》，《同治甲戌日兵侵台始末》，第174—178页。
② 《互换条约》，《同治甲戌日兵侵台始末》，第178—179页。

退兵，中国全数付给，"均不得愆期"。①

条约签订之后，大久保于 11 月 7 日到上海向江海关领取抚恤银 10 万两，旋动身赴台传谕退兵。11 月 17 日，大久保向沈葆桢提出《"番地"交代事宜节略》五条，沈遂派台湾知府周懋琦前往办理接收事宜。12 月 20 日，中国银两全数付给，日军亦全部撤回，历时七个多月的"牡丹社事件"终告结束。

在侵台之役中，日本共投入兵力 3658 人，其中将校及下级军官 781 人，军属 172 人，士兵 2643 人，工役 62 人，军舰 5 艘，运输船 13 艘。死亡 573 人，其中战死者 12 人，病死者 561 人，负伤者 17 人。共支出军费 361 万余日元，另加船舶购买费等，共计支出 771 万余元。② 中国支付白银 50 万两，合日本币 78 万元。日本看似得不偿失。然而，大隈重信认为此役"不但清廷承认琉球人为日本居民、琉球群岛为日本领土，且使各外国认识日本的兵力，再加英、法两国自幕府末年迫害外国人以来即驻兵横滨，现亦因而撤退，故在明治外交上，所受间接的利益，是很大的"。③

然而实际上，在"牡丹社事件"中，中国方面自始至终从未承认琉球人为日本居民、琉球群岛为日本领土，大隈重信所谓"清廷承认琉球人为日本居民、琉球群岛为日本领土"之说完全是自欺欺人之谈。但清政府在条约中承认日本"保民义举"，给日本留下了话柄，破财消灾的做法，又表现出外交的懦弱，在一定程度上助长了日本对外侵略扩张的野心，为其二十年后发动甲午战争和割占台湾埋下了后患。

二、甲午战争与签订割让台湾的屈辱条约

1894 年爆发的甲午战争是中国近代史上一个重要的转折点，对于台湾而言，意义尤其深远。丧权辱国的《马关条约》，不单使中国陷入严重的民族危机，更直接导致台湾割让。台湾由此成为日本第一个殖民地。

① 《互换凭单》，《同治甲戌日兵侵台始末》，第 179 页。
② 黑龙会编：《西南纪传》，第 1782 页，转引自［日］庄司万太郎：《一八七四年日本出师台湾时 Le Gendre 将军之活跃》，薛余译，《台湾银行季刊》第十卷第三期。
③ ［日］大隈重信：《开国大势史》，第 1216 页，转引自［日］庄司万太郎：《一八七四年日本出师台湾时 Le Gendre 将军之活跃》，薛余译，《台湾银行季刊》第十卷第三期。

1874 年"牡丹社事件"后，日本并未放弃占领台湾的野心。1884 年中法战争期间，法国海军进攻基隆、淡水，日本海军曾亲临观战，并拜访占领基隆的法国海军司令孤拔。1894 年，朝鲜东学道农民起义，中国应朝鲜国王请求派兵入朝帮助平乱，日本也随即向朝鲜派兵。但平乱后，日本拒绝退兵，进而于 1894 年 7 月 25 日突然袭击丰岛附近的中国"高升"号运兵船，引发中日甲午战争。7 月 28 日，日本陆军向驻扎朝鲜的清军发起攻击。8 月 1 日，中日两国同时正式宣战，并派援军奔赴朝鲜。

战争爆发后，清军统帅叶志超既不主动进攻汉城的日军，又不择险据守，将部队收缩于平壤城内外，坐待日军完成对平壤的战略包围。9 月 14 日，日军兵分四路，对平壤发动进攻，老将左宝贵力战身亡。叶志超弃城而逃，渡过鸭绿江，退入中国境内。9 月 16 日，中日海军在黄海遭遇，双方鏖战 5 个多小时，中日海军各有损失，北洋水师损失更重。随后，李鸿章令北洋水师退守威海卫，放弃黄海制海权。日军则发动了对中国本土的进攻。连下辽东半岛的九连城、凤凰城、岫岩、旅顺、大连等地，兵临山海关。至此，日军完成初期的战略目标，对未来的军事行动却产生分歧，而割占台湾的野心适时再度出现。

军事上的节节胜利为日本提供了实现其蓄谋已久的占据台湾的契机。战争初始，日本作战计划关注的主要是朝鲜半岛与渤海范围的陆海决战，远期最乐观的目标是进攻直隶，包括台湾、澎湖的南方地区则尚无暇顾及。①

1894 年 10 月，日军从两路攻入辽东，对清军形成包围之势。清廷上层主和派抬头，寻求列强调停。11 月 3 日，恭亲王奕䜣在总理衙门会见英、美、德、法、俄五国公使，称中国愿以承认朝鲜独立及赔偿军费为条件，与日议和，请各国调停。② 五国中唯有美国表示愿意出面调停。11 月 6 日，美国驻日公使谭恩照会日本外交大臣陆奥宗光，表达美国调停中日战争之意愿。陆奥虽认为战争不能无限期持续下去，"媾和谈判的时机迟早必会成熟"③，但此时媾和时机尚未成熟，中国国内主战言论仍高涨，必须对中国进行"更沉重的打击"④，"使

---

① ［日］陆军省编：《明治军事史》（上），第 913 页，转引自黄秀政：《台湾割让与乙未抗日运动》，台湾商务印书馆 1992 年版，第 42—43 页。

② 《总署为请美英俄德法各使调停中日战事致杨儒等电》，戚其章主编：《中日战争》第 1 册，中华书局 1989 年版，第 486 页。

③ ［日］陆奥宗光：《蹇蹇录》，商务印书馆 1963 年版，第 111 页。

④ ［日］陆奥宗光：《蹇蹇录》，商务印书馆 1963 年版，第 111 页。

清国产生更为恐惧的心理"①，才能逼迫中国接受苛刻的议和条件。一番深思熟虑后，日本决定一面暂时不予明确回复，一面私下表示若美国愿意居中转递消息，将"深愿倚赖美国政府的厚谊"。② 随后，清廷托美驻华公使田贝向日本提出前述拟定的媾和条件。③ 但是，承认朝鲜独立和赔偿军费显然不能满足日本的野心。早在1894年10月初，日本外务大臣所草拟的最早的三套媾和方案，已把割占土地视为基本要求："甲案：一、中国承认朝鲜独立，不干涉朝鲜内政；割让旅顺口及大连湾于日本，作为永久保证；二、中国赔偿日本军费；三、中国以其与欧洲各国所缔结的现行条约为基础，与日本缔结新条约，并在履行上述条件以前，中国应予日本政府充分担保。乙案：一、由列强担保朝鲜独立；二、中国将台湾全岛割让于日本；其他条款与甲案相同。丙案：在日本政府宣布停战条件以前，先要问明中国政府的意向如何。"④ 不过，当时日本军事上虽处优势，战事毕竟尚未蔓延至中国，提出割占远离战场的台湾并不符实际，日本总理大臣伊藤博文也并未把台湾视为必得的条件。

11月27日，日本递交美国驻日公使一份备忘录，拒绝了中国的和议条件，并称中国若有诚意和谈，"可任命具备正当资格之全权委员，日本政府当于两国全权委员会商时，宣布日本政府之停战条件"。⑤ 与此同时，日本提出"干预作战"政策，即根据即将展开的媾和谈判重新调整战略部署，扩大对清廷的军事压力，以期最大限度掠取侵略权益，这其中就包含争取割占台湾。

日本军方多主张进行冬季作战，乘胜攻入山海关，进军直隶，以威胁清廷权力核心地域。但这遭到内阁总理伊藤博文的反对，他认为若进攻直隶，战线过长，补给不易，难度太大。同时，还容易招致列强的干涉。基于此，1894年12月4日，伊藤在"应进攻威海卫并攻略台湾之方略"中，建议日军一方面"宜渡海进攻威海卫"，一方面"须与此同时夺取台湾"。这一兼具外交考虑的策略，显示伊藤对东亚局势的清醒认识。其意在避免引起列强的干涉，同时也迎合日本朝野的议论，尽可能扩充其侵略权益。"苟欲以割让台湾作为和平条约重要条件之一，我方如不先以兵力将其占领之，则无使彼将其割让之根据，

---

① ［日］藤村道生：《日清战争》，上海译文出版社1981年版，第128页。
② ［日］陆奥宗光：《蹇蹇录》，商务印书馆1963年版，第112页。
③ 在美国传递信息前，日本已先从德、俄等处获知清廷的具体条件。见［日］陆奥宗光：《蹇蹇录》，商务印书馆1963年版，第103页。
④ ［日］陆奥宗光：《蹇蹇录》，商务印书馆1963年版，第106页。
⑤ ［日］陆奥宗光：《蹇蹇录》，商务印书馆1963年版，第113页。

将奈之何？是故非坚信扼渤海之锁钥乃为至要之同时，必须南向获取台湾为大计不可。"① 日军大本营接受了伊藤的建议，日军作战行动因之作了调整。1895年1月20日，日军在山东半岛的荣成湾登陆，大举进攻威海卫。2月，日军攻陷威海卫，北洋水师覆灭。

在日军进攻澎湖前后，中日两国间的媾和谈判已正式拉开，而媾和条件之争，主要在于割地问题。为了赶在达成协议以前"获得南进的基地"，造成占领台澎的既成事实，增加谈判筹码。② 日军攻占威海卫后，加紧着手实行南进台湾的战略。1895年2月，日本在广岛组织由海陆军联合构成的"南征军"，由海军中将伊东祐亨率领，陆军混成支队则由步兵大佐比志岛义辉任队长。"南征军"征调了包括联合舰队主力巡洋舰松岛、严岛、桥立、千代田、吉野、浪速、高千穗、秋津州八艘军舰，以及水雷艇、运输舰、补给舰、医疗船等各类舰只，总兵力约10000人，其中陆军5400人（包括佣役军夫2400余人）。3月15日，"南征军"从九州佐世保港启航，20日下午抵澎湖群岛南端的将军澳屿。

日军的动向为清廷获悉，台澎的防务已得到加强。甲午战前，澎湖的守军仅三营，兵员约一千五百人。战争开始后，清廷考虑到澎湖守备空虚，从湖南、广东、福建以及台湾等地增派援兵，澎湖驻军增至十三营，包括步兵十二营、炮兵一营、水雷一队，兵员总数有六千余人。清军的防守重心布置在圆顶半岛沿岸，主力阵地置于大城一带。

早在3月6日，日军间谍曾利用法国军舰掩护，到澎湖天妃澳刺探港路，并登岸侦察清军防务。守军将领周振邦疏于防范，反倒设宴款待，使得日军轻易获得澎湖的详细军情。并以此制订周密的作战计划，决定把登陆地点设在清军守备空虚的里正角湾。③

日军本计划于3月21日发动进攻，是日旗舰"吉野"号碰暗礁搁浅，次日风浪过大，日军不得不等到3月23日才正式发动对澎湖的攻击。23日，伊东祐亨命令高千穗、浪速、秋津州三舰率先朝澎湖进发，松岛、桥立、严岛三

① ［日］藤村道生：《日清战争》，上海译文出版社1981年版，第128—130页；［日］伊藤博文编：《机密日清战争》（摘译），见戚其章主编：《中日战争》第7册，中华书局1996年版，第128页。

② ［日］藤村道生：《日清战争》，上海译文出版社1981年版，第139页。

③ 日军参谋本部编：《攻台战纪：日清战史·台湾篇》，许佩贤译，远流事业出版股份有限公司1995年版，第76—78页。

舰运输舰等随后。9 时 20 分，日舰升起"开战"旗。大城北炮台的清军发觉日军动向后，守将熊国昌即令开炮轰击，"先后击中倭船二艘，将沉未沉之际，被其余倭船拖带而去"。① 日浪速、高千穗、秋津州三舰朝炮台排炮猛轰，双方展开激烈炮战。11 时 30 分，日舰在里正角集中，运输舰驶近海岸，日军登陆部队在炮火掩护下，在里正角西侧良文港陆续登岸。大城北炮台的清军见此，转向良文港轰击，但遭到日本军舰集中火力打击后，炮台"暂时衰歇，逐渐静了下来"。② 到下午 2 时许，日军混成支队已全部登陆，并占领良文港。清军炮台守军虽仅有宏字营一哨，仍坚持炮击到 2 时 30 分左右。

良文港一带并无清军守卫，日军登陆后，便迅速抢占西北的高地。据高地以西约 2000 米的太武山是通向大城北炮台及马公城的必经之路。日军分兵两路向太武山进攻。镇守太武山的清军督带林福喜率队迎战，"奋勇直前，血战至晚"，伤亡六七十人，终力战不敌败走，退往大城北社西方高地，日军占领太武山。③

澎湖总兵周振邦与候补知府朱上泮闻知日军占领太武山，约定翌日三更各派一营偷袭日营。23 日夜，朱上泮夜宿太武山炮台，但周振邦援兵不至。朱上泮遂于 24 日凌晨 5 时独自率右营三哨，东进袭营。又令前后营各两哨随后接应。前队行至西溪，与前来攻击炮台的日军前锋遭遇。此时天色微明，炮台高地浓雾弥漫，视野模糊，日军利用低洼地形潜伏侧击，清军猝不及防，守备宋承进、把总陈喜清等六人当即阵亡。负责接应的四哨清军及时赶到，"大呼陷阵"，稳住阵脚，与日军展开近战，清军作战英勇，双方几乎到了肉搏的距离。④ 日军紧急把作为后备队的第六、七中队投入战斗，清军伤亡大半，余下部队被逼后退，凭借村落边缘的墙壁继续抵抗。日军乘胜分两路攻向大城北炮台及附近的高地。5 时 50 分，日军在炮队与舰炮的掩护下，冒着渔翁岛西屿炮台的炮火，正面猛攻炮台。炮台仅剩少量守军坚守，朱上泮亲自督战，忽被炮

---

① 《署台湾巡抚唐景崧奏查明澎湖失守情形折》，中国史学会主编：《中日战争》第 4 册，上海人民出版社、上海书店出版社 2000 年版，第 104—105 页。

② 日军参谋本部编：《攻台战纪：日清战史·台湾篇》，许佩贤译，远流事业出版股份有限公司 1995 年版，第 80 页。

③ 《署台湾巡抚唐景崧奏查明澎湖失守情形折》，中国史学会主编：《中日战争》第 4 册，上海人民出版社、上海书店出版社 2000 年版，第 105 页；日军参谋本部编：《攻台战纪：日清战史·台湾篇》，许佩贤译，远流事业出版股份有限公司 1995 年版，第 82 页。

④ 日军参谋本部编：《攻台战纪：日清战史·台湾篇》，许佩贤译，远流事业出版股份有限公司 1995 年版，第 84 页。

火击中，倒地昏迷，后被部下救走。都司朱朝贵、参将朱荣昌、守备孙殿勋、千总罗得标等阵亡。清军寡不敌众，败退乌崁社，后一部分退至圆顶半岛，多数则退往马公城。

6时30分，日军完全占领大城北炮台。接着，日军立即组织部队进逼马公城。此时，前来援助大城北炮台的周振邦在途中见到清军败退，丧失斗志，即由鼎湾转至中墩岛撤走。上午11时左右，日军到达马公城下，开始攻城。西屿炮台仍全力轰击日军，支援作战。但马公城守军见主帅逃走，军心动摇，大部分都已退走，剩清军督带林福喜集合余部，"独力鏖战时久，力竭兵单，遂致挫败。"[1] 至12时，马公城被日军攻陷。

在进攻马公城的同时，日军海军陆战队奉命追击退往圆顶半岛的清军，并切断圆顶半岛与澎湖列岛的联系，逼迫半岛上的守军放弃抵抗。[2] 25日凌晨1时，镇守圆顶半岛的郭润馨遣使投降。下午1时，渔翁岛守将刘忠樑等见大势已去，便自毁西屿炮台后逃散。澎湖群岛至此落入日军手中。

进攻威海卫和占领澎湖群岛是日本"干预作战"策略的重要环节，以便为在最终媾和中提出割占土地创造条件，即"所谓歼灭北洋舰队，控制台湾，以造成有利的和谈条件，并获得割取台湾的'根基'"。[3] 随着战局的发展，尤其是"干预作战"策略的完成，日本割占台澎的条件日趋成熟。

日本最终提出割占台湾，与列强的态度也有密切关系。中日战争直接牵涉列强在华及远东的利益，也正因此，中日媾和过程中，列强扮演了重要的角色。其中，英、俄在华利益最大，态度也最积极。英国主要关心在华的商业利益，担心受到战争影响。1894年10月初，英国曾提议德、法、俄、美共同干涉中日战争。之后，英国从各方情报逐渐了解到日本的意图，对日本割占台湾采取默认的态度。俄国则关心其在东北与朝鲜的利益，明确反对日本割占大陆领土，但"对合并台湾不表示异议"。[4] 甚至表示愿意劝说中国依日本要求，派遣有割地、赔款等权力的"全权使臣"赴日谈判。德法等国对台湾虽有野心，但了解日本占有台湾的意图后，并不表异议，甚至认为日本割占台湾已不可避

---

[1] 《署台湾巡抚唐景崧奏查明澎湖失守情形折》，中国史学会主编：《中日战争》第4册，上海人民出版社、上海书店出版社2000年版，第105页。

[2] 《日清战争实记选译》，戚其章主编：《中日战争》第8册，中华书局1994年版，第476页。

[3] ［日］藤村道生：《日清战争》，上海译文出版社1981年版，第130页。

[4] 《日本外交文书选译》（下），戚其章主编：《中日战争》第10册，中华书局1994年版，第59—60页。

免。而这种态度，自然坚定了日本割台的决心。1895 年 2 月 17 日，陆奥宗光在俄国表示不反对割占台湾后，致电驻俄公使说："现今形势之下，日本国不能从要求割让金州半岛及台湾后退一步。"① 这成为日本领土要求的基调。

如上所言，中日媾和之初，日本便抱定割地、赔款作为和议条件。为保证贪欲得到满足，日本决定在中国没有接受割地条件之前，不予正式谈判。为了达成目的，日本一面加强军事打击，一面拖延正式谈判。陆奥宗光就直白地说："据我之见，即使谈判开始后，也不实行停战。如果中国迫切希望停战，则要待我们提出的有利的三个条件得到保证以后方可答应。"② 所谓三个条件，即承认朝鲜独立、割让土地和赔款。在外交上，日本一面刺探列强对其媾和条件的态度，一面又不愿提前泄露具体要求，避免招致列强的干涉。

正式谈判前，清廷急于了解日本的媾和条件，在尚未接到日本是否同意媾和的回复时，李鸿章认为日本"方志得气盛，若遽由我特派大臣往商，转虑为彼轻视"，建议采取折中的方式，选派洋员先行赴日，探听其媾和条件。③ 清廷采纳这一建议。11 月 19 日，李鸿章派天津海关税务司英籍德国人德璀琳赴日，携带李鸿章的照会求见伊藤博文。日方则以这一照会并非国书，且德璀琳并非中国人，抵制了德璀琳的来访，清廷只得召回德璀琳。接着，清廷按照日本要求，于 1895 年 1 月底，派尚书衔总理衙门大臣户部侍郎张荫桓、兵部右侍郎署湖南巡抚邵友濂赴日议和。但日本又以"全权不足"为托词，拒绝与张、邵谈判，并暗示清廷必须派"有力者"如奕䜣或李鸿章作为谈判代表。④ 张、邵赴日前后，日军加紧实施"干预作战"计划，1895 年 2 月，日军攻陷威海卫，北洋水师全军覆没，清廷已丧失继续作战的信心，"时事如此，战和皆无可恃"，⑤不得已依日本要求派李鸿章作为全权代表出使日本。

日本方面，经过数月的战争，日军同样已是强弩之末，"国内的海陆军备

---

① 《日本外交文书选译》（下），戚其章主编：《中日战争》第 10 册，中华书局 1994 年版，第 60 页。

② 《日本外交文书选译》（上），戚其章主编：《中日战争》第 9 册，中华书局 1994 年版，第 478 页。

③ 姚锡光撰：《东方兵事纪略》，中国史学会主编：《中日战争》第 1 册，上海人民出版社、上海书店出版社 2000 年版，第 79 页。

④ ［日］陆奥宗光：《蹇蹇录》，商务印书馆 1963 年版，第 126 页。

⑤ 翁同龢撰：《翁文恭公日记》（乙未正月十六日），中国史学会主编：《中日战争》第 4 册，上海人民出版社、上海书店出版社 2000 年版，第 535 页。

不仅几成空虚,而且去年以来经过长期战斗的舰队以及人员、军需等均告疲劳缺乏"①,难以再发动更大规模的进攻。且军事上既已取得决定性胜利,割地要求也成公开的秘密,继续隐瞒媾和条件反倒容易引起列强的猜忌与干涉,日本决定诱使中国尽快再派出使臣媾和,"速行停止战争,恢复和平,以改变列强的视听"。于是日本在占领刘公岛当日,即 2 月 17 日,底气十足地要求中国:"非有割地之全权大臣不必来日"。次日,日本确认清廷未接到新的要求前已先行指派李鸿章使日。2 月 19 日,日本又专电要求必须"保证"李鸿章是按照"本月 17 日日本政府电示之条件"派遣的"全权大臣"。②

面对咄咄逼人的日本,清廷左右为难。而割地事关重大,慈禧和光绪都迟迟不敢下决定。2 月 22 日,李鸿章到京请训,先奏称"割地之说不敢担承,假如占地索银,亦殊难措,户部恐无此银",后又表示:"割地不可行,议不成则归耳",态度甚坚决。③ 李鸿章其实深知此番媾和,非割地难成,这样表态,无非是不愿担负割地的罪名。该日廷议割地问题时,枢臣发生激烈争执。军机大臣孙毓汶、徐用仪力言惟有割地始能和议,"必欲以割地为了局"。而翁同龢则强调"偿胜于割",希望以赔款代替割地。双方力争不下,数日未决。24 日,李鸿章遍访英、德、俄等国驻京公使,请求出面帮忙抵制日本的割地要求,但遭到拒绝。④ 德使正告,"若不迁都,势必割地"。⑤ 25 日,廷议,李鸿章、奕䜣认为日本野心极大,"注意尤在割地",然时机紧迫,"非此不能开议"。⑥ 翁同龢虽不认同,却也无可奈何。割地之议基本确定。3 月 2 日,奕䜣传光绪面谕,正式予李鸿章以"商让土地之权"。⑦ 李鸿章随后上奏,谈到让地原则:"惟形势则有要散,论方域则有广狭;有暂可商让者,即有碍难允许者。臣必

---

① [日]陆奥宗光:《蹇蹇录》,商务印书馆 1963 年版,第 158 页。
② [日]陆奥宗光:《蹇蹇录》,商务印书馆 1963 年版,第 129—130 页。
③ 翁同龢撰:《翁文恭公日记》(乙未正月二十八日),中国史学会主编:《中日战争》第 4 册,上海人民出版社、上海书店出版社 2000 年版,第 538 页。
④ 《英国外交文件》(下),戚其章主编:《中日战争》第 11 册,中华书局 1996 年版,第 797—799 页。
⑤ 翁同龢撰:《翁文恭公日记》(乙未正月三十日),中国史学会主编:《中日战争》第 4 册,上海人民出版社、上海书店出版社 2000 年版,第 539 页。
⑥ 《北洋大臣李鸿章奏为遵旨奉使日本议和预筹商谈方略折》,戚其章主编:《中日战争》第 2 册,中华书局 1989 年版,第 458—459 页。
⑦ 《北洋大臣李鸿章奏为遵旨奉使日本议和预筹商谈方略折》,戚其章主编:《中日战争》第 2 册,中华书局 1989 年版,第 459 页。

当斟酌轻重，力与辩争。"① 李鸿章折中所谓"散"与"狭"，即暗指台湾。在李鸿章看来，台湾不是要地而是散地，面积不广。当夜，李鸿章与翁同龢长谈，议及割地问题，翁同龢言"台湾万无议及之理"。② 但同日，慈禧密召李鸿章议事，已允"以辽东或台湾予之，如不肯则两处均予"。③ 次日，奕䜣、奕劻等王公大臣联名会奏，确认让地之权应以"宗社为重，边徼为轻"为原则（实际上就等于默许割让台湾形成共识），并命李鸿章即日启程。④

3 月 14 日晨，李鸿章携参议李经方（李鸿章之子），以及参赞罗丰禄、马建忠、伍廷芳，美国顾问科士达等人共 135 人，自天津搭乘德国商轮"公义"号赴日谈判。3 月 19 日晨，抵日本马关。自 3 月 20 日至 4 月 17 日，李鸿章为首的中国代表在马关春帆楼与日本代表伊藤博文、陆奥宗光等人举行了七次会谈。首日谈判时，双方互换敕书。中方要求正式媾和谈判以前，先议定停战问题，并宣布英文备忘录，伊藤博文答应明日回复。21 日下午举行第二次谈判，伊藤提出停战条件，内容包括由日军占领大沽、天津、山海关，并解除该地中国军队武装；天津、山海关间的铁路归日本军官管辖；停战期间的军费由中国承担等。如此极端苛刻的条件，李鸿章无法接受，再三肯商，伊藤拒不松口。日方故意提出严苛的条件，意在让李鸿章知难而退，接受不停战而议和。双方往复争辩，未达成共识。最后，约定李鸿章三日后答复是否撤回停战要求。清廷获知停战条件后，只得令李鸿章先谈和约条款。24 日，双方举行第三次会谈。李鸿章表示放弃停战要求。双方决定 25 日上午进行正式和议谈判。会谈中，伊藤突然透露日本正派兵往攻台湾，李鸿章震惊之余马上追问：日方不愿停战，是否因向台湾用兵之故？伊藤矢口否认。但实际上日军已于前一日发动对澎湖的进攻，且进展顺利。李鸿章警告，若日本攻占台湾，将会招致英国干涉。伊藤则称此事与英无关。会谈结束后，李鸿章在返回住所途中遭日本浪人行刺受伤，震惊内外朝野，各国舆论哗然。日本政府狼狈不堪，既担心李鸿章因之回国，中断谈判；又深恐招致列强干涉，逼迫日本让步。于是，日方一面

---

① 《北洋大臣李鸿章奏为遵旨奉使日本议和预筹商谈方略折》，戚其章主编：《中日战争》第 2 册，中华书局 1989 年版，第 459 页。

② 翁同龢撰：《翁文恭公日记》（乙未二月初六日），中国史学会主编：《中日战争》第 4 册，上海人民出版社、上海书店出版社 2000 年版，第 540 页。

③ 《汪委员来电》，《张之洞全集》第 8 册，河北人民出版社 1998 年版，第 6127—6128 页。

④ 《恭亲王奕䜣等奏为传谕李鸿章予以让地之权令其与日定议折》，戚其章主编：《中日战争》第 2 册，中华书局 1989 年版，第 164 页。

由日皇派侍医为李鸿章诊治，皇后亲制绷带，并派护士照料；一面表示愿意无条件停战，以延续谈判。28 日，陆奥宗光亲至李鸿章住所提出停战协议草案。李鸿章欣然同意继续谈判，并对停战条款作了修改，但"将休战范围扩大到南征军即台湾诸岛"的要求没有被接受。不过对李鸿章来说，能够实现停战，已感到满意，没有再强争。3 月 30 日，双方签订了《中日停战协定》6 款。表面上，这一停战协议是在日本处于各方压力情况下被迫签订的，实际上日本却巧妙利用这一停战协议达到自己的目的，尤其范围仅限于奉天、直隶、山东等地，台澎未在其中，这等于是为日本割占台湾预留条件；而限定停战期为 3 周，则不啻逼迫中国必须在期限内满足日本的要求。

1895 年 4 月 1 日，中日双方举行第四次谈判。陆奥宗光向李经方出示了和约底稿，提出包括承认朝鲜独立、割地、赔款、通商在内等 11 款条件，要求割占盛京省南部地方、台湾全岛及其附属诸岛屿及澎湖列岛，并限 4 日内答复。即日下午李鸿章将和议底稿电告清廷，特别指出"查日本所索兵费过甚，无论中国万不能从，纵使一时勉行应允，必至公私交困，所有拟办善后事宜，势必无力筹办。且奉天为满洲腹地，中国亦万不能让"，日本若不取消割占"奉天南边各地"，并大量删减赔款，"和局必不能成"，"惟有苦战到底"。同时，李鸿章仍把希望寄托于列强干涉，他接受科士达的建议，请总署将割地、赔款等项透露给英、俄、法等国公使，通商要求则保密，防止列强趁机要求权益均沾。但这些密电当时已被日方解读，陆奥即刻针对性地展开反列强干涉的外交活动。而李鸿章在电文中，未提及台湾、澎湖亦是"万不能让"的地区，[①] 日方知晓李鸿章更加重视盛京南部地区，这无形中可能会增加未来反对台湾割让的难度。

4 月 3 日，清廷接李鸿章电后，见日方索求条件之苛刻，"殆难就范"，紧急商讨对策。光绪意在"速成"，但又难以接受日本的割地要求。李鸿章在电文中，表露了弃台澎保奉天的意向，清廷虽然已做了最坏的打算，但割地事大，不敢轻允。枢机大臣为此发生激烈争议，翁同龢力陈台湾不可弃，与世铎、奕劻龃龉，奕诉主交廷议而持之不坚，接连两日，议无所决。[②] 李鸿章等不到清廷正式复电，只得在期限规定最后一天（4 月 5 日），经清廷许可后，自

① 《寄译署》，《李鸿章全集》第 3 册，电稿三，上海人民出版社 1987 年版，第 478 页。
② 翁同龢撰：《翁文恭公日记》，中国史学会主编：《中日战争》第 4 册，上海人民出版社、上海书店出版社 2000 年版，第 546—547 页。

行提出一份长篇说帖，除认同朝鲜独立外，对割地、赔偿军费、通商权利等项加以辩驳。① 这一份说帖在割地问题上，仅强调"奉天南边割地太广，日后万难相安"，并未述及台澎，说明此时李鸿章仍按出京时预备的方案，希望以默认割让台湾来保住奉天南部地区。② 陆奥宗光对于李鸿章的笼统回复很不满意，担心这样会拖延谈判进程。4 月 6 日，日本照会李鸿章，要求依照草案条款，"对全部或每条允诺与否"予以明确答复接受，若有修改意见，也必须逐一说明，并以"约文之体裁"。③ 陆奥的回复让李鸿章预感到单割让台澎恐难以满足日方的贪欲，当日，李鸿章电告清廷：停战期临近结束，请求尽早指示，"若欲和议速成，赔款恐须过一万万，让地恐不止台澎"④。

　　日本的议和条件传回国内，当即引起愤怒的声讨，不少官员上书要求拒割土地。此时澎湖已陷落，停战范围又不含台澎，国人更加担心台澎将落入日本，反割台舆论兴起，让清廷更难下决心按前议弃台。4 月 8 日，清廷接到李鸿章的报告后，质问李鸿章为何在说帖中仅谈奉天南边割地太广，而未叙及如何争辩台澎？且李鸿章称"让地恐不止台澎"，似割让台澎已成定案，更让人怀疑李鸿章在抗拒割台问题上过于消极："究竟说帖数千言中及面晤伊藤等时，曾否辩论及此？电语殊觉简略。"为此，清廷特别强调："南北两地，朝廷视为并重，非至万不得已，极尽驳论而不能得，何忍轻言割弃。"该日，慈禧也放言："两地皆不可弃，即撤使再战亦不恤也。"⑤ 但既无再战之决心，割地已成必然。在同日的电报中，清廷又指示李鸿章："即如割地一端，奉省乃陪都重地，密迩京师，根本所关，岂宜轻让；台湾则兵争所未及之地，人心所系，又何忍辄弃资敌。既不能概行拒绝，亦应权其利害轻重，就该大臣之意决定取舍。"⑥ 后又言："先将让地应以一处为断，赔款应以万万为断，与之竭力申说。"⑦ 实际上，再次把让地之权交与李鸿章。李鸿章回电则表示："鸿断不敢轻允割弃，已于另备节略中驳论及此……旨饬让地以一处为断，极是正论，自

---

① 《寄译署》，《李鸿章全集》第 3 册，电稿三，上海人民出版社 1987 年版，第 483 页。另参见 [日] 陆奥宗光：《蹇蹇录》，商务印书馆 1963 年版，第 142—145 页。
② 《译署来电》，《李鸿章全集》第 3 册，电稿三，上海人民出版社 1987 年版，第 485 页。
③ [日] 陆奥宗光：《蹇蹇录》，商务印书馆 1963 年版，第 146 页。
④ 《寄译署》，《李鸿章全集》第 3 册，电稿三，上海人民出版社 1987 年版，第 483 页。
⑤ 翁同龢撰：《翁文恭公日记》，中国史学会主编：《中日战争》第 4 册，上海人民出版社、上海书店出版社 2000 年版，第 547 页。
⑥ 《译署来电》，《李鸿章全集》第 3 册，电稿三，上海人民出版社 1987 年版，第 484 页。
⑦ 《译署来电》，《李鸿章全集》第 3 册，电稿三，上海人民出版社 1987 年版，第 485 页。

应如此立言，不知将来能否办到。"李鸿章还提出，在割地问题上，尽量以日军实际占领的情况为依据，"敌所已据处，争回一分是一分，其所未据处，丝毫断不放松也"。①

但清廷弃边地保陪都的想法只是一厢情愿。同日，日本又邀新任全权大臣李经方至行馆会谈，李经方要求对赔款与割地两项再作磋商。伊藤断然拒绝："赔款数额虽可略减，但决不能作大量削减；割地则奉天、台湾皆须割让。"并危言恫吓："希中国使臣能深切考虑现在两国之间的形势，即日本为战胜者、中国为战败者之事实。前者由于中国请和，日本应允，始有今日之议和，若不幸此次谈判破裂，则我一声令下，将有六七十艘运输船只搭载增派之大军，舳舻相接，陆续开往战地，如此北京的安危亦有不忍言者。如再进一步言之，谈判一旦破裂，中国全权大臣离开此地，能否再安然出入北京城门，恐亦不能保证。"② 李鸿章获知伊藤博文的强硬态度后，"再四筹思，时迫事急"，决定不待清廷回复，于次日将和议修正案提交日本，其中的割地条款改为：一为奉天省南边四厅州县地方，包括安东县、宽甸县、凤凰厅、岫岩州；二为澎湖列岛。③ 同时，电告总理衙门做好对日本的反应作最坏的打算，"倘彼犹不足意，始终坚执，届时能否允添？乞预密示。否则只有罢议而归"，"停战展期已绝望，请饬各将帅及时整备为要"。④ 这一修正案的提出其实说明李鸿章已意识到前与清廷谋划的"宗社为重，边徼为轻"策略已失败，遂按现日军占领范围，提出允让地区。李鸿章的行动早为日方所侦知。一旦李鸿章罢议而归，战事又起，这并非日方所愿意看到的。日皇即认为，万一谈判决裂，即使在北京订城下之盟，"难免要受外国之干涉，最后割据领土也将成为泡影"。⑤ 于是，日本决定作出让步。

4月10日下午，中日双方进行第五次谈判。李鸿章伤势已愈，亲自参加了会谈。日方提出修正案，对和议条件作出些许让步，其割地的范围和赔款的数

---

① 《复译署》，《李鸿章全集》第3册，电稿三，上海人民出版社1987年版，第486页。
② ［日］陆奥宗光：《蹇蹇录》，商务印书馆1963年版，第147页。
③ ［日］陆奥宗光：《蹇蹇录》，商务印书馆1963年版，第148页。
④ 《寄译署》，《李鸿章全集》第3册，电稿三，上海人民出版社1987年版，第488页。
⑤ ［日］春亩公追颂会编：《伊藤博文传》（下），第187页，转引自［日］信夫清三郎编：《日本外交史》上册，天津社会科学院日本问题研究所译，商务印书馆1980年版，第281页。此时日本还受到来自列强的压力。俄国等列强了解日本的媾和条件后，对日本施加压力，让日本担心会遭到列强的干涉。参见戚其章：《甲午战争国际关系史》，第383—392页。

量虽有所减少，台湾全岛及澎湖列岛仍依前案。伊藤博文同时强横表示："但问允不允而已，无可再商"。① 李鸿章据理力争，希望日方放弃割占营口和台湾两地。当时辩论情形如下。

> 李云：台湾全岛，日兵尚未侵犯，何故强让？伊云：此系彼此定约商让之事，不论兵力到否。李云：我不肯让，又将如何？伊云：如所让之地，必须兵力所到之地，我兵若深入山东各省，将如之何？李云：此日本新创办法。兵力所已到者西国从未全据，日本如此，岂不贻笑西国？伊云：中国吉林、黑龙江一带，何以让与俄国？李云：此非因战而让者。伊云：台湾亦然。此理更说得去。李云：中国前让与俄人之地，实系瓯脱，荒寒实甚，人烟稀少。台湾则已立行省，人烟稠密，不能比也。伊云：尺土皆王家之地，无分荒凉与繁盛。②

当日谈判最后，李鸿章仍作努力，再言："营口还请退出，台湾不必提及。"伊藤则再次以武力威吓："广岛有六十余只运船停泊，计有二万吨运载，今日已有数船出口，兵粮齐备"，并限三日答复。③ 此后数日，李鸿章仍想争取日方进一步放松条件，但伊藤博文一再拒绝，称4月10日所提出之条件为最后条件，"无可再行商让"。④ 清廷还提出"许日以矿利，而土地人民仍归我有"或"允其割台之半，以近澎台南之地与之，台北与中国相对，仍归中国"等方案，均被伊藤博文所拒。⑤ 14日，伊藤博文再度威胁中断谈判，重新开战。李鸿章请示总理衙门，"事关重大，若照允，则京师可保，否则，不堪设想"。⑥ 4月15日，总理衙门连复两电谕李鸿章定约："十八日所谕各节，原冀争得一分有一分之益，如竟无可商改，即遵前旨与之定约。"⑦

---

① 《寄译署》，《李鸿章全集》第3册，电稿三，上海人民出版社1987年版，第495页。

② 蔡尔康辑：《中东战纪本末》，中国史学会主编：《中日战争》第5册，上海人民出版社、上海书店出版社2000年版，第413页。

③ 蔡尔康辑：《中东战纪本末》，中国史学会主编：《中日战争》第5册，上海人民出版社、上海书店出版社2000年版，第414页。

④ ［日］陆奥宗光：《蹇蹇录》，商务印书馆1963年版，第152页。

⑤ 《译署来电》，《李鸿章全集》第3册，电稿三，上海人民出版社1987年版，第490、494页；《寄译署》，《李鸿章全集》第3册，电稿三，上海人民出版社1987年版，第497页。

⑥ 《寄译署》，《李鸿章全集》第3册，电稿三，上海人民出版社1987年版，第497页。

⑦ 《寄译署》，《李鸿章全集》第3册，电稿三，上海人民出版社1987年版，第498页。

4月15日，中日举行第六次会谈。李鸿章仍试图争取日方在台湾和营口等问题上作让步。但伊藤已截获清廷允约的情报，寸步不让。最后，在17日的第七次会谈时，李鸿章与日本全权代表签订了丧权辱国的《马关条约》，其第二款除第一项是割让辽南地方，第二、三项及第五款为割台条款，内容为：

第二款，中国将管理下开地方之权，并将该地方所有堡垒、军器工厂及一切属公物件，永远让与日本：

一、……

二、台湾全岛及所有附属各岛屿；

三、澎湖列岛，即英国格林尼次东经百十九度起至百二十度止，及北纬二十三至二十四度之间诸岛屿。

……

第五款，本约批准互换之后，限二年之内，日本准中国让与地方人民愿迁居让与地方之外者，任其变卖所有产业，退去界外。但限期满之后尚未迁徙者，酌宜视为日本臣民。

又台湾一省，应于本约批准互换后，两国立即各派大员至台湾，即于本约批准互换后两个月内交接清楚。[①]

三、清廷朝野及台湾军民反对台湾割让的努力

马关谈判清政府被迫割让包括辽东半岛、台澎等地的大片土地，赔偿巨额军费。消息震惊全国，举国上下，群情激愤，士民纷纷上书，请求拒日割地，一场规模空前的反对割地求和的舆论运动迅速掀起。在尚未正式批约之前，清政府、地方大员和台湾绅民都在设法阻止割台。

1894年10月间，中日开始和议谈判的接触，有关日本觊觎台湾的消息便不胫而走，引起国人的警惕。11月14日，负责南洋防务的两江总督兼南洋大臣张之洞未雨绸缪，致电李鸿章，询问日本索台传闻的真伪，强调绝不可割

---

① 王铁崖编：《中外旧约章汇编》第一册，生活·读书·新知三联书店1957年版，第614—615页。

台。他主要从台湾的物产之丰、战略地位之重来立论，代表了时人对割台问题的基本认识。他指出，台湾物产富饶，战略地位极其重要，若割让给日本，如虎之傅翼，则不论水师运船，自北至南，皆为日本所挟制，中国将永无安枕，更无自强之日。① 次年 2 月，李鸿章进京请训之际，清廷中枢讨论授予李鸿章让地之权，确立"宗社为重，边徼为轻"的原则，割台之说更是甚嚣尘上。张之洞一面建议署台湾巡抚唐景崧奏请拒日割台，一面亲自电奏不可割台。2 月 28 日，张之洞奏称："查台湾极关紧要，逼近闽浙，若为敌踞，南洋永远事事掣肘。且虽在海外，实为精华，地广物番，公家进款每年二百余万，商民所入数十倍于此，未开之利更不待言。"张之洞还提出把台湾抵押给英国，允许英国在台开矿一二十年，换取英国保护台湾。② 3 月 2 日，唐景崧电奏道："台湾逼近闽粤江浙，为南洋第一要害。然我控之为要，敌据之为害。欲固南洋，必先保台，台若不保，南洋永远不能安枕。且治台者倘能稍假便宜，略宽文法，不惜资本，广浚利源，实属可富可强之地，外人所以垂涎也。近日海外纷传倭必攻台；又闻将开和议，倭必索台。明知谣传无据，朝廷亦断不肯许人，无如台民惊愤，浮议哗然，深恐视台如汉之视珠崖者。百端谕解，莫释群疑。微臣职在守土，倭如攻台，战事死生以之。倭如索台和款，非能与议，而一岛关南洋全局，惟有沥陈利害，上备先事之运筹，下慰愚民之怀惑，冒昧以陈"。③

此时，不少知晓谈判内情的京官，上书抗言，请朝廷坚拒割地。3 月 3 日，翰林院编修黄绍箕、丁立钧、徐世昌等八人，联署上奏，认为不可迁就日人巨额赔款的要求，尤其不可割地，一旦割地，不但永无自强之日，抑且旦夕"无苟安之时"。当时人们注意到日人对台湾、奉天两地的企图，"割地一事，台湾之富饶称最；奉天与韩地毗连，彼族垂涎匪伊朝夕"。④ 黄绍箕等人特别就从形势、规制、物产、民情等方面，条陈割台万不可行："倭人所垂涎者，台湾也。台湾……论形势，则我先朝所经营，以屏南服；论规制，则我皇上所增廓，以控重瀛；论物产，则赋税有逾于边省；论民情，则输将几埒于常供：何罪何

---

① 张之洞：《致天津李中堂》，《张之洞全集》第 7 册，河北人民出版社 1998 年版，第 5846 页。
② 《署南洋大臣张之洞来电》，中国史学会主编：《中日战争》第 3 册，上海人民出版社、上海书店出版社 2000 年版，第 482—483 页。
③ 《唐巡抚来电》，《张之洞全集》第 8 册"电牍"，河北人民出版社 1998 年版，第 6125 页。
④ 《吏书尚书麟书代奏编修丁立钧等时务重要宜战不宜和呈文折》，戚其章主编：《中日战争》第 2 册，中华书局 1991 年版，第 486 页。

辜，而论为异域?"① 3 月 10 日，丁立钧等人再度联名上书，反对割地求和，称割地之例一开，列强见而竞起，寻机挑衅，坐辟封疆，"一举而弃一省，窃恐二十三省之地不足供封长蛇之荐食"。②

马关谈判时刻牵动国人，台民尤为紧张。当停战条件公布，闻知停战范围不包括台澎。台民既惊且愤，担心日军将全力攻台，纷纷请唐景崧代奏，表拒割台："谓北停战，台独不停，是任倭以全力攻台，台民何辜，致遭歧视! 向臣林绅维源环问，谓战则俱战，停则俱停，众口怨咨，一时军、民、工、商无不失望，义勇尤哗"。③ 台民为义愤所激，万众一心，声言与日本"誓不两立"。④ 4 月 14 日，唐景崧再电"赔兵费、通商则可，与土地则不可"。⑤ 京官们则以为停战不及台澎，与先前确定的"以散地易要地"策略有关，担心朝廷有弃台之意，再度申言台不可弃。4 月 6 日，翰林院侍读学士文廷式上奏，要求朝廷严令李鸿章，争取全面停战，不可中日人攻台之计。他指出南北地位皆重，台湾关系江浙闽广得失，不可视为"散地"。⑥ 4 月 8 日，江南道监察御史张仲炘亦上书，指出台湾地大物博，财富甲于天下，乃中国富强之资，且战略地位极重，一旦落入日人之手，后患无穷。他请求光绪皇帝严厉驳斥割台之议，并电饬李鸿章与日人订约，"将南北一律停战，以免台民涂炭之忧，以饵中国无穷之患"。⑦

日本正式提出割地要求后，京官上书拒和更是络绎不绝。4 月 15 日，翰林院编修丁立钧等人，联名上书，对条约的内容表示极度的失望："战而亡者，不过数城之地，今议和之所弃者，且数倍于兹矣……战而费者不过数千万之款，今议和之所损者又数倍于兹矣"，这样的条约，"失国体，失人心，堕军

---

① 《翰林院代奏编修黄绍箕等条陈折》，中国史学会主编：《中日战争》第 3 册，上海人民出版社、上海书店出版社 2000 年版，第 489—490 页。

② 《吏书尚书麟书代奏编修丁立钧等时务重要宜战不宜和呈文折》，戚其章主编：《中日战争》第 2 册，中华书局 1991 年版，第 486 页。

③ 《台湾唐维卿中丞电奏稿》，中国史学会主编：《中日战争》第 6 册，上海人民出版社、上海书店出版社 2000 年版，第 381 页。

④ 《台湾署抚唐来电》，《李鸿章全集》第 3 册，电稿三，上海人民出版社 1987 年版，第 483 页。

⑤ 《台湾唐维卿中丞电奏稿》，中国史学会主编：《中日战争》第 6 册，第 383 页。

⑥ 《翰林院侍读学士文廷式奏倭攻台湾请饬使臣据理争论折》，中国史学会主编：《中日战争》第 3 册，上海人民出版社、上海书店出版社 2000 年版，第 577—578 页。

⑦ 《江南道监察御史张仲炘请饬全权大臣勿以台湾许倭折》，中国史学会主编：《中日战争》第 3 册，上海人民出版社、上海书店出版社 2000 年版，第 582 页。

实，长寇志"。他们进而提出撤换使臣，速筹军饷，重振军威，博采洋员条陈，坚定以战求和的决心等六条建议。① 同日，吏科掌印给事中余联沅上奏，"无台湾则闽浙渐失其屏蔽，无辽东则京师撤其藩篱"，割地即无以立国。他注意到台湾之民义愤激烈，请唐抚代奏拒割台，指出这更见人心固结，"宜抚之而不宜失之"②。4月16日，吏科给事中褚成博上折亦称，台湾所关不仅台地一隅，台民誓死固守，不肯服属岛夷，朝廷若不迎合台民之望，置之度外，不予保全，"恐四海生灵，从兹解体。民心一去，国谁与守？"③ 同日，江西监察御史王鹏运更警告，若割台予日，将引发列强瓜分，"日朘月削，披枝伤心，不出十余年，恐欲为小朝廷而不可得"。④ 据统计，自李鸿章进京请训到马关条约签订，上书谏阻割台的官员有30余人20余件次。⑤ 这些上书使得清廷在割地问题上更加犹豫不决，不敢轻易接受。但清廷既已无再战之心，在日人的威胁下，接受了屈辱条款。

在台湾，割台的消息立刻引发了一场民众请愿运动。割台当日，唐景崧得到张之洞通知，忙去电清廷确认，并请借助英、俄保辽、台。清廷回电，称为保京师，不得已割台，而且"台无接济，一拂其请，彼必全力进攻，徒损生灵，终归沦陷"，令唐景崧开导台民，"勿违旨意"，"免滋事端，致碍大局"。⑥ 该电用词生硬，"并无一语抚恤"，经唐景崧转谕，台民大失所望，"哭声震天"。⑦ 台北民众鸣锣罢市，聚集于抚署，向唐母与唐景崧哭诉，请其固守台湾，设法保台。⑧

---

① 《翰林院编修丁立钧等条陈时事折》，中国史学会主编：《中日战争》第3册，上海人民出版社、上海书店出版社2000年版，第595—596页。

② 《吏科掌印给事中余联沅请勿允许倭奴奢款并速定大计力筹远谋折》，中国史学会主编：《中日战争》第3册，上海人民出版社、上海书店出版社2000年版，第599页。

③ 《吏科给事中褚成博请严拒割地议和折》，中国史学会主编：《中日战争》第3册，上海人民出版社、上海书店出版社2000年版，第603页。

④ 《御史王鹏运奏和约要挟太甚流弊太深请回宸断折》，戚其章主编：《中日战争》第3册，中华书局1991年版，第64页。

⑤ 陈孔立主编：《台湾历史纲要》，九州出版社2006年版，第168页。

⑥ 《电署台抚唐景崧保卫京师重于保台希开导民人勿违旨意》，戚其章主编：《中日战争》第3册，中华书局1991年版，第70页。该电以往未收入其他文献汇刊，学者都凭俞明震撰《台湾八日记》所附《台湾唐维卿中丞电奏稿》的节录，查对两文，唐景崧所述与原电基本一致。此电用词生硬，对台民刺激颇大，后来台湾绅民、举人的电奏，不少是对该电的批驳，详后。

⑦ 《台湾唐维卿中丞电奏稿》，中国史学会主编：《中日战争》第6册，上海人民出版社、上海书店出版社2000年版，第385页。

⑧ 《台湾唐维卿中丞电奏稿》，中国史学会主编：《中日战争》第6册，上海人民出版社、上海书店出版社2000年版，第387页。

同时，电告台南、台中绅士，迅速形成全台的抗争运动。台民通过各种途径，向清廷表达拒和割台的决心和要求。唐景崧频繁电奏，时常一日数电。在当时大小官员的电奏中，唐景崧的奏电数目颇令人瞩目。① 签订条约次日，即 4 月 18 日，丘逢甲领衔全台绅民电奏，表示誓与台共存亡："臣等桑梓之地，义与存亡，愿与抚臣誓死守御。设战而不胜，请俟臣等死后再言割地。"② 绅民向唐景崧递交血书，表明"誓不服倭"的决心："割亦死，拒亦死，宁先死于'乱民'手，不愿死于倭人手！"要求朝廷将删除割地条款，否则朝廷失人心，"何以治天下！"③ 台湾绅民首领俞明震、丘逢甲电告翁同龢，"字字血泪"。④ 唐景崧除了为台民代奏，还与闽浙、两江、山东等地的督抚一道，上奏朝廷，展期再议和约条款。⑤

此时正值会试之期，在北京应试的各省举人，听闻马关和议的噩耗，纷纷到都察院联名上书，呼吁拒约再战，发起著名的"公车上书"。其间，台籍官员叶题雁和举人们的上书，率先被都察院代奏，4 月 25 日当日便被呈递慈禧，成为"公车上书"的先声。⑥ 折中表示："今者闻朝廷割弃台地以与倭人，数千百万生灵皆北向恸哭，闾巷妇孺莫不欲食倭人之肉，各怀一不共戴天之仇，谁肯甘心降敌？纵使倭人胁以兵力，而全台赤子誓不与倭人俱生。势必强勉支持，至矢亡援绝数千百万生灵尽归糜烂而后已。"⑦ 该折还就清廷对割台问题的解释做了反驳。清廷开导台民的谕旨中，称为保京师，不得已舍台，且若拒日要求，日必攻台，残害台民，而割台后，台民还可内迁，劝全台绅民"勿得逞忿一时，致罹惨害"。⑧ 叶题雁等人指出："或谓朝廷不忍台民罹于锋镝，为此

① 茅海建：《"公车上书"考证补（一）》，《近代史研究》2005 年第 3 期。
② 《署台湾巡抚唐景崧奏丘逢甲率全台绅民誓与台共存亡电》，戚其章主编：《中日战争》第 3 册，中华书局 1991 年版，第 74 页。
③ 《台湾唐维卿中丞电奏稿》，中国史学会主编：《中日战争》第 6 册，上海人民出版社、上海书店出版社 2000 年版，第 388 页。
④ 翁同龢撰：《翁文恭公日记》，中国史学会主编：《中日战争》第 4 册，上海人民出版社、上海书店出版社 2000 年版，第 549 页。
⑤ 见茅海建：《"公车上书"考证补（一）》，《近代史研究》2005 年第 3 期。
⑥ 《台湾京官户部主事叶题雁、翰林院庶吉士李清鼎、台湾安平县举人汪春源、嘉义县举人罗秀惠、淡水县举人黄宗鼎为弃地吁恳泣呈效死条陈》，见茅海建：《"公车上书"考证补（一）》，《近代史研究》2005 年第 3 期。
⑦ 《户部主事叶题雁等呈文》，中国史学会主编：《中日战争》第 4 册，上海人民出版社、上海书店出版社 2000 年版，第 27 页。
⑧ 《电署台抚唐景崧保卫京师重于保台希开导民人勿违旨意》，戚其章主编：《中日战争》第 3 册，中华书局 1991 年版，第 70 页。

不得已之举。然倭人仇视吾民，此后必遭荼毒。与其生为降虏，不如死为义民。或又谓徙民内地尚可生全。然祖宗坟墓，岂忍舍之而去？田园庐舍，谁能挈之而奔？纵使子身内渡，而数千里户口又将何地以处之？此台民所以万死不愿一生者也。"他们还警告，地无轻重之分，若弃台民于倭寇之手，则"天下人心必将瓦解，此后谁肯为皇上出力乎！大局必有不可问者，不止京畿已也。"①

台湾绅民民气激昂，引起朝议纷纭。各省举人目睹"台湾举人垂涕而请命，莫不哀之"。②《申报》也注意到："乃台人共怀愤激，不甘让于倭人，东省人民不闻有伏阙上书，显陈利害，岂朝廷待民之心有厚薄耶？抑人民之气节有不同耶？"③ 浙江举人钱汝雯等也奏道："现闻台湾之民罢市聚哭，群情汹汹，不肯附倭。彼之所谓乱民，我之所谓义士也。澎湖之陷，绅民死事惨烈。今能不畏凶威，虽奉朝命，仍与之抗，可谓大义炳于寰区，方将旌之以徇于国，岂可抑勒之，束缚之，驱而纳诸水火之中乎？"④ 在轰轰烈烈的拒和谏诤运动中，官员、举人上书反对割台的理由，除了台地的战略地位重要、资源丰厚等，更强调台民忠义，割台恐将失去民心。礼科给事中丁立瀛等奏言："台湾之民，闻有此议，人情汹汹，愤不可遏。若果弃之，是失民心也。民心一失，何可复收？"⑤ 他们批驳为保京师而割台的主张。侍郎会章奏言："京师与台湾孰重？与金、复、海、盖孰重？割之所以保京师也。夫京师重而台湾、金、复、海、盖皆轻，此言诚是也。但恐此端一启，各国生心，假使再有兵端……驯至版图尽弃，而独留京师一隅之地，其足以立国乎？"⑥ 兵部主事方家澍等人则直言，空言主战或主和实际无补于事，关键在于清廷是否下定决心迁都再战："窥见今日之局，主战者徒争空名，主和者亦贾实祸。盖不迁都而战，是为孤注一掷；不迁都而和，是为鸩脯充饥。"他们指出，朝廷急于和议，是为避免京城

① 《户部主事叶题雁等呈文》，中国史学会主编：《中日战争》第4册，上海人民出版社、上海书店出版社2000年版，第27页。
② 《康南海自编年谱》，中国史学会主编：《戊戌变法》第4册，上海人民出版社1957年版，第130页。
③ 《论割地轻重》，《申报》1895年5月9日。
④ 《浙江举人钱汝雯等为和议要挟太甚应联合各国责倭有违公法呈文》，戚其章主编：《中日战争》第3册，中华书局1991年版，第237页。
⑤ 《礼科给事中丁立瀛等奏为倭人索求太甚条约应交廷臣集议毋堕其计折》，戚其章主编：《中日战争》第3册，中华书局1991年版，第94页。
⑥ 《侍郎会章奏为和议将成请饬廷臣会议以广谘谋而防后患折》，戚其章主编：《中日战争》第3册，中华书局1991年版，第121页。

陷于倭寇之手，但此番和议条件，为"中国开辟以来所未闻，五大洲各国所未有"，危害更大，眼下明智之举，惟有以定策迁都诏示天下，使倭寇无从要挟，可惜王公大臣不敢直言迁都再战。他们还就儒家思想中"春秋之义，天子无出"的观点作了解释，认为"无出者，天下之大，随天子所往，无所谓出也"，故而迁都再战并不违背礼制。①

在万众声讨中，不少人还认为，战而失地或可接受，不战而弃地，则万难接受。工部主事喻兆藩等人便奏称："台湾现未失守，非金、复、海、盖所可同。"② 文廷式则奏言："夫战而失地，出于势之无可如何，百姓虽死亦无所怨。若朝廷隐弃之而不言，奸臣巧割之而不恤，四方之人，谁不解体，不独各国环起之可虑。"③ 梁启超等人奏称："今辽边失守，我师败衄未能恢复，无可如何。若台湾全岛为东南门户，连地千里，山海峻险，其硝磺、樟脑、材木、米粟及煤铁、五金之矿，饶绝海外，西人计之，以为整顿可得五万万。其人民千余万众，自圣祖仁皇帝开辟以来，涵濡煦覆，沐浴圣化，近二十年，升为行省，锄启山林，教化'番'众，上劳庙谟，下糜巨帑，亦既渐有条理，炳焉与内地同风；岂可未闻败失，遽甘弃捐？远闻台民闻有弃台之说，莫不痛心号踊，回首面内，悲怨大呼，谓黔首千万，莫非赤子，何忍一旦弃之夷狄？此诚天下所悲悯者也。皇上为之父母，闻其呼号，其忍终弃数千万无辜之赤子乎？"要求朝廷"严饬李鸿章订正和约，勿割台湾"。④ 他们在割台问题上观点，与台民不愿拱手弃台的决心是一致的。不仅如此，民间报章舆论也因台民的义愤哀号而转变态度。当时影响最大的中文报纸《申报》曾一度为清廷割让台湾辩解，但听到台民的抗争后，意识到割地问题所牵涉的不仅仅是台湾一地的战略地位问题，更重要的是生活在土地上人民的感情："诚以割地一事，不独失土，抑且失财失民为

---

① 《兵部主事方家澍等呈文》，中国史学会主编：《中日战争》第 4 册，上海人民出版社、上海书店出版社 2000 年版，第 60 页。需要指出的是，方家澍等人虽主张"迁都再战"，却又认为，若倭寇愿意放弃已占领的辽东之地，可以考虑以台湾交换，说明他们主战的决心并不十分坚强。

② 《左都御史裕德等奏喻兆藩等以议和条款必须权衡据呈代递折》，戚其章主编：《中日战争》第 3 册，中华书局 1991 年版，第 142 页。

③ 《翰林院侍读学士文廷式奏倭攻台湾请饬使臣据理争论折》，中国史学会主编：《中日战争》第 3 册，上海人民出版社、上海书店出版社 2000 年版，第 578 页。

④ 《广东举人梁启超等呈文》，中国史学会主编：《中日战争》第 4 册，上海人民出版社、上海书店出版社 2000 年版，第 39—40 页。

害最钜。"① 而所谓轻重缓急之事，其实自在人心："在草野人民何知轻重，然其心之所发，若有不约而同者，然后知轻重之故，自在人心，不必远而求者也。"②

从 3 月 13 日到 5 月 15 日，来自官员、举人的上奏、代奏或电奏的次数达到 154 次，加入的人数超过 2464 人次，给统治者造成很大的压力。③ 清廷给李鸿章电旨："连日纷纷章奏，谓台不可弃，几于万口交腾……台民誓不从倭，百方呼吁，将来交接，万难措手。"④ 光绪帝谈到台民意欲死守台湾时，叹言"台割则天下人心皆去，朕何以为天下主？"⑤

举国一致的呼声让清廷割地问题上更加迟疑不决。清廷决策中枢为是否批准条约争论不休。翁同龢力言台不可弃，恐失天下人心，与孙毓汶、徐用仪等往复辩驳，"声彻户外"，"至于攘袂"⑥。但是，无论清廷中枢，或封疆大吏，都无废约再战的决心，而是寄望于列强的干涉。在尚未正式批约之际，清廷和台湾抚绅为争取外援，保住台湾作最后的外交努力。

最早提出援外力保台建议的是两江总督张之洞。当时列强中英国在台湾的势力最大，利益最密切。在台的英商担心日本侵台将危及利益，也要求英政府出面保台。⑦ 因此，英国被张之洞视为外援的首选。在李鸿章赴日谈判之前，张之洞便提出"押台保台"的建议，主张以台湾作抵押，向英国借款二三千万，并允其在台湾开矿，借以让英国出面保台。⑧ 这一建议得到清廷的重视，

---

① 《论和约之弊以割地为最重》，《申报》1895 年 5 月 18 日。

② 《论割地轻重》，《申报》1895 年 5 月 9 日。参见陈忠纯：《〈申报〉的反割台言论述论》，待刊。

③ 见茅海建：《"公车上书"考证补（一）》，《近代史研究》2005 年第 3 期。

④ 《军机处电寄李鸿章谕旨》，中国史学会主编：《中日战争》第 4 册，上海人民出版社、上海书店出版社 2000 年版，第 31 页。

⑤ 翁同龢撰：《翁文恭公日记》（乙未三月二十九日），中国史学会主编：《中日战争》第 4 册，上海人民出版社、上海书店出版社 2000 年版，第 550 页。

⑥ 翁同龢撰：《翁文恭公日记》，中国史学会主编：《中日战争》第 4 册，上海人民出版社、上海书店出版社 2000 年版，第 556 页。

⑦ 《英国外交文件下·郎福德关于台湾的备忘录》，戚其章主编：《中日战争》第 11 册，中华书局 1996 年版，第 520—524 页。该文强调台湾对于英国有着重要的战略地位，对其在东方的利益"至关重要"，不可轻易让给日本。上海的英商业表示了对日本在中国南部沿海占有基地的担心。英国政府为此专门让情报局和海军部分析台湾的地位问题，但后者表示台湾价值不大。（参见戚其章主编：《中日战争》第 11 册，中华书局 1996 年版，第 529—530、677—678、720 页。）

⑧ 《署南洋大臣张之洞来电》，中国史学会主编：《中日战争》第 3 册，上海人民出版社、上海书店出版社 2000 年版，第 482—483 页。

并向时任海关总税务司英人赫德探询英国的意向，赫德表示各国均守局外，势不能行。① 但清廷并未就此放弃，电问张之洞是否有确实办法。张之洞见援外保台的主张得到肯定，随即分别于 3 月 7 日、8 日电询驻英、俄公使龚照瑗、许景澄，请其向所在国商议，以保台为条件，借款数千万，并许其在台开矿。他还提出，如果两国愿"以兵威胁和"，令倭寇速罢兵，"不索割地、不索重费"，中国全局受益，则"即许以他项利益，或径询英（俄）另有何欲"，只要无伤根本，无碍大局，"似皆可商"。② 可见，在张之洞的构想中，援外不仅是为了保台，还希望扭转整个中日和议的态势。

但实际上，张之洞等人的想法过于乐观了。英、俄等国政府关心的是在华的商业利益以及日本对中国大陆的领土要求，对于台湾则不甚措意。俄国甚至早已于 1895 年 2 月 14 日向日本暗示不反对日本占领台湾。③ 因此，许、龚两使不久便回电说俄、英两国无意插手中日和议。龚照瑗还提到，英国表示如果有公司愿意出面租借台湾，"英可不阻"。④ 但当张之洞令其与英相关公司联系，却无回音。不过，清廷和张之洞都未停止请求英国出面干涉中日和议的努力。龚照瑗屡次向英国提出抵押台湾的建议，均遭到婉拒。⑤

马关条约割台消息传出后，唐景崧迭次电奏，援外保台。4 月 17 日，唐景崧奏询割台虚实时，提出与英、俄结盟，并许以赔倭之款换其保辽、台。⑥ 4 月 19 日，再奏："与其径割与倭，不如与英、俄密商，许以重利，较可从容办理。"⑦ 4 月 22 日，唐景崧又提出可仿照浙江舟山、朝鲜巨文岛之例，与英国等列强订约，保全台湾，以及中国的权利和体面。⑧

---

① 《电谕署南洋大臣张之洞以台湾作抵借用洋款事著详复》，戚其章主编：《中日战争》第 2 册，中华书局 1989 年版，第 474 页。

② 《致轮墩龚钦差》《致俄京许钦差》，《张之洞全集》第 8 册，河北人民出版社 1998 年版，第 6137、6142—6143 页。

③ 《日本外交文书·试探俄国政府之态度》，戚其章主编：《中日战争》第 10 册，中华书局 1995 年版，第 59 页。

④ 《龚钦差来电》，《张之洞全集》第 8 册，河北人民出版社 1998 年版，第 6138 页。

⑤ 《英国外交文件下·金伯利致欧格纳函》，戚其章主编：《中日战争》第 11 册，中华书局 1996 年版，第 692—693 页。

⑥ 《台湾唐维卿中丞电奏稿》，中国史学会主编：《中日战争》第 6 册，上海人民出版社、上海书店出版社 2000 年版，第 384 页。

⑦ 《台湾唐维卿中丞电奏稿》，中国史学会主编：《中日战争》第 6 册，上海人民出版社、上海书店出版社 2000 年版，第 385 页。

⑧ 《台湾唐维卿中丞电奏稿》，中国史学会主编：《中日战争》第 6 册，上海人民出版社、上海书店出版社 2000 年版，第 387 页。

与此同时，张之洞与唐景崧主动与在台湾的英国等国外交官员联系保台事宜。受张之洞派遣的姚文栋到台湾，并于4月17日、18日拜访在台英国代领事金璋（Lionel C. Hopkins），表示张之洞与唐景崧意欲与英国成立"中英联盟"，共同抵御日本，并愿意签订一份条约，通过给英国某些特别利益换取英国对台湾的保护。① 4月20日，唐景崧特别请金璋到府衙，与丘逢甲为首的当地士绅会面，台湾士绅当面请求英国保护台湾的土地和居民，提出金、煤、硫樟脑及茶制品税金由英国征收，人口、土地税、疆土及其管理权仍属中国。②

在北京，总理衙门诸位大臣仍不断地请求英国干涉，强调阻止割台对于英国的利益。4月20日，徐用仪再度提醒英国公使欧格纳，日本割占台湾将会影响英国在台利益，且台民已表示誓死不服从日人统治，若台湾因此发生动乱，清廷将无法保证英人的安全。但英国一如既往地推托，不愿出面保台。③ 不过，在俄国的鼓动下，俄、德、法三国决定联合出面，逼迫日本放弃对大陆的领土要求。4月23日，三国正式对日提出备忘录，要求放弃辽东地区。

在三国干涉问题上，英国袖手旁观，甚至想从和约中分得商业利益，扶日拒俄的意图表露无遗，这让张之洞等人颇为失望："英人袖手，实欲倭强，借倭拒俄，非持盈保泰也。"④ 此时，张之洞的亲信王之春出使俄国，途中暂留巴黎，访问法外交部，被告知"法、俄已电倭劝减，英独松劲，且对龚使危词唬迫，意在值百抽二，利益均沾，私议显然中英最好，可为寒心"。⑤ 4月20日，王之春向张之洞报告了这一信息，同时指出在割台问题上，可借鉴普法战争之例，割地需经当地人民同意：根据国际公法，"凡勒占邻土，必视

① 《英国外交文件下·金璋致欧格纳函》，戚其章主编：《中日战争》第11册，中华书局1996年版，第955—958页。另参见《欧格纳外交报告》，戚其章主编：《中日战争》第6册，中华书局1993年版，第684—685页。

② 唐景崧在给清廷的电奏中称，金璋与台湾士绅的会面是偶遇，而从金璋的报告中可以得知，这场会面其实是唐景崧有意安排的。在这之前（4月19日），台湾士绅曾开会决定向英国求援。参见《英国外交文件下·金璋致欧格纳函》，戚其章主编：《中日战争》第11册，中华书局1996年版，第958—960页；《欧格纳外交报告》，戚其章主编：《中日战争》第6册，中华书局1993年版，第685页。

③ 《英国外交文件下·欧格纳致金伯利函》，戚其章主编：《中日战争》第11册，中华书局1996年版，第949—950页。

④ 《致台湾唐抚台》，《张之洞全集》第8册，河北人民出版社1998年版，第6322页。

⑤ 《王钦差来电》，《张之洞全集》第8册，河北人民出版社1998年版，第6302页。

百姓从违"，而割地之民，"两籍相参，财产皆民自主"。① 接到王之春的电报后，张之洞即刻转奏清廷，同时让王之春再赴法外交部，探问是否愿意帮助阻止割台。② 王之春很快回电，俄国反对日本占领辽东，法国则有意阻止日本割占台湾，要求清廷暂缓批约。③ 张之洞为此向清廷请旨，称法国既然有心干涉，"愿阻倭割台"，实乃"难得机会"，可由王之春到法外交部商谈拒割台事宜。④

这期间，张之洞等人的援外保台思路还发生了一个微妙的变化，他们意识到以台民的名义要求保台，似较容易让列强接受。⑤ 王之春提出援用公法保台后，唐景崧即电请张之洞会同刘、宋等疆臣，请各国公使要求其政府据公法处理，他也强调"台本未失，今民又不服倭，皆公法所可争者"。⑥ 张之洞也认为中国援用公法和普法战争之例，"听台湾民自便"，但他不愿越俎代庖，带头出面和外国公使接洽，指出此事须由清廷出面，"由总署主持，疆臣不能擅许"。⑦ 4月22日，张之洞再电唐景崧，清廷宣称割台后，台若不从，"于中无涉"，因之，台湾可以"保民"为名"自立"，自谋"自保"之策，请求英国庇护，"守口聘英将，巡海乞英船"，则事当有济。⑧ 而之前唐景崧与张之洞商议后，于21日电奏清廷，称"公法有均势一条，又众民不服者，其约可废"⑨。清廷也认为台事若能照此办理，"较可便民"，便令李鸿章与日方商议。⑩ 日本以境内不允

---

① 《王钦差来电》，《张之洞全集》第8册，河北人民出版社1998年版，第6302页。此电王之春发电日期署"敬"日，即18日或19日发出，张之洞4月20日收到，当日便将此电转奏。见《致总署》，《张之洞全集》第3册，河北人民出版社1998年版，第2059页。

② 《致巴黎王钦差》，《张之洞全集》第8册，河北人民出版社1998年版，第6301页。

③ 《王钦差来电》，《张之洞全集》第8册，河北人民出版社1998年版，第6328页。

④ 《致总署》，《张之洞全集》第8册，河北人民出版社1998年版，第2062页。

⑤ 《致台湾唐抚台》，《张之洞全集》第8册，河北人民出版社1998年版，第6322页。

⑥ 《唐抚台来电》，《张之洞全集》第8册，河北人民出版社1998年版，第6295页。唐景崧此电署"有"日，即19日或20日。此电的接收时间晚于王之春的电报，就发电报的时间看，也应晚于王之春的电报。而王与唐之间也有过电报来往。就此，唐景崧的公法保台思想很可能出自王之春。

⑦ 《致台北唐抚台》，《张之洞全集》第7册，河北人民出版社1998年版，第6295页。

⑧ 《致台湾唐抚台》，《张之洞全集》第7册，河北人民出版社1998年版，第6298—6299页。

⑨ 《台抚唐景崧致军务处请废约再战并商各使公断速罢前议电》，《清季外交史料》第109卷，转引自吴密察：《1895年"台湾民主国"的成立经过》，张炎宪等主编：《台湾史论文精选》（下），玉山社出版事业股份有限公司1996年版，第21页。

⑩ 《军机处拟发给刘坤一王文昭宋庆裕禄依克唐阿长顺电信》，中国史学会主编：《中日战争》第3册，上海人民出版社、上海书店出版社2000年版，第608页。

外人置产为由，拒绝这一要求。① 但清廷仍要求李鸿章妥筹"安置台民之法"，以免"万口交腾，人心解体"。②

在援引公法之说争取法援时，台民的活动也呼应了张之洞等人的外交努力。台湾的绅民听说三国出面干涉，以为抵制割台有望，"欢声雷动，安堵如恒"。③ 他们于4月27日进呈血书："现闻各国阻缓换约，皇太后、皇后及众廷臣倘不乘此将割地一条删除，则是安心弃我台民。台民已矣，朝廷失人心，何以治天下！查公法第二百八十六章有云：'割地须问居民能顺从与否'，又云：'民必顺从，方得视为易主'等语。务求废约，请诸国公议，派兵轮相助；并求皇上一言以慰众志，而遏乱萌。迫切万分，呼号待命。"④ 但次日清廷电告，"俄、法、德阻倭占华地，而台不在列"。⑤ 台民大失所望，情绪更加激动，"攻抚署、戕中军，劫官吏、留军火"，有失控之势。⑥ 台湾民众抗拒割台的言论和行动成为主要依据，并在事实上逐渐成为援外保台的主力。4月29日，王之春电称，法国表示，假如以台湾民变为理由，或可出面抵制割台，因而建议张之洞与唐景崧等人，"从民变著想当有权衡"。⑦ 张之洞从唐景崧的电报了解到，此时台湾"民变其势已成"，若由此要求干涉，"正合西例"，"且措词最得体"，有望说服列强出面干涉，请求清廷一面迅速与各国公使商议，一面命令许、龚两使迅与俄、德、英商议，令王使与法商议，"或有转机"。⑧ 张之洞同时也转电唐景崧，建议其从"民变著想"，电奏朝廷，一面电王、龚、许诸使代为设法，一面请英、法保台，若英仍拒绝，则"当求法保护"。一旦法、俄愿意保台，英或将被迫出力。不过"情甘归法，决不归倭"一类语，"只可

---

① 《复译署》，《李鸿章全集》第3册，电稿三，上海人民出版社1987年版，第507页。
② 《电谕大学士李鸿章著与伊藤通信将台民之产业按西例办理》，戚其章主编：《中日战争》第3册，中华书局1991年版，第97页。
③ 《台湾唐维卿中丞电奏稿》，中国史学会主编：《中日战争》第6册，上海人民出版社、上海书店出版社2000年版，第387页。
④ 《台湾唐维卿中丞电奏稿》，中国史学会主编：《中日战争》第6册，上海人民出版社、上海书店出版社2000年版，第388页。
⑤ 《唐抚台来电》，《张之洞全集》第8册，河北人民出版社1998年版，第6317—6318页。
⑥ 《致台北唐抚台》，《张之洞全集》第8册，河北人民出版社1998年版，第6317页。英国驻台代领事金璋也报告了台北的乱象。参见《英国外交文件下·金璋致欧格纳函》，戚其章主编：《中日战争》第11册，中华书局1996年版，第960—961页。
⑦ 《王钦差来电》，《张之洞全集》第8册，河北人民出版社1998年版，第6328页。
⑧ 《致总署》，《张之洞全集》第3册，河北人民出版社1998年版，第2062—2063页。

出自台民"。① 5月1日，清廷下旨让张之洞转电王之春，正式令其速与法国外交部"切实商办"，希望法国肯以武力胁迫日本放弃割台。②

与此同时，驻英兼驻法公使龚照瑗也通知唐景崧，"法有保台、澎，不让倭意"，将派兵轮赴台护商，并与之商议机宜，"务祈推诚待之"。③ 他同时电奏清廷："现台湾吃紧，法已派人护商，先遣员晤台抚面商机宜。有兵登岸，请电台抚晓谕地方勿惊疑。"④ 5月3日，王之春也转同一消息，称法国已调兵轮赴基隆、沪尾，让唐景崧到时与法舰舰长商议具体办法。同时，法国正联系西班牙一道与日本交涉。⑤ 5月6日，王之春再电，建议唐景崧"仍以激变情形设法，则法可著手"。⑥ 法将保台的消息令唐景崧与台民为之振奋："只望法肯出兵轮来台，台即可固守接济。可与法商，并愿结法另创东南洋世界，一切阻挠不惧也。"⑦ 当日，唐景崧即向台民布告称俄、法、德三国已出面干预，阻止中日条约实现，西方列强舰队不久即可到达台湾巡视并保护商业。⑧

然而，俄、德、法三国建议清廷暂缓批约，却不愿做出正式的承诺。英国则明确不支持清廷展期批约。⑨ 没有切实有力的外援，又无迁都再战的决心，无奈之下，光绪帝于5月2日批准条约。而日本迫于三国军事干涉的威胁，在英国的劝导下，于5月5日宣布放弃辽东领土。⑩ 但中日两国仍于5月8日在

---

① 张之洞：《致台湾唐抚台》，《张之洞全集》第8册，河北人民出版社1998年版，第6322页。
② 张之洞：《致巴黎王钦差》，《张之洞全集》第8册，河北人民出版社1998年版，第6327—6328页。
③ 《四月初七日发台湾抚台唐》，自《龚照瑗往来官电（选录）》，戚其章主编：《中日战争》第6册，中华书局1993年版，第599页。
④ 《四月初八日发北京总署》，自《龚照瑗往来官电（选录）》，戚其章主编：《中日战争》第6册，中华书局1993年版，第600页。
⑤ 《王钦差来电》，《张之洞全集》第8册，河北人民出版社1998年版，第6328页。另，西班牙之所以关心割台之事，是出于担心日本据台会对菲律宾不利。西班牙向英国提出干涉割台，遭拒绝后，转向与法国商讨相关事宜。参见《英国外交文件下·金伯利致伍尔夫函》，戚其章主编：《中日战争》第11册，中华书局1996年版，第882—883页。
⑥ 《王钦差来电》，《张之洞全集》第8册，河北人民出版社1998年版，第6342页。
⑦ 《唐抚台来电》，《张之洞全集》第8册，河北人民出版社1998年版，第6345页。
⑧ 《英国外交文件下·唐景崧文告》，戚其章主编：《中日战争》第11册，中华书局1996年版，第1034页。
⑨ 《英国外交文件下·欧格纳致金伯利电》，戚其章主编：《中日战争》第11册，中华书局1996年版，第839页。
⑩ 《日本外交文书·关于通告三国公使日本接受三国政府劝告之训令》，戚其章主编：《中日战争》第10册，中华书局1995年版，第172页。

烟台按期换约。此后形势突变，三国干涉以辽东问题为目的，在台湾问题上，仅要求保证台湾海峡的航行自由。日本据台对俄、德两国并无利益冲突，俄国早已同意日本占领台湾，德国也不希望法国拓展在台湾的利益，[①] 告知日本应向法、西表示"决心占领台湾及澎湖"。[②] 英国则与日本沆瀣一气，明确表示支持日本割占台湾。[③] 对法国来说，仅和西班牙联合干涉台湾问题，是远远不够的，于是在保台问题上退缩了。5 月 11 日，法国驻华公使施阿兰告知总理衙门，原先担心日本不肯让步，故决定派兵赴台，但既然日本放弃辽东地区，中国也已将台湾割予日本，就不当再有其他要求，以防引起争端。不过，施阿兰还表示，"倘日后台湾出有别情形，法国或另有打算，亦未可知"[④]。同时，法国外交部拒绝接见王之春，并以王在巴黎活动事易引起猜疑，要求清廷撤其回国。王之春见求援无望，只得回国。[⑤]

法援既绝，唐景崧电请清廷向俄、德求援。清廷令李鸿章让德璀琳询问德方意向，仍遭拒绝。而俄本无意保台。[⑥] 德国针对台湾宣布"据为岛国"，公开抵制割台一事，还警告清廷，若"阴令台民叛拒倭人，显系违约"，日本以此"兴兵构怨"，中国再败，则将会遭致更大的损失。[⑦] 清廷不得已推托拒日割台乃台民不服的自发行为，并非有意主使。此后，为避免引起日本的不满，清廷基本停止援外保台的努力，拒日割台的重担落在台民身上。

① 《德国干涉还辽事件·外交大臣马沙尔男爵致驻伦敦大使哈慈菲尔德伯爵》，中国史学会主编：《中日战争》第 7 册，上海人民出版社、上海书店出版社 2000 年版，第 375—376 页。
② 《日本外交文书·驻德国青木公使致陆奥外务大臣电》，戚其章主编：《中日战争》第 10 册，中华书局 1995 年版，第 187 页。有学者认为，三国干涉不含割台问题，是出于德国的反对。参见林子侯：《台湾涉外关系史》，台北三民书局股份有限公司 1978 年版，第 550 页。
③ 英国在劝说日本放弃对大陆的领土要求时，提到："日本能得到台湾和澎湖就已经很不错了。"日本对此表示感谢。参见《英国外交文件下·马来特致金伯利函》，戚其章主编：《中日战争》第 11 册，中华书局 1996 年版，第 859—860 页。
④ 《总理各国事务衙门与法使问答节略》，中国史学会主编：《中日战争》第 4 册，上海人民出版社、上海书店出版社 2000 年版，第 108—109 页。
⑤ 《署南洋大臣张之洞来电》，中国史学会主编：《中日战争》第 4 册，上海人民出版社、上海书店出版社 2000 年版，第 119 页。
⑥ 《许使寄译署》，《李鸿章全集》第 3 册，电稿三，上海人民出版社 1987 年版，第 545—546 页。
⑦ 《寄译署》，《李鸿章全集》第 3 册，电稿三，上海人民出版社 1987 年版，第 549 页。

第二章　台湾官民对日本军事占领的武装反抗

一、"台湾民主国"的成立及台湾北部的抗战

在废除割台条款无望后，台民不愿意束手待毙，而清廷在保台问题上的消极态度，促使他们诉诸自立保台。《马关条约》初签，便有人担心清廷保台意志不坚，透过张之洞建议唐景崧，既然清廷向日方表示，若台民抵制割台，则与清廷无关，台湾应考虑寻求自保，以"保民"的名义，"庇英自立"。① 随着局势的演变，这一提议最终被付诸实施。

4月28日，当收到三国干涉，台不在列的消息后，台民情绪激动，台北局势顿时紧张。4月29日，唐景崧连电张之洞，第一次提出以"台民自主"为名，请列强出面保护，同时希望张之洞能援助军火和饷银："台恐无转机，崧必为民劫留。台民自主，可请各国保护，或许以利益为租界，台存则可借债，随后自另有办法。惟强寇即来，恐办不及。和议成则江南撤防，能济以军火并饷百万否？"他相信只要台湾自主，"坚持数月，必有解纷者"。② 唐景崧还表示，不管法舰是否到台，台民都绝不让台。③ 张之洞则指示唐景崧，应与林朝栋、林维源等士绅领袖合计，设法稳定局势，再图保台之法。④ 5月6日，唐景崧宣谕台民，和谈仍有希望，不过士绅已经决定全力保台，若和谈不成，他将以台湾巡抚的身份，领导台民同心协力抗敌。⑤

5月初，台民开始组织抗日义军，并推举丘逢甲为首领，准备一旦阻止割台失败，即奋起自卫。⑥ 待朝廷正式批约，法援绝望，5月15日，台湾官绅发

---

① 《致台湾唐抚台》，《张之洞全集》第8册，河北人民出版社1998年版，第6298—6299页。
② 《唐抚台来电》，《张之洞全集》第8册，河北人民出版社1998年版，第6323页。
③ 《唐抚台来电》，《张之洞全集》第8册，河北人民出版社1998年版，第6361页。
④ 《致台北唐抚台》，《张之洞全集》第8册，河北人民出版社1998年版，第6321页。
⑤ 《英国外交文件下·唐景崧文告》，戚其章主编：《中日战争》第11册，中华书局1996年版，第1034页。
⑥ 《英国外交文件下·金璋致欧格纳函》，戚其章主编：《中日战争》第11册，中华书局1996年版，第1033页。

布"自主保台"的公告，援引公法"让地为绅士不允，其约遂废"之例，宣布拒绝让台，称"愿人人战死而失台，决不愿拱手而让台"。公告号召内地及海外华人到台相助，并以台湾的矿产、土地等作为条件，请求各国出面"以台湾归还中国"。①

同时，丘逢甲等人以全台绅民的名义电奏清廷及各省大吏，表白"自主保台"乃出于"恋戴皇清"的心迹："台湾属倭，万姓不服，迭请唐抚院代奏台民下情，而事难挽回，如赤子之失父母，悲惨曷极！伏查台湾为朝廷弃地，百姓无依，惟有死守，据为岛国，遥戴皇灵，为南洋屏蔽。惟须有人统率，众议坚留唐抚，暂仍理台事；并请刘镇永福镇守台南。一面恳请各国，查照割地绅民不服公法，从公剖断。台湾应作何处置，再送唐抚入京、刘镇回任。台民此举无非恋戴皇清，图固守以待转机。情急万紧，伏乞代奏。"②

丘逢甲等人已决定成立"民主国"，并准备推举唐景崧为总统。③ 他们计划先行宣布"自主"，而后具体步骤次第进行。④ 唐景崧虽同意留下领导抗日，但对接受"总统"一职却有顾忌，担心"事太奇创，未奉朝命，似不可为"，为此，他请张之洞代奏，希望得到清廷的默许，"得朝廷赐一便宜从事、准改立名目、不加责问之密据"。⑤ 张之洞虽不反对，但也不愿代奏，他认为唐景崧可立为"总统"，不过清廷担心日本抗议，不会公开支持，要求唐景崧自行上奏。⑥ 同时，他鼓励唐景崧，台民合力战守，足可取胜。各国见台湾能自立，"当有转机"。望其坚守三个月，待所购军械运抵，日方或愿意接受以赔款赎台的要求。再押台与列强，即可借款赎台。⑦

台湾绅民发起自主保台运动之时，日本担心夜长梦多，任命桦山资纪为首任台湾总督，率舰队前往接收台湾。5月16日，清廷接到台民自主的电报后，曾以

---

① 蔡尔康等编：《朝警记十二·台湾自主文牍》，中国史学会主编：《中日战争》第1册，上海人民出版社、上海书店出版社2000年版，第202—204页。

② 《署南洋大臣张之洞来电》，中国史学会主编：《中日战争》第4册，上海人民出版社、上海书店出版社2000年版，第118页。

③ 就成立"民主国"的问题，5月17日，唐景崧电告张之洞："然当务者谓台必自主，后与中日断绝，请外援方肯来。但民主之国亦须有人主持"。这透露台湾自主与成立"民主国"，都是"当务者"所决定的，即以丘逢甲为首的台湾士绅。

④ 《唐抚台来电》，《张之洞全集》第8册，河北人民出版社1998年版，第6377页。

⑤ 《唐抚台来电》，《张之洞全集》第8册，河北人民出版社1998年版，第6377页。

⑥ 《致台北唐抚台》，《张之洞全集》第8册，河北人民出版社1998年版，第6382页。

⑦ 《致台北唐抚台》，《张之洞全集》第8册，河北人民出版社1998年版，第6387页。

"台民汹汹，势难交割"为由，敦促庆常再与法外交部接洽，望其"再申护台前议"，但仍遭拒绝。① 日方也再度拒绝李鸿章以台湾地区变乱、重新考虑割台一事的要求。② 德国则出面质询李鸿章，称其"阴令台民拒倭人，显系违约，倭必兴兵构怨，势极危险"，并威胁："若再战败，必将重议和约，视马关前约为更甚。"③ 迫于日本的压力，清廷表示无拒绝交割台湾之意，并于 5 月 18 日派李经方赴台办理交割台湾。④ 5 月 20 日，又下旨令唐景崧及文武官员开缺内渡。⑤

清廷的做法激起台民的愤怒，5 月 22 日，唐景崧电告张之洞，台民听闻李经方将赴台与日本办理交割手续，"变在旦夕"。⑥ 恰此时，法舰"保汤""保佩"两舰于 5 月 20 日到台，⑦ 陈季同往晤，称法确有护台之意，但现困于兵力不足，还未作决定。5 月 21 日，法舰长德而尼拜访唐景崧时表示："为中国争回土地则难，为台湾保民则易，必须台自立，有自主之权，法即派全权来台定约。与总署商办，断难望成。"⑧ 言下之意，仍主张台先自主，才能出面保台。

法舰的到来促成了"台湾民主国"的成立。5 月 21 日，台北绅民在台北筹防局集众会议，推举唐景崧为总统。⑨ 5 月 23 日，台湾绅民发表文告，宣布将于 25 日建立"民主国"。⑩

---

① 《军机处电寄庆常谕旨》，中国史学会主编：《中日战争》第 4 册，上海人民出版社、上海书店出版社 2000 年版，第 119 页。
② 《大学士李鸿章来电一》，中国史学会主编：《中日战争》第 4 册，上海人民出版社、上海书店出版社 2000 年版，第 122 页。
③ 《大学士李鸿章来电一》，中国史学会主编：《中日战争》第 4 册，上海人民出版社、上海书店出版社 2000 年版，第 123 页。
④ 《军机处电寄李经方谕旨》，中国史学会主编：《中日战争》第 4 册，上海人民出版社、上海书店出版社 2000 年版，第 122 页。
⑤ 《军机处电寄唐景崧谕旨》，中国史学会主编：《中日战争》第 4 册，上海人民出版社、上海书店出版社 2000 年版，第 127 页。
⑥ 《唐抚台来电》，《张之洞全集》第 8 册，河北人民出版社 1998 年版，第 6391 页。
⑦ 一说是 5 月 19 日，存疑，该日电的日期代码应是"有"，而唐景崧此电的代码则是"宥"，即 20 日。另，淡水事务司马士的报告也称法舰是在 20 日抵达。见中国近代经济史资料丛刊编辑委员会主编：《中国海关与中日战争》，中华书局 1983 年版，第 227 页。
⑧ 《唐抚台来电》，《张之洞全集》第 8 册，河北人民出版社 1998 年版，第 6388 页。
⑨ 吴德功撰：《让台记》，戚其章主编：《中日战争》第 12 册，中华书局 1993 年版，第 64 页。关于"台湾民主国"首倡者，学界有不同说法。本书采用陈季同首倡一说，而整个台湾自立抗日运动，则始自马关条约签订后，各方互动造成，不能简单归于某个人或群体的意见或努力。
⑩ Albrecht Wirth：《台湾之历史》，台湾银行经济研究室编：《台湾经济史六集》，台湾银行，1979 年，第 69—70 页。

　　5 月 25 日，"台湾民主国"正式成立，年号"永清"，寓永远隶属清廷之意。台民举行了隆重的呈印典礼，当日绅民数千人聚集在巡抚衙门前，将国旗、国玺及"'台湾民主国'总统之印"呈给唐景崧。国旗仿清朝青龙旗样式，蓝地黄虎，龙在天，虎在地，以示尊卑；虎首内向，尾高首下，以示臣服于清。唐景崧"朝服出，望阙九叩首，旋北面受任，大哭而入"。① 即府署为总统府，改台湾藩司衙门为内部衙门，俞明震为内务大臣；改筹防局为外务衙门，陈季同为外务大臣；设军务衙门，李秉瑞为军务大臣。对内，诸大臣则称"督办"。其余府县，则仍照旧治事。绅民还据"民主国"的模式，设立议院，公推林维源为议长，但林维源拒不受任，仅推举数名议员。台湾军务帮办刘永福被推举为大将军，丘逢甲仍任义军统领。

　　同日，唐景崧致电总署："台民闻割台后望有转机，未敢妄动，今已绝望，公议自立为民主之国……伏思倭人不日到台，台民必拒，若炮台仍用黄旗开仗，恐为倭人借口，牵涉中国。不得已允暂视事，将旗发给各炮台暂换，印暂收存，专为交涉各国之用。一面布告外国，并商结外援。嗣后台湾总统均由民举，遵奉正朔，遥作屏藩。俟事稍定臣能脱身，即奔赴宫门席藁请罪。"② 另还电请各省援助："惟乞悯而助之。"③

　　对于台湾成立"民主国"，清廷既未赞同，也未斥责。5 月 27 日，李鸿章电奏，认为不应奉唐景崧为总统，担心日本质问。④ 5 月 31 日，清廷电张之洞与唐景崧，对唐景崧对内仍用旧衔与关防，表示不妥，令其即日回朝。⑤ 6 月 2 日，清廷正式下令，台民据为岛国，"已无从过问"，而英、德责问清廷运械入台，故令张之洞等人禁运军械入台。⑥

　　台湾成立"民主国"一事，也没能得到列强的认同，他们普遍认为这只是台民为了争取外援的行为，并非真的了解"民主国"的意涵，德国甚至认为台

---

① 江山渊：《丘逢甲传》，中国史学会主编：《中日战争》第 6 册，上海人民出版社、上海书店出版社 2000 年版，第 400 页。
② 《唐抚台致总署电》，《张之洞全集》第 8 册，河北人民出版社 1998 年版，第 6411 页。此电未请张之洞代奏，而是直奏。
③ 《唐抚台来电》，《张之洞全集》第 8 册，河北人民出版社 1998 年版，第 6410—6411 页。
④ 《大学士李鸿章来电》，中国史学会主编：《中日战争》第 4 册，上海人民出版社、上海书店出版社 2000 年版，第 140—141 页。
⑤ 《致台北唐抚台》，《张之洞全集》第 8 册，河北人民出版社 1998 年版，第 6420 页。
⑥ 《军机处电寄张之洞等谕旨》，中国史学会主编：《中日战争》第 4 册，上海人民出版社、上海书店出版社 2000 年版，第 148 页。

湾建立"民主国"的想法"十分可笑"。①

"台湾民主国"的成立，并没有阻止台湾的交割。5月30日，李经方乘坐德国商轮"公义"号从上海出发，6月1日，抵达淡水，后驶往基隆，准备与日方代表会面。台民闻知李经方将赴台交割，愤怒异常。由于李鸿章与李经方父子乃马关和议的中方代表，台民视之为割台的祸首，恨之入骨。此番李经方被派往交割台湾，更成眼中钉。唐景崧电告："李经方来台交割，台民愤极，定中奇祸。"② 陈季同也电告李鸿章，李经方此行凶多吉少："伯行千万勿来，或请收回成命，或请另派他人。"③ 李经方屡次以病请辞，但清廷不允，无奈只能前行。为了避免遭到台民迫害，李经方与随行的科士达决定不登岸，而在海上完成交接手续。

6月2日，李经方与桦山资纪举行三次会面。此时日军已发动进攻，桦山资纪要求攻占台北后，再行交接仪式。但李经方急于完成交接，坚持当日便结束谈判。李经方的做法正中日方下怀，日方表面虽推托台民变乱，不宜即行交接，其实担心由于台民的抗议，交割台湾可能会有变故，故希望尽早交接，以免有失。待第二次谈判时，双方便约定交接程序，下午2时，日方公使水野遵与李经方拟定了交割文书。下午10时，李经方与桦山资纪正式签订交割文书，匆匆完成交割手续，台湾正式落入日本手中。

台湾建省后，清政府对台湾战略地位的重视程度有了提高，加强了防御设施。全台以台北为中心，总共建有炮台12处，台北7处，分别是基隆4处，沪尾2处，狮球岭1处；台南5处，分别是安平3处，打狗1处，旗后1处。④ 甲午战争爆发后，台湾屡次增兵，福建水师提督杨岐珍、南澳镇总兵刘永福等将先后率部抵台。唐景崧另奏请丘逢甲等人组织义军，张之洞等积极援助粮饷，台湾的防卫力量更为厚实。据统计，割台时，岛内守军有100余营，按每营360名计，兵员约有3万3千余人。⑤ 其中有杨岐珍所部10营，刘永福所部粤勇6营，寥得胜、余致廷所部湘勇2营，綦高会新募湘勇4营，林朝栋土勇4

① 《英国外交文件下·戈塞林致金伯利函》，戚其章主编：《中日战争》第 11 册，中华书局 1996 年版，第 938 页。

② 《唐抚台来电》，《张之洞全集》第 8 册，河北人民出版社 1998 年版，第 6391 页。

③ 《寄李经方》，《李鸿章全集》第 3 册，电稿三，上海人民出版社 1987 年版，第 556—557 页。

④ 姚锡光：《东方兵事纪略》，台湾篇上第九，中国史学会主编：《中日战争》第 1 册，上海人民出版社、上海书店出版社 2000 年版，第 90 页。

⑤ 黄秀政：《台湾割让与乙未抗日运动》，台湾商务印书馆 1992 年版，第 138 页。

营，李本清所部 7 营，杨汝翼湘勇 4 营，胡友胜粤勇 3 营，吴光亮所部 6 营，吴国华粤勇 2 营，杨永年粤勇 3 营，黄翼德粤勇 9 营，丘逢甲义军 10 营，胡连胜、陈国柱、陈柱波、包干臣共募 4 营等。但"民主国"成立之后，清政府下令所有官员内渡，杨岐珍、台南镇总兵万国本率所部精锐内渡，台防力量大损，台北地区仅剩绍良及土勇四营，防备空虚。三貂岭、澳底诸处无兵可防。

台湾正式交割之前，先期抵达台湾的日军，侦知台湾已成立"民主国"，和平接收已不可能，决定武力强行夺台。[①] 侵台日军由桦山资纪亲率的总督府直属部队 6700 余人和北白川宫能久亲王指挥的近卫师团 14500 余人组成，两支部队各自搭乘运兵船，在琉球中城湾会合后，于 1895 年 5 月 29 日抵达基隆外海。在此之前，日军先遣舰队于 5 月 25 日到台北外海，沿淡水、基隆、三貂湾一带侦察，发现淡水、基隆等地炮台密集，兵力雄厚，守备严密，士气高昂，淡水港港口淤浅，不利舰船靠岸，难以攻取，而三貂湾附近的澳底水深地阔，防守空虚，时值西南季风，适于登陆作战。日军决定以澳底作为登陆地点。[②]与此同时，唐景崧也发觉澳底可能成为日军攻击目标，令提督曾喜昭率领连胜军驻防。[③]

5 月 29 日下午 2 时 50 分，日军近卫师团开始在三貂岭附近的澳底登陆，由于风浪较大，日军登岸困难，进展很慢。但守军忙于求救，未能及时派兵拦截，失去歼敌良机。[④] 日军上岸后，迅速朝附近的旧社进发，驻守此地的曾喜昭部，接战即溃。日军轻易便占领澳底及盐寮仔山，当夜，又攻下顶双溪，直扑三貂岭。三貂岭处淡水、宜兰两县交通咽喉，也是通往瑞芳、基隆的要塞，地势险要，易守难攻。唐景崧获知日军从澳底登岸，急令吴国华率广勇赴守三貂岭，派营官胡连胜率部援助基隆，调陈国柱、陈柱波、包干臣等人往前敌助战。31 日，日军在三貂岭西北麓附近的小楚坑遭到吴国华部的伏击，日军被迫撤退，吴国华率部紧追不舍。此时包干臣率部赶到，见日军已退，令人割取日

① 《攻台战纪：日清战史·台湾篇》，许佩贤译，远流出版事业股份有限公司 1995 年版，第 106 页。
② 《攻台战纪：日清战史·台湾篇》，许佩贤译，远流出版事业股份有限公司 1995 年版，第 106—197 页。
③ 台湾总督府警务局编：《台湾抗日运动史》（一），王洛林总监译，海峡学术出版社 2000 年版，第 87—88 页。
④ 澳底守将发觉日军将登陆，飞书求救，却未作坚决抵抗。见台湾总督府警务局编：《台湾抗日运动史》（1），王洛林总监译，海峡学术出版社 2000 年版，第 96 页。

军军官首级，拔队回撤邀功。吴国华听闻包干臣抢夺首级，意图冒领军功，怒而回追，导致三貂岭不守。① 为了避免因各军互不相属，再起内讧，唐景崧派内务大臣俞明震赴前敌督战。6月1日，为了收复三貂岭，唐景崧责令吴国华、杨连珍、李文忠分三路进攻。② 部署甫定，便传来日军进攻九芬与瑞芳的消息。九芬近海，守军兵力单薄，遭日舰火炮协攻，很快失陷，营官宋忠发阵亡，哨官战死三人，营官孙战彪重伤。同日③，日军顺势继续进攻瑞芳。俞明震得知九芬失守，大惊，急率亲兵赴瑞芳督战。瑞芳四面皆山，形如锅底。双方各据东西高山，俞明震依托刘燕炮队在西山高地与日军对阵，战斗伊始，俞明震迫令吴国华率部进夺九芎桥，但吴军遭袭溃败，其余各军随之逃散，日军乘胜攻近瑞芳前街。此时刘燕的炮队发挥了作用，日军遭受炮击后被迫后退。当夜大雨，俞明震率部随炮队退至龙潭埔，竖大旗召集溃兵，稳住阵脚。6月2日晨，张兆连冒雨率护卫营助阵，吴国华、胡连胜部也来会合。清军重振旗鼓，张兆连身先士卒，预备与日军决战。日军经前日一战，决定首先袭击清军炮阵。④战斗开始后，日军第一中队潜行突袭清军炮兵阵地，得手后全力向清军进攻。清军前锋受挫，张兆连被围受伤，吴国华所部疲困不能接应，俞明震急令陈得胜、曾喜照等率部救援。后张兆连赖亲兵救助，从溪水中潜行得脱，陈得胜战死，曾喜照受伤后至庚子寮投奔李文忠部，瑞芳陷落。俞明震败回台北，清军此役战死一百余名。

在日军攻陷瑞芳的当日，中日双方在基隆外海举行了交接仪式。次日，即6月3日，日军海陆并进，猛攻基隆。基隆港外的日军舰队对基隆炮台进行炮击，牵制港口的清军。陆路的日军本计划单线攻击，但前锋的中队在龙潭埔西附近走错路线，遂将错就错，改成左右两路，左路沿基隆河右岸前进，右路向北突进。清军则再度由俞明震率亲兵在一线督战，日军突至，将俞明震与刘燕炮队围困。清军死伤惨重，俞明震亦受伤，被救至社寮，后随各军退至狮球

① 俞明震撰：《台湾八日记》，中国史学会主编：《中日战争》第6册，上海人民出版社、上海书店出版社2000年版，第374页。
② 俞明震撰：《台湾八日记》，中国史学会主编：《中日战争》第6册，上海人民出版社、上海书店出版社2000年版，第374—375页。另：黄秀政似误将5月31日与6月1日两日战事混成一事，而接下来九芬一战，应在6月1日，而非5月31日。参见黄秀政：《台湾割让与乙未抗日运动》，台湾商务印书馆1992年版，第154—156页。
③ 进攻瑞芳的时间，日方记为6月2日，中方则记为6月1日。
④ 台湾总督府警务局编：《台湾抗日运动史》（一），王洛林总监译，海峡学术出版社2000年版，第97页。

岭。日军自北向南逼至基隆街市，清军且战且退，逐渐聚于狮球岭。狮球岭是基隆最后的要塞，横断基隆通往台北的铁路，是进入台北的要冲。日军进攻狮球岭一度受阻。但清军却发生内讧，台勇与广勇因误会互攻，日军趁机抢登山顶，清军退往台北。不过，仍有少数清军士兵坚守基隆，6月4日，两名清军士兵引爆了日军的弹药储存点，炸死几十名日军。①

狮球岭失陷前，俞明震先行回台北，与士绅一道请唐景崧调林朝栋驻守狮球岭，并将基隆电报局移至狮球岭后的八堵，并请其亲自到八堵驻守，但遭到拒绝。此时台北城风传狮球岭已经失守，城内大乱。次日，俞明震再度与方越亭、熊瑞图一道力劝唐景崧退守新竹，唐景崧没有回应。俞明震见事不可为，便回驻所收拾行李，逃离台北。当日，唐景崧也乔装潜行，奔往淡水，6日搭乘英国轮船"雅打"（Arthur）逃到厦门。②

唐景崧逃离台北后，"民主国"群龙无首，台北城一片大乱，兵工厂被抢光，火药库被炸，暴徒与败兵到处烧杀抢劫。6月5日，台北士绅为求自保，召开会议，请日军入城弹压，他们认为此时只有日军才能稳住局面。艋舺杂货店"瑞昌成"行号店主辜显荣自告奋勇，孤身出面请日军入城。此时日军尚在水返脚附近踯躅不前，他们听了辜显荣的话后将信将疑，后又有三名外国人代表请日军进城③，日军才派人到台北城附近侦察，确定清军已逃离台北。6月7日，日军进入台北城，10日又占领沪尾要塞。6月11日，驻守大料崁的总兵余清胜主动降倭。④

---

① 《日清战争实记选译》，戚其章主编：《中日战争》第8册，中华书局1996年版，第506—507页。

② 参见对外贸易部海关总署研究室编：《中国海关与中日战争》，自中国近代经济史资料丛刊编辑委员会主编：《帝国主义与中国海关》第七编，科学出版社1958年版，第235—237页；Lames W. Davidson, *The Island of Formosa*, *Past and Present*, London and New York, Macmillan & co. ; Yokohama, Shanghai, Hongkong, and Singapore, Kelly & Walsh, Ltd. , 1903. pp. 308-310；另参见李祖基：《论丘逢甲乙未抗日保台之若干问题》，李祖基：《台湾历史研究》，台海出版社2006年版，第412—415页。

③ ［美］Lames W. Davidson：《台湾之过去与现在》，蔡启恒译，台湾研究丛刊第107种，第214页。

④ 《日清战争实记选译》，戚其章主编：《中日战争》第8册，中华书局1996年版，第511—513页；《日军侵略台湾档案》，戚其章主编：《中日战争》第12册，中华书局1993年版，第200—201页。另：洪弃父、王国璠、黄秀政等人有关大料崁战斗的叙述，与日方材料记载不符，存疑：中方材料把大料崁一战看成日军侦察新竹的一个部分，日方材料则记载是由于驻扎大料崁的余清胜主动投降，于侦察新竹的同日（6月12日）派兵到大料崁调查，其间并无大的冲突。

占领台北后，日军便着手建立殖民统治机构。6月6日，桦山资纪率混合支队从基隆登陆。当日，桦山资纪便迫不及待地在台北县设立基隆支厅，建立陆海军根据地。① 17日，桦山资纪在台北宣布建立殖民统治政权，并以此日为"始政日"。

二、台湾中南部各地的抗战

在台北溃败之后，唐景崧、丘逢甲②、林朝栋等"民主国"领袖相继内渡，镇守台南的抗法名将刘永福及其率领的黑旗军，吴汤兴、姜绍祖、徐骧等所领导的义军成为抗日保台的中坚，抗日的中心随之移至台南。③

1895年6月28日，台南各界数千人在台南关帝庙集会，商讨抗日大计，共推刘永福继任"台湾民主国"大总统。刘永福拒绝了"总统"的名号，但表示愿意率领台民抗战到底。7月2日，刘永福率部自凤山县的旗后移驻台南，仍以"帮办台湾防务南澳镇总兵"名义，召集台南绅民开会，决定召开议会，设于府学，以举人许献琛为议长，廪生谢鹏翀、陈凤昌等为议员，郎中陈鸣锵为筹防局长，共讨抗日大局。

刘永福以台南为中心，重新布防台湾的抗日力量。台南内地防务，其子成良统"福"字军各营守旗后大坪山炮台；提督陈罗统领翊安军及黄金龙军驻四草海口；台湾镇标中军游击李英统镇海军和道标卫队；柏正才、吴锦州军守白沙墩海口；周明标、张占魁守喜树庄海口；都司柯壬贵镇守安平海口。副将袁锡中统镇海后军守后山埤南诸路；台湾城守参将吴世添仍驻守台湾府城。除了黑旗军，还包括增生吴汤兴所率领的新竹义军，林得谦率领的十八堡义军，兵部主事许南英的台南团练营，生员李清泉、谢鹏翀的五段团练等。④

---

① 台湾总督府警务局编：《台湾抗日运动史》（一），王洛林总监译，海峡学术出版社2000年版，第105页。
② 有关丘逢甲内渡问题，参见李祖基：《论丘逢甲乙未抗日保台之若干问题》，李祖基：《台湾历史研究》，海峡学术出版社2008年版，第387—399页。
③ 黄秀政：《台湾割让与乙未抗日运动》，台湾商务印书馆1992年版，第196页。
④ 姚锡光：《东方兵事纪略》，台湾篇下第十，中国史学会主编：《中日战争》第1册，上海人民出版社、上海书店出版社2000年版，第99页。

台北失陷后,大部分军需饷械均落入敌手。刘永福拒接总统印时,便强调此时筹措军饷乃是第一紧要之事。[1] 刘永福发布告示,表示抗战到底的决心,同时也希望台民抛却异见,勠力同心,积极助饷。告示如下。

照得倭寇要盟,全台竟割,此诚亘古变异,为人所不忍闻、所不忍见,更何怪我台民发指眦裂,誓与土地共存亡,抗不奉诏,而为自主之国。本帮办则以越南为鉴,迄今思之,无日不抚膺痛哭,追悔无穷。不料防守台民,未尝建树,离奇百变,意见两端,何以天无厌乱之心,而使民遭非常之劫!自问年将六十,万死不辞。独不思苍生无罪,行将夏变为夷乎!嗟乎!积忿同深,自可挽回造化;厚德载福,谅能默转气机。愿合众志成城,制梃胜敌,在我坚心似石。弃职以为,所有旗后、凤、恒地方,业经布置,倭如有志,任往试之。刻顺舆情,移往南郡。查安平海口天险生成,此外要隘多可补其罅漏,惟军民共守,气味最贵相投;淮楚同仇,援助岂容稍异!本帮办亦犹人也,无尺寸长,有忠义气,任劳任怨,无诈无虞。短愿人攻,将弁不妨面告;事如未洽,绅民急宜指陈。切莫以颇有虚声,便为足恃;更莫因稍尊官制,遇事推崇。从此有济时艰,庶可稍舒众望。若因力微畏怯,语不由衷,在上天断不佑予;若因饷绌客筹,颇为挠阻,本帮办亦难恕尔。总之,如何战事,一担肩膺;凡有军需,绅民力任。誓师慷慨,定能上感天神;惨淡经营,何难徐销倭焰。合应剀切晓谕,为此示仰军民人等,须知同心戮力,自可转危为安;达变通权,无用专拘小节。不以斯言为河汉,仰各遵而无违。[2]

当时台湾富民多已内渡,或潜匿不出,筹款寥寥,无济于事。刘永福虽截流海关、盐局、厘局各项收入,每月所得不过四五万两,而仅台南一处每月即需饷十一二万两,缺口极大。[3] 为了缓解军饷紧张,刘永福曾专设官银票局发行官银票,每票一元至五元,共发行 25 万元左右。开始民众尚能接受银票,随

① 黄海安:《刘永福历史章》,中国史学会主编:《中日战争》第 1 册,上海人民出版社、上海书店出版社 2000 年版,第 409 页。

② 蔡尔康等编:《朝警记十二·台湾自主文牍》,中国史学会主编:《中日战争》第 1 册,上海人民出版社、上海书店出版社 2000 年版,第 204—205 页。

③ 易顺鼎:《盾墨拾余(选录)·魂南记》,中国史学会主编:《中日战争》第 1 册,上海人民出版社、上海书店出版社 2000 年版,第 141 页。

着战事和财政恶化，后来无人肯用。① 台南抗日政府还曾设置安全公司，发行股票（即公债）。② 除了银票、公债，刘永福还委托英人麦嘉林在安平海关设置官邮政局，发行"官信票"（又名"士单纸"，即邮票），充作征饷的途径之一。③ 刘永福还曾多次派人向大陆各省督抚求援，但清政府为避嫌，下令断绝对台的接济。除了福建督抚少量接济外，均遭拒绝。张之洞屡次拒绝刘永福的请援，告其"万勿指望"④。军需饷械的极度匮乏，严重限制了台湾的抗日运动，但刘永福适时而起取代唐景崧统领台湾的抗日运动，鼓舞了台民的抗日热情。⑤

日本侵略者于6月12日派日军越过淡水河，开始向新竹推进。新竹原本并无防营驻扎，防务空虚。台北陷落前，林朝栋所部傅德升、谢天德北上驰援，抵达新竹。义军吴汤兴、姜绍祖、胡嘉猷、徐骧、邱国霖等部，以及前台湾镇总兵吴光亮1个营，提督首茂林和傅宏禧各2营，亦汇集新竹，"是日不期而会者万人，遍山漫野"。⑥ 6月11日，众人公推义民统领吴汤兴为首领，祭旗誓师，准备北上收复台北。众人立约法数章，以鼓为号，协同作战，并约接济粮食费用。次日，吴汤兴发布公告，号召民众奋起抗敌。⑦ 13日，吴汤兴率军自大湖口出发。⑧

前此一日，台北的日军预备南下。为摸清新竹的情况，派出一个中队沿铁路前往侦察，沿途强征台民为夫役搬运辎重。14日，日军途经崩坡时，获知新竹有不少清军活动，便让担任后援的另一中队进驻中坜待命。为进一步了解清军动向，河村参谋带了十来人留在崩坡继续侦察，独自行进。他们在杨梅坜遭到北上义军的围击，待突围至大湖口火车站与侦察中队会合，发现后路已经被义军

---

① 黄海安：《刘永福历史章》，中国史学会主编：《中日战争》第1册，上海人民出版社、上海书店出版社2000年版，第410页。

② 黄秀政：《台湾割让与乙未抗日运动》，台湾商务印书馆1992年版，第200页。

③ 吴质卿：《台湾战争记》，戚其章主编：《中日战争》第12册，中华书局1993年版，第118—119页；姚锡光：《东方兵事纪略》，台湾篇下第十，中国史学会主编：《中日战争》第1册，上海人民出版社、上海书店出版社2000年版，第100页。

④ 《致福州边制台》，《张之洞全集》第8册，河北人民出版社1998年版，第6577页。

⑤ ［美］Lames W. Davidson：《台湾之过去与现在》，蔡启恒译，台湾研究丛刊第107种，第214页。

⑥ 吴德功：《让台记》，戚其章主编：《中日战争》第12册，中华书局1993年版，第72页。

⑦ 王国璠编著：《台湾抗日史（甲篇）》，台北市文献委员会，1981年，第272页。

⑧ 洪弃父：《台湾战记》，中国史学会主编：《中日战争》第6册，上海人民出版社、上海书店出版社2000年版，第337页。

截断。此时，大湖口已成抗日义军的前哨据点，也是日军进入新竹的必经之地。徐骧、吴汤兴、姜绍祖率部自东、西两面对进犯大湖口的日军发起攻击，一时枪声大作，"弹如雨下"，日军几度突围未果，直至 16 日才成功脱困，回到头亭溪与后援会合，又退至中坜待命。①

日军根据侦察中队的报告，认为义军正在集结，决定迅速占领新竹，以瓦解台民的抗日信心。② 6 月 19 日，日军派出步兵第 2 联队第 1 大队及第 8 中队、骑兵 1 小队、炮兵 1 中队，以及装备先进的第 4 机关炮队编成一个支队，约 1 千余人，由第 2 联队队长坂井大佐指挥，从台北向新竹出发，途中又收编了第 1 大队本部及第 1、第 4 中队。21 日晨，日军抵达杨梅坜附近，遭到小股义军的伏击。义军利用有利地形，射击日军的骑兵小队。日军分兵作战，试图夹击义军。义军渐不支，被迫撤离。日军逼近大湖口时，沿路义军依靠房屋与树木掩护，顽强抵抗。日军虽调来炮兵增援，仍无法奏效，只好放弃进攻。22 日，日军留下第 2 中队担任警戒，其余部队继续向新竹挺进。当日，日军击退枋寮社、安溪社的义军，11 时 30 分攻到新竹城外，新竹县知县王国瑞、游击廖榕盛未战先逃，居民闭城待援。日军派工兵打开城门，占领新竹城。③

新竹城虽然陷落，周边的义军仍然坚持抗敌，除了苗栗、大湖口等处抗日义军重要据点，新竹至台北的交通线也还在义军控制之中，桃仔园以西至新竹之间的联系一度陷于断绝状态。④ 义军不时在新竹城附近骚扰日军，他们破坏铁道，割断电线，袭击哨岗，并伺机反攻新竹城，给日军造成很大的威胁。⑤ 6 月 23 日，300 多名义军从东西南三面突袭中坜兵站，激战 4 个半小时。日军惊叹，自中日开战以来，虽在大陆设过不少兵站，但从未遭受如此猛烈的攻击，⑥足见抗日义军抗敌之决心与勇气。6 月 24 日，日军一个骑兵小队在侦察途中，再遭义军攻击，小队长和一名士兵被打死。接着，义军又巧妙地避开日军的反

① 洪弃父：《台湾战记》，中国史学会主编：《中日战争》第 6 册，上海人民出版社、上海书店出版社 2000 年版，第 337 页。
② 台湾总督府警务局编：《台湾抗日运动史》（一），王洛林总监译，海峡学术出版社 2000 年版，第 115 页。
③ 王国璠编著：《台湾抗日史（甲篇）》，台北市文献委员会，1981 年，第 271 页。
④ 《日清战争实记选译》，戚其章主编：《中日战争》第 8 册，中华书局 1996 年版，第 524—529 页。
⑤ 《日清战争实记选译》，戚其章主编：《中日战争》第 8 册，中华书局 1996 年版，第 524—525 页。
⑥ 《日清战争实记选译》，戚其章主编：《中日战争》第 8 册，中华书局 1996 年版，第 527 页。

扑，这种避重就轻的游击战术，令日军十分头痛。6月25日，为了扫荡新竹附近的义军，日军坂井大佐命令步兵第一中队携带两门机关炮清剿枋寮社附近的义军，遭到顽强的抵抗，未达到目的，此刻又传来新竹前哨遭到数百名义军攻击的消息，不得已搬师回援。如此反复遭到袭击，日军疲于应付。当听说义军以龙潭坡为据点，正准备大举进攻桃仔园街，驻守头亭溪的第3中队主动撤回中坜，收缩防线，同时向台北求援。

义军的英勇顽强大出日人意外，"其彪悍者，与闻一炮声而逃跑之清军相比，不可同日而语"。[1] 接到中坜方面的警报，近卫师团长赶忙在23日、24日命令第一联队第1、6中队前去增援。不过台北城内外传言义军将攻打台北，给日军很大的压力，难以分出更多兵力支援新竹。24日，桦山资纪勉强从驻守基隆的比志岛混合支队分出一部分交给近卫师团。26日，近卫师团长命令三木少佐统一指挥新竹沿线的日军，力图"肃清"义军的反抗。三木少佐经过侦察，认为驻扎在中坜东南安平镇的胡嘉猷部是义军主力，便于6月28日率部大举强攻安平。义军依靠坚固的房屋顽强抵抗，日军虽动用了火攻等各种手段，都无法占领安平，被迫撤回中坜。7月1日，日军再度出击，此番配备了炮兵、工兵，沿路烧毁附近民宅，围困义军。胡嘉猷率军沉着应战拼死抵抗，坚守一日。临近黄昏，日军死伤30余人，仍未能攻下安平，不得已撤回中坜。[2] 胡嘉猷则因水井被毁，义军饮水困难，决定趁夜突围，撤至龙潭坡，弃守安平。[3] 7月6日，日军第三次进攻安平，但除了找到失踪士兵的尸体，那里已然成空城，气急败坏的日军焚毁了安平镇泄愤。

与此同时，吴汤兴也在筹划大规模的反攻，他鉴于日军装备优良，认为必须集中各路义军的力量，才能与之抗衡。"台湾民主国"成立后，时任台湾府知府孙传衮内渡，唐景崧令候补同知黎景嵩代之，同时令林朝栋、杨汝翼率部驻守彰化，由黎景嵩任中路营务处兼统各军，并就地募勇，防守台湾中路。待台北弃守，林朝栋、杨汝翼先后内渡，黎景嵩独撑危局。他饬令副将杨载云募杨汝翼所弃湘勇及其他勇营两千余人，驻守头份街；又命梁翊募土勇千人为游击之师，驻守新港、苗栗一带；派罗树勋、廖世英分领屯防驻府城八卦山，并

① 《日清战争实记选译》，戚其章主编：《中日战争》第 8 册，中华书局 1996 年版，第 533 页。
② 台湾总督府警务局编：《台湾抗日运动史》（一），王洛林总监译，海峡学术出版社 2000 年版，第 119 页。
③ 《胡嘉猷传》，戚其章主编：《中日战争》第 12 册，中华书局 1993 年版，第 476 页。

筑炮台于八卦山巅，将城南巨炮移置于此。附近苗栗、新竹各处乡绅也自备饷需募勇成军，黎景嵩又令台湾、苗栗、云林三县知县就地募勇。如此共募勇近7千人，成14营。黎景嵩遂按湘、楚营制、营规制定章程，名之为"新楚军"。① 由副将杨载云统领，与吴汤兴所率义军配合作战。经过周密的安排，7月9日夜，② 在吴汤兴的指挥下，抗日军兵分三路，自头份进攻新竹城："新楚军"傅德星、陈澄波分攻东、西门，吴汤兴攻南门，杨载云继后策应，姜绍祖、徐骧跟进。日军也听到新竹即将受到袭击的传言，派兵出城侦察。10日晨，双方在新竹东南的十八尖山遭遇，吴汤兴率队迎击，杨载云、傅德星分两翼夹攻，日军不敌后退。③ 义军占领了十八尖山及虎头山一带高地，炮击新竹城。日军凭借火力优势，出城迎击。双方激战半日，义军渐渐不支，被迫撤退。陈澄波、徐骧的进攻也分别受阻。午后，姜绍祖率百余人突袭新竹车站，被日军三面包围，苦战未果，战死50余人，其余被俘。姜绍祖被俘后，寻隙逃出。④

义军第二次反攻新竹失败后，仍以新竹东南的尖笔山为根据地，坚持在新竹地区活动。他们在赤坎头至香山坑南面高地一带修筑工事，加紧备战。⑤ 中日双方小规模冲突不断。7月25日午夜，吴汤兴、杨载云率千余名义军再度对新竹前哨发起猛烈冲击，从三面包围日军。战斗一直持续到上午8点，"长达三千余米的战线上，枪声、炮声一度非常激烈"。⑥ 日军凭借优势炮火，又一次击退了义军。这样的战斗，一直持续到8月上旬。义军的失败，除了兵力分散、武器落后以及缺乏统一指挥外，内部不合也是重要原因。

几番激烈交锋后，桦山资纪深感到台民抗日实力不可轻视，为了稳定台北局势，决定重新布置作战路线，放弃从海上直接进攻台南的计划，改从陆路南进。⑦ 他将派往台南的增援部队调回台北，与近卫师团会合，加上混合旅团，

---

① 思痛子撰：《台海思痛录》，戚其章主编：《中日战争》第12册，中华书局1993年版，第111页。
② 一说是7月8日夜，综合中日材料，笔者认为应是9日夜发动反攻。
③ 王国璠编著：《台湾抗日史（甲篇）》，台北市文献委员会，1981年，第274页。
④ 《日清战争实记选译》，戚其章主编：《中日战争》第8册，中华书局1996年版，第548页。
⑤ 台湾总督府警务局编：《台湾抗日运动史》（一），王洛林总监译，海峡学术出版社2000年版，第123页。
⑥ 《日清战争实记选译》，戚其章主编：《中日战争》第8册，中华书局1996年版，第549页。
⑦ 《日军侵略台湾档案》，戚其章主编：《中日战争》第12册，中华书局1993年版，第213—214页。另：当时台南的英国侨民要求日军尽快南下保护，日本政府迫于压力，要求桦山资纪按原计划先攻取台南，桦山则坚持暂时放弃攻打安平、打狗，他还强调，当时南部天气恶劣，风浪较大，不利登陆作战。

组成一支强大的力量。同时，向日军大本营请求支援。7月3日，桦山资纪命令近卫师团先行"扫荡"台北、新竹附近的抵抗力量，消除南进的后顾之忧。当时在龙潭坡附近活动的胡嘉猷部成为日军的首要目标。山根少将、坊城少佐、今田大尉分别率领部队，分三路向龙潭坡进发，力图打通前往苗栗的道路。

7月12日，坊城大队沿大嵙崁溪两岸行进，经枋桥街到三角涌宿营。今田大尉率领的第7中队跟随大队出发，经海山口、树林庄到二甲九庄露营。次日凌晨，500余名义军从四面包围今田中队，猛烈射击。今田中队仓皇应战，直到黄昏才寻机朝桃仔园方向突围，前往龙潭坡与山根支队会合。13日，坊城大队在自三角涌至大嵙崁的山谷当中，遭到江国辉、廖运藩、李光飚、吕建邦、简玉和等大嵙崁义军的截击；三角涌义军也在苏力、苏俊、陈小埠的率领下攻击日军后卫；黄晓潭、郑西凤、刘大容等人出乌涂窟攻击日军背部，附近义军也纷纷前来助阵，总计义军不下5000余人。[1] 坊城大队腹背受敌，进退维谷，陷入苦战。激战三昼夜，粮饷用尽，陷于绝境。直到山根支队占领大嵙崁，义军南移，才得以侥幸解困。与此同时，另一支日军运粮护卫队在三角涌附近被歼灭。[2]

14日，山根少将亲率支队主力进犯龙潭坡，用炮火摧毁了义军的阵地，胡嘉猷战死。[3] 接着，于16日大举进攻大嵙崁，江国辉、吕建邦、简玉和等首领率军回师应战。日军坚壁清野，烧毁民宅，使义军失去有利的屏障，难以抵挡日军的进攻。此时，听到己方炮火声音的坊城大队也全力往大嵙崁方向突围，[4] 义军前后受敌，处境更加艰难。此战江国辉被俘，吕建邦负伤，义军终被冲散。[5] 大嵙崁落入敌手。

日军付出十分惨重的代价才占领大嵙崁、三角涌，这迫使桦山资纪与北白川宫能久决定分两期实施更彻底的"扫攘计划"，进行全面的焦土政策。7月

---

[1]　王国璠编著：《台湾抗日史（甲篇）》，台北市文献委员会，1981年，第279页。

[2]　台湾总督府警务局编：《台湾抗日运动史》（一），王洛林总监译，海峡学术出版社2000年版，第126—128页。

[3]　《日清战争实记选译》，戚其章主编：《中日战争》第8册，中华书局1996年版，第537—538页。一说胡嘉猷并未战死，而是潜回广东原籍。见《胡嘉猷传》，戚其章主编：《中日战争》第12册，中华书局1993年版，第476页。

[4]　台湾总督府警务局编：《台湾抗日运动史》（一），王洛林总监译，海峡学术出版社2000年版，第131页。

[5]　王国璠编著：《台湾抗日史（甲篇）》，台北市文献委员会，1981年，第280页。

17日，桦山资纪下达"扫荡"命令，根据山根支队的报告，判断义军主力应在三角涌一带，决定先集中兵力"扫荡"台北、基隆之间铁路线以南大嵙崁河孟地区。近卫师团组建山根、内藤、松原三个支队，专门负责"扫荡"任务。22日，山根支队从大嵙崁向三角涌出发，在炮队的掩护下从四面"围剿"三角涌地区的义军，沿途放火烧毁村落、市街，大肆屠杀无辜乡民。在优势敌人面前，元气大损的义军虽有零星抵抗，未能给日军造成很大的障碍。24日，山根支队返回大嵙崁。山根支队进犯三角涌的当天，内藤支队从大嵙崁左岸出发，在打类坑附近高地遭到义军的抵抗，双方相持一日。23日，日军增援火炮抵达，同时受到山根支队占领三角涌的鼓舞，士气大振，冲入义军阵地占领高地。接着向海山口方向前进，沿途焚毁民宅千余间。松原支队亦于22日自台北出发，沿大嵙崁溪右岸搜索前进，烧毁村落，任意杀害乡民。23日，占领土城庄后，当地即成废墟。日军此番"扫荡"，屠杀上千乡民，烧毁民屋数千间，三角涌附近数里内不见人烟。①

接着，近卫师团发动第二期扫荡，派内藤、山根两个支队对铜锣圈庄、杨梅坜、龙潭坡、牛栏河、新埔街、大湖口等义军活动频繁地区进行扫荡。7月29日，内藤支队从桃仔园街铁路线以北地区到达中坜，途中未遇义军，日军认为该地区已被"肃清"，停止"扫荡"。而山根支队则先后对龙潭坡西面高地、铜锣圈庄、咸菜硼、新埔街、大湖口的义军发起攻击，义军虽一如既往地进行顽强抵抗，无奈实力悬殊，逐一溃败。日军基本"肃清"了台北至新竹一线的义军反抗。义军退至尖笔山一带据守险要。

日军巩固台北至新竹一线的占领后，准备南侵。在此期间，日军大本营增援的混成第4旅团抵达台湾，日军实力得到加强。7月29日，为了指挥方便，近卫师团长北白川宫能久率司令部启程南下，31日抵达新竹。② 8月5日，能久下令从新竹往南进军，攻打尖笔山。

尖笔山地处新竹、苗栗之间，海拔842米，是新竹东南横山山脉最高峰。山路崎岖，地势严峻，是苗栗地区北部防御的唯一据点。此时，参与新竹抗战的各路抗日队伍退守尖笔山及其附近的枕头山、鸡卵面，包括吴汤兴、徐骧、傅德星、邱国霖、张兆麟、陈超亮、黄景云、陈澄波、林学院及新楚军杨载

① 台湾总督府警务局编：《台湾抗日运动史》（一），王洛林总监译，海峡学术出版社2000年版，第142页。
② 《日清战争实记选译》，戚其章主编：《中日战争》第8册，中华书局1996年版，第559页。

云、李惟义等11支队伍，总兵力7800余人。[①]

8月6日，山根支队自新埔出发，逆九芎林河往上，向树杞林进发。路过水尾庄时，遇到林学院部袭击，林部稍作抵抗便撤退。7日，山根支队进逼水仙岭，陈澄波帅部迎击，日军受阻，后增派炮兵助战，并从右翼冲锋，用了3个多小时才攻克水仙岭。[②]

夜间，日军朝枕头山与鸡卵面进军，这里是义军在新竹与尖笔山之间的重要阵地。吃过义军苦头的近卫师团慎重估计了所需兵力，集合了山根支队、内藤支队及川村支队作预备队。8日，日军发动正式进攻，川村预备队率先攻入枕头山，徐骧率队应战。日军用机关炮轰击，步兵跟进，徐骧部节节败退。左路的内藤支队亦朝鸡卵面发起攻击，一边炮击一边前进，所到之处，把村寨烧光，火焰冲天。负责防御的吴汤兴不能支，被迫往尖笔山退却。[③]

9日，三路日军抵达尖笔峰脚下，准备三路合击，日军还调来两艘军舰支援陆军的进攻。川村率队从左右两翼攻山，山根支队则绕尖笔山夺取头份街。上午5时，山根支队进攻头份街，新楚军将领李惟义、杨载云率部迎战。李惟义甫战即逃，杨载云力战而死，义军士气受了很大影响，其他士兵溃逃。山根支队占领头份后，故技重演，将头份全部烧光，变成一片焦土。[④] 与此同时，川村与内藤两个联队开始进攻尖笔山，附近海域游弋的吉野、秋津洲两舰发炮掩护。[⑤] 守军徐骧、吴汤兴部见势难挡，放弃阵地撤退，尖笔山落入日军之手。

新竹失陷后，苗栗成为义军在北部抗日的最后据点。但义军统领吴汤兴与苗栗知县李烇不和，军心离散。[⑥] 杨载云牺牲后，新楚军的士气低落，连连战败，实力大损。台湾府知府黎景嵩在新竹面临日军进攻时，主动向刘永福请援。刘永福令黑旗前敌正统领吴彭年带屯兵营、旱雷营、七星营往援。[⑦] 7月

---

① 王国璠编著：《台湾抗日史（甲篇）》，台北市文献委员会，1981年，第284—258页。有关抗日力量人数，有不同说法，陈汉光即认为有3000人左右（陈汉光：《抗日战争史》，海峡学术出版社2000年版，第91页）。

② 《日清战争实记选译》，戚其章主编：《中日战争》第8册，中华书局1996年版，第571—572页。

③ 陈汉光：《抗日战争史》，海峡学术出版社2000年版，第91—92页。

④ 《日清战争实记选译》，戚其章主编：《中日战争》第8册，中华书局1996年版，第573页。

⑤ 《日清战争实记选译》，戚其章主编：《中日战争》第8册，中华书局1996年版，第567页。

⑥ 吴德功：《让台记》，戚其章主编：《中日战争》第12册，中华书局1993年版，第80页。

⑦ 吴德功：《让台记》，戚其章主编：《中日战争》第12册，中华书局1993年版，第81页。

19日，吴彭年抵达彰化。8月6日，应苗栗绅民请求，吴彭年移驻苗栗。① 吴彭年带兵至苗栗后，整顿队伍。因兵力不足，吴彭年令徐骧再募土勇，但尚未成军，日军已经逼近。

8月13日，日军进入后垅及其东面山地，能久亲王下令进攻苗栗。日军仍分三路进攻：山根支队为左翼，从头份街向乱龟山前进，川村支队为前卫，向后垅方向进军，其余为本队和预备队，相继出发。川村支队徒步涉过中港溪，到达后垅。日军用马车拖机关炮，猛烈开火，"一刻钟放数十响，出口即破裂开花，流星飞打"，占据高地的义军见此斗志全无，迅速败退。② 吴彭年亲自督军力战，黑旗军管带亲兵袁锡清、帮带林鸿贵身先士卒。双方在苗栗东畔大山血战，日军望见西北高地有一座大堡垒，十数面旗帜飘扬，声势颇大，且陆续有援兵抵达。③ 日军集中炮火猛烈轰击，趁浓雾、硝烟掩护，突袭堡垒。双方展开兵刃近战，林鸿贵被杀，袁锡清中炮身亡。李惟义、徐学仁指挥七星队掩护吴彭年及屯兵、旱雷两营伤兵退回苗栗街，后又退守大甲。④ 是日，山根支队也迫近乱龟山，义军陈超亮、黄景云在山仔坑驻守，临敌即溃。当日，苗栗知县李烇奔逃梧栖，后带印内渡福州。吴汤兴、徐骧等则退往彰化。苗栗随之成空城。14日，日军兵不血刃，占领了苗栗。

彰化县城是台湾府治的暂设地，居全台中心，固守可以控制南北，乃敌所必争、我所必重之地。但彰化粮饷严重不济，而台南自顾不暇，难以接济。⑤ 黎景嵩电请张之洞援助饷械，遭拒。⑥ 此时黎景嵩积欠"新楚军"饷银2万余元，乡绅不愿捐饷，所收钱粮只有一二成，难以为继。⑦ 待头份与苗栗已临险境，败兵向黎景嵩索饷，黎景嵩无可支给，只得将"新楚军"托付黑旗军将领吴彭年统率。吴彭年同样无法解决粮饷问题，只能靠当地民众蒸饭到营，"供

---

① 吴德功：《让台记》，戚其章主编：《中日战争》第12册，中华书局1993年版，第82页。
② 吴德功：《让台记》，戚其章主编：《中日战争》第12册，中华书局1993年版，第84页。
③ 台湾总督府警务局编：《台湾抗日运动史》（一），王洛林总监译，海峡学术出版社2000年版，第149页。
④ 吴德功：《让台记》，戚其章主编：《中日战争》第12册，中华书局1993年版，第84页。
⑤ 吴德功：《让台记》，戚其章主编：《中日战争》第12册，中华书局1993年版，第80页。《让台记》与《台海思痛录》都有张之洞牌易顺鼎赴台南查军情的材料，《台海思痛录》甚至有言张之洞让易顺鼎带15万饷银两济困之说，查易顺鼎《魂南记》则无此说。
⑥ 黎景嵩：《黎守来电》，《张之洞全集》第8册，河北人民出版社1998年版，第6543页；张之洞：《致福州边制台》，《张之洞全集》第8册，河北人民出版社1998年版，第6542页。
⑦ 吴德功：《让台记》，戚其章主编：《中日战争》第12册，中华书局1993年版，第84—85页。

给三餐"，勉强维持。①

日军攻陷苗栗后，继续南下。8月21日，日军渡过大甲溪，分左右两个纵队。左纵队由中冈大佐带领，前往台中；右纵队沿海岸线潮大肚溪前进。25日，左纵队途经头家厝时，遭到林大春所率国姓会数百人袭击，义军凭靠竹围与日军对峙。日军数次冲击皆被击退。吴彭年闻报，派"新楚军"郑以金带队往援，义军士气更旺。日军久攻不下，几次增援都没能击退义军。26日，日军增援了两个步兵中队，一个炮兵中队，在炮队的掩护下发起冲锋，才占领义军阵地，逼近台中。此役日军战死6人，包括一名中尉。② 日军右纵队与近卫师团总部则于25日抵达大肚溪，兵临彰化城。彰化城易攻难守，附近只有八卦山一带适于固守。义军在八卦山构筑了坚固炮台，并沿大肚溪南岸设置防御工事，与日军隔岸对峙。彰化一役事关全局，刘永福尤为重视，命吴彭年死守彰化，同时派王德标、刘得胜、孔宪盈、李士炳、沈福山率旱雷、七星全队4营增援。③ 27日，黑旗援军在鹿港登陆，同日，云林县罗汝泽所募简义、简大肚、张祐等人也赶到彰化。一时间黑旗军与义军在吴彭年的率领下，云集彰化一带。

8月26日，能久亲王带人在大肚溪沿岸侦察八卦山的义军阵地，被守将沈福山发觉，开炮轰击。能久不及躲避，与山根、绪方皆被弹片击中。④ 8月27日，能久亲王下达向八卦山进攻的命令。当天夜里，日军偷渡大肚溪成功。接着，日军分三路对八卦山发起进攻：负责牵制的右翼川村部队由大肚溪而进，与黑棋七星队战于中寮、茄苳脚；担任主攻的山根部队由蜡沙坑、柴梳金暗袭八卦山后，黑旗军及徐骧、吴汤兴部与之大战。经过两个小时激战，日军从三面围住八卦山，终攻破义军阵地。此时，黑旗军仍在中寮、茄苳脚等处坚持战斗，吴彭年亲自在市仔桥头督战，见山上竖日旗，勒马由南坛巷上山，中弹坠马而死。日军顺势攻入彰化城，李士炳、沈福山、吴汤兴皆战死于东门外。黎

---

① 吴德功：《吴统领彭年传》，戚其章主编：《中日战争》第12册，中华书局1993年版，第449页。

② 台湾总督府警务局编：《台湾抗日运动史》（一），王洛林总监译，海峡学术出版社2000年版，第154—155页。

③ 吴德功：《让台记》，戚其章主编：《中日战争》第12册，中华书局1993年版，第86—87页。

④ 王国璠编著：《台湾抗日史（甲篇）》，台北市文献委员会，1981年，第305页。日方资料虽提能久被炮击事，但未说被击中。参见《日清战争实记选译》，戚其章主编：《中日战争》第8册，中华书局1996年版，第591页。

景崧、罗树勋等逃亡。是役，军民战死四五百人。① 日军占据彰化，旋即又占领鹿港，未遇激烈的抵抗。② 黑旗军与黎景崧等人在彰化失陷后退往北斗街，日军尾随而至，黎景崧、罗树勋、罗汝泽等人匆忙内渡，王德标携带台南济饷械，退入云林县等处。③

9月1日，日军侦知抗日军退往云林，于是涩谷中佐、千田少佐各自率队追击至他里雾及斗六街（云林县治在地），2日先后抵达大莆林。日军沿路均未遇到激烈抵抗，认为没有必要继续前进，准备回到他里雾。但日军在大莆林恣意妄为，蹂躏妇女，激起民众愤慨。义军简义与族人原本准备放弃抵抗，自此举义旗，与黑旗军王德标部、义军徐骧一道，讨伐日军。④ 9月3日，正当日军放松警惕时，突遭简精华所率义军截击，日军措手不及，被围困于大莆林。涩谷命西村中队向他里雾退却，恢复与后方的联系。但此时他里雾也遭到袭击，西村中队只能绕道回北斗街，在刺桐巷与南下的曾我中队会合。当夜，两支日军冒雨夜袭他里雾，占领他里雾。而刘永福获知王德标部与简义所率义军等合击日军，派杨泗洪、朱乃昌增援大莆林。⑤ 9月6日，黑旗军与义军一同反攻大莆林，为了增强火力，义军还从嘉义调来山炮，猛击日军。激战中，杨泗洪不幸阵亡。⑥ 弹尽粮绝的涩谷大队被迫退往他里雾，与西村、曾我中队会合后，于9日退回北斗。⑦

大莆林一战后，日军在彰化滞留近一个月。此时，日军面临更为严重的疫病威胁。彰化是台湾瘴气最严重的地区，时值盛夏，易于疫病流行。日军饱受恶性疟疾的困扰，到了9月下旬，真正健康的士兵不过五分之一，单在八卦山就有140多名士兵病亡。山根、中冈、绪方等人也相继病死，日军战斗力受到

① 吴德功：《让台记》，戚其章主编：《中日战争》第12册，中华书局1993年版，第87—88页。
② 台湾总督府警务局编：《台湾抗日运动史》（一），王洛林总监译，海峡学术出版社2000年版，第161页。
③ 吴德功：《让台记》，戚其章主编：《中日战争》第12册，中华书局1993年版，第90页。
④ 吴德功：《让台记》，戚其章主编：《中日战争》第12册，中华书局1993年版，第90页。
⑤ 洪弃父：《台湾战记》，中国史学会主编：《中日战争》第6册，上海人民出版社、上海书店出版社2000年版，第344页。
⑥ 洪弃父：《台湾战记》，中国史学会主编：《中日战争》第6册，上海人民出版社、上海书店出版社2000年版，第344页。另有一种说法，认为杨泗洪阵亡于10月初的大莆林之战。见吴德功：《让台记》，戚其章主编：《中日战争》第12册，中华书局1993年版，第93—94页。
⑦ 《日清战争实记选译》，戚其章主编：《中日战争》第8册，中华书局1996年版，第600—603页。

很大影响。① 同时，随着战局的扩大，日军的粮食给养也渐成问题。② 抗敌联军的顽强抵抗，让日军不敢轻易南下，担心近卫师团孤军深入，陷入重围。③ 而日军大本营则提出等到9月下旬西南季风停止，趁抗日联军饷械匮乏，陷于困顿的时机，从台南登陆，海陆并进，南北夹击，一举击溃台南抗日政府。这种情况下，日军不得不暂缓南下，等待援军，并进行休整。

抗日联军形势并不比日军乐观，虽取得云林之战的胜利，"各处日军多退，云林地无敌踪"，④ 局势有所回挽，但元气已伤。刘永福几度向大陆发电或派人请援，均遭张之洞拒绝，闽督、将军虽"月月接济"，但数目有限。⑤ 抗日联军饷械匮乏，无力组织有力反击，与日军沿北斗溪⑥一线对峙。⑦

日本为了尽快占领台湾全岛，从本土派出了第2、4师团的预备队，又从辽东半岛抽调了半个师团，再配备臼炮队、工兵队、要塞炮兵队、宪兵队等增援。这样，侵台日军包括武装警察总共达到9万余人，⑧ 不管在装备或人数均大大优于抗日联军。同时，大本营改组了台湾总督府，强化军事机构，使之近似军队司令部。大本营专门设置台湾副总督一职，由高岛鞆之助陆军中将担任，统一指挥南进各部队。9月12日，高岛抵达台北，不久正式成立"南进军司令部"。他对作战计划作了修改，命令近卫师团在10月5日、6日前到嘉义附近集结，掩护混成旅团与第2师团在布袋口登陆，后者再分别从北、东两面攻击台南。⑨

10月3日，近卫师团朝嘉义进发。日军分成前卫、右翼、左翼和本队四支

---

① 台湾总督府警务局编：《台湾抗日运动史》（一），王洛林总监译，海峡学术出版社2000年版，第166页。
② 台湾总督府警务局编：《台湾抗日运动史》（一），王洛林总监译，海峡学术出版社2000年版，第150—152页。
③ 台湾总督府警务局编：《台湾抗日运动史》（一），王洛林总监译，海峡学术出版社2000年版，第168页。
④ 洪弃父：《台湾战记》，中国史学会主编：《中日战争》第6册，上海人民出版社、上海书店出版社2000年版，第344页。
⑤ 刘永福：《刘镇来电》，《张之洞全集》第8册，河北人民出版社1998年版，第6583—6584页。
⑥ 北斗溪与西螺溪均是浊水溪（现名）的一部分。见《攻台战纪：日清战史·台湾篇》，许佩贤译，远流出版事业股份有限公司1995年版，第268—269页。
⑦ 中文材料有记录9月23—25日，刘永福曾组织一次对彰化反攻，但日文材料未提及。
⑧ 陈汉光：《抗日战争史》，海峡学术出版社2000年版，第103页。
⑨ 台湾总督府警务局编：《台湾抗日运动史》（一），王洛林总监译，海峡学术出版社2000年版，第167—168页。

部队，分别由川村、坂井、内藤以及白北川宫能久亲王率领，先后渡过北斗溪。接着，分三路向北斗溪以南方向进攻。5日，担任前卫的川村支队渡河后，迅速朝树仔脚集结。途经西螺溪时，遭到黑旗军王德标部的阻击。王德标在左岸设防，修筑掩体，阻止日军过河。日军企图绕行进攻，黑旗军冲出掩体追击。日军用炮轰击，逼迫黑旗军撤退。日军趁机从正面突击，冲至树仔脚庄南面。黑旗军稳住阵脚，从两面包抄日军左翼。但日军主力赶到，黑旗军难以抵挡，退往斗六街。川村支队在树仔脚集结后，进扎刺桐港。6日，右翼坂井支队越过树仔脚，进攻西螺街，义军廖三聘及黄荣邦部在西螺街抵抗，激战数小时，日军采取火攻才占领西螺街。①

刺桐港失陷后，王德标、林义河等人在他里雾、大莆林等地节节抵抗，付出巨大伤亡仍未能阻止日军前进。日军右翼支队穿过西螺街，攻入土库，追击义军至番仔庄。土库义军的作战经验虽不如大坪坎的同胞，但充分发挥家屋防御战的特点，即使被围，内起大火，仍坚持顽强抵抗，令日军极为头痛。② 左翼内藤支队在牛湾庄及斗六街一带，遭到萧三发、徐骧、简成功、简义等部的抵抗，黑旗军与义军依托坚固堡垒阻止日军前进，战斗激烈程度，是中日开战以来"所不多见"。③ 日军占领斗六街后，抗日联军各部撤至大莆林。8日，川村支队自他里雾分三路进攻大莆林，义军固守观音亭等处，与日军展开一个小时的肉搏战。日军无法得手，后靠火攻才逼退义军。此战萧三发、黄荣邦均战死。④ 近卫师团各支队在付出较大伤亡后，于8日分别抵达打猫街、番仔街、达山仑仔庄，本队则进驻三叠溪附近至大莆林之间。

10月9日，日军开始进攻嘉义城。嘉义城据台南府仅17公里，是通往台南的最后屏障。东南、北面均为平原，南有北掌溪、北有牛稠溪，河狭水浅，甚难扼守。⑤ 日军分三路，从北、东、西三门同时强攻嘉义城。日军首先用重炮轰击嘉义城的炮兵阵地，破坏了城墙，接着在炮火的掩护下，日军强行登墙。⑥

---

① 陈汉光：《抗日战争史》，海峡学术出版社2000年版，第108—109页。
② 《日清战争实记选译》，戚其章主编：《中日战争》第8册，中华书局1996年版，第617—618页。
③ 《日清战争实记选译》，戚其章主编：《中日战争》第8册，中华书局1996年版，第613页。
④ 洪弃父：《台湾战记》，中国史学会主编：《中日战争》第6册，上海人民出版社、上海书店出版社2000年版，第345页。
⑤ 陈汉光：《抗日战争史》，海峡学术出版社2000年版，第111页。
⑥ 台湾总督府警务局编：《台湾抗日运动史》（一），王洛林总监译，海峡学术出版社2000年版，第186—187页。

此时嘉义城守军有守备王德标、知县孙育万、武举人刘步升、义军首领简氏父子、生员杨锡九、营官冯练芳等部，死守力战。① 然而日军炮火凶猛，刘步升、杨锡九、冯练芳等人中弹身亡。中午 11 点 45 分左右，西门先被攻破，随后北门、东门也被破，嘉义城被攻陷。此战抗日联军由于城门被围，无处可退，死伤较多。日军一个小时内发炮 183 发，战斗激烈程度可见一斑。②

日军占领嘉义后，兵分两路，前卫部队继续追击撤退的抗日联军，向台南挺进；右翼支队则被派往盐水港，以按计划掩护混成第四旅团在布袋口附近登陆。右翼支队 10 日从嘉义出发，次日占领盐水港，守军谭少宗部被炮火驱散。混成旅团则已于 10 日自傍晚澎湖出发，当日在布袋口登陆。黑旗军营官侯西庚所部据内田庄西端抵抗，也被日舰炮火击溃。③

混成旅团登陆后，分两路进攻：一路占领杜仔头庄，一路往盐水港方向前进。11 日，混成旅团先头部队在盐水港与近卫师团会合。之后，混成旅团继续朝盐水港西面进军，侵犯铁线桥。但义军四处抵抗，延缓了日军的进军。19 日，混成旅团在贞爱亲王指挥下，分兵进攻曾文溪和萧垄。曾文溪乃黑旗军北面防御要地，但守将刘光明不战而逃。日军顺势攻入东势宅庄与文溪庄，徐骧、柏正材、王德标等率义军迎战，徐骧、柏正材不幸中弹身亡。进攻萧垄的日军遭到沈征芳、林昆冈率部抵抗，林昆冈父子不幸遇难。

增援台湾的第 2 师团也于 10 日下午从澎湖马公港出发，次日到达枋寮海域，并迅速从番仔仑附近登陆。当地无黑旗军驻守，日军顺利占领登陆附近地带，并向茄苳脚进发。茄苳脚是东港与枋寮的中枢，战略地位十分重要，日军若不占领该地，则进不能入东港，退不能守枋寮。④ 双方在该地展开激烈的争夺。义民首领萧光明率部抵抗，连妇女也参加了战斗。吴光志率林边义民团前来援助。进攻茄苳脚的日军第三中队被抗日联军的包围，陷入进退两难的困境，直到日军援兵赶到才得以脱困，并占领茄苳脚，但日军已付出了惨重代价。⑤

12 日，日军向东港进军。守军吴光忠部听说茄苳脚失守，不战而逃。日军

---

① 　陈汉光：《抗日战争史》，海峡学术出版社 2000 年版，第 111 页。
② 　陈汉光：《抗日战争史》，海峡学术出版社 2000 年版，第 111 页。
③ 　陈汉光：《抗日战争史》，海峡学术出版社 2000 年版，第 112 页。
④ 　台湾总督府警务局编：《台湾抗日运动史》（一），王洛林总监译，海峡学术出版社 2000 年版，第 201—202 页。
⑤ 　《日清战争实记选译》，戚其章主编：《中日战争》第 8 册，中华书局 1996 年版，第 629 页。

继续沿东溪行进至头沟水庄时，遭到近千名义军的围攻，日军经过苦战才退回宿营地。① 16 日，日军占领凤山城。在附近海上待命的日军舰队，见第 2 师团占领凤山，遂于 15 日上午炮击打狗，摧毁了沿岸炮台，接着派遣陆战队上岸，先于第 2 师团占领打狗。

日军混成旅团与第 2 师团先后登陆成功后，台南刘永福陷于日军三面围攻的境地，处境更为艰难，不得已向日军求和，要求日军厚待百姓，宽刑省法；同时，厚待其兵勇，照会中国派船载其内渡。② 桦山资纪与高岛鞆之助则要求刘永福"诚意求降"，遭到刘永福拒绝。后高岛要求刘永福赴驻安平港日舰吉野号会商，刘永福未能赴约。待打狗与麻豆庄陷落，台南震动。10 月 19 日，刘永福搭乘英舰"爹利士"（Thales）内渡厦门，途中逃脱日舰追击搜查。③

19 日，日军第 2 师团受命开始朝台南前进。20 日，击溃少量义军后，占领二层行庄。当日下午，来自台南的英国传教士代表台南市民，告知刘永福已离开台南，要求日军尽快入城。第 2 师团随后由台南城小南门进入台南城。17 日，日军舰队又驶往安平海域警戒。21 日，日军海军陆战队在四鲲鯓庄登陆，占领安平。22 日，南进军司令官南岛进入台南。27 日，桦山资纪宣布"台湾全岛已全部平定"。④ 至此，历时近 5 月的台湾军民武装抗日运动，终于被镇压。

---

① 台湾总督府警务局编：《台湾抗日运动史》（一），王洛林总监译，海峡学术出版社 2000 年版，第 205—206 页。
② 陈汉光：《抗日战争史》，海峡学术出版社 2000 年版，第 120 页。
③ 《日清战争实记选译》，戚其章主编：《中日战争》第 8 册，中华书局 1996 年版，第 643 页；吕理政、谢国兴主编：《乙未之役随军见闻录》，台湾"中研院"台史所、台湾史博物馆 2015 年版，第 284—285 页。
④ ［日］河村植等：《日清战争实记》，第 47 编，第 25 页，转引自虞和平、谢放：《中国近代通史》第三卷，江苏人民出版社 2007 年版，第 430 页。

第三章 台湾总督府的建立及其 对台湾的殖民统治

日本根据《马关条约》割占台湾及澎湖列岛之后，在日军入侵台湾的同时，组建了"台湾总督府"，并从 1895 年 6 月 17 日开始了在台湾的"始政"，直到 1945 年 10 月 25 日台湾光复，对我国台湾地区实施了长达 50 年的殖民统治。在 50 年间，因内外情势之变迁，日本在台湾的殖民统治大致经历了"军政"—"民政"—"军政"三个阶段，台湾总督府的统治方式与策略，在不同的时段也有所变化和差异；但"无论在何种阶段，日本殖民者对台湾及其民众的统治，皆以军警镇压为管理基础、经济掠夺为支持手段、倡导'同化'为粉饰工具"[1]。本章论述日本 20 世纪 30 年代发动侵华战争之前，在台湾地区实施殖民统治的历史事实。

一、台湾总督府的建立及其统治手段的变化

台湾总督府的建立与"始政"

1895 年 5 月 8 日中日政府代表在烟台换约之后，10 日，日本政府任命海军大将桦山资纪为第一任台湾总督，并兼任台湾军备司令官及台湾接收全权委员。同时，首相伊藤博文发布了《关于桦山资纪赴任之际的政治大纲的训令》，规定了日本有关接收台湾、接收政府财产及有关清政府撤军的各种条款，并特别指出："万一彼方于期限内不简派全权委员，或拒绝移交，或移交怠慢时，则条约上之割地，在批准换约之后，当然已在我主权之下，自应临机处理。遇有不得已之情事，可用兵力强制执行。"对于接收之后的台湾总督府之设置，规定可设立治民部、财政部、外务部、殖产部、军事部、交通部、司法部等机构。[2] 5 月 12 日，日本外相通过美国驻日公使，向清政府传递了交割台湾的通告。

---

① 许介鳞编著：《台湾史记——日本殖民统治篇（2）》，文英堂出版社 2007 年版，第 87 页。

② 日本外务省编纂：《日本外交文书》第二十八卷第二册，国际连合协会 1953 年版，第 553—556 页。

桦山资纪在京都受命之后，立即推荐办理公使水野遵为民政局长官，陆军少将大岛久直为陆军局长官，海军大佐角田秀松为海军局长官，并开始招揽文武官员。① 11日草拟的总督府条例草案被首相搁置后，又于5月21日拟订了《台湾总督府临时条例》，计划在总督府之下，设民政、陆军、海军三局；在民政局下设内务、外务、殖产、财务、学务、递信、司法七个部；内务部掌理地方行政、警察、监狱、土木、地理、户籍相关事务；外务部掌理通商贸易及外国人相关事务；殖产部掌理租税及预算、决算相关事务；学务部掌管教育相关事务；递信部掌理铁道、邮政、电信、船舶及灯塔等相关事务；司法部掌管民刑相关事务。②

5月17日，桦山资纪自京都出发前往广岛。24日，桦山率领日本文武官员300余人，自广岛宇品港搭乘横滨丸，向台湾进发，27日抵达冲绳中城湾，与近卫师团会合，并向陆海军将官传达了总督训示。③ 29日，桦山一行在基隆口外的三貂湾登陆，日军在各处张贴《总督致基隆附近清国官吏通牒》及《水野民政局长告百姓书》。④

6月1日，在基隆口外的三貂角海湾，李经方与桦山资纪经过会谈后，深夜在其所乘轮船上，匆匆签署了《台湾受渡公文》，从而完成了台湾割让的最后手续。⑤ 同日，桦山资纪发布了接收台湾的公告，民政局长水野发布了对外声明。⑥

6月4日，日军攻陷基隆港。6日，桦山与幕僚登陆，即在基隆海关楼上，开设"台湾总督府"；同时设立基隆支厅，由福岛安正大佐处理民政事务。⑦ 这

---

① 台湾总督府警务局编：《台湾抗日运动史》（一），王洛林总监译，海峡学术出版社2000年版，第54页。
② 台湾总督府警务局编：《台湾总督府警察沿革志》（第一编），南天书局1995年版，第2页。
③ 台湾总督府警务局编：《台湾抗日运动史》（一），王洛林总监译，海峡学术出版社2000年版，第55—57页。
④ 台湾总督府警务局编：《台湾抗日运动史》（一），王洛林总监译，海峡学术出版社2000年版，第58—61页。
⑤ 双方会谈及签约经过，参见台湾总督府警务局编：《台湾抗日运动史》（一），王洛林总监译，海峡学术出版社2000年版，第62—71页；签署的文书，载日本外务省编纂：《日本外交文书》第二十八卷第二册，国际连合协会1953年版，第578—582页。
⑥ 台湾总督府警务局编：《台湾抗日运动史》（一），王洛林总监译，海峡学术出版社2000年版，第73页。
⑦ 台湾总督府警务局编：《台湾抗日运动史》（二），王洛林总监译，海峡学术出版社2000年版，第234—235页。

是台湾总督府在台湾施政之开端。

6月7日，日军先头部队占领台北，9日进占淡水。其间，桦山资纪任命海军少将田中刚常担任台北县代理知事，9日在原台北府旧址设立台北县厅，厅员开始办理民政事务。①

14日，桦山一行70余人，乘火车从基隆前往台北，入住清朝的原台湾巡抚衙门旧址，并在此设立"台湾总督府"。17日，桦山资纪在总督府举行"始行庶政之典礼"，参加者有陆海军官员400余名、文武官吏150余名、外国人20余名，以及日本人及中国台湾人六七百人。② 这标志着日本正式开始殖民统治台湾，此后的历任台湾总督府每年均以6月17日作为"始政纪念日"。

台湾总督府的"军政"统治

台湾总督府开始"始政"以后，于6月28日仿照日本国内的府县制，拟定了《地方官临时官制》，计划在台湾岛设置台北、台湾（台中）、台南三县，在澎湖列岛设立岛厅；县之必要地方设立支厅。③ 总督府原计划在台湾岛设立三县十二支厅，但实际上在地方仅设置了台北一县；而总督府的内部官制中，经任命署理民政局的七位部长，也仅有内务、学务、外务、殖产四个部。④ 台湾总督府"始政"之初在内部及地方上所遭遇的制度困境，是由于此时台湾人民所爆发的激烈的抗日运动，阻止了殖民统治者在台湾的立法建制构想，使其行政体系无法运作。

为了更好地镇压台湾人民抗日、更为有效地尽快建立殖民统治，日本政府在设立台湾总督府之后，就在内阁设立了专门负责处理台湾事务的"台湾事务局"，由首相伊藤博文兼任总裁、参谋次长川上操六担任副总裁。

台湾"始政"开始后不久，由于台湾人民的顽强反抗使其难以按计划施行"民政"。台湾总督府除请求大本营增援军队之外，更派出幕僚回到东京，向大

---

① 台湾总督府警务局编：《台湾抗日运动史》（二），王洛林总监译，海峡学术出版社2000年版，第236—237页。
② 台湾总督府警务局编：《台湾抗日运动史》（二），王洛林总监译，海峡学术出版社2000年版，第239—240页。
③ 台湾总督府警务局编：《台湾总督府警察沿革志》（第一编），南天书局1995年版，第7—10页。
④ 郭辉编译：《日据下之台政》，台湾省文献委员会，1956年，第249—250页。

本营及台湾事务局等机构交涉。日本当局也认识到台湾施政的燃眉之急乃是以军事镇压民众反抗，遂与总督府往来电报交涉，暂时停止在台湾岛的"民政"，而继续实施"军政"统治。①

日本在台湾继续实施"军政"统治的标志是 8 月 6 日大本营以"陆达字 70 号"发布的《台湾总督府条例》。该条例对此前做法进行了修正，规定了在台湾"平定"之前，总督府作为"军事官衙"机构，仍设立陆军、海军、民政三局及总督幕僚；在民政局下设内务、殖产、财务、学务四部；地方制度改为台北一县、澎湖一厅及台湾（台中）、台南二民政支部；台湾参谋长辅佐总督，监视各局之业务，各局长请示总督之文件，应先经参谋长之认可。②

从此，台湾就在统治体制上，被纳入"军政"范围。首先，由于该条例规定台湾的立法、司法、行政大权，皆由台湾总督总揽；台湾总督颁布的"军令"（当时被称为"日令"），就成为这时期日本"治理"台湾的法源。③据此，当时作为最高军事长官的总督桦山资纪，就顺理成章地成为握有上述权力的台湾最高统治者。

此外，以前曾经规划的地方官制暂时被停止，而改为民政支部；被任命属于民政部门的官员，多数是以陆军省雇员的资格，以暂时代理地方行政官的头衔，担任创建地方行政的任务。此前已经开厅的台北县、澎湖厅继续不变，但其他则是以台中民政支部、台南民政支部作为名称。自台湾总督府及其以下的各级行政机关，暂时被作为"军事官衙"而存在。④

在此期间，为了更好地镇压台湾人民如火如荼的抗日运动，台湾总督府还颁布了一些军事法令。1895 年 7 月 6 日公布的《施行台湾人民军事犯处分令》，罗列了十款"军事犯"行为，除反抗、破坏、间谍、扰乱等外，还包括对日本军人军属交付鸦片、烟具及提供馆舍等，一律定为"死刑"犯罪，由军事法庭或总督府民政局执行。11 月 7 日以"日令第十一号"公布的《台湾住民刑罚令》，作为台湾刑法的实体法。除了继承以上 10 款军事犯罪行为及其残暴酷刑

---

① 台湾总督府警务局编：《台湾抗日运动史》（二），王洛林总监译，海峡学术出版社 2000 年版，第 243—244 页。
② 黄静嘉：《春帆楼下晚涛急——日本对台湾的殖民统治及其影响》，商务印书馆 2003 年版，第 77—78 页。
③ 许介鳞编著：《台湾史记——日本殖民统治篇（2）》，文英堂出版社 2007 年版，第 16 页。
④ 台湾总督府警务局编：《台湾抗日运动史》（二），王洛林总监译，海峡学术出版社 2000 年版，第 244—245 页。

处分外，又增加了 20 款犯罪行为及其严苛的处分措施。① 这些军事刑罚命令，是军政时期台湾总督府残酷镇压台湾人民反抗、严酷统治台湾人民的法律工具。

"六三法"与"三一法"："民政"统治的开始

经过近半年的军事镇压，日军于 10 月底占领台南。11 月 11 日，桦山资纪总督发布训示，18 日向大本营报告台湾全岛"平定"；决定经过一定时间的准备工作，台湾在 1896 年 3 月之前撤除"军政"，自 4 月 1 日起恢复"民政"。②

1896 年 3 月 30 日，日本颁布了"法律第 63 号"《关于在台湾应施行的法令》，史称"六三法"，标志着台湾结束八个多月的"军政"统治时期，进入了"民政"统治时期。

《六三法》的规定如下：

第一条　台湾总督在管辖区域内，可以发布具有法律效力的命令。

第二条　前条之命令的发布，由台湾总督府评议会议决，经拓务大臣奏请天皇敕令批准。台湾总督评议会，根据天皇敕令组成。

第三条　临时紧急情况下，台湾总督可根据第一条，径行发布第一条之命令。

第四条　依前条公布的命令，公布后应立即奏请天皇批准，并报告台湾总督府评议会。未经天皇敕准，总督应即公布该命令无效。

第五条　现行之法律或将来发布之法律，其全部或部分施行于台湾者，以天皇敕令定之。

第六条　本法律自施行之日起满三年时，失其效力。③

"六三法"最主要的精神，就是经日本帝国议会的授权，赋予了台湾总督在台湾地区径行发布与法律具有同等效力的"律令"的权力。④ 换言之，"六

① 黄静嘉：《春帆楼下晚涛急——日本对台湾的殖民统治及其影响》，商务印书馆 2003 年版，第 80—84 页。
② 台湾总督府警务局编：《台湾抗日运动史》（二），王洛林总监译，海峡学术出版社 2000 年版，第 267—268 页。
③ 《台湾二施行スヘキ法令二関スル件ヲ定ム》，亚洲历史资料中心（JACAR）A01200243200。
④ 黄煌雄：《台湾抗日史话》，前卫出版社 1992 年版，第 183 页。

三法"确立了台湾总督在其辖区内享有"委任立法"权,总督发布的命令具有法律效力。[1] 这一法案,构成了台湾总督在据台初期推行专制政治的最主要的法律依据。其以"台湾殖民地统治之特殊需要"为由,将律令这一特别立法形式规定为基准法源的做法,开创了从 1896—1921 年长达 25 年的总督"委任立法"时期。[2]

在"六三法"颁布的同时,日本政府还以"敕令第 88 号"发布了新的《台湾总督府条例》。[3] 规定台湾总督统率陆海军,掌管辖区防务;统理台湾诸般政务;在职权范围内发布府令。该条例确立了恢复"民政"统治以后台湾总督府的组织架构与权限。

由于以上两部法律文书,规定自 4 月 1 日起施行。据此,在以后的数十年里,台湾总督不仅是管理台湾的最高行政长官和军事长官,还享有径行立法权。[4] 如此一来,在总督府评议会和天皇敕准等约束机制长期形同虚设的情况下,总督享有了至高无上的权力,他可以不经民选议会、没有限制地任意发布具有法律效力的命令,肆意剥夺台湾居民的生命、强夺台湾居民的财产、限制台湾居民的自由。而在"六三法"之下,台湾不需要施行日本本土的议会政治、责任政治、法治主义、权力分立等基本法治社会的原则,台湾人民只能过着总督独裁的高压生活。难怪连东京帝国大学的法学教授穗积八束,也讽刺"六三法"为法治社会的怪胎。[5]

"六三法"规定的有效期限只有 3 年,但却被日本殖民者以种种理由,一再延长。直到 1906 年 12 月 31 日,日本终于以"法律第 31 号"颁布《关于施行于台湾治法令》,对其进行了一些修改。[6] 该法案史称"三一法"。它并未改变台湾总督的权力,仅是对总督府法令的效力进行了一些补充性的规定。因

---

[1] 黄静嘉:《春帆楼下晚涛急——日本对台湾的殖民统治及其影响》,商务印书馆 2003 年版,第 70 页。

[2] 黄静嘉:《春帆楼下晚涛急——日本对台湾的殖民统治及其影响》,商务印书馆 2003 年版,第 2 页。

[3] 《御署名原本·明治二十九年·勅令第八十八号·台湾总督府条例》,亚洲历史资料中心(JACAR)A03020232800。

[4] 许介鳞编著:《台湾史记——日本殖民统治篇(2)》,文英堂出版社 2007 年版,第 92 页。

[5] [日]向山宽夫:《日本统治下における台湾民族運動史》,东京中央经济研究所 1987 年版,第 127 页。

[6] 黄静嘉:《春帆楼下晚涛急——日本对台湾的殖民统治及其影响》,商务印书馆 2003 年版,第 94 页。

此，它虽然是"六三法"的延续，但实际上是以"换汤不换药"的形式与面目，继续维持了"六三法"的效力。

"三一法"规定自 1906 年 1 月 1 日起施行，有效期限为 5 年。但如同"六三法"一样，它仍被日本殖民统治者一再延长，直到 1921 年 12 月 30 日为止。因此，由"六三法"所确立、以"律令立法"原则而构成的日本殖民统治制度，在台湾地区延续了长达 25 年的时间。

自"六三法"与"三一法"相继颁布后，总督的律令成为台湾的基本法源。从 1895 年到 1921 年间的武官总督期间，尤其以第四任总督后藤新平及其民政长官儿玉源太郎为代表，皆注重在民事上承认旧有习惯，刑事上采取威压及应报主义，以达到依靠强硬的行政力来安定治安、施行高压统治、扶持岛内日本殖民资本主义发展的目的。[1]　为此，历任台湾总督依"六三法"授权，发布了数量庞大的恶法：如 1896 年颁布的镇压武装抗日分子的《"匪徒"刑罚令》，1898 年颁布的可以驱使台湾人相互监督、告密的《保甲条例》，1900 年颁布的可强令任何有碍治安维持之人出境的《保安规则》，以及未经总督许可禁止在台湾发行报纸的《台湾出版规则》和《台湾新闻纸条例》，1904 年颁布的授权警察和宪兵随地抓人、任凭处置的《犯罪即决例》，1906 年颁布的随时将台民送至远隔之地、全服强制劳动的《台湾浮浪者取缔规则》等，不胜枚举。据统计，在日本殖民台湾 50 年间，台湾总督依委任立法原则发布的律令共计 466 件，平均每任总督颁布律令 24.5 件，平均每年颁布律令 9.3 件。[2]

在上述律令中，尤以 1898 年颁布的《"匪徒"刑罚令》最为严酷，其第一条规定"不问目的如何，凡为达其目的以暴行或胁迫而结合众者，以'匪徒'论罪"[3]。即只要被认定为"匪徒"，无论"匪首""匪众"乃至资助枪械食粮的民众，一律处以死刑。据此，日本殖民当局仅在 1898—1902 这 4 年间，按"匪徒"杀戮数就达 11950 人，其中根据《"匪徒"刑罚令》而判处死刑的达 2998 人。[4]《"匪徒"刑罚令》成为日本镇压台湾人民抗日运动最有力的工具。

---

① ［日］矢内原忠雄：《日本帝国主义下之台湾》，周宪文译，海峡学术出版社 1999 年版，第 209—210 页。
② 安然：《台湾民众抗日史》，台海出版社 2003 年版，第 93 页。
③ ［日］矢内原忠雄：《日本帝国主义下之台湾》，周宪文译，海峡学术出版社 1999 年版，第 191 页。
④ ［日］片岗岩：《台湾风俗志》，陈金田译，大立出版社 1985 年版，第 1115—1116 页。

"民政"统治的继续:"法三号"的出台与"同化"政策

1921 年田健治郎担任台湾第一任文官总督,因其力倡"内地延长主义"政策而以"法三号"结束了以"六三法"为代表的总督委任立法时期。

第一次世界大战爆发以后,世界形势发生了很大的变化。在世界民主思潮与民族自决思想的影响下,台湾人民也开始觉醒,岛内外民族民主运动不断高涨。日本也在世界形势的影响之下,在大正时代兴起了民主运动。1918 年 9 月,日本政府第一次出现了政友会党首原敬执政的"政党内阁"。

原敬组阁以后,于 1919 年 8 月修改了《台湾总督府官制》,将"台湾总督由陆海军大将或中将充任"改为"总督亲任"。[①] 这就使日本文官就任台湾总督成为可能,并且还新设立了"台湾军"。10 月,原敬内阁任命田健治郎为台湾总督,这是台湾的第一任文官总督。与此同时,又任命陆军大将柴田五郎为台湾军司令官。11 月 11 日,田健治郎到达台湾。

出任台湾第一任文官总督的田健治郎,对台湾殖民统治的政策与理念,与原敬首相一致,保持"同化主义"的方针。原敬内阁拟对于台湾统治的根本法案进行修改,制定了"法三号",以代替"六三法"及"三一法"。

1921 年 3 月 5 日,日本议会正式议决、公布了"法律第三号"《关于应实行于台湾的法令》,自 1922 年 1 月 1 日起正式实施。史称"法三号"。其全文如下:

> 第一条　法律之全部或一部,如有施行于台湾之必要者,以敕令定之。
>
> 在前项情形关于官厅或公署之职权、法律上期间或其他事项,如因台湾特殊情形有设特例之必要者,以敕令另定之。
>
> 第二条　在台湾须以法律规定之事项,如该法律尚未制定,或虽有法律而不能适合台湾情形者,以因台湾特殊情形有设立之必要者为限,得以台湾总督之命令规定之。
>
> 第三条　前条之命令应经主务大臣奏请敕裁。
>
> 第四条　如有临时紧急之必要者,台湾总督得不依前条之规定,径行发布第二条之命令。

---

① 台湾总督府警务局编:《台湾总督府警察沿革志》(第一编),南天书局 1995 年版,第 176 页。

依前项规定所发之命令，经公布后应即奏请敕裁，如不得敕裁，台湾总督应即公布其命令向将来实效。

第五条　依本法台湾总督所发之命令，不得违反施行台湾之法律及敕令。

附　则　本法自大正十一年一月一日施行之。①

从上看来，"法三号"最引人注目的，就是将台湾总督"委任立法"的形式从以"律令"立之，修改为以"敕令"定之，从而结束了长达25年之久的"律令立法"时期，开始了"敕令立法"时期。因为此前根据"六三法"和"三一法"，在台湾施行的法律均是以总督的命令即"律令"为原则的，而"法三号"则是确立了日本国内法以"敕令"在台湾施行的原则，只有特例的部分，才由台湾总督制定律令施行。所以从某种程度上说，"法三号"也是为了在台湾贯彻"同化主义"方针的政策而制定的。

"法三号"施行之后，虽然台湾总督府的独裁权力受到了一些限制，表面上使总督律令的法律位阶下降、权限缩减，以符合日本殖民者鼓吹的"内台如一"的文明治理效果，但从本质上说，它仍然肯定了总督在律令制定上的实际效力。② 此后直至1945年，不仅历任总督制颁的律令在运作上仍具有法律效力，先前已经颁布的律令除非明令废止，否则继续生效。

根据"同化主义"方针，自"法三号"开始，田健治郎上任后，在台湾推行了"内地延长主义"的一系列政策。其中最重要的就是恢复了此前被撤除、取代的总督府评议会制度。

1921年，日本以"敕令第241号"公布了新的《总督府评议会官制》。③当时的总督府评议会，最初定员为25人，其中7人为官吏，18人为民间（日本人和台湾人各9人）。由总督亲任该会会长，特聘林献堂等9名台湾新民会骨干为"评议员"。此后不断得到扩大的台湾总督府评议会，虽然成员包括了部分台湾人，但其成员大都由总督委任，且评议会完全是咨询机关，"法三号"

---

① 黄静嘉：《春帆楼下晚涛急——日本对台湾的殖民统治及其影响》，商务印书馆2003年版，第101—102页。

② 许介鳞编著：《台湾史记——日本殖民统治篇（2）》，文英堂出版社2007年版，第42页。

③ 《御署名原本·大正十年·勅令第二百四十一号·台湾総督府評議会官制》，亚洲历史资料中心（JACAR）A03021330400。

对其开会及咨询事项并无任何规定，议题俱由总督自由裁量。因此，它们所扮演的亦只是"政治花瓶"的角色。正如日本学者矢内原忠雄所评价的："台湾总督府评议会，恐怕在世界殖民地的行政评议会中，实际效果是最少的了。"①

综上所述，无论是"军政"还是"民政"，无论是"六三法""三一法"还是"法三号"，日本在台湾殖民统治的不同时期其实施统治的手段与方式、策略之变化，自有其主客观因素，但这并不会从根本上改变日据50年总督独裁的专制体制和严苛与残暴的政治本色。

二、殖民统治的工具：军队、宪兵、警察与保甲

台湾军队

1895年5月22日，陆军中将北白川宫能久亲王率领的近卫师团，从旅顺出航台湾，准备以武力接收台湾。28日，新任台湾总督兼台湾军备司令官桦山资纪，统领日本陆、海军攻台。陆军方面，以近卫师团为主，师团长为陆军中将北白川宫能久亲王，下辖近卫步兵第一旅团，包括步兵第一、第二联队；近卫步兵第二旅团，包括步兵第三、第四联队；直辖近卫骑兵大队、近卫野炮联队、近卫工兵大队、近卫辎重兵大队等。② 海军方面，司令长官为海军中将有地品之允，计有旗舰松岛号、一级巡洋舰高千穗号、二级巡洋舰浪速号和吉野号、三级巡洋舰秋津洲号和千代田号、海防舰海门号和大和号、通报船八重山号、巡洋舰济远号以及代用舰西京丸等，并辅以运输船横滨丸、萨摩丸、广岛丸等31艘，连同汽艇、短艇，总共有233艘。③ 这是日军初到台湾后镇压各地人民反抗的主要军事力量。

5月29日，近卫师团在澳底登陆，开始从北向南逐渐展开镇压，并逐步占领各主要县城。10月9日，近卫师团攻陷嘉义城。9月中旬至10月初，日军组建台湾南进军，由台湾副总督高岛鞆之助任司令官，该军主力为第二师团。21日，第二师团前卫司令官山口素臣少将，率兵进占台南城，海军常备舰队之陆

---

① ［日］矢内原忠雄：《日本帝国主义下之台湾》，周宪文译，海峡学术出版社1999年版，第198页。
② 王国璠编著：《台湾抗日史（甲篇）》，台北市文献委员会，1981年，第224—225页。
③ 黄秀政：《台湾割让与乙未抗日运动》，《台湾文献》1988年9月第39卷第3期。

战队占领台南安平炮台，日军侵台作战结束。[①]

在历时近半年的侵台战役中，日军使用了近卫师团和第二师团，人数超过5万人，以及大部分海军船舰，分从台湾北、南及澎湖方向展开进攻。在日军的进攻之下，以刘永福部黑旗军为主的台湾抗日势力遭受严重打击，最终失败。10月22日，日军将黑旗军俘虏5000余人遣送至福建金门。[②] 台湾民众对日军的大规模反抗告一段落。

占领台湾的同时，台湾总督府也着手建立在台湾的军事统治机关。5月10日内阁会议决定的台湾总督府编制，内设七部，掌管军事者为陆、海军合一的"军事部"，负责有关台湾军队、要塞、宪兵及舰队巡航等任务。[③] 之后制定的《台湾总督府条例草案》，规定总督府设立三局七部，三局为民政局、海军局、陆军局；海军局长官及陆军局长官，皆辅佐总督整理军政事务，并附设幕僚。[④] 5月24日，陆军少将大岛久直、海军大佐角田秀松分别出任总督府的陆、海军局长。8月6日，日本又修订了《台湾总督府条例》，将总督府改为具有军事性质的指挥部，设总督幕僚，分为参谋部、副官部，以及陆军局、海军局、民政局；陆军局下设炮兵部、工兵部、宪兵部、监督部，以及附属金匮部、粮饷部、军医部、法官部、电信部、邮便部。[⑤] 11月中旬大致完成对台湾全岛的控制之后，日军陆续解除了近卫师团及各陆海军队之编制，并将其调回国内，留台的第二师团接管军事治理及防御工作。

1896年3月30日，日本再次修改《台湾总督府条例》，将作为总督幕僚之参谋部、副官部裁撤，恢复为军事、民政、殖民官署的性质，下设民政、军务两局，分别掌理民政及军政、军令事宜。[⑥] 军务局长由陆海军中将或少将出任，承总督之命管理局务。军务局设置有陆军部和海军部，陆军部掌管陆军相关事

① 黄秀政：《台湾割让与乙未抗日运动》，《台湾文献》1988年9月第39卷第3期。
② 刘凤翰：《日军在台湾——1895年至1945年的军事措施与主要活动》（上册），台北"国史馆"1997年版，第21页。
③ 台湾总督府陆军幕僚编著：《台湾总督府陆军幕僚历史草案（1895至1905年）》（上），捷幼出版社1991年版，第12页。
④ 《台湾总督府条例草案》，台湾总督府陆军幕僚编著：《台湾总督府陆军幕僚历史草案（1895至1905年）》（上），捷幼出版社1991年版，第14—18页。
⑤ 《台湾总督府条例》，台湾总督府陆军幕僚编著：《台湾总督府陆军幕僚历史草案（1895至1905年）》（上），捷幼出版社1991年版，第72—73页。
⑥ 《台湾总督府条例》，台湾总督府陆军幕僚编著：《台湾总督府陆军幕僚历史草案（1895至1905年）》（上），捷幼出版社1991年版，第292—293页。

务，分设第一至第四课，分别管理作战计划、运输交通、兵器弹药、粮饷被服，以及卫生等事务。① 海军部设置第一、第二课，管理沿岸防御、军港要港之调查，以及水路地理等事务。②

4月公布的《台湾守备混成旅团司令部条例》，对各混成旅团之组成及任务，均有较明确的规定。混成旅团长由陆军少将出任，隶属于台湾总督，统率部下军队负责所辖守备管区内之警备及镇压"匪徒"事务。为完成警备及镇压任务，混成旅团长有权指挥驻在其管区内之宪兵队长、陆军诸官长，或其他派出员。混成旅团司令部由参谋、副官、监督、军医、兽医、法官等六部组成。③

隶属于台湾总督的台湾守备混成旅团司令部，是日据台湾初期的主要军事机构。其部队分别驻守在台北、台中、台南，以确保能随时出动、镇压反抗。各旅团之守备地点、配置如下：

台北旅团，驻守台北，辖台湾守备步兵第一联队（东京编成），台湾守备步兵第二联队（仙台编成），以及骑兵、炮兵、工兵各一中队。

台中旅团，驻守台中，辖台湾守备步兵第三联队（名古屋编成），台湾守备步兵第四联队（大阪编成），以及骑兵、炮兵、工兵各一中队。

台南旅团，驻守台南，辖台湾守备步兵第五联队（广岛编成），台湾守备步兵第六联队（熊本编成），以及骑兵、炮兵、工兵各一中队。

要塞炮兵，辖驻守基隆重炮一大队，驻守马公重炮一大队。④

以上部队，按照每个联队辖步兵3个大队，每个大队辖4个中队，每个中队225人计算，1896年驻守台湾之日军总兵力将近3万人。⑤ 这是在基本平定台湾之后的驻军情况。

1898年，第四任台湾总督儿玉源太郎上任之后，对台湾的守备军队进行缩

---

① 《台湾总督府军务局管制》，台湾总督府陆军幕僚编著：《台湾总督府陆军幕僚历史草案（1895 至 1905 年）》（上），捷幼出版社 1991 年版，第 295—298 页。
② 曹永和等编著：《日据前期台湾北部施政纪实——经济军事篇》，台北文献委员会，1986 年，第 648—655 页。
③ 《台湾守备混成旅团司令部条例》，台湾总督府陆军幕僚编著：《台湾总督府陆军幕僚历史草案（1895 至 1905 年）》（上），捷幼出版社 1991 年版，第 305—308 页。
④ ［日］古野直也：《台湾军司令部 1895—1945》，国书刊行会 1991 年版；转引自刘凤翰：《日军在台湾——1895 年至 1945 年的军事措施与主要活动》（上册），台北"国史馆"1997 年版，第 25—26 页。
⑤ 刘凤翰：《日军在台湾——1895 年至 1945 年的军事措施与主要活动》（上册），台北"国史馆"1997 年版，第 26 页。

编，并对编制进行大幅调整。台湾守备军将步兵联队制改为大队制，设第一至第十二大队；骑兵还是中队制，设第一至第三中队；炮兵改为大队制，设第一至第三大队；工兵队还是中队制，设第一至第三中队。改编之后的各守备旅团之驻防地及编制具体如下：

台北：第一混成旅团，辖步兵第一、第二、第八大队，骑兵第一中队，炮兵第一大队（辖 1 个山炮中队，2 个臼炮中队），工兵第一中队。

台中：第二混成旅团，辖步兵第三、第四、第九、第十大队，骑兵第二中队，炮兵第二大队（辖 2 个山炮中队），工兵第二中队。

台南：第三混成旅团，辖步兵第五、第六、第十一、第十二大队，骑兵第三中队，炮兵第三大队（辖 1 个山炮中队，1 个臼炮中队），工兵第三中队。

基隆：要塞炮兵队 2 个中队（将校以下 118 人）。

澎湖：要塞炮兵队 3 个中队（将校以下 118 人）。[①]

以各队之编制人员统计，当时第一混成旅团大约有兵员 3200 名，第二混成旅团大约有 4336 名，第三混成旅团大约有 4203 名，驻基隆炮兵 236 人，驻澎湖炮兵 354 人，综上，1898 年，日本在台湾驻军总数合计约为 11739 人。[②] 相较于 1896 年的驻兵数量，已经减少超过三分之二。各混成旅团在各地的分散驻守情况如下：第一混成旅团驻守台北，分散驻守于宜兰、基隆、台北、新店街、石碇街、大嵙崁、新竹；第二混成旅团驻守台中，分驻于苗栗、台中、彰化、埔里社、林圯埔、云林、嘉义；第三混成旅团驻守台南，分驻于噍吧哖、嘉义、台南、澎湖岛、番薯寮、打狗（高雄）、凤山、石光见、万丹街、卑南（台东）。[③]

至 1903 年 4 月，驻台日军的兵力基本维持着以上之规模，各区之守备军变化也不大。11 月，日军发布了改正陆军平时编制的命令，改编后的台湾守备混成旅团司令部辖有步兵第一旅团和第二旅团，骑兵一大队，炮兵一大队，工兵一大队，以及分驻基隆和澎湖岛的要塞炮兵大队。12 月 19 日，守备混成旅团公布各队之守备管区，第一混成旅团的守备管区为：台北厅、深坑厅、基隆

① 台湾总督府陆军幕僚编著：《台湾总督府陆军幕僚历史草案（1895 至 1905 年）》（上），捷幼出版社 1991 年版，第 782—783 页。
② 刘凤翰：《日军在台湾——1895 年至 1945 年的军事措施与主要活动》（上册），台北"国史馆" 1997 年版，第 27 页。
③ 台湾总督府陆军幕僚编著：《台湾总督府陆军幕僚历史草案（1895 至 1905 年）》（上），捷幼出版社 1991 年版，第 863—864 页。

厅、宜兰厅、桃仔园厅、新竹厅、苗栗厅、台中厅、彰化厅、南投厅;第二混成旅团的守备管区包括:斗六厅、嘉义厅、盐水港厅、台南厅、番薯寮厅、凤山厅、阿猴厅、恒春厅、台东厅、澎湖厅。① 这一变化从 1904 年 4 月 1 日起开始施行。

日俄战争结束后,日军在台湾岛的守备兵力具体如下:

1. 混成第一旅团

台北:旅团司令部,步兵第五十联队,野战炮兵第十九联队第二大队。

大嵙崁(大溪):步兵第五十联队第二大队第五中队一小队。

宜兰:步兵第五十联队第一大队第二中队一小队。

台中:步兵第五十联队第三大队。

埔里社:步兵第五十联队第三大队第九中队一小队。

2. 混成第二旅团

台南:旅团司令部,步兵第五十二联队本部及第二大队,野战炮兵第十九联队第二大队第六中队。

斗六:步兵第五十二联队第一大队第四中队。

嘉义:步兵第五十二联队第一大队。

凤山:步兵第五十二联队第三大队。

番薯寮(旗山):步兵第五十二联队第三大队第八中队一小队。

恒春:步兵第五十二联队第三大队第十一中队一小队。②

1907 年,鉴于台湾岛内治安稳定,日军再次缩减驻军兵力。在台北设台湾第一守备队司令部,辖台湾步兵第一联队、台湾山炮第一中队;在台南设台湾第二守备队司令部,辖台湾步兵第二联队、台湾山炮第二中队;在基隆、马公设要塞重炮两个队。③

进入大正年代(1912—1926 年),日本在台湾的军事政策中,"台湾军司令部"的设置,无疑是一大重要转变。④ 1918 年 8 月,日本在台湾成立了"台

① 《台湾守备混成旅团守备管区表》,台湾总督府陆军幕僚编著:《台湾总督府陆军幕僚历史草案(1895 至 1905 年)》(下),捷幼出版社 1991 年版,第 1501 页。

② 台湾总督府陆军幕僚编著:《台湾总督府陆军幕僚历史草案(1895 至 1905 年)》(下),捷幼出版社 1991 年版,第 1574—1575 页。

③ [日]古野直也:《台湾军司令部 1895—1945》,国书刊行会 1991 年版,第 137 页。

④ 刘凤翰:《日军在台湾——1895 年至 1945 年的军事措施与主要活动》(上册),台北"国史馆" 1997 年版,第 54 页。

湾军司令部"，将驻台日军的统帅权交回天皇，由天皇直接任命台湾军司令官，并授予其指挥权。台湾总督也就不再兼管军事事务。同时还废除了原先限定台湾总督需由陆海军中将或大将出任的规定，改由文官担任总督。① 10月，最后一任武官出身的台湾总督明石元二郎去世后，台湾第一任文官总督田健治郎就任，柴田五郎大将出任台湾军总司令官。

台湾军司令部设置后，直属于天皇和军部，但是其所辖各部队，仍然保持了1907年时台湾驻军南北各置一守备队的配置，未加变动。② 1925年，日本又废止了驻守台南的第二守备队司令部，将台湾军的编制进一步缩减。台湾守备军司令部之下，步兵第一联队驻守台北，步兵第二联队驻守台南，山炮大队驻守台北，以及驻守基隆的炮兵联队，驻守马公的炮兵联队，还有分驻松山、民雄、屏东的台湾航空队。③ 1927年6月，台湾航空队改为飞行第八联队，驻屏东。④

在兵员数量上，这时的台湾军司令部有500人，步兵第一、第二联队各1600人，山炮兵联队为350人，基隆、马公重炮兵联队各300人，属于台湾航空队的高射炮第八联队有350人，驻台日军总计大约有5000人。⑤ 从此直到日本发动全面侵华战争之前，台湾军司令部所辖驻台日军都保持了相对稳定的编制，没有太大的变动。

宪兵队

宪兵是日军占领台湾后，用来控制民众的主要武装力量，配备有手枪、步枪等轻武器，以及机枪、掷弹筒等重火力武器。作为日本殖民台湾的重要暴力机关，日军宪兵部队遍布台湾各主要地点，"台湾最危险或最有问题（高山族）地方，都部署着宪兵"⑥。

1895年5月，日军尚未占领台湾之前，就已经在台湾总督府条例草案中草

---

① ［日］古野直也：《台湾军司令部1895—1945》，国书刊行会1991年版，第139页。
② 刘凤翰：《日军在台湾——1895年至1945年的军事措施与主要活动》（上册），台北"国史馆"1997年版，第57页。
③ ［日］古野直也：《台湾军司令部1895—1945》，国书刊行会1991年版，第140页。
④ ［日］古野直也：《台湾军司令部1895—1945》，国书刊行会1991年版，第140页。
⑤ 刘凤翰：《日军在台湾——1895年至1945年的军事措施与主要活动》（上册），台北"国史馆"1997年版，第58页。
⑥ 刘凤翰：《日军在台湾——1895年至1945年的军事措施与主要活动》（上册），台北"国史馆"1997年版，第4页。

拟于陆海军局下设置宪兵。① 根据该条例，台湾总督府在所辖之陆军局下设置宪兵部，设佐官级部长 1 人，大、中尉级副官 1 人，以及准士官级以下 4 人，但是未对宪兵部之权限、编制等内容作出详细规定。② 8 月初，日本公布《台湾总督府条例》，正式规定在陆军局之下设置宪兵部。③ 之后，日本在东京成立台湾宪兵队 3 个区队，在总督府下正式设置宪兵部，任命宪兵大佐荻原为部长。日军随即将第一区队置于彰化，将第二区队置于台北，将第三区队置于台南。因遭到台湾民众的顽强抵抗，台湾总督遂向参谋总长要求增加宪兵 3000人，编成了第四区队（1896 年 5 月废止），置于凤山。这样，日军入台之初，即有 4 个宪兵区队，共辖 51 个分队，人员达到 3400 人，是宪兵人员最多的时期。④

日本在确立台湾总督的独裁统治体制之后，在 1896 年 5 月制定了《台湾宪兵队条例》，明确规定台湾宪兵队隶属台湾总督统率。具体而言，宪兵的职务包括执行军事警察、司法警察、行政警察等事务，其中军事警察的任务隶属总督府军务局，行政及司法警察任务则受民政局长指挥。⑤ 在地方上，宪兵协助守备工作，由混成旅团长或者守备队长指挥，行政、司法警察任务则受县知事、郡司、支厅长及法院检察官指挥。

平定台湾各地民众的抗日活动，是宪兵队成立初期的主要任务。随着反抗形势的缓和，总督府将原本分驻于台北、彰化、台南、凤山的 4 个宪兵区队废除，改为配合守备旅团的管区，在台北设置第一区队，台中设置第二区队，台南设置第三区队，每一区队从原来管辖 10 至 15 个分队的配置，缩减为 5 个分队，分队下又设若干屯所。⑥

宪兵队本部设于总督府所在地。设司令官 1 名（宪兵大、中佐）、副官（宪兵大、中尉）、军医、兽医、军吏、下副官（即准士官、宪兵曹长）、书记

---

① 台湾总督府陆军幕僚编著：《台湾总督府陆军幕僚历史草案（1895 至 1905 年）》（上），捷幼出版社 1991 年版，第 12 页。

② ［日］沼川佐吉编：《台湾宪兵队史》，三协出版社 1932 年版，第 19 页。

③ 《台湾总督府条例》，台湾总督府陆军幕僚编著：《台湾总督府陆军幕僚历史草案（1895 至 1905 年）》（上），捷幼出版社 1991 年版，第 74 页。

④ ［日］沼川佐吉编：《台湾宪兵队史》，三协出版社 1932 年版，第 26 页。

⑤ 《台湾宪兵队条例》，台湾总督府陆军幕僚编著：《台湾总督府陆军幕僚历史草案（1895 至 1905 年）》（上），捷幼出版社 1991 年版，第 333 页。

⑥ 刘凤翰：《日军在台湾——1895 年至 1945 年的军事措施与主要活动》（上册），台北"国史馆" 1997 年版，第 103 页。

（宪兵下士及军吏部下士）及看护若干人。宪兵司令官统辖各宪兵区域，综理本部之事务。各守备管区设置宪兵（中）队，指挥数个宪兵区队，其管辖之区域称为宪兵警察区域，冠以所在地地名。各区队设队长1名（宪兵少佐）、副官（宪兵大、中尉）、军医、兽医、军吏、下副官（即准士官、宪兵曹长）、书记（宪兵下士及军吏部下士）、蹄铁工长（下大尉）、看护长、鞍工、铳工、靴工若干人。各区队长统辖各分队，指定其勤务方法，综理队中事务。一个区队指挥数个分队，每个分队设分队长（宪兵大尉）、分队副官（宪兵中尉）、军医、上等伍长（即准士官、宪兵下士）、书记（宪兵下士及军吏部下士）、宪兵上等兵、看护长、蹄铁工及看护人若干。区队长指挥部下详察区内之形势，综理分队之事务。宪兵警察区域下又可分为数个巡察区，各巡察区配置一伍至数伍宪兵。一伍设伍长1名，由6至12名宪兵（上等兵）编成，必要时由分队副、上等伍长或高级伍长指挥两伍以上之宪兵执行任务。[1]

　　1897年9月，鉴于台湾各地之形势已经大致平定，日本以"敕令第332号"改正《台湾宪兵队条例》，改为直接援用日本内地之宪兵条例，台湾之宪兵条例与日本内地不再相区别。[2] 这就直接改变了台湾宪兵队的隶属关系，将原本直属于台湾总督府的台湾宪兵队统辖权，移交给位于日本的中央宪兵司令部，台湾的宪兵司令部废止，宪兵队的名称也改为与日本国内相同，"原本宪兵执行行政警察、司法警察的勤务，由民政局长管辖，军事警察的勤务由军务局长管辖，现一律改隶属总督管辖"。[3] 宪兵队司令部设于东京，在日本内地设有7个宪兵队，在台湾编成3个宪兵队，分置各管区，番号依次为第八、第九、第十宪兵队。宪兵上等兵5名至12名组成一伍，设伍长及伍附，若干伍组成一分队，若干分队组成一队。宪兵队职员编制如下：本部设队长（宪兵大、中佐），统辖各分队，综理队中事务，以及副官（宪兵大、中尉）、军吏、下副官（即准士官、宪兵曹长）、书记（宪兵下士、军吏部下士）、蹄铁工长、蹄铁工长下士长、看护长等。宪兵分队设分队长（宪兵大尉），综理分队事务，指挥监督部下，分队副官（同中尉），指挥分队之一部，若派于分驻警察区，与分队长同一职务，但仍受分队长指挥统辖，其他还有军医、上等伍长（即准士

---

[1]　［日］沼川佐吉编：《台湾宪兵队史》，三协出版社1932年版，第20—21页。

[2]　［日］沼川佐吉编：《台湾宪兵队史》，三协出版社1932年版，第21页。

[3]　［日］沼川佐吉编：《台湾宪兵队史》，三协出版社1932年版，第23页。

官、同军曹）、伍长、书记、宪兵上等兵、看护长等。①

改制后的宪兵队在台湾之要地仍然设置宪兵分队，其管辖区域称为宪兵警察区，必要时也在重要地方分驻宪兵分队之一部，也称宪兵警察区，附以该宪兵分队番号，这种情形由总督决定。② 分队所在的宪兵警察区之下，分别划分为若干宪兵巡察区，各巡察区配置一伍或数伍宪兵，由宪兵队长决定宪兵巡察区的设置。③

在此期间，总督府在台湾施行"三段警备制"，宪兵也负有维持地方治安的职责。宪兵主力逐渐移往"土匪"骚扰的不平静地区，专门负责"匪徒"的搜索逮捕，以弥补警力之不足。④ 当时警察的主要职务多与行政事务有关，扮演行政、司法警察的角色，除一般性的防卫治安工作外，讨伐"土匪"等与武装冲突等直接相关的事务交由宪兵或军队负责。

1898 年 11 月，总督府依据"敕令第 337 号"，再次更改《宪兵队条例》，在番号上，随着日本内地师团及宪兵队的增加，台湾的宪兵队管区番号作了调整：第一旅团守备管区原置第八宪兵管区，改为第十三宪兵队管区；第二旅团守备管区原置第九宪兵队管区，改为第十四宪兵队管区；第三旅团守备管区原置第十宪兵队管区，改为第十五宪兵队管区。⑤ 宪兵队仍然主要以军事警察为主，兼任行政、司法警察角色，但宪兵队的组织和编制有较大的变化。

宪兵队管区下分设数个警察管区，每个警察管区设一宪兵分队，其分队本部设于卫戍地区之要地，其余地方以宪兵分队一部驻守，设为支部，但其管辖区域仍称为警察管区。

宪兵队编制上，废伍改班，一个班由宪兵下士及上等兵 4 至 8 名组成，若干班组成一分队，若干分队组成一队。在分队队员中不再有上等伍长及伍长，增加宪兵班长及宪兵上等兵。⑥

在日本的残酷镇压下，台湾各地的"治安"日渐平静，宪兵队的设置已经远超实际所需。1899 年 11 月以后，宪兵分队设于各地方的屯所逐渐裁撤，队员数目也随之减少。1904 年 3 月，台湾再次大规模裁减宪兵队员，全岛只剩下

---

① ［日］沼川佐吉编：《台湾宪兵队史》，三协出版社 1932 年版，第 22 页。
② ［日］沼川佐吉编：《台湾宪兵队史》，三协出版社 1932 年版，第 22 页。
③ ［日］沼川佐吉编：《台湾宪兵队史》，三协出版社 1932 年版，第 23 页。
④ ［日］沼川佐吉编：《台湾宪兵队史》，三协出版社 1932 年版，第 27 页。
⑤ ［日］沼川佐吉编：《台湾宪兵队史》，三协出版社 1932 年版，第 23 页。
⑥ ［日］沼川佐吉编：《台湾宪兵队史》，三协出版社 1932 年版，第 23—24 页。

第十三宪兵队。其队本部设于台北，在台北、台中、台南及澎湖设 4 个分队，分队下分设数个分遣所。①

1898 年之后，日本在台湾的宪兵队队员逐渐减少，任务也由繁到简，宪兵的军事功能所发挥的余地越来越小，与之相伴的则是日本在台湾的警察系统日趋完善，作用更加明显。

警察

面对台湾民众此起彼伏的反抗运动，日本在实行大规模的军事镇压之外，也在台湾逐步建立起以警察为主的治安行政系统，以实现其长期对台殖民统治的目的。

1895 年 5 月发布的《台湾总督府条例草案》中，已经规定在内务部之下设置"警察课"。随后颁布的《地方官临时官制》又规定在县知事或厅长之下设置"警察部"，掌管高等警察、行政警察、监狱、卫生及刑事相关司法审判事务，并对警察系统作了初步规定。② 但直到 8 月 6 日《台湾总督府条例》公布之后，日本才向台湾正式派出警察。

9 月 25 日，日本从各现职及前职中物色的警部（警官）44 人，巡察（警察）492 人，共计 536 人，从基隆登陆，于 27 日抵达台北；10 月，又从日本招募警部 23 人，巡察 200 人。③ 这些警察被分配在总督府保安课、台中民政支部，以及地方机关台北县厅，宜兰、基隆、新竹、淡水各支厅，苗栗分所及澎湖岛厅等，这是日籍警察入台之始。④

10 月 8 日，台湾总督府发布了《警察分署设置及职员任免之件》，规定如下：

1. 民政局长得于各地枢要地点设置警察署及警察分署。
2. 民政局长得于民政支部设警部长代理，总理警察事务。
3. 于前两项之设置或任免，须经总督之认可。
4. 民政局长于警察署及警察分署设置署长代理，并得对警察所属吏

---

① ［日］沼川佐吉编：《台湾宪兵队史》，三协出版社 1932 年版，第 28 页。
② 台湾总督府警务局编：《台湾总督府警察沿革志》（第一编），南天书局 1995 年版，第 7—10 页。
③ 台湾总督府警务局编：《台湾总督府警察沿革志》（第一编），南天书局 1995 年版，第 37 页。
④ 林熊祥、李腾岳监修，贺嗣章纂修：《台湾省通志稿（卷三）——政事志·保安篇》，台湾省文献委员会，1954 年，第 19 页。

员，任命警部代理或巡察代理；署长代理、警部代理或巡察代理之调任，亦同前项办理。①

由于台湾当时处于"军政"时期，这些警察全部是以陆军雇员的身份登陆台湾的，只是作为军队和宪兵之外的补充。抵台后的日本警察，在各地的配置如下：②

表 3-1　美国 1987 年和 2004 年的国际收支账户

设置场所	警保课	台北县厅	宜兰支厅	基隆支厅	新竹支厅	淡水支厅	台湾支部	苗栗分所	澎湖岛厅	合计
警部	5	18	9	5	4	3	17	3	3	67
巡察	4	197	90	70	45	30	170	36	50	692

10 月 11 日，总督府发布第 9 号训令《警察临时规程》，以管理新招募的警察，对民政支部、分所设置、警署及警察分署设置的手续、警察事务指挥监督的办法、警察人事相关事项及巡察代理的赏罚等，作出了具体规定。13 日发布了《警察官吏服务须知》，规定了警察的职务及其与宪兵队的关系。15 日，总督府发布第 12 号训令《警察官吏称呼须知内规》，24 日又发布了第 14 号训令《巡察惩罚令》，规定了警察的行为及罚则。③ 从以上各项规定内容来看，当时的台湾警察还处在起步阶段，由于军队和宪兵在台湾的大量存在，警察只能处在协助治安的地位。

1896 年 3 月，台湾复归"民政"，宪兵队进行改组，警察也逐渐从辅助宪兵的角色独立出来。总督府随后颁布了《台湾总督府条例》和《台湾总督府民政局各部分课规程》。《台湾总督府条例》规定总督府下设民政局和军务局，掌管警察事务的内务部依旧隶属于民政局。《台湾总督府民政局各部分课规程》规定内务部设置庶务、警保、监狱等 3 课。其中警保课主管以下事项：户口及民籍相关事项，行政及司法警察相关事项，图书出版版权相关事项，新闻报纸及杂志检阅相关事项。④ 内务部的处务细则，又对警保课之事务作了详细规定：

---

① 台湾总督府警务局编：《台湾总督府警察沿革志》（第一编），南天书局 1995 年版，第 39 页。
② 台湾总督府警务局编：《台湾总督府警察沿革志》（第一编），南天书局 1995 年版，第 39 页。
③ 台湾总督府警务局编：《台湾总督府警察沿革志》（第一编），南天书局 1995 年版，第 43—45 页。
④ 台湾总督府警务局编：《台湾总督府警察沿革志》（第一编），南天书局 1995 年版，第 75 页。

警保课设置高等警察挂、保安挂、警务挂、户籍挂以及主计挂等。[①] 5 月，台湾总督府以第 18 号训令发布了《警察规程》，对警察的行政职能加以强化，在"总则"中对警察总体事务的规定如下：警察官管理高等警察、行政警察及司法警察，负责保持管区内社会安宁；警察官应悉审管辖区内之状况，发生非常事件之时迅速向上级报告；警察官遇有正当职权者对有关警察事务有所要求时，必须立即应其所请。还对警察课、警察署分署的设置及其职掌作了规定。[②]

1896 年 10 月，乃木希典出任台湾第三任总督后，采取了一些了削弱民政局权力的措施。1897 年 5 月，总督府发布了《地方官官制》，将原有的三县一厅改为六县三厅，并且在各县设置办务署，作为最下级的行政单位，由总督直接指挥各县厅及办务署。[③] 县知事下设置警察部，警察部分设警务课、保安课以及卫生课，其下设置警察署和警察分署，厅长之下设警察课，其下分设警察署和警察分署。[④] 据此，台湾总督府总共设置了 70 余处办务署，掌管普通行政事务；设警务署 80 余处，掌管警察事务；还设有抚垦署 11 处，掌管山胞（"番地番人"）事务。

台湾警察部门设置以后，当时还有军事系统和宪兵系统。这三个系统既相互独立又相互牵制，"有如此众多之地方官署，多不守办事原则，且相互界定不详，因此不能畅通施政"。[⑤] 为此，10 月，总督府决定实行在台"三段警备制"，以明确划分各系统分管辖区的方式，来减少各系统之间的不协调，而军队、宪兵、警察，则分别应对相应的地区。该体制将台湾岛划分为三个地区，将其中"土匪"最猖獗的山地一带为"一等地区"，派驻军队充当警备；"土匪"骚乱较轻的平地市街则被划为"三等地区"，以警察维持治安；而二者之间的"二等地区"，则主要由宪兵来从事警备工作。[⑥] 但是，"三段警备制"的实行，只是在台湾的地域管辖上缓解了一定的矛盾，却并未从根本上解决问

---

① 台湾总督府警务局编：《台湾总督府警察沿革志》（第一编），南天书局 1995 年版，第 76—77 页。

② 台湾总督府警务局编：《台湾总督府警察沿革志》（第一编），南天书局 1995 年版，第 372—373 页。

③ 台湾总督府警务局编：《台湾总督府警察沿革志》（第一编），南天书局 1995 年版，第 394 页。

④ 台湾总督府警务局编：《台湾总督府警察沿革志》（第一编），南天书局 1995 年版，第 399 页。

⑤ 刘凤翰：《日军在台湾——1895 年至 1945 年的军事措施与主要活动》（上册），台北"国史馆"1997 年版，第 130 页。

⑥ ［日］涂照彦：《日本帝国主义下的台湾》，李明峻译，于闰闲校订，人间出版社 1999 年版，第 33 页。

题。这一问题直到儿玉源太郎任总督时期才得以解决。所谓"土匪"最猖獗的山地、"土匪"骚乱较轻的平地，即指反抗日本统治的义勇军活动的地方。

1898年3月，曾任陆军大臣、发誓要治理好台湾的儿玉源太郎出任第四任台湾总督，以殖民地经营"辣腕"而出名的后藤新平出任民政长官。日本在台湾殖民统治进入"儿玉—后藤时代"。后藤新平提出了所谓的"生物学"原理，认为："所有的殖民政策都必须尊重殖民地的民情、风俗及习惯这一原则。"[1]为此，他们将扩张警察力作为其实施殖民统治的核心理念，造就了台湾殖民统治时期最为恶劣的"警察政治"。

他们逐渐废除了前任总督实施的"三段警备制"。先是在11月废除台中县的三段警备制，"将警察官及宪兵的管辖区进行变更，将警察的管辖权全部归到办务署管辖"，到1899年4月废除台北县的三段警备制，三段警备制完全废除。[2] 三段警备制废除后，台湾全岛成为警察的行政区，沦为"警察社会"。

儿玉源太郎上任之后，对既有的地方官官制加以整顿，将六县三厅制改为三县（台北、台中、台南）三厅（宜兰、台东、澎湖）制，原来县、厅之下的办务署、警察署、抚垦署合并为单一的办务署，设署长，原有各署总共被合并为44个办务署。[3] 新设之办务署分为三课：第一课办理以前办务署所办之普通行政事务，后称为郡公所庶务课；第二课办理警察事务，即日本之警察课；第三课为抚垦署之变形，仅设于山地。[4] 1899年7月，总督府又发布第104号训令，"为辅助台湾总督巡察之职务，得于警察费预算范围内，雇佣本岛人为佣员，以巡察补称之"。[5] 实施"巡察补"制度，既能扩充警察员额，又能节省相当的经费。而且巡察补为本地人，对本地民情、风俗自然更加熟悉，以当地巡察补的身份与民众打交道也更加方便，利于工作的开展。[6] 巡察补制度的实行，使得台湾的警察数量极大增加，到1899年底，台湾有警部（警官）228人，巡察部长（警长）及巡察（警察）4061人。[7]

---

[1]　［日］鹤见佑辅：《正传·后藤新平》，第41页。

[2]　李理：《日据时期台湾警察制度研究》，凤凰出版社2013年版，第32—33页。

[3]　台湾总督府警务局编：《台湾总督府警察沿革志》（第一编），南天书局1995年版，第468页。

[4]　刘凤翰：《日军在台湾——1895年至1945年的军事措施与主要活动》（上册），台北"国史馆"1997年版，第130页。

[5]　台湾总督府警务局编：《台湾总督府警察沿革志》（第一编），南天书局1995年版，第491页。

[6]　台湾总督府警务局编：《台湾总督府警察沿革志》（第一编），南天书局1995年版，第493页。

[7]　刘凤翰：《日军在台湾——1895年至1945年的军事措施与主要活动》（上册），台北"国史馆"1997年版，第131页。

　　1901 年 2 月，总督府下发了民政长官通达，"确定经警察的配置由集中制转向散在制，又采用巡察补，以增加警察的耳目"，在岛内基本形成了周密的警察网。① 4 月，总督府又废止巡察部长，以新委任职之警部补（即警员）代其职务，专任监督统御部属。② 11 月，总督府以"敕令第 202 号"对《台湾总督府地方官官制》作了新的修正，将总督府—县、厅—办务署三级制废除，改为二级制，由总督府直辖 20 厅，即新划分的台北厅、基隆厅、宜兰厅等 20 个厅，总督府设警视总长一人，警视三人，"以指挥监视全台警察机关，收统一指挥之效"。③ 与此同时，总督府以第 359 号训令，规定在台湾分设两个警察管区，第一管区包括台北厅、基隆厅、宜兰厅等，以北部地区为主，第二管区包括斗六厅、嘉义厅、台南厅等，以南部地区为主，每个警察管区设区长，由总督府警视担任。④ 11 月，总督府以第 354 号训令发布了《台湾总督府官房并民政部警察本署及各局分课规程》，规定警察本署设置警务课、保安课、卫生课，高等警察事务由警察本署长专管，形成了总督府—民政部—警察本署的三级制。⑤ 次年 3 月 12 日，总督府制定了《警察本署处务规程》，对警察本署职务的分掌和委任作了详细的规定。⑥

　　到 1901 年末，台湾有警部 173 人，警部补 296 人，巡察 3469 人，巡察补 1734 人，警察力量逐年得到补充。⑦ 至此，台湾的警察制度进入相对稳定的时期。

　　1919 年，首任文官总督田健治郎到任后，对台湾的警察制度作出新的改革。在警察方面实行三级警察制度，总督府设警务局及附属机关，指挥全岛警务；州或厅设立警务部，市设警察署，辖高等警察课、警务课、保安课、卫生课及"理番课"；郡（支厅）设警察课，下辖派出所。⑧ 此外，总督府还废止

① 李理：《日据时期台湾警察制度研究》，凤凰出版社 2013 年版，第 39 页。
② 刘凤翰：《日军在台湾——1895 年至 1945 年的军事措施与主要活动》（上册），台北"国史馆"1997 年版，第 131 页。
③ 刘凤翰：《日军在台湾——1895 年至 1945 年的军事措施与主要活动》（上册），台北"国史馆"1997 年版，第 131 页。
④ 台湾总督府警务局编：《台湾总督府警察沿革志》（第一编），南天书局 1995 年版，第 104 页。
⑤ 台湾总督府警务局编：《台湾总督府警察沿革志》（第一编），南天书局 1995 年版，第 104—106 页。
⑥ 台湾总督府警务局编：《台湾总督府警察沿革志》（第一编），南天书局 1995 年版，第 109—111 页。
⑦ ［日］井出季和太：《台湾治绩志》，南天书局 1997 年版，第 312 页。
⑧ 台湾总督府警务局编：《台湾总督府警察沿革志》（第一编），南天书局 1995 年版，第 635—638 页。

了巡察补的名称，将巡察补改称巡察。① 此后一直到1937年，日本殖民统治下的台湾警察保持了相对稳定的状态，直到全面侵华战争的爆发。

日本殖民当局以警察为在台湾最基层的统治工具，希图将台湾人民的一举一动牢牢掌握在自己手中，由此造成了台湾的警察系统数量庞大、地位重要、权力惊人。有关数据显示，在1901年后，台湾全岛共设有州（厅）警务部8所，市（郡）警务署（课）60所，派出所968所，驻在地576所，共计1612所。② 在总督府历年的预算中，用于警察的支出所占比例最大。仅在1898—1902年间，总督府的警察费就占当地民政费的44.8%。③ 随着日本殖民统治的层层深入，以及台湾人民反抗运动的高潮迭起，其警察数量也急遽膨胀。到1921年，全台警务人员有警察事务官5人，警视21人，警部261人，警部补298人，巡察部长837人，平地勤务甲种巡察5022人，"番地"勤务乙种巡察1752人，警手3301人，合计11497人，占当时台湾官吏人数的35.96%，地方行政官吏数的65.27%。④ 日据下的台湾，可以说是日本警察的世界。而且在如此庞大的台湾警察队伍中，主要是以日本人为主，"台湾人警察仅占总数的20%到30%，而且都是最下级的职位，所负责的工作都属于'辅佐'性质"⑤。这也是他们视台湾人为"劣等民族"的殖民主义歧视政策之表现。

台湾的"警察社会"，不仅表现在庞大的人员数量上，更表现在几乎无所不包的职权上。在台湾，警察权力之大，管辖范围之广，到了无以复加的地步，以至有"警察万能"之名。警察的职责，涉及台湾民众的涉外活动、户籍管理、保安、兵役、征役、防火、防空、防疫、风纪、卫生、征税、派捐、经济管制、劝募公债、征求储蓄、强征土地等，甚至民众的婚丧嫁娶、演戏娱乐，都受他们的管制。⑥ 乃至于"法令之下达、日常生活、道路警卫、堡

---

① 台湾总督府警务局编：《台湾总督府警察沿革志》（第一编），南天书局1995年版，第626—627页。

② 张洪祥：《近代日本在中国的殖民统治》，天津人民出版社1996年版，第21页。

③ 张承钧：《誓不臣倭——台湾人民抗日图史》，台海出版社2002年版，第52页。

④ ［日］向山宽夫：《日本统治下における台湾民族運動史》，东京中央经济研究所1987年版，第227页。

⑤ ［日］盐见俊二：《日据时代台湾之警察与经济》，载《台湾的殖民地伤痕》，帕米尔书店1985年版，第92页。

⑥ 张承钧：《誓不臣倭——台湾人民抗日图史》，台海出版社2002年版，第52页。

庄交通，以及自水利土工至起业生产，无一不需借助于警察之力"①。九一八事变后，日本在台湾又增设了"思想警察"和"经济警察"，其职权更加包罗万象。

保甲

保甲制度可以说是日据时期台湾警察系统的延伸和补充，是日本殖民统治者用来牢笼与控制台湾基层民众的重要社会组织方式。"台湾的保甲完全是宪兵、警察之统治机构，其目的是用'连坐法'来镇压人民反侧，或思想问题"。②

1896年，总督府内务部长古庄嘉门在嘉义、云林巡视时，听说旧时有保甲制度存在，渐次将其复兴并在全岛推行，但是各县厅步调不一，推行成果不良。③

儿玉源太郎就任台湾总督之后，配合后藤新平的"生物学"原理，进一步强化保甲制度，并将其在全岛加以推行，以作为镇压台湾人民反抗、维持治安的重要举措。

1898年3月，台湾总督府公布《保甲条例》7条，内容如下：

1. 参酌旧惯，设保甲制度，用以保持地方安宁；

2. 保及甲人民同负连坐责任，其连坐者，得处以罚金或科料（科料为罚金之一种，较轻者用之）；

3. 保及甲各规定其规约，得设褒赏及过怠金之法，需呈请地方官批准；台湾总督认为必要时，得令保及甲之职员辅助执行区长（市尹、街庄长、区长）职务；

4. 保及甲之职员违背其职务者，地方官得予惩戒，以百元以下罚金，及褫职、申斥二种；

5. 保及甲为警备"匪徒"并水火之灾，得设壮丁团；

6. 保甲及壮丁团之编制、指挥、监督、解散、经费、选任职员权限之

---

① ［日］竹越与三郎：《台湾统治志》，博文馆1905年版，第248页。
② 刘凤翰：《日军在台湾——1895年至1945年的军事措施与主要活动》（上册），台北"国史馆"1997年版，第144页。
③ 台湾总督府警务局编：《台湾总督府警察沿革志》（第二编），南天书局1995年版，第280页。

规定，由总督府令定之；

　　　　7. 本条件限于地方长官认定必要之地，呈明台湾总督批准施行。①

　　该《保甲条例》是台湾总督府推行保甲制度的纲领性文件，对保甲制度的组织和推行作了总括性的规定，但更多的细节则需要进一步的规定。8 月 31 日，总督府又公布了《保甲条例施行规则》，用以指导保甲制度的具体实行，明确规定了警察和保甲组织的关系，即保甲、壮丁团的编制、保甲职员等的选举、经费收支预决算等，必须得到郡守、支厅长、警察署长或分署长的许可，并接受其指挥监督。据此规定，保甲组织的一切活动都必须在警察官的直接指挥监督之下进行②，成为日本警察统治的一种附庸。

　　根据以上规定，台湾保甲制的主要内容是：保约以十甲编成、甲约以十户编成，保设保正、甲设甲长；甲长在甲内选举，保正在保内选举，分别由保正、所管郡公所、支厅（分县署）或警察官署呈请知事或厅长批准。保正承所管郡守、支厅长、警察署长或警察分署长指挥监督，保持保内之安宁；甲长承保正之指挥监督，保持甲内安宁；保正及甲长承市尹、街庄长或区长之命指挥保内或甲内，辅助执行市尹、街庄长或区长之职务。保及甲拟设立壮丁团时，由保正、甲长呈请所管郡公所、支厅或警察官署转呈知事或厅长批准。甲壮丁团由甲壮丁编成，保壮丁团由保内各甲壮丁团合成。数保可合编一壮丁团，设团长一名，副团长数名，由保正呈请所管郡守、支厅长、警察署长或警察分署长批准。团长呈所管郡守、支厅长、警察署长或警察分署长及上级团长之监督，指挥部下。壮丁团须互相应援，知事或厅长认为壮丁团有害公益者得命其解散。保甲及壮丁团所需费用，归其内部人民负担，职员报酬金额由地方官定之。保甲及壮丁团之经费收支预算，须于前一年 12 月内呈请郡守、支厅长、警察署长或警察分署长批准，决算则在次年 1 月末日以前呈报郡守、支厅长、警察署长、警察分署或警察分署长备案。③ 保甲职员违背其工作职责时，由地方官施以惩戒，其处罚包括百元以下之罚金、褫职以及谴责三种方式。

---

① 刘凤翰：《日军在台湾——1895 年至 1945 年的军事措施与主要活动》（上册），台北"国史馆"1997 年版，第 145—146 页。

② 李理：《日据时期台湾警察制度研究》，凤凰出版社 2013 年版，第 55 页。

③ 刘凤翰：《日军在台湾——1895 年至 1945 年的军事措施与主要活动》（上册），台北"国史馆"1997 年版，第 146—147 页。

到 1901 年，保甲制度在台湾的各重要地区，基本都已施行。1903 年，台湾警察开始转向普通民政事务，"在警察指导下的保甲，自然也转为警察的下级行政补助机构"。① 5 月，台湾总督府训令公布《保甲条例施行细则》，对保甲制度作了进一步的细化规定，促使保甲组织成为警察的补助机关。该细则规定保甲条例施行于全州或全厅，凡欲编成保甲者，须由居住区内各家长联署，开具保甲名称、保甲区域、区域内之街庄分别以及户数人口、区域内地图等；保甲要参酌地方旧惯、土地情形、种族关系等，保于区长关系区域内以街庄区域编成；保甲名称为某郡（某警察官署）（某支厅）某街庄第一保第一甲。并对保甲规约作了详细规定：保甲名称及区域；调查户口；取缔出入人员；警戒并搜查风水灾及"土匪"强盗等项；预防传染病；矫正鸦片弊害；清扫道路桥梁，并修补小破损处所；招募官役人夫；取缔山野进火；保管土地测量标；取缔买卖硝石；关于保甲过怠处分；保甲内褒赏救恤；驱除害虫；预防兽疫；保护铁道线路、电报线、电话线；经费收支及预决算并赋课征收；改良风俗；地方安宁保持上必要事项等。还对保正职务、甲长职务、壮丁团等作了明确规定。②

到 1903 年 7 月底，除台东、澎湖两个厅之外，台湾全岛保甲及壮丁团编成状况如下③：

表 3-2　美国 1987 年和 2004 年的国际收支账户

厅别	保	甲	壮丁团	职员	壮丁数
台北	404	3497	35	25	13771
基隆	172	1572	100	100	3715
宜兰	173	1770	93	93	10148
深坑	78	735	78	78	6790
桃园	257	2449	166	166	32738
新竹	232	2458	34	34	3348
苗栗	202	1918	142	142	2183

① 李理：《日据时期台湾警察制度研究》，凤凰出版社 2013 年版，第 55 页。
② 刘凤翰：《日军在台湾——1895 年至 1945 年的军事措施与主要活动》（上册），台北"国史馆" 1997 年版，第 147—148 页。
③ 刘凤翰：《日军在台湾——1895 年至 1945 年的军事措施与主要活动》（上册），台北"国史馆" 1997 年版，第 150—151 页。

续表

厅别	保	甲	壮丁团	职员	壮丁数
台中	331	3191	91	91	1952
彰化	534	4811	194	194	3252
南投	128	1174	32	30	887
斗六	390	3658	145	141	3329
嘉义	38	496	38	38	2482
盐水港	83	3379	83	83	27299
台南	322	3312	108	109	1803
番薯寮	90	715	90	90	671
凤山	326	3314	50	50	1155
阿猴	309	3090	39	39	3090
恒春	16	201	无	无	无
合计	4085	41660	1518	1503	124613

作为日本殖民统治者控制基层民众、辅助警察职能的重要形式，保甲也成为殖民统治者伸向基层的统治末梢，殖民统治者通过保甲制度可以直接将统治权触及每一个民众，从而将所有的台湾民众编入统治大网，逃无可逃。"保正受警察官之指挥，甲长受保正之指挥，各家之家长，受甲长之指挥，家中人受家长之指挥，皆有前项责任"。[1] 保甲要设置办事处，并成立保甲联合会，但仅能议定各保之事项。保甲之经费全部由保甲组织自身承担，也就是民众自行承担保甲经费，其预决算则需向上级汇报并取得认可。保甲在履行责任时，实行连坐和连坐罚。连坐，即一人犯错，保甲内各家长均负连带责任。连坐罚则对有扰乱地方秩序者之保甲内家长，与扰乱地方秩序之人一同处罚。前者对连坐人施以处罚金或科料，后者处以过怠金。

壮丁团全称为保甲壮丁团，是保甲制度的重要辅助机关，是依附于保甲制度武装团体。壮丁团作为联保之组织，每一甲选拔壮丁一名共同组成壮丁团。厅或支厅之直辖区，及每一派出所设置一团。壮丁团主要警戒防御保甲内外之天灾、地变及其他外来危害之职责。壮丁团以壮丁、团长、副团长组成。成立壮丁团，需要由保正、甲长出具所在区域及街道庄街名称、团长以下职员及壮

---

① 刘凤翰：《日军在台湾——1895年至1945年的军事措施与主要活动》（上册），台北"国史馆"1997年版，第154页。

丁人员名单、勤务方法及经费的收入支出方法等事项，经由所辖区内的郡役所、支厅或警察官署向所辖州及厅提出申请，并得到知事或厅长之认可。[①] 壮丁团中之壮丁限定从保内住民中选择年龄在 17 岁至 40 岁之间的男子。壮丁团的指导、训练及监督，由所辖郡守、支厅长、警察署长或警察分署长实行，以确保对壮丁团的掌控。因此可见，保甲组织的壮丁团，是日本军队、宪兵、警察统治体系之外，由台湾民众被迫强行组织起来的重要治安力量，也是对日据时期台湾警察政治的一个重要补充。

1904 年 4 月，总督府发布通知，除街庄事务中现金收授以外，保正甲长得支持纳税管理事宜。8 月，总督府又发布训令认可保甲对街庄公所的行政援助事宜，厅长可令保甲职员补助街庄役长事务，但其种类要由台湾总督规定和认可。根据总督府的上述训令，各厅都开始借助保甲推行行政事务。保甲除了警察事务之外，行政援助事务主要有：法令周知相关事项，产业统计相关事项，户籍变动申请及调查相关事项，国税纳税通知书及地方税征收通知书的发放及未纳督促相关事项，害虫驱除相关事项，兽疫预防相关事项，道路扫除及小破修缮，度量衡的普及等。[②]

台湾总督府在 1904 年扩展了保甲的职能之后，此后虽然有小的变动，但台湾的保甲制度基本上保持了相对稳定的状态。在整个日据时期，虽有部分台湾民众反对、要求废除，但保甲制度已经成为日本对台湾民众实施殖民统治的基本制度和重要手段，只会继续强化。

三、从属与畸形的殖民地经济

日本侵占台湾以后，通过一系列"经济整编"的所谓基础工程，在掠夺与榨取台湾经济利益的同时，也使得台湾经济不容分辩地走上了从属与畸形的殖民地化道路。日本从经济上殖民台湾的手段，非如英法等国以商品经济和自由竞争来使经济"殖民地化"，而是直接以强有力的国家权力，来"合法"掠夺台湾的财富与资源，从事原始资本的积累；并在台湾扶持本国产业资本的发

---

① 李理：《日据时期台湾警察制度研究》，凤凰出版社 2013 年版，第 63—64 页。
② 李理：《日据时期台湾警察制度研究》，凤凰出版社 2013 年版，第 65 页。

展，建立起绝对的资本独占和高度的经济控制。如此，则加剧了台湾殖民地经济的从属性和畸形性。

掠夺式的殖民地经济整编

日本据台之后，针对台湾的经济状况，立即以"经济整编"之名，展开了为本国独占资本在台顺利发展所必要的"基础工程"。其核心内容，一是以整理大租权为中心的土地、林野调查工作，二是以台湾银行的机关活动为基轴的货币金融制度整顿。[1]

1898 年 9 月，台湾总督府开始了为期 6 年的土地调查，以此名义对台湾人民的土地进行直接掠夺，并提高日本资本对台湾土地投资的兴趣及方便。通过调查，他们把"发现"的大量台湾民众世代开垦却没有产权证明的"无主地"收为"官有"，出让给本国资本家。随后在 1904 年 5 月发布《关于大租权整理档》，以低廉的补偿金对大租权进行取消和赎买，确立小租户为土地的单一所有者，并明确其纳税义务，以增加财政收入。据竹越与三郎的统计，调查前全台包括水田、旱地、宅基地和其他类在内的土地总数，为 361447 甲，调查后增至 777850 甲，净增 416403 甲。[2] 台湾"新增"的大量土地，均被总督府收编，成为日本资本家原始积累的基石。藉由大幅提高的地租率，田赋收入也由先前的 860706 元，增加到 1905 年的 2989287 元，提高了 3.3 倍。[3] 在调查过程中，虽然总督府设立了"高等土地调查委员会"来处理土地调查认定上的纷争，但在 1464 件收受数中，遭到取消、驳回的件数高达 1007 件，实际获得裁决的仅占收受件数的 31%。[4] 台湾民众被夺土地者申告无门，保有者负担大增，所谓的"土地调查"，实乃日本殖民者的一场"豪夺"。

1895 年 10 月，总督府颁布《官有林野取缔规则》，规定自行开辟的林地如"缺乏所有权确证"，将收归"国有"。1910—1915 年，总督府着手调查占全台面积 70% 的山地林野，世居山地的台湾少数民族，由于其独特的林野共有制习俗，而沦为这场调查下最大的牺牲者。在调查中，751996 甲林野（一说 916775

---

① ［日］涂照彦：《日本帝国主义下的台湾》，李明峻译，于闽闲校订，人间出版社 1999 年版，第 36 页。

② ［日］竹越与三郎：《台湾统治志》，博文馆 1905 年版，第 211 页。作者按：甲，是台湾计算土地面积的单位，1 甲约等于 1 公顷，14.5 亩。

③ 杨碧川：《日据时代台湾人反抗史》，台北稻乡出版社 1996 年版，第 4 页。

④ 许介鳞编著：《台湾史记——日本殖民统治篇（1）》，文英堂出版社 2007 年版，第 202 页。

甲）被"国有化"了，民有林野仅剩 56961 甲。[1]

在上述土地、林野调查之外，另一项"基础工程"就是币制改革。日据初期，台湾市面上流通的货币种类繁多，尤以中国货币为主，严重不利于日本对台湾的经济控制，[2] 1899 年 9 月，日本开设"台湾银行"，作为台湾货币和金融体制的中心。1904 年 7 月，日本在台湾实行金本位货币制。1911 年 3 月，又依《台湾施行货币法件》，将日本货币延长至台湾，日台币制完全统一。币制改革使台湾与日本的经济关联密切起来，成为了日本资本主义的一部分。正如矢内原忠雄所说："币制改革绝非本地人出自经济情况而自发发展出来的，而是统治国日本基于'金币国'资本的需要，为铲除岛内本地势力、驱逐外国洋行所必须做的，具有殖民地经营上的重大意义。"[3]

通过上述"基础工程"，强行实现了日本资本对台湾的侵入和统治。日本殖民者此后又在台湾进行了一系列工程建设，来巩固对台经济控制的成果。如修建纵贯铁路，以切断本地"郊行"在台湾北、中、南分别与大陆对岸的紧密贸易关系，将原本分散的市场用铁路纽带统一编入日本经济圈内；建设基隆港，输送台湾的资源至日本等。[4] 1901 年"统一"日台度量衡，1905 年前后整顿交通和通信机关。台湾经济的殖民地化完成了第一步。

涸泽而渔的超额财政榨取

随着殖民地整编工作的完成，台湾总督府提出 20 年财政计划，预计在 1909 年实现财政独立。但 1904 年日俄战争的爆发，迫使总督府加快台湾财政独立的步伐。于是在儿玉—后藤时期，配合着高额税收和专卖制度，台湾财政终于在 1904—1905 年左右宣告"独立"。但这一"独立"是借助对广大台湾人民的超额榨取实现的。

儿玉—后藤时期的财政独立，是以土地调查、专卖制度、事业公债及各种地方税的实施等政策为基础的。[5] 土地调查将原本土地的面积增加 1 倍之多，

---

① 陈孔立主编：《台湾历史纲要》，九州出版社 1997 年版，第 343 页。

② 颜义芳：《日剧初期台湾货币制度之研究》，台湾省文献委员会编：《第三届台湾总督府公文类纂学术研讨会论文集》，2001 年。

③ ［日］矢内原忠雄：《日本帝国主义下之台湾》，周宪文译，海峡学术出版社 1999 年版，第 34—35 页。

④ 许介鳞编著：《台湾史记——日本殖民统治篇（1）》，文英堂出版社 2007 年版，第 28 页。

⑤ 台湾总督府编：《台湾统治概要》，南天书局 1945 年版，第 419 页。

1904 年 11 月又在《台湾地租规则》中大幅提高田赋，使得田赋收入在 1905 年激增至 2975736 日元，超出改制前的 3 倍以上。[1] 日本对台征税的范围广泛，名目繁多，田、园、渔、林、杂地、建筑物都列入征税范围。在常规税之外，甘蔗专税、砂糖税等特别税不胜枚举，且税负不断提高：1908 年提高 3 倍，1919 年提高 40% 以上。[2] 而总督府对鸦片、食盐、樟脑、烟叶及酒等物品的专卖，则是财政独立的最大"功臣"，亦是此后总督府岁入的主要财源。1897 年日本殖民者建立专卖局，通过对上述货物的生产和流通实施垄断，从台湾民众身上牟取暴利。据统计，专卖事业的利润少则 22.88%，多则 48.01%；[3] 而在 1897 年至 1944 年的 48 年间，台湾专卖事业的总收入增加了 128 倍，[4] 利润增长了 12147%。[5] 其中之暴利，足可见一斑。

鸦片专卖收入，构成了日本在台湾的第一大宗收入来源。日本殖民者严防日本人吸食鸦片，对台湾民众却以鸦片"渐禁"政策为名，不仅变相鼓励其继续吸食，还建立了鸦片专卖局来垄断鸦片的制造和经营，以此达到榨取台湾人钱财、残害台湾人健康的目的。后藤新平在《有关台湾鸦片问题之意见》中提到：鸦片应实施政府专卖，岛内设置鸦片特许药铺，允许特定吸食者购买，如此一来，政府可从中收取税收，加上鸦片输入税，合计可得 240 万元以上，以之充实卫生费用，此为以毒攻毒之策也。[6] 他的构想被总督府采纳，1896 年宣布鸦片的制造由鸦片专卖局负责，禁止鸦片自由输入，设烟馆贩卖等必须有当局特许，并对吸食者发予准许执照；还一再以"调查疏漏，登记未周"为由，增加发放执照。[7] 藉由鸦片专卖，总督府一方面以成本的 3 倍价格出售鸦片，一方面不断扩大吸食者的队伍：从 1895 年到 1929 年的 34 年间，总督府从中收益了 1 亿 7000 万日元以上，[8] 最高时即 1899 年，鸦片专卖收入占总督府专卖收入的 78%，一般时亦占 50% 左右。[9] 台湾吸食鸦片的人数显著上升，从 1897

① 许介鳞编著：《台湾史记——日本殖民统治篇（1）》，文英堂出版社 2007 年版，第 205 页。
② 杨碧川：《日据时代台湾人反抗史》，台北稻乡出版社 1996 年版，第 10 页。
③ 周宪文：《日据时代台湾经济史》，台湾银行 1958 年版，第 107 页。
④ 许介鳞编著：《台湾史记——日本殖民统治篇（2）》，文英堂出版社 2007 年版，第 134 页。
⑤ 张承钧：《誓不臣倭——台湾人民抗日图史》，台海出版社 2002 年版，第 58—59 页。
⑥ ［日］平井廣一：《日本植民地财政史研究》，ミネルビア书房 1997 年版，第 59—60 页。
⑦ 薛军力、徐鲁航：《台湾人民抗日斗争史》，北京燕山出版社 1997 年版，第 96 页。
⑧ 谢春木：《台灣人の要求》，台湾新民报社 1931 年版，第 182 页。
⑨ 陈小冲：《日本殖民统治台湾五十年史》，社会科学文献出版社 2005 年版，第 129 页。

年的 5 万多人迅速增加到 1901 年的 17 万人。[1] 1903 年至 1908 年，新吸食者又增加了 406 万人。[2] 儿玉—后藤时期的财政独立，很大程度上是靠牺牲台湾民众的健康来勉强实现的。此外，总督府还通过给予御用绅士、基层保长以鸦片专卖权，取消在政治上不满的鸦片经销商的经营权等方式，试图达到"以台治台"的政治效果。[3] 鸦片专卖制度堪称日本殖民统治台湾过程中最为阴毒的财政政策之一。

自儿玉—后藤时期的"财政独立"之后，尽管台湾经历了几次总督更替，但日本殖民者对台湾人的横征暴敛，却一以贯之。日本学者持地六三郎曾在 1912 年出版的《台湾殖民政策》中描述道："目前台湾人民的负担，绝不算轻……台湾每人负担的绝对额不但高过法领安南，而且大过日本国内。……当时台湾人民的财政负担比较清代荷重，这除了政治上的原因外，并无其他原因可求。"[4] 1937 年以后，随着日本侵华战争的扩大，总督府对台湾人民竭泽而渔式的财政榨取，更是达到了登峰造极的地步。

从属与畸形的殖民地经济

从 1895 年到 1905 年，经过 10 年的资本主义"基础工程"整编，台湾不仅土地林野被收夺、度量衡及币制日本化，而且主导产业和经济命脉都直接掌握到了日本人手里。1905 年后，台湾经济正式开始了从半殖民地半封建形态变为殖民地经济形态的进程，从属、畸形的殖民地经济结构由此形成。

台湾经济的殖民地化，大致经历了如下阶段：从 1905 年到 20 世纪 20 年代前半期的 20 年左右，是以制糖业即蔗作农业为中心，不折不扣地成为单一作物生产形态的殖民地经济结构阶段；从 20 世纪 20 年代中期到 30 年代后半期的 15 年间，台湾经济除原有的砂糖生产之外，还进行蓬莱米的大量生产，形成以糖、米两大出口商品为主轴的复合型经济结构；从 20 世纪 30 年代后半期特别是 1937 年之后到日本统治崩溃的约 8 年间，是推行军需"工业化"的阶段，台湾除进行糖、米生产外，亦成为战时作物及军需工业产品的生产基地。因此，台湾经济的殖民地化过程，系在通过推进基础整编、制糖业的现代化、生产蓬莱米、军需"工业化"等各阶段的步伐中体现出来的。①

台湾经济的殖民地化特征，体现在以下两个方面。

日本独占的投资天堂。伴随着殖民地经济整编工作的完成，日本资本在台湾丰富的资源、低廉的劳动力及总督府的大力协助之下，逐渐积蓄起来。② 此后，台湾总督府对于日本资本，又从低息贷款、发放补助金，到强征土地、低价收购原料，以及对台湾工人和农民抗争予以强力镇压等各个方面，提供全面保护。受其影响，日本在台资本得到急速的扩张：从 1910 年的 3000 万日元左右，增加到 1926 年的 15 亿日元。到了 20 世纪 30 年代，台湾所有银行的存款70% 为日本人所有。③ 仅占人口 6% 的日本人所占有的台湾土地，在台湾光复时共约 16 万甲，为全台耕地面积的 18%。④ 日本资本将本土资本排挤出去，实现了对台湾经济命脉的垄断和超额利润的攫取。

以日据时代台湾经济中最为关键的制糖业为例。1901 年，殖产局长新渡户稻造就在其《糖业改造意见书》中，提倡在台湾大兴制糖业，同时依靠国家权力扶持日本资本、排斥台湾本土资本，对日本新式糖厂辅以资金补助、原料确保、市场保护等多方扶持。⑤ 日本资本藉由《意见书》的保障，取得大批廉价土地，垄断台湾的糖业原料及生产，任意决定甘蔗收购价格，强迫台湾蔗农沦为制糖会社的农奴。趁着日俄战争后的景气，日本资本家在台湾大肆投资新式制糖工厂。到 1909 年，新式糖厂的产糖量已经凌驾于以台湾本土资本为主的旧式糖厂和改良糖厂之上，台湾糖业初步实现了日系资本主义化。⑥ 1918 年，新式糖厂的产量占该年砂糖总产量的 86.8%，而改良糖厂与旧式糖厂的总和才占 13.2%，日本资本在台湾制糖业的垄断地位已经确立。日资的各新式糖业公司依靠总督府的协助，大举吞并台资糖厂。到 1924 年，台湾本地资本的糖厂只剩 14 家，其他的均被日资吞并。⑦ 至 1935 年，新式糖厂更占砂糖生产总

---

① ［日］涂照彦：《日本帝国主义下的台湾》，李明峻译，于闰闲校订，人间出版社 1999 年版，第 12、55 页。
② ［日］矢内原忠雄：《日本帝国主义下之台湾》，周宪文译，海峡学术出版社 1999 年版，第 76 页。
③ 薛军力、徐鲁航：《台湾人民抗日斗争史》，北京燕山出版社 1997 年版，第 103 页。
④ 黄静嘉：《春帆楼下晚涛急——日本对台湾的殖民统治及其影响》，商务印书馆 2003 年版，第 336 页。
⑤ 杨碧川：《日据时代台湾人反抗史》，台北稻乡出版社 1996 年版，第 18 页。
⑥ 许介麟编著：《台湾史记——日本殖民统治篇（2）》，文英堂出版社 2007 年版，第 152 页。
⑦ ［日］山根幸夫：《論集：近代中国と日本》，山川出版社 1976 年版，第 158 页。

能力的 96.6%。① 随着 1937 年后的合并浪潮，台湾制糖、明治制糖、盐水港制糖、东洋制糖及日本制糖 5 大日本会社，完全主导了台湾制糖业，其资本和产量占台湾制糖业的 3/4，② 占有的耕地面积为全台湾的 13.4%。③ 上述糖业资本多为三井、三菱、藤山、铃木等大资本家所独占，他们不仅操控了台湾制糖业，还在国家权力直接或间接的扶助下，将影响力推及台湾的全部产业。④

日本资本在台湾的独占性地位，是伴随着对台湾本土资本的歧视性打压而实现的。日本殖民台湾后，在大力扶植本国资本入侵和扩张的同时，又以法令阻止台湾民族资本的抬头。如日本殖民当局在 1912 年 2 月公布的"府令第 16 号"中规定，没有日本资本的加入，台湾人或大陆人不得单独或合资组成公司。⑤ 这意味着，台湾本土人如欲采取公司组织，只有把资本交给日本人支配，或与日本人合组公司。此规定致使台湾本地资本投资无门，只得寄人篱下。据统计，1928 年台湾各种公司的资本额，日本资本占 76.46%，台人资本仅占 21.89%；各种企业的总投资额中，日本方面占 78.4%，台人资本仅占 19.81%；在工业资本中，日本资本占 90.73%，台人资本仅占 8.44%。⑥ 在日据后期，到 1941 年，台湾资本 20 万日元以上的股份公司中，91.1% 的资本为日本所占，台湾本地资本仅占 8.3% 而已。⑦ 在此过程中，日本资本藉由独占获得了惊人的利润，有学者估计，由殖民地台湾"贡献"给日本的巨额"出超"，年均约达 1 亿日元之巨。⑧

日本操控下的单一米糖生产基地和商品倾销市场。日本殖民者以国家权力强行介入台湾经济，一切围绕着"宗主国"的利益和需要，来规划并统制台湾经济的方方面面。

---

① 杨彦骐：《台湾百年糖纪》，猫头鹰出版社 2001 年版，第 68—69 页。
② 陈小冲：《日本殖民统治台湾五十年史》，社会科学文献出版社 2005 年版，第 72—73 页。
③ 张汉裕：《日据时期台湾经济之演变》，台湾银行经济研究室编：《台湾经济史二集》，台湾银行，1995 年，第 76 页。
④ ［日］矢内原忠雄：《日本帝国主义下之台湾》，周宪文译，海峡学术出版社 1999 年版，第 61 页。
⑤ 杨碧川：《日据时代台湾人反抗史》，台北稻乡出版社 1996 年版，第 43—44 页。
⑥ 薛军力、徐鲁航：《台湾人民抗日斗争史》，北京燕山出版社 1997 年版，第 334 页。
⑦ 许介鳞编著：《台湾史记——日本殖民统治篇（1）》，文英堂出版社 2007 年版，第 29 页。
⑧ 张庸吾：《台湾商业之特征》，台湾银行经济研究室编：《日据时代台湾经济之特征》，第 103 页。

日本占领台湾初期，就因国内砂糖产量不足，而强迫台湾完成"日本的砂糖原料和粗糖供应基地"的转型任务；20 世纪 20 年代中期以后，又因国内蓬莱米的供不应求，而向台湾追加了供给米谷的任务；从 20 世纪 30 年代后半期开始，更要求台湾作为日本对外战争的"南进基地"，而向其供给军需用品和时间性作物。① 上述强压政策，严重扭曲了台湾的产业结构，致使其落入单一作物（或军需工业）畸形发展的怪圈。

日据台湾之初，就将"工业日本、农业台湾"定为经济总方针，妄图使台湾停留在农业社会，永远做日本的廉价原料与粮食供应地、工业商品倾销市场和理想的投资场所。② 受其影响，从 1905 年到 1937 年的 30 余年间，制糖业和稻米种植业成为台湾经济的绝对支柱。同一时期，台湾基本没有自己的工业制造业，平均每年全部工业产值的 8 成左右被农产品加工业占据。③ 1924 年，制糖资本甚至占到台湾工业资本的 95%。④ 台湾的产业结构被迫以单一的农业面貌，服务于日本国民的米、糖消费。

1905 年至 20 世纪 20 年代前半期，在总督府的糖业保护政策下，以日本资本为中心的现代制糖厂被顺利地移植至台湾。台湾则沦为日本资本主义的砂糖生产基地，单一的蔗作农业经济是该阶段台湾经济的显著特色。1925 年，在全台约 80 万甲的耕地中，制糖会社的原料采取区域就占 78.5 万甲，即几乎台湾全部的耕地都用于蔗作农业。⑤ 日本糖业资本家还依靠"原料采购区域制"和警察的高压力量，将蔗农捆绑在土地上，并以极低的价格和不公平的过磅方式收购甘蔗，迫使台湾自耕蔗农充当"糖业资本的奴隶"。⑥ 据统计，在 1897 年到 1921 年间，日本资本藉助投资台湾糖业，共赚进 3 亿 41 万 8488 日元，利润为投资金额的 10 倍。⑦ 进入 1918 年，由于日本一度发生"抢米风潮"，日本政府又从 20 世纪 20 年代后半期起，开始积极地在殖民地台湾推动米粮增产计划。

① ［日］涂照彦：《日本帝国主义下的台湾》，李明峻译，于闰闲校订，人间出版社 1999 年版，第 535 页。
② 安然：《台湾民众抗日史》，台海出版社 2003 年版，第 116 页。
③ 张宗汉：《光复前台湾之工业化》，联经出版事业公司 1980 年版，第 25—27 页。
④ 许介麟编著：《台湾史记——日本殖民统治篇（2）》，文英堂出版社 2007 年版，第 153 页。
⑤ ［日］矢内原忠雄：《日本帝国主义下之台湾》，周宪文译，海峡学术出版社 1999 年版，第 54 页。
⑥ ［日］浅田乔二：《日本帝国主义下の民族革命運動：台湾・朝鮮・「満州」における抗日農民運動の展開過程》，未来社 1978 年版，第 130 页。
⑦ 许介麟编著：《台湾史记——日本殖民统治篇（2）》，文英堂出版社 2007 年版，第 153 页。

1922 年，蓬莱米在台湾培植成功。[①] 台湾的经济结构从此进入米糖复合型阶段。但是，其"农业台湾"的基本面貌却没有丝毫改变，反而在此基础上衍生出了"米糖相克"等新问题。

　　无论是砂糖还是蓬莱米，台湾人用辛勤劳动生产的上述作物很少为自己所用，而是在日本殖民者的安排下大量出口日本，台湾被迫充当了日本后方的"糖库"和"粮仓"。从出口方面看，台湾的最大出口对象从大陆变成日本，由日据以前日台贸易不足总量的 25%，到 1914 年台湾输往日本的商品额骤升至总量的 77.89%，而输往大陆的仅占 5.93%。[②] 而在这些出口日本的商品中，米、糖比重不断上升，其合计占输出比率由 1896 年的 21.43%，上升为 1905 年的 48.52%、1920 年的 73.67%、1930 年的 74.82% 和 1932 年的 78.1%。[③] 据此而言，台湾已基本沦为日本廉价的原料和粮食供应地。

　　台湾砂糖平均 70% 以上要被输往日本，占日本食糖消费的 75%；最高时对日输出量为 1153920 吨，约占 1939 年台湾砂糖产量的 72%，占日本食糖消费量的 89%。[④] 但台湾蔗农每斤糖所得的收入，却从 1921 年的 11.6 钱下降至 1927 年的 5.9 钱，1937 年更降为 3.2 钱。[⑤] 台湾农民非但没能从台湾砂糖出口中获得好处，反而日益贫困化。同样，台湾人种植的蓬莱米也要被大量"移出"至日本。为此，日本殖民者在台湾各地设置米谷仓库和米谷检验所，以便有效地筛选其中的优质米谷，供本土消费。据统计，从 1900 年至 1944 年的 45 年间，台湾输往日本的稻米总量高达 1159.24 万吨，占平均每年生产总量的 25.86%；[⑥] 尤其是 20 世纪 20—30 年代，台湾稻米输往日本的比例一直占产量的 50% 上下；[⑦] 1938 年，台湾稻米对日输出量达到 69.2 万吨的顶点，超过当年台米产量的 50%，约为日本输入米粮的 25%。[⑧] 与此同时，为了达到日本国内维持每年人均米消费量约 160 公斤的目标，在蓬莱米产量丰富的台湾本岛，人

①　张承钧：《誓不臣倭——台湾人民抗日图史》，台海出版社 2002 年版，第 61 页。
②　安然：《台湾民众抗日史》，台海出版社 2003 年版，第 130 页。
③　周宪文：《台湾经济史》，开明书店 1980 年版，第 656—660 页。
④　台湾银行经济研究室编：《日据时代台湾经济之特征》，第 125 页。
⑤　张承钧：《誓不臣倭——台湾人民抗日图史》，台海出版社 2002 年版，第 92 页。
⑥　周宪文：《台湾经济史》，开明书店 1980 年版，第 648 页。
⑦　杨碧川：《日据时代台湾人反抗史》，台北稻乡出版社 1996 年版，第 24 页。
⑧　黄静嘉：《春帆楼下晚涛急——日本对台湾的殖民统治及其影响》，商务印书馆 2003 年版，第 54 页。

均米消费量却逐年减少。如在 1910 年，台湾人均米消费量约为 130 公斤，到了 20 世纪 30 年代就减为 100 公斤。① 为了维持生存，台湾每年不得不在将大量优质稻米输往日本的同时，从南洋等地进口质量较低、价格低廉的稻米，供本岛人食用。贫穷的台湾农民，甚至只能改吃番薯或树薯度日，造成了所谓"饥饿移出"的怪现象。②

　　日本殖民者还将台湾变成了其独占的工业商品倾销市场。它们首先以提高关税的方式，将大陆及外国商品堵截在台湾之外，以致在其殖民台湾 20 年后，由大陆输往台湾的商品比重已降至 14.12%，而由日本输入的比重则骤升至 75.49%，以后此趋势不断攀升。③ 其次，日本殖民当局在 20 世纪 30 年代后半期以前，不允许台湾发展自己的工业制造业，致使台湾人民的生产和生活用品大多依赖进口。因此，与出口商品的集中趋势相反，台湾的进口商品相当广泛，大多是从日本倾销来的肥料、纺织品、烟酒、铁等工业制成品。④ 就连占台湾经济龙头地位的制糖业，也仅限于粗糖加工而已，精糖加工仍被送至日本进行。于是在精糖回销的过程中，台湾人民又被狠狠地剥削了一回。⑤ 根据台湾经济学家周宪文的分析，自 1903 年到 1935 年间，台湾人民在生活消费上的对外依赖性，由 25.8% 提高至 44.3%；其对日本的依赖性，由 13% 提高到 36.8%，展现了台湾经济殖民地化的程度之深。⑥

　　进入 20 世纪 30 年代后半期，以七七事变的爆发为契机，日本将其海外侵略大幅转向南进，台湾的军事战略地位也随之急速提高。在此形势演变下，殖民地台湾的产业结构，再次被迫转向。根据日本殖民者的安排，台湾经济进入"军需工业化"的发展阶段。但这一"工业化"设想，绝非从台湾的利益出发来均衡它的产业结构，而是迫使其在一肩挑起"宗主国"所赋予的农业生产重担之外，还要挑起日本侵略南洋所需的军需工业建设的任务。⑦ 配合着武官总督在"工业化"旗号下实施的资金统制、劳力统制和物资统制等高压政策，

① Samuel P. S. Ho, *Economic Development of Taiwan 1860 - 1970*, Yale University Press, 1978, p. 96.
② 许介鳞编著：《台湾史记——日本殖民统治篇（2）》，文英堂出版社 2007 年版，第 158—160 页。
③ 安然：《台湾民众抗日史》，台海出版社 2003 年版，第 130 页。
④ 陈小冲：《日本殖民统治台湾五十年史》，社会科学文献出版社 2005 年版，第 117 页。
⑤ 杨彦骐：《台湾百年糖纪》，猫头鹰出版社 2001 年版，第 48—49 页。
⑥ 转引自安然：《台湾民众抗日史》，台海出版社 2003 年版，第 132 页。
⑦ 陈小冲：《日本殖民统治台湾五十年史》，社会科学文献出版社 2005 年版，第 166 页。

1937—1945 年间的台湾经济，堪称日据时期最集权、最畸形的时期。此番"工业化"的结果，不仅无助于民生的改善，反而使台湾经济更为扭曲、台湾人民更加困苦。

台湾这一时期的"工业建设"，被集中在开发与军事战略物资有关的煤、铝、石油、金属等能源，以及兴建电力、水泥、化学肥料等产业之上。① 其目的，都是为日本的对外侵略战争提供原料和动力，对台湾经济的结构与走向却裨益甚少。此外，总督府还于 1938—1939 年左右颁行了诸如《米配给统制规则》《电力调整令》《重要物资管理营团法》等严厉的经济编制政策，② 在经济警察的配合下，强征台湾人的米电等物资，以供日本的战争所需。如 1939 年，总督府宣布实施"台湾米谷移出管理令"，将台湾的米谷流通权完全控制在日本殖民者手里；1942 年，又发布"台湾米谷应急措施令"，规定除自家用米之外的所有米谷，均须全数售予政府。总督府则以低于市场 23%—25% 的价格，将台湾人的口粮移至日本。③ 以米谷统制为代表的殖民地战时物资统制政策，波及全台人民。这一时期，台湾经济在被"发展"的同时，却频频闹出了"粮食荒"。被日本殖民者强压下来的"工业化"，非但没有使台湾经济的畸形形态有所好转，反而随着日本的战败而最终陷入了经济崩溃。

四、同化与奴化的教育体系

日本在台湾的殖民统治，一贯注重教育。根据其殖民教育的政策演变，一般分为三个时期：（1）1895—1919 年，所谓"无方针主义"时期，推行以普及日语为中心的同化教育和差别教育；（2）1919—1931 年，《台湾教育令》的颁布及实行时期，"内台共学"之外，强调教育服务经济建设；（3）1931—1945 年，推行"皇民化教育"时期，教育为侵略战争服务。④ 本节主要论述前

① 安然：《台湾民众抗日史》，台海出版社 2003 年版，第 144—145 页。
② 薛军力、徐鲁航：《台湾人民抗日斗争史》，北京燕山出版社 1997 年版，第 202 页。
③ 许介麟编著：《台湾史记——日本殖民统治篇（2）》，文英堂出版社 2007 年版，第 31 页。
④ 日本学者矢内原忠雄认为：日本对台湾殖民统治的文教政策，可依 1922 年为界，分为前后两个时期，并呈现出从"日台二元"的差别教育，到"日台共学"的所谓无差别教育发展的趋势。[日] 矢内原忠雄：《日本帝国主义下之台湾》，周宪文译，海峡学术出版社 1999 年版，第 172 页。

两个时期。

"无方针主义"时期

1895 年 6 月，台湾总督府成立后，在民政局设立"学务部"，负责教育事务。第一任学务部长是日本国家主义教育的代表人物、"要开拓新领土之教育"的伊泽修二。他就任后向总督提交了被称为"新领地台湾之教育方针"的《台湾学制案》，将总督府的教育事业分为两部分："紧要事业"部分，包括培养"国语"传习所教员及基层官吏的总督府讲习员，以及向台湾民众传授日语的"国语"讲习所；"永久事业"部分，包括培养"国语"传习所、师范学校教员及小学校长的总督府"国语"学校师范部，指导台湾人学习日语及日本人学习闽南语的总督府"国语"学校语学部，以及培养普通教育教员的总督府师范学校等。① 伊泽修二教育方针的核心，是以免费的义务教育来普及日语，达到同化台湾人民的目的："今后要想彻底征服台湾人的心，要使台湾千载万载永远成为日本的领土，关键在于要对台湾人从内心深处进行同化，要做到这一点，非教育莫属。"② 7 月，伊泽修二在台北郊区的士林，创办了芝山岩学务部学堂，先后招收了 21 名台湾学生学习日语。该学堂是总督府教育事业的开端，但不久遭到台湾抗日义军的袭击，后改为"国语"学校第一附属学校。

1896 年 4 月，总督府颁布《直辖诸学校官制》，正式设立"国语"学校及"国语"传习所，实施伊泽的教育计划。"国语"传习所以教授日语为宗旨，培养学生"尊敬皇室，热爱国家，重人伦，旨在养成本国国民精神"③，免收学费，分甲、乙两科招收学生，甲科为 15—30 岁、已具备普通知识者，学习内容为日语及读书作文，以培养翻译人才，学制半年，后增加为三年；乙科招收 8—15 岁学龄儿童，学习日语、读书作文、习字、算术等，学制四年。传习所使用的课本，主要是日本文部省所编《新日本语言集》《小学读写教科书》等日本教科书或教科书的日汉对译本，学务部另编有《小学阅读作文挂图教学

① 庄明水、黄雅丽主编：《日本侵华殖民教育史料》第四卷，人民教育出版社 2016 年版，第 2—4 页。
② ［日］伊泽修二：《台湾之教育》，《伊泽修二选集》，信浓教育会 1958 年版，第 580 页。
③ 庄明水、黄雅丽主编：《日本侵华殖民教育史料》第四卷，人民教育出版社 2016 年版，第 383 页。

参考书》，供教师使用。为了吸引台湾学生到"国语"传习所就读，采取了物质补助、毕业后优先雇佣、授予秀才尊称等手段，但学生最多的时候也不过 1747 人。[1]

"国语"学校的办学方针是让台湾人学日语，以"使本地人永远作为帝国之臣民……到处可闻喃喃说日语，在本岛之统治上及将来帝国之发展上，是最为重要之关键"；日本人学闽南语，"首先向少数之文武官吏灌输台语，做为多数之台湾人得以学习日本语之阶梯，在今日是最为必要者"。[2] 1896 年 4 月 15 日，"国语"学校讲习科开学，学生 45 名从日本招收的总督府讲习员，学习日语教授法、闽南语等课程，学习期限 3 个月，到 1901 年共培养了 7 届 264 名毕业生。这些人毕业后大多充任各地"国语"传习所、公学校的日语教员或校长。

日本的《教育敕语》也被引进到台湾，反映了伊泽修二推行同化教育的努力。但随着学务部缩编为学务课及伊泽修二的离职，日本殖民统治台湾时期的教育进入"无方针主义"时期。伊泽的后继者们虽未萧规曹随，但他确定的同化教育模式，奠定了日据时期台湾教育方针的基石，影响了后藤新平等教育决策者，他因此被称为"'同化'教育雏形的形塑者"。[3]

儿玉源太郎—后藤新平等人推行"无方针主义"教育，是因为他们吸取了英国、荷兰的教训，认为向殖民地输入文明，"养成动辄议论权利义务之风"，会威胁日本的殖民统治，[4] 因此，他们不愿意制定长远的教育方针，"只有遇到必要时做权宜的措施而已"。[5] 但所谓的"无方针主义"，并不表示"现在什么事都不做，没有目标，什么都不教"，其最主要的目标是普及日语，因为他们认为"普及'国语'与培养国家特有的品德，是迈向同化的第一步"。[6] 所以，

---

[1] 汪知亭：《台湾教育史料新编》，台湾商务印书馆 1978 年版，第 41—42 页；台湾教育会编：《台湾教育沿革志》，南天书局 1995 年版，第 215—216 页。

[2] 庄明水、黄雅丽主编：《日本侵华殖民教育史料》第四卷，人民教育出版社 2016 年版，第 380—381 页。伊泽来台时，曾带了 100 余名精通官话的翻译，结果到台湾后，发现根本无法与台湾人交流。

[3] 陈培丰：《"同化"的同床异梦：日治时期台湾的语言政策、近代化与认同》，麦田出版社 2006 年版，第 69 页。

[4] 《后藤长官训示》，《台湾教育会杂志》1904 年第 27 号。

[5] 庄明水、黄雅丽主编：《日本侵华殖民教育史料》第四卷，人民教育出版社 2016 年版，第 6 页。

[6] ［日］吉野秀公：《台湾教育史》，南天书局 1997 年版，第 122—130 页。

仍然是延续了在台湾的"同化"之殖民教育方针。

"无方针主义"教育，在制度方面最主要的措施是差别教育，亦称隔离教育。对台湾汉族人，于 1898 年将"国语"传习所改为六年制的公学校，招收 8—14 岁的学生，办学宗旨亦继承"国语"传习所，"以对本岛人儿童教授'国语'，施行德育，养成国民性格，并留意身体之发育，传授生活所必需之知识技能为本旨"。① 当年全台共有 55 所公学校，学生 2396 人；后来学生人数逐渐增多，1904 年已有 2.3 万人，1918 年有 10 多万人。总督府为减轻财政负担，规定公学校由地方居民申请设立，经费来自学生学费、地方税及地方居民募捐的协议费及义捐金等，1899 年公学校 90% 以上的经费来自地方居民出资，1919 年前，来自地方居民的收入基本占了公学校收入的 80% 以上。② 公学校的教学重点是日语，目的是使台湾人"全部以我帝国之语言谈说，而且读我帝国之文章而作文，互相沟通意志，开发知识"，因此有 3/4 的课程是日语，经过数年的摸索，总督府确立了日语教学分为"说话、读书、作文、书法四部分"的教学方针。③ 台湾学生从公学校毕业后，如果要继续求学，一般只能升入职业学校。

这一时期，台湾汉族学生接受中华文化教育的主要途径是书房（即私塾）。1898 年，全台共有书房 1707 所，学生 29941 名，书房老师中有 814 人具有秀才及以上功名。总督府颁布了《关于书房义塾规程》，将书房纳入管理，强迫各书房采用总督府编订的汉文教科书，还规定课程中必须有日语及算术，每天至少教授 2 个小时的日语，否则予以取缔。日据初期，由于台湾人民的抗议与斗争，书房一度发展较好。如表 3-3 所示：到 1902 年，书房共有学生近 30000 人；但后来在日本统治者的压迫之下，书房及书房学生数量逐渐减少，但每年仍有 10000 余名学生，而公学校的学生数量却在 20 年内成长了近 20 倍。

---

① 台湾省文献委员会编：《台湾省通志》卷五"教育志·教育行政篇"，众文图书公司 1970 年版，第 84 页。

② 许佩贤：《殖民地台湾的近代学校》，远流出版公司 2005 年版，第 69—70 页；李铠扬：《日治时期台湾的教育财政——以初等教育费为探讨中心》，台北"国史馆" 2012 年版，第 91—92 页。

③ 林品桐译著：《台湾总督府公文类纂教育史料汇编与研究（明治二十九年七月至明治三十四年十二月）》（下），台湾省文献委员会，2001 年，第 1375—1385 页。

表 3-3　书房与公学校师生情况比较表（1898—1919 年）

年度	书房			公学校		
	书房数	教师数	学生数	公学校数	教师数	学生数
1898	1707	1707	29941	74	247	7838
1899	1421	1421	25215	96	337	9817
1900	1473	1392	26186	117	453	12363
1901	1554	1543	28064	121	501	16315
1902	1623	1629	29472	139	553	18845
1903	1365	1368	25710	146	652	21403
1904	1080	1083	21661	153	620	23178
1905	1055	1056	19255	165	677	27464
1906	914	916	19915	180	738	31823
1907	873	886	18612	192	765	34382
1908	630	647	14782	203	895	35898
1909	655	669	17101	214	966	38974
1910	567	576	15811	223	1017	41400
1911	548	560	15759	236	1146	44670
1912	541	555	16302	248	1282	49554
1913	576	589	17284	260	1345	54969
1914	638	648	19257	270	1472	60963
1915	599	609	18000	284	1616	66802
1916	584	660	19320	305	1805	76443
1917	533	593	17641	327	2224	88970
1918	385	452	13314	394	2710	108587
1919	302	350	10936	438	3315	125135

资料来源：李园会：《日据时期台湾教育史》，复文书局 2005 年版，第 267 页。

对于在台湾的日本人，总督府根据国内法令，设立小学校及中学校，教育内容与国内相同。1898 年，总督府开始在台北、基隆、新竹、台南设立 4 所小学校，供日本人子女就读，后来增设了多所小学校，1914 年已有 91 所（含 32 所分校）。1902 年以后，总督府将小学校区分为六年制的寻常小学校与两年或四年制的高等小学校，课程都包括修身、日语、算术、唱歌、体操等，女学生还要学习裁缝，高等小学校的课程还有日本历史、地理、理科、英语等。1904年以后，小学校又增设补习课，男生主修实业（主要是农、工、商知识），女生主修裁缝和家事。也有极少数日本学生就读于公学校，这主要是由于他们居住的地方日本人较少，无法设立小学校，后来总督府颁布《小学校派遣教学施行办法》，由公学校的日籍教员兼任小学校教员，就读公学校的日本学生的小学校毕业资格也因此得到承认。①

小学校的设施好于公学校，师生比亦高于公学校，拒绝台湾人及日台"混血儿"就读。而公学校的学费比起小学校要高得多：1910—1917年，小学校每年的学费均为0.31元，公学校则从0.85元增加到1.28元，1912年、1913年甚至高达2.05元。② 教师待遇方面，日本教师薪资约是同级别台湾教师的2—3倍，小学校的经费约是公学校的2倍，人均培养经费也约是公学校的2倍。

在这种差别对待的教育政策之下，在台日本人学龄儿童的入学率远远高于台湾人儿童。如表3-4所示：台湾人的入学率长期在10%以下徘徊，到《台湾教育令》颁布前一直未能突破20%；在台日本学龄儿童的入学率在一开始就在20%以上，10年间就迅速提高到90%以上；最悬殊的年份，日本学龄儿童的入学率是台湾学龄儿童的20倍以上。

表3-4 在台日本与台湾学龄儿童分别入读小、公学校的比例（1899—1918年）

年度	在台日本学龄儿童入读小学校的比例（%）	台湾人学龄儿童入读公学校的比例（%）
1899	23.71	2.04
1900	29.53	2.19
1901	58.79	2.85
1902	72.20	3.21
1903	57.34	3.70
1904	67.71	3.82
1905	72.91	4.66
1906	68.61	5.32
1907	85.76	4.5

① 李园会：《日据时期台湾初等教育制度》，复文书局2005年版，第55—56页。
② 李铠杨：《日治时期台湾的教育财政——以初等教育费为探讨中心》，台湾大学出版中心2013年版，第79页。

续表

年度	在台日本学龄儿童入读 小学校的比例（%）	台湾人学龄儿童入读 公学校的比例（%）
1908	90.56	4.93
1909	90.86	5.54
1910	93.20	5.76
1911	91.32	6.06
1912	92.03	6.63
1913	94.30	8.32
1914	94.09	9.09
1915	94.06	9.63
1916	94.80	11.06
1917	95.07	13.14
1918	95.21	15.71

资料来源：李园会：《日据时期台湾教育史》，复文书局2005年版，第84、95、193、206页。

　　除了入学率之别，台湾小学校与公学校的课本亦不一样。小学校的课本与日本本土一致，而公学校的课本《台湾教科用书国民读本》则经过刻意的改编，突出奴化教育的色彩。如小学校对日本名人事迹的叙述侧重其奋斗历程及品格，强调要成为自己命运的主宰者，而公学校课本对同一人物的叙述，则强调其诚实忠顺等品格或实业方面的贡献，有意忽略其政治上的经历，"以培养忠君爱国思想……灌输忠孝仁义思想……希望借由儒家传统重视教育、忠君爱国的思想来推展日语教育"。[1] 有日本学者通过对公学校与小学校课程内容的比较研究指出："公学校的教育目的在表面上是要同化台湾人，但实质上并不想使台湾人成为日本人，而是使台湾儿童成为服从、勤勉的臣民。并非在使台湾社会彻底日本化，而只是以公学校教育作为同化政策的手段而已。"[2]

　　接受中等教育一度是日本人才能享有的教育权利。所以在很长时间里，台湾学生接受普通中等教育的唯一机构是"国语"学校"国语"部，到1922年

---

[1]　许锡庆编著：《日治时期初等教育史料选编》，台北"国史馆"台湾文献馆2016年版，第39—40页。

[2]　日本学者酒井惠美子通过对《台湾教科用书国民读本》的审查记录为基础，分析了教科书的编写方针。参见［日］酒井惠美子：《殖民地台湾日语教育浅论——以官方学校教科书的编写为中心》，中国社会科学院台湾史研究中心主编：《日据时期台湾殖民地史学术研讨会论文集》，九州出版社2010年版。

共有 492 名毕业生。1912 年，林献堂等人捐出 25 万日元，请求总督府批准设立台湾学生可以入读的私立中学。对此，日本政府一度持反对意见，法制局长在给首相大隈重信的报告中，批评台湾的教育方针不利于殖民统治，认为总督府设立与日本小学同样修学年限的公学校，普及教育，只会增加统治的难度，坚决不能答应台湾人要求设立中等教育机关的要求，而应重点推行简易的职业教育。① 但在台湾人民的强烈要求下，总督府考虑到如不能满足台湾人民的要求，其子弟将前往日本或大陆留学，更难控制，而"具有资产的岛民之子弟，程度稍进……给予彼等作为良民之素质，并为多数岛民之规范，不独是彼等之幸福，也将是施政上之利便"，② 因此在台湾人民负责学校基础设施及经费的条件下，于 1915 年批准设立公立台中中学校。该校学制四年，招收公学校四年级以上或同等学力的学生，课程偏重日语、实业等科目，只能算是具有职业中学性质的简易中学校，学生毕业程度比日本人中学要低，毕业之后不能报考日本专科以上学校。

在中等职业教育方面，日本殖民者以经费不足及会造成台湾民众失业为由，不愿发展正规的中等以上职业教育，而只是在初级教育中开设农业、商业、手工业等劳动课程。1900 年，因发展台湾交通及通信业的需要，"国语"学校设立铁道科及电信科，招收"国语"部"国语"科三年级的台湾学生，培养技术辅助人员。1902 年，"国语"学校成立实业部，下设一年制的铁道科和电信科及两年制的农业科，招收上完"国语"学校"国语"部二年级课程的台湾学生。1907 年，实业部停办。1912 年，受日本本土发展实业教育及台湾缺乏熟练技术工人的影响，总督府决定在公学校中设立二年制的实业科。1915 年，台北厅枋桥、八芝兰、基隆三所公学校首次设置实业科。公学校的实业科是一种简易的初级职业教育，但由于日本殖民者认为"要避免创造或鼓励台人追求更高教育的需求"，③ 公学校实业科是当时大多数台湾人所能接触到的最高层次的教育。总督府还开设了农事试验场讲习班、林业讲习所、糖务局糖业讲习所、工业讲习所，但一般招收公学校毕业者，正规的职业教育直到 1917 年商业学校的设立才开始，以"对于欲在本岛内外从事商业之内地人男子，施以必要

---

① 庄明水、黄雅丽主编：《日本侵华殖民教育史料》第四卷，人民教育出版社 2016 年版，第 7 页。
② 庄明水：《日本侵华教育全史》第四卷，人民教育出版社 2005 年版，第 258 页。
③ 庄明水：《日本侵华教育全史》第四卷，人民教育出版社 2005 年版，第 363 页。

之教育为目的"。① 1918 年设立的总督府商业学校，同样只接收日本人入学。

在高等教育方面，直到 1918 年，台湾才有专门招收日本学生的医学校医学专门部。在高等教育一片荒芜的情况下，之所以会有医学院校的设立，是因为日本占领台湾后，鉴于医疗卫生条件极差，疫情严重，医生数量严重不足，总督府乃于 1897 年在台北医院附设医学讲习所，招收略懂日语的台湾学生，学习初步的医学知识。1899 年 2 月，总督府公布《台湾总督府医学校官制》，将医学讲习所改为医学校，入学资格与医学讲习所相同，学习年限包括一年的预科与四年的本科，学生免收学费，还可以每月领取一定的津贴，但是该校"程度甚低，实不能谓之严正意义之专科学校"。② 1918 年，医学校增设医学专门部，招收日本中学毕业生，经过 4 年的学习后，可以获得医学士学位。由此，台湾岛才有了高等教育，但这只是日本人的特权。

总体而言，在"无方针主义"的这一时期，台湾总督府并不重视教育，"'国语'教育与医学乃是台湾统治实用上仅有被容许的全部教育。连称之为殖民地教育基础的技术教育，都被忽略"③，"与其说是教育制度，不如称为无教育制度较妥当"④。受其影响，台湾教育的效果自然不佳。以总督府最为看重的日语教育为例，在前 20 多年间，日语教育主要是通过学校及书房进行，日语的普及率并不高：1905 年只有 0.38%，到 1920 年，台湾民众中"能解'国语'者"仍仅占总人口的 2.86%。⑤

"内台共学"时期

第一次世界大战结束后，世界范围内的民族自决运动兴起，台湾人民开始批评总督府的统治政策，日本被迫改变统治台湾的方针、政策。为了安抚台湾人民的不满情绪，"把台湾人教化为纯粹的日本人"，⑥ 1919 年 1 月 4 日，总督

① 庄明水、黄雅丽主编：《日本侵华殖民教育史料》第四卷，人民教育出版社 2016 年版，第 252 页。
② 台湾省文献委员会编：《台湾省通志》卷五"教育志·教育行政篇"，众文图书公司 1970 年版，第 146 页。
③ ［日］矢内原忠雄：《日本帝国主义下之台湾》，林明德译，财团法人吴三连台湾史料基金会 2014 年版，第 158—159 页。
④ 黄颂贤编译：《林呈禄选集》，海峡学术出版社 2006 年版，第 120 页。
⑤ 台湾总督府编：《台湾事情》，1936 年，第 201 页。
⑥ ［日］井出季和太：《台湾治绩志》（三），南天书局 1997 年版，第 599—601 页。

府公布《台湾教育令》，规定台湾的教育"应以基诸有关教育敕语之旨趣、育成忠良臣民为本义"，并明确将台湾的教育分为"教授普通之知识技能，涵养国民之性格，普及'国语'为目的"的普通教育，"教授农业、工业、商业及其他实业有关之知识技能，兼培养德性为目的"的实业教育，"教授高等之学术技艺为目的"的专门教育，以及"以注重德性之涵养、养成可充任公学校之教员为目的"的师范教育四部分。① 总督明石元二郎进一步明确教育目标"在于观察现时世界之人文发达程度，启发岛民能顺应之知能，涵养德性，普及'国语'，以具备帝国臣民应具资质与品性"。②

《台湾教育令》的意义在于正式确立了台湾的教育制度，使台湾学生可以接受中等教育。但由于《台湾教育令》仅适用于台湾学生，日本人继续适用于日本本土的教育法规，因此在台湾仍然在法律上保留了差别待遇。台湾社会对此的反应是："发布当日充满虚假的气象，首先是各地方的人们义务地举行祝贺会，台湾教育会也临时增刊教育令纪念号杂志，满载官方的颂词，御用的新闻杂志尽可能的刊载祝贺之辞"，而批评的声音则受到压制。③

总督府开始试验"内台共学"，但是台湾学生入读小学校的条件却十分苛刻，需要对学童父母的地位、资产、教育程度及归化日本的程度等进行审核，1921 年入读小学校的台湾学生仅 215 人，约合小学校学生数的 1%，中学校和专门学校更是只有 21 人。台湾人民对此表示强烈不满。日本政府在时代潮流的冲击下，又提出对于殖民地的"内地延长主义"政策，决定在"教育上采取彼我同一方针"。1922 年，总督府颁布了新的《台湾教育令》，规定"常用'国语'者之初等普通教育，依照小学令……不常用'国语'者，施行初等普通教育之学校为公学校"，"番人"公学校并入普通的公学校（但学制仍为四年，教学程度也较低），并在中等以上教育中实施"日台共学"。④

总督府认为实施"日台共学"，可以取消台湾教育上的差别待遇，促进日

---

① 庄明水、黄雅丽主编：《日本侵华殖民教育史料》第四卷，人民教育出版社 2016 年版，第 16—19 页。

② 庄明水、黄雅丽主编：《日本侵华殖民教育史料》第四卷，人民教育出版社 2016 年版，第 19 页。

③ 林呈禄：《关于台湾教育问题》，黄颂贤编译：《林呈禄选集》，海峡学术出版社 2006 年版，第 120 页。

④ 庄明水、黄雅丽主编：《日本侵华殖民教育史料》第四卷，人民教育出版社 2016 年版，第 20—22 页。

本人与台湾人的交流、理解、合作与融合，亦可节省教育经费。① 进而吹嘘实施"日台共学"后，教育上已不存在日本人、台湾人的差别，"完全消除种族差别，是本岛教育上前所未有的创新"。② 但所谓的"共学"，其实只是空有形式而已。

在小学教育方面，台湾学生进入小学校的手续虽有简化，仍需得到州知事或厅长的批准，而且由于小学校及公学校"双轨制"的继续存在，日语能力成为入学的重要标准，这就使得台湾的初等教育中形成了以日语能力为标准，区分公学校与小学校的局面，导致台湾人在教育上继续受到歧视性待遇，入读小学校的人数仍然极少。至于小学校与公学校在师资、经费等方面的差别待遇则继续存在。1922 年，小学校的平均师生比是 1∶30，公学校为 1∶40，小学校教员中有资格者占教师总数的 70% 以上，公学校符合资格的教师不到 50%，小学校教员的薪水约是公学校的 2 倍，小学校的生均教育经费也约是公学校的 2 倍，台湾人所受的是"贱价的教育"。③

在初等教育中，总督府经过调查研究后，发现同年级的台湾学生表现优于日本学生，因此，决定限制初等教育阶段的"共学"，而从中等教育阶段开始"共学"。④ 在中等教育方面，1919 年，台中公立中学校改称台中高等普通学校，学制仍为四年；1922 年，台中高等普通学校改称州立台中第一中学，学制也改为与日本一样的五年。根据新《台湾教育令》，台中第一中学校与原先仅招收日本学生的台北第一中学校、台南第一中学校等中学校，在校名、学制、课程方面实现了一致。但是这并没有为台湾人带来更多的接受中高等教育的机会。虽然中学校数量不断增加，但是 1922—1940 年间，台湾人的中学校入学率仅 15.9%，日本人则有 51.5%；而且即便是优秀的台湾学生，也大多只能与成绩较差的日本学生一起就读台北二中、台中一中等学校，而很少有机会入读台北一中、台南一中等原日本人中学。台湾女学生也大多只能进入程度较低的三年或四年制的高等女学校或实科高等女学校，很少能入读五年制的台北第一高等女学校及台南第一高等女学校。

---

① 台湾教育会编：《台湾教育沿革志》，南天书局 1995 年版，第 355—356 页。
② 台湾总督府编：《台湾事情》，1932 年，第 122 页。
③ ［日］山川均：《日本帝国主义铁蹄下的台湾》，蕉农译，王晓波编：《台湾的殖民地伤痕新编》，海峡学术出版社 2002 年版，第 174—175 页。
④ 庄明水：《日本侵华教育全史》第四卷，人民教育出版社 2005 年版，第 187 页。

　　总督府比较重视的是中等职业教育。这是因为日本殖民者不愿意台湾民众接受高等教育，而台湾经济的发展，导致缺乏技术人员及熟练工人的现象日益严重，因此希望台湾民众成为低级的技术劳动力。1919年，总督府根据《台湾教育令》设立三年或四年制的工业、商业及农业学校各一所。还在部分公学校附设二年制的公立简易实业学校，分工、商、农等科，这种速成职业教育机构，截至1921年，共有28所，学生1132名。新《台湾教育令》公布后，总督府废除了此前设立的职业学校，改设农、工、商、水产四类职业学校，招收初等教育毕业者，学制3—5年不等，还设有公立实业补习学校。在总督府的推动下，台湾的职业教育发展较快，1922年，台湾有职业教育学校5所，学生1193名；1930年有6所学校，学生2804名；但在"工业日本、农业台湾"经济总政策的影响下，台湾学生多集中于农业学校，而日本学生主要集中于工业及商业学校，说明职业教育中的差别仍旧存在。

　　高等教育方面，日本最重要的举措是设立"台北帝国大学"。1922年，总督府设立了七年制的台北高等学校，作为"台北帝国大学"的预备学校，毕业生可以直接升入"台北帝国大学"，但由于不平等的录取方式，台湾学生人数很少，如1927年，该校542名学生中，只有75名台湾学生。日本殖民者曾以经费不足为由，不愿意为台湾学童提供充分的就学机会，使他们无法接受初等教育，却又要试图创办大学。此举遭到了台湾人民的反对。蒋渭水批评这"是本末颠倒……像这样不顾民众的初等教育，而只要建设一部少数阶级利用得到的大学，恰似筑屋不造地基而装饰屋盖一样啦，岂不是大错误吗？"[1]日本学者矢内原忠雄指出："殖民地教育通常不注重初等教育，通常都是偏重高等教育。其原因乃在养成统治的助手，同时采取愚民政策，使一般庶民的知识低落，以便统治。"[2]

　　尽管如此，1928年，台湾总督府为了给在台日本学生提供进入大学深造的机会，防止台湾学生赴日本及大陆升学，并配合南进战略，发展华南及南洋研究，而创立了台湾唯一的一所大学——"台北帝国大学"。为了配合日本帝国的南进政策，"台北帝国大学"在专业设置上，突出了热带人文及热带农学、

① 蒋渭水：《反对建设台湾大学》（1924年），《蒋渭水全集》增订版上册，海峡学术出版社2005年版，第32—33页。
② ［日］矢内原忠雄：《日本帝国主义下之台湾》，周宪文译，海峡学术出版社1999年版，第161页。

医学研究。该大学主要招收日本学生，如 1928 年，全校 55 名学生，台湾学生只有 6 名，其中 3 人为农学科；而在开设医学部后，极少数入学的台湾学生几乎都集中在医科。这是因为日本人设法限制台湾学生所能就读的科目，而且由于台湾学生在每个阶段的教育中都受到了歧视性待遇，升入大学的机会很少。至于女学生，在"台北帝国大学"存在的 17 年间，总共只额外招收了 5 名，而 1931 年以前 1 名也没有。

　　此外，总督府还设立了一些高等专门学校，如医学专门学校及高等商业学校等，但学生大多数是日本人。《台湾教育令》公布后，总督府改医学校为医学专门学校，附设只招收日本学生的医学专门部，台湾人需要交纳学费，毕业后获得的学位也低于日本人的学位。1922 年，医学专门学校区分台、日学生，采取分别进行教育的方式。1927 年，医学专门学校改为台北医学专门学校，后并入"台北帝国大学"医学部。1919 年，总督府设立农林专门学校，1922 年改为总督府高等农林学校，分农、林两科，学制均为三年，招收中学校毕业或具有其他专门学校入学资格者；1927 年，该校改称台北高等农林学校，1928 年并入"台北帝国大学"。农林学校在 1922 年以前，学生以台湾人为主，如 1922 年 116 名学生中，只有 17 名日本学生；但是 1922 年以后，台湾学生数量锐减，经常只有个位数，如 1931 年，全校 117 名学生中，台湾学生只有 4 人。1919 年，总督府设立台北商业专科学校及台南商业专科学校，前者最初只招收日本人，招收台湾学生后，台湾学生数量依然很少，如 1931 年，全校 213 名学生中，只有 20 名台湾人；后者专收台湾学生，1926 年被撤销。至于工业专门教育，直到 1931 年才成立高等工业学校，日本学生仍长期占多数。在这些高等专门学校中，均只招男生，女性没有接受高等专门教育的机会。

　　总之，1919 年后台湾总督府实行的"日台共学"，实际情况却是使在台的日本学生有了更多的受教育机会。日本学者矢内原忠雄指出："1922 年以后的发展，则以日本人与台湾人共学与高等教育机关之兴盛为特征，由此可见台湾的教育制度已具备了完成的表征，但在事实上重视高等教育甚于普通教育，且体现了日本人独占高等教育机关的本质"。[1] 但对于台湾学生在"内台共学"的表象下所遭受的歧视性待遇，蔡培火批评道："这无疑是剥削能力的教育、

————————
[1] ［日］矢内原忠雄：《日本帝国主义下之台湾》，周宪文译，海峡学术出版社 1999 年版，第 159 页。

露骨的愚民教育。当局标榜这是基于一视同仁圣旨的、与日本人享受同样生活的同化主义教育方法。所谓同化，不过是用'国语'中心主义束缚我们心理活动，使台湾人变得无能，让日本人独占一切政治、社会地位。而且接受了同化教育的台湾人，除了极个别的'俊才'以外，大多数人都成了低能者，失去了新时代建设者的资格"。①

对于日本殖民者此一时期在"内台共学"的幌子下所推行的奴化教育之目的，当时的台湾舆论曾有评论道：总督府"专注通译的教育法，或专注重手艺，养成杂役，而防压政治、思想、社会、文艺方面的启发"，它所发展的只是"奴隶教育"。②

---

① 蔡培火：《告日本国国民》，台湾问题研究会1928年版，第42—43页。
② 《排斥愚民政策要求人格教育》，《台湾民报》1925年11月22日。该中文报纸1923年创刊于东京，直到1927年7月才获准在台湾发行、1929年改为《台湾新民报》，但屡遭日本国内新闻部门及殖民当局查禁。

第四章　日据初期台湾人民的反抗斗争（1896—1902）

1895 年 11 月 18 日，桦山资纪总督电奏日本天皇："台湾及澎湖岛归帝国版图后，资纪任台湾总督，赴任之际，有关交接本岛的两国委员之交涉虽已结束，但'土匪'蜂起，资纪受命指挥精锐忠勇之陆海军，全力清剿'匪贼'，历时达半年之多，此实资纪无能所致，不胜惭愧。未开垦之地虽难免仍有一二草寇跳梁，但全岛已完全平定，特此报告。"天皇大加赞赏。24 日，台湾总督府举办庆祝大会。①

正在他们弹冠相庆之时，台湾南部民众首先起来反抗。日本南进军解散后，乃木希典率第二师团仍驻扎在台湾南部。② 山口少将率日军攻打一个多月，屠杀 600 多人，才将南部平定。12 月 30 日起，台湾北部民众又纷纷起来抗日，围攻宜兰、台北城等地。③

从 1896 年 1 月到 1902 年 5 月，义勇军④战果如何？总督府警务局 1896 年的统计数据不全；1897 年进行战斗 3085 次，毙伤 707 人，抓走 2803 人；1898 年进行战斗 1760 次，毙伤 580 人，抓走 973 人；1899 年进行战斗 2407 次，毙伤 541 人，抓走 471 人；1900 年进行战斗 1033 次，毙伤 296 人，抓走 232 人；1901 年的数据不比去年少，但统计不完整。⑤

有多少人参加抗日？又有多少人被杀？台湾学者翁佳音根据《警察沿革志》统计，1895 年末到 1902 年间，各地义勇军袭击围攻日本官吏驻在所、屯兵处、派出所 55 处，总共 94 起。⑥ 总督府警务局认为："准确断言一'匪魁'

---

① ［日］山辺健太郎编：《台湾》（一），日本现代史料 21，东京みすず书房 1971 年版，第 xxviii 页。

② 《台湾前期武装抗日运动有关档案》，台湾省文献委员会 1977 年版，第 155—157 页。

③ 台湾宪兵队编：《台湾宪兵队史》（上），王洛林总监译，海峡学术出版社 2001 年版，第 49 页。

④ 义勇军，是日据时期台湾人民抗日的民间武装。文献记载名称不一，义勇军、义军、义民军等，各不相同，日本总督府的记载多称为"匪"，是对台湾人民抗日武装的污蔑和攻击。本书记述，舍弃"匪"字，多用义勇军、义军指代民间抗日武装。

⑤ 台湾总督府警务局编：《台湾抗日运动史》（2），王洛林总监译，海峡学术出版社 2000 年版，第 450 页。

⑥ 翁佳音：《台湾武装抗日史研究——1895—1902》，台湾大学历史研究所硕士学位论文，1995 年，第 86 页。

之手下有若干名'匪徒'终属不可能之事，从而亦不能推知本岛'土匪'之实数。唯自 1896 年至 1903 年经处分之'匪徒'共有 5340 余名，其中仅宣告执行死刑者多达 3480 余名。由此应能推知'匪徒'之实际数位之大。而不待宣判即予所谓临机处置者，仅云林地方'归顺'仪式事变中即有二百几十名。再者，自 1901 年底至翌年夏讨伐南部'匪徒'时被杀戮被捕者，据称实有 2900 余名，故改隶后被视为'土匪'而遭杀捕者前后可达一万几千名，宜乎全台各地迄无宁日也。"①

另外，关于义勇军被判死刑的人数，总督府法务部于 1920 年 2 月发表的《台湾"匪乱"小史》记载："至明治 34 年逮捕彼等 8030 人，内凶恶多诈的素质者，到底不容许，所以处斩罪者 3473 人。"② 此外，从 1902 年到 1904 年，义勇军 903 人被审判，其中 757 人被判死刑。③ 实际上，义勇军接受审判者只占少数，大多数死于非命。战死、自杀、病死、被暗杀、被谋杀、被折磨而死的义勇军，不计其数。义勇军反抗日本殖民者的斗争，异常惨烈。

正是日本殖民者的残暴，激起了台湾民众的反抗。据 1898 年总督府颁发的《"匪徒"刑罚令》："不问目的为何，以暴行或胁迫为达目的而进行多数集结，则为'匪徒'之罪。"④ 日本殖民者称汉人抗日者为"土匪"，他们居住或出没的村庄为"'土匪'村"。日军对这些村庄杀光烧光，迫使多数民众起来抗日。但是，日本殖民者认为，日军如果宽容与招抚，反而会引起汉人的轻视和反抗。⑤

日军侵台之初十分残暴。"于是南路有凤山岭、大岗山之变，中路有大坪顶、刺桐巷、埔里社之变"⑥。北部义军首领简大狮誓死抗日，因为日军奸淫杀害他的妻子、嫂子、母亲、子侄。⑦ 1896 年 4 月上任的台湾高等法院院长兼总督府法务部长高野孟矩也承认，日军暴行激起中部的武装抗日。"漫然出兵，于 6 天之内，烧毁了 70 多户村庄民房，良莠不分，使 300 多村民遇害，居民受

① 台湾总督府警务局编：《台湾抗日运动史》（2），王洛林总监译，海峡学术出版社 2000 年版，第 451 页。
② 黄玉斋：《台湾抗日史论》，海峡学术出版社 1999 年版，第 211 页。
③ 黄玉斋：《台湾抗日史论》，海峡学术出版社 1999 年版，第 276 页。
④ 台湾总督府法务部编：《台湾"匪乱"小史》，[日] 山辺健太郎编：《台湾》（一），日本现代史料 21，东京みすず书房 1971 年版，第 8 页。
⑤ 《台湾前期武装抗日运动有关档案》，台湾省文献委员会 1977 年版，第 190、192、238 页。
⑥ 洪弃生：《瀛海偕亡记》，黄哲永、吴福助编：《全台文》第 24 卷，文听阁图书有限公司 2007 年版，第 29 页。
⑦ 《简大狮惨死愤言》，王晓波：《乙未抗日史料汇编》，海峡学术出版社 1999 年版，第 108 页。

激而使得暴动蜂起乃是此次事件的主因。虽谓'抗匪'达千百人，但经实际调查，均起因于家人被杀、房产被毁、村民无所寄身，受激不得不起而反抗，如此情形约十之七八，真正抗日军不过十之二三而已。"① 因为说了实话，1897年9月，高野孟矩被解除职务。②

对于台湾义勇军，总督府一面直接屠杀，一面诱降、分化、再屠杀。第三任总督乃木希典、第四任总督儿玉源太郎、民政局长后藤新平都采用诱降阴谋。儿玉源太郎认为，勘定"土匪"之道，必先以"招抚"掌握其真假虚实。他下令民政长官后藤新平、台北县知事村上义雄、宜兰厅长西乡在北部试行"招抚"。收效后，又推广到中南部，令总督府参事白井新太郎负责，由陆军幕僚泽井、台中县知事木下周一、台南县知事矶贝静藏会商。③ 通过"招抚"，总督府诱杀大批义勇军，最终镇压了汉人武装抗日。

对此，《台湾"匪乱"小史》也有类似总结："……虽台湾总督府尽力锐意于'匪徒'的剿绝，奈当时领台在草创，诸般制度尚未就绪，其镇压不能奏功。……督府对此治策，自明治28年5月占领之日起至29年2月之间，属于所谓军政时代，当兵马倥偬之间，主要不外以干戈为威压。明治29年4月施行民政及其统治渐就绪，对于'土匪'搜索追捕，同时也以怀柔人心为方针。……到了明治31年2月儿玉总督、后藤民政长官的赴任……于是确立'土匪'招降策，同时参酌清国的旧制，施行保甲制度，奖励地方人民的自治警备。一面图地方警察的完备，改革地方制度，以定警察官配置之制；同时台湾总督府制定《法院条例》及《临时法院条例》，以司审判'土匪'，其手段在于剿灭'匪徒'期无遗憾。然'匪徒'的性质为本岛治安的妨碍，多是啸聚其众以出没，不得以普通犯罪例之。于是明治31年11月5日发布《"匪徒"刑罚令》。"④

按照地形，台湾可分成四部分。北部包括宜兰、台北、基隆、深坑、桃园、新竹、苗栗等旧台北县地区。中部包括彰化、南投、斗六、台中等旧台中

---

① ［日］喜安幸夫：《台湾抗日秘史》，武陵出版有限公司1997年版，第113页。
② 台湾总督府警务局编：《台湾抗日运动史》（2），王洛林总监译，海峡学术出版社2000年版，第304页。
③ 台湾总督府警务局编：《台湾抗日运动史》（3），王洛林总监译，海峡学术出版社2000年版，第815页。
④ 台湾总督府法务部编：《台湾"匪乱"小史》，［日］山辺健太郎编：《台湾》（一），日本现代史料21，东京みすず书房1971年版，第7、8页。

县地区。南部包括嘉义、盐水、台南、凤山、阿缑、番薯寮、恒春、澎湖等旧台南县地区。东部是高山族地区,汉人抗日力量很少。北、中、南部的义勇军,起初都拥护刘永福抗日,接受厦门信使的指导,后来基本上都是独立自主地进行抗日活动。

一、北部民众的武装反抗

基隆及台北东北、东南部的武装抗日活动

这一地区主要有基隆堡、石碇堡(汐止、平溪、瑞芳南部、七堵、暖暖)、文山堡(深坑、新店、景尾、石碇、坪林尾、南港)等地,包括现在基隆、台北市近郊、新北市东北、东南部。陈秋菊、林庆、林杰等部活跃于尖山湖、景尾、深坑庄、文山堡等地。[①] 郑文流、陈锡宾、李伍等部数百人活跃于大湖尾山等地。

1895 年 12 月 26 日,基隆宪兵屯所长上原尚英大尉带宪兵 4 名、巡察 3 名、通译 1 名去宜兰。28 日,他们经过顶双溪(今双溪)时被林李成、徐錄英、王秋鸿等 500 多人袭击,只一名宪兵漏网,其他都被击毙。[②]

12 月 29 日,顶双溪守备分遣队长镰田少尉率 25 名士兵,前去偷袭三貂堡三叉坑赖元来所部,途中被义勇军包围攻击。残余日军 11 人逃回顶双溪,途中又被追来的义勇军包围。[③] 接着,义勇军又击退前来侦察的 10 名日兵。[④] 翌年 1 月 4 日,瑞芳守备队一路由金瓜石、一路取道三貂岭,前去顶双溪。5 日,瑞芳守备队 50 多人将被围日军残部救回。9 日,基隆兵站司令官安藤中佐率兵到顶双溪抢夺上原大尉尸体,途中遇到六七百人阻击。[⑤]

12 月 29 日,义勇军五六百人携大炮攻打瑞芳守备队。基隆守备队立即

①　台湾宪兵队编:《台湾宪兵队史》(上),王洛林总监译,海峡学术出版社 2001 年版,第 189 页。

②　台湾总督府警务局编:《台湾抗日运动史》(2),王洛林总监译,海峡学术出版社 2000 年版,第 487 页。

③　台湾宪兵队编:《台湾宪兵队史》(上),王洛林总监译,海峡学术出版社 2001 年版,第 63、64 页。

④　[日] 喜安幸夫:《台湾抗日秘史》,武陵出版有限公司 1997 年版,第 94 页。

⑤　台湾宪兵队编:《台湾宪兵队史》(上),王洛林总监译,海峡学术出版社 2001 年版,第 64 页。

派兵增援。基隆支厅派人四处侦察：深川警部补率 4 名巡察去暖暖街，本田警部补率 3 名巡察去水返脚，壹岐警部补率 5 名巡察去顶双溪，樋口警部补率 2 名巡察去瑞芳。① 30 日，瑞芳砂金署官员撤到基隆，特务曹长率队撤向九份山，守备队上田大尉退到三貂堡。义勇军收复瑞芳。② 31 日，基隆兵站司令官安藤中佐率领第五大队第三中队，联合后备步兵第八联队第十中队，进攻瑞芳。义勇军在附近山上阻击数小时，日军重占瑞芳。③ 翌年 1 月 1 日，日军从瑞芳去三貂岭，遭到伏击，死伤甚多，退回瑞芳，烧毁所有民宅。④

12 月 30 日，深坑街巡察派出所长川畑庄次郎令巡察部长木田伊藏数人留守，自己带 6 人去木栅、景尾街、新店侦察。随后，木田伊藏又听说宜兰义勇军要从石碇街进攻台北。4 名巡察奉命去石碇街，途经枫仔林时遇到义勇军阻击。木田伊藏带 5 人增援。见义勇军人多，木田伊藏率队逃回派出所，并派补坂田诚造、中村宽一去台北县厅报信。22 点，一百几十人前来攻打，击毙 1 名巡察。木田伊藏率 13 人逃向台北城，沿途多次受到截击，射杀民众十几人。12 月 31 日，巡察日高助市在公馆街被民众击毙。当夜，义勇军在木栅又击毙川畑庄次郎等 7 名巡察。⑤

1896 年 1 月 1 日，民众烧毁了坪林尾的巡察派出所。⑥ 1 月 21 日，内藤大佐率部从台北偷袭乌日庄的陈秋菊部，烧毁房屋。3 月 27 日夜，百余人攻打澳底庙宇里的 4 名宪兵巡察和架设电线的工人。⑦

7 月 19 日，5 名日兵押送粮弹从柑脚庄去溪尾寮庄，途中被义勇军袭击，日兵两死一伤，物资被抢走。8 月初到 8 日，宜兰、基隆、瑞芳、顶双溪守备

① 台湾总督府警务局编：《台湾抗日运动史》（2），王洛林总监译，海峡学术出版社 2000 年版，第 487 页。
② 台湾总督府警务局编：《台湾抗日运动史》（2），王洛林总监译，海峡学术出版社 2000 年版，第 487 页。
③ 王诗琅著，张良泽编：《余清芳事件全貌——台湾抗日事迹》，海峡学术出版社 2003 年版，第 58 页。
④ 王诗琅著，张良泽编：《余清芳事件全貌——台湾抗日事迹》，海峡学术出版社 2003 年版，第 58 页。
⑤ 台湾宪兵队编：《台湾宪兵队史》（上），王洛林总监译，海峡学术出版社 2001 年版，第 112 页。
⑥ 植亭：《乙未大变录》，《台湾日日新报》1965 年 5 月 1 日第 3 版。
⑦ 台湾宪兵队编：《台湾宪兵队史》（上），王洛林总监译，海峡学术出版社 2001 年版，第 86 页。

队各出一个中队，由佐佐木少佐指挥，入山斩杀 14 人，抓走 4 人。8 月 12 日，顶双溪、基隆、瑞芳的两个中队，第二次围攻三叉坑一带，杀害 14 人，但仍没找到抗日首领。① 12 月 13 日晚，义勇军百余人袭击顶双溪附近的租坑庄。顶双溪守备队、宪兵、巡察 50 多人赶来。激战 1 小时，义勇军打伤 1 名宪兵，分散撤退。②

12 月 22 日至 31 日，基隆、顶双溪、瑞芳、三角涌各地守备兵、宪兵、巡察下乡"扫荡"，肆意捕杀民众。谷山少佐率基隆守备兵、宪兵在火烧寮平溪庄、番仔寮、新寮庄、十份寮等地捕杀 10 人，其中有暗中抗日的十份寮庄长胡溪发。顶双溪守备队、宪兵 8 名、巡察 5 名，联合柑脚城守备队，"扫荡"十份寮、石碇堡等地，在石碇堡遭遇 20 多名义勇军，打死 3 人。瑞芳守备兵、宪兵、巡察到六份寮的古乞坑，搜捕刘安、胡木等人，抓走 7 人。在打铁坑鹿石山，义勇军与田边大尉带领的一中队宪兵激战半日，牺牲 10 多人，打伤日军 1 人。③

顶双溪保生坑庄简长带领十几人，进行抗日活动。1897 年 1 月 3 日，简长等 4 人被顶双溪宪兵杀害。④ 1 月 25 日，义勇军 50 多人袭击八堵庄铁路工场，杀死日本工人数人。⑤

2 月 18 日，义勇军上百人三面围攻坪林尾，守备队长佐藤少尉指挥日军抵抗。激战八小时，义勇军牺牲 15 人，撤向大湖尾、金瓜寮。⑥ 3 月 31 日，石碇湖玛陵坑土名西势洞湖的宪兵第四分队，搜查土名西势内寮山，捕杀 20 人。义勇军在七堵山区与暖暖街守备兵、宪兵交战，牺牲数人。⑦ 5 月 22 日，义勇军 600 多人袭击顶双溪。宜兰、苏澳的日军来援，义勇军才撤退。日军被迫将顶

① 台湾总督府警务局编：《台湾抗日运动史》（2），王洛林总监译，海峡学术出版社 2000 年版，第 519 页。
② 台湾宪兵队编：《台湾宪兵队史》（上），王洛林总监译，海峡学术出版社 2001 年版，第 101 页。
③ 台湾宪兵队编：《台湾宪兵队史》（上），王洛林总监译，海峡学术出版社 2001 年版，第 98、99 页。
④ 台湾宪兵队编：《台湾宪兵队史》（上），王洛林总监译，海峡学术出版社 2001 年版，第 104 页。
⑤ 王诗琅著，张良泽编：《余清芳事件全貌——台湾抗日事迹》，海峡学术出版社 2003 年版，第 82 页。
⑥ 台湾总督府警务局编：《台湾抗日运动史》（2），王洛林总监译，海峡学术出版社 2000 年版，第 514 页。
⑦ 台湾宪兵队编：《台湾宪兵队史》（上），王洛林总监译，海峡学术出版社 2001 年版，第 114 页。

双溪 2000 多民众迁到宜兰。①

在石漕总理陈锦元劝诱下，陈秋菊于 6 月底致信宪兵队雇员仇联青，请他向总督府转达"归顺"之意。其后，陈秋菊收到厦门来信，转而拒绝"归顺"。②

8 月 15 日，义勇军击毙基隆公署署员张良金。8 月 23 日，义勇军 600 余人与竹内大尉带领的水返脚守备兵和宪兵 57 人，在五指山激战 6 个多小时，牺牲 30 多人。两个中队、50 名宪兵从台北来援。水返脚、锡口宪兵也来援。③

文山堡与大加蚋堡交界的南港坑、三张犁、五指山、玛陵坑一带，义勇军十分活跃。9 月 8 日，混成第一旅团决定对上述地区进行"扫荡"。9 日，谷山少佐指挥两个中队驻扎大坪庄，尾上少佐率三个中队驻扎二重桥附近。水返脚、锡口的宪兵也参加。④ 9 月 13 日，上百人袭击基隆堡鼻头庄。⑤ 9 月 30 日，卢阿爷、林卿（庆）率领百余人，攻打双溪口庄。

为搜捕徐禄、郑文流、叶加岑（岭）、林三传等抗日首领，台北两个中队、宪兵队、巡察 71 名，宜兰一个中队，从 10 月 7 日到 15 日搜索坪林尾、尖山湖、姑婆寮等地。日军逮捕 39 人，杀害 20 人。⑥ 10 月 11 日，在十寮庄后山顶，30 余人袭击 5 名侦察的宪兵。⑦ 10 月 17 日，义勇军在金面山、瑞芳的狮仔头山击毙宪兵野口金造。⑧ 30 日，瑞芳日军搜查狮仔头山。义勇军牺牲 8 人，被捕 2 人。

11 月前后，陈秋菊、徐禄、陈陛捷、简大狮等率 300 多人，在后山坡、九

① 台湾宪兵队编：《台湾宪兵队史》（上），王洛林总监译，海峡学术出版社 2001 年版，第 110 页。

② 台湾宪兵队编：《台湾宪兵队史》（上），王洛林总监译，海峡学术出版社 2001 年版，第 119 页。

③ 台湾宪兵队编：《台湾宪兵队史》（上），王洛林总监译，海峡学术出版社 2001 年版，第 122 页。

④ 台湾宪兵队编：《台湾宪兵队史》（上），王洛林总监译，海峡学术出版社 2001 年版，第 128 页。

⑤ 台湾宪兵队编：《台湾宪兵队史》（上），王洛林总监译，海峡学术出版社 2001 年版，第 129 页。

⑥ 台湾总督府警务局编：《台湾抗日运动史》（2），王洛林总监译，海峡学术出版社 2000 年版，第 517 页。

⑦ 王诗琅著，张良泽编：《余清芳事件全貌——台湾抗日事迹》，海峡学术出版社 2003 年版，第 81 页。

⑧ 台湾宪兵队编：《台湾宪兵队史》（上），王洛林总监译，海峡学术出版社 2001 年版，第 124 页。

尾与日军交战约 2 小时。[①] 11 月 22 日，在石碇堡支蚋庄，民众袭击水返脚宪兵。

12 月 10 日，顶双溪日兵 17 人、宪兵 6 人偷袭泰苏垅。义勇军 30 多人迎战，牺牲 10 人。[②] 12 月 17 日，义勇军 30 多人突袭玛练港宪兵，毙伤各 1 人。[③] 12 月 18 日，水返脚宪兵队长竹内听说李养、简大狮、陈牛港等 30 多人在叭嗹港一带，令佐久间少尉率 31 名日兵、14 名宪兵前去。翌日晨，双方在叭嗹港南部山上交战。陈牛港等 6 人牺牲。[④] 12 月 25 日，叭嗹港宪兵队长桧山得到密报，义勇军六七十人将于当日夜到北港柯仔林庄张安家，率 20 名宪兵赶去。义勇军 200 多人包围宪兵，战斗至天黑，撤向车坪寮。[⑤]

耳空龟宪兵接到密报，陈秋菊藏匿在南港大坑庄。伍长竹田率 15 人于 1898 年 1 月 4 日晨出发，与鹿窟监视队田中中尉所率 22 名日军会合，兵分四路偷袭。在大坑庄内，义勇军几十人抵抗一阵，撤向枫仔林。[⑥] 在十三份庄后山，几十人袭击日军，激战 1 小时。义勇军牺牲 8 人、被俘 23 人。[⑦]

2 月 17 日，水返脚野村、羽田两个伍长带领 11 名宪兵，偷袭茄苳脚山顶的岩洞。李养等 20 多人出洞反击，交战约十分钟，退向山区。

4 月 14 日，居住九份山的藤田辰之助乘轿子去基隆，在途中被民众击毙，砂金 375 克等财物也被抢走。[⑧]

4 月，儿玉源太郎接任台湾总督，让后藤新平总揽行政大权。后藤新平恢复保甲制度，并于 6 月下令招降义勇军。台北县知事村上义雄负责北部的

---

① 台湾宪兵队编：《台湾宪兵队史》（上），王洛林总监译，海峡学术出版社 2001 年版，第 193 页。

② 台湾宪兵队编：《台湾宪兵队史》（上），王洛林总监译，海峡学术出版社 2001 年版，第 124 页。

③ 台湾宪兵队编：《台湾宪兵队史》（上），王洛林总监译，海峡学术出版社 2001 年版，第 127 页。

④ 台湾宪兵队编：《台湾宪兵队史》（上），王洛林总监译，海峡学术出版社 2001 年版，第 127 页。

⑤ 台湾宪兵队编：《台湾宪兵队史》（上），王洛林总监译，海峡学术出版社 2001 年版，第 133、134 页。

⑥ 台湾宪兵队编：《台湾宪兵队史》（上），王洛林总监译，海峡学术出版社 2001 年版，第 140 页。

⑦ 台湾宪兵队编：《台湾宪兵队史》（上），王洛林总监译，海峡学术出版社 2001 年版，第 136 页。

⑧ 台湾宪兵队编：《台湾宪兵队史》（上），王洛林总监译，海峡学术出版社 2001 年版，第 150 页。

招降。

6月5日，从宜兰逃入坪林尾境内的陈锡宾、林三传等24人，遭到坪林尾支署阙水巡察补偷袭而牺牲。①

6月30日，日军翻译谷信敬先与郑文流、郑文标等十几人见面，进行诱降。7月22日，陈秋菊等交出"归顺"请愿书。坚持抗日的卢锦春、李养等人不满，陈秋菊所部2000多人分裂。② 8月10日，陈秋菊、郑文流等在坪林尾水笔溪坑庄向台北县知事村上义雄"归顺"，缴出1235个"归顺"者名单。③ 总督府将2万圆交给陈秋菊，让他带部下修筑头围至新店的公路。"归顺政策"是个大阴谋，让义勇军修路，以利于以后日军调动。

义勇军经常在基隆堡候洞庄一带阻击日军交通通信。9月，十几人企图抢走邮件，与巡察激战。顶双溪两名巡察自宜兰押送5人去瑞芳，被20多人抢走。④ 1899年8月12日，在三貂岭，10余人击毙护送邮件的瑞芳支署巡察原田幸吉，抢走邮件。⑤

9月6日，水返脚公署石底派出所巡察松井、园田带6名壮丁，搜索火烧寮，遇到义勇军30余人袭击，逃向芋蓁坑派出所。义勇军也随之袭击该所，击毙巡察石田竹三郎，打伤3名。⑥ 9月22日，台北县知事、旅团长下达讨伐令，旨在消灭东势庄的林庆所部70多人、望古坑的王秋煌、蔡圳所部等。9月24日到10月3日，守备兵、宪兵、巡察搜索芋蓁坑等七八个庄，屠杀11人，逮捕48人。林庆部下胡顽、胡绸在十份寮牺牲，王荣、蔡圳等10余人被捕。⑦ 10月19日，陈发等30多人被捕。义勇军被杀被捕的多达150多人。⑧

① 台湾总督府警务局编：《台湾抗日运动史》（2），王洛林总监译，海峡学术出版社2000年版，第518页。
② 台湾总督府警务局编：《台湾抗日运动史》（2），王洛林总监译，海峡学术出版社2000年版，第552页。
③ ［日］竹越与三郎：《台湾统治志》，博文馆1905年版，第160页。
④ 台湾总督府警务局编：《台湾抗日运动史》（3），王洛林总监译，海峡学术出版社2000年版，第589页。
⑤ 台湾总督府警务局编：《台湾抗日运动史》（3），王洛林总监译，海峡学术出版社2000年版，第589页。
⑥ 台湾总督府警务局编：《台湾抗日运动史》（3），王洛林总监译，海峡学术出版社2000年版，第584页。
⑦ 台湾宪兵队编：《台湾宪兵队史》（上），王洛林总监译，海峡学术出版社2001年版，第209、213页。
⑧ 台湾总督府警务局编：《台湾抗日运动史》（3），王洛林总监译，海峡学术出版社2000年版，第586页。

叶加岭所部活跃在文山堡一带，对日斗争极其顽强。1900 年 7 月 18 日 2 点，十几人袭击大溪寮派出所，击毙巡察 2 名。① 11 月 21 日，坪林尾分署守备兵、宪兵、巡察包围粗窟庄山顶。叶加岭率十几人抵抗，最终英勇战死。②

台北北部、西北部的武装抗日活动

这一地区有大加蚋堡、芝兰一堡、芝兰二堡等，包括今天新北市北部、西北部，台北市部分地区。简大狮、卢锦春、黄清华、陈昌、蔡白、蔡池、李勇、林清秀、刘简全、许绍文、王铁丸等据众于淡水、金包里、北投、大屯山、纱帽山、竹子湖、东势角等地。陈陛捷等数百人活跃在寮地倒照湖一带，配合陈秋菊等部。

1895 年 12 月 31 日，简大狮率 600 多人袭击关渡，切断电话线，进军淡水街。淡水守备队长河上大尉会合赤羽支队，令 200 名士兵埋伏在淡水公墓至天光庙一线。翌年 1 月 1 日晨，义勇军 300 余人迂回赤羽支队左翼，冲向淡水街字新厝、新店三层厝，与日军展开肉搏战。交战不久，义勇军退向淡水河上游。

12 月 31 日夜，磺溪头的许绍文、许石、许俊、黄炎率 500 多人，袭击金包里屯所，杀死山下胜卫等 7 名宪兵。许绍文等飞檄天下，招募义勇抗日。③ 1896 年 1 月 1 日，大坪庄郭端、磺溪头庄简（管）通、阿里磅庄许红、许塗、许茂春、倒照湖林乌栋等，各率众来金包里。义勇军增至 2000 多名，决定先攻基隆，另一路进攻大武仑。④ 基隆守备队大川大尉把三个小队分成两路，一路去大武仑，一路经大坪庄直逼金包里，沿途烧杀。1 月 3 日，两路日军在野柳庄会合。1 月 5 日，基隆三个小队重占金包里，义勇军撤向淡水。日军屠杀 6 人，烧毁整个金包里街。⑤

1 月 2 日，从日本来的第二师团补充兵约 2000 人抵达基隆。桦山总督令其

---

① 台湾总督府警务局编：《台湾抗日运动史》（3），王洛林总监译，海峡学术出版社 2000 年版，第 588 页。

② 台湾宪兵队编：《台湾宪兵队史》（上），王洛林总监译，海峡学术出版社 2001 年版，第 215、216 页。

③ 台湾宪兵队编：《台湾宪兵队史》（上），王洛林总监译，海峡学术出版社 2001 年版，第 65 页。

④ 台湾宪兵队编：《台湾宪兵队史》（上），王洛林总监译，海峡学术出版社 2001 年版，第 65 页。

⑤ 台湾宪兵队编：《台湾宪兵队史》（上），王洛林总监译，海峡学术出版社 2001 年版，第 65 页。

中 400 余人驰援宜兰城，另一部去支援顶双溪的安藤中佐，其余 1000 人保卫台北城，由比志岛兵站监负责指挥。① 此后，日本政府接到台湾北部起义的报告，立即派出混成第七旅团来台湾。

1 月 2 日，在淡水街附近下圭柔山庄蔡白、蔡池的家中，林甫、洪成枝等 300 人集合。4 日，佐藤少尉、吉田警部率淡水守备兵、宪兵、巡察 40 多人，包围蔡池家。蔡池等几十人迎战，毙伤日军 5 人后退入深山。日军打死 10 余人、逮捕 8 人，烧毁 5 家房屋而撤。② 19 日，淡水警察署逮捕义军首领林严。22 日，巡察又逮捕蔡知、林严部下 12 人。26 日，淡水支厅长带领两小队日军和 5 名巡察，从沪尾去偷袭凤髻山，枪杀林吉、林憨定等 8 人，烧毁 12 户房屋。③

3 月 10 日，简大狮率上百人攻打金包里宪兵屯所，激战六日后退到山区。5 月初，简大狮率众再度出击。大队日军来攻，大战于竹子湖。简大狮率部再退入山区。6 月，卢野、许恁考各率五六十人与简大狮部会合，活跃在金包里倒照湖。金包里宪兵前去搜查，打死 12 人。简大狮部被迫退往四帽山、大屯山。④ 12 月，土地公埔分署宪兵逮捕卢野，劝降成功。卢野部下也投降，但仍遭到屠杀。

1897 年 9 月 26 日，"扫荡"的日军从金包里各地撤离。10 月 7 日，台北守备队第十四联队步兵少尉松本去沪尾，在阿里磅庄被曾亨等 30 多人击毙。⑤ 10 月 9 日晚，金包里宪兵 7 人和巡察 12 人，带领保甲壮丁 10 人，偷袭万里加突庄，简大狮率数十人边抵抗边撤离。⑥ 10 月 10 日，第二联队长远山中佐以步兵 4 个中队，令尾上少佐指挥，搜索坪林尾、金包里一带。⑦

---

① 王诗琅著，张良泽编：《余清芳事件全貌——台湾抗日事迹》，海峡学术出版社 2003 年版，第 66 页。
② 台湾宪兵队编：《台湾宪兵队史》（上），王洛林总监译，海峡学术出版社 2001 年版，第 72 页。
③ 台湾总督府警务局编：《台湾抗日运动史》（2），王洛林总监译，海峡学术出版社 2000 年版，第 525 页。
④ 台湾宪兵队编：《台湾宪兵队史》（上），王洛林总监译，海峡学术出版社 2001 年版，第 81 页。
⑤ 台湾宪兵队编：《台湾宪兵队史》（上），王洛林总监译，海峡学术出版社 2001 年版，第 130 页。
⑥ 王诗琅著，张良泽编：《余清芳事件全貌——台湾抗日事迹》，海峡学术出版社 2003 年版，第 81 页。
⑦ 台湾宪兵队编：《台湾宪兵队史》（上），王洛林总监译，海峡学术出版社 2001 年版，第 193 页。

11月11日、12日，简大狮、卢锦春率200多人袭击九芎林庄、尖山湖。宪兵10人指挥保甲壮丁30人抵抗。宪兵伤8人，壮丁死3人。义军也牺牲10多人。沪尾守备队一小队来援，在土地公埔西北的溪间受到200余人阻击。沪尾守备队又派出金子少尉率一小队，至水梘头北端，又遭到30余人阻击。二坪顶民众200余人也攻打日军，战败后退入山中。

简大狮、卢锦春、林大平、詹番等共率500余人，集合于大屯山下竹仔湖，准备于18日攻打沪尾街。接到密报的日军，高度戒备。①

11月13日，义勇军袭击横山庄宪兵屯所。沪尾守备队中西大尉令千叶特务曹长率一小队增援。在二坪顶西南，约200人阻击这支日军。中西大尉再派兼子中尉率小队增援，义勇军退走。②

12月13日，在坪顶庄，简大狮、詹和尚率80多人阻击"扫荡"的大岛中队和草山宪兵，打伤日兵1人。③

12月31日，内湖庄宪兵和锡口守备兵27人，在平田伍长带领下，向白石湖方向搜索，在双溪庄遭到简大狮、吴水久、王永泉等300人伏击，宪兵今村喜次郎等5人受伤。桧山少尉带领草山12名宪兵、叭哩港宪兵22人增援。激战至16点半，义勇军牺牲30人、被捕2人，被迫撤离。④

1898年1月中旬，在金包里内湖庄附近石门岭，简大狮部下袭击金包里宪兵，击毙1名、打伤平田伍长。

2月18日凌晨，叭哩港近藤伍长等24名宪兵，突然包围车秤寮村民周潭的家。王泉银、王蛤、朱晦永、黄万车奋起抵抗，朱晦永、黄万车被杀，王银泉、王蛤被捕。⑤ 2月23日，在坪顶庄、仓庄，义勇军80多人袭击台北守备队田中中尉及5名日兵。草屯宪兵来援，义勇军撤离。

2月26日晨，在距离草山2里的山谷，义勇军80多人狙击偷袭的宪兵，

---

① 台湾宪兵队编：《台湾宪兵队史》（上），王洛林总监译，海峡学术出版社2001年版，第131页。

② 台湾宪兵队编：《台湾宪兵队史》（上），王洛林总监译，海峡学术出版社2001年版，第124页。

③ 台湾宪兵队编：《台湾宪兵队史》（上），王洛林总监译，海峡学术出版社2001年版，第126页。

④ 台湾宪兵队编：《台湾宪兵队史》（上），王洛林总监译，海峡学术出版社2001年版，第132、135、136页。

⑤ 台湾宪兵队编：《台湾宪兵队史》（上），王洛林总监译，海峡学术出版社2001年版，第137页。

打伤 2 名。伍长高木末雄带领宪兵狼狈逃回草山屯所。[①]

大屯山的简大狮、李养、卢锦春等，再次结集千余人于竹仔湖。1898 年 3 月 7 日，徐禄、卢锦春、李养、陈煌在石碇堡姜仔寮陈憨家会商攻打金包里。当日晚，卢锦春、李养率领 143 人出发，经东势庄、六堵，第二天到达大武仑内寮、西桶寮，回击尾追的玛练坑屯所 14 名宪兵。基隆、水返脚的日兵都来援。激战 3 小时，义勇军退向玛练港。

3 月 10 日，简大狮、徐禄、李养、卢锦春、王猫研等部 700 多人，攻打金包里磺溪头宪兵屯所。卢锦春、李养率部从南面进攻，简大狮率部从西北方向进攻。简大狮部 10 名敢死队员冲入宪兵宿舍。桥本所长率宪兵负隅顽抗。徐禄、陈煌率 220 人又从背后竹仔山出击，击退来援的金包里宪兵。11 日晨，基隆 17 名日兵赶到金包里，派两小队去侦察。两小队日兵至倒照湖附近，受到竹仔山义勇军阻击。12 日，义勇军与前来搜索的三小队日兵激战，打伤 1 名日兵。日军撤离，义勇军占领倒照湖及竹仔山。旅团长派第二联队弘岗少佐率第二大队、基隆守备队一个中队增援。13 日，基隆守备队第一中队赶到金包里。[②] 14 日晨，藤田大尉率两小队日军至倒照湖。义勇军顽强应战，战事胶着。下午，讨伐司令官弘冈少佐率日军开始总攻。因日军一队迟到，义勇军逃出包围圈。撤退时，简大狮部在鹿角坑击毙日兵 9 名。[③] 15 日，义勇军 200 余人在芝兰一堡乾坑湖与日军侦察队交战 5 小时，打伤日兵 1 人。16 日，在竹篙岭，王猫研等 300 余人与两个中队的日兵交战。在内寮庄平顶，简大狮所部 300 多人与基隆守备队第六中队激战。17 日，在五指山冷窟庄，摺泽第五中队与徐禄等 60 多人交战。义勇军牺牲 8 人。[④]

这次战役以后，简大狮、卢锦春、詹番等率众各据一方，出没于淡水、八芝兰、基隆、景尾等地。

4 月 10 日后，弘冈率讨伐队搜索捕杀抗日战士。根据密报，简大狮部下

[①] 台湾宪兵队编：《台湾宪兵队史》（上），王洛林总监译，海峡学术出版社 2001 年版，第 137、138 页。

[②] 台湾宪兵队编：《台湾宪兵队史》（上），王洛林总监译，海峡学术出版社 2001 年版，第 144、145、146 页。

[③] 台湾宪兵队编：《台湾宪兵队史》（上），王洛林总监译，海峡学术出版社 2001 年版，第 147、176 页。

[④] 台湾总督府警务局编：《台湾抗日运动史》（2），王洛林总监译，海峡学术出版社 2000 年版，第 523 页。

在小坑庄。金包里宪兵 8 人于 4 月 10 日夜去偷袭。义勇军牺牲 5 人，击毙宪兵角野力松。第二天，保甲壮丁数十人又在附近山中抓捕 3 人，都被日军枪杀。①

5 月 2 日，简大狮、李豹成等 200 余人在金包里竹仔山开会，准备在 5 月 8 日之前攻打沪尾、士林街。5 月 3 日，徐禄、卢锦春、李养在石碇堡石灼庄开会，呼应简大狮等部，率 2000 人攻打基隆。5 月 4 日，简大狮部上百人在竹仔山与前来搜查的宪兵交战，3 人负伤。5 月 6 日，锡口守备兵和宪兵突袭大加蚋堡山猪窟庄，抓捕李养部下 25 人。在鹿角坑，义勇军袭击前来搜查的矿溪头桥本等 25 名宪兵，残余宪兵逃向竹仔子。5 月 7 日，安原少尉带一小队赶到鹿坑角头山。简大狮、刘本率上百人与安原小队交战 3 小时，死伤十几人。②

7 月，水返脚办务署长木下通过士绅郑维隆等人，诱降卢锦春、李养。总督府通译官谷信近之诱降简大狮、刘简全等。8 月 17 日，卢锦春代表李养等九百人，向石碇堡专员公署长提交一份申请"归顺"书。③ 9 月 10 日，总督府在士林芝山岩举办简大狮、刘简全、林清秀等 600 余人的"归顺"典礼。④ 民政长官后藤新平等参加。随后，总督府给简大狮 3 万圆，令他率部修筑从士林至金包里的公路。⑤

10 月 17 日，池岛少尉带领 7 名日兵测量北山地形，在芝兰堡烧炭寮遭到简大狮部下袭击，狼狈逃离。简大狮在烧炭寮计划于 12 月 11 日再起抗日，和詹番等取得联系，并发檄文给已"归顺"的徐禄、卢锦春等，秘密获取上士林南大街潘盛清的资金。12 月 10 日，总督府调集步兵第一大队、第八大队、各地守备队、宪兵、巡察组建北山讨伐队，包围简大狮等七八百人在北山的活动区域。⑥

12 月 11 日 2 点，金包里大野警部率 15 名巡察、矿溪头冈本警部带领 15 名

---

① 台湾宪兵队编：《台湾宪兵队史》（上），王洛林总监译，海峡学术出版社 2001 年版，第 149 页。

② 台湾宪兵队编：《台湾宪兵队史》（上），王洛林总监译，海峡学术出版社 2001 年版，第 150、151、177 页。

③ ［日］竹越与三郎：《台湾统治志》，博文馆 1905 年版，第 160 页。

④ ［日］竹越与三郎：《台湾统治志》，博文馆 1905 年版，第 161 页。

⑤ 台湾宪兵队编：《台湾宪兵队史》（上），王洛林总监译，海峡学术出版社 2001 年版，第 194 页。

⑥ 台湾宪兵队编：《台湾宪兵队史》（上），王洛林总监译，海峡学术出版社 2001 年版，第 151、152 页。

巡察，带日军进至南势湖，搜查简大狮部修筑公路的第8工场，2名巡察被打伤。第8工场管事简冬全等13人被杀。第7、第6工场又被杀30多人。第4工场的工人闻讯逃走。[①] 8点半，日军总攻开始。一小队日军自冷水窟进攻山猪湖，第八大队和第一大队各一部攻击烧焿寮西边山林。简大狮部奋勇抵抗，激战1小时。日军首先攻陷山猪湖、大厝地。这两股日军转而合攻烧焿寮。义勇军死伤惨重，退向永福庄惠安厝，但遭到日军第一大队第二中队拦截。义勇军苦战击退第二中队。永福庄日军发射霰弹掩护第二中队撤退，击溃义勇军。撤退的义勇军一部，又遭到第一大队第一中队拦截。15点，战斗结束。义勇军牺牲48人，伤者人数不明，击毙日兵2人，打伤3人。[②]

日军沿着士林至基隆一线，向玛鍊港推进，再次包围清剿。12月12日，在水尾庄，山脚庄分署宪兵和台北守备兵总共74人，攻打义勇军600多人。义勇军牺牲7人，击毙巡察1人，击伤3人。[③]

简大狮只身逃出包围圈，进入大屯山区。后来，他南下龙潭、关西，联系其他抗日民众，再攻北埔，因缺少武器而失败，逃亡厦门。[④] 12月21日，詹番不幸被日军格杀。徐禄逃入山中，后来密航厦门。[⑤]

卢锦春部在水返脚、宜兰间修筑公路，被怀疑与从厦门返回的林李成、简大狮通谋。1899年7月24日，卢锦春被捕。不久，台北巡察又将卢锦春部下王鸟印、陈传等几十人抓捕。11月15日，台北法院判处卢锦春死刑。[⑥]

台湾北部的义勇军相继失败，首领纷纷逃回祖国大陆。总督府在厦门等地追捕林李成、苏力、许绍文、林清秀、王振辉、简大狮等人。1900年3月11日，艋舺专员公署的5名巡察与清朝官员一起到漳州府龙溪县城内杨老巷街黄心忠家，将简大狮等3人逮捕。3月22日，简大狮被台北法院判处死刑，29日

---

① 台湾宪兵队编：《台湾宪兵队史》（上），王洛林总监译，海峡学术出版社2001年版，第155、156页。

② 台湾宪兵队编：《台湾宪兵队史》（上），王洛林总监译，海峡学术出版社2001年版，第154、155、195页。

③ 台湾宪兵队编：《台湾宪兵队史》（上），王洛林总监译，海峡学术出版社2001年版，第159页。

④ 简笙簧：《简大狮传》，台湾文献委员会：《台湾文献》第48卷第3期，1979年9月，第127页。

⑤ 台湾总督府警务局编：《台湾抗日运动史》（3），王洛林总监译，海峡学术出版社2000年版，第570页。

⑥ 台湾总督府警务局编：《台湾抗日运动史》（3），王洛林总监译，海峡学术出版社2000年版，第573页。

被绞死。①

宜兰地区的武装抗日活动

宜兰的林大北、林火旺、林少花、蒋老福、林朝俊、蓝继明等数百人以尖山湖、内坪林山等为基地。林李成、詹振等所部据于澳底、瑞芳地区。徐禄所部以湾潭等为根据地。②

自基隆到苏澳一带沿海，是日军独立后备步兵第五大队警戒区域，司令官是儿玉忠恕中佐。第五大队大部以基隆、宜兰为基地。日军在宜兰、苏澳、头围各驻一小队，礁溪、大里筒各驻一分队。大里筒分遣队与驻顶双溪的瑞芳警备队密切联系，因为这一线是宜兰通往台北府城的重要陆上通道。

1895年12月28日，大里筒分遣队长赤城已知道2000多人在顶双溪起义，并报告头围分署警察长鸟取。鸟取急报宜兰，随后率巡察15名、日兵12名驰援大里筒，29日1点到达。拂晓，两名中士带领26名士兵、警部长宫地胜成等9名巡察，去下顶双溪侦察。行至草岭，遭到数百人伏击，巡察木村被击毙。日军苦战逃脱，在北关又遇到七八十人阻击。赤城率分遣队、高桥警部补率4名巡察来援，激战数小时。横田中尉率兵自宜兰来援，与赤城合伙，退回大里筒。

儿玉中佐因事赴头围，在礁溪被义勇军伏击，狼狈逃到头围。头围已被围，当地日军急向宜兰求援。③

30日，林大北、林李成、王石头等率众袭击大里筒日军分遣队。附近的坪林尾、三叉坑等地，都有人响应。④ 宜兰各地守备队都撤到宜兰城内。31日晨，儿玉率头围日军撤到宜兰城。在撤退中，警部补原田美丸被击毙。宜兰城内日军战斗和非战斗人员共650人。宜兰守备队长儿玉忠恕中佐令战斗人员防守四门，死守待援。⑤

---

① 台湾总督府警务局编：《台湾抗日运动史》（3），王洛林总监译，海峡学术出版社2000年版，第569页。
② 台湾宪兵队编：《台湾宪兵队史》（上），王洛林总监译，海峡学术出版社2001年版，第113、194页。
③ 台湾总督府警务局编：《台湾抗日运动史》（2），王洛林总监译，海峡学术出版社2000年版，第500页。
④ 台湾宪兵队编：《台湾宪兵队史》（上），王洛林总监译，海峡学术出版社2001年版，第62页。
⑤ 台湾宪兵队编：《台湾宪兵队史》（上），王洛林总监译，海峡学术出版社2001年版，第73页。

刘乞食、林石众率数百人在罗东起事，有攻打罗东巡察分署之势。罗东巡察投奔苏澳守备队。小岛巡察部长与巡察5名，在浊水溪一带全被民众击毙。

1896年1月1日，日军开始将宜兰城内士绅集中看管，防止他们里应外合。一队义军攻打北门，受到日兵、盐川警部带领的7名巡察阻击，退至北门外渡口。北门外的日兵巡察联合东门外的日兵，击退围城义军，打死十余人。300余人攻打宜兰城西门，特务曹长大塚文之助指挥10名日兵，与高桥定男警部带领的16名巡察一起阻击。义勇军牺牲6人。① 义勇军多次猛烈冲锋，野村大尉带30多名增援的日军反冲锋。义军战死84人，日军死伤5人。②

与此同时，义勇军也攻打礁溪、旱溪、员山、头围、罗东等地。③

1月2日，日军招募城内台湾人500名，负责修筑城郭工事及其他杂役。1月3日，林大北、林清泉率众在宜兰河对岸架炮轰击。日军以炮还击，义军停止炮击。1月4日，目时大尉率领452名日军和15名罗东、利泽简的巡察，进入宜兰城。民政厅员也从宜兰返回各支厅。④ "海门号"军舰回航距宜兰仅20公里的苏澳港，策应宜兰日军。⑤

1月7日，林维新、林大北、林老贼、林庆来、林李成、陈其山等指挥义勇军1700余人，一齐攻打宜兰东、西、北三门。儿玉中佐令50名巡察编成5个小队，各队配一名警部为指挥官，防守西、南两门。宪兵在城东北猛烈射击，仍阻挡不住义军的围攻。8日，约700多人攻打宜兰城西、北两门。50多人已攻进北门农田，准备发起冲锋。守卫北门指挥官永井少尉令士兵打退义军。巡察队从西门出去，猛烈攻打南门的义军。义军阵势大乱，渡河撤退。日军乘势渡河追击，烧毁附近房屋。⑥

1月12日，大久保少将率混成第七旅团抵达基隆。随后，他就率一支日军

① 台湾宪兵队编：《台湾宪兵队史》（上），王洛林总监译，海峡学术出版社2001年版，第73页。

② ［日］藤崎济之助：《台湾史与桦山大将》下卷，（北京）全国日本经济学会译，海峡学术出版社2003年版，第558页。

③ 洪弃生：《瀛海偕亡记》，黄哲永、吴福助编：《全台文》24卷，文听阁图书有限公司2007年版，第27页。

④ 台湾宪兵队编：《台湾宪兵队史》（上），王洛林总监译，海峡学术出版社2001年版，第74页。

⑤ ［日］藤崎济之助：《台湾史与桦山大将》下卷，（北京）全国日本经济学会译，海峡学术出版社2003年版，第558页。

⑥ 台湾宪兵队编：《台湾宪兵队史》（上），王洛林总监译，海峡学术出版社2001年版，第74、75页。

乘"佐仓号"等 2 艘军舰,从基隆港去苏澳港,迂回包围宜兰。[①] 12 日 8 点 50 分,联队长前田隆里指挥第八联队第二大队在苏澳港登陆,迅速进占冬瓜山。这是支援宜兰的先头部队。1 月 13 日,第八联队第二大队在冬瓜山分三路进攻宜兰。右路从冬瓜山去罗东,左路经红水沟堡叭哩沙、红柴林庄,中路走两者中间。日军搜索沿途村庄,枪杀一切可疑人员,烧毁房屋。16 点,这股日军进入宜兰。同日,第八联队一部进攻深坑庄、顶双溪。草场中佐替换顶双溪的安藤中佐,与前田隆里队联系,南北夹击。[②]

1 月 14 日,大久保所部在苏澳港登陆,进击宜兰。16 日,大久保率援军本队炮兵、工兵一个联队进入宜兰城。17 日,大久保指挥日军从宜兰出发,进攻据守柴围庄、三围庄、礁溪等地的林大北、林李成所部。义军 1400 多人在村庄中阻击,击毙日兵 4 人,击伤 11 人。义军死伤 300 多人,沿着海岸退向头围。18 日,第 2 中队日军从礁溪至顶埔,阻断义军后路。19 日,大队日军从礁溪出发,击溃下埔的义军,攻占头围。义军大部撤向三角涌,一部四五百人撤向西边坪林山地。[③]

此役,义军阵亡 500 余人,击毙日兵、宪兵、巡察 20 多名。[④]

22 日,旅团长大久保令草场中佐率两个中队去台北。23 日,大久保又令前田中佐率三个中队自顶双溪去基隆,令冈野大尉率一个中队自柑脚、暖暖街去台北。这些日军沿途搜索烧杀。24 日,头围、礁溪、罗东、叭哩沙每地一个中队,宜兰旅团司令部、步兵两个中队、山炮中队,全部出动"扫荡",严密搜查各村,枪杀稍有抵抗和带有武器者。26、27 日,日军斩杀罗东无辜平民 70 多人。日军共杀害约 1500 人,烧屋约 10000 间,宜兰平原大半成了废墟。[⑤]

宜兰义勇军被迫撤退到鼎底盂。该处四面环山,中间低洼,山壁陡峭,壑谷通高山族的山地。日军屡攻屡挫,乃对其加以围困。[⑥]

① [日] 藤崎济之助:《台湾史与桦山大将》下卷,(北京) 全国日本经济学会译,海峡学术出版社 2003 年版,第 558 页。
② 台湾总督府警务局编:《台湾抗日运动史》(2),王洛林总监译,海峡学术出版社 2000 年版,第 504、505 页。
③ 台湾总督府警务局编:《台湾抗日运动史》(2),王洛林总监译,海峡学术出版社 2000 年版,第 505 页。
④ [日] 喜安幸夫:《台湾抗日秘史》,武陵出版有限公司 1997 年版,第 98 页。
⑤ 台湾总督府警务局编:《台湾抗日运动史》(2),王洛林总监译,海峡学术出版社 2000 年版,第 506 页。
⑥ 洪弃生:《瀛海偕亡记》,黄哲永、吴福助编:《全台文》24 卷,文听阁图书有限公司 2007 年版,第 28 页。

4月4日，在福德坑，上百人阻击偷袭的日军，打伤日兵望月政之助。4月到7月，头围的抗日民众不断出击。7月17日，宜兰警察署长向总督府请求增加巡察80名。

7月28日，在福德坑庄溪底，十几人袭击前来搜查头围的巡察，牺牲两人，击毙警部五代友祥。8月19日，花崎率宜兰日军前去搜索林火旺的根据地湖底庄。弘中中尉率头围日军也经庚仔寮向湖底庄山中进攻。在湖底山溪底，义勇军百余人击毙2名日兵，击伤1名。义勇军有堡垒有大炮，日军只好退却。8月30日，宜兰、头围日军分三路进攻湖底山，义勇军撤走。日军烧毁15间草屋。①

10月30日，林大北率360人被迫"归顺"。②

宜兰宪兵得到情报，林火旺率300多人藏匿在文山堡的西妆寮庄。宜兰第五中队、头围第八中队的一小队、宪兵、巡察，组成讨伐队，由森田大尉指挥，于1897年1月30日去偷袭。义勇军奋起抵抗，牺牲7人，伤30人。日军烧毁根据地7栋房屋物资，收缴枪13支子弹500发。③

1897年2月19日，少尉诃口秋次率11名宜兰宪兵配合守备队，包围头围堡白石脚庄份尾庄。李阿成率几十人迎战，激战多时，李阿成牺牲。④

宜兰三结庄的林楼率140多人，分成两队，于2月29日4点突袭南港巡察派出所。10名巡察在屋内防御，巡察竹内康治被击伤。水返脚守备兵、宪兵来援，义勇军撤离。⑤

4月初，日军讨伐队搜查大舌湖、石碇街、坪林尾、坑仔口、水返脚等地，林火旺带领200多人从芋蔡坑退向宜兰。4月8日，讨伐队解散。⑥

5月16日，在四围堡公埔庄，30多人袭击乘马自宜兰去礁溪屯所上班的政

① 台湾总督府警务局编：《台湾抗日运动史》（2），王洛林总监译，海峡学术出版社2000年版，第535页。
② ［日］竹越与三郎：《台湾统治志》，博文馆1905年版，第156页。
③ 台湾宪兵队编：《台湾宪兵队史》（上），王洛林总监译，海峡学术出版社2001年版，第190、191页。
④ 台湾宪兵队编：《台湾宪兵队史》（上），王洛林总监译，海峡学术出版社2001年版，第172页。
⑤ 台湾宪兵队编：《台湾宪兵队史》（上），王洛林总监译，海峡学术出版社2001年版，第105、106页。
⑥ 台湾宪兵队编：《台湾宪兵队史》（上），王洛林总监译，海峡学术出版社2001年版，第108页。

治宪兵大槻，割走头颅。① 18 日，200 多人集结在四围堡卓滴庄附近，准备袭击礁溪。礁溪宪兵屯所长服部和次郎立即电告宜兰、头围，并率 13 名宪兵出击。日军走到机港庄的田里时，竹林里的义勇军突然射击，打伤日兵头熊三郎。日军拼死抢回伤员。义勇军牺牲 3 人。宜兰宪兵分队长吉田弘三少尉率 16 名宪兵和守备兵 53 名，头围的宪兵、巡察，纷纷赶来，义勇军转移。②

6 月 9 日，宜兰警察署津田警部率 19 名巡察，向内湖庄字鼻仔头方面搜索，在山林中被一百二三十人袭击。巡察退入一房屋中顽抗。义勇军纵火焚烧，巡察准备自杀。伍长森户八三郎率援兵赶到，义勇军撤离。此战，击毙巡察 1 人、打伤 4 人。③ 15 日 17 时，头围山田中尉带领 30 多人偷袭福德坑双面坑。潘亮带领三四十人抵抗，与其他两人一起战死。④

11 月 28 日，头围宪兵 11 人偷袭四围丘贝庄，与民众 15 人交战，屠杀 3 人，杀伤 1 人。⑤

12 月 27 日，礁溪宪兵屯所伍长服部率 14 名宪兵偷袭林尾庄，企图抓捕林火旺等人。义勇军 14 人出来抵抗，牺牲 1 人，退向草南山。⑥ 12 月 30 日，宪兵少尉宫本率 3 名宪兵，押解 2 人返回礁溪。在头围、二围两庄一带，遭到 70 多人袭击，宫本毙命。⑦

1898 年 2 月 18 日，60 多人在礁溪西北山中袭击宜兰饭田中尉等 6 名宪兵。

3 月后，林火旺部 250 人据于草滴庄；蒋老福部百余人据于小金面庄塘仔寮庄；林小花部 50 余人据于候洞尾庄内；陈小憨部 40 人据于福德坑等地；吴水养部 30 人据于三份六庄；蓝继旺、林来寿等 50 人据于小礁溪内番寮；林俊

① 台湾宪兵队编：《台湾宪兵队史》（上），王洛林总监译，海峡学术出版社 2001 年版，第 110 页。
② 台湾宪兵队编：《台湾宪兵队史》（上），王洛林总监译，海峡学术出版社 2001 年版，第 109、116 页。
③ 台湾宪兵队编：《台湾宪兵队史》（上），王洛林总监译，海峡学术出版社 2001 年版，第 192、193 页。
④ 台湾宪兵队编：《台湾宪兵队史》（上），王洛林总监译，海峡学术出版社 2001 年版，第 184、185 页。
⑤ 台湾宪兵队编：《台湾宪兵队史》（上），王洛林总监译，海峡学术出版社 2001 年版，第 124 页。
⑥ 台湾宪兵队编：《台湾宪兵队史》（上），王洛林总监译，海峡学术出版社 2001 年版，第 172 页。
⑦ 台湾宪兵队编：《台湾宪兵队史》（上），王洛林总监译，海峡学术出版社 2001 年版，第 134 页。

目、林犹茂、黄阿铇等 130 余人据于五峰旗山、红仙水及石曹山等。林李成、许绍文、林维新从大陆给他们密运武器。武器也有从头围港附近走私而来。①

3 月 5 日，在头围堡二围庄，林文秀率 60 多人阻击头围日兵、巡察，壮烈牺牲。14 日，高等法院川渊检察官带 8 名宪兵巡察，从头围去双溪，被陈小憨、吴水养部 50 多人袭击。头围日军赶来击退义勇军。② 19 日，在四围堡烘炉地庄的溪谷中，上百人迎击礁溪屯所的 19 名宪兵，击毙 1 名。26 日，50 多人袭击头二围宪兵屯所。27 日，礁溪 10 余名宪兵和宜兰日军一小队，搜索烘炉地庄深山。林火旺率百余人抵抗，牺牲 4 人。③

4 月 3 日，20 多名巡察包围宜兰北门街外一民宅。民宅三面是竹林，巡察难以攻破。守备队和 11 名宪兵来援，义勇军突围而走。此次战斗，义勇军牺牲 3 人，击毙巡察 1 人，打伤宪兵 4 人。④

5 月，儿玉源太郎接任总督后，令民政局长后藤新平策划招降义勇军，并先从宜兰开始。后藤新平让台北县林李成的亲戚转告山中的义勇军，历时 70 多天。

5 月 20 日，宜兰"国语"传习所教员多贺淳吉，在冈田等 3 名宪兵保护下，乘轿子去头围分所，在顶埔庄遭到七八十人袭击。多贺被击毙，冈田重伤。⑤ 5 月 22 日，宜兰守备队和宪兵到草湳庄搜寻林火旺所部，在四围堡林英庄附近与 30 多人交战 20 多分钟。民众牺牲 3 人。5 月 30 日，头围宪兵屯所长中井率 11 名宪兵，二围屯所长村田率 7 名宪兵，头围守备队增田大尉率一个中队，一起包围头围三抱竹庄。林少花部 60 多人阻击约半小时，退向福德坑。⑥

7 月 11 日，后藤新平派谷信近翻译去宜兰。谷信近、仇联青去坪林尾会见林火旺、林少花、林朝俊。7 月 12 日，林火旺、林少花、林朝俊向谷信近提出

---

① 王诗琅著，张良泽编：《余清芳事件全貌——台湾抗日事迹》，海峡学术出版社 2003 年版，第 103 页。

② 台湾总督府警务局编：《台湾抗日运动史》（2），王洛林总监译，海峡学术出版社 2000 年版，第 536 页。

③ 台湾宪兵队编：《台湾宪兵队史》（上），王洛林总监译，海峡学术出版社 2001 年版，第 138、139 页。

④ 台湾宪兵队编：《台湾宪兵队史》（上），王洛林总监译，海峡学术出版社 2001 年版，第 142、143、187 页。

⑤ 台湾宪兵队编：《台湾宪兵队史》（上），王洛林总监译，海峡学术出版社 2001 年版，第 177、178 页。

⑥ 台湾宪兵队编：《台湾宪兵队史》（上），王洛林总监译，海峡学术出版社 2001 年版，第 139、143 页。

"归顺"请愿书及花名册。① 7月28日，林火旺、林少花、林朝俊率领300多人列队下山，先到礁溪街中跪拜妈祖，再到礁溪宪兵屯所后面公园参加"归顺"仪式。民政局长后藤新平等官员参加。后藤新平训话，赦免义勇军的"罪行"。②

8月14日开始，林火旺、林少花率部修筑礁溪至坪林尾的公路。

为了新年的安定，台北县、宜兰厅决定进行大搜捕。1899年1月10日，头围宪兵6人，头围、礁溪巡察18人，以及须田中尉小队26人，分两路自礁溪出击达麻壁潭。抗日民众阻击，毙伤日兵各1人，分散撤离。③

1月，数人在民壮围堡十三股庄击毙三块厝派出所长冈野为三郎。8人在外澳庄袭击宜兰厅书记官、大里简3名巡察等，抢走书记官财物。④

林火旺再和从厦门潜回台湾的林李成取得联系。7月初，开凿道路时，林火旺部下施矮九殴打得仔口隘寮隘勇。得仔口"番人"警戒所巡察川俣便诬告施矮九再次造反。2名巡察逮捕施矮九，途中被十几人夺回。宪兵队长石丸与警部长堀俊明派宪兵、巡察去草山庄抓捕林火旺。⑤ 林火旺率几十人逃入深山。7月20日，宜兰百名守备兵、15名宪兵、80名巡察组成讨伐队，第二天开始搜捕林火旺。22日，日军在草浦山遭到林火旺等人袭击。⑥ 8月1日，台北一个联队、宜兰两个中队、宪兵队组成讨伐队，搜查草南山、贡仔寮、坪林尾徐禄的脑寮，都没有发现林火旺。⑦

儿玉源太郎诱降林李成失败，急于消灭他。林李成等转移到文山堡厚德岗坑庄后山，被日谍曹田侦知。11月6日，林李成幕僚董谦英被捕。7日，林阿

① 台湾总督府警务局编：《台湾抗日运动史》（2），王洛林总监译，海峡学术出版社2000年版，第545页。

② 台湾宪兵队编：《台湾宪兵队史》（上），王洛林总监译，海峡学术出版社2001年版，第182、183、184页。

③ 台湾宪兵队编：《台湾宪兵队史》（上），王洛林总监译，海峡学术出版社2001年版，第210页。

④ 台湾总督府警务局编：《台湾抗日运动史》（3），王洛林总监译，海峡学术出版社2000年版，第582页。

⑤ 台湾宪兵队编：《台湾宪兵队史》（上），王洛林总监译，海峡学术出版社2001年版，第206页。

⑥ 台湾总督府警务局编：《台湾抗日运动史》（3），王洛林总监译，海峡学术出版社2000年版，第573页。

⑦ 台湾宪兵队编：《台湾宪兵队史》（上），王洛林总监译，海峡学术出版社2001年版，第208页。

呆、郑传被捕。8 日，日军在顶双溪山中包围林李成、林松（阿祥）父子。林松被杀，林李成自杀。①

林维新从厦门潜返台湾后，受到宜兰厅参事仇联青等人诱降。11 月 25 日，林维新向宜兰厅呈上"归顺书"。至此，宜兰、台北的义军首领都被迫"归顺"。②

1900 年 2 月 27 日，"归顺"的头围义军首领林柳全被巡察杀害。③ 1901 年 3 月 31 日，礁溪、白石脚的 7 名巡察在山中逮捕林火旺与 11 岁的儿子赖盛。5 月 4 日，林火旺被执行死刑。④ 4 月 5 日，头围宪兵、巡察搜索陈锡宾、林三传等人。在湾双崎的吴凤旧屋，义勇军 20 多人击毙巡察冈本，逃向鹰仔岭。⑤

台北城内及其近郊的武装抗日活动

胡嘉猷、林李成自称接到刘永福、林维源、林朝栋的密令，于 1896 年元旦攻打台北城、宜兰、淡水、基隆，驱逐日寇，恢复台湾。林维源在厦门和金门给义勇军提供资金，通过德士古洋行两艘轮船"海龙号"与"福尔摩沙号"秘密运送到淡水。⑥ 在小暗坑、横溪、公馆嵛、三角涌一带，胡嘉猷把数千人编成胜、陈两支军。陈猪英领胜军三营，林得臣领胜军六营，陈骞领陈军三营，曾玉指挥炮三门。⑦ 胡嘉猷还联络陈秋菊、林大北、简大狮、徐禄、詹振、王赤牛、林火旺、江振源、许绍文、杨势、苏力、简玉和等各地首领，以大屯山举火为号，一起攻打台北城。

1895 年 12 月 27 日，总督府得到情报："有计划以本月 31 日上午 4 时为期，预先潜伏在各地的抗日分子及新由清国来台的清兵，将集合袭击附近的市

① 台湾宪兵队编：《台湾宪兵队史》（上），王洛林总监译，海峡学术出版社 2001 年版，第 53 页。
② 台湾总督府警务局编：《台湾抗日运动史》（3），王洛林总监译，海峡学术出版社 2000 年版，第 566 页。
③ 台湾总督府警务局编：《台湾抗日运动史》（3），王洛林总监译，海峡学术出版社 2000 年版，第 591 页。
④ 台湾总督府警务局编：《台湾抗日运动史》（3），王洛林总监译，海峡学术出版社 2000 年版，第 573 页。
⑤ 台湾宪兵队编：《台湾宪兵队史》（上），王洛林总监译，海峡学术出版社 2001 年版，第 212 页。
⑥ 台湾总督府警务局编：《台湾抗日运动史》（2），王洛林总监译，海峡学术出版社 2000 年版，第 525 页。
⑦ 台湾总督府警务局编：《台湾抗日运动史》（2），王洛林总监译，海峡学术出版社 2000 年版，第 495、496 页。

街。这种阴谋计划极为机密，不但常人即总理绅士等也无法获悉，而义军乃以关渡为第一集合地点，此外沪尾、基隆、新竹、宜兰、大嵙崁、三角涌、新竹附近各地也有人潜伏。其数约有二百营，首领是新由清国来台的。"29 日，台北保良局总理李春生也有类似报告。① 总督府派警部去大嵙崁、苗栗等地查看。同时，士林、新店、景尾等地巡察也四处侦察。但是，这些巡察都没有发现多少异常。②

12 月 27 日，台北县知事、警部长下令，各地巡察派出所加强警戒。第二天，台北城内发现不少署名胡嘉猷的檄文：

> 总统台北、新竹、苗栗之义民各军，兼理防务，赏蓝翎顶戴，即用分府胡为告示事：
>
> 台湾为倭奴占领数月，到处残害淫虐，生灵涂炭，凡有血气者实宜同心戮力，恢复桑梓。本统军现奉刘大帅之札委，誓师督众，诛灭倭寇，一唱百和，悉皆踊跃争先。兹查六品军功徐德旺者，忠义奋励，熟悉军务，故堪选委先锋副右营，合行札委。为此该官带札，仰即遵照。希刻日招兵，同心攻剿。兵精炮利，殄灭倭奴，以期共立奇功，以邀优奖，是为至要。再者，成军之日期既定，应造具清册，檄送本统军，以凭转详褒奖，勿违事功。兹为札，云云。
>
> 　　　　　　　　　　　　　　　　　　　光绪二十一年十一月十四日札③

12 月 29 日，台北县知事再次发布内部训令，要求各地巡察严密防范，不放过任何一个可疑之人。31 日，巡察又在台北城内发现多种传单，其中一份是胡嘉猷发布的新檄文：

> 今本统军奉刘大帅之命令总领台北各军，誓师讨剿倭寇。兹当始举义旗之际，须先严树约章，以肃规律。即今告示各属义兵及诸壮士知悉。

---

① 台湾总督府警务局编：《台湾抗日运动史》（2），王洛林总监译，海峡学术出版社 2000 年版，第 485 页。
② 王诗琅著，张良泽编：《余清芳事件全貌——台湾抗日事迹》，海峡学术出版社 2003 年版，第 56 页。
③ 台湾宪兵队编：《台湾宪兵队史》（上），王洛林总监译，海峡学术出版社 2001 年版，第 63 页。

汝等须知，此次剿讨倭寇，上报国家，下救生民。凡所过沿途各处，务必秋毫无犯于民，勿为奸淫，勿贪财物，惟前进灭倭奴，勿背本统军之至意。兹谨特示，其扫灭群丑以成不世之功，列记约章如下：

一、奸淫妇女者斩

二、强夺民财者斩

三、泄露军机者斩

四、临阵退缩遁逃不前者斩

五、冒他人之功为己者斩

六、散布谣言惑乱军心进行欺骗者从重究办

七、所过之处若窃取百姓物件、杀害无辜之民者，查实后按军法治罪

八、义兵及各壮士攻至城市，许其擒杀倭寇，决不可贪利废公。若有日本之仓库及商店物件，须加封保护，待平定之时秉公颁赏。

光绪二十一年十一月十六日①

宪兵队、巡察队分守台北城各要地，逮捕了潜伏的陈北舍。② 陈北舍是刘永福的参谋，从台南到厦门，又从厦门潜入台北，准备与攻城义军会合。

31 日 20 点，义勇军在大屯山上举火，烈焰冲天。22 点，艋舺巡察派出所和宪兵捕杀一名抗日战士，身上藏有枪支与红白交叉的小旗。24 点，台北城门厅舍起火。东南门外、西北门外，枪声四起。守备队、宪兵、应急队高度戒备。③

1896 年 1 月 1 日 1 点 30 分，义勇军在观音山顶举起火把。3 点 50 分，义勇军又在纱帽山顶举起火把。于是，义勇军从四面逼近台北城。义勇军主要有两大股：一股由胡嘉猷率领，自三角涌出击；一股由陈秋菊率领，自大龙磅庄出击。静夜之中，三千多人宛如万人，杀声枪火连天。④

---

① 台湾总督府警务局编：《台湾抗日运动史》（2），王洛林总监译，海峡学术出版社 2000 年版，第 491 页。

② ［日］藤崎济之助：《台湾史与桦山大将》下卷，（北京）全国日本经济学会译，海峡学术出版社 2003 年版，第 558 页。

③ 台湾总督府警务局编：《台湾抗日运动史》（2），王洛林总监译，海峡学术出版社 2000 年版，第 492 页。

④ 洪弃生：《瀛海偕亡记》，黄哲永、吴福助编：《全台文》24 卷，文听阁图书有限公司 2007 年版，第 26 页。

4点20分，陈猪英率领三营开始攻打台北城南门、东门。陈小坤率二三百人，负责攻打东门。他们进至城门二三百米处，用步枪射击。总督桦山亲自督战，日军狙击靠近城墙者。十分之六七的义勇军没有步枪，拿着竹枪、镰刀或稻草。一小时后，义勇军撤退。翁玉书、林得臣率一队增援陈猪英。接着，胡嘉猷、苏力的主力也加入战斗。义勇军共有600多人，几十面旗帜在晨风中飘扬。[①] 日军据墙防守，并向新竹求援。义勇军收复台北至淡水一线，切断南北交通电讯。

黎明，詹振、陈捷升等率200余人攻占锡口街，击毙2名日兵，烧毁警察署，烧死13名巡察，截断台北、基隆之间铁道及电线。残余日兵巡察逃回台北城。

义勇军攻打士林派出所，所长真野警部补率15名巡察逃回台北城。民政局学务部官员楫取道明、关口长太郎、井原顺之助、中岛长吉、平井数马、桂金太郎，率学生从士林芝山岩学堂前往总督府贺年。在途中听说台北城被围，他们便返回芝山岩。赖唱率500余人前来包围，被打死2人，便击毙楫取道明等5人。[②] 来援的14名日兵也被击毙。日军出城报复，焚烧附近村堡，肆意屠杀行人。[③]

15点，岩本少佐带新竹日军赶到，台北城内日军士气重振。台北城守备队长、后备步兵第四联队长内藤之厚，把日军分成两个中队，交给胁山少佐指挥，攻击义勇军侧背；又令公平大尉指挥缴获的三门大炮，在西门外为胁山部助威。两中队日军和手持竹枪的台湾军夫百余人，开城门出击。日军火力猛烈，围城义勇军纷纷逃避。义勇军本来就组织松散，经此一击，不久便撤围。胁山率日军追至东门外，因天黑返回城内。[④]

义勇军虽撤退，但实力不明。桦山总督不准日军、宪兵、巡察、日吏、军夫解散休息，并下令：文武官员、勤杂人员、日本人编成四支应急队，发给枪支。台湾军夫也被编入应急队，并发给竹枪。[⑤]

---

① 王诗琅著，张良泽编：《余清芳事件全貌——台湾抗日事迹》，海峡学术出版社2003年版，第63、66页。
② ［日］井出季和太：《南进台湾史考》，南天书局1995年版，第117页。
③ 洪弃生：《瀛海偕亡记》，黄哲永、吴福助编：《全台文》24卷，文听阁图书有限公司2007年版，第27页。
④ 王诗琅著，张良泽编：《余清芳事件全貌——台湾抗日事迹》，海峡学术出版社2003年版，第64页。
⑤ 台湾总督府警务局编：《台湾抗日运动史》（2），王洛林总监译，海峡学术出版社2000年版，第494、495页。

当夜，日军得到密报，潜伏在大稻埕一带的千余义勇军将要攻打台北城。

1月2日，新竹与台北的日军，在岩本少佐指挥下，攻打古亭庄及公馆附近的义勇军，至景尾而还。内藤守备队长令脇山指挥两个步兵中队、山炮3门，前去锡口街。5点，日军出台北城东门，且战且走，开抵锡口街。义勇军据房射击，日军以炮还击。义勇军退向东南山中。日军焚毁锡口街全部民房，开通台北基隆之间交通通讯，18点撤回台北城。[①]

1月3日，宫岛中佐率一队日军出城，攻打台北城东南门附近的义勇军。义勇军退向新店。桦山总督在城墙上巡视战况。

日军于台北解围后，开始捕杀台北附近的民众。到各地的日军，进入民房，查看是否有武器，凡被认为有抗日嫌疑者，全部逮捕。[②]

1月5日，桦山总督向旅团长大久保春野少将下令，立即进行讨伐。于是，日军、宪兵、巡察对北部地区进行报复性"大扫荡"，总共屠杀数千人。[③] 1月7日，总督府发布内部密令，各地日军缉拿义勇军首领陈秋菊、黄敬、陈耆耄、陈猪英、郑文流、李寅、林李成、简溪水等96人。[④]

1月8日，总督府警保科警部西万寿郎、台北县警部原田源市带50名巡察，去士林找回除了平井数马之外的4具无头尸体，并抓走6名民众。[⑤]

日军大规模清乡，欲断绝义勇军粮饷。林李成、许绍文、林维新等多次从厦门秘密运来军火，使台北义勇军维持数年之久。[⑥] 1月18日到22日，义勇军在新店、景尾、石碇、坪林尾、苫林仔等地与日军展开战斗。

2月4日，总督下令"肃清"大甲溪以北各山中的义勇军。12日，总督再训令第2师团长，搜索全台各地，收缴枪支弹药，逮捕抗日战士，消除施政障碍。

2月17日，日军在九苫林捕杀詹鹏材兄弟，并烧毁其房屋。

---

① 台湾总督府警务局编：《台湾抗日运动史》（2），王洛林总监译，海峡学术出版社2000年版，第494、496页。

② ［日］喜安幸夫：《台湾抗日秘史》，武陵出版有限公司1997年版，第97页。

③ ［日］竹越与三郎：《台湾统治志》，博文馆1905年版，第155页。

④ 台湾宪兵队编：《台湾宪兵队史》（上），王洛林总监译，海峡学术出版社2001年版，第67—70页。

⑤ 台湾总督府警务局编：《台湾抗日运动史》（2），王洛林总监译，海峡学术出版社2000年版，第497页。

⑥ 王诗琅著，张良泽编：《余清芳事件全貌——台湾抗日事迹》，海峡学术出版社2003年版，第103页。

3月6日，詹振、陈捷陞等率200余人，攻打锡口宪兵屯所，在土地庙前展开激战，打伤宪兵角野。[①] 3月25日，义勇军在台北城东大安庄搜求粮食，与大地主林城家发生枪战。台北城震动，台北宪兵队本部立即令日军出动增援。最先赶到的锡口宪兵，遭到义勇军的打击。[②]

4月30日凌晨，水返脚平田等10名宪兵和富山饭岛率12名宪兵，分两路去锡口南边南港山侦察。詹振等率四五百人出击，包围2名宪兵。听到枪声的锡口宪兵屯所派筱田伍长率12名宪兵赴援。义勇军在悬崖上阻击这队宪兵。宪兵司令官荻原、宪兵区队长米泽大尉、宪兵第一分队纷纷来到锡口，转向南港山。日军攻上山顶，击溃义勇军，打死8人。义勇军分别退向大溪墘、深坑街，又遭到深坑街守备队袭击。[③]

6月，詹振、林李成联名颁发控诉日寇的檄文：不敬上天，不敬神明；不敬孔子，不惜字纸；贪官污吏，不重百姓；不贵法律，刑罚为私；不顾廉耻，如同禽兽；不分善恶，违逆天意；日本处置，与乞丐同；撒尿之事，亦贪钱财；买卖之事，亦贪税收……[④]之后，詹振率上百人攻打松山的宪兵巡察，毙伤数人。[⑤]

12月9日，在土命庄，上百人与木栅宪兵激战。在十五份庄，民众与景尾派出所巡察战斗。台北的第二十联队派出侦察兵支援，新店守备队也派18人增援。10日凌晨，新店日兵偷袭木栅东边新兴庄的50多名义勇军，打死数人。

义勇军活跃于北投、士林、水返脚、锡口、南港、木栅、景尾街、大安寮、枋寮、树林、和尚洲、海山的土城、大坑、八堵的铁路工厂、文山的西妆寮、狮仔头山、坪林尾、头围、南港、涂潭、鸡头山、烘炉地、番仔坑、礁溪等地。为了迅速消灭义勇军，台湾宪兵司令官荻原定固于1897年1月组建宪兵骑兵队，以知念信义为指挥官。骑兵队40多人，配置在台北区队本部、台北分

① 台湾宪兵队编：《台湾宪兵队史》（上），王洛林总监译，海峡学术出版社2001年版，第89页。
② 台湾宪兵队编：《台湾宪兵队史》（上），王洛林总监译，海峡学术出版社2001年版，第94页。
③ 台湾宪兵队编：《台湾宪兵队史》（上），王洛林总监译，海峡学术出版社2001年版，第95、96页。
④ 台湾宪兵队编：《台湾宪兵队史》（上），王洛林总监译，海峡学术出版社2001年版，第87页。
⑤ 台湾宪兵队编：《台湾宪兵队史》（上），王洛林总监译，海峡学术出版社2001年版，第90页。

队本部与城内北门街屯所、西门街屯所、府后街屯所、新起街屯所、艋舺屯所、大稻埕的东厝街屯所，以便机动。这样，台北周围的抗日活动就很难开展了。[①]

2月19日，艋舺顶新街印染商人池肚与义和洋行伙夫泥牛，在某洋行偶遇詹振。詹振请泥牛去厦门联络林良，招集援兵。林良是清军营官，抗日失败后逃到厦门。[②] 3月，林良在厦门招集数百人秘密去台湾，散入山中种茶。此时，詹振和陈秋菊的部下各有1500人左右，与林良带来的人员，号称四千。[③]

文山堡一带抗日活动频繁，让日寇恼羞成怒。总督府令守备步兵第二联队宫原少佐为讨伐司令，台北第一分队的宪兵也参加，从3月29日起，讨伐锡口、水返脚一带的义勇军。31日，宫原少佐命令石碇街守备队佐藤少尉率1小队出击大溪墘。在番仔坑东高地，佐藤小队袭击五六十名义勇军。陈秋菊、詹振指挥约500人抢占高地，竖起黄旗、红旗、蓝旗等，激战2小时。在松柏崎庄的讨伐队第十中队来援。义勇军大部退向烘头庄，小部分退向保鞍庄与附近村庄。此战，义勇军牺牲8人，打伤日军酒井等多名。[④] 当夜，讨伐队第12中队在大溪墘露营。义勇军从山上射击，打伤日兵2人。[⑤]

4月底，台北宪兵队得到确实情报，陈秋菊等将在5月8日午夜自南门攻打台北城。宪兵司令官获原下令，台北及附近的日军加强戒备。守备兵负责出城攻击，巡察队负责城内防守。

5月7日，詹振、陈秋菊、林良率众集合于三张犁、四份庄。8日是《马关条约》规定的台湾人是否留下的最后期限。零点，陈秋菊、徐禄、詹振、陈苞、林水、白庆良、陈尊等率义勇军从东南、西北围攻台北城。一路沿着北门外的铁路线前进，与东门外与北门外的日军相遇。一路攻打北门外工兵营地。一路从锡口、大龙峒攻入大稻埕，袭击法院与租税检查所。一路自奎府街进攻大稻埕。3点多，日军开始猛烈反击。义勇军伤亡惨重，急忙撤退。因圆山、

---

① 台湾宪兵队编：《台湾宪兵队史》（上），王洛林总监译，海峡学术出版社2001年版，第172页。

② 台湾宪兵队编：《台湾宪兵队史》（上），王洛林总监译，海峡学术出版社2001年版，第116页。

③ 台湾宪兵队编：《台湾宪兵队史》（上），王洛林总监译，海峡学术出版社2001年版，第117页。

④ 台湾宪兵队编：《台湾宪兵队史》（上），王洛林总监译，海峡学术出版社2001年版，第106、107页。

⑤ 台湾宪兵队编：《台湾宪兵队史》（上），王洛林总监译，海峡学术出版社2001年版，第108页。

台北桥至海山口都没有退路，义勇军在桥梁上与日军激战。6 点多，战斗结束，义勇军牺牲 205 人，伤者无数。詹振也牺牲了。① 义勇军击毙巡察汤田、击伤巡察菱川等。②

5 月 13 日，日军宪兵本部调集第一分队各区队的兵力，分别从公馆街、景尾街、锡口出发，围攻三张犁。日军攻上三张犁后山，打死义勇军几十人。③

5 月 20 日，义勇首领李乌、周兴吉等 4 人乘舟从淡水去锡口。八芝兰柴崎等 3 名宪兵沿河追击，多良等 3 名宪兵沿陆路追击，李乌、周兴吉溺水而死。④

9 月 9 日，卢锦春部在八芝兰的石阁、崁仔脚与日军警作战。11 月 22 日，在北投山，蔡顺等十几人与宪兵遭遇。蔡顺战死，2 人被捕。12 月 3 日夜，在士林南雅庄，义勇军六七十人与巡察和壮丁团交战，击毙 1 名巡察。⑤ 12 月 12 日，锡口分遣队宪兵在冷水溪与义勇军 50 多人交战。义勇军牺牲数人。在白石湖庄，锡口分遣队、内湖庄宪兵屯所宪兵，偷袭义勇军 60 多人。义勇军稍作抵抗即退向双溪庄、大邱田方向。⑥

詹振部下几十人藏匿于二叭山，出没于大稻埕。1898 年 4 月 6 日，日军 300 多人和公馆仑宪兵屯所宪兵出击。义勇军牺牲 11 人，其余逃向狮子头山中。

8 月 26 日，谢乌番、廖查某等 30 多人攻入艋舺街。9 月 1 日，3 名巡察押送廖查某从顶城到景尾，途中遭到五六十人狙击。安坑公馆仑屯宪兵 7 人、新店街日兵来援，打死林番薯等 2 人。⑦ 在文山堡屈尺村，40 多人袭击巡逻的宪兵。安坑的宪兵来援，打死 3 人，抓捕 2 人。⑧

---

① ［日］竹越与三郎：《台湾统治志》，博文馆 1905 年版，第 156 页。
② 台湾总督府警务局编：《台湾抗日运动史》（2），王洛林总监译，海峡学术出版社 2000 年版，第 543 页。
③ 台湾宪兵队编：《台湾宪兵队史》（上），王洛林总监译，海峡学术出版社 2001 年版，第 102、103 页。
④ 台湾宪兵队编：《台湾宪兵队史》（上），王洛林总监译，海峡学术出版社 2001 年版，第 109 页。
⑤ 台湾宪兵队编：《台湾宪兵队史》（上），王洛林总监译，海峡学术出版社 2001 年版，第 132 页。
⑥ 台湾宪兵队编：《台湾宪兵队史》（上），王洛林总监译，海峡学术出版社 2001 年版，第 125 页。
⑦ 台湾总督府警务局编：《台湾抗日运动史》（3），王洛林总监译，海峡学术出版社 2000 年版，第 575 页。
⑧ 台湾宪兵队编：《台湾宪兵队史》（上），王洛林总监译，海峡学术出版社 2001 年版，第 160 页。

1898 年 9 月以后，詹番率领 400 多人活跃在文山堡安坑、车仔路庄、五城、黄窟等地。陈控憨、苏定、许金英、谢乌番、赖标、吕子仪等小股义勇，呼应詹番。9 月 25 日，秦鲈鱼、陈赤牛、许嘴部 300 余人攻打三角涌街，击毙日吏一名，分别撤向中埔庄、打铁坑一带山区和福德坑。景尾街宪兵第 8 兵队第 9 分队的 110 名宪兵，会合守备队长池田率领的 250 名步兵与百余名日警，于 26 日起开始"扫荡"安坑、磺窟、狮仔头寮、大顶山、鸡罩山等地，屠杀 20 多人。26 日，义勇军 200 多人突袭土城派出所，打跑 6 名巡察，抢走 16 支枪。27 日，日军搜查车仔路庄时，遇到谢乌番部 50 多人的顽强阻击。[①] 日军在各地共屠杀大约 83 人。义勇军只好退往高山族地区，一部分逃到新竹境内。[②]

在全台武装抗日基本上被镇压下去之时，1900 年 12 月中旬，台湾守备队在台北郊外举行陆军大演习，分成南北两路，在沪尾、八芝兰、剑潭、大直山等地操练，向全台大示威。[③]

台北西南部、桃园、新竹的武装抗日活动

这一地区有兴直堡（枋桥）、海山堡（三角涌、树林、土城、莺歌）、桃涧堡（桃园）、竹北一堡、竹北二堡，包括今天的台北西南、桃园、新竹等地。义勇军有：詹振部 200 余人、唐潘之部 300 余人先后据于狮仔头山；王猫研、陈猪英、苏力等据于三角涌；翁玉书等据于横溪等地；江振源据于龙潭。陈瑞荣、林凉、邱南阿等据于桃园南崁；林天义、许才、郑美、林万、林清云、梁接盛等据于桃园大垣园一带；胡嘉猷、林得臣、陈骞等在新竹。[④]

1896 年 1 月 1 日，曾玉率义勇军 300 人，高举三四面写着"曾玉"两个红字的黑旗，攻打枋桥（板桥）。派出所长岩元指挥 15 名巡察，据城墙射击。激战一个多小时，举黑旗的三四十人仍然顽强战斗。安藤警部长等巡察挥刀冲杀，杀害 5 人。义勇军被迫撤离。[⑤]

---

① 台湾总督府警务局编：《台湾抗日运动史》（3），王洛林总监译，海峡学术出版社 2000 年版，第 577—580 页。
② 台湾总督府警务局编：《台湾抗日运动史》（3），王洛林总监译，海峡学术出版社 2000 年版，第 574 页。
③ ［日］中村忠诚：《观拟战演习记》，黄哲永、吴福助编：《全台文》24 卷，文听阁图书有限公司 2007 年版，第 126 页。
④ ［日］竹越与三郎：《台湾统治志》，博文馆 1905 年版，第 154 页。
⑤ 台湾总督府警务局编：《台湾抗日运动史》（2），王洛林总监译，海峡学术出版社 2000 年版，第 497 页。

三角涌街派出所长永田派 2 名巡察去桃园打电报告急。2 名巡察在途中被民众包围，拼命逃回。1 月 2 日夜，30 多人攻进三角涌街，永田带巡察逃到大科崁派出所。三角涌派出所被民众烧毁。①

1 月 1 日，江振源率 300 多人前去攻打台北，在三角林庄遭遇大科崁守备队长马渡率领的 3 个中队日军、宪兵、巡察，当即展开激战。义勇军退向铜锣圈。日军接着进攻铜锣圈、咸菜硼。江振源率 400 多人，退到高山族马武督社。1 月 12 日，马渡少佐率部继续追击，俘虏 17 人。②

1 月 13 日，安藤大佐率第九联队第六中队进攻新店，屠杀 200 多人。14 日晨，日军再从新店经过安坑三城至三角涌。③

1 月 14 日，台北县宪兵第二分队自枋桥街去三角涌。台北宪兵本部木佐贯队长率 25 名宪兵随行。数百人在土城庄阻击，牺牲 30 人，被捕 60 人。④ 从 1 月 15 日到 23 日，神田少佐率领讨伐队，在三角涌的横溪庄、小暗坑等地，四处烧杀抢掠。到 2 月 9 日返回台北之前，该支日军共杀害 120 人，并烧毁其房屋。至此，台北城附近被日军平定。⑤

2 月 4 日，总督命令日军"扫荡"大甲溪以北地区，重点是新竹的五指山。小笠原少佐率第十三大队于 2 月 10 日从新竹出发，兵分两路。小笠原自率一队去树杞林，川岛大尉指挥支队去北埔。新竹支厅员、巡察分成两队从之。⑥ 2 月 11 日，新竹支厅厅员、守备兵、宪兵分成五路，搜捕吴镇光等 48 人，逮捕 79 人。12 日，日军又逮捕吴树梁等 4 人。⑦

2 月 10 日，第二中队（缺 1 小队）、宪兵 1 伍、巡察 10 多人，在第四联队

---

① 台湾总督府警务局编：《台湾抗日运动史》(2)，王洛林总监译，海峡学术出版社 2000 年版，第 498 页。

② 台湾宪兵队编：《台湾宪兵队史》（上），王洛林总监译，海峡学术出版社 2001 年版，第 85 页。

③ 台湾宪兵队编：《台湾宪兵队史》（上），王洛林总监译，海峡学术出版社 2001 年版，第 86 页。

④ 台湾宪兵队编：《台湾宪兵队史》（上），王洛林总监译，海峡学术出版社 2001 年版，第 82 页。

⑤ [日] 藤崎济之助：《台湾史与桦山大将》下卷，（北京）全国日本经济学会译，海峡学术出版社 2003 年版，第 558 页。

⑥ 台湾总督府警务局编：《台湾抗日运动史》(2)，王洛林总监译，海峡学术出版社 2000 年版，第 526 页。

⑦ 台湾总督府警务局编：《台湾抗日运动史》(2)，王洛林总监译，海峡学术出版社 2000 年版，第 527 页。

第一大队长马渡少佐指挥下，从大嵙崁出击番仔寮，烧毁秀才廖运藩的家。日军又到三角林烧毁程树兴的家，逮捕 7 人，枪毙其中 4 人。① 2 月 11 日，日军从大坪庄突击仔古寮，烧毁义勇军首领江振云等两家，打死 2 人。① 左侧卫一路日军自大坪庄进攻十寮、八寮各村，沿途烧房。右侧卫一路日军自大坪庄突击三角林、龙潭坡、铜锣圈，烧毁 3 户房屋。刘阿连等部在铜锣圈等地抵抗，刘阿连战死。2 月 12 日，日军烧毁咸菜硼附近三南湖庄、唐庄、南片庄。② 2 月 15 日，小笠原率本队到达五指山，搜查附近村庄，逮捕何阿男、钟石妹等义军首领。

截止到 2 月 16 日，大久保的第七旅团开始在台北、宜兰等地"扫荡"以来，共屠杀民众 2454 人。宪兵共屠杀民众 377 人。③ 当然，这是不完全的统计数据。

2 月 18 日，日军在石山冈烧毁刘河城、李河店等人房屋，在大茅浦烧毁吴水德兄弟、曾阿石兄弟、范福德、廖景山等人房屋，并屠杀廖景山等 20多人。④

2 月 19 日，马渡大队从大嵙崁进攻三角涌、横溪之间的义勇军。王猫研、陈猪英等率部迎击。2 月 20 日，柏原少尉所部杀民众 8 人，石泽大尉所部杀民众 27 人，纵火烧毁村庄。臼杵少尉所部杀民众 9 人，烧房 44 户。野中少尉所部杀民众 8 人，并焚毁房屋。2 月 21 日，石泽大尉在二阄庄、五脚庄杀民众 6人，烧房 7 户。2 月 22 日，马渡大队从三角涌出发，经乌土窟回大嵙崁，屠杀20 人，烧尽沿途房屋。

狮仔头山总统刘凤、副总统王火来、王溪和、南势角首领周日、大安寮首领简连城、三角涌首领孙城等 160 多人，被迫在枋寮庙"归顺"。⑤

2 月 23 日，马原少佐指挥第三中队和宪兵一伍，经内栅庄、溪州庄去头寮

① 台湾宪兵队编：《台湾宪兵队史》（上），王洛林总监译，海峡学术出版社 2001 年版，第76 页。
② 台湾宪兵队编：《台湾宪兵队史》（上），王洛林总监译，海峡学术出版社 2001 年版，第76 页。
③ ［日］藤崎济之助：《台湾史与桦山大将》下卷，（北京）全国日本经济学会译，海峡学术出版社 2003 年版，第 559 页。
④ 台湾宪兵队编：《台湾宪兵队史》（上），王洛林总监译，海峡学术出版社 2001 年版，第77 页。
⑤ 台湾宪兵队编：《台湾宪兵队史》（上），王洛林总监译，海峡学术出版社 2001 年版，第93 页。

庄，杀 1 人，烧房 8 户。本队自大嵙崁出发，经小角店到达头寮庄，杀 13 人，烧房 10 户。该队日军还在大湖庄、中坑庄、安平镇等地杀 8 人，烧房 22 户。至此，日军认为，大嵙崁溪沿岸的抗日民众全被消灭。①

2 月 29 日夜，林成祖、赖猫来等 5 人被三角涌宪兵诱捕，不久被杀害。②

3 月 3 日，在海山堡暗坑庄十六寮，王成、李本源率 40 余人阻击新店守备兵、宪兵和巡察，打伤阪根曹长及日兵 2 名。③

4 月 16 日，义勇军千余人在莺歌石集合，准备攻打桃仔园与淡水。4 月 20 日，桃仔园宪兵队、守备队前去偷袭，义勇军牺牲 80 人。④

义勇军四五百人活跃于小暗坑十六寮一带，黄文开率七八十人活跃于十三添庄山中，互相联系，游击日军。10 月 31 日，在十六寮，数十人阻击大嵙崁守备兵和九阄庄巡察，重伤大多和中尉和 4 名日兵。11 月 1 日，大嵙崁守备队山田大尉率一中队来援，攻占十六寮。下午，30 多人又击伤村上军曹。⑤

11 月 7 日，三角涌分署巡察桦山资宝、大寺能雄等 5 人，去十三添庄、打铁坑庄抓捕 3 人，返回时被陈猪英所部 60 多人击毙。11 月 12 日凌晨，一中队宪兵赶到三角涌。按照总督要进行实地侦察的要求，大尉池边带领大嵙崁守备兵、三角涌巡察、宪兵去小暗坑侦察。其中一部在大寮地山顶与上百名义勇军遭遇开火。义勇军牺牲 2 人，退向十六寮。11 月 13 日晨，三角涌守备兵、宪兵、巡察，联合大嵙崁守备兵，包围犁舌尾、十三添、打铁坑等庄，抓捕 13 人。⑥ 随后，黄文开等部义勇军 300 多人准备攻打三角涌。

11 月 22 日，大嵙崁守备队第七中队从成福庄出发，搜索小暗坑一带，向十六寮进攻。自台北来的第六中队自大暗坑向十六寮庄进军。义勇军一部退向高山族居住区，其余退向大暗坑及十六寮。11 月 23 日，日军开始向狮仔头寮

① 台湾宪兵队编：《台湾宪兵队史》（上），王洛林总监译，海峡学术出版社 2001 年版，第 78 页。

② 台湾宪兵队编：《台湾宪兵队史》（上），王洛林总监译，海峡学术出版社 2001 年版，第 88 页。

③ 台湾宪兵队编：《台湾宪兵队史》（上），王洛林总监译，海峡学术出版社 2001 年版，第 83、88、171 页。

④ 台湾宪兵队编：《台湾宪兵队史》（上），王洛林总监译，海峡学术出版社 2001 年版，第 90 页。

⑤ 台湾总督府警务局编：《台湾抗日运动史》（2），王洛林总监译，海峡学术出版社 2000 年版，第 531 页。

⑥ 台湾总督府警务局编：《台湾抗日运动史》（2），王洛林总监译，海峡学术出版社 2000 年版，第 530 页。

进攻。义勇军抗击 1 小时，打伤少尉 1 名、士兵 4 名，退向高山族居住区。①

12 月 8 日，在海山堡打铁坑白石按山，义勇军与三角涌守备兵、宪兵激战 1 小时。接着，在顶浦庄附近，40 余人又与宪兵 10 人激战。②

12 月 14 日，大嵙崁守备队三个中队、炮兵、骑兵、宪兵，包围狮仔头寮。义勇军 300 余人顽强抵抗，牺牲 9 人，退向山区，被迫丢弃大炮 5 门、步枪 28 支、弹药上万发。

12 月 30 日，根据密报，三角涌宪兵和大嵙崁一小队日军，突袭黄文开、孙成所部，抓捕大埔庄长陈包等 33 人，屠杀其中 25 人。31 日，三角涌宪兵又在横溪南庄抓获苏来、苏寿等 12 人。③

日军的暴行引起民众更大的怒火。1897 年 1 月 1 日，三角涌街各处出现警告日军的布告："日本军漫捕善良忠诚之人，如不迅速放还，战兵数万将毁官衙为平地。"④ 日军非常紧张，四处加强戒备。

1 月 3 日，在三角涌附近的土城，义勇军百余人阻击台北宪兵第二分队，牺牲 20 多人。台北宪兵第一分队从板桥街赶来支援，义勇军早已撤离。⑤

桃园一带有抗日战士频繁出没，宪兵队司令部判定龟仑山是义勇军基地。1 月 4 日，宪兵队进至龟仑山。义勇军 300 多人逃散。日军捕杀 16 人。⑥ 2 月 9 日，大嵙崁宪兵 15 人，偷袭海山堡钦仔庄，抓捕十几人，枪杀陈连贵等 5 人。⑦ 新店的守备兵、宪兵、巡察 180 多人进攻狮仔山，把詹振等 200 多人赶到高山族地区。⑧

---

① 王诗琅著，张良泽编：《余清芳事件全貌——台湾抗日事迹》，海峡学术出版社 2003 年版，第 93—95 页。

② 台湾宪兵队编：《台湾宪兵队史》（上），王洛林总监译，海峡学术出版社 2001 年版，第 92 页。

③ 台湾宪兵队编：《台湾宪兵队史》（上），王洛林总监译，海峡学术出版社 2001 年版，第 103 页。

④ 台湾宪兵队编：《台湾宪兵队史》（上），王洛林总监译，海峡学术出版社 2001 年版，第 103 页。

⑤ 台湾宪兵队编：《台湾宪兵队史》（上），王洛林总监译，海峡学术出版社 2001 年版，第 104、105 页。

⑥ 台湾宪兵队编：《台湾宪兵队史》（上），王洛林总监译，海峡学术出版社 2001 年版，第 104 页。

⑦ 台湾宪兵队编：《台湾宪兵队史》（上），王洛林总监译，海峡学术出版社 2001 年版，第 105 页。

⑧ 台湾宪兵队编：《台湾宪兵队史》（上），王洛林总监译，海峡学术出版社 2001 年版，第 189 页。

7月间，桃仔园南崁地区、大坵园（大园庄）、南港四堵的民众屡起抗日。8月22日，海山堡宪兵曹长吉田率10名宪兵，在石头溪庄捕杀林九部下张匏等3人。8月23日，林九等率部歼灭海山宪兵屯所的宪兵。9月10日，徐禄、郑文流等率300多人，在二八庄与安坑守备队40人激战。景尾街宪兵、新店守备队赶来增援。11日，步兵1中队从台北来援。义勇军乘夜退向海山堡溪头庄。① 10月1日晨，50多人在顶埔庄与宪兵7人交战，牺牲3人。11月21日，台北守备兵500余名、宪兵30名、巡察30名，围攻狮仔山。唐潘率300多人抵抗3小时，退向海山。

1898年1月10日，陈秋菊部下50多人进入三角涌，突遭10名宪兵射击，牺牲4人，经矿窟撤向深山。2月7日，在竹北二堡新尾庄，林青云率70余人击毙巡察和税务官各一名，抢走2000多圆税款。② 3月26日，桃仔园宪兵、三角涌守备兵偷袭鸡头山。义勇军80多人抵抗，牺牲10余人，首领林园被捕。③

9月25日，秦鲈鱼等300余人攻打三角涌街，击毙日吏蓑田勇之进，烧毁办务署。④ 10月11日，三角涌守备兵包围二围庄高山族地区。但是，秦炉鱼所部200多人已撤离。12月13日，简大狮部下陈治源等150人突围至金瓜坑，遭到大料崁和三角涌的日军日警攻打。义勇军溃散，陈治源等十几人战死。⑤

12月29日子夜，彭进长、林石传率众袭击新竹北埔宪兵屯所，知念曹长、吉野伍长、高泉伍长等组织反击，义勇军牺牲3人而退。次日，村濑宪兵少尉率10名宪兵，岩元警部、堀口警部率25名巡察去搜查老四寮，与几十人短暂交战。⑥ 1899年1月6日，总督府决定攻打北埔附近。7日，村仁大尉、村濑少尉率守备兵、宪兵、巡察自北埔出发，搜查大河底、麻竹头窝等地，屠杀3

① 台湾宪兵队编：《台湾宪兵队史》（上），王洛林总监译，海峡学术出版社2001年版，第128页。
② 王诗琅著，张良泽编：《余清芳事件全貌——台湾抗日事迹》，海峡学术出版社2003年版，第89、90页。
③ 台湾总督府警务局编：《台湾抗日运动史》（3），王洛林总监译，海峡学术出版社2000年版，第565页。
④ ［日］竹越与三郎：《台湾统治志》，博文馆1905年版，第161页。
⑤ 台湾宪兵队编：《台湾宪兵队史》（上），王洛林总监译，海峡学术出版社2001年版，第159页。
⑥ 台湾宪兵队编：《台湾宪兵队史》（上），王洛林总监译，海峡学术出版社2001年版，第168、181页。

人，逮捕 20 人。彭进长、林憨等小股义勇军退到山区。①

9 月 8 日夜，50 余人袭击中坜专员分署和鸦片商的家，击毙巡察 1 名。②

1902 年 6 月 4 日，陈阿春等十余人袭击桃园厅铜锣圈派出所，击毙巡察森田幸太郎与壮丁 1 名。陈阿春牺牲，其他人逃入高山族地区，后来参加了日阿拐领导的抗日斗争。③

二、中部民众的武装反击

苗栗、台中地区的抗日活动

苗栗主要有张程材、刘进发部义勇军；台中附近主要有詹阿瑞、林万枝、林斤昌、林头、林柳金、林显、张进富、王式金等部义勇军。

1895 年 8 月 23 日，台湾中部平定之后，总督府决定在台湾府（今台中）设立民政支部，并在各要冲设立民政支部派出机构和驻军，实行军管。1896 年 4 月 1 日，总督府撤销军管，改行民政，台湾民政支部改为台中县厅，下辖苗栗、台中、彰化、南投、云林各支厅。4 月 5 日，新竹支厅长松村雄之进调任云林。驻斗六的民政台湾支部派出所长松冈长康调任苗栗支厅长。

如前所述，总督府于 1896 年 2 月下令"扫荡"新竹、苗栗等地。10 日至 18 日，苗栗守备兵两个小队、宪兵、巡察，"扫荡"通霄、铜锣湾、大湖一带，屠杀刘阿连等 13 人。④

6 月，大坪顶义勇军在云林取得巨大胜利，震动了台中。台中日军致电台北总督府求援。总督府令新竹、苗栗日军倾巢南下，支援台中。台中守备队组建讨伐队，步兵第三联队长今桥中佐任司令官，发动反扑，准备彻底消灭云林义勇军。

---

① 台湾宪兵队编：《台湾宪兵队史》（上），王洛林总监译，海峡学术出版社 2001 年版，第 169、170 页。

② 台湾宪兵队编：《台湾宪兵队史》（上），王洛林总监译，海峡学术出版社 2001 年版，第 209 页。

③ 台湾总督府警务局编：《台湾抗日运动史》（3），王洛林总监译，海峡学术出版社 2000 年版，第 592 页。

④ ［日］藤崎济之助：《台湾史与桦山大将》下卷，（北京）全国日本经济学会译，海峡学术出版社 2003 年版，第 559 页。

7月2日，今桥率日军从台中县治大墩出兵，经过南投附近草鞋墩市集时，屠杀商户李乌毛等四五十人。北投、乌溪一带村民奋起反抗，日军被迫退回大墩。民众杀日军3人，得到李乌毛妻李朱氏奖赏。李朱氏散财聚众攻打大墩。李朱氏率众经过阿罩雾时，林朝选搜出所藏武器弹药相助。7月3日，李朱氏率300余人逼近南门外两千米。大墩有日军两个步兵中队和一个炮兵中队防守。部分日军在大墩试院据墙死守，武器不足的民众无法靠近。傍晚大雨，民众撤退，南投日军也赶到。于是，日军乘机反扑，大肆烧杀附近村庄。①

讨伐队司令官今桥刚刚返回台中，就接到义勇军攻克北斗的报告。旅团长下令再组讨伐队，仍以今桥为司令官，前去攻打北斗、云林。7月7日，今桥率重组的日军从台中出发，进入彰化。左翼讨伐队队长步兵少佐松井率部从台中出发，第二天进攻北斗、云林。②

7月11日，第二任总督桂太郎公布紧急律令第二号《台湾总督府临时法院条例》，企图以"法治"掩盖日军的杀戮罪行。③

8月20日，数名日本电信工人从大甲赴彰化，途中被抗日民众击毙一名。④

1897年9月1日，在大葫底，40余人与葫芦墩的13名宪兵激战，牺牲3人。⑤

1898年3月7日，台中专员公署壩雅派出所、西大墩派出所等巡察、宪兵28人，包围栋东下堡水堀头庄，企图抓捕张进富。张进富曾于去年11月袭击涂葛堀海关和击毙巡察吉田。交战30分钟，张进富等3人牺牲。⑥

6月18日，行政区域重新划分。林坦埔、土库、西螺、斗六、北海五个专员公署合并进入台中县。

7月21日，林头、林斤昌率义勇军二百余人阻击台中分队的宪兵，打死1名上等兵，并将日军围困在帽仔盾山上。台中宪兵队本部和守备旅团派21名

---

① 洪弃生：《瀛海偕亡记》，黄哲永、吴福助编：《全台文》24卷，文听阁图书有限公司2007年版，第37、38页。

② 台湾总督府警务局编：《台湾抗日运动史》（3），王洛林总监译，海峡学术出版社2000年版，第689页。

③ 台湾总督府警务局编：《台湾总督府警察沿革志》（第二编下卷）《领台以后的治安状况》，南天书局1995年版，第326页。

④ 台湾总督府警务局编：《台湾抗日运动史》（3），王洛林总监译，海峡学术出版社2000年版，第601页。

⑤ 台湾宪兵队编：《台湾宪兵队史》（下），王洛林总监译，海峡学术出版社2001年版，第262页。

⑥ 台湾总督府警务局编：《台湾抗日运动史》（3），王洛林总监译，海峡学术出版社2000年版，第651页。

骑兵、一个中队步兵驰援。义勇军撤向后山。①

8月25日，刘海等率百余人攻打苗栗街，与苗栗宪兵、骑兵、步兵交战2小时，退向公馆庄。

8月，台中第二旅团下决心"扫荡"南投山区，首先派出四个中队作为侦察队。以南投中寮庄为主攻点，一队经草鞋墩、龙眼林，一队从南投经二重溪，一队从集集街、桃米坑出发。另外，埔里社守备队从马栏庄向中寮进攻。②

9月21日半夜，80余人袭击大甲专员公署，打伤第二课长槁谷鹤藏和1名巡察，抢走公署的现金12704圆，烧毁官衙。③ 10月30日，义勇军50多人乘夜攻打苗栗街，但很快就撤离。因当天晚上儿玉总督正好住在苗栗五业馆，日军、巡察警戒特别严密。

11月7日，在大肚山顶，数十人袭击护送弹药的俱雅派出所2名巡察，击毙1名。④ 在苗栗三叉河，抗日民众击毙护送邮件的日兵4名。从11月26日开始，苗栗和葫芦墩的守备队，联合"扫荡"三叉河一带，屠杀几十人，烧毁民房。⑤

1898年的大"扫荡"之后，中南部只剩下：云林的柯铁、张吕赤、赖福来、黄才，有枪790支；嘉义温水溪的黄国镇、林添丁；十八重溪前大埔的阮振；凤山的林少猫。总督府对他们边镇压边诱降。从10月31日起，台中县日军大"扫荡"。11月12日，台中县知事木下、第2旅团长安东、台南县知事矶贝、第3旅团长高井等，集中到斗六密谋。儿玉总督对他们进行内部训示。⑥

讨伐战分三期进行，第一期讨伐范围以柯铁所占的云林为主。第二期以嘉义和黄国镇所据的温水溪山区为主。第三期以凤山岭的林少猫为主。⑦ 第一期讨伐战从11月12日至23日，第2旅团日军、第5宪兵队对台中县鹿港、嘉

① 台湾宪兵队编：《台湾宪兵队史》（下），王洛林总监译，海峡学术出版社2001年版，第268页。
② 台湾总督府警务局编：《台湾抗日运动史》（3），王洛林总监译，海峡学术出版社2000年版，第604页。
③ 台湾总督府警务局编：《台湾抗日运动史》（3），王洛林总监译，海峡学术出版社2000年版，第617页。
④ 台湾总督府警务局编：《台湾抗日运动史》（3），王洛林总监译，海峡学术出版社2000年版，第618页。
⑤ 台湾总督府警务局编：《台湾抗日运动史》（3），王洛林总监译，海峡学术出版社2000年版，第621页。
⑥ 台湾总督府警务局编：《台湾抗日运动史》（3），王洛林总监译，海峡学术出版社2000年版，第622页。
⑦ ［日］喜安幸夫：《台湾抗日秘史》，武陵出版有限公司1997年版，第154页。

义、苗栗、云林等地进行大"扫荡"。第二期从 11 月 27 日至 12 月 14 日,日军"扫荡"从嘉义到曾文溪左岸。第三期从 12 月 20 日至 27 日,日军"扫荡"番薯寮、淡水溪右岸、阿公店一带。

讨伐战开始的前一天,台中县知事向各专员公署发出谕告书,并令在 11 月 12 日到处张贴,招降各地义勇军。

12 月 3 日,在台中县斗六特设临时法院,跟随讨伐队逐渐南移。据总督府警务局统计,这次大"扫荡",日军抓捕 1845 人、杀害 2043 人,收缴枪支 1437 支,烧毁 3007 户房屋。准许"归顺"的抗日战士,台中县有 932 人,台南县有 297 人。临时法院受理的案件只有 134 件,被起诉人员 51 人。[1] 实际屠杀情况,远超过总督府所公布的数字。

1899 年 1 月,台中、南投、员林三个专员公署进行联合搜查。4 月 12 日,公馆派出所 5 名巡察,去吴厝庄逮捕王员,枪杀其兄王文进。[2] 5 月 4 日夜,数人进入梧棲港里的"大义丸"轮船,抢走 880 圆及其他物品。[3] 10 月 26 日,数十人袭击苗栗邮电局,烧毁邮局和 200 个邮件。[4] 11 月上旬,张程材等 40 人袭击苗栗后里派出所,击伤 2 名巡察。[5] 12 月 26 日夜,徐阿文等 30 多人,攻占苗栗邮局,打伤巡察宪兵各 1 人。[6]

1900 年 1 月 23 日,约 60 人袭击苗栗后垅邮局,抢走 790 圆、存折 27 册、步枪 3 支等。[7] 4 月 10 日,义勇军袭击大肚下堡湖口轻便停车场,击毙副场长冈村,击伤 2 名日本员工。[8]

---

[1] 台湾宪兵队编:《台湾宪兵队史》(下),王洛林总监译,海峡学术出版社 2001 年版,第 300—302 页。

[2] 台湾总督府警务局编:《台湾抗日运动史》(3),王洛林总监译,海峡学术出版社 2000 年版,第 650 页。

[3] 台湾总督府警务局编:《台湾抗日运动史》(3),王洛林总监译,海峡学术出版社 2000 年版,第 650 页。

[4] 台湾总督府警务局编:《台湾抗日运动史》(3),王洛林总监译,海峡学术出版社 2000 年版,第 654 页。

[5] 台湾总督府警务局编:《台湾抗日运动史》(3),王洛林总监译,海峡学术出版社 2000 年版,第 655 页。

[6] 台湾宪兵队编:《台湾宪兵队史》(下),王洛林总监译,海峡学术出版社 2001 年版,第 273 页。

[7] 台湾总督府警务局编:《台湾抗日运动史》(3),王洛林总监译,海峡学术出版社 2000 年版,第 655 页。

[8] 台湾总督府警务局编:《台湾抗日运动史》(3),王洛林总监译,海峡学术出版社 2000 年版,第 652 页。

8月下旬，受到祖国大陆义和团反帝斗争的鼓舞，葫芦墩巡察补魏春木、陈兴、李阿文、林仔呆、张仔喜、林红毛、林阿凤密谋发展抗日组织，准备发动抗日起义，但很快即被破获。[1]

9月28日，大墩（台中）近郊头汴坑的詹阿瑞等70余人，袭击苗栗苑里派出所，击伤巡察渡边惟善。[2] 赖阿来带领200多人出没于头汴奥横坑庄一带，准备袭击大墩市区。台中守备兵1小队、50多名巡察宪兵，于1900年12月5日拂晓突袭横坑庄附近山岭，义勇军短暂抵抗后撤离。[3]

台中日军在头汴坑深山鹿肚坑遭遇义勇军60余人，激战多时。1901年2月1日，詹阿瑞所部与赖阿来部300余人，在竹仔坑里的猴洞坑集合，准备攻打大墩街。他们散发传单《革命歌》：

> 此次动兵，奉旨而行：事有纪律，约束严明，义师伐罪，奠安台澎。救民脱苦，惟倭是征。定集人民，雪恨复清！降者便安，协力原情，谕尔大众：万勿心惊！各宜共志，早救生灵！[4]

台中专员公署把巡察布置在阿罩雾，以阻止从山上下来的义勇军。2月2日拂晓，台中守备队、宪兵、巡察就包围搜索这一带12里的山谷。但是，义勇军已于昨晚下山，21点则突然出现在大墩北门。詹阿瑞、詹阿苔带30多人进攻大墩街北端，赖阿来率部攻击卫戍医院，陈阿全、庄禄率250多人攻击北门炮兵队。詹阿瑞在大墩街内散发告示，号召人民"雪恨复清"。1小时后，义勇军退入汴坑山。此役，击毙日军官兵8人，击伤5人。[5]

1902年7月6日，日阿拐率领少数民族民众突然攻打南庄支厅。潜藏在马那邦社的詹阿瑞、詹恶人、江火炉等参加了这场战斗。他们还与栋东上堡詹其富等数十人保持密切联系。10月初，大湖支厅长宇野英种带巡察在罩兰逮捕詹

---

[1] 台湾总督府警务局编：《台湾抗日运动史》（3），王洛林总监译，海峡学术出版社2000年版，第653页。

[2] 台湾总督府警务局编：《台湾抗日运动史》（3），王洛林总监译，海峡学术出版社2000年版，第656页。

[3] 台湾宪兵队编：《台湾宪兵队史》（下），王洛林总监译，海峡学术出版社2001年版，第282页。

[4] 黄玉斋：《台湾抗日史论》，海峡学术出版社1999年版，第272页。

[5] 台湾宪兵队编：《台湾宪兵队史》（下），王洛林总监译，海峡学术出版社2001年版，第283—286页。

其富、詹其忠等 15 人，押回大湖。40 多人在竹桥头阻击宇野一伙，救出詹其富等 15 人。詹其富等到马那邦社与詹阿瑞部会合，达到上百人。日军非常担心汉族与少数民族联合抗日。①

10 月 10 日，总督府向第二旅团下达讨伐马那邦社的命令。第二旅团以步兵三个中队、炮兵和工兵各一个中队组成讨伐队，以第四大队长青木中佐为队长。从 12 日到 22 日，日军入山"扫荡"。在炮击大、小栋山后，日军驱赶保甲壮丁、隘丁入山搜捕。詹阿瑞、詹恶人率百余人，联合高山族上百壮丁一起抵抗，击毙日军官兵 11 名、击伤 27 名。②

11 月 11 日，总督府命令第二旅团再次进行讨伐。从 11 月 18 日到 12 月 3 日，日军对大安溪沿岸山地进行大搜捕。11 月 20 日，在白布帆山，义勇军击毙 1 名日兵。11 月 23 日，在大缺山，少数民族战士毙伤山田中尉等 6 名官兵。日军烧杀抢掠，给义勇军造成很大困难。1903 年，詹恶人被巡察捕获。③

彰化、南投、云林（斗六）地区的武装抗日活动

彰化义勇军有陈憨番、陈炉、萧石生（星）、郑觅罗、陈得、陈富、洪妈迫、周福等部；南投山区义勇军有陈发、陈猜、陈旺、陈本、李鹿、洪鸟新、庄禄、黄致富、林清、林溪、吴振生等部；云林有柯铁（铁虎），打猫的简义，草鞋墩的洪秀清，溪边厝（今东和）的陈文晁（旻），西螺的廖景琛，他里雾（今斗南）的黄丑（荣邦）、简大肚（精华），斗六张吕赤、张大猷、黄才、赖福来、何万力等部。

义勇军主要活跃在大坪顶、埔里社、刺桐巷等地。大坪顶在斗六街东南 30 多里处，山中村落是柯铁家族世代居住之地。简义（宜）是刘永福部下，日军攻占台南后，来到大坪顶山寨。④ 从台湾返回厦门等地的抗日战士，不断向这里密运饷械。至 1902 年 8 月止，中部义勇军以此为中心，坚持抗日达 6 年

① 台湾总督府警务局编：《台湾抗日运动史》（3），王洛林总监译，海峡学术出版社 2000 年版，第 666、667 页。
② 台湾总督府警务局编：《台湾抗日运动史》（3），王洛林总监译，海峡学术出版社 2000 年版，第 668—675 页。
③ 台湾总督府警务局编：《台湾抗日运动史》（3），王洛林总监译，海峡学术出版社 2000 年版，第 676—681 页。
④ 台湾宪兵队编：《台湾宪兵队史》（下），王洛林总监译，海峡学术出版社 2001 年版，第 219 页。

之久。

1896 年 1 月 13 日夜，大坪顶义勇军袭击十川中尉、石川少尉带领的侦察兵，毙伤各 1 名。日军狼狈逃离。①

2 月 1 日，守备队、巡察、宪兵开始在云林检查户口，收缴武器，肆意屠杀。简义乘机号召民众起来抗日。6 月 10 日，新任云林支厅长松村雄之进抵达斗六，第二师团的斗六守备队也与第四师团的一个中队换防，古市大尉前来防守云林。② 简义、柯铁等认为时机已到。5 月 15 日，他们率 700 多人包围南投街。南投街只有山田大尉率领的一个中队 80 人和宪兵队。去台中街求援的两名日兵，在途中被击毙。第二批派出的两名日兵，有一个逃到台中。此时，台中街也被义勇军攻击，只派两个小队携带 2 门山炮增援南投。③

6 月 10 日，柯铁率 600 多人下山袭击斗六街。6 月 13 日深夜，大坪顶义勇军潜入斗六街，袭击军中小卖部。云林支厅守备队抓捕街内潜伏的 21 人。6 月 14 日晨，中村中尉率士兵 20 多人、支厅官员 3 人，前去大坪顶侦察。柯铁率众出击，8 名日兵逃回，其余都被击毙。云林支厅急忙向台中守备队求援。④

随后，简义、柯铁等千余人到大坪顶集会，以三牲祭天，改元天运元年，右边竖起"祷捷上帝"旗帜，左边竖立"奉清征倭"旗帜，改大坪顶为铁国山。柯铁等公推简义为首，称"九千岁爷"。柯铁及其五兄弟、刘狮、杨胜、陈文晃（旻）、黄丑、柯龙波、张吕赤、张吕良、张大猷、黄才、赖福来、黄猫选（黄猫仙）等 17 人为"十七大王"。他们飞檄台北、台南，号召共同抗日。⑤ 他们计划先攻取斗六，接着席卷彰化、台中。此时，简义所部有枪1300 支。⑥

中南部义勇军也受到台东守将刘德杓的鼓舞。5 月 18 日，恒春支厅长相良长纲率日军侵入卑南，刘德杓率 200 多人在新开园应战。6 月 30 日，从花莲港

① 台湾宪兵队编：《台湾宪兵队史》（下），王洛林总监译，海峡学术出版社 2001 年版，第243 页。

② 台湾总督府警务局编：《台湾抗日运动史》（3），王洛林总监译，海峡学术出版社 2000 年版，第 684 页。

③ 台湾宪兵队编：《台湾宪兵队史》（下），王洛林总监译，海峡学术出版社 2001 年版，第223 页。

④ 台湾总督府警务局编：《台湾抗日运动史》（3），王洛林总监译，海峡学术出版社 2000 年版，第 685 页。

⑤ ［日］喜安幸夫：《台湾抗日秘史》，武陵出版有限公司 1997 年版，第 105、106 页。

⑥ 黄玉斋：《台湾抗日史论》，海峡学术出版社 1999 年版，第 219 页。

登陆的日军包围新开园。刘德杓逃入云林山中，发布抗日檄文。① 后来，刘德杓投奔铁国山，担任军师。

接报后，第二旅团长高桥令大队人马从台中增援云林。6 月 16 日，益田中佐率第四联队进入斗六。第 3 大队队长佐藤常政少佐率两个中队驻守斗六，代替古市大尉指挥守备队。18 日，松居大队进攻溪边厝一带，与佐藤大队夹击大坪顶。此时，义勇军已撤离。19 日至 22 日，日军各队分路"扫荡"斗六东南各庄。21 日晚，松居大队儿玉中尉率一个中队"扫荡"林圯埔东面山坪顶、劳水坑。②

云林支厅官员全部武装从军，且十分凶残。支厅长松村声称："云林管下无良民。""把顺良的村庄断定为'土匪'窝，进行焚毁，还亲自率领一多半厅员参加讨伐，这反而导致了土著民激愤。"③ 16 日至 23 日，各处日军都大肆烧杀。据日军统计，计焚毁村庄 56 个，烧毁 4925 户民房，屠杀民众无数。其中，斗六街及石龟溪庄受害最惨重。庵古坑村距大坪顶十几里，村民杀猪宰鸡迎接日军，却被屠村。附近的梅子坑村也被日军杀光。儿玉中队自林圯埔向南撤回云林时沿途纵火，九芎林、石榴班、海丰仑等村尽成焦土。日军滔天罪恶遭到国际舆论抨击。④

"扫荡"结束，第 4 联队立即返回台中，云林仍由古市大尉的一个中队防守。

从 6 月 23 日开始，简义、柯铁率众从林圯埔发动反击。第二天，他们攻打斗六街数小时。26 日，警察署长调麦寮派出所巡察驰援斗六。27 日，50 余人攻打林圯埔宪兵屯所。中村少尉率一小队日军从埔里社来援。28 日，义勇军攻占林圯埔，日军逃向斗六、埔里社。此役，击毙 4 名日兵，打伤 7 名。⑤

此时，各地复仇民众纷纷起来。简义、陈水仙、陈文旻、黄猫选、张吕

① ［日］竹越与三郎：《台湾统治志》，博文馆 1905 年版，第 155 页。

② 台湾总督府警务局编：《台湾抗日运动史》（3），王洛林总监译，海峡学术出版社 2000 年版，第 685 页。

③ 台湾总督府警务局编：《台湾抗日运动史》（3），王洛林总监译，海峡学术出版社 2000 年版，第 691 页。

④ 台湾总督府警务局编：《台湾抗日运动史》（3），王洛林总监译，海峡学术出版社 2000 年版，第 685 页。

⑤ 台湾宪兵队编：《台湾宪兵队史》（下），王洛林总监译，海峡学术出版社 2001 年版，第 256 页。

赤、张大猷所部义勇军迅速发展到万人以上，拥有 7000 多支枪。①

6 月 29 日拂晓，陈发（法）等率五六百名民众，突袭集集街妈祖庙里的日本宪兵屯所，激战数小时。日军从庙里逃向后山，仍被围歼。此役，宪兵曹长久间友太郎等 13 人被击毙，从埔里社宪兵分队来的岛田荣五郎也被击毙。②

6 月 29 日，义勇军袭击南斗。佐藤常政少佐率两个中队从嘉义去斗六街。台中县警部隈本祯三率 10 名巡察也赶到斗六。6 月 30 日凌晨，陈发、简义等率 600 多人突袭斗六。③ 天亮后，围城者增至两千多人，枪支不够，就手拿锄头、镰刀、竹矛。佐藤常政、松村、古市大尉率日军负隅顽抗，四处纵火。傍晚，佐藤常政见义勇军攻进市区，便下令撤退。义勇军在斗六街秋毫无犯。陈发对众人说："我等苦倭者，杀掠耳，而效之，是一倭去，一倭来也，其戒之！"

陈发率众追至北斗沟，击毙中尉田岛等。陈发奋勇当前，也中枪牺牲。陈发行动踪迹遍于全岛，有很多抗日同志，原计划乘胜直捣台北。他死后，部众心灰散去。北斗人陈憨翻（番）另组人马继承陈发的事业。陈憨翻联合社头人萧石星（生）等攻打彰化。④

佐藤常政、石冢上尉率军逃到埔里社。松村支厅长、隈本祯三警部率另一半人马逃到刺桐巷后，刺桐巷兵站支部也跟随他们连夜逃向北斗。原田警部率一部分日军逃向大莆林。7 月 1 日，松村去台中，隈本警部则留守北斗街。云林支厅城墙薄弱，佐藤常政又率日军经他里雾，逃向大莆林（今大林）。⑤

7 月 2 日，陈钗、陈越兄弟率众再次攻打南投街，队长松居率守备队退居土豪房屋中固守待援。⑥ 久芳少佐带一个大队、从台中来的联队长今桥中佐先后进入北斗。今桥令久芳大队去援助南投的松居大队。7 月 4 日拂晓，义勇军再次攻打北斗，击毙守备队长宫永等 3 人。守备队逃到彰化。陈憨翻、萧石星

① 黄玉斋：《台湾抗日史论》，海峡学术出版社 1999 年版，第 220 页。
② 台湾总督府警务局编：《台湾抗日运动史》（3），王洛林总监译，海峡学术出版社 2000 年版，第 595 页。
③ 洪弃生：《瀛海偕亡记》，黄哲永、吴福助编：《全台文》24 卷，文听阁图书有限公司 2007 年版，第 36 页。
④ 洪弃生：《瀛海偕亡记》，黄哲永、吴福助编：《全台文》24 卷，文听阁图书有限公司 2007 年版，第 38、40 页。
⑤ ［日］竹越与三郎：《台湾统治志》，博文馆 1905 年版，第 155 页。
⑥ 台湾总督府警务局编：《台湾抗日运动史》（3），王洛林总监译，海峡学术出版社 2000 年版，第 595 页。

等部相继攻克员林、永靖，巡察也逃向彰化。7月5日凌晨，久芳大队从北斗出发，中午到达南投街西边山岭上，用山炮轰击。城内日军乘机出击，抓捕民众50人，烧毁周围村庄。日军退向大墩。①

此时，鹿港守备队长吉弘少佐所部500人，宪兵分队长占部末太郎率30名宪兵、17名巡察，高度戒备。7月5日，山口书记官批准辜显荣招募千余壮丁。② 彰化的儿玉大尉告急，吉弘少佐率500壮丁赴彰化，令中队长岩井留守鹿港。7月7日，刘狮、杨胜率600余人分三路进攻鹿港。7月8日晨，500余人冲向北斗街道的第六中队前哨，60多人攻打鹿港溪右岸西势庄。最后，600多人先后攻入鹿港市区。日军烧毁500多家房屋。③ 此时，部分壮丁突然向日军开火。吉弘少佐率20多日兵从彰化赶来。义勇军撤离。此役，义勇军牺牲200多人，击毙岩井大尉、奥中尉等十几人。④

一时间，中部各地民众纷纷起来抗日。7月9日，清水溪庄石闹率众攻克集集街。日军部分退向南投，部分退向埔里社。义勇军乘势进入五城堡，并威慑埔里社。埔里社设有支厅、宪兵部、守备队、警察署。义勇军在相距30里的头社准备进围埔里社。守备队长石塚大尉派出一个小队和41名宪兵，前去侦察。在头社的水社湖畔，黄铜率高山族与汉人27人，击毙日军20多人。日军退回埔里社。不久，日军警、商工等600多人从埔里社逃向北港溪，与该地守备队加藤中队会合。义勇军追踪围困7天。⑤

7月11日，义勇军攻克刺桐巷、大莆林等地。至此，彰化以南到大莆林之间，已无日军日吏了。⑥

日军在台中重新编组讨伐队，今桥任司令官。7月6日，左翼讨伐队队长松居率部从台中出发。7月7日，今桥率讨伐队赴彰化。7月8日，讨伐队从彰

① 台湾总督府警务局编：《台湾抗日运动史》(3)，王洛林总监译，海峡学术出版社2000年版，第599页。
② 台湾总督府警务局编：《台湾抗日运动史》(3)，王洛林总监译，海峡学术出版社2000年版，第596、597页。
③ 洪弃生：《瀛海偕亡记》，黄哲永、吴福助编：《全台文》24卷，文听阁图书有限公司2007年版，第41页。
④ 台湾宪兵队编：《台湾宪兵队史》（下），王洛林总监译，海峡学术出版社2001年版，第227、228页。
⑤ 洪弃生：《瀛海偕亡记》，黄哲永、吴福助编：《全台文》24卷，文听阁图书有限公司2007年版，第41、42页。
⑥ 台湾总督府警务局编：《台湾抗日运动史》(3)，王洛林总监译，海峡学术出版社2000年版，第596页。

化到北斗时，在员林街遭到 800 人阻击。日军猛攻，义勇军退向南方。9 日晨，铃田少佐带步兵两队急赴鹿港。10 日，日军进入北斗街，三四百义勇军边抵抗边撤离，毙伤日兵 3 名。之后，讨伐队转向云林。①

7 月 12 日，松居率日军到达南投街。南投宪兵去集集街侦察，受到 50 多人袭击。今桥司令官令铃田少佐率两个中队与南来的佐藤少佐在他里雾会合。7 月 13 日，今桥率日军从刺桐巷出发。铃田、佐藤率两队从他里雾南北分道进军。三路日军进入斗六街。义勇军猛攻斗六东南部，被日军榴霰弹击溃，撤向大坪顶。斗六街大半烧毁，死尸遍地。② 在斗六街一带，日军在数日之间烧毁 60 多个村庄，屠杀 6000 多人。西方传教士和报纸都愤怒声讨日军日警的兽行。③

7 月 14 日，内藤、松居、今桥各队日军，分三路会攻林圯埔。简义等率义勇军顽强抵抗后，从林圯埔退回大坪顶。

7 月 17 日，石塚、加藤率日军反扑，击溃八幡的义勇军。日军开始攻打埔里社。义勇军击毙弓削中尉、击伤日兵一名，撤离埔里社。第二天，松居少佐率队来到埔里社，烧毁所有村庄，屠杀数十人。④

7 月 18 日，铃田队和内藤队夹击铁国山。内藤队从二坪顶炮击大坪，另一队则从左侧高丘进攻。简义、柯铁等率义勇军从山上猛烈反击。当夜，两队日军攻占大坪顶。义勇军退向深山。⑤

两次大规模血腥屠杀，暴露了殖民者的狰狞面目。为了挽回民心和国际观瞻，9 月初，总督府内务部长古庄嘉门到斗六，安抚流民、赈贫，建立联庄保甲制度。9 月 6 日，他劝告铁国山首领简义投降，许以不死。⑥ 接着，隈本支厅长、辜显荣等绅士，陆续前去劝降。10 月 24 日，简义等一千几百人下山投降。

---

① 台湾总督府警务局编：《台湾抗日运动史》（3），王洛林总监译，海峡学术出版社 2000 年版，第 599、600 页。

② 台湾总督府警务局编：《台湾抗日运动史》（3），王洛林总监译，海峡学术出版社 2000 年版，第 689 页。

③ ［日］藤崎济之助：《台湾史与桦山大将》下卷，（北京）全国日本经济学会译，海峡学术出版社 2003 年版，第 559 页。

④ 台湾总督府警务局编：《台湾抗日运动史》（3），王洛林总监译，海峡学术出版社 2000 年版，第 600 页。

⑤ ［日］喜安幸夫：《台湾抗日秘史》，武陵出版有限公司 1997 年版，第 111 页；黄玉斋：《台湾抗日史论》，海峡学术出版社 1999 年版，第 220 页。

⑥ ［日］竹越与三郎：《台湾统治志》，博文馆 1905 年版，第 156 页。

不久，简义在家中被刺杀。

简义投降后，柯铁被推为铁国山总统，坚持抗日。日军退出铁国山后，柯铁率部重回铁国山。11 月 25 日，柯铁向斗六一带颁发《晓谕》说：

> 奉天征倭镇守台湾铁国山总统各路义勇军柯，为晓谕事……罔料去年日贼来侵疆土，我民俱思清官已去，唯望平治，尽皆归降。不意此贼大非人类，任意肆虐，无大小之罪，无善恶之分，无黑白之辨，唯嗜杀戮，拿之即决，烧庄毁社，污辱妇女，种种非法难以尽拟。本总统等目击不平，爰乃招英雄，聚镇铁国山，与伊抗拒，誓欲灭彼朝食，克复台湾，实为我台湾生灵遭此荼毒，并非有希图渔利也。……天运元年十月二十七日①

此时，铁国山有柯铁、黄才、张吕赤、赖福来、陈发、陈文晃、张大猷、刘德杓、黄猫选（仙）、陈水仙、蔡知、简大肚、张吕为、林朝海、柯万、陈提、刘荣、曾越、刘臭献、钟祐、刘文桔等首领，官兵众多。为解决粮饷问题，铁国山向云林、打猫附近民众征收一九税（征收收获的十分之一）。②

铁国山义勇军四出游击，不断打击日寇。12 月 1 日，在北斗社头街附近，萧石生部义勇军阻击偷袭的北斗、彰化巡察、宪兵，击毙一名巡察。③

乃木希典总督一再训令台中日军，积极准备"围剿"铁国山。12 月 12 日，联队长太田中佐接到了"第三次云林讨伐令"：重新编组第 2 旅团、宪兵、巡察，编成火力强大的讨伐队，三日内攻占铁国山。④

随后，大队日军开始攻打铁国山，以松居少佐为左翼、东卿少佐为右翼。12 月 13 日，在打猫东顶堡后头仔庄，义勇军包围大原少尉所率侦察队，打死 13 名日兵。14 日，右翼部队攻打打猫东顶堡吊境庄、二坪仔庄。义勇军据防

---

① 台湾宪兵队编：《台湾宪兵队史》（下），王洛林总监译，海峡学术出版社 2001 年版，第 235 页。
② 台湾宪兵队编：《台湾宪兵队史》（下），王洛林总监译，海峡学术出版社 2001 年版，第 235、238 页。
③ 台湾总督府警务局编：《台湾抗日运动史》(3)，王洛林总监译，海峡学术出版社 2000 年版，第 607 页。
④ 台湾宪兵队编：《台湾宪兵队史》（下），王洛林总监译，海峡学术出版社 2001 年版，第 237 页。

御工事阻击。左翼部队用步兵炮轰击大坪顶北面，大部集中到崁头厝。15 日，东卿大队在二坪仔庄南部与义勇军对峙。平冈中队主力则向铁国山南麓樟湖庄进攻，同时派一小队向龙眼林出击。义勇军包围这一小队日军，激战多时，日军逃向梅仔坑。讨伐队又把平冈中队等调到了崁头厝。18 日，日军从湖仔寮方面进攻，在西边找到进攻的山路。19 日，松井大队在大坪顶西侧山遇到悬崖。①

12 月 22 日，旅团长田村少将、参谋长宫本照明率司令部从台中去斗六。奥宫少佐率第十八联队的炮兵一小队骑兵一小队，来到崁头厝。23 日，日军在湖仔寮东北高地设置炮兵阵地，猛轰铁国山。24 日，太田下达作战部署。台中的第四联队第三大队全部抵达斗六，把联队本部设在崁头厝。②

12 月 25 日 3 点半，日军开始总攻。7 点以后，桥本大尉率一个中队、奥宫少佐带一个中队、松井率两个中队，终于冲上大坪顶。义勇军退向都亭尾。③这天，义勇军打死日兵 3 名，打伤 10 名官兵。④

29 日，柯铁率义勇军在都亭尾伏击东卿队的追击，毙 11 人、伤 20 人，撤到温水溪后大埔。⑤ 此时，铁国山义勇军仍有枪 2500 支。日军在斗六和林圯埔各驻一个大队，防止铁国山义勇军再兴。⑥

1897 年 1 月 9 日，廖阿烧、陈天德等在南投大南庄狙击 12 名巡察。⑦ 1 月 11 日，数十人袭击二林街宪兵屯所。第二天，这些人又袭击番挖派出所。1 月 30 日夜，林暗弄带领几十人袭击北斗街。⑧ 2 月 1 日，北斗宪兵屯所小野曹长带领 10 名宪兵、十几名巡察偷袭溪洲庄。郑岩、郑蓝率部抵抗，二郑牺牲，其

---

① 台湾宪兵队编：《台湾宪兵队史》（下），王洛林总监译，海峡学术出版社 2001 年版，第 238 页。
② 台湾宪兵队编：《台湾宪兵队史》（下），王洛林总监译，海峡学术出版社 2001 年版，第 239 页。
③ 洪弃生：《瀛海偕亡记》，黄哲永、吴福助编：《全台文》第 24 卷，文听阁图书有限公司 2007 年版，第 46 页。
④ ［日］竹越与三郎：《台湾统治志》，博文馆 1905 年版，第 156 页。
⑤ 台湾总督府警务局编：《台湾抗日运动史》（3），王洛林总监译，海峡学术出版社 2000 年版，第 693 页。
⑥ 黄玉斋：《台湾抗日史论》，海峡学术出版社 1999 年版，第 221 页。
⑦ 台湾总督府警务局编：《台湾抗日运动史》（3），王洛林总监译，海峡学术出版社 2000 年版，第 603 页。
⑧ 台湾宪兵队编：《台湾宪兵队史》（下），王洛林总监译，海峡学术出版社 2001 年版，第 253 页。

他人逃走。① 2月16日，北斗分署长大野率巡察到武东堡社头街抓捕萧石生。萧石生逃到浊水溪畔，被追赶的巡察斩杀。②

3月，张吕赤在打猫东下堡大崎脚，陈仔裕在同堡松仔脚，时常聚众出击深坑仔庄、竹头崎、冻仔脚、梅仔坑、大莆林、过溪庄等地宪兵站、巡察派出所。浍水溪、番仔山、九重桥等皆有铁国山抗日战士出没。南投宪兵巡察多次遭到袭击，多人被击毙。

本愿寺派藤本周宪巡游林圯埔、埔里社等地布道。6月3日，藤本周宪乘轿从龟仔头去台中，途中被民众击毙。③

6月13日，林圯埔宪兵驻屯所长田麟三郎去云林，途中被陈母知、陈训等24人击毙。④ 6月25日（一说15日），南投宪兵屯所井上利太郎等4个宪兵去侦察崁斗庄，被陈母知等50多人袭击，一死一伤。⑤

7月13日，云林宪兵吉田源作等4人前去沙里庄抓捕高有福。高有福当场击毙吉田。7月27日，云林守备队一小队、11名宪兵，包围斗六堡麻园庄，逮捕林贯、林凤、林连春等9人，屠杀其中6人。⑥ 在武东堡廊下庄，林银等20多人阻击南投宪兵与巡察。最后，林银、陈云等3人被捕。⑦

9月6日，简水旺等10余人袭击北冈率领的云林守备兵。9月21日，日军攻打苦苓脚山上的柯铁所部，简知高牺牲。10月10日，云林守备队佐佐木大尉率95名日兵、十几名宪兵包围亭厝林仔头庄，逮捕105人，当场屠杀6人。10月16日，200余人袭击了斗六。⑧

---

① 台湾宪兵队编：《台湾宪兵队史》（下），王洛林总监译，海峡学术出版社2001年版，第258页。

② 台湾总督府警务局编：《台湾抗日运动史》（3），王洛林总监译，海峡学术出版社2000年版，第608页。

③ 台湾宪兵队编：《台湾宪兵队史》（下），王洛林总监译，海峡学术出版社2001年版，第267页。

④ 台湾宪兵队编：《台湾宪兵队史》（下），王洛林总监译，海峡学术出版社2001年版，第294页。

⑤ 台湾宪兵队编：《台湾宪兵队史》（下），王洛林总监译，海峡学术出版社2001年版，第257页。

⑥ 台湾宪兵队编：《台湾宪兵队史》（下），王洛林总监译，海峡学术出版社2001年版，第294、295页。

⑦ 台湾宪兵队编：《台湾宪兵队史》（下），王洛林总监译，海峡学术出版社2001年版，第257页。

⑧ 台湾总督府警务局编：《台湾抗日运动史》（3），王洛林总监译，海峡学术出版社2000年版，第694页。

10 月 19 日夜，张水旺等率 50 多人袭击员林公署，激战 15 分钟后撤离。不久，员林公署巡察在武东堡圳心庄捕杀张顶、张杨喜、张火轮，只有张水旺逃脱。① 11 月 11 日，饭田大尉率云林一个中队、13 名巡察宪兵，包围连菜庄，屠杀 3 人，逮捕 49 人。②

柯铁、陈水仙等 600 余人到触口山，修筑堡垒，准备大战。11 月 21 日，柯铁、柯能波、张吕赤等袭击大坪顶及崁头厝，被日军击退。11 月下旬，柯铁致信云林守备队说："本月 28 日将在嘉义街举行恳亲大会，务请光临！"他每晚派 20 名战士到嘉义街附近鸣枪示威。

12 月 4 日，云林的饭田大尉率一个小队，与林坦埔一个中队和一个小队，合力进攻触口山。柯铁等率义勇军抵抗一天。12 月 6 日，云林守备队第七中队来援，义勇军仍抵抗。嘉义一个中队再来。12 月 9 日，台中守备队派来步兵 2 个中队、炮兵 3 个小队等。12 月 11 日，日军先炮击，然后两翼包抄。义勇军据险反击，打伤日兵 6 人。日军攻上触口山顶，义勇军撤离。撤离途中，牺牲 12 人，受伤 50 多人，被捕 25 人。③

1898 年 1 月，柯铁与陈水仙、刘德杓等会合，有枪 600 支，在山中大鞍庄安设两三门旧式大炮。2 月 17 日、18 日，第二旅团第三联队派两小队和 20 名宪兵前来侦察。④ 3 月 5 日，林坦埔 30 名日兵和 6 名宪兵出来搜索，与上百人短暂交战。⑤ 3 月 9 日，第 2 旅团第 4 联队进入林坦埔，分成右、中、左三队前进。3 月 10 日，松原少佐率右翼日军经过番仔田时，被 30 多人袭击，3 人被击毙，11 人负伤。3 月 11 日，日军三面围攻大鞍庄。林德杓、林发在前线指挥，击毙日军 8 人击伤 16 人。日军先炮击大鞍庄，随后攻占。义勇军向南进入大山。⑥

3 月 23 日，在南投东边的东势角、中寮，义勇军 60 多人袭击 10 名巡逻宪

---

① 台湾宪兵队编：《台湾宪兵队史》（下），王洛林总监译，海峡学术出版社 2001 年版，第 262 页。
② 台湾总督府警务局编：《台湾抗日运动史》（3），王洛林总监译，海峡学术出版社 2000 年版，第 694 页。
③ 黄玉斋：《台湾抗日史论》，海峡学术出版社 1999 年版，第 221 页。
④ 黄玉斋：《台湾抗日史论》，海峡学术出版社 1999 年版，第 222 页。
⑤ 台湾宪兵队编：《台湾宪兵队史》（下），王洛林总监译，海峡学术出版社 2001 年版，第 271 页。
⑥ 台湾宪兵队编：《台湾宪兵队史》（下），王洛林总监译，海峡学术出版社 2001 年版，第 265、307、308、309 页。

兵，击毙 3 人。翌日，义勇军又伏击了前来收尸的巡察、宪兵。①

4 月 15 日，邮局职员益田英也携带 5560 圆，在从斗六去林圯埔途中被击毙。② 5 月 12 日，义勇军 40 多人与二八水庄宪兵交战。北斗 11 名宪兵来援，义勇军退向触口山。③ 6 月 1 日，程宾率众袭击西螺埔心庄宪兵屯所，击毙所长原田。④

因行政区域改变，斗六监狱被撤销，关押的 64 名抗日战士要移送到台中监狱。6 月 22 日，一小队守备兵、宪兵、巡察押送 64 人从斗六街出发，在去下麻园庄的途中，遭到义勇军 60 余人两次激烈地袭击。义勇军牺牲 6 人，打死电信技工一人，退向刺桐庵。⑤ 6 月 29 日，陈启明率 80 余人袭击姜仑派出所，击毙所长草家兔一、中村敦，烧毁派出所文件和宿舍。⑥

7 月 23 日，北斗福田定吉等 3 名宪兵巡逻，在下水埔庄的溪底遭到数人袭击。⑦ 7 月 27 日，廖阿烧、林泉所部 50 多人袭击南投街。⑧ 集集街 2 名宪兵护送邮递员去南投街，途中被几十人袭击，宪兵若井被击毙。⑨ 7 月 29 日，廖阿烧指挥 80 余人袭击员林皮仔寮派出所。社头派出所长諏访带 10 余巡察来援，在土地公崎庄丘顶被击毙 2 名巡察。廖阿烧负伤后被杀。⑩ 义勇军从福建购买武器，从麦寮西港登陆，经过埔心庄运到大坪。8 月 1 日，西螺驻

① 台湾总督府警务局编：《台湾抗日运动史》（3），王洛林总监译，海峡学术出版社 2000 年版，第 605 页。

② 台湾宪兵队编：《台湾宪兵队史》（下），王洛林总监译，海峡学术出版社 2001 年版，第 266 页。

③ 台湾宪兵队编：《台湾宪兵队史》（下），王洛林总监译，海峡学术出版社 2001 年版，第 260 页。

④ 台湾宪兵队编：《台湾宪兵队史》（下），王洛林总监译，海峡学术出版社 2001 年版，第 445 页。

⑤ 台湾总督府警务局编：《台湾抗日运动史》（2），王洛林总监译，海峡学术出版社 2000 年版，第 453 页。

⑥ 台湾总督府警务局编：《台湾抗日运动史》（3），王洛林总监译，海峡学术出版社 2000 年版，第 771 页。

⑦ 台湾宪兵队编：《台湾宪兵队史》（下），王洛林总监译，海峡学术出版社 2001 年版，第 260 页。

⑧ 台湾宪兵队编：《台湾宪兵队史》（下），王洛林总监译，海峡学术出版社 2001 年版，第 299 页。

⑨ 台湾宪兵队编：《台湾宪兵队史》（下），王洛林总监译，海峡学术出版社 2001 年版，第 271 页。

⑩ 台湾总督府警务局编：《台湾抗日运动史》（3），王洛林总监译，海峡学术出版社 2000 年版，第 613 页。

屯所长原田广次率 9 名宪兵，去搜查埔心庄，遭到上百人阻击，原田被击毙。[①]

8 月 9 日，数十人在集集堡柴桥头庄击毙南投官吏川上属。8 月 11 日，在沙连堡二城庄，抗日民众将羌仔寮屯所门两名宪兵击毙。[②] 8 月 25 日，在九芎林庄，50 人袭击斗六驻屯所护送邮件去林圯埔的 5 名宪兵，击毙 2 人。[③] 9 月 9 日，上百人击毙梅仔坑驻屯所的宪兵 1 名。[④] 9 月 15 日，进藤大尉率云林守备兵一个中队进攻大崛寮崁头厝，遭到义勇军迎击。日军 6 人被击毙、7 人被击伤。[⑤] 9 月 26 日夜，在过溪仔庄（今彰化溪州乡），陈番薯部七八十人遭到北斗 8 名宪兵偷袭，陈番薯、蔡宗二人牺牲。[⑥]

10 月 10 日，从梅仔坑去大埔林巡逻的 3 名宪兵，在过溪庄被 80 多人袭击，1 名宪兵被击毙。[⑦] 10 月 13 日，上百人袭击彰化的宪兵，打伤 2 名。[⑧] 陈万发率 400 人袭击北斗路口厝派出所，击毙巡察部长小坂夫妻和 7 名巡察，俘虏 1 人。[⑨] 10 月 21 日，在员林施厝坪庄，义勇军数十人袭击皮仔寮派出所 10 名巡察，击毙一名。[⑩] 10 月 30 日，数百人袭击北斗二林派出所，击伤巡察 2 人。巡察逃向番挖派出所。11 月 1 日，数百人又包围番挖派出所，高举写着"云龙山陈""云龙山李"的两面大旗，毙伤巡察 3 名。11 月 2 日，北斗日兵、

---

① 台湾宪兵队编：《台湾宪兵队史》（下），王洛林总监译，海峡学术出版社 2001 年版，第 297 页。

② 台湾宪兵队编：《台湾宪兵队史》（下），王洛林总监译，海峡学术出版社 2001 年版，第 298 页。

③ 台湾宪兵队编：《台湾宪兵队史》（下），王洛林总监译，海峡学术出版社 2001 年版，第 298 页。

④ 台湾宪兵队编：《台湾宪兵队史》（下），王洛林总监译，海峡学术出版社 2001 年版，第 298 页。

⑤ 台湾总督府警务局编：《台湾抗日运动史》（3），王洛林总监译，海峡学术出版社 2000 年版，第 695 页。

⑥ 台湾宪兵队编：《台湾宪兵队史》（下），王洛林总监译，海峡学术出版社 2001 年版，第 261 页。

⑦ 台湾宪兵队编：《台湾宪兵队史》（下），王洛林总监译，海峡学术出版社 2001 年版，第 248、298 页。

⑧ 台湾宪兵队编：《台湾宪兵队史》（下），王洛林总监译，海峡学术出版社 2001 年版，第 298 页。

⑨ 台湾总督府警务局编：《台湾抗日运动史》（3），王洛林总监译，海峡学术出版社 2000 年版，第 609、610 页。

⑩ 台湾总督府警务局编：《台湾抗日运动史》（3），王洛林总监译，海峡学术出版社 2000 年版，第 613 页。

巡察来援。义勇军退向西螺、二林。①

11月13日，台中县知事木下传令斗六和北港公署长，利用台湾人进行诱降。这两个专员公署长令参事吴克明、街长郑芳春去劝降。吴克明二人向穷蕉庄的林新庆、斗六街的陈权、联芳庄的郑张海、大车庄的沈丁顺、海丰仑庄的林朝海发出劝降私函。15日，木下到斗六，令辜显荣、林武琛诱降柯铁。②

11月19日，柯铁部下陈权到斗六投降。截至当年12月31日，中部有932名义勇军被迫投降。③

但是，讨伐队仍然继续"围剿"屠杀。木下也只好撕下伪装，下令停止招降活动，继续军事镇压。柯铁、张吕萌、赖福来等数百人尚未招降。

12月8日，讨伐队进驻龙眼林。坂崎署长派今村、张吕良去小旗山劳水坑劝告柯铁。第二天，在桶头庄，张大猷代表柯铁与今村、张吕良见面，提出保留军队等10项"归顺"条件。12月11日，张大猷投降，但柯铁拒绝投降。④日军炮击触口山，并迅速攻占。陈水仙率五六十人退向东势坑。柯铁、蔡知率六七十人撤向清水溪上游。林发率部撤向番仔田庄。⑤

1899年1月，员林、南投、台中三专员公署联合搜查辖区，继续肆意捕杀民众，激起了反抗。

1月16日夜，在彰化南门外，两名民众击毙彰化的宪兵大村。⑥ 2月4日，在彰化下湖仔内庄，十余人阻击12名巡察，击毙1名。⑦ 2月5日，在员林大虎山脚下，义勇军袭击联合搜索队的羽山警部所部，毙伤巡察各2人。⑧ 2月

---

① 台湾总督府警务局编：《台湾抗日运动史》（3），王洛林总监译，海峡学术出版社2000年版，第611页。

② 台湾总督府警务局编：《台湾抗日运动史》（3），王洛林总监译，海峡学术出版社2000年版，第633页。

③ ［日］喜安幸夫：《台湾抗日秘史》，武陵出版有限公司1997年版，第160页。

④ 台湾总督府警务局编：《台湾抗日运动史》（3），王洛林总监译，海峡学术出版社2000年版，第697、698页。

⑤ 台湾宪兵队编：《台湾宪兵队史》（下），王洛林总监译，海峡学术出版社2001年版，第304页。

⑥ 台湾宪兵队编：《台湾宪兵队史》（下），王洛林总监译，海峡学术出版社2001年版，第273页。

⑦ 台湾总督府警务局编：《台湾抗日运动史》（3），王洛林总监译，海峡学术出版社2000年版，第647页。

⑧ 台湾总督府警务局编：《台湾抗日运动史》（3），王洛林总监译，海峡学术出版社2000年版，第636页。

12日，杨夫率17人袭击押送自己父亲的溪湖派出所巡察，击毙1人。①

2月17日，员林、南投、台中、彰化、鹿港等公署的日军、巡察进行联合搜查，肆意捕杀。

民政局长后藤新平派官员到中南部督促招降活动。3月中旬，陆军参谋泽井、总督府代表白井新太郎、宪兵队长，抵达斗六，招集嘉义、斗六两地富豪、绅士、街庄长开会，宣讲招降政策，在嘉义、斗六设置招降事务所。总督府令御用绅士出面答应义勇军的要求。3月11日，白井新太郎派张大猷去劝降柯铁。3月20日，南投陈蔡等80多人向南投宪兵请求"归顺"。②

集集山的陈旺、李林基、施慕、田荣、黄铜等部在埔里社一带游击。3月20日，久保中尉率日兵50多人和宪兵6人在集集山与陈旺等人短暂交火。③

3月23日，在桶头庄头山脚，白井新太郎举办柯铁"归顺"仪式。柯铁、张吕赤、赖福来率领400多人参加。④白井接受柯铁所提"归顺"条件：第一，为自卫及维持治安，允许四大头各保有30名部属。第二，总督府每月发给柯铁、张吕赤、赖福来、黄才各30圆，部下120人每人各10圆。第三，撤退驻铁国山的日军守备队，把此地还给柯铁。柯铁部下60人以云林为中心，南至嘉义东堡49庄，北至葫芦墩。张吕赤、赖福来、黄才各部活动于溪州、打猫、斗六等地。⑤

4月8日，柯铁部下陈六率40余人袭击芦竹塘派出所，激战40多分钟。⑥5月5日，鹿港巡察部长中岛率9名巡察、溪湖派出所巡察，袭击二林上堡詹厝庄。周福率十余人阻击，在撤退中牺牲。⑦5月10日夜，20多人在鹿港菜市头街打死宪兵横泽。7月15日，数十人袭击鹿港公署第二课。8月28日，80

① 台湾总督府警务局编：《台湾抗日运动史》（3），王洛林总监译，海峡学术出版社2000年版，第649页。
② 台湾宪兵队编：《台湾宪兵队史》（下），王洛林总监译，海峡学术出版社2001年版，第423页。
③ 台湾宪兵队编：《台湾宪兵队史》（下），王洛林总监译，海峡学术出版社2001年版，第275页。
④ ［日］竹越与三郎：《台湾统治志》，博文馆1905年版，第161页。
⑤ ［日］喜安幸夫：《台湾抗日秘史》，武陵出版有限公司1997年版，第158、160页。
⑥ 台湾总督府警务局编：《台湾抗日运动史》（3），王洛林总监译，海峡学术出版社2000年版，第645页。
⑦ 台湾总督府警务局编：《台湾抗日运动史》（3），王洛林总监译，海峡学术出版社2000年版，第649页。

多人袭击鹿港海关事务所，击毙工人二宫为治，抢走现金 97 圆。① 9 月 14 日，80 余人袭击南投公署，毙伤 3 人，抢走现金 6000 圆。② 10 月 17 日，一百几十人袭击员林分署，击毙 1 名巡察。③

10 月 19 日，在本田中佐指挥下，5 个中队分别从台中、埔里社、林圯埔三处兵营出发，80 名宪兵分别从南港溪和集集街推进，巡察 200 名也分两路出发，目标是集集大山。但是，义勇军早已撤离。④

在樟普寮庄和林仔庄之间的山腰，50 多人于 11 月 27 日击毙 2 名南投宪兵。⑤ 12 月 2 日，羌仔寮（鹿谷）宪兵队偷袭大水窟二城，企图抓捕陈子仁等人。义勇军反击，击毙 2 名宪兵。⑥

1900 年 2 月 9 日，柯铁在石椎仔尾庄石洞里病逝。铁国山义勇军分成几部分，分别由柯合、简水寿、沈水火、赖福来带领。简水寿年长多谋，部属最多，仍然以打猫东顶堡椎仔岭为基地。斗六专员公署长熊谷通过参事吴克明、李昌等游说义勇军下山，但简水寿、刘荣、高水顺等有所疑虑。

3 月 9 日，在苦苓脚柯合住宅前，根津中尉指挥崁头厝 17 名官兵及宪兵，攻打刘荣、简福来、曾知高、柯牛等 60 多人。日军枪杀柯铁之父柯钱，刘荣率部撤向龙眼山。日军返回时，在二坪仔庄又遭到袭击。⑦

3 月 12 日，熊谷会见简水寿、高水顺、柯合等 60 余人。简水寿要求撤走庵古坑的宪兵，"归顺"者才能下山。接着，刘荣、陈堤等人也来会见熊谷，请求在专员公署庇护。⑧

---

① 台湾总督府警务局编：《台湾抗日运动史》（3），王洛林总监译，海峡学术出版社 2000 年版，第 650 页。

② 台湾总督府警务局编：《台湾抗日运动史》（3），王洛林总监译，海峡学术出版社 2000 年版，第 639 页。

③ 台湾总督府警务局编：《台湾抗日运动史》（3），王洛林总监译，海峡学术出版社 2000 年版，第 637 页。

④ 台湾宪兵队编：《台湾宪兵队史》（下），王洛林总监译，海峡学术出版社 2001 年版，第 276 页。

⑤ 台湾宪兵队编：《台湾宪兵队史》（下），王洛林总监译，海峡学术出版社 2001 年版，第 276 页。

⑥ 台湾宪兵队编：《台湾宪兵队史》（下），王洛林总监译，海峡学术出版社 2001 年版，第 276 页。

⑦ 台湾宪兵队编：《台湾宪兵队史》（下），王洛林总监译，海峡学术出版社 2001 年版，第 278 页。

⑧ 台湾总督府警务局编：《台湾抗日运动史》（3），王洛林总监译，海峡学术出版社 2000 年版，第 715、716 页。

然而，不久，总督府令山形修人接任熊谷的斗六公署长，准备彻底消灭不愿下山的"归顺"者。第二师团长山中少将下令剿灭柯铁所部。① 从5月8日到6月2日，混成第二旅团步兵1个大队、宪兵120名、巡察278名，清剿斗六东南部山区。5月31日，日军在高厝林仔头庄捕杀黄才等26人。日军这次行动，共屠杀94人，收缴枪械52支。②

7月16日，日军交通守备兵在清水溪被杀。7月17日，姜仑派出所长警部贞包秀一等4人去客仔厝，被民众狙击，1名巡察受伤。7月20日，有日本人在树仔脚道被杀。日军认为，这些都是张吕莿、张吕赤部下所为，并欲乘机杀尽张大猷所部。

听说祖国大陆发生义和团运动后，斗六公署参事张大猷发出檄文："日本杀尽'归顺'者的方针已定，我辈之所以'归顺'仅仅是为了希望安于生存的缘故，然而日本如此背信弃义，我辈何故要坐以待毙，如今清国官兵来台湾进行收复，正是天赐良机，应迅速共赴大事。"7月28日，日军到溪州堡搜捕已"归顺"的张吕莿、何万力。7月29日，日军逮捕张大猷。其弟张吕莿、张吕赤集合200余人到斗六东庄，准备袭击斗六。③

接报后，儿玉总督电令各地日军、宪兵、巡察，严防民众抢夺枪械。后来，张吕莿等200多人去触口山坪顶，与陈赐、沈海、黄致富、钟佑、张金环、刘文拮等会合。8月11日，内田中尉指挥日军、宪兵、巡察从斗六街出发，翌日3时攻打触口坪顶，义勇军撤走。随后，日军搜索沙连堡和鲤鱼头堡山地，捕杀张丁旺等百余人。④ 8月16日，张大猷越狱，逃入山中。⑤

陈赐、陈子寥率200多人以樟湖山为基地，威胁着南投、集集街、台中。8月15日，林圮埔田中中尉带16名日兵，岩本警部率17名巡察、7名宪兵，攻打樟湖山。陈赐等四五人战死。这批日军返回时，在外茅埔庄的溪谷遭到伏

---

① ［日］竹越与三郎：《台湾统治志》，博文馆1905年版，第163页。
② 台湾宪兵队编：《台湾宪兵队史》（下），王洛林总监译，海峡学术出版社2001年版，第280页。
③ 台湾总督府警务局编：《台湾抗日运动史》（3），王洛林总监译，海峡学术出版社2000年版，第708页。
④ 台湾宪兵队编：《台湾宪兵队史》（下），王洛林总监译，海峡学术出版社2001年版，第280页。
⑤ 台湾总督府警务局编：《台湾抗日运动史》（3），王洛林总监译，海峡学术出版社2000年版，第717页。

击，死伤十几名日兵、巡察。①

9月9日，百余人袭击东螺东堡（今二林乡等）砂仔仑街派出所，打死1名巡察。北斗宪兵来援，抓获抗日首领郑臭献弟弟郑良。② 9月10日，在集集大山的内洞角，林清所部陈再击毙集集分署巡察大塚克弥。③

已"归顺"的南斗义军首领陈猜，仍与斗六、林圯埔的义勇军秘密联系。10月25日，中寮派出所巡察及壮丁搜查南投仙风岭，被陈猜等20余人袭击。陈猜弟弟陈日牺牲，巡察部长高宗喜一郎被击毙。④ 11月24日夜，刺桐港7名宪兵突袭顶麻园庄，抓捕张吕赤的参谋郭谅。郭谅等打死打伤宪兵各1人，顺利脱身。⑤

12月17日，陈大头等在三十张犁庄一带暗杀溪湖庄壮丁团长陈福建。陈福建一直帮助日军捕杀民众。12月26日，北斗菅野贞次等2名巡察带壮丁过来搜查。陈大头等击毙菅野贞次。⑥ 12月29日，集集分署巡察逮捕吴振生、林清、陈再等人。吴振生在南投公署被杀。⑦

1901年1月2日，黄透等10人在龙目井袭击日军。2月5日，刘荣、赖福来、陈堤所部200多人，联合东大垄山中的张吕赤部100多人，准备突袭斗六。日军得到密报，加强警戒。⑧ 2月20日，彰化34名日兵、25名宪兵巡察，突袭燕雾上堡港乾厝庄。湛卻四、陈材率20多人抵抗，击毙巡察宪兵2名。湛卻四、郑春等3人牺牲。⑨

---

① 台湾宪兵队编：《台湾宪兵队史》（下），王洛林总监译，海峡学术出版社2001年版，第280、281页。

② 台湾宪兵队编：《台湾宪兵队史》（下），王洛林总监译，海峡学术出版社2001年版，第307页。

③ 台湾总督府警务局编：《台湾抗日运动史》（3），王洛林总监译，海峡学术出版社2000年版，第641页。

④ 台湾总督府警务局编：《台湾抗日运动史》（3），王洛林总监译，海峡学术出版社2000年版，第642页。

⑤ 台湾宪兵队编：《台湾宪兵队史》（下），王洛林总监译，海峡学术出版社2001年版，第281、282页。

⑥ 台湾总督府警务局编：《台湾抗日运动史》（3），王洛林总监译，海峡学术出版社2000年版，第647页。

⑦ 台湾总督府警务局编：《台湾抗日运动史》（3），王洛林总监译，海峡学术出版社2000年版，第642页。

⑧ 台湾宪兵队编：《台湾宪兵队史》（下），王洛林总监译，海峡学术出版社2001年版，第517页。

⑨ 台湾宪兵队编：《台湾宪兵队史》（下），王洛林总监译，海峡学术出版社2001年版，第288页。

南投街附近观音山上活动着几十名义勇军，准备攻打南投堡军功寮庄。4月5日，南投公署派出彰化守备兵、宪兵、巡察、10多名壮丁前去搜索。20多人在大湖桶庄山上阻击，击毙1名巡察，打伤2名日兵。当夜，义勇军又袭击来援的南投宪兵、巡察，打伤军曹金井和壮丁团长。[①]

北港管辖的仑背支署及油车派出所的巡察，捕杀钟丁和牛涌区长廖良苏。钟佑通过蔡三加入赖福来部义勇军。6月6日，在仑背壮丁团长李宪等人的帮助下，廖远率数十人袭击仑背支署，钟佑率四五十人袭击油车店庄派出所，击毙日吏巡察9人，退入触口山。[②] 事后，北港、斗六、北斗、台中、彰化等地日军赶来报复，在仑背逮捕62人，屠杀其中40人。[③]

钟佑率部撤入触口山后，张大猷、张吕赤部和刘荣、陈堤部都与他联系。大坪顶到触口山的义勇军又活跃起来。斗六日军又组织讨伐队，由守备大队长西山中佐指挥，搜索大坪顶一带山区，捕杀40人。义勇军在放弄山、剑门坑与讨伐队激战。7月5日，庄禄、黄致富等19人被迫在埔里社"归顺"。但是，日军令他们谋杀其他抗日战士，黄致富等3人逃走。[④] 8月9日（一说15日），张吕莉、张吕赤、张吕良率百余人袭击沙仔仑派出所，击毙巡察1名。北斗守备兵与宪兵驰援，义勇军撤向三块厝、触口山。[⑤]

11月10日，简水寿等15人在斗六公署"归顺"。11月24日，张大猷部下张雍等10人到林圯埔支厅"归顺"。[⑥]

12月1日，斗六厅长荒贺直顺、公署第二课长岩元议定："利用'土匪'所处困境，引诱招纳，说服忠心尽诚，如不听则消灭之，此为上策。"斗六守备队长西山、斗六宪兵分队长药师川也赞同。岩元到他里雾至彰化的火车上报告警视总长大岛久满次，得到批准。屠杀"归顺"者的方针确定。[⑦]

---

① 台湾宪兵队编：《台湾宪兵队史》（下），王洛林总监译，海峡学术出版社2001年版，第287、309页。

② 台湾宪兵队编：《台湾宪兵队史》（下），王洛林总监译，海峡学术出版社2001年版，第309页。

③ ［日］喜安幸夫：《台湾抗日秘史》，武陵出版有限公司1997年版，第171页。

④ 台湾总督府警务局编：《台湾抗日运动史》(3)，王洛林总监译，海峡学术出版社2000年版，第644页。

⑤ 台湾宪兵队编：《台湾宪兵队史》（下），王洛林总监译，海峡学术出版社2001年版，第289页。

⑥ 台湾总督府警务局编：《台湾抗日运动史》(3)，王洛林总监译，海峡学术出版社2000年版，第718页。

⑦ 台湾总督府警务局编：《台湾抗日运动史》(3)，王洛林总监译，海峡学术出版社2000年版，第719页。

12月30日，庄义兄弟4人及部下50人在番坪坑袭击搜索的巡察，击毙佐佐木警部补，击伤10名巡察。1902年1月，刘荣所部刘知高等4人投降。1月22日，在岩元课长、崁头厝区长陈清萍支持下，简存诱杀庄义四兄弟，带14人投降。2月5日，日军在新店屠杀赖福来部19人。2月25日，张大猷、张吕良带5人到斗六厅投降。①

至1902年4月末，被迫"归顺"的人数已达280多人。只有赖福来、张吕赤、张吕莿等仍坚持抗日。②

5月24日，斗六厅致电台北的后藤新平：一切准备就绪，只待明天到来！③ 25日9点，各支厅分别在斗六、林圯埔、崁头厝、土库、他里雾、下湖口等六处，同时举办抗日民众"归顺"典礼。张大猷、张吕良等78人被集中在斗六街厅，张雍、张金环、李荣的部下63人被安排在林圯埔支厅，刘荣、简存、张吕赤的部下38人被安排在崁头厝支厅，袁万值等30人被安排在西螺支厅，沈藤等24人被安排在他里雾支厅，张总、赖江山等39人被安排在下湖口内林派出所。④

斗六厅长荒贺命令林圯埔支厅长涩谷助、崁头厝支厅长森荣介、土库支厅长安武昌夫、他里雾支厅长木浦角太郎、下湖口支厅长小谷新四郎五处共同执行。事前，警视总长大岛久满次等来巡视，并与斗六厅长荒贺直顺将执行大纲拍发电报向后藤新平报告。5月25日，日军在举办仪式的六处都埋伏着机枪队。仪式完毕，日本官员及御用绅士退场后，张大猷、张吕良等265名"归顺"者被扫射。日寇将这场屠杀污称为"归顺会场事变"。其中，只有简水寿提前离场而免遭杀戮。⑤

当天，斗六厅"归顺"仪式上，斗六厅长荒贺、警务课长岩元先后训话后，赤松中尉指挥的25人、黑田少尉指挥的12人，立即枪杀了60名"归顺"者。⑥

① 台湾总督府警务局编：《台湾抗日运动史》（3），王洛林总监译，海峡学术出版社2000年版，第719、720页。
② 台湾总督府警务局编：《台湾抗日运动史》（3），王洛林总监译，海峡学术出版社2000年版，第721页。
③ ［日］喜安幸夫：《台湾抗日秘史》，武陵出版有限公司1997年版，第180页。
④ 台湾总督府警务局编：《台湾抗日运动史》（3），王洛林总监译，海峡学术出版社2000年版，第727、728、729页。
⑤ ［日］井出季和太：《南进台湾史考》，南天书局1995年版，第40页。
⑥ 台湾宪兵队编：《台湾宪兵队史》（下），王洛林总监译，海峡学术出版社2001年版，第310、311页。

协助日寇诱降的廖璟琛等御用绅士 15 人，没得到任何回报，反而以通牒罪被全部处死。①

但是，张吕赤、张吕莉、赖福来、简水寿、蔡三、蔡四等仍然藏匿在凤凰山、石壁草岭等地。② 从 1902 年 5 月 26 日到 6 月 10 日，斗六守备队、宪兵、警察、自卫团等 2000 多人，搜索清水溪左右两岸的触口山、草岭、大鞍庄、番仔田、凤凰山等地，以及斗六辖区的平地。其间，日军共捕杀 122 人。从 6 月 11 日到 25 日，日军搜索队又捕杀 87 人。另有赖福来兄赖罗猫等 4 人被逼自缢而死，吴文枝妻等 2 人自溺。但是，日军仍没抓到张吕赤、赖福来、蔡三、蔡四等人。③ 6 月 29 日到 7 月 14 日，日军进行第三次大搜捕，捕杀 33 人。

7 月 5 日，在崁头厝内湖，简知高率部伏击日军，击毙 1 名日兵 1 名巡察 2 名壮丁。简知高中弹牺牲，张吕赤等人被迫装扮成高山族。7 月 25 日开始，日军进行第四次大搜捕，并将范围扩大到高山族地区。随后，日军又进行第五次大搜捕，至 8 月，共杀害 488 人。④

殖民者背信弃义大批屠杀"归顺"者，又强迫壮丁 800 多人日夜搜索 60 多天，不但没抓到张吕赤、赖福来等十几人，反而激变了壮丁。

简水寿、黄传枝等秘密串联庵古坑区长陈旺。简水寿想先攻田心庄，杀死顽固的斗六自卫团长吴克明，拉壮丁团抗日。7 月 29 日，简水寿所部 60 多人，在拉废坑口（斗六新庄仔）击毙云林特务足立龟次郎和宫田。云林宪兵出动，抓捕 60 多人。30 日，简水寿部又袭击樟坑章守备队，击毙两三名日军。⑤ 简水寿带 40 多人到崁头厝庵古坑黄传枝家，以祭祀关帝为掩护。庵古坑巡察过来盘查，遭到袭击。庵古坑巡察、宪兵全部赶来，抗日民众逃向溪州庄、田心庄、湳仔庄猴门沟等地。宪兵、巡察跟踪追击，宪兵富田松次郎被击毙。沟仔灞派出所巡察率田心庄壮丁来援，逮捕 17 人。崁头厝支厅日军、宪兵、巡察也

① 台湾总督府警务局编：《台湾抗日运动史》（3），王洛林总监译，海峡学术出版社 2000 年版，第 727 页。
② 台湾宪兵队编：《台湾宪兵队史》（下），王洛林总监译，海峡学术出版社 2001 年版，第 311 页。
③ 台湾宪兵队编：《台湾宪兵队史》（下），王洛林总监译，海峡学术出版社 2001 年版，第 313 页。
④ 台湾总督府警务局编：《台湾抗日运动史》（3），王洛林总监译，海峡学术出版社 2000 年版，第 732、733、734、735、736 页。
⑤ 台湾宪兵队编：《台湾宪兵队史》（下），王洛林总监译，海峡学术出版社 2001 年版，第 290 页。

出动，杀害 2 人逮捕 3 人。①

8 月 1 日，清水河右岸搜索队中的壮丁团 80 人，在黄传枝、陈旺率领下，杀死监管的巡察 11 人，击毙樟湖庄分遣队长藤原少尉等 3 人，然后聚集在出水庄附近。② 斗六厅长荒贺立即从斗六、林圯埔、麻园庄调集官兵 73 人前去镇压。3 日，儿玉总督派出的第 9 大队两个中队抵达斗六。5 日，日军在出水庄、芋蓁笼捕杀 17 人。7 日，简水寿被杀，壮丁们四散逃走。日军仍继续捕杀 30 天。10 日，陈旺在庵古坑被捕。27 日，在大埔心附近的峡谷，黄传枝等人击毙 2 名巡察。翌日晨，黄传枝被捕。这次搜捕，日军屠杀114 人。③

张吕赤、张吕莉、赖福来、蔡三等人，始终没有投降。据说，张吕赤、张吕莉、赖福来逃回福建，而蔡三不知所终。④

三、南部民众的武装反抗

嘉义、台南的武装抗日活动

番仔山在台南东南部 9 里处，位于噍吧哖、六甲、前大埔之间，属于六甲专员公署管辖。陈发、蔡爱、蔡雄等率三四百人以此为基地，出击麻豆、六甲等地。嘉义后大埔温水溪在番仔山北边，是黄国镇、林添丁的基地。日军"扫荡"番仔山近 20 次，却无法彻底消灭这里的义勇军。在番仔山北部的十八重溪则有阮振所部。⑤ 陈育、陈荷、方大憨等以噍吧哖放弄山为基地。田廷、郭科、潘见智部以剑门坑为基地。⑥

---

① 台湾总督府警务局编：《台湾抗日运动史》（3），王洛林总监译，海峡学术出版社 2000 年版，第 738、739 页。

② 台湾宪兵队编：《台湾宪兵队史》（下），王洛林总监译，海峡学术出版社 2001 年版，第 313 页。

③ 台湾宪兵队编：《台湾宪兵队史》（下），王洛林总监译，海峡学术出版社 2001 年版，第 514—516 页。

④ 台湾宪兵队编：《台湾宪兵队史》（下），王洛林总监译，海峡学术出版社 2001 年版，第 516 页。

⑤ ［日］竹越与三郎：《台湾统治志》，博文馆 1905 年版，第 159 页。

⑥ 台湾总督府警务局编：《台湾抗日运动史》（3），王洛林总监译，海峡学术出版社 2000 年版，第 860 页。

1895 年 11 月 15 日，大尉大立目、长谷川率 400 多士兵从台南出发，17 日攻打番仔山。陈发率部击毙 2 名日兵，打伤小队长伊奈、军号手松山。最后，日军攻占九重桥山寨，陈发率部撤离。①

12 月，嘉义羌仔寮庄黄国镇请来三界埔庄的张德福、张头筐，南门外街的许万枝，白芒埔庄的陈猫壁、陈祥，枋仔林庄的陈番存，赤兰埔庄的黄乞食，二佃庄的何咲，大士乌庄的叶通，后大埔的叶祐、王乌描，歃血为盟，号称"十二虎"。1896 年 1 月 20 日，"十二虎"在温水溪庄再次结盟，共有 232 人到会。大楝榔堡蒜头庄的黄猫骞、蔡进、蔡来成等 12 人、田尾庄的陈猪屎等 4 人加入。随后，黄国镇等率众攻打后大埔街。黄国镇等举行第三次结盟会，内埔郭金水、李欺头等 40 多人加入。后来，十八重溪横山庄的阮振也加入。②

听到简义、柯铁所部攻打斗六的消息，台南各地民众深受鼓舞。嘉义守备队主力被调到大坪顶，温水溪兵力空虚。黄国镇、郭金水、李欺头、江石埂、阮振等提出口号："攻嘉义、灭日军、以回复清政。"③

6 月 16 日，50 余人攻打嘉义城北门，击毙 1 名巡察。④ 台南代理巡察部长矢野带领巡察队，以及朴仔脚、新南港、盐水港的巡察赴援嘉义。7 月 10 日傍晚，黄国镇、阮振率 800 余人围攻嘉义城，逼近西门、南门。⑤ 日军焚烧西门外 300 余户民房，战至半夜，打退义勇军。11 日黎明，义军攻打南门。守备队、宪兵、巡察从西门、南门出击，激战数小时，将义勇军追至顶角仔寮庄。15 日晨，义勇军在南门外王爷庙集结。日军出城进攻。义勇军撤向温水溪。⑥

随后，台南第 3 旅团与嘉义日军去温水溪"扫荡"。7 月 28 日，吉田大队长率 2 个中队、50 名宪兵、20 名巡察从台南经噍吧哖，到达店仔口。8 月 5

① 台湾总督府警务局编：《台湾抗日运动史》（3），王洛林总监译，海峡学术出版社 2000 年版，第 756 页。
② ［日］喜安幸夫：《台湾抗日秘史》，武陵出版有限公司 1997 年版，第 110 页。
③ 台湾宪兵队编：《台湾宪兵队史》（下），王洛林总监译，海峡学术出版社 2001 年版，第 324 页。
④ 台湾总督府警务局编：《台湾抗日运动史》（3），王洛林总监译，海峡学术出版社 2000 年版，第 757 页。
⑤ 台湾宪兵队编：《台湾宪兵队史》（下），王洛林总监译，海峡学术出版社 2001 年版，第 50 页。
⑥ 台湾宪兵队编：《台湾宪兵队史》（下），王洛林总监译，海峡学术出版社 2001 年版，第 327 页。

日，中队长彦坂率100多名日军、14名宪兵、25名巡察，从嘉义去温水溪。在东西烟庄、东势庄、朴仔庄、大石公山，周贺、阮振率200多人与日军激战一天，牺牲21人。此时，黄国镇等部已退向淡水溪一带。①

10月19日，噍吧哖守备兵、宪兵到湾丹庄搜索。义勇军上百人与日军激战，牺牲12人，打伤1名日兵。② 12月初，在嘉义东堡竹头崎庄、尖山廍庄，黄国镇、王乌猫部下150多人阻击宪兵16人和巡察队，牺牲2人。③

12月底到翌年初，铁国山被日军占领。部分铁国山义勇军来到嘉义东堡山区，与黄国镇、阮振等联合。例如，黄隆清等40多人来到嘉义公田庄。这时，温水溪一带抗日气氛高涨。从1897年1月起，黄国镇、王乌猫等400余人，组织嘉义东堡49个村庄自卫，征粮抽税。黄国镇自称皇帝，改元"大靖"。④

因为到处活跃着义勇军，日军一时无力"围剿"黄国镇所部。1897年1月1日，在水瓶庄，80余人袭击新营庄宪兵侦察队，毙伤2人。1月4日，在曾文溪上游苦苓脚，蔡爱率百人阻击噍吧哖日军42人、宪兵12人、巡察9人，击毙12名日兵，击伤3人，击散5人。1月7日，吉田少佐率1个中队、骑兵炮兵各1小队，从台南来攻水尾仔，纵火焚屋。⑤

嘉义守备队2个中队、新营庄宪兵，"扫荡"温水溪后大埔和大石公山地。1月18日，在冻仔脚山，铁国山百余人击毙4名日兵、1名巡察，击伤6名。19日，在大石公的溪畔，70余人袭击新营庄1小队日军和宪兵，击毙5名，击伤2名。⑥ 3月6日，在大目降（今台南新化区），2人打伤大目降宪兵西村，抢走物资。⑦

---

① 台湾宪兵队编：《台湾宪兵队史》（下），王洛林总监译，海峡学术出版社2001年版，第320、321、328、329页。

② 台湾宪兵队编：《台湾宪兵队史》（下），王洛林总监译，海峡学术出版社2001年版，第323页。

③ 台湾宪兵队编：《台湾宪兵队史》（下），王洛林总监译，海峡学术出版社2001年版，第432页。

④ 台湾总督府警务局编：《台湾抗日运动史》（3），王洛林总监译，海峡学术出版社2000年版，第766页。

⑤ 台湾宪兵队编：《台湾宪兵队史》（下），王洛林总监译，海峡学术出版社2001年版，第362页。

⑥ 台湾总督府警务局编：《台湾抗日运动史》（3），王洛林总监译，海峡学术出版社2000年版，第758、759页。

⑦ 台湾宪兵队编：《台湾宪兵队史》（下），王洛林总监译，海峡学术出版社2001年版，第336页。

蔡爱率 50 多人占据番仔山，铁国山林棋申率 200 多人占据樟坪顶。接到噍吧哖宪兵和麻豆巡察的报告，第三旅团长下令讨伐。3 月 11 日，第六、七、八三个中队秘密离开台南，于 13 日攻上樟坪顶，但义勇军已撤离。日军在水流东庄屠杀 20 多人，3 月 24 日撤回。①

5 月 1 日，嘉义日军搜查嘉义东堡各庄，企图消灭黄隆清所部。2 日，日军在苦苓桥庄屠杀 2 人，逮捕黄隆清妻子。② 30 日，高毛、蔡爱率 150 余人在善化里西堡渡仔头庄与宪兵、巡察激战，牺牲 4 人。③ 6 月 3 日，铁国山战士袭击六甲办务署。11 日，嘉义宪兵、巡察偷袭社口、郭后、头树埔等村庄，抓捕吕受等 27 人。14 日夜，该股日军又在麻寮庄袭杀江哮、张一。④

黄国镇派人于 7 月 28 日到嘉义城张贴文告："日本逞豪强，台湾乱一场，我等经百战，攻城姓氏扬，今共尊黄国，称帝百年昌，四十九庄内，封收票谷粮，收存作军饷……大靖元年六月　日　御前张福德、孙隐、王乌猫、徐生、李欺头。"⑤

8 月 7 日，嘉义县知事小仓信近派人去台南，通知第三旅团出兵。第三旅团的两个中队、炮兵、骑兵，台中第二旅团的两个中队，南北对进，从 8 月 12 日开始进攻温水溪山地。⑥ 24 日，日军在温水溪左岸击败义勇军。25 日，在温水溪庄道打死义勇军 9 人。27 日、28 日，日军炮轰溪谷中的义勇军，烧毁黄国镇的基地羌仔寮。日军抓捕 20 多人，烧毁所有房屋。义勇军大部撤入深山。⑦ 9 月 1 日，在后大埔溪右岸牛舌埔，几十人袭击小股日军，击毙 1 人。⑧ 2 日，

---

① 台湾总督府警务局编：《台湾抗日运动史》（3），王洛林总监译，海峡学术出版社 2000 年版，第 759 页。

② 台湾宪兵队编：《台湾宪兵队史》（下），王洛林总监译，海峡学术出版社 2001 年版，第 244、245 页。

③ 台湾宪兵队编：《台湾宪兵队史》（下），王洛林总监译，海峡学术出版社 2001 年版，第 361 页。

④ 台湾宪兵队编：《台湾宪兵队史》（下），王洛林总监译，海峡学术出版社 2001 年版，第 362 页。

⑤ 台湾宪兵队编：《台湾宪兵队史》（下），王洛林总监译，海峡学术出版社 2001 年版，第 350 页。

⑥ 台湾宪兵队编：《台湾宪兵队史》（下），王洛林总监译，海峡学术出版社 2001 年版，第 352 页。

⑦ 台湾总督府警务局编：《台湾抗日运动史》（3），王洛林总监译，海峡学术出版社 2000 年版，第 764、765 页。

⑧ 台湾宪兵队编：《台湾宪兵队史》（下），王洛林总监译，海峡学术出版社 2001 年版，第 353 页。

日军从嘉义东堡撤回嘉义城，而在竹头崎留下日兵46人驻守。①

11月11日晚，在大目降菜寮，洪天赐等14人击毙1名宪兵，打伤2名。② 29日夜，七八十人袭击内埔专员公署，击伤巡察1人。30日，在噍吧哖崁岭，张添寿等30多人击毙番薯寮警察署长和1名巡察。③

12月6日，返回台南的第三中队（新营庄）、第四中队，经过番仔山。7日，日军进至王爷宫庙，遇到300余名义勇军阻击。义勇军打伤辎重队2名日兵。8日，日军进至官佃庄与新营部队会合，决定进攻番仔山。台南1个大队，加上噍吧哖、新营庄的守备队，合计4个中队，从12月11日到22日，进攻前大埔、大丘园、九重桥等村庄，烧杀抢掠。④ 20日，吴万兴、廖全率部袭击大埔林巡察派出所，击毙2名巡察。⑤

1898年3月以来，总督府撤销三段警备制。六甲、竹头崎巡察派出所撤销，由宪兵取代。新来宪兵不了解情况，有利于抗日游击活动。张添寿、阮振、蔡爱等300人活跃在番仔山、九重桥一带。三层崎（今嘉义中埔乡）有苏陶、苏阿来、田聘、田福，冻仔脚庄有林添丁、林富、黄圆，内埔有郭金水、李欺头、林田、陈春，羌仔寮黄无角、黄荣各有几十人，互通声气，随时打击日军。⑥ 3月30日，在安溪寮（今台南县后壁乡），40余人袭击日军电信工的汽车。⑦ 4月8日，在后寮壁，高乞等30多人抢走4辆载有邮件的轻轨台车。⑧

台南日军于4月21日组建讨伐队，有步兵5个中队、骑兵炮兵各1小

---

① 台湾宪兵队编：《台湾宪兵队史》（下），王洛林总监译，海峡学术出版社2001年版，第354页。

② 台湾宪兵队编：《台湾宪兵队史》（下），王洛林总监译，海峡学术出版社2001年版，第447页。

③ 台湾总督府警务局编：《台湾抗日运动史》（3），王洛林总监译，海峡学术出版社2000年版，第788页。

④ 台湾总督府警务局编：《台湾抗日运动史》（3），王洛林总监译，海峡学术出版社2000年版，第767、768页。

⑤ 台湾宪兵队编：《台湾宪兵队史》（下），王洛林总监译，海峡学术出版社2001年版，第356页。

⑥ 台湾总督府警务局编：《台湾抗日运动史》（3），王洛林总监译，海峡学术出版社2000年版，第770页。

⑦ 台湾宪兵队编：《台湾宪兵队史》（下），王洛林总监译，海峡学术出版社2001年版，第385、386页。

⑧ 台湾宪兵队编：《台湾宪兵队史》（下），王洛林总监译，海峡学术出版社2001年版，第389页。

队、1 中队工兵。24 日，讨伐队从台南出发。25 日，噍吧哖若月中队前去偷袭朴仔脚庄阮振所部，屠杀阮振妻子等 38 人。① 与此同时，嘉义守备队也出兵攻打三层崎。日军在王爷宫击溃蔡爱部 10 余人。26 日，讨伐队进入竹湖庄，分多路攻打番仔山。日军在山中击溃义勇军 20 余人。27 日，义勇军数十人在水流东庄北击毙 10 名骑兵。② 在嘉义东堡阿财厝庄，30 多人阻击嘉义守备队。30 日，日军进攻三层崎，义勇军退向小石门。5 月 3 日，这次讨伐结束。③

5 月 31 日，20 余人在龙山脚庄击毙中埔宪兵 1 名。④ 6 月 29 日，陈启明率80 余人袭击北港埔姜仑派出所，击毙所长和 1 名巡察。⑤ 7 月 30 日，在三界埔（今嘉义水上乡）附近，郭金水、李欺头率众击毙竹仔门宪兵 2 名。⑥

总督府开始征收地方税，民众不满。黄国镇、高乞等乘机动员民众参加抗日。同时，台南日军也加紧镇压。9 月，黄国镇、林添丁各率 100 人，进攻三层崎，击毙千叶少尉以下 16 人，而后安全撤离。⑦ 17 日，20 余人在碑寮庄附近毙伤竹头崎屯所宪兵各 2 名。⑧ 26 日，十几人击毙六甲的宪兵 2 名。⑨

9 月 25 日，台南第十宪兵队长石川敦古，从台南去嘉义会见第九宪兵队长林忠夫，商讨镇压云林至嘉义后大埔一带义勇军的计划。

10 月 5 日，黄茂松率 40 多人袭击从新营去嘉义的日军运输队，击伤日

---

① 台湾宪兵队编：《台湾宪兵队史》（下），王洛林总监译，海峡学术出版社 2001 年版，第251 页。

② 台湾总督府警务局编：《台湾抗日运动史》（3），王洛林总监译，海峡学术出版社 2000 年版，第 771—778 页。

③ 台湾宪兵队编：《台湾宪兵队史》（下），王洛林总监译，海峡学术出版社 2001 年版，第252 页。

④ 台湾宪兵队编：《台湾宪兵队史》（下），王洛林总监译，海峡学术出版社 2001 年版，第375 页。

⑤ 台湾总督府警务局编：《台湾抗日运动史》（3），王洛林总监译，海峡学术出版社 2000 年版，第 771 页。

⑥ 台湾宪兵队编：《台湾宪兵队史》（下），王洛林总监译，海峡学术出版社 2001 年版，第375、376 页。

⑦ 台湾宪兵队编：《台湾宪兵队史》（下），王洛林总监译，海峡学术出版社 2001 年版，第435 页。

⑧ 台湾宪兵队编：《台湾宪兵队史》（下），王洛林总监译，海峡学术出版社 2001 年版，第379 页。

⑨ 台湾宪兵队编：《台湾宪兵队史》（下），王洛林总监译，海峡学术出版社 2001 年版，第403 页。

兵 1 名。① 10 月 6 日，在三层崎深坑仔庄，黄国镇、林添丁率 200 余人袭击竹仔门宪兵屯所的 14 名宪兵。竹头崎屯所 17 名宪兵来援，救出 4 名宪兵，10 名宪兵失踪。② 翌日，店仔口、竹仔门两屯所宪兵搜索三层崎一带。在头前庄，义勇军狙击前来搜索的宪兵。8 日，新营庄 40 名日兵赶到三层崎，找回 6 名宪兵尸体。③ 7 日，六甲分队九重桥支部及屯所迁往赤山庙。在赤山庙附近，40 多人袭击保卫辎重的宪兵，毙伤宪兵 2 名。④ 11 日，在善化里东堡社皮庄，义勇军击毙赤山庙屯所 2 名宪兵，击伤 1 名。⑤

　　10 月 13 日，一个混成中队从台南抵达官佃村，次日攻打湾崎庄碉堡的义勇军。中埔宪兵分队 33 名宪兵去竹头崎，在三层崎遇到黄国镇、林添丁等 200 多人阻击，被击毙 19 人。义勇军乘胜攻打来援的新营庄守备队，战至深夜。16 日，日军两个中队赶到三层崎。19 日，日军两路进攻，义勇军才撤离。⑥ 嘉义两个小队会同他里雾宪兵 27 人，攻击大目根堡朴子埔庄，屠杀林旺等 9 人。⑦ 20 日，高乞率 500 人攻打店仔口，击毙宪兵 1 名，击伤日兵巡察数人。30 日，黄国镇、李谟、詹生、苏陶各部百余人攻打店仔口竹仔门派出所，击毙壮丁 2 人。⑧

　　10 月 22 日，台南县知事矶贝静藏向总督府警务局报告：今年 7 月前后，义勇军频繁发动攻势。从 7 月底到 10 月，义勇军击毙宪兵 35 名、巡察 7 名、日本人 8 名，抓走日本人 3 名。台南急需派军队讨伐。⑨

---

① 台湾宪兵队编：《台湾宪兵队史》（下），王洛林总监译，海峡学术出版社 2001 年版，第 446 页。
② 台湾宪兵队编：《台湾宪兵队史》（下），王洛林总监译，海峡学术出版社 2001 年版，第 247、456 页。
③ 台湾宪兵队编：《台湾宪兵队史》（下），王洛林总监译，海峡学术出版社 2001 年版，第 393、404 页。
④ 台湾宪兵队编：《台湾宪兵队史》（下），王洛林总监译，海峡学术出版社 2001 年版，第 404 页。
⑤ 台湾宪兵队编：《台湾宪兵队史》（下），王洛林总监译，海峡学术出版社 2001 年版，第 405 页。
⑥ 台湾宪兵队编：《台湾宪兵队史》（下），王洛林总监译，海峡学术出版社 2001 年版，第 406—408 页。
⑦ 台湾宪兵队编：《台湾宪兵队史》（下），王洛林总监译，海峡学术出版社 2001 年版，第 298 页。
⑧ ［日］井出季和太：《南进台湾史考》，南天书局 1995 年版，第 39 页。
⑨ 台湾总督府警务局编：《台湾抗日运动史》（2），王洛林总监译，海峡学术出版社 2000 年版，第 452 页。

儿玉总督命令台中、台南同时进行"大讨伐"。11 月 6 日，矶贝、第三旅团长高井、宪兵队长石川制订"扫荡"嘉义的计划。8 日，矶贝、总督府军事幕僚堀内去嘉义召集专员公署长开会。不久，矶贝、高井又去云林，与台中县知事、第二旅团长、第九宪兵队长会商，最后制订南部"讨伐"计划。[①] 日军在中部完成第一期"讨伐"后，在南部进行第二期、第三期"讨伐"。

11 月 10 日，义勇军斩杀湾里专员分署 1 名巡察。[②] 15 日，义勇军袭杀盐水港公署 1 名巡察。[③] 27 日，黄国镇率部在后大埔阻击日军。30 日，在崇德西里湾崎庄，400 余人袭击台南关帝庙屯所宪兵，击毙 1 名，抢走武器和邮件 11 个。[④] 30 日夜，20 余人攻打盐水港专员公署，击毙署长石原、署员伊藤熊之助。[⑤] 12 月 9 日，林添丁率 150 多人在大溪坑袭击 8 名日兵，击毙 3 名。[⑥] 10 日，在冻仔脚和竹头崎之间，50 多人袭击嘉义第 5 大队，击毙 3 人，击伤 2 人。[⑦]

12 月 15 日，西岛旅团长率司令部及 1 小队日军进攻三层崎，遭到林添丁所部袭击。两名巡察和 1 名士兵被击毙，日军遂疯狂进攻。林添丁大声鼓励部下抵抗。西岛旅团长亲自指挥日军包抄，义勇军撤离。[⑧] 秋本中尉率一队日军，从关仔岭经八宝寮进攻三层崎。在三层崎东南，70 多人袭击秋本队，击毙秋本。[⑨]

---

① 台湾总督府警务局编：《台湾抗日运动史》（3），王洛林总监译，海峡学术出版社 2000 年版，第 797 页。

② 台湾总督府警务局编：《台湾抗日运动史》（3），王洛林总监译，海峡学术出版社 2000 年版，第 779 页。

③ 台湾总督府警务局编：《台湾抗日运动史》（3），王洛林总监译，海峡学术出版社 2000 年版，第 780 页。

④ 台湾宪兵队编：《台湾宪兵队史》（下），王洛林总监译，海峡学术出版社 2001 年版，第 411 页。

⑤ 台湾总督府警务局编：《台湾抗日运动史》（3），王洛林总监译，海峡学术出版社 2000 年版，第 780 页。

⑥ 台湾宪兵队编：《台湾宪兵队史》（下），王洛林总监译，海峡学术出版社 2001 年版，第 451 页。

⑦ 台湾宪兵队编：《台湾宪兵队史》（下），王洛林总监译，海峡学术出版社 2001 年版，第 451 页。

⑧ 台湾宪兵队编：《台湾宪兵队史》（下），王洛林总监译，海峡学术出版社 2001 年版，第 453 页。

⑨ 台湾宪兵队编：《台湾宪兵队史》（下），王洛林总监译，海峡学术出版社 2001 年版，第 454 页。

自 11 月 25 日至 12 月 27 日，第三旅团会同第十宪兵队及各地巡察，在嘉义、曾文溪、温水溪、十八重溪、番仔山、下淡水溪左岸肆意屠杀。其中著名的是阿公店大屠杀。据总督府的统计，日军杀戮 2053 人，杀伤不计其数，抓捕 2043 人，焚烧民房 5813 家，收缴枪械 1174 支。英国、西班牙传教士投书香港《每日日报》，揭露了日军的罪行。①

1899 年 1 月，阮振、张添寿、胡福寿、林其春、蔡雄等 200 多人，在善化里东堡番仔山修筑山寨。25 日，守备队、宪兵、巡察来攻。60 多人在水流东庄阻击，20 多人在大埔庄山寨阻击。义勇军大部退向深山。②

根据儿玉总督的命令，台南县知事制定《"土匪归顺"处置法》，并于 1 月 25 日呈报总督府。台南县招降义勇军的工作就此开始。1 月间，台南县境内的台南、大目降、番仔寮、店仔口、嘉义、打猫、阿公店、凤山、阿猴等 9 个专员公署，合计接受"归顺"者 525 人。到 1899 年底，台南县总共有 2108 人投降。③

2 月，陆军参谋泽井、总督府代表白井新太郎到嘉义，与专员公署长隈元祯三磋商，招集嘉义、斗六两个专员公署辖区的士绅、街庄长开会，宣讲招降政策。④ 嘉义、斗六设置临时事务所，作为招降工作办事场所。番仔寮、店仔口、嘉义、打猫、阿公店、凤山、阿猴、朴仔脚等 8 个专员公署合计接受 198 人"归顺"。

2 月 25 日，嘉义守备队 21 人、宪兵 10 人偷袭嘉义东堡湖仔厝庄，杀害黄国镇部下张维、张泉、刘剑、赖兰、刘杰。⑤

3 月 1 日，白井新太郎等召集店仔口的黄献琛、陈尚义、嘉义的林武琛等开会，商议招降黄国镇、林添丁、阮振等人。士绅们建议将招抚委员办事处设在嘉义。办事处派黄国镇父亲黄响、石磏庄长林乌毛去劝降黄国镇，黄献琛去

---

① 台湾总督府警务局编：《台湾抗日运动史》(3)，王洛林总监译，海峡学术出版社 2000 年版，第 805 页。
② 台湾宪兵队编：《台湾宪兵队史》(下)，王洛林总监译，海峡学术出版社 2001 年版，第 477 页。
③ 台湾总督府警务局编：《台湾抗日运动史》(3)，王洛林总监译，海峡学术出版社 2000 年版，第 815、819 页。
④ 台湾宪兵队编：《台湾宪兵队史》(下)，王洛林总监译，海峡学术出版社 2001 年版，第 421 页。
⑤ 台湾宪兵队编：《台湾宪兵队史》(下)，王洛林总监译，海峡学术出版社 2001 年版，第 461 页。

劝降阮振，林添丁叔父林应去劝降林添丁。①

3月17日，日军在石碌庄举办"归顺"仪式。白井新太郎、中埔分队长渡边等参加。黄国镇、林添丁等28人表示今后做"良民"。"归顺"后，黄国镇担任嘉义东堡羌仔寮庄保正，带领部下40人到后大埔及冻仔脚种地，仍保持高度警惕。林添丁则在冻仔脚经营造纸作坊。②

至4月底，已有1300多抗日战士被迫"归顺"，有的是诈降，暗地里仍然积极准备抗日。③

1900年1月1日夜，黄茂松、胡细汉率部攻打麻豆专员公署。陈罗汉、许调和等7人牺牲，但缴获了税金2400余圆。13日，番仔山义勇军450多人袭击麻豆境内的铁路线。14日，数十人又出没于果毅后及六甲之间，威胁两处专员公署。15日，胡细汉、田廷率部在光山与果毅后专员公署巡察激战。番仔山义勇军连续出击，打击附近的日军、巡察。④

第三旅团长高井下令台南、嘉义各地守备队联合搜剿番仔山。1月19日，日军从店仔口、六甲、果毅后、噍吧哖等地出发，目标是番仔山中的水流东庄。从噍吧哖来的日军，在南势坑遭到50多人袭击。20日，几十人在水流东庄阻击日军，击毙1名。日军炮击，因地形复杂而效果不好。义勇军又打伤了8名日军官兵。21日，胡细汉等七八十人在湾崎阻击日军。⑤ 日军封锁围困番仔山，张猫南等331人被迫下山"归顺"。⑥

与此同时，陈枝所部袭击麻豆专员公署、抢劫林凤营派出所。⑦ 1月24日，柯万力所部60多人袭击新港派出所及下湖口税务分所，与来援的宪兵激战1小

① 台湾总督府警务局编：《台湾抗日运动史》（3），王洛林总监译，海峡学术出版社2000年版，第820、821页。

② 台湾宪兵队编：《台湾宪兵队史》（下），王洛林总监译，海峡学术出版社2001年版，第422页。

③ 台湾宪兵队编：《台湾宪兵队史》（下），王洛林总监译，海峡学术出版社2001年版，第423页。

④ 台湾总督府警务局编：《台湾抗日运动史》（3），王洛林总监译，海峡学术出版社2000年版，第833页。

⑤ 台湾宪兵队编：《台湾宪兵队史》（下），王洛林总监译，海峡学术出版社2001年版，第472—474页。

⑥ 台湾总督府警务局编：《台湾抗日运动史》（3），王洛林总监译，海峡学术出版社2000年版，第837页。

⑦ 台湾总督府警务局编：《台湾抗日运动史》（3），王洛林总监译，海峡学术出版社2000年版，第868页。

时，退向朴仔脚。①

3月21日，第三旅团再次兵分七路"扫荡"番仔山，重点是水流东庄、九重桥、王爷宫。日军炮击乌湖，屯集此处的义勇军半数牺牲。日军炮击番仔坑，胡细汉部二三十人被炸死。4月2日，几十人在王爷宫附近击毙两名日兵。这次40多天的"扫荡"，日军屠杀一百六七十人，抓捕43人以上。毛荣生、田槌等59人被迫投降。番仔山300余户200多老幼也被迫投降。② 田廷、陈育、陈荷率部撤向放弄山。黄茂松部又撤到梅仔坑。③

4月16日，嘉义梅仔坑屯所宪兵27人、巡察23人搜索打猫东顶堡水底寮，在大树脚庄被刘荣等30多人伏击，2名宪兵壮丁被击毙。随后，刘荣所部退向大坪山。18日，店仔口宪兵捕杀陈才兴等3人。21日，嘉义守备队2个小队在水底寮击溃黄茂松等三四十人。④

8月、9月间，驻扎在番仔山上的两个中队，有八九十人生病。台南县知事今井良一向番仔山内迁移400户两千多人。番仔山又逐渐变成了抗日基地。⑤

9月6日，在朴子脚庄，吴万兴、郑加爵、黄透等率五六十人袭击大树脚派出所，击毙巡察1人。⑥ 10日，日军在内堀头庄烧毁房屋，屠杀陈香、陈水、陈怠、薛龟丹等4人。⑦

总督府捕杀"归顺"者，迫使阮振、黄国镇等再起抗日。阮振秘密与番仔山的田廷、黄茂松联系，也与藏在放弄山的陈育、陈荷、方大憨联系。⑧ 12月28日，30余人在番仔山袭击3名侦察巡察，击毙1名。菊地警部率6名巡察闻

---

① 台湾宪兵队编：《台湾宪兵队史》（下），王洛林总监译，海峡学术出版社2001年版，第462页。

② 台湾总督府警务局编：《台湾抗日运动史》（3），王洛林总监译，海峡学术出版社2000年版，第838、842、843页。

③ 台湾总督府警务局编：《台湾抗日运动史》（3），王洛林总监译，海峡学术出版社2000年版，第852页。

④ 台湾宪兵队编：《台湾宪兵队史》（下），王洛林总监译，海峡学术出版社2001年版，第427页。

⑤ 台湾总督府警务局编：《台湾抗日运动史》（3），王洛林总监译，海峡学术出版社2000年版，第844页。

⑥ 台湾宪兵队编：《台湾宪兵队史》（下），王洛林总监译，海峡学术出版社2001年版，第464页。

⑦ 台湾宪兵队编：《台湾宪兵队史》（下），王洛林总监译，海峡学术出版社2001年版，第463页。

⑧ 台湾宪兵队编：《台湾宪兵队史》（下），王洛林总监译，海峡学术出版社2001年版，第492页。

讯赶来，守备队也赶来。义勇军 60 余人据险抵抗，击退日军。30 日，百余人又袭击番仔山内的岭顶派出所。① 1901 年 1 月 2 日夜晚，刘荣、简水寿等七八十人袭击竹头崎专员分署，击毙巡察部长吉利。鹿麻产派出所巡察带壮丁 50 人来援，义勇军撤向触口山。②

1 月 23 日，阮振为长子阮万来办婚事，来客 500 多人，包括黄国镇、吴厚、陈尚义等。③ 陈尚义是店仔口大客庄富豪，仗义疏财，在嘉义、台南十分有号召力。台南县知事任命他与儿子陈晓峰分别为壮丁团长、办务署参事。但是，日军很快就怀疑他私通义勇军，逮捕他多名部下。陈尚义联络黄国镇、阮振、黄茂松等人，准备攻打台南县各支厅，救出狱中的部属。④

4 月 5 日，义勇军在盐水港击毙 2 名巡察。⑤ 26 日，七八十人袭击盐水港大埔派出所，毙伤 2 名巡察，抢走 9 支枪 500 发子弹。⑥

5 月 25 日，在密枝派出所到噍吧哖支署的路上，15 人袭击押解吴鸿的 2 名巡察，击毙 1 名，救出吴鸿。随后，噍吧哖、大目降公署巡察搜查剑门坑，杀害 2 人逮捕 1 人。

5 月、6 月间，阮振部 70 多人、周岱部 40 多人、黄茂松部 50 多人，夜间出没于盐水港平原。田廷等 50 余人来到斗六溪岸的剑门坑、湾潭，联系放弄山上的义勇军。吴万兴、黄透等百余人出没于浊水溪北岸观音山一带。⑦ 6 月 5 日，陈育部下郑旭等在噍吧哖击毙 1 名巡察。⑧ 7 月 11 日，10 余人绑架噍吧哖

① 台湾总督府警务局编：《台湾抗日运动史》（3），王洛林总监译，海峡学术出版社 2000 年版，第 844 页。

② 台湾总督府警务局编：《台湾抗日运动史》（3），王洛林总监译，海峡学术出版社 2000 年版，第 863 页。

③ 台湾宪兵队编：《台湾宪兵队史》（下），王洛林总监译，海峡学术出版社 2001 年版，第 492 页。

④ 台湾总督府警务局编：《台湾抗日运动史》（3），王洛林总监译，海峡学术出版社 2000 年版，第 859 页。

⑤ 台湾宪兵队编：《台湾宪兵队史》（下），王洛林总监译，海峡学术出版社 2001 年版，第 287 页。

⑥ 台湾总督府警务局编：《台湾抗日运动史》（3），王洛林总监译，海峡学术出版社 2000 年版，第 864 页。

⑦ 台湾宪兵队编：《台湾宪兵队史》（下），王洛林总监译，海峡学术出版社 2001 年版，第 492 页。

⑧ 台湾总督府警务局编：《台湾抗日运动史》（4），王洛林总监译，海峡学术出版社 2000 年版，第 945 页。

的鸦片商人，并在路上伏击日兵 2 人，击毙 1 名。① 25 日，龟丹庄日军、巡察去攻打放弄山的陈育、陈荷、方大憨部。从竹头崎来的日军先在放弄山口遭到阻击，又在山中遭到 50 多人射击，1 死 1 伤。在龟丹庄，义勇军击毙 2 名宪兵。28 日，几十人袭击再次袭击搜捕队，击毙 2 人。在湾潭，陈育、方大憨部阻击霄里派出所 7 名巡察，击毙 1 名。大搜捕持续至翌年 3 月，令义勇军在深山中都难以藏身。②

8 月，黄国镇、阮振、周岱、林添丁等频繁互通消息。嘉义厅得到情报，他们将要袭击朴仔脚等公署，决定进行"大扫荡"。9 月 10 日，朴仔脚分署巡察搜查东石庄时，2 人杀死巡察补蔡亲。蔡亲恶贯满盈，曾在布袋咀迎接日军，先后任朴仔脚分署的警吏、壮丁团长、巡察补，曾捕杀义勇军上百人。23 日，在过沟庄松仔港，20 余人迎击布袋咀派出所巡察，击毙 2 名巡察。③ 30 日，15 人在六甲东击毙 1 名巡察。④ 10 月 1 日，陈鱼在乌树林被捕。3 日，在噍吧哖的南关刀山，方大憨部 20 余人伏击护送邮件的巡察，击毙巡察 3 名，抢走邮件。⑤

11 月 6 日，30 余人袭击盐水港安溪派出所，击毙巡察 1 名。11 日，吴新领、吴赈脚率 300 余人在大丘田西堡休息。朴仔脚分署巡察、壮丁 10 余人，鸭母寮派出所巡察带 30 余壮丁前来攻打，激战到傍晚。嘉义日军、巡察来援，义勇军退向鹿仔草、湾仔。15 日夜，方大憨、连寿、黄客等 8 人袭击噍吧哖邮局，砍死台南邮电局书记西村延志。18 日夜，郑德等 60 多人袭击番仔山裤腿尾派出所，击毙 2 名巡察。⑥

11 月 23 日，后大埔的赖福来、刘荣、陈堤、简水寿、简施王所部，十八重溪的黄茂松、翁德生（清）、周岱所部，北港的吴长脚、吴文、吴新钦所部，

① 台湾总督府警务局编：《台湾抗日运动史》（3），王洛林总监译，海峡学术出版社 2000 年版，第 867 页。
② 台台湾宪兵队编：《台湾宪兵队史》（下），王洛林总监译，海峡学术出版社 2001 年版，第 507—511 页。
③ 台湾总督府警务局编：《台湾抗日运动史》（3），王洛林总监译，海峡学术出版社 2000 年版，第 867、868 页。
④ 台湾总督府警务局编：《台湾抗日运动史》（3），王洛林总监译，海峡学术出版社 2000 年版，第 867、868 页。
⑤ 台湾总督府警务局编：《台湾抗日运动史》（3），王洛林总监译，海峡学术出版社 2000 年版，第 869 页。
⑥ 台湾总督府警务局编：《台湾抗日运动史》（3），王洛林总监译，海峡学术出版社 2000 年版，第 871、873、874 页。

以及黄国镇等人的旧部，合计 500 余人，分四路攻打朴仔脚支厅，击毙支厅长庄崎等 11 人。12 小时后，援军赶到，义勇军分头撤向盐水港、北港。东石港的日本人乘船逃往布袋嘴。① 24 日，嘉义日军 150 人搜索朴仔脚附近。当日夜，在盐水港哆啰啯西堡，阮振、周岱率 150 多人阻击新营支厅日军和壮丁，打伤 12 名壮丁，牺牲 31 人。接着，新营日军在旧营庄捕杀义勇军 25 人。②

义勇军退回放弄山。日军残酷地屠杀普通民众，作为报复。如在上茄苳庄，日军屠杀 17 岁到 60 岁的男子 238 人。③

11 月 24 日，10 天前奉命巡视中南部的总督府警视中山直温返回台北报告："对'匪'气势高涨之处如不进行一次大扫荡，祸患将日益加甚。"④ 总督决定先消灭后大埔、温水溪、十八重溪、冻仔脚山区的义勇军，然后再消灭斗六、凤山的义勇军。27 日，总督府警视总长大岛久满次抵达嘉义，召集斗六、嘉义、盐水港、台南、番薯寮各厅厅长、第 3 旅团长等开会，决定消灭义勇军的战术。

12 月 1 日起，嘉义、台南、盐水港、番薯寮、凤山、阿猴 6 个厅的巡察、军队、宪兵、保甲壮丁，搜索嘉义以南地区。⑤ 2 日，噍吧哖守备队长伊藤等 46 人包围口霄里庄，杀害张添寿全家 13 人。⑥ 3 日，第三旅团长西岛指挥三路日军，偷袭后大埔的黄国镇、冻仔脚的林添丁、前大埔土地公坑的阮振。⑦ 黄国镇全家逃到石峡内庄。阮振率 30 余人逃到番薯园山中。⑧ 六甲支厅巡察至官佃庄杀害胡细汉。日军在麒麟庄杀害苏盛等 3 人。4 日，店仔口支厅巡察捕杀

---

① ［日］竹越与三郎：《台湾统治志》，博文馆 1905 年版，第 163 页。
② 台湾宪兵队编：《台湾宪兵队史》（下），王洛林总监译，海峡学术出版社 2001 年版，第 518—520 页。
③ 台湾宪兵队编：《台湾宪兵队史》（下），王洛林总监译，海峡学术出版社 2001 年版，第 447 页。
④ 台湾总督府警务局编：《台湾抗日运动史》(4)，王洛林总监译，海峡学术出版社 2000 年版，第 881 页。
⑤ 台湾总督府警务局编：《台湾抗日运动史》(3)，王洛林总监译，海峡学术出版社 2000 年版，第 752 页。
⑥ 台湾总督府警务局编：《台湾抗日运动史》(4)，王洛林总监译，海峡学术出版社 2000 年版，第 930 页。
⑦ 台湾宪兵队编：《台湾宪兵队史》（下），王洛林总监译，海峡学术出版社 2001 年版，第 498 页。
⑧ 台湾总督府警务局编：《台湾抗日运动史》(4)，王洛林总监译，海峡学术出版社 2000 年版，第 927 页。

陈尚义父子。① 在放弄山，陈育、陈荷、田廷、江定、方大憨等部阻击搜索队，击毙6人。② 9日，林添丁部30余人在大石公击毙日军运粮队3人。10日，50余人在大石公附近阻击日军，毙伤5人。③ 在盐水港龙蛟潭堡东南，黄茂松、翁德清率41人与新营和布袋咀守备队、盐水港巡察激战，毙伤5人。义勇军41人全部战死。④

12月12日，在台南，大岛警视总长与台南、盐水港、嘉义三厅厅长议定，从本月15日起，由巡察、官吏、壮丁组成各山区搜索队，从事捕杀。大岛警视总长驻台南，巡回各厅督促。至第二年4月，6个厅共屠杀3000余人。⑤

12月14日，江口中佐率嘉义守备队第五大队和宪兵，搜索后大埔及冻仔脚。在冻仔脚至竹头崎的小路上，林添丁率300多人伏击日军，击毙2名日兵。⑥ 15日，在三层崎，150人与台南搜查队激战，击毙秋本中尉、2名巡察、1名日兵，击伤3名士兵。⑦ 22日，土地公坑抗日首领郑福来被壮丁团抓获，次日即在前大埔支厅被杀。⑧ 26日，在龙潭山菁桐湖山谷，陈育率70多人与噍吧哖日军展开激战，击毙8人，击伤12人，包括桥口等3名少尉。义勇军牺牲13人。⑨

1902年1月8日，店仔口搜索队在前大埔支厅杀害阮定等3人。前大埔支厅巡察捕杀阮振部下吴原等4人。⑩ 25日，中田警视指挥嘉义、盐水港、台南

---

① 台湾总督府警务局编：《台湾抗日运动史》(4)，王洛林总监译，海峡学术出版社2000年版，第932页。

② 台湾总督府警务局编：《台湾抗日运动史》(4)，王洛林总监译，海峡学术出版社2000年版，第938页。

③ 台湾总督府警务局编：《台湾抗日运动史》(4)，王洛林总监译，海峡学术出版社2000年版，第891页。

④ ［日］竹越与三郎：《台湾统治志》，博文馆1905年版，第164页。

⑤ 台湾总督府警务局编：《台湾抗日运动史》(4)，王洛林总监译，海峡学术出版社2000年版，第945页。

⑥ 台湾宪兵队编：《台湾宪兵队史》（下），王洛林总监译，海峡学术出版社2001年版，第517页。

⑦ 台湾总督府警务局编：《台湾抗日运动史》(4)，王洛林总监译，海峡学术出版社2000年版，第893、894页。

⑧ 台湾总督府警务局编：《台湾抗日运动史》(4)，王洛林总监译，海峡学术出版社2000年版，第921页。

⑨ 台湾宪兵队编：《台湾宪兵队史》（下），王洛林总监译，海峡学术出版社2001年版，第499页。

⑩ 台湾总督府警务局编：《台湾抗日运动史》(4)，王洛林总监译，海峡学术出版社2000年版，第921页。

的日军巡察合围后大埔。黄国镇、林添丁、阮振所部撤向噍吧哖山区后堀仔。日军跟踪追击。28 日，在后堀仔，百余人伏击了警部补秋叶带领的巡察队，毙伤 3 名巡察。各路日军围来，阮振从水底寮转移，陈育从石春旧转移。29 日，日军搜索大竹坑时遭到 20 余人袭击，死伤 3 人。①

2 月 2 日，警视总长在台南召集 4 个厅长开会，检讨搜索方针。警视总长下令延长搜索山区行动 60 天，从 2 月 7 日到 16 日继续搜索后堀仔、后大埔的溪东山区。②

2 月 16 日，阮振、周岱率 50 人在石壁击毙后大埔支厅长田中政太郎。③ 23 日，番薯寮、台南、盐水港、嘉义四个厅又组建奇袭队、驻防各队，继续搜捕阮振、周岱、方大憨、陈育、钟阿章、邱有金等人。④ 24 日，在田寮山，简施王率众与打猫支厅日军激战 6 小时，简施王等 5 人阵亡。⑤

嘉义厅长冈田令警务课长江本元信离间林添丁部。3 月 1 日，在江本元信的指使下，林武琛等赴深坑仔庄山中会晤林添丁叔父林应，劝林添丁谋杀黄国镇、阮振，以免除死罪。⑥ 9 日，黄国镇等在牛舌埔被巡察杀死。10 日，竹头崎搜索队在三层崎诱杀田聘及其部下。14 日，嘉义厅再令林应去劝降林添丁，同时派日军跟踪。这令林添丁大怒。

3 月 17 日，嘉义厅长下令组建搜索林添丁的奇袭队。⑦ 18 日，盐水港厅山区奇袭队进入茄苳溪，与陈育等十五六人激战。陈育等人战死。⑧ 21 日，在店仔口支厅，中田警视、盐水港厅警务课长吉村直记、前大埔支厅长有马清辈、

---

① 台湾总督府警务局编：《台湾抗日运动史》（4），王洛林总监译，海峡学术出版社 2000 年版，第 897、898、899 页。

② 台湾总督府警务局编：《台湾抗日运动史》（4），王洛林总监译，海峡学术出版社 2000 年版，第 953 页。

③ 台湾总督府警务局编：《台湾抗日运动史》（4），王洛林总监译，海峡学术出版社 2000 年版，第 922 页。

④ 台湾总督府警务局编：《台湾抗日运动史》（4），王洛林总监译，海峡学术出版社 2000 年版，第 946 页。

⑤ 台湾总督府警务局编：《台湾抗日运动史》（4），王洛林总监译，海峡学术出版社 2000 年版，第 914 页。

⑥ 台湾总督府警务局编：《台湾抗日运动史》（4），王洛林总监译，海峡学术出版社 2000 年版，第 947 页。

⑦ 台湾宪兵队编：《台湾宪兵队史》（下），王洛林总监译，海峡学术出版社 2001 年版，第 530—533 页。

⑧ 台湾总督府警务局编：《台湾抗日运动史》（4），王洛林总监译，海峡学术出版社 2000 年版，第 947 页。

六甲支厅长斋藤透策划捕杀阮振、林添丁等人。① 日军利用林添丁部下林义继父郑兰香，让他去谋杀林添丁。郑兰香很快就打入林添丁部内部。据他的密报，日军于 3 月 25 日包围羌仔寮溪头。首先到达的宫内分队，反遭到林添丁部沉重打击。胁山警部及 3 名巡察 2 名壮丁被击毙。②

为捕杀林添丁、阮振，日军组织 35 人的小队，由曹长广濑指挥。从 4 月 1 日到 30 日，在嘉义步兵第 5 大队和各地日警壮丁的协助下，这支小队搜索冻仔脚、三层崎、后大埔、前大埔。

在前大埔，日军捕杀阮振的参谋长等几十人。在后大埔山中，日军又捕杀几十人。③ 4 月 1 日，周岱在九重溪被捕，次日即被杀于前大埔支厅。④ 7 日夜，在生桐脚山中熟睡的林添丁被郑兰香枪杀。随后，林礦、林禄、林劳生、林必、林国、番仔水、林义 8 人也被壮丁抓获，次日即被日军枪杀。⑤ 15 日，店仔口搜索队在牛稠溪抓获阮振及其次子阮俊秀，杀害长子阮万来等 3 人。次日，阮振、阮俊秀也被杀。⑥ 25 日，噍吧哖支厅密探在口宵里庄诱捕方大憨。⑦ 28 日，苏阿来弟兄等 9 人在白水溪被捕，送至中埔支厅。

5 月 4 日，警视总长向在东京的台湾总督报告："嘉义以南的'土匪'业已剿灭，南部山区、平原的廓清已经成功。目前斗六如将辖区内的'土匪'处置完毕，将立即触及凤山的林少猫。"⑧

5 月 6 日，搜捕结束。8 日，中埔支厅将被捕的 51 人全部杀害。⑨ 在密探

① 台湾总督府警务局编：《台湾抗日运动史》(4)，王洛林总监译，海峡学术出版社 2000 年版，第 923 页。

② 台湾宪兵队编：《台湾宪兵队史》（下），王洛林总监译，海峡学术出版社 2001 年版，第 532 页。

③ 台湾宪兵队编：《台湾宪兵队史》（下），王洛林总监译，海峡学术出版社 2001 年版，第 529、530 页。

④ 台湾总督府警务局编：《台湾抗日运动史》(4)，王洛林总监译，海峡学术出版社 2000 年版，第 925 页。

⑤ 台湾宪兵队编：《台湾宪兵队史》（下），王洛林总监译，海峡学术出版社 2001 年版，第 533 页。

⑥ ［日］竹越与三郎：《台湾统治志》，博文馆 1905 年版，第 164 页。

⑦ 台湾总督府警务局编：《台湾抗日运动史》(4)，王洛林总监译，海峡学术出版社 2000 年版，第 949 页。

⑧ 台湾总督府警务局编：《台湾抗日运动史》(4)，王洛林总监译，海峡学术出版社 2000 年版，第 959 页。

⑨ 台湾总督府警务局编：《台湾抗日运动史》(4)，王洛林总监译，海峡学术出版社 2000 年版，第 913 页。

汪海的劝诱下，陈海、田槌率部下 17 人"归顺"。14 日，在六甲东侧山麓，六甲支厅长率宪兵、巡察杀害陈海、田槌等 20 余人。① 5 月中旬，各地义勇军 300 人被迫"归顺"。被诱杀的有林大头、林福来等几十人。到 5 月底，加上 5 月 25 日在斗六等 6 处"归顺仪式"大屠杀，嘉义、台南的义勇军几乎被杀光。②

凤山岭、潮州等地的武装抗日活动

这一地区包括今天的高雄县市、屏东县市、台东县等地。下淡水溪左岸的义勇军有陈鱼、郭腾、简庆、魏开、张石定；下淡水溪右岸的义勇军有郑吉生；凤山岭一带有林天福、林少猫（苗生、义成、小猫）、陈有忠、吴万兴等率领的数百人；大冈山一带有郑忠清；番薯寮有邱有金等。③

郑吉生、林少猫以剽悍豪勇著称，手下有林春、陈鱼、黄玉成（国成）、郭腾、简庆等上百人，被日军视为心腹大患。④ 凤凰岭在凤山县城南 30 里，这里的义勇军一度打得凤山日军遣使求和，割地分界，相约："界以内军警不许入，界以外武装不许出"⑤。

1896 年 3 月 5 日，石光见庄宪兵屯所长武市带 14 名宪兵、枋寮庄守备队 35 名日兵，进攻郑吉生所部，在石光见庄东南激战 1 小时。⑥ 6 月 11 日，郑吉生、林少猫率 80 多人攻打水底寮庄的电信队及工兵宿舍。守备队、宪兵来援，义勇军退向凤山。⑦ 7 月 14 日，郑吉生部上千人在云水溪沿岸与凤山守备队、巡察队激战，牺牲 50 多人。日军攻占鲤鱼山，烧毁山仔脚庄、新历庄的粮

① 台湾总督府警务局编：《台湾抗日运动史》（4），王洛林总监译，海峡学术出版社 2000 年版，第 936 页。
② 台湾总督府警务局编：《台湾抗日运动史》（3），王洛林总监译，海峡学术出版社 2000 年版，第 870 页。
③ 台湾宪兵队编：《台湾宪兵队史》（下），王洛林总监译，海峡学术出版社 2001 年版，第 348、349 页。
④ 台湾宪兵队编：《台湾宪兵队史》（下），王洛林总监译，海峡学术出版社 2001 年版，第 323 页。
⑤ 洪弃生：《瀛海偕亡记》，黄哲永、吴福助编：《全台文》第 24 卷，文听阁图书有限公司 2007 年版，第 34 页。
⑥ 台湾宪兵队编：《台湾宪兵队史》（下），王洛林总监译，海峡学术出版社 2001 年版，第 333 页。
⑦ 台湾宪兵队编：《台湾宪兵队史》（下），王洛林总监译，海峡学术出版社 2001 年版，第 324 页。

草弹药。①

在云林义勇军收复斗六的鼓舞下，凤山城内也贴满了匿名檄文，说在农历六月初里应外合，举兵攻打支厅守备队、宪兵，杀尽全城的日本人。

郑吉生、林春、陈鱼、黄玉成、郭腾、简庆等以水底寮为中心，活跃在云水溪一带，张贴抗日檄文，号召民众起来抗日。8月16日，潮州庄第八中队、楠仔庄第六、七两个中队进攻田寮庄、田埔庄、三脚庄，企图消灭郑吉生所部。郑吉生率300多人抵抗，击毙日兵1人打伤3人，退向枋寮一带。② 9月3日，在东港附近的南望安，郑吉生率150多人与枋寮1个小队和14名宪兵激战，牺牲20多人，击毙1名宪兵击伤3名日兵。③ 9月8日，水底寮的郑猫生率20多人袭击陆军用品店。枋寮守备队、宪兵近30人来援，打死2人。日兵1人受重伤。④ 郑吉生、林少猫率300多人于9月21日攻打阿缑宪兵屯所，激战20多小时，打伤日兵5人。⑤

1897年1月10日，在凤山东门外溪畔，郑吉生、林少猫率600多人与日军、巡察激战，郑吉生负伤。⑥ 2月，郑吉生去世，部众由林天福指挥。⑦

3月15日，东港7名宪兵去凤山，在五房洲庄溪埔仔遭到60多人袭击，逃回东港。次日，东港守备队包围溪埔仔，屠杀村民20多人，并纵火烧屋。⑧ 4月25日，400人袭击东港守备队，击伤日兵1名。300余人攻打潮州庄，击毙宪兵2人击伤1人。⑨ 5月7日，支援东港的海军陆战队，乘三艘小艇返回主

---

① 台湾宪兵队编：《台湾宪兵队史》（下），王洛林总监译，海峡学术出版社2001年版，第324页。

② 台湾总督府警务局编：《台湾抗日运动史》（3），王洛林总监译，海峡学术出版社2000年版，第782页。

③ 台湾宪兵队编：《台湾宪兵队史》（下），王洛林总监译，海峡学术出版社2001年版，第333、337页。

④ 台湾宪兵队编：《台湾宪兵队史》（下），王洛林总监译，海峡学术出版社2001年版，第429页。

⑤ 台湾宪兵队编：《台湾宪兵队史》（下），王洛林总监译，海峡学术出版社2001年版，第321、322页。

⑥ 台湾宪兵队编：《台湾宪兵队史》（上），王洛林总监译，海峡学术出版社2001年版，第50页。

⑦ 台湾总督府警务局编：《台湾抗日运动史》（3），王洛林总监译，海峡学术出版社2000年版，第783页。

⑧ 台湾宪兵队编：《台湾宪兵队史》（下），王洛林总监译，海峡学术出版社2001年版，第334页。

⑨ 台湾总督府警务局编：《台湾抗日运动史》（3），王洛林总监译，海峡学术出版社2000年版，第783页。

舰"海门号"。小艇倾覆，8人溺死。①

5月8日，义勇军在州仔庄击毙凤山交通宪兵1人。② 12日，四五十人在阿猴街附近击毙宪兵三岳。林少猫等50余人击毙从阿猴到凤山的两名宪兵。③19日，在加柄崎庄、中坑庄，陈鱼等300余人袭击楠仔坑守备队，击毙日兵1人打伤4人。④ 24日，在援巢中庄（今高雄市燕巢区），200余人袭击阿公店守备队，打死日兵1人打伤6人。⑤

林少猫等人于6月秘密去厦门，筹集了金钱武器。8月上旬他们从南仔港登陆，在淡水溪沿岸发展抗日组织。⑥

6月25日，凤山南仔坑街21名巡察去湖仔田，遇到120余人袭击，1死1伤。楠梓庄20名守备兵、凤山守备兵与5名巡察来援，烧毁湖仔田一带各庄，杀害深水坑庄沈东父子。⑦ 7月6日，在淡水溪上，40多人袭击东港宪兵和邮局职员，打死邮局职员2人。吴万兴、廖全所部在凤山西门外击毙3名日本人。⑧ 9月21日，200余人袭击阿猴宪兵分驻所，击伤5名宪兵。⑨ 在内埔庄（今高雄六堆），义勇军击毙前来侦察的3名宪兵。⑩ 11月11日，王禄、郭加令率众袭击大林埔巡察派出所，击毙3名巡察。⑪ 29日夜，七八十人袭击凤山

① 台湾总督府警务局编：《台湾抗日运动史》（3），王洛林总监译，海峡学术出版社2000年版，第784页。
② 台湾宪兵队编：《台湾宪兵队史》（下），王洛林总监译，海峡学术出版社2001年版，第365页。
③ 台湾宪兵队编：《台湾宪兵队史》（下），王洛林总监译，海峡学术出版社2001年版，第340、361页。
④ 台湾宪兵队编：《台湾宪兵队史》（下），王洛林总监译，海峡学术出版社2001年版，第373页。
⑤ 台湾宪兵队编：《台湾宪兵队史》（下），王洛林总监译，海峡学术出版社2001年版，第340、367页。
⑥ 台湾宪兵队编：《台湾宪兵队史》（下），王洛林总监译，海峡学术出版社2001年版，第368页。
⑦ 台湾宪兵队编：《台湾宪兵队史》（下），王洛林总监译，海峡学术出版社2001年版，第340、344页。
⑧ 台湾宪兵队编：《台湾宪兵队史》（下），王洛林总监译，海峡学术出版社2001年版，第367页。
⑨ 台湾总督府警务局编：《台湾抗日运动史》（3），王洛林总监译，海峡学术出版社2000年版，第786页。
⑩ 台湾宪兵队编：《台湾宪兵队史》（下），王洛林总监译，海峡学术出版社2001年版，第429页。
⑪ 台湾宪兵队编：《台湾宪兵队史》（下），王洛林总监译，海峡学术出版社2001年版，第470页。

县内埔专员公署和警察署，击毙 2 名宪兵巡察，捣毁公署。30 日，张天寿等 28 人在崁头山击毙番薯寮警察署长和 1 名巡察。①

1898 年 1 月 3 日，在凤山乌松脚，60 多人袭击凤山县赤崁派出所，击伤巡察 1 名。② 1 月 10 日，萧明率十几人击毙阿里港宪兵 1 人。③ 在屏东附近，义勇军击毙砖仔瑶宪兵屯所 1 名巡逻宪兵。④ 3 月 5 日到 7 日，郑猫生率 700 多人与万丹庄田历守备队、宪兵激战 3 天，牺牲 40 多人。⑤ 3 月 21 日，卢石头、魏少开部下十几人袭击阿公店专员公署，抢走银圆 1740 枚、纸币 400 元等。⑥

4 月 12 日夜，洪国泰、黄记等 120 多人分成四队，分别袭击东港专员公署、警察署、守备队、宪兵队，击伤巡察 1 名。⑦ 郑宋、谢南、梁甲率数十人占据凤山大草厝凤鼻头的岩洞，四处游击。19 日，凤山守备队 3 小队和 44 名巡察前去攻打。义勇军英勇抵抗，壮烈牺牲 8 人，击毙 1 名巡察和翻译。⑧ 23 日，在三块厝，陈鱼率 70 多人击毙阿里港宪兵邮政兵各 1 人、日本人 2 名。⑨

5 月，陈开带 60 多人以楠仔坑南部山猪窟为基地。黄嗅率 20 多人在统领坑庄。陈鱼率 120 多人活跃于淡水溪沿岸。方清、方发等在水哮庄一带活动。凤山、台南之间的抗日活动十分活跃。5 月 7 日，140 多人在旗山袭击大树脚庄 6 名巡逻宪兵，击毙 4 名。⑩ 9 日，200 多人袭击从东港去潮州的 15 名宪兵，击

① 台湾总督府警务局编：《台湾抗日运动史》(3)，王洛林总监译，海峡学术出版社 2000 年版，第 787 页。

② 台湾宪兵队编：《台湾宪兵队史》（下），王洛林总监译，海峡学术出版社 2001 年版，第 386、387 页。

③ 台湾宪兵队编：《台湾宪兵队史》（下），王洛林总监译，海峡学术出版社 2001 年版，第 440 页。

④ 台湾宪兵队编：《台湾宪兵队史》（下），王洛林总监译，海峡学术出版社 2001 年版，第 456 页。

⑤ 台湾宪兵队编：《台湾宪兵队史》（下），王洛林总监译，海峡学术出版社 2001 年版，第 334 页。

⑥ 台湾总督府警务局编：《台湾抗日运动史》(3)，王洛林总监译，海峡学术出版社 2000 年版，第 790 页。

⑦ 台湾总督府警务局编：《台湾抗日运动史》(3)，王洛林总监译，海峡学术出版社 2000 年版，第 792 页。

⑧ 台湾宪兵队编：《台湾宪兵队史》（下），王洛林总监译，海峡学术出版社 2001 年版，第 341、390 页。

⑨ 台湾宪兵队编：《台湾宪兵队史》（下），王洛林总监译，海峡学术出版社 2001 年版，第 374 页。

⑩ 台湾宪兵队编：《台湾宪兵队史》（下），王洛林总监译，海峡学术出版社 2001 年版，第 441 页。

毙13人。19日，陈鱼、魏开等二三百人在水哮庄会合，准备攻打阿公店专员公署。楠仔坑宪兵屯所6名宪兵和14名士兵去观音山侦察。在加蚋崎和中坑庄之间，300多人截击侦察队，击毙1名日兵和1名护士。当天夜，台南日军赶到阿公店街。20日，日军"扫荡"楠仔坑，烧毁水哮庄和牛食坡的10户民宅。①

7月8日，魏开率几十人攻打大树脚庄宪兵屯所，击伤1名。② 10日，为搜索砖仔瑶、楠仔坑、援巢中庄等的魏开、黄嗅、张石定、陈鱼等，第三、第八、第九三个分队的36名宪兵，集中到大树脚庄屯所。第三旅团第六联队两个中队在大树脚庄附近演习，遭到义勇军袭击。日军挨户搜查这里的村庄，要求由庄长证明是良民，否则即屠杀。12日，上百人袭击去大树脚宪兵屯所的6名援巢中庄宪兵，击毙1人。③ 20日，150多人在统领坑击毙4名宪兵。

8月3日，在浮圳庄，黄嗅、陈鱼等50余人袭击阿猴街内埔宪兵屯所，击毙3名宪兵。在距内埔3000米处，2名宪兵被击毙。④ 4日，在淡水溪，40多人击毙阿猴田厝庄宪兵1人。⑤ 6日，内埔宪兵23人、万丹街日军1小队去新杜君英庄搜索，遭到150多人袭击。16日，在林子内庄，20余人袭击巡逻的砖仔瑶庄宪兵，击毙1人。⑥ 17日，在林子内庄，上百人击毙阿猴宪兵1人。18日，林少猫率200多人袭击阿猴街和砖仔瑶屯所，击毙1名宪兵。19日，砖仔瑶和阿猴24名宪兵偷袭万丹庄，被吴万兴部200多人狙击，被击毙1人。⑦

凤山专员公署决定"扫荡"凤鼻头一带的义勇军。9月2日，凤山、打狗、

---

① 台湾总督府警务局编：《台湾抗日运动史》（3），王洛林总监译，海峡学术出版社2000年版，第791页。
② 台湾宪兵队编：《台湾宪兵队史》（下），王洛林总监译，海峡学术出版社2001年版，第342页。
③ 台湾宪兵队编：《台湾宪兵队史》（下），王洛林总监译，海峡学术出版社2001年版，第384页。
④ 台湾宪兵队编：《台湾宪兵队史》（下），王洛林总监译，海峡学术出版社2001年版，第456页。
⑤ 台湾宪兵队编：《台湾宪兵队史》（下），王洛林总监译，海峡学术出版社2001年版，第392页。
⑥ 台湾宪兵队编：《台湾宪兵队史》（下），王洛林总监译，海峡学术出版社2001年版，第392页。
⑦ 台湾宪兵队编：《台湾宪兵队史》（下），王洛林总监译，海峡学术出版社2001年版，第376—378页。

台南的巡察 52 人包围凤鼻头。到 8 日止，日军屠杀 23 人，抓捕 25 人。①

9 月 23 日，在观音上里甲滚水庄（今高雄燕巢区），陈开、张古宝率众袭击第三分队巡逻的宪兵，击毙 2 人。② 28 日，在五甲尾庄，魏少开、陈旺、陈鱼等 200 多人袭击阿公店宪兵、巡察，击毙 1 人，接着去攻打阿公店。30 多名守备兵、宪兵、巡察顽抗。凤山一个中队和 16 名宪兵巡察驰援。义勇军撤走。③

10 月 5 日，十几人在滚水庄袭击吉森等 2 名宪兵，击毙 1 名。吉森逃回桥仔头宪兵驻屯所。该所宪兵去滚水庄抓捕 16 人，屠杀百余人。④ 13 日，魏开、黄嗅、陈鱼、张石定、卢石头等率 300 多人集中在阿公店附近的五甲尾庄。阿公店宪兵和巡察去侦察，巡察部长中村被击毙。义勇军又逼近阿公店街北口，与日军、宪兵、巡察激战。凤山守备队一个中队、宪兵、巡察赶来。义勇军退向五里林庄、援巢石庄。⑤ 26 日，50 多人在冷水坑溪袭击阿里港巡逻宪兵，击毙 3 名。⑥

11 月 7 日，阿公店弥陀港派出所 4 名巡察去新港口，被义军五六十人袭击。2 名巡察被扔进海里淹死。⑦ 9 日，翁大臭率数百人在关庙庄北边遭遇番薯寮日军，击毙 6 名日兵，击伤 2 名宪兵。⑧ 15 日，40 多人在下林仔边庄袭击凤山宪兵，击毙 1 人。⑨ 29 日，在高树庄，林少猫、潘文建等 300 多人狙击前来

① 台湾总督府警务局编：《台湾抗日运动史》（3），王洛林总监译，海峡学术出版社 2000 年版，第 794 页。
② 台湾宪兵队编：《台湾宪兵队史》（下），王洛林总监译，海峡学术出版社 2001 年版，第 380 页。
③ 台湾宪兵队编：《台湾宪兵队史》（下），王洛林总监译，海峡学术出版社 2001 年版，第 437 页。
④ 台湾宪兵队编：《台湾宪兵队史》（下），王洛林总监译，海峡学术出版社 2001 年版，第 436 页。
⑤ 台湾宪兵队编：《台湾宪兵队史》（下），王洛林总监译，海峡学术出版社 2001 年版，第 394、395 页。
⑥ 台湾宪兵队编：《台湾宪兵队史》（下），王洛林总监译，海峡学术出版社 2001 年版，第 409 页。
⑦ 台湾总督府警务局编：《台湾抗日运动史》（3），王洛林总监译，海峡学术出版社 2000 年版，第 795 页。
⑧ 台湾宪兵队编：《台湾宪兵队史》（下），王洛林总监译，海峡学术出版社 2001 年版，第 448 页。
⑨ 台湾宪兵队编：《台湾宪兵队史》（下），王洛林总监译，海峡学术出版社 2001 年版，第 442 页。

侦察的阿里港宪兵，击毙3人。台南日军来援，救出残余宪兵。①

义勇军400余人集中在弥陀港和蚵仔寮，威胁着阿公店办务署、大湖支署。12月2日，魏少开率300余人攻打弥陀港派出所，击毙1名巡察。② 5日，在湖仔内庄，陈喜率60多人击毙楠仔坑屯所宪兵2人。③ 11日，魏少开率600余人击毙阿嗹庄派出所7名巡察。13日，50余人袭击凤山荆桐脚街邮局，击毙巡察1人。14日，在右冲庄，魏少开、卢石头率200多人激战楠仔坑宪兵巡察。义勇军撤向中港庄，日军紧追，又激战一小时。楠仔坑宪兵和巡察16人来援，义勇军撤退。此战，卢石头等30多人壮烈牺牲。④ 15日，义勇军击毙阿嗹庄派出所巡察8人。⑤ 16日，70多人击毙阿里港宪兵伙夫各1人。⑥

台南县顾问富地近思诱降林少猫，用谈判麻痹他。同时，日军偷袭林少猫部。愤怒的林少猫连续出击。12月27日晨，林少猫部上百人袭击阿猴街专员公署，激战到傍晚，毙伤宪兵各1人，退向海丰庄。⑦ 12月28日拂晓，三千人包围潮州庄。⑧ 林少猫部数百人攻打北门，林天福部攻打东门，刘安记部攻打西门，吴老漏部攻南门。万丹街22名宪兵来援，在内水哮庄遭到阻击，2死2伤，被迫退回。29日，万丹街步兵2小队宪兵30人增援，在渡东港溪时遭到伏击，死伤数人，只好返回。东港的"葛城号"军舰舰长率56人驰援。崁顶庄冈山警部率40名巡察驰援。30日，义勇军击退来自崁顶庄的巡察。凤山守备队三个中队赶到，展开肉搏战，击退义勇军，夺回潮州庄南门。义勇军只得撤离。

---

① 台湾宪兵队编：《台湾宪兵队史》（下），王洛林总监译，海峡学术出版社2001年版，第439、440页。
② 台湾宪兵队编：《台湾宪兵队史》（下），王洛林总监译，海峡学术出版社2001年版，第397页。
③ 台湾宪兵队编：《台湾宪兵队史》（下），王洛林总监译，海峡学术出版社2001年版，第438页。
④ 台湾宪兵队编：《台湾宪兵队史》（下），王洛林总监译，海峡学术出版社2001年版，第399、400页。
⑤ 台湾宪兵队编：《台湾宪兵队史》（下），王洛林总监译，海峡学术出版社2001年版，第437页。
⑥ 台湾总督府警务局编：《台湾抗日运动史》（3），王洛林总监译，海峡学术出版社2000年版，第804页。
⑦ 台湾宪兵队编：《台湾宪兵队史》（下），王洛林总监译，海峡学术出版社2001年版，第413页。
⑧ 台湾宪兵队编：《台湾宪兵队史》（上），王洛林总监译，海峡学术出版社2001年版，第52页。

在攻打潮州庄时，义勇军牺牲 80 多人，击毙署长濑户晋，毙伤日兵、巡察几十人。① 攻打潮州的人主要来自中万峦庄、四沟水庄、五沟水庄、新北势庄、万金庄、赤山庄、请仔乾庄、凤山厝庄、九块厝庄、打铁店庄、小势尾庄、竹围内庄等，是客家人、高山族、闽南人的大联合，由客家人万峦庄庄长林天福指挥，号令严明，只杀日本人。镰仓大队长率步兵中队、骑兵、炮兵对上述各庄进行烧杀抢掠。②

在潮州被围时，恒春附近民众也开始行动。林少猫也率 700 人从潮州南下支援。12 月 29 日凌晨，卢松元、陈福传、薛崎王各率数百人集合在马公古庄，准备攻打恒春。恒春守备队长森中尉向台南宪兵队本部求援。500 多人猛烈攻打恒春城四门。守城日军疯狂抵抗，激战终日。30 日，600 多人同时猛攻四门，用稻草煤油火烧大门。日军紧急构筑堡垒防御。31 日，从台南赶来的一个中队在虎头山与 400 余人交火。义勇军牺牲 10 多人，开始撤退。此役，义勇军击毙日军官兵 13 人，击伤十几人。③

由于日军血腥镇压和总督府诱降，"归顺"者越来越多。截至 1898 年 12 月 31 日，南部义勇军 297 人被迫"归顺"。④

1899 年 1 月，台南县知事矶贝下令招降义勇军，重点是黄国镇、林添丁、林少猫、阮振四人。⑤

3 月，攻打潮州庄首谋林天福被捕，关押在台南监狱。4 月 10 日，台南县知事矶贝令暂时放出林天福，以诱降林少猫。矶贝令凤山专员公署长丰田、阿猴专员公署长满留、台南县参事富地近思、陈仲和、凤山街长陈少山、阿猴厅区长苏云梯、许廷光，负责招降林少猫。但是，林少猫没有相信这些人。台南县又找到溪洲庄大地主杨寔、海丰庄富户林漏泰去联系林少猫。⑥

4 月 19 日，为了暂时笼络，矶贝答应林少猫提出的 9 项条件：林少猫及部

---

① ［日］竹越与三郎：《台湾统治志》，博文馆 1905 年版，第 161 页。

② 台湾宪兵队编：《台湾宪兵队史》（下），王洛林总监译，海峡学术出版社 2001 年版，第 414—416 页。

③ 台湾宪兵队编：《台湾宪兵队史》（下），王洛林总监译，海峡学术出版社 2001 年版，第 418—420 页。

④ ［日］喜安幸夫：《台湾抗日秘史》，武陵出版有限公司 1997 年版，第 160 页。

⑤ 台湾总督府警务局编：《台湾抗日运动史》（3），王洛林总监译，海峡学术出版社 2000 年版，第 818 页。

⑥ 台湾总督府警务局编：《台湾抗日运动史》（3），王洛林总监译，海峡学术出版社 2000 年版，第 827、828 页。

下一概既往不咎，在凤山近郊后壁林居住，保留武器，不纳税，治安自理等。①

5月11日，阿猴进行妈祖大祭，林少猫捐300圆香火钱。5月12日，林少猫率全副武装的百余人，去铜锣埔参加"归顺"仪式。凤山专员公署长丰田、阿猴专员公署长满留等参加，交给林少猫"归顺证"，并要求守法。之后，林少猫部在溪洲庄及后壁林庄种田烧酒，但一直被密切监视。②

7月25日晚，凤山守备队、宪兵偷袭下林内庄吴万兴部，枪杀80人。10月5日，吴万兴率70多人袭击从凤山去阿里港的宪兵，击毙4人。③ 11日，毛猫率32人击毙六甲庄宪兵2名。④ 11月29日，在阿拔泉庄和青埔尾庄，潘文达、吴万兴率200人击毙阿里港宪兵4名。⑤ 12月11日，陈鱼率150余人袭击凤山援巢中庄屯所，击毙宪兵2名，退向淡水溪。⑥

1900年4月，入夏后，已"归顺"的吴万兴、郑加爵、黄嗅等，又率部在凤山、阿猴一带袭击日军。7月6日，台南县保安课长中条、阿里港分署长率巡察、宪兵去统领坑抓捕黄嗅。黄嗅等30余人撤向番仔寮。⑦ 7月21日，义勇军在大莝庄击毙埔姜仑派出所所长和1名巡察。⑧ 8月25日，黄嗅等20余人在南仔坑击毙交通宪兵1名。9月6日，义勇军袭击大树脚庄派出所，击毙一人，退向观音山。⑨

9月4日，台南县知事今井致电总督，请求派兵镇压观音山、淡水溪畔的义勇军，得到批准。20日，台南县知事要求第3旅团出兵。21日、22日，守

① ［日］喜安幸夫：《台湾抗日秘史》，武陵出版有限公司1997年版，第162页。
② 台湾宪兵队编：《台湾宪兵队史》（下），王洛林总监译，海峡学术出版社2001年版，第524页。
③ 台湾宪兵队编：《台湾宪兵队史》（下），王洛林总监译，海峡学术出版社2001年版，第440页。
④ 台湾宪兵队编：《台湾宪兵队史》（下），王洛林总监译，海峡学术出版社2001年版，第470页。
⑤ 台湾宪兵队编：《台湾宪兵队史》（下），王洛林总监译，海峡学术出版社2001年版，第457页。
⑥ 台湾宪兵队编：《台湾宪兵队史》（下），王洛林总监译，海峡学术出版社2001年版，第401、425、469页。
⑦ 台湾总督府警务局编：《台湾抗日运动史》（3），王洛林总监译，海峡学术出版社2000年版，第845页。
⑧ 台湾总督府警务局编：《台湾抗日运动史》（3），王洛林总监译，海峡学术出版社2000年版，第852页。
⑨ 台湾总督府警务局编：《台湾抗日运动史》（3），王洛林总监译，海峡学术出版社2000年版，第845、846页。

备队、宪兵队、巡察队搜查观音山的大树脚、三角堀等要地，抓捕6人。①

观音中里土库庄的郑忠清再起抗日，被推举为首领，以杨联标为谋士，与吴万兴、郑加爵、黄嗅等互相呼应。郑忠清在各乡招兵抗日，自称义军。10月2日，义军百余人在中寮与番薯寮守备队激战，击毙军曹1人击伤日兵5名。阿里港宪兵来援，仍被击退。8日，郑忠清、吴万兴率200余人攻打赤坎派出所。10日，到达楠仔坑庄时，义军发展到400多人。11日，义军聚集到1500人。郑忠清、吴万兴、郑加爵、黄嗅、詹池等率数百人在右冲庄、左营庄架起大炮。

根据台南第三旅团的命令，凤山、台南守备队从10月11日起搜捕观音山。于是，义军从观音山往西撤向海岸。郑忠清所部300多人向兴隆内里覆鼎金庄转移，与2小队日军激战。陈阿小等30余人牺牲。②

10月16日起，日军分六路搜索统领坑、溪埔各村庄。10月22日，日军在小坪顶捕杀武秀才黄朝咸。义军渡过淡水溪，撤向阿猴，与潘文达部会合。凤山、番丹、番薯寮、阿里港各地日军转向阿猴，搜索淡水溪左岸。10月29日，200余人在隘寮庄击毙阿里港宪兵4名。10月31日之后数日，日军屠杀39人，烧房353户。③11月12日，郑忠清等130多人阻击一个中队，激战2小时，牺牲30人，打伤日兵3人。④12月11日，潘文达率几十人袭击青埔尾。阿里港6名宪兵2名巡察赶来。义军击毙3名宪兵，退向六龟山。⑤

1901年3月20日，百余人袭击山杉林派出所。溪州庄长陈王是这次袭击活动的主谋。⑥5月2日夜，20余人袭击凤山大树脚派出所。5月3日，吴万兴部下谢南等人，在竹崎山阻击凤山公署的搜查队，击毙巡察壮丁各1名。谢南

---

① 台湾总督府警务局编：《台湾抗日运动史》（3），王洛林总监译，海峡学术出版社2000年版，第846页。

② 台湾宪兵队编：《台湾宪兵队史》（下），王洛林总监译，海峡学术出版社2001年版，第466、467页。

③ 台湾总督府警务局编：《台湾抗日运动史》（3），王洛林总监译，海峡学术出版社2000年版，第848、849、850页。

④ 台湾宪兵队编：《台湾宪兵队史》（下），王洛林总监译，海峡学术出版社2001年版，第503、504页。

⑤ 台湾宪兵队编：《台湾宪兵队史》（下），王洛林总监译，海峡学术出版社2001年版，第458页。

⑥ 台湾总督府警务局编：《台湾抗日运动史》（4），王洛林总监译，海峡学术出版社2000年版，第953页。

等 2 人牺牲。5 月 11 日，在阿公店桥仔头，四五十人分两路袭击强占土地的台湾制糖会社，击毙押解巡察，解救抗日首领吴鸿，与会社 30 名武装职工激战 15 分钟后撤离。①

1901 年 6 月，各旅团悬赏通缉抗日首领。凤山的吴万兴、打猫（今民雄）的张辉贯、善化里东堡的陈育、赤山堡的田廷、嘉义的黄茂松，每人悬赏 400 圆。港西上里的潘万力、陈有志，嘉义的简水寿、刘党象，下茄苳北堡的钟庚寅、赤山堡的陈荷，阿公店的郑忠清，小竹上里的陈登开，打猫的简施王、林猫来、刘政，观音下里的林大头等，每人悬赏 300 圆。学甲堡的陈枝，盐水港的翁德清，小竹上里的黄透，港西上里的邱有金、钟芹生、林竣，楠梓仙溪的方大憨，每人悬赏 200 圆。赤山堡的田槌、田再福、陈添金、王礶毛、吴蒋、吴清日，新化南里的潘见智，每人悬赏 100 圆。1900 年 12 月至 1901 年 6 月，因悬赏而被杀的有郑加爵、钟庚寅、潘文达、林竣、林鲁、庄良、林福来等 7 人。②

10 月 23 日，上百人在罗汉门外岭口与凤山、番薯寮的巡察激战 2 小时。28 日夜，林大头被乌松庄壮丁抓捕。林大头 17 岁参加抗日，先后投奔魏小开、林少猫等，与吴万兴、郑加爵齐名，共击毙宪兵巡察 4 人。③ 12 月 5 日，二十四五人袭击万丹公学校，击毙日籍教师久保某夫妻。④

为抓捕吴万兴、邱有金、钟阿章等，番薯寮守备兵、宪兵、巡察于 1902 年 1 月 13 日开始搜捕。⑤ 2 月 12 日，3 名巡察在溪州庄杀害庄长陈王。⑥ 14 日，搜索队在田寮枪杀林立等 3 人。⑦ 3 月 11 日，奇袭队逮捕邱有金。⑧

---

① 台湾总督府警务局编：《台湾抗日运动史》（3），王洛林总监译，海峡学术出版社 2000 年版，第 864、865 页。

② 台湾总督府警务局编：《台湾抗日运动史》（3），王洛林总监译，海峡学术出版社 2000 年版，第 866 页。

③ 台湾总督府警务局编：《台湾抗日运动史》（3），王洛林总监译，海峡学术出版社 2000 年版，第 869、870 页。

④ 台湾总督府警务局编：《台湾抗日运动史》（4），王洛林总监译，海峡学术出版社 2000 年版，第 950 页。

⑤ 台湾宪兵队编：《台湾宪兵队史》（下），王洛林总监译，海峡学术出版社 2001 年版，第 500 页。

⑥ 台湾总督府警务局编：《台湾抗日运动史》（4），王洛林总监译，海峡学术出版社 2000 年版，第 953 页。

⑦ 台湾总督府警务局编：《台湾抗日运动史》（4），王洛林总监译，海峡学术出版社 2000 年版，第 900、901 页。

⑧ 台湾总督府警务局编：《台湾抗日运动史》（4），王洛林总监译，海峡学术出版社 2000 年版，第 954 页。

5月，嘉义、台南的义勇军基本消灭之后，总督府决定消灭林少猫、吴万兴。此时，凤山、阿缑厅已查明：林少猫部400多人占据后壁林一带200余甲土地，筑有堡垒。后壁林有副将黄目虎、文书林占魁等90人。溪州庄有副将林满天等23人。溪州庄的秘密抗日人员有杨实等71人。①

5月25日，日寇在斗六厅屠杀260余名"归顺"者时，警视总长大岛久满次、总督府陆军幕僚村冈恒利、大野丰四乘船去台南，向第三旅团长和凤山、阿缑、台南、番薯寮四个厅长传达总督训令："'归顺土匪'林少猫，'匪'行日益猖獗，严重阻碍地方行政。因此，巡察队应去后壁林及溪州庄将其捕获。不动用兵力是余最希望之事。第三旅团可指挥部下及第十五宪兵队做警察队的后援，助其成功。"② 主旨是由巡察出面，军队做后盾，以欺骗台湾民众和舆论。

日军在第三旅团司令部召开会议，制订详细作战计划，确定本月30日行动，同时攻打溪州庄和后壁林庄。③

5月30日，大批日军、宪兵、巡察包围后壁林庄。日军四门山炮猛轰，引发后壁林庄房屋起火。第六大队攻破东边短墙，第十二大队攻占后壁林西门。义勇军300余人从庄西门突围，死战得脱，逃向盐水港。黄目虎率几十人逃向东南巴汶山，中途被日军击溃。日军继续搜捕30天，重点在捕杀林少猫、吴万兴、郑忠清、林秋香等人。事实上，林少猫已被日军打死。

总督府认定5月30日"全岛治安完全恢复"。因此，许多史籍也认定这是台湾大规模武装抗日结束的日子。

5月30日，警视总长下令各厅组建搜索队继续捕杀。从5月30日到6月4日，凤山厅捕杀234人，阿缑厅捕杀76人。④ 6月4日，警视总长命令台南厅及安平、大目降、噍吧哖、湾里、关帝庙、车路乾各支厅组织搜索队，搜捕林少猫、吴万兴、郑忠清、林秋香的部下。6月6日，番薯寮厅也组建搜索队。

① 台湾总督府警务局编：《台湾抗日运动史》（4），王洛林总监译，海峡学术出版社2000年版，第963页。

② 台湾总督府警务局编：《台湾抗日运动史》（4），王洛林总监译，海峡学术出版社2000年版，第961页。

③ 台湾宪兵队编：《台湾宪兵队史》（下），王洛林总监译，海峡学术出版社2001年版，第524—526页。

④ 台湾总督府警务局编：《台湾抗日运动史》（4），王洛林总监译，海峡学术出版社2000年版，第983页。

此后到 8 月底，各厅搜索队搜遍各辖区，杀人无数。①

枋寮支厅水底寮庄有 700 多人，先后是郑吉生、林秋香的抗日基地。6 月 21 日，凤山守备队第六大队、阿猴厅与恒春厅的巡察，分别在水底寮庄、北旗尾庄抓走 560 人和 336 人。在押送到枋寮的途中，日军就杀害 55 人。②

搜索队捕杀郑忠清部下 66 人，但始终没有找到其本人。8 月 23 日，警视总长宣布郑忠清业已逃亡，令各厅解除警戒搜索。③

据后藤新平自己承认，1898 年到 1902 年 6 月，日军共杀害台湾民众 11950 人。实际数字当然远不止这些。④

1903 年之前，台湾同胞武装游击日本侵略者的战斗多到无法一一统计起来，上述内容只是其中的一小部分。因为本书篇幅所限，只有战斗规模较大或者有击毙日寇及其走狗的战斗，我们才进行了简要地记述。

总之，"在日本侵占台湾期间，台湾同胞一直坚持英勇不屈的斗争。初期，他们组织义军，进行武装游击抵抗，前后达七年之久。继而，在辛亥革命推翻清政府后，他们又汇同大陆同胞一道，先后发起十余次武装起义"。⑤ 他们不畏强暴不怕牺牲，顽强地抗击凶残强大的日本侵略者，其精神支柱就是伟大的爱国主义和民族主义。

面对强大的日本侵略军，台湾义勇军采取游击战的战术是对的，但是人员数量有限、武器和给养供应都十分困难，背后只有福建广东沿海老百姓的支持，加上台湾岛内没有战略回旋的空间，最后失败是难以避免的。

---

① 台湾总督府警务局编：《台湾抗日运动史》（4），王洛林总监译，海峡学术出版社 2000 年版，第 983 页。

② 台湾总督府警务局编：《台湾抗日运动史》（4），王洛林总监译，海峡学术出版社 2000 年版，第 985 页。

③ 台湾总督府警务局编：《台湾抗日运动史》（4），王洛林总监译，海峡学术出版社 2000 年版，第 990 页。

④ ［日］山辺健太郎编：《台湾》（一），日本现代史料 21，东京みすず书房 1971 年版。

⑤ 国台办编：《台湾问题与中国的统一》，中华人民共和国中央人民政府网站。

第五章 辛亥革命前后台湾人民的 抗争（1903—1915）

1902 年夏，汉族人武装抗日活动被残酷镇压之后，行政官吏、守备兵、宪兵、巡察（警察）、法官、检察官、司狱官（狱警）、记者、教师、日本移民、巡察补、保甲壮丁等组成了一个无孔不入的殖民统治大网。在它的严密控制和压迫下，台湾已经基本上没有发生大规模武装抗日的条件。

在行政官吏布局上，从 1895 年到 1919 年步步深入。1901 年 11 月，台湾总督府设立台北、基隆、宜兰、深坑、桃园、新竹、苗栗、台中、彰化、南投、斗六、嘉义、盐水港、台南、番薯寮、凤山、阿猴、恒春、台东、澎湖 20 个厅，将以往的三级制度改为二级制度，加强了总督府对各地的控制。1909 年 10 月，佐久间任总督期间，废止了基隆、深坑、苗栗、彰化、斗六、盐水港、番薯寮、恒春、凤山 9 个厅，增设花莲港厅，共计 12 个厅，其下再设立 87 个支厅。支厅下设区公所。这样，日本殖民行政体系更加细密周全了。①

在守备兵方面。1902 年，台湾守备兵总共有一个师团。台北、台中、台南各有一个旅团驻防，总共有 11 个步兵大队和其他兵种。1907 年，总督府废除混成旅团制度，改成在台募兵的守备队制度。1908 年 4 月 20 日，台湾纵贯铁路全线开通，其他交通设施也日趋完备。日军机动性加强，防御和进攻的能力都增强了。

在宪兵方面。1895 年 5 月公布的《台湾总督府条例》规定，在总督府陆军局下设宪兵部。1896 年 5 月 25 日，总督府公布《台湾宪兵队条例》。其中规定：台湾宪兵"由台湾总督统率，执行总督府管下之军事警察、行政警察及司法警察之事务。"此时全台共有宪兵 3400 多人。1901 年 5 月以后，第 13 宪兵队下辖台北、基隆、新竹、宜兰；第 14 宪兵队下辖台中、彰化、斗六、北港；第 15 宪兵队下辖嘉义、台南、番薯寮、凤山、恒春、澎湖岛、鼻南。1904 年 3 月，全台只有第 13 宪兵队，本部设于台北。台北、台中、台南、澎湖岛设分队，分队下设分遣所。② 宪兵是镇压台湾抗日民众的主要力量之一。

---

① ［日］藤崎济之助：《台湾史与桦山大将》上卷，（北京）全国日本经济学会译，海峡学术出版社 2003 年版，第 83 页。

② 台湾宪兵队编：《台湾宪兵队史》（上），王洛林总监译，海峡学术出版社 2001 年版，第 23、32、30 页。

在巡察方面。全台警网密布，巡察机关层层分布，散布在社会各个角落。1895 年 9 月 24 日，从日本本土调来的 67 名警部、692 名巡察登陆基隆港，27 日全部抵达台北。1896 年 3 月，从军政转为民政，县下设警察部、厅下设警察课，在重要地段设置警察署及分署，逐步增加编制。1895 年到 1904 年，警察费占民政费用的 40% 以上。这还不包括警察机关的职员人士费用。1901 年末，台湾有警部 173 人、警部补 296 人、巡察 3469 人、巡察补 1734 人。同年 11 月，地方官制改革，20 厅设置警务课、警部任课长；厅下设支厅，支厅长由警部担任。总督府除了有警视总长外，又设置警视 3 人，统一指挥全岛的警察。①1902 年，全台人口三百万左右，平均每 3000 人就有一个派出所。②

在法院、监狱的警官方面。1895 年 11 月，总督府律令第 21 号发布《台湾监狱令》，12 月又制定《监狱临时规则》。1896 年，总督府律令第 1 号发布《台湾总督府法院条例》。6 月，总督府在台北、新竹、宜兰、台中、苗栗、鹿港、埔里社、云林、台南、凤山、嘉义、恒春、澎湖设立监狱。7 月 15 日，在台湾各地开设法院，负责审判民事刑事案件。从 1897 年 4 月，台湾总督府开始在台北城外龙匣庄设置巡察看守教习所，培养警察官、司狱官。到 1906 年，共培养警官 5958 人和司狱官 1601 人。③1899 年 2 月，总督府废止《监狱令》和《监狱临时规则》，发布《台湾监狱规定》。第二年，总督府在台北、台中、台南、宜兰、花莲、高雄、嘉义设立监狱，在新竹设立少年监狱。

在保甲壮丁方面。1898 年 8 月 30 日总督府律令第 21 号公布实施《保甲条例》。④在保甲之下设立壮丁团，挑选 17 岁到 50 岁的男子，接受日警的训练，警戒和防备风灾、水灾、"盗匪"等。到 1903 年 7 月底，全台共有 4815 保、41660 甲，1058 个壮丁团，134613 名壮丁。《保甲条例》规定连坐制，如果不密告，无关系者也有罪。土库事件、关帝庙事件、大甲·大湖事件、南投事件、苗栗事件、东势角事件等 6 个事件中，只有土库事件是 1912 年被发觉的，其他都是 1913 年后被保甲民或区长告发的。

1911 年，辛亥革命发生后，台湾总督府高度紧张，对台湾岛实施"隔离政

① ［日］井出季和太：《南进台湾史考》，南天书局 1995 年版，第 57 页。
② ［日］藤崎济之助：《台湾史与桦山大将》下卷，（北京）全国日本经济学会译，海峡学术出版社 2003 年版，第 526 页。
③ ［日］井出季和太：《南进台湾史考》，南天书局 1995 年版，第 58 页。
④ ［日］山辺健太郎编：《台湾》（一），日本现代史料 21，东京みすず书房 1971 年版，第 xxxiv 页。

策"和"防疫政策",以切断岛内抗日志士与祖国大陆的联系。

所以,1903 年到 1915 年发生的武装抗日,规模较小、时间较短,都很快就被镇压下去了。

这些武装抗日事件的起因,一是由于日本殖民者残酷的压迫和剥削,二是受到辛亥革命与中华民国成立的影响,或者说是受到中华民族精神的感召。抗日志士希望在祖国大陆的帮助下,驱逐日本殖民者,让台湾重回祖国怀抱。总督府法务部在编写《台湾"匪乱"小史》时承认①:"本阴谋事件已如前述,其原因之一是受到'支那'革命的影响,与只由首魁一人以物质欲望美言煽动民众者颇异其趣,可见彼等思想有必须拔出的根蒂。"② 日本学者若林正丈认为:"统治确立后,伴随强行进行殖民地开发之'基础工程'而造成的掠夺,农民对此所发动的间歇性叛乱以及叛乱计划。时间为 1907 年至 1915 年。"③

因此,台湾总督府称这些事件为民族革命运动。"所谓的民族革命运动,是指凡以武装暴动为革命手段,意图推翻我方在台湾的统治权,使台湾达成民族独立或复归'支那'版图的所有运动。这种意义的革命运动,可以推至大正四年西来庵事件为止的十数次所谓'匪徒'阴谋事件,几乎全部包括在内。"④ 若林正丈认为,"台湾抗日运动与同时代中国的动向有内部深层的连结,故这种研究作为中国近现代史研究的一部分,可以说具有一定的重要性"⑤。

台湾总督府对这些武装抗日活动进行了血腥镇压,抗日民众牺牲惨重。但是,这些事件迫使总督府对台湾人民做出一些让步。主要是对歧视性的教育政策做出有限度的调整,加强对台湾民众的日语教育。台湾总督府创办独立的台湾人女学校和台中中学校,但台中中学校的经费却要由台湾人集资。⑥

---

① 台湾总督府法务部编:《台湾"匪乱"小史》,[日]山辺健太郎编:《台湾》(一),日本现代史料 21,东京みすず书房 1971 年版,第 32 页。
② 台湾总督府法务部编:《台湾"匪乱"小史》,[日]山辺健太郎编:《台湾》(一),日本现代史料 21,东京みすず书房 1971 年版,第 46 页。
③ [日]若林正丈:《台湾抗日运动史研究》,台湾史日文史料典籍研读会译,播种者出版有限公司 2007 年版,第 7 页。
④ 《台湾社会运动史》第四册《民族革命运动》,台北创造出版社 1989 年版,第 1 页。
⑤ [日]若林正丈:《台湾抗日运动史研究》,台湾史日文史料典籍研读会译,播种者出版有限公司 2007 年版,第 2 页。
⑥ [日]隈本繁吉:《台湾教育令制定由来》,《アジアの友》第 141 号,1976 年 4、5 月。

一、北部的武装反抗事件

北部武装抗日事件主要有北埔事件、苗栗事件、新庄抗日事件，以苗栗事件为重点。

北埔事件

北埔（今新竹县北埔乡）在新竹东边，距离大约 8 公里，是个群山包围的山谷村落，东南面大约 8 公里处是五指山。五指山深处是高山族居住区，设有邮局、公学校。北埔和五指山之间还有个大坪，设有隘勇监督所和巡察派出所。在这里种田、种植水果和香菇等的日本移民很多。例如，经营柑橘园的有富山、木村嘉市两家。从新竹到北埔一半是山路，交通不便。因此，台湾总督府在北埔设立隶属于新竹厅的支厅，控制五指山、大坪一带。

这里的隘勇线位于大坪的南边，从东边的上坪庄到西边的方南庄之间，配置了 80 多名隘勇。发起抗日起义的主要是这些隘勇，几乎全歼了住在北埔和大坪的日本人。

新竹厅北埔支厅竹北一堡月眉庄（今新竹县峨眉乡）农民蔡清琳，生于 1881 年，口才很好，且有急智，放浪不羁，并不受庄中人喜欢。幼时听父老讲述朱一贵起义的故事，他就萌发了反抗日本殖民统治的大志。1900 年前后，巡察以欺诈罪判处他 6 个月徒刑，并处罚金 20 元。后来，巡察又以盗窃罪判他入狱。出狱后，他仍然受到巡察的严密监视，并经常受到警告。巡察认为他不知悔改，不务正业，好逸恶劳。因此，他十分仇恨日本殖民统治。

1907 年 3 月，蔡清琳替台东的日本制造樟脑公司"贺田组"招募脑丁，进入山地工作。他还曾鼓动新竹山地隘勇辞职，遭到北埔支厅多次警告。因机智和敢于同巡察争辩，蔡清琳为隘勇、脑丁、高山族所敬重。[1]

蔡清琳没有正当职业，只好做日本律师的帮手，替人打官司谋生。他曾在新竹任日本律师伊藤政重的翻译，以律师事务所为家。

---

[1]　台湾总督府法务部编：《台湾"匪乱"小史》，［日］山辺健太郎编：《台湾》（一），日本现代史料 21，东京みすず书房 1971 年版，第 23 页。

近新竹有种种评论，谓蔡曾以伊藤政重辩护士事务所为其住家，无何自降"番"之手，夺得爱妾诸冈，当时约三四周间，自出浴外，从不一出。近忽闻其每日喧哗，被伊藤之事务员逐出，乃复转往于伊藤欣造氏之事务所。①

诸冈是指新竹"九州庵"饭店的酒女诸冈敏（诸冈とし），日本佐贺郡人。在巫新炳的劝说下，她曾嫁给高山族的系卯乃。诸冈敏先与日本律师私通，又与蔡清琳产生感情。诸冈敏被新竹车站前"田中屋"旅馆老板藏匿起来，蔡清琳请巡察帮助要回。但是，新竹巡察却认为蔡清琳破坏了公共安全和良好风俗，对他进行严重警告。② 这导致一般民众更加不敢与蔡清琳来往，生活陷入极度贫困之中。蔡清琳想策划一次大暴动，打击日寇，抢夺金钱，失败了就逃回祖国大陆。

蔡清琳曾偷偷购买一桶煤油藏在伊藤事务所床下，作为起义时的武器。他还在新竹花钱请日本人花井德之助镌刻了"联合复中兴总裁之印"。他骗花井德之助说，北埔祭典需要大印做募捐。后来，他指挥义军，发布"复中兴联合队约派令"，上面就盖着"联合复中兴总裁之印"。

此时，佐久间总督正加紧进行所谓"理番"，派出一批一批的军队、巡察攻打高山族。桃园厅大嵙崁支厅的高山族抗击日军，素以凶悍著名。为了减少日军、巡察的死亡，台湾总督府准备征调北埔支厅的隘勇赴援大嵙崁（今大溪）。在历次攻打高山族的战斗中，日军、巡察都驱赶隘勇走在最前面，让台湾人互相残杀。因此，隘勇非常害怕与高山族打仗，不想前往。

于是，蔡清琳多次去北埔支厅，向隘勇班长何麦贤及附近村民宣传日本殖民统治的残暴，并宣称自己已与祖国取得充分联络，被委任为"联合复中兴总裁"。"我祖国大军，将登陆旧港，以规新竹；我当先占北埔，杀尽日人，以会大军，获得枪器、饷银，共同大举。"凡是入党的一律奖赏 200 元，以后每月给 20 元；杀一警部赏 50 元，杀一巡察赏 20 元。党员得到一张盖有"联合复中兴总裁"印章的纸，作为胜利后做官、领取 200 元赏金和 20 元月薪的凭据。蔡

---

① 《北埔事变及新竹》，黄哲永、吴福助编：《全台文》第 27 卷，文听阁图书有限公司 2007 年版，第 334、335 页。

② ［日］竹中信子：《日本女人在台湾》（明治篇），蔡龙保译，时报文化出版社 2007 年版，第 240 页。

清琳还宣称，台中雾峰林家、板桥林家都是自己的同志。在此鼓舞下，隘勇、脑丁、大坪庄民等百余人，参加蔡清琳的抗日组织。[①] 巫新炳是日本人指派的脑丁头子，能读会写，具有男子气概与侠义精神，成为抗日组织的二号人物。

蔡清琳又以同样方法向高山族宣传并获得支持。五指山一带的泰雅人（北赛夏人）总头目赵明致（taro umaw；タイタロー，或翻译成大打禄、赵明政）、尖石山的马利可弯人头目黄得明也愿意参加反日斗争。赵明致的总头目之职，说是清政府所授，在五指山一带的高山族中影响很大。[②]

1907 年 11 月 20 日，蔡清琳将要与贺田组脑丁一起被派往花莲港，再不起义，机会就丧失了。11 月 14 日，蔡清琳在新竹家中对何麦荣、何麦贤说："祖国军队今夜来攻新竹，我等须同时举事。"何麦贤立即去召集内大坪隘勇 48 人。当晚，何麦荣、何麦贤、巫新炳率领这些隘勇，首先去攻打鹅公髻分遣所，击毙巡察田代仓吉，士气大振。接着，他们又乘势攻打一百端分遣所，击毙巡察香川文四郎。他们又在长坪头分遣所击毙巡察海野庄助，缴获枪支弹药下山。

义军另一路，赵明致、加礼山社头目彭阿石、徐金传率领赛夏人大隘社、十八儿社等 100 多人，从南向北，攻打加礼山分遣所，斩杀巡察宫平良应。接着袭击三分遣所，击毙巡察安田励及其妻子；再袭击大坑分遣所，击毙巡察池野桐藏。接着，他们攻打大窝分遣所，斩杀巡察长友平藏。在这里，两路义军会合。

15 日黎明，何麦贤、彭阿石等合伙约 200 多人，一起攻打大坪警察官吏派出所、隘勇监督所。大坪有隘勇百余人边跑边喊："'生番'来出草了！"此时，求援的电话也打不通了。高山族 40 多人向大坪隘勇监督所射击。大坪隘勇监督所两边是巡察和隘勇宿舍。义军击毙警部补德永荣松夫妇、巡察佐藤忠助及家属，以及附近的日本人。大坪距离北埔有 12 公里山路。义军立即赶往北埔。

北埔隘勇监督所发现电话不通，急忙派一名电话工前去查看线路。8 点，何麦贤兄弟、巫新炳等，率领义军潮水般冲向北埔支厅，高举书写着墨黑大字"安民""复中兴总裁"的两杆旗帜，到处是喊杀声。8 点半左右，电话工惊恐

---

① 台湾总督府法务部编：《台湾"匪乱"小史》，［日］山辺健太郎编：《台湾》（一），日本现代史料 21，东京みすず书房 1971 年版，第 24 页。

② 台湾省文献委员会编：《台湾省通志稿——革命志·抗日篇》，海峡学术出版社 2002 年版，第 80 页。

地逃回，叫喊着"有很多隘勇朝这边来了！"

而此时支厅长渡边龟作警部正集合巡察、巡察补进行训练。义军同时猛烈攻打北埔街道、树杞林街道二处。在北埔街道北埔支厅门口，渡边支厅长走出屋外，态度嚣张地质问："你们为什么下山？"回答他的是一阵乱枪声。他当场毙命。正在教室的巡察一起跑回宿舍取刀枪，与包围北埔支厅的义军展开肉搏。一时间，喊杀声、枪声、刀剑砍击声，响彻北埔的四周。义军的青龙刀，专劈巡察的眉间。义军歼灭巡察后，又四处捕杀日本人。义军对当地的台湾人说："我们是义军。我们只杀日本人，与台湾人无关。新竹已经落入清廷之手，日本人都逃走了。"他们还展示伪造的清廷诏书。

战至下午，义军消灭北埔支厅的所有官员、巡察。义军击毙支厅长、邮局局长、警部补、巡察等18人，击毙巡察补、邮局职员各一人，击毙日吏家属22人、日本人15人，杀伤6名日本人。57名死者中包含一名台湾人巡察补范永禄。他反抗义军，打伤隘勇的脸，因而被格杀。仅两名日本妇女及其女儿逃生。①

义军占领北埔后，以为有官可做、有赏可领。他们到士绅姜振乾、姜满堂家找来收藏的清代官服穿上。满清官服不够，他们就穿上日本巡察的服装。首领巫新炳，骑了姜家的马，左右各佩戴一把日本警刀，威风凛凛，率领同志准备继续攻打新竹。义军留下20余人坚守北埔，其余都向南前进，准备攻打新竹。②

从北埔混战中逃脱的巡察补张石祥、黄云水，跑到树杞林打电话报告隘勇暴动。另两位巡察补陈文贵、彭清钦逃离现场，下午三点逃到新竹厅报告。新竹厅长里见义正接到树杞林的电话后，立即令高比良警部、松田率30多名巡察赶赴北埔，同时急电报告总督府。

高比良警部率队因情况不明而停在新竹与北埔之间的水仙仑附近。巡察队听说台北的日军即将赶来，遂向北埔前进。下午五点多，巡察队进入北埔。留守北埔的20多名义军逃入山区。

接到新竹厅的报告，佐久间总督、祝辰已民政长官、警视总长大岛久满次都十分震惊。因佐久间在东京，由祝辰已下令：竹内少佐率台北守备队一个中队，以及警察学校见习警官 120 名，于 15 日夜紧急赶往新竹。

此时，新竹的日本人陷入极度混乱恐惧之中。

义军听说大队日军来援，知道大事不妙。知道中国军队攻占新竹的消息是假的，义军溃散，并逃向高山族居住的山区。蔡清琳到何麦荣家，下令当天晚上在上坪集合。但是，义军此时已经溃散了。16 日凌晨，蔡清琳、何麦荣、张海山、叶阿保、王阿义等人，一起逃到一百端。王阿义到大隘社头目赵明致家中，说蔡清琳骗人，并说想杀掉蔡。王阿义又把秘密告诉何麦荣，让他逃走。赵明致、王阿义一起开枪，将蔡清琳杀害。由茂（エノマオ）和打仁（タジノ）射杀叶阿保。王阿义又将张海山打伤。[①]

守备队、巡察队数百人进驻北埔，展开大搜捕，逮捕一切可疑的人。从大料崁调来的内田部队，在 16 日到达南庄支厅，立即率壮丁团进入大东河隘线。从三角涌调来的 20 名日军接替南庄警备。

日军从北埔、大坪庄，到隘勇线，一路杀害 81 人，逮捕 9 人。日军还准备所谓"清乡"，大肆屠杀北埔一带的民众，以为报复。北埔人心惶惶，大有朝不保夕之势。姜振乾出巨资犒劳日军，缓和了日军的敌意。同时，总督府也担心过分杀戮会影响全台民心，并非善策，故密令禁止清乡杀戮。这样，北埔一带才免遭屠戮。

17 日，大岛久满次警视总长、新竹厅长里见义正、警视贺来，率大批巡察进入北埔，下令庄民于三日内自行负责缉捕抗日义军，否则将血洗北埔。于是，军警、保正、甲长、壮丁团等，日夜搜山，严密搜捕义军。义军有的逃往苗栗，有的逃往伯公岗。

为"理番"计，日军令高山族自动交出参加抗日起义者，不敢逼迫太甚。赵明致不愿牺牲本族人，密令杀害逃入高山族地区的隘勇 11 人，将头颅送给日军交差。18 日，赵明致率男女老幼 81 人向日军投降，但仍然受到严密监视。

10 日之内，被捕的有隘勇 41 人，本地人 34 人，共计 75 人。尚未被捕的还有 7 人，参与起义的民众无法全部查出。义军自杀及内部残杀而死者 10 人。[②]

---

① 台湾总督府法务部编：《台湾"匪乱"小史》，[日] 山辺健太郎编：《台湾》（一），日本现代史料 21，东京みすず书房 1971 年版，第 25 页。
② 台湾省文献委员会编：《台湾省通志稿——革命志·抗日篇》，海峡学术出版社 2002 年版，第 82 页。

新竹的城隍庙，早就被日本曹洞宗霸占为布教所。事件发生后不久，在北埔被击毙的 30 多具日本人遗骨被安放在这里。只有日本人去参拜，却没有一个台湾人前去参拜。

总督府依据府令第 107 号，在北埔开设临时法院，审判 109 人。北埔临时法院判决何麦贤等 9 人死刑。97 人被判行政处分，3 人被无罪释放。12 月，全案结束。临时法院的所谓审判，比军事法庭还要草率。[①] 17 日，在行绞刑时，检察官问有没有什么遗言。何麦贤等 9 人不发一言，从容赴死。

这次起义虽然失败了，但意义十分巨大。这次起义说明，总督府采取的各项殖民政策，根本无法取得台湾民众的信任。这次起义也促使台湾社会上层人士和知识分子觉醒，感叹殖民地人民的悲惨处境，开始改变抗日策略。

台湾光复后，蔡清琳入祀圆山忠烈祠。

苗栗事件

苗栗事件可分成广义的和狭义的两种。广义的苗栗事件中的七百几十名抗日民众来自台北、桃园、新竹、台中、南投、台南、阿猴等地，包括一系列相互关联的事件：李阿齐为首的关帝庙事件、罗福星为首的苗栗事件、赖来为首的东势角事件、张火炉为首的大甲·大湖事件、陈阿荣为首的南投事件等。因为这些事件中的抗日民众都在苗栗临时法院审判，故总督府将这些抗日事件合称苗栗事件。他们把各种抗日事件都混合在一起，意在掩盖罗福星抗日的性质，避免刺激台湾人的汉民族意识。这部分叙述的是狭义的苗栗事件，即罗福星领导的抗日事件。

罗福星之所以有到台湾发展同盟会并有光复台湾的伟大志向，是因为他有亲身参加辛亥革命的经历。他经历过血与火的考验，具有救国救民的伟大理想。

罗福星别号罗东亚，又名罗国权、罗中血，祖籍是广东省镇平县高思乡（今蕉岭县蓝坊镇）大地村，祖父罗耀南，父亲罗经史，母亲李氏是印度尼西亚人。罗福星后来过继给长房大伯罗经邦。

罗耀南年轻时去印尼打工谋生，逐渐成为工头和铁路工程承包商，有一定的经济实力。1886 年 2 月 24 日，罗福星、罗禄星孪生兄弟在印尼巴达维亚

---

① 王诗琅：《日本殖民地体制下的台湾》，台湾风物杂志社 1978 年版，第 62、63 页。

（今雅加达）出生。罗福星兄弟一岁时被送回大地村生活了 9 年。从六岁开始，罗福星等几名儿童在罗经銮教导下学习《百家姓》《三字经》《弟子规》《增广贤文》《朱子家训》等书籍，接受中国传统文化教育。① 十岁那年，罗禄星染病夭折。在印尼的罗耀南悲痛欲绝，写信要求罗经史送罗福星去印尼。此后，罗福星就在巴达维亚城的中华学校读书。这个学校良师荟萃，风气开放，中西文化交汇。罗福星在这里学习 8 年，学会了英语、荷兰语、印尼语，博览中西图书，学习科学文化知识，接受了先进的社会政治思潮的影响。②

早在 1885 年 12 月，罗耀南就从印尼到台湾参与修筑铁路。1903 年夏，罗福星在中华学校毕业，随后被罗耀南带去台湾，居住在新竹厅苗栗一堡牛栏湖庄。为了方便到苗栗公学校上学，他先后寄宿于苗栗一堡社寮岗庄、苗栗街。他与叶绍安、叶水全、谢德香、谢清凤、罗庆旺、罗壁壬、吴颂贤、刘华通、彭华茂、简金生、邱义质、徐永清等同学相处融洽。

"因愤慨日本官吏横暴不仁，故抛弃家产内渡故乡。"③ 1907 年 5 月，罗福星随祖父又迁回广东。途经厦门时，罗福星加入同盟会，矢志为革命而献身。

从 1907 年 6 月起，罗福星在家乡任村小学教员两年，并与黄玉英结婚生育两子。其间，广东省总教育会会长丘逢甲派他去南洋考察侨务侨校，同时联系当地华侨。他先后去爪哇、巴达维亚、新加坡等地了解侨情和中华学校办学情况，返回广东报告。1908 年 3 月，"同盟会南洋支部"成立，胡汉民出任支部长。3 月 15 日，孙中山在新加坡"新舞台大戏院"演讲。罗福星在现场聆听了演讲，对孙中山的革命主张有较深刻的认识。

1909 年冬，同盟会缅甸分会成立，在缅甸 25 个城镇设立小分会或书报社。罗福星受命到缅甸腊戌书报社任书记，宣传革命。在清政府的压力下，在缅甸宣传革命的居正、陈汉平、吴应培等同盟会干部被迫离开。第二年，罗福星也从腊戌到巴达维亚出任华侨中学校校长，继续从事革命活动。④

1911 年春，罗福星、胡汉民、赵声、林时爽等游历南洋诸岛，动员当地华侨参加革命，于 4 月 18 日到达西印度的机关部。前一天，温生才炸死孚琦将军。他们四人接到国内电报后即从西印度返国，25 日至广州。27 日，黄兴领

---

① 徐博东、黄志平：《台湾抗日英烈——罗福星传》，九州出版社 2015 年版，第 7 页。
② 徐博东、黄志平：《台湾抗日英烈——罗福星传》，九州出版社 2015 年版，第 15 页。
③ 黄玉斋：《台湾抗日史论》，海峡学术出版社 1999 年版，第 295 页。
④ 林道衡主编：《罗福星抗日革命案全档》（全一册），台湾省文献委员会 1977 年版，第 43 页。

导的黄花岗起义爆发，百余名革命志士攻打都督衙门。起义失败，黄兴一度被困。5月1日，罗福星、胡汉民等逃往香港，听说林时爽于4月28日在都督衙门被枪毙。5月28日，罗福星、胡汉民再逃向暹罗。10月10日，武昌起义爆发。14日，罗福星与胡汉民在巴达维亚城接到电报，召集民军回国。19日，他们召集民军二千余人。23日，他们率民军启程回国。到香港时，胡汉民登陆，罗福星、朱玉廷率军去广东。11月15日，罗福星、朱玉廷率领的民军抵达广州，领取武器。24日，民军奉胡汉民都督命令，搭战舰去上海，直接进入苏州。1912年1月24日，"南北和议"成功，民军解散回家。①

1911年12月23日，农历辛亥年冬至日，罗福星在上海写下了抒怀诗：

> 猎猎寒风彻夜吹，萧萧落叶故园悲。
> 市中有客皆瓦釜，台上无冠不野狸？
> 破碎山河谁补缀，天涯兄弟合流离。
> 新亭夜夜添新泪，都在二更月冷时。
>
> 辛亥冬至　牛稠壮士　罗东亚贡稿

此时，经受革命斗争锻炼多年的罗福星，已经萌生了在辛亥革命胜利的有利形势下武装收复台湾的想法。②

1912年春，罗福星再返任本村小学校长。他认为，台湾仍然在日本暴虐统治下，有必要光复。8月14日，罗福星接到了住在福州的北伐军联团局长刘士明的信，"视察台湾后，欲在台湾谋起事，此举君必赞成……"③ 刘士明请他去台湾组织革命党，驱逐日寇出境，光复台湾。广东都督胡汉民介绍罗福星认识福建都督。罗福星十分高兴，第二天就从家乡出发到福州。在福州南门大街刘士明家中，罗福星与刘士明、刘习修等商议了台湾之行。他们议定：向台湾同胞宣传孙中山民主革命思想和辛亥革命胜利的喜讯，号召台湾同胞"驱逐日人，恢复台湾"。为便于工作，不用"同盟会"，而用"华民联络会馆"的名

---

① 林道衡主编：《罗福星抗日革命案全档》（全一册），台湾省文献委员会1977年版，第43、44页。

② 罗秋昭编：《台湾抗日英雄罗福星烈士殉难一百周年纪念册》，2013年，第218页。

③ 中国国民党中央执行委员会秘书处：《办理罗福星抚恤案文书》，海峡两岸出版交流中心、中国第二历史档案馆编：《馆藏民国台湾档案汇编》15册，九州出版社2007年版，第8—10页。

义发展组织，推举刘士明为主盟人，其他人为实任募集主盟负责员。赴台前，罗福星与十二志士游历南京、上海、天津、武昌、湖北等地，考察海防、江防。返回福州后，他们向福建都督孙道仁作了报告。

10月6日，孙道仁发给罗福星公文，令罗福星等13人去台湾考察教育、警察制度等，并为华民联络会馆募集会员。罗福星希望孙道仁出任台湾革命的首领，以便成功。[①] 12月17日，罗福星、罗国亚等乘轮船从汕头出发，翌日到达淡水。

为了有效地开展活动，罗福星等人充分利用台北大稻埕的华民联络会馆。1912年12月21日，罗福星、刘士明等13人，在大加蚋堡大稻埕开会，决定分成南北两路联络台胞，募集华民联络会馆会员。华民联络会馆的主盟人是刘士明，台北财务局长为林达荣、台中财务局长为刘金甲、台南财务局长为魏中兴。台南副主盟是邱维藩。罗福星负责苗栗、台北一路，刘习修去台中，林吉祥、林修五、林志远去嘉义，吴立球去台南。12月24日，他们分赴台湾南北两路开展活动。

此时，佐久间左马太总督正在讨伐"生番"，强征汉人上前线。武器落后的汉人，死伤达数万人。罗福星耳闻目睹这些悲惨情景，更加坚定了反抗日本殖民统治的决心。

林季商（1878—1928），家名祖密，林朝栋之子，曾资助孙中山的革命活动。3月，罗福星到台中雾峰求见林季商。林季商表示愿意捐资2万元作为活动经费，等起义时间确定后，在中南部发动2万人响应。

总之，罗福星亲眼看到了总督府的残暴，发现全台民众尤其是苗栗乡亲都热心反日。于是，他把党部设在苗栗，而自己则往来于台北、苗栗、台南等地，宣传抗日复台，发展党员。苗栗因此成为这次革命的中心，入党人员最多，主要集中在苗栗一堡的苗栗街、牛栏湖庄、社寮岗庄、社寮岗庄的南势坑庄、田寮庄、新鸡隆庄、三座厝庄、铜锣湾庄、马那邦庄、大湖庄、南湖庄、嘉盛庄、七十份庄、南和庄、鸭安坑庄、鸭母坑庄、西山庄、石围墙庄、福基庄、竹林庄、北河庄、新港庄、造桥庄、芒浦庄、二张犁庄、后垅庄、维祥庄，苗栗二堡的土城庄，苗栗三堡的月眉庄，以及新竹竹北一堡、竹北二堡、

---

① 林道衡主编：《罗福星抗日革命案全档》（全一册），台湾省文献委员会1977年版，第276、277页。

桃园桃涧堡等地的村庄。

从 1912 年 12 月到 1913 年 10 月，在苗栗、台北等地，罗福星直接发展了谢德香、黄光枢等人入党。①

在各地发展党员时，他们每次都举例说明总督府统治的累累罪行，赞扬祖国的民主共和。凡入党者必缴党费，党费分为五角、一元、八元三级。在入党申请书上均用假名，入党者还要填写父祖三代姓名，发给党证。一切用语都是暗语，以防被发现。②

凡入党的同志，均编入革命军。革命军设正副司令官，其下设旅、团、营、队、排、班。另外设敢死队，归旅长指挥。他们还制定了《军服务章程》《旅长服务规律》及《军人刑法》七条。

罗福星往来台北、苗栗、台中、台南等地发展党员，都是利用暗语与各地同志通信。除此之外，罗福星与各地核心同志采用纵向单线联系，各地小组织不发生横向联系。③

至 1913 年 12 月，在罗福星和十二志士的努力下，华民联络会馆已经发展会员 95631 人。④ 主盟人刘士明也说，"本社开办以来，已入会者，65266 名。此外，林季商所组织之敢死队员二万余人，已与我社联合"⑤。

罗福星系统的抗日组织，只是华民联络会馆的分支之一。根据日人小野一郎的报告，罗福星系统的抗日组织在台湾的分布如下：台北厅 83 人，士林支厅 14 人，新庄支厅 18 人，板桥支厅 9 人，淡水支厅 3 人，台中厅 3 人，新竹厅 30 人，桃园厅 3 人，锡口支厅 5 人，苗栗支厅 4 人，基隆支厅 22 人，瑞芳支厅 5 人，顶双溪支厅 1 人，住址不明者 31 人，总计 231 人。以上是小野在罗案发生后，对正式起诉的革命者的统计，而还有正在调查的，台北厅就有 115 人。可见，罗福星的抗日同志，其人数当在三四百人以上。⑥

上面有罗福星、刘士明和小野一郎提供的三个数据，相差很大。即使是按照小野提供的数据，抗日组织发展的速度也是非常惊人的。这说明，台湾同胞

---

① 林道衡主编：《罗福星抗日革命案全档》（全一册），台湾省文献委员会 1977 年版，第 124 页。
② ［日］井出季和太：《台湾治绩志》（卷二），南天书局 1997 年版，第 416 页。
③ 台湾总督府法务部编：《台湾"匪乱"小史》，［日］山边健太郎编：《台湾》（一），日本现代史料 21，东京みすず书房 1971 年版，第 37、38、39 页。
④ 黄玉斋：《台湾抗日史论》，海峡学术出版社 1999 年版，第 286 页。
⑤ 罗秋昭编：《台湾抗日英雄罗福星烈士殉难一百周年纪念册》，2013 年，第 218 页。
⑥ 黄大受：《台湾史纲》，台北三民书局 1977 年版，第 272 页。

心向祖国，亟盼摆脱日本殖民统治，谋求建立独立富强统一的新中国。

如前所述，台湾布满了官吏、日军、巡察、巡察补。苗栗不过有十多万民众，但大湖、后垅、通霄、苗栗等地都设有警察支厅。罗福星的活动，很快就引起了巡察和巡察补的关注。3月15日，罗福星在苗栗召开台湾革命同志代表大会，并以十二志士的名义发表宣言，揭露总督府的罪行，号召民众团结起来，"赶走日本人，光复台湾"。4月8日，罗福星从苗栗北上，突然接到苗栗巡察补罗庆庚的电话，说他已经被人告发，要赶紧逃走避难。罗福星并不惧怕，说自己不怕牺牲。4月18日，苗栗支厅传唤罗福星，被他搪塞过去了。不久，罗福星被释放。4月、5月间，罗福星到后垅支厅申请返回大陆的护照。后垅支厅不仅不发，反而不许罗福星再住在苗栗。罗福星与谢德香等人加紧革命活动。巡察又叫后垅支厅巡察补彭华骥调查罗福星，但并没查到详情。①

到1913年4月上旬，罗福星已在苗栗发展会员五百多人。富者愿意出资财，贫者愿意充兵役。罗福星还联络了东势的赖来、南投的陈阿荣、新竹的张火炉等抗日志士。

6月28日，罗福星、黄增富、罗东华从苗栗乘火车去台北。他们在华侨会馆歃血为盟，策划起义。之后，他们住在大瀛旅馆，暂时把这里当作苗栗机关部分部。在大稻埕北门外街旅馆台南馆和谢德香家等处，罗福星多次召开会议。8月，彭云轩从苗栗赶到台北，对罗福星说，"苗栗事局秘密绝对不能漏泄，苗栗会员皆在官府任公职，上流之人物也……"②

黄兴也派人赴台协助罗福星。7月，黄兴特派潘□□来台，募集革命会员。到了8月，黄兴又派陈士、王渊赴台，调查会员人数及成分。8月28日，罗福星、陈士、王渊等一起在基隆承洋旅馆见面，商讨起义事宜。刘习修返回大陆，把1500多人的党员名册带回。9月，吴达江返回大陆，再次将党员名册带回。③

9月，罗福星、吴觉民、吴颂贤在大瀛旅馆讨论起义的事项。

10月7日，三叉河支厅开始侦查新鸡隆庄王琳盛、王阿三等十几人。形势危急，吴颂贤、叶永传于10月8日晚召集四五十名会员到大湖天后宫集合。他

---

① 林道衡主编：《罗福星抗日革命案全档》（全一册），台湾省文献委员会1977年版，第76页。
② 林道衡主编：《罗福星抗日革命案全档》（全一册），台湾省文献委员会1977年版，第43、44页。
③ 林道衡主编：《罗福星抗日革命案全档》（全一册），台湾省文献委员会1977年版，第234页。

们对天地宣誓，准备于 1914 年 3 月 3 日起事。10 点半，大湖支厅的巡察突然闯入，逮捕了吴颂贤、叶永传等 8 人。巡察又全面搜查三叉河、大湖两地，搜出枪械 4 支，逮捕多人。此后，巡察在台中、台南、台北大肆侦捕华民会馆成员。①

10 月 13 日，罗福星从苗栗去台北，在后垅火车站遇到刘秀明。吴、叶两人可能已将吴觉民发展共和党的事情泄露了。

大湖支厅长严刑讯问吴颂贤、叶永传，但他们坚贞不屈。叶永传说："今观在台湾之官吏，不以德服人；辄以暴力虐待人民……矜骄之巡察或巡察补，糊里糊涂乱捕老幼，不问有无善意，殴打至半生半死，汝不知乎？"支厅长逼问参加革命党的人数。叶永传回答："全岛三百余万之本岛人，苟有灵魂者皆已入会。革命党，非独我党而已。其他方面，亦有革命党。君知之乎？且并巡察补、密探均入会矣。"叶永传被打到半死，但坚决不出卖罗东亚。支厅长审问吴颂贤时，吴颂贤回答说，革命党不只台湾有，旅顺、朝鲜等地都有革命党，要杀尽日本人。北京、南京已杀二三千日本人。今天的民国已不是往昔的清国，国民不会再受日本人的奴役。支厅长问，1914 年 2 月 7 日是不是起事的日子？吴颂贤拒不回答，只求速死。②

10 月 25 日，华民社社员来，向罗福星报告了吴、叶二人被捕的详细情况。罗福星说，事已至此，死何足惧！③

总督府悬赏捉拿抗日首犯，巡察、保甲壮丁日夜戒严，通缉令贴满大街小巷。台北到桃园间沿海的城乡，家喻户晓。11 月 21 日，苗栗支厅巡察补到台北追捕罗福星。12 月初，罗福星偷偷躲藏到三板桥周齐仔家中。12 月 16 日，罗福星、周齐仔一起从士林出发去淡水。19 日晨，淡水支厅警部补和巡察补 12 人突然逮捕罗福星、周齐仔，搜走日记二册、党员名簿一册、感想录一件。④党员名册记载了 239 人的姓名和住址，姓名之前有旅长、团长、营长、队长、兵士、秘书等职务。有的名下盖有印章。但是，这些名单都是化名，巡察无法

① 《罗福星之自白书》，王晓波：《台胞抗日文献选新编》，海峡学术出版社 1998 年版，第 43—58 页；黄玉斋：《台湾抗日史论》，海峡学术出版社 1999 年版，第 292 页。
② 林道衡主编：《罗福星抗日革命案全档》（全一册），台湾省文献委员会 1977 年版，第 11、12 页。
③ 林道衡主编：《罗福星抗日革命案全档》（全一册），台湾省文献委员会 1977 年版，第 45 页。
④ 台湾总督府法务部编：《台湾"匪乱"小史》，［日］山辺健太郎编：《台湾》（一），日本现代史料 21，东京みすず书房 1971 年版，第 41 页。

查明。罗福星称，这仅仅是江亮能招募的部分。傅清凤、谢德香、黄光枢等所招募的党员在另一名册上，已被吴觉民带回大陆。①

从1913年10月事泄后到翌年1月，巡察逮捕5000多人。这些人包括苗栗事件、关帝庙事件、东势角事件、大甲·大湖事件、南投事件的有关人员。这些人主要是罗福星发展的抗日组织成员。② 华民联络会馆其他系列的抗日组织，各自秘密解散。

1913年11月，根据总督府令1913年第100号，新竹厅苗栗开设临时法院，审判新竹、桃园、台中、台南、阿缑各地的抗日民众921人。

临时法庭成立当日就开始审理，有270多名被告，但苦于没有确实的证据，12月4日只判决其中的169人。其中，160人与罗福星案有关，另外9人与台南关帝庙案件有关。与罗福星案有关者，罗福星、江亮能、黄光枢、谢德春、傅清凤、黄员敬等被判死刑。

1914年1月16日，审理罗福星。在法庭上，罗福星公开说明反日的原因："由于日本政府的大加压迫，无法容身，故不得已，在此与谢德香等相提携，形成募集党员之动机，所以，本人之所以出此举者，罪不在自身，罪在政府也。"③

2月28日，关于苗栗事件，在回答日本国会议员小林的质问时，总督府拟定电报稿说："'匪徒'事件之发生，系因被告罗福星，于明治四十年移住中国广东省，在徘徊各地之中，为革命思想所感化。到大正元年十二月底，罗回台湾。大正二年三月，乃开始与被告谢德香、江亮能等相谋。是年七八月以后，即计划以苗栗为中心，主要在劝诱广东人，窥伺时机举事。是年十月，即行探知，着手搜查，尚未获得充分之党员。……'匪徒'事件，系以苗栗方面为中心。而最初之检举，亦属此地区。……台北有多数之加盟人，虽属事实；但其加盟，均系大正二年九月以后之事。是年十二月，即行检举，并未付诸放任不理。……并非出于本岛施政上不平不满之结果也。"④ 总督府承认罗福星抗日受到了辛亥革命的影响，但不承认自己的暴行。

---

① 　林道衡主编：《罗福星抗日革命案全档》（全一册），台湾省文献委员会1977年版，第237页。
② 　［日］井出季和太：《南进台湾史考》，南天书局1995年版，第42页。
③ 　王晓波：《三月三日断肠人》，罗秋昭编：《台湾抗日英雄罗福星烈士殉难一百周年纪念册》，2013年，第129页。
④ 　林道衡主编：《罗福星抗日革命案全档》（全一册），台湾省文献委员会1977年版，第437页。

3月3日，罗福星被从苗栗押解到台北监狱，执行绞刑。他神色不变，从容留下遗言："不死于家，永为子孙纪念；而死于台湾，永为台民纪念耳！"

从1913年12月19日被捕到1914年3月3日就义为止，罗福星在狱中撰写了《死罪纪念》、《祝我民国词》、《绝命词》（从军乐府）、《感想录》、《爱情书信》等诗文，以及四千多字的《自白书》。总督府企图通过这个《自白书》寻找破案线索，却被罗福星给欺骗了。罗福星机智地把"自白书"写成了"大革命宣言"，深刻地揭露了日本殖民统治的罪恶：

……诸君不观乎琉球亡于日本，仅不过20年，而种族已灭，文字亦废。今亡国之民，家破失业，多沦为乞丐。……台湾亡于日本，于兹十有九年，人民蒙害，譬如身体，今不过剥我皮肤，又四五年后，而削我骨肉，八十年后，必至吸我骨髓矣！我台民不知日本意欲亡我民族，夺我财产，绝我生命，哀哉！……我岛民于苛政下，如何艰苦，今详述其惨状如左：

一、人民之产业，全为官方强夺，人民不得寄生于社会。赋课繁重，民入不敷税课，生活陷于穷境。……现今日本之治安方针，势欲迫使岛民为"盗贼土匪"而加剿灭，可恶日本政府以此险恶之手段，灭我岛民。

二、事业、营业之有利可图者，悉归官营专卖，对岛民之薄利营业，征以苛税……资本仅有三四百元之小贩，视之为千元以上之资本家，而课以重税；以十万资金营商者，少则课税十数万。……一介商人，欲贩卖杂货或酒、烟草、盐等数种物品者，需领数张营业执照……更课以极重之地方税、营业税、房捐等项。嗟乎，商人何以为生，日本对殖民地营业税之课赋，如斯之苛！

三、不见夫我台民之轿夫，汗流浃背，劳动非常，日得二三十钱耳，年不过数十元，而轿夫营业税，年课数元，扣除房捐、地方税、官税，所余不足畜妻子。未闻世界之殖民地，有如斯之课税者，独台湾有之。诸君试观世界之殖民地，诸如印度、爪哇、吕宋……仅马车、电车课税。

四、最可叹者，厥为路边之游动摊贩，彼等之资本不过三四元，一日之利润仅二三十钱，缴纳营业税、执照费，致以资金糊口……不出数月，而告贷为活，沦为失业者，终至身亡。……我岛民中，受官虐待而痛哭，生活困苦不堪者，莫过于此等小贩。

五、屠宰业亦然，年纳猪税二元，屠宰税数十钱，营业税数元，养猪税十五钱，于市场出售时，征贩卖税数钱，种种苛税，入不敷出，惨状莫比为甚。

六、最可恶者，乃地方之警察，彼等借口保甲费、警察费、壮丁费名义，征金于民，以肥私囊。其凶猛如虎狼，诚乃村中之国王。民皆相率优遇之，赠贿多者，得与之交结，而万事方便……不事款待者，常受其苦，故富者优遇之，而贫者则受虐待。……环境卫生亦然，富者积污门前，犹得默许；贫者之家稍有尘埃，即受殴打辱骂，遭受毒害。区长、保正、甲长等地方名誉职，亦不经由选举公正产生……而采用警官自己适意者，全以谄媚警官者任之……曾以金钱买得上述职役者，免除其服役植路树、修道路、伐"生番"及其他劳役之义务，此诚不公平者也。彼等以户口调查，视察鸦片吸食为借口，常至民家，见有合意之物，辄要求不止，不予奉赠，他日必受其害。彼等不察下民之贫苦，不分昼夜，辄至民家，令杀鸡备酒，巡回饮乐……故百余万岛民，无不抱不平不服之心。

七、讨伐"生番"……采取残酷政策，不问家中有无人力，每家出役人夫一人……寡妇贫家之无男者，不得不鬻卖自己之子女，雇佣人夫，以尽义务，被雇者仅为四、五十元而出卖自己生命，足见日本之法律，非为爱民、保民而设，乃为灭我岛民而设者也。

八、特务刑警横行，惨不忍睹，亦不堪闻。彼等常借口至民家搜索侦探，威胁诈取愚民，视收贿之多寡，不问罪之有无，或拘或放。无辜之民，冤情惨状，无由申诉。……

九、我中华民国国民渡台营业者，遭台湾政府虐待之情，不堪言状。华民常无故被警官殴打、暗杀，鱼肉见夺，菜疏被掠。泣诉之，则曰："此为殖民地之制度、法律。"然此法律、制度，不适用于同样在台之外国人，如英、美、德、法之民，而独适用于华民，以遂其虐待，此一事实，诸君所深知也。

十、华民渡台居留者，应出人夫以伐"生番"，捐款予学校，未闻万国公法令外国人负如此之义务者。

十一、我华民在台，被警官暗杀毒害者，不胜枚举。现桃园厅下三角林庄张上清者，被当地警官暗杀之事实，经我调查，证据昭彰，张上清，广东镇平人。

　　罗福星所列举的日本殖民者的罪行，都是他自己亲自经历与详细调查发现的。①

　　罗福星的《绝命词》共9首，抒发了抗日救国的豪迈之情，内容如下：

　　　　独立色彩汉旗黄，十万横磨剑吐光，齐唱从军新乐府，战云开处阵堂堂。

　　　　海外烟氛突一岛，吾民今日赋同仇；牺牲血肉寻常事，莫怕轻生爱自由！

　　　　枪在右肩刀在腰，军书传檄不崇朝，爷娘妻子走相送，笑把兵事行解嘲。

　　　　背乡离井赴瀛山，扫空东庭指顾间，世界腥膻应涤尽，男儿不识大刀还。

　　　　弹丸如雨炮如雷，喇叭声声战鼓催；大好头颅谁取去，何须马革裹尸回？

　　　　勇士飞扬唱大风，黔首皆压我独雄。三百万民齐努力，投鞭短吐气如虹！

　　　　青年尚武奋精神，睥睨东天肯让人，三州区区原少弱，莫怕日本大和魂。

　　　　军乐悠扬裂唤鹅，天风情长感慨多。男儿开口从军乐，何唱台疆报我仇！

　　　　东来客族雷我原，驱逐夷蛮我国尊，日种更传黄祸身，何难今日此争存！

　　　　　　　　　　　　　　　　　　　　　　　　——死罪纪念，罗东亚

　　祝中华民国的诗，各句之首字是"中华民国孙逸仙救"："中土如斯更富强，华封共祝著边疆；民情四海皆兄弟，国本苞桑气运昌；孙真国手著光唐，逸乐丰神久益彰；仙客早沾灵妙药，救人于病一身当！"② 从中可以看出罗福星

① 台湾总督府法务部编：《台湾"匪乱"小史》，［日］山边健太郎编：《台湾》（一），日本现代史料21，东京みすず书房1971年版，第32—36页。
② 林道衡主编：《罗福星抗日革命案全档》（全一册），台湾省文献委员会1977年版，第47、48页。

对祖国的热爱，对孙中山先生的崇敬，对祖国富强的热切期盼。

除此之外，罗福星还给正在上海女子学校念书的情人游金銮写了一封信和一首诗，抒发自己的思念之情和热爱祖国的情怀。"余生不敢忘卿之情，生而益益为国努力，死而为鬼亦佑爱卿！而灵魂驰回天地护我民国！此信一字一泪留为爱卿纪念！"①

新庄抗日事件

1915 年，余清芳、罗俊、江定等率领义军，在台南、台中等地进行轰轰烈烈的抗日战斗时，台北厅新庄支厅的厨师杨临也秘密准备起来响应，但很快就被巡察破获。这被日本殖民者称为"新庄阴谋事件"。

杨临，台北厅新庄支厅人，1874 年出生，不近酒色，豪爽有大志，暗中结交各阶层人士。巡察严密监视他，经常限制他的言行。他对日本殖民统治十分不满，希望先杀尽支厅的巡察官吏，再赶走全台湾的日本人，让台湾回归祖国。1915 年二三月间，杨临招集小商人、工匠、苦力、壮丁等各行各业的人，控诉日本殖民者的罪行，组织抗日革命党。廖妈胜、詹膝等十几人加入革命党。1915 年 4 月 27 日，革命党在新庄街妈祖宫内殿聚会，杨临任命了 10 名首领。此时，南部发生六甲等抗日事件，杨临等认为起来抗日的时机已经成熟。8 月 13 日，革命党在新庄街关帝庙前的河边集合，商定在 8 月 25 日（农历 7 月 15 日）夜，乘月明袭击新庄支厅。但是，詹膝却在事后跑去南庄支厅告密。9 月上旬，巡察根据密报，逮捕了杨临、廖妈胜等 94 人。其中 70 人被送到台南临时法院，与西来庵事件中的抗日战士一起受审。初审中，杨临被判处死刑，廖妈胜被判处 15 年徒刑，其他人被判无罪。再审时，杨临、廖妈胜被判无罪。②

二、中部的武装反抗事件

中部地区的抗日事件有南投的林圯埔事件、嘉义的黄朝抗日事件、南投陈阿荣抗日事件、马力埔事件、东势角赖来抗日事件、林老才抗日事件等。

① 黄玉斋：《台湾抗日史论》，海峡学术出版社 1999 年版，第 301 页。
② 台湾总督府法务部编：《台湾"匪乱"小史》，［日］山辺健太郎编：《台湾》（一），日本现代史料 21，东京みすず书房 1971 年版，第 72 页。

林圯埔事件

1898 年以后，在土地、林野调查过程中，总督府将绝大多数台湾土地划为所谓的官有土地。1910 年后，总督府花费 16 年时间调查台湾山林，将 90% 以上的山林定为官有，这激发了农民心中的怒火。1912 年 3 月 23 日黎明，南投厅林圯埔支厅（今南投竹山）顶林庄农民突然发起武装袭击，击毙 2 名巡察和 1 名巡察补，反抗日本殖民者霸占自己赖以生存的竹林。这次事件被称为"林圯埔事件"或者"顶林事件"。

林圯埔盛产竹子，当地民众将竹子运销到斗六、嘉义等台湾中部广大地区。这里的竹林都是清代大陆移民所种植，清代官府承认移民及其后代的耕作权，并发给证书，作为课税的凭证。就是说，在清代，竹林没有地主，庄民只要缴纳少许税金，都可以自由采伐、耕作。

在事件发生时，竹林已经横跨林圯埔、斗六、嘉义三郡，面积已达 1.5 万甲。每年编制的竹器的价值多达 30 多万圆，依靠竹林为生的庄民共有 2 千多户 2 万多人。①

1908 年 4 月，南北纵贯铁路全线通车，全岛的殖民掠夺加速展开。8 月，三菱公司派高级干部来台，向总督府申请在台设造纸厂和采伐竹林的权利。②

9 月 2 日，林圯埔竹林附近的庄民，突然接到林圯埔支厅发来的通知，命令每户户主携带印章前来开会。大批巡察保护着斗六厅长山口利文、林圯埔支厅长森永介参加。支厅长对忐忑不安的庄民说：

> 汝等之竹林实为良材之竹林，林相之美，全岛无可匹敌，今总督府有鉴于此，欲将之做永久的保存，故编列为模范竹林，此举实为汝等之名誉与利益着想。编为模范竹林之后，有关采伐之工作与各种相关的生产都可一仍旧惯，汝等不必担心，总督府为了褒奖汝等自祖先迄今以丹诚栽培竹林，将颁发为数不等之补助金，汝等应知所感谢，竭诚接受。③

---

① ［日］喜安幸夫：《日本统治台湾秘史：雾社事件至抗日全貌》，武陵出版有限公司 1995 年版，第 52 页。
② 三菱株式会社编：《三菱制纸六十年史》，三菱株式会社 1962 年版，第 143 页。
③ ［日］喜安幸夫：《日本统治台湾秘史：雾社事件至抗日全貌》，武陵出版有限公司 1995 年版，第 52 页。

随后，巡察拿出载有各人姓名、地址的纸张，命令庄民盖章。庄民拒绝盖章，巡察便关闭门窗，露出狰狞面目。巡察咆哮："为何犹疑不盖章？官府不做欺民之事；不信任官府，不服从命令，将捆缚下狱。""官府欲发给补偿费，汝等为何不接受？总督府已如此决定，盖章与否皆无法撤销决定，迅速盖章方为汝等之利益。"拒领补偿费者，则被"拳打脚踢，不盖章则不许回家，因此业主不得已签领补偿费"。① 庄民见势不妙，只好盖章，领一点补助金回家。但是，补偿费没有统一的标准。"有林地约 40 甲而得 13 圆 4 角 2 分者，有 8 甲而得 2 圆 2 角者，有 10 甲而得 22 圆 2 角者。"

同样的，斗六、嘉义的巡察也在会场上逼迫庄民放弃竹林的业主权。斗六一带的庄民最害怕被巡察叫去开会。因为 6 年前，日军和巡察曾在斗六官厅背信弃义屠杀参加"归顺"仪式的抗日民众。林圯埔、斗六、嘉义三地共有 1 千多名庄民参加了会议。

当日未参加会议的庄民，嘉义厅小梅庄的被集中在公学校，斗六的被集中在崁头厝支厅内，林圯埔的被集中在顶林、过溪（今福兴）、劳水坑（今瑞竹庄）派出所，被巡察看管着，禁止出入。早在 1902 年，崁头厝就是屠杀归降抗日义军的地点。被关押在这里的庄民早已魂不附体。厅长呵斥："如不盖章，不许在台居留，要滚回'支那'！"庄民个个流泪盖章。②

有的庄民因恐惧，没有去开会，没有领取补偿金，也从此失去了耕作权。5202 甲的竹林从此被总督府霸占。于是，总督府模范竹林事务所在劳水坑成立。

11 月 12 日，总督府与三菱公司双方签订正式合约。其中涉及斗六一带竹林的村民利益的条款如下：

1. 乙方（三菱公司）对本林地之竹林具有"林益权"的庄民，应付给补偿费。

2. 乙方为经营模范林起见，甲方（总督府）将森林中现有之立竹，以6258 圆售予乙方，并于经营期间，准许乙方无偿使用土地。

3. 乙方未获甲方同意之前，不得将本事业之经营权转让或贷与第三者。

---

① 泉风浪：《台湾の民族运动》，台湾图书 1928 年版，转引自梁华璜：《梁华璜教授台湾史论文集》，台北稻乡出版社 2007 年版，第 260 页。

② 泉风浪：《台湾の民族运动》，台湾图书 1928 年版，转引自梁华璜：《梁华璜教授台湾史论文集》，台北稻乡出版社 2007 年版，第 260、261 页。

4. 为求得乙方与当地居民之圆满，乙方应免费提供当地居民自用之竹林一年，估计 10 万枝，又竹笋约 24 万斤，但须在乙方监督下采收，而采收之区域，则俟调查后协定之。乙方所需劳力，应以雇佣当地居民为主，其雇佣办法及工资标准应受甲方指定。①

11 月 12 日，佐久间总督与日本三菱造纸厂签订合约，将这片竹林作为造纸厂的原料产地。

林启祯又名林庆兴，家住南投厅大坑庄中心仑，种田之外还制造竹纸。1908 年 9 月，他被传唤到顶林派出所，因不愿意盖章而遭到巡察川岛与市的殴打。1910 年 4 月的一天，林启祯伐林时被三菱巡视员某日人发现，遭到掌脸。林启祯愤怒地说："霸占我们的竹林，根本就是蛮不讲理，如今连一竿枯竹一根竹笋都不许我们挖采，简直要断绝我们的生路，这样不是要把我们逼向死路吗？"② 林启祯纠集同志，密谋起来反抗。

1910 年 8 月上旬，总督府劳水坑竹林事务所改成三菱台湾竹林事务所。夺取竹林有功的林圯埔支厅长森永介，辞官转任三菱台湾竹林事务所的主任。附近派出所的巡察有的辞职去任三菱公司警卫，有的辞职去任三菱公司职员。总督府与三菱公司狼狈为奸霸占竹林的目的彻底暴露，令附近庄民更加气愤。

庄民推举廖振发、陈玉奎、张陈元、林玉明为代表，并聘请日籍律师长岭茂、矢野猪之八撰写陈情书，向南投厅恳求将竹林退还原主，遭到拒绝。陈玉奎、张陈元被关押 18 天。庄民支援也被镇压。张陈元、陈玉奎赴台北向总督府陈情。在台北，巡察要拘捕他们。他们逃入天主教教堂才幸免。

在庄民的压力下，总督府和三菱公司开出补偿条件：

1. 拨出竹林 1054 甲归各部落（即每部落 30 甲左右）共同管理和收益，称为"共同保管林"。

2. 林圯埔、桶头、劳水坑、山坪顶、福兴、鲤鱼尾、田子、大坑、猪头棕（皆隶今竹山镇）部落之居民，可无偿采伐自用竹材及竹笋。

3. 补助桶头、劳水坑、山坪顶、福兴、鲤鱼尾 5 部落的保甲费共 536 圆。

4. 补助清水溪竹筏费（渡船费），年额 160 圆。

被霸占的 5202 甲模范竹林，减去 1054 甲，尚有 4148 甲。三菱公司每亩只

---

① 三菱株式会社编：《三菱制纸六十年史》，三菱株式会社 1962 年版，第 144 页。

② ［日］喜安幸夫：《日本统治台湾秘史：雾社事件至抗日全貌》，武陵出版有限公司 1995 年版，第 57 页。

补偿 8 圆 3 角，但它仍声称："出乎意外之多"①。

总督府将所谓"共同保管林"交给庄中绅士保管，设置竹林组合，禁止庄民自由采伐。② 庄民一听说上述消息，一起向总督府陈情，要求收回成命，将"共同保管林"交给庄民管理。然而，总督府林野调查会置之不理。总督府也按照既定命令执行，且令巡察严密监视，并威胁说："日本是法治国，令出必行，庄民既未取得业主权，将何所据而争议？"③ 庄民十分愤慨，势必爆发反抗。

南投厅沙连堡羌仔寮庄（今鹿谷）人刘乾，家道清贫，自幼素食不吃荤，信奉神佛，心怀慈悲，游走在林圯埔一带为人占卜算命为生。村民都认为他精通符咒之术，甚是敬畏。日据两三年以后，他曾在林圯埔守备队、宪兵驻在所当苦力，所以也能说一些简单的日语。④ 对于巡察欺压民众，素抱愤慨不平之心。

刘乾见林启祯等庄民因失去竹林而沦落为无业游民，经常聚集抗议日本殖民者，便与林启祯等联系。他以拜佛为名召集民众，揭露日本殖民者的滔天罪行，并自称神力加身，得到了大家的信任。林启祯把自己挨打的事告诉刘乾。刘乾对林启祯说："日本人强占我土地，奴役我人民，种种压迫，无所不用其极，我等要排除此威胁，除杀日人，驱逐其出境而外别无良策。"于是，他们招呼庄民集会，借神佛指示说："我前日在国姓爷庙，梦见三圣人对我指点，命我为明朝崇祯帝义子，驱逐日人，救民于水火，故你等须听我之命令指挥，共成大事，事成之日，得地得官，皆从所欲，如有不听命令者，余必处之死刑。"⑤

总督府害怕台湾民众利用宗教信仰抗日，于 1908 年公布《台湾违警令》，要求各地巡察取缔"对病人行禁压、祈祷符咒等，又给神符神水等妨害医药之行为者"⑥。1911 年 7 月、8 月间的某日，刘乾带着占卜经书出去相面卜卦。在

---

① 梁华璜：《梁华璜教授台湾史论文集》，台北稻乡出版社 2007 年版，第 260、264 页。
② ［日］山辺健太郎编：《台湾》（一），日本现代史料 21，东京みすず书房 1971 年版，第 204 页。
③ ［日］井出季和太：《台湾治绩志》（卷二），南天书局 1997 年版，第 411 页。
④ ［日］井出季和太：《台湾治绩志》（卷二），南天书局 1997 年版，第 410 页。
⑤ ［日］山辺健太郎编：《台湾》（一），日本现代史料 21，东京みすず书房 1971 年版，第 203 页。
⑥ ［日］增田福太郎：《台湾本岛人の宗教》，台北古亭书屋 1975 年翻印，附录第 2 页。

经过林杞埔东南约 11 公里的外安庄时，刘乾被巡逻的巡察拦住训斥。巡察令他早日改行，谋求正当职业，不要鼓吹迷信，煽惑村民。刘乾反呛巡察说："你如今把神意贬为迷信，必会遭神处罚。"巡察大怒，当即将刘乾的占卜经书用具丢弃在路边，并说："今后再也不许看相卖卜，我还要对你严加监视。"①

此后，刘乾到各地看相占卜，都遭到巡察的监视和阻挠，在平地无法居住和谋生。他去大鞍山中大安庄附近的水堀搭建一间草寮，朝夕虔诚礼拜观音。附近信徒甚众，为他提供帮助。刘乾经常下山，借宿于信徒林逢方（林逢之）家，召集信徒宣传佛法，插入反日言论，痛斥日本强占台湾奴役同胞。听众都深为感动。12 月，林启祯赶来投奔刘乾。他们在草寮中多次谋划有关起义的事项。

1912 年 3 月 22 日，在林逢方的家里，刘乾、林启祯、林庆祯等人，设立祭坛。在香烟缭绕中，刘乾端坐在上，林庆祯等 12 人则拜服在地。刘乾说："我的身边有三位穿锦衣的圣人护卫，他们会帮助我消灭在台湾的日本人，拥立我为台湾国王。——你们信我神者，不但可以获得福报，而且事成之后，识字者可授以大官，不识字者也可务农享受享福。若不听我的命令，我会施展法术，让这里染瘟疫。"村民们匍匐在地，不敢抬头。站在旁边的林启祯说："此人精通筮占之道，可通神力，他所说的话绝无丝毫虚假。"庄民们受此鼓舞，才敢抬头。他们奉告神明，誓言明日起事，以刘乾为总指挥。②

刘乾任命刘赐、萧知两人担任指挥，并说，先攻打顶林派出所，后攻林杞埔，二三日就能光复整个台湾。刘乾叫刘赐戴着红帽穿着白衣青裤，萧知则戴着红帽穿着青衣青裤，说这样可以隐身和刀枪不入。刘乾又给他们两人所谓天帝所授的扇子，扇子一扇，敌人就会不支倒地。刘乾还教 10 人隐身术，面对敌人，可以来无影去无踪。队伍成立后，再祭拜神明，静候出击时刻的到来。出击时，队伍面前竖立一面所谓天帝所授的锦旗。③

3 月 23 日拂晓，12 名庄民按照刘乾的命令，前去袭击顶林警察官吏派出

① ［日］喜安幸夫：《日本统治台湾秘史：雾社事件至抗日全貌》，武陵出版有限公司 1995 年版，第 56 页。

② 台湾总督府法务部编：《台湾"匪乱"小史》，［日］山辺健太郎编：《台湾》（一），日本现代史料 21，东京みすず书房 1971 年版，第 28 页。

③ 台湾总督府法务部编：《台湾"匪乱"小史》，［日］山辺健太郎编：《台湾》（一），日本现代史料 21，东京みすず书房 1971 年版，第 28 页。

所。顶林是个偏僻的小村，东、北两面靠山，西临断崖，唯有南边一条路可通5公里处的林圯埔支厅。顶林派出所只有饭田佐一、川岛与市两个巡察、一个巡察补陈霖仔。刘赐、萧知、林助、林木、萧溪、杨振添等持台湾刀冲入派出所宿舍，首先砍杀睡梦中的巡察补。带伤逃到派出所西侧溪谷密林中的饭田佐一，也被砍死。穿着睡衣的川岛与市则在派出所门前被击毙。两名巡察的妻女侥幸逃脱。[①]

随后，刘赐等人返回林逢方家，向刘乾报告经过。刘乾告诉他们，已经另派一队人马攻打林圯埔，速去支援。他们直奔林圯埔，半途遇到林玉明。了解情况的林玉明说："你等不知死活，若到林圯埔，必无一人可得生还。"而且，他们还发现隐身术不灵，于是一哄而散，逃向山中。在林逢方家等待的刘乾闻讯，也连夜逃向深山。[②]

得到顶林三菱竹林事务所的报告后，林圯埔支厅长佐竹立即率巡察队与保甲壮丁团，赶到顶林庄中心仑，当天逮捕刘赐、萧溪两人。不久，南投巡察队及壮丁团也赶来。他们合伙在山地进行大搜捕，至3月30日，共逮捕刘乾、林启祯等12人，现场杀害1人。[③]

搜捕一开始，该地区村民都闭门，并挂出日本国旗，深恐遭到巡察的报复。

4月7日，根据总督府第30号令，林圯埔设立临时法院。复审法院部长高田富藏为裁判长。在审讯时，刘乾回答："日人不但不准砍伐一杆青竹，甚至采取一根枯竹为薪，亦被官衙拘押，致使吾人无以为生；如此残酷手段，可恶至极。"[④] 12日，临时法院判决：刘乾、林启祯等8人死刑、1人无期徒刑、3人有期徒刑、1人无罪释放。当天在南投支监内执行死刑。在临刑时，刘乾等抗日首领视死如归，英勇就义。判处徒刑的4人，关押在台中监狱。台湾光复后，刘乾入祀台北圆山忠烈祠。[⑤]

日本学者喜安幸夫总结林圯埔事件起因时说："由于日方快速开发台湾，以使其成为帝国南进基地的国策，导致竭泽而渔式的掠夺，不可避免地演变出

---

① ［日］井出季和太：《南进台湾史考》，南天书局1995年版，第41页。
② ［日］井出季和太：《台湾治绩志》（卷二），南天书局1997年版，第412页。
③ ［日］井出季和太：《南进台湾史考》，南天书局1995年版，第41页。
④ 刘枝万：《南投文献丛辑》7，南投文献委员会，1945年，第151页。
⑤ ［日］井出季和太：《台湾治绩志》（卷二），南天书局1997年版，第412页。

流血的惨剧。台人一秉其祖先拓荒者不受约束的边民性格，一旦遭遇到无理的苛酷待遇时，当然要起而抵抗了。"[1]

林圮埔事件发生之后三个月左右，台湾民众的心情尚未完全平静下来，土库又发生了黄朝密谋抗日事件。

土库事件

黄朝是嘉义厅土库支厅（今云林土库）打猫北堡大埤头庄人，1882年出生，家贫体健，靠雇短工为生。他虽未受教育，却关心国事，常与附近的老人黄老钳（1859—1912）谈论辛亥革命的新闻和传说，深受中华民国成立消息的鼓舞，认为台湾人也能驱逐日本殖民者。

黄朝曾对黄老钳说："祖国革命成功，推翻满清二百余年帝业，定中华民国基础，我亦人也，岂不能驱逐日人，而为台湾国王乎？数日前，林圮埔刘乾，只有同志十余人，犹能击杀警察，而使顶林派出所全灭；我若广集多数同志，又何愁革命功业不成？"二人商讨以何种方法发动多数同志。[2]

当地民众十分崇信神佛。30多年前，土库附近的芦竹后庄有个柯象，出生于1895年，曾参加抗日义勇军，隐居深山做乩童多年，几年前归来，说自己信奉玄天上帝，死后为神。柯象死后，肉身成为木乃伊，被供奉在土库芦竹后庄玄天上帝庙内，香火旺盛。柯象之后，又有张老铁假借神佛启示，团结民众，抵制日本殖民统治。在北埔事件中，刘乾也是借用神佛动员民众。起义者穿着演剧用的王衣王冠，顺利杀死巡察。黄朝、黄老钳决定仿效他们，假借神意，收揽人心。黄朝自认是台湾国王，黄老钳辅佐他。[3]

1912年5月14日，黄朝的母亲吴氏巧因病去世。他便告别妻子，住进黄老钳的一间房子，闭门食素礼佛。到了5月22日，黄朝才打开房门。他穿着戏剧中所用的王衣王冠，借柯象肉身，对众人说：自己的诚意已感动上天，玄天上帝敕令他，百日后当为台湾国王，替祖国守南门，死后当为南天宫的神明。信徒争着向祭坛上香，焚烧金银纸，越聚越多。至6月24日前后，得到新加入

---

① ［日］喜安幸夫：《日本统治台湾秘史：雾社事件至抗日全貌》，武陵出版有限公司1995年版，第50页。

② ［日］井出季和太：《台湾治绩志》（卷二），南天书局1997年版，第413、414页。

③ 台湾总督府法务部编：《台湾"匪乱"小史》，［日］山边健太郎编：《台湾》（一），日本现代史料21，东京みすず书房1971年版，第30、31页。

的信徒15人。但是，大多数人对黄朝所说疑信参半，没有马上加入。黄朝再次宣告神意，如不信神，大陆陷落，水火继至，后悔不及，而且祖国即将派兵百万救援台湾，台湾革命一定可以成功。[①]

黄朝假借神意谋划抗日的消息，迅速传开。甲长张龙深恐黄朝的行为会遗祸乡里，与第一保正张加高密议对策。6月26日，各村庄的保正、甲长在大埤头警察官吏派出所开会。区长张兵令张龙告发黄朝，张龙于是拉着第二保正张万来之子张谷水一起向派出所告发。

巡察圆崎、郡治令巡察补陈读去黄老钳家解散信徒，不许集会。陈读离开后，黄朝、黄老钳从躲藏处出来，召集信徒商讨起义还是逃往台北。6月27日凌晨，巡察圆崎、巡察补陈读到黄老钳家，令黄朝等数人去派出所。黄朝从圆崎宿舍取出菜刀，砍伤圆崎，当场被捕。巡察大肆出动，将黄朝的信徒全部抓捕。黄朝及其信徒，都被押送到台南地方法院。[②] 巡察还把柯象的木乃伊送到台北的"警察官与司狱官练习所"，作为土库事件的证据。

三冈判官担任审判官，对24人提起公诉。8月10日，第一次开庭。9月3日，法庭依据《"匪徒"刑罚令》，判处黄朝死刑，另判处2人无期徒刑、12人有期徒刑、1人行政处分、8人不起诉。黄朝因为脑震荡在审判之前就已经去世。日本人称这次事件为土库事件。[③]

台湾光复后，黄朝入祀台北圆山忠烈祠。[④]

南投事件

东势角在台中东北约20公里的山地上，距离林圮埔和台湾岛的中心点埔里社也不远，这里一直是抗日民众活跃的地方。这一时期，这一带先后发生了著名的陈阿荣、赖来抗日事件。

南投厅东势角支厅上捒东上堡水底寮庄人陈阿荣，曾任隘勇，素有革命思想，极富民族意识，痛恨日本殖民统治，受到辛亥革命的鼓舞，认为台湾革命时机已到。1912年9月，陈阿荣开始组建革命党。10月，他邀请好友徐香到东

① ［日］井出季和太：《台湾治绩志》（卷二），南天书局1997年版，第414页。
② ［日］井出季和太：《南进台湾史考》，南天书局1995年版，第42页。
③ 台湾总督府法务部编：《台湾"匪乱"小史》，［日］山辺健太郎编：《台湾》（一），日本现代史料21，东京みすず书房1971年版，第32页。
④ 王诗琅著，张良泽编：《台湾人物志》，海峡学术出版社2003年版，第295页。

势角的自家中，劝其入党。徐香是隘勇，有发展党员的条件。11 月，陈阿荣又令徐香发展党员。陈阿荣、徐香到东势角、林圯埔、埔里社各地，在隘勇、短工等中间宣传抗日，发展党员，吸收了 85 人。于是，他们更加努力工作，继续扩大党的势力。陈阿荣正准备进攻南投，策应南北，解放台湾，而事泄后被巡察逮捕。1914 年 3 月，苗栗临时法庭判决陈阿荣死刑。其他 28 人分别被判处 5 年到 15 年徒刑。日本人称这次事件为南投事件。[①]

陈阿荣等人在台湾中部山地进行抗日活动，而张火炉等人则在中部平地进行抗日活动。这就是发生在新竹大湖和台中大甲的抗日事件。

大甲·大湖事件

1913 年 4 月，在辛亥革命和罗福星影响下，张火炉、黄炳贵、纪碍等人，以台中厅大甲支厅的铁砧山和新竹厅大湖支厅的罩兰为根据地，秘密组织武装起义，不幸事败，张火炉等 50 余人牺牲。此事被称为"新竹事件"或"大甲·大湖事件"。

台中厅拺东下堡阿厝庄在台中西北约 16 公里处，有个村民叫张火炉，因受到辛亥革命和罗福星的影响而萌发抗日之志。1913 年 4 月，张火炉发展黄炳贵、纪碍（或纪碗）、黄水沟为同志，并对他们说：以祖国的黄兴为指挥官征伐台湾，鏖杀日人，收复台湾复归中国。[②] 张火炉出资 150 元、黄炳贵拿出 180 元，黄水沟等也出资，组织革命党。然后，张火炉令黄炳贵、刘阿才（阿木）[③]、纪碍等发展抗日党员。在台中厅下大甲铁砧山脚庄、新竹厅辖区的罩兰、大湖、南湖等地，他们发展党员 47 人。[④] 他们又联络高山族同胞，准备在大甲铁砧山脚庄及大湖卓兰庄发动起义，与全台同志互相策应，驱逐日本殖民者。5 月，当他们准备起义时，在新竹厅后垅支厅被巡察察觉。

9 月 25 日，新竹厅大湖支厅仓库内，失去 6 支枪。巡察发动保甲大搜查，大湖区长指明是抗日的革命党人所为。重阳节这一天，巡察在大湖天后宫逮捕

---

① 台湾总督府法务部编：《台湾"匪乱"小史》，[日] 山辺健太郎编：《台湾》（一），日本现代史料 21，东京みすず书房 1971 年版，第 39 页。

② 台湾总督府法务部编：《台湾"匪乱"小史》，[日] 山辺健太郎编：《台湾》（一），日本现代史料 21，东京みすず书房 1971 年版，第 40 页。

③ 黄玉斋：《台湾抗日史论》，海峡学术出版社 1999 年版，第 203 页。

④ [日] 喜安幸夫：《日本统治台湾秘史：雾社事件至抗日全貌》，武陵出版有限公司 1995 年版，第 74 页。

抗日党员 8 人，地下抗日组织暴露。在巡察进行秘密搜捕时，东势角抗日事件于 12 月 1 日爆发。总督府更加不安，全岛各厅的巡察倾巢而出，在全岛进行更加严密的大搜捕。①

有的党员被捕了，有的党员逃跑了。最终，张火炉被巡察逮捕。

1913 年 11 月 27 日晨，张火炉、纪碼、黄炳贵、黄水沟被从台中大甲支厅押送到苗栗临时法院。② 在被押送到高雄港时，张火炉从船上投港自尽。第二天，黄水沟被释放，黄炳贵被送到台中法院检察局继续收押。③

1914 年 2 月 23 日、24 日，苗栗临时法院审判陈阿荣、张火炉等中部案件 136 人。其中，起诉 52 人，不起诉 84 人。④ 3 月 3 日，苗栗临时法庭判张火炉死刑。纪碼、黄炳贵等 21 人被判处 5 到 12 年不等的徒刑。台湾光复后，张火炉入祀台北圆山忠烈祠。⑤

马力埔事件

1913 年 11 月，总督府殖产局强制低价收购台中厅东势角支厅马力埔庄（今台中县新社乡）一带的土地，激起了当地农民暴动。

马力埔在台中中部偏西的位置，靠近山区，东边是大甲溪和东势支厅，西边是台中市附近的头嵙山。这里村落的居民多是客家人。1909 年左右，日本人松岗富雄已在马力埔的高地上建立了约 10 甲的甘蔗苗圃，并将生产的蔗苗送给糖业试验场及各地的制糖会社，效果良好。总督府殖产局决定在这里收购 1000 多甲土地，并于同年 9 月公布《设置蔗苗养成所训令》。

总督府令台中厅长负责收购土地。9 月 23 日，巡察把土地被收购的农民传唤到东势角支厅。代表台中厅长的庶务课长佐佐木忠藏、东势角支厅长三丸幸吉对他们说：总督府收购土地，上等园每甲 130 圆，中等园每甲 117 圆，下等园每甲 85 圆，原野每甲 40 圆。如果因土地被收购而生计困难的，会拨给开垦地；蔗苗养成所设立后会多雇佣附近失地的农民。⑥ 训话完毕，支厅巡察拿出

---

① ［日］井出季和太：《台湾治绩志》（卷二），南天书局 1997 年版，第 418、419 页。
② 林道衡主编：《罗福星抗日革命案全档》（全一册），台湾省文献委员会 1977 年版，第 79 页。
③ 林道衡主编：《罗福星抗日革命案全档》（全一册），台湾省文献委员会 1977 年版，第 82 页。
④ 林道衡主编：《罗福星抗日革命案全档》（全一册），台湾省文献委员会 1977 年版，第 433 页。
⑤ 王诗琅著，张良泽编：《台湾人物志》，海峡学术出版社 2003 年版，第 295 页。
⑥ 台湾总督府警务局编：《台湾总督府警察沿革志》（第二编上卷）《领台以后的治安状况》，南天书局 1995 年版，第 803、804 页。

早已准备好的文件，令在场的农民盖章。未带印章的农民，现场有人帮他雕刻。不盖章，所有人不许离开。农民不愿出卖祖产，还因总督府把价格压低了三四倍。当时的市价，上等园每甲在400至700圆之间，中等园每甲在350至450圆之间，下等园每甲在70至80圆之间。①

9月26日，被强购七八甲以上的徐石盛、张仁亲、刘长安、廖扁等人到台中厅陈情。10月初，百余人到大南庄番仔岭刘长安家集会，商议办法。徐石盛撰写请愿书，其他人连署。

徐石盛等人先将请愿书送到台中宪兵分遣所，请其转呈日本政府。他们把希望寄托在总督府与日本政府的矛盾上，结果可想而知。10月8日，东势角支厅长三丸幸吉到水底寮派出所，给农民、保正、区长等训话。10月11日，水底寮派出所警部补到马力埔及大南庄保正张天祥家，召集50多人前来训话。10月13日，三丸幸吉再去水底寮派出所训示。台中厅警务课长荒卷劝导正在台中宪兵分遣所请愿的徐石盛、刘长安等人。

10月下旬，农民集中到徐石盛家，议定：第一，在反对运动领导者尚未接受官方付款之前，连署者不得擅自接受。若先于领导者接受金钱者，每人应科罚违约金二百圆。第二，极力反对收购。第三，若警察官前往逮捕或说谕时，用武力退之。万一日人在欲收购的土地上动锄锹时，亦以武力阻止。若因此而负伤者，可得相当的救护。不幸死亡，则给予二百圆的救济金。荒卷传唤张仁亲、余鲶、徐石盛、刘长安到台中厅警务科训话。刘长安拒绝传唤，被拘留10天。11月1日，张仁亲、徐维、余鲶去台北宪兵分队请愿。同月中旬，张仁亲、余鲶等人再去埔里宪兵分遣所请愿。②

不顾农民怎么反对，总督府于11月11日在大南庄设置苗圃临时事务所，开始在收购的土地上动工。11月18日，日吏又到大南庄蔗苗养成所，召集农民发放购买土地的钱。但是，此时大多数农民都离家躲避，或躲在山间蔗园，或躲在其他村庄。11月21日夜，在台北请愿的徐石盛、余鲶等人返回家中。当日夜到翌日晨，同村农民纷纷来打探消息。张仁亲告诉他们，官方将会派人来收购土地并采取适当措施，大家无须再躲藏，可以返家。农民相信了他。11

① 翁佳音：《1913年马力埔事件的探析》，《异论台湾史》，台北稻乡出版社2001年版，第153页。
② 翁佳音：《1913年马力埔事件的探析》，《异论台湾史》，台北稻乡出版社2001年版，第155、156页。

月 22 日 14 点左右，东势角支厅警部补平居率巡察、巡察补 6 人赶到徐石盛家，随后发生争斗。村民奔走相告，马力埔、大南庄、仙糖坪等来了余杨等 46 人，以及不知姓名的村民几十人。总共两百多人围攻巡察。东势角支厅长闻讯后，率巡察、巡察补十几人，以及苗圃职员十几人，前来支援。村民廖知、廖库被射杀，刘成、高发被射伤。村民只打伤了警部补平居、一名巡察补。①

事后，农民四散逃离。巡察四处捕人，逮捕徐石盛、张仁亲等所谓主谋。1941 年 1 月，检察官起诉 117 人，于 19 日交给台中地方法院审判。29 日，台中地方法院判决：余杨、徐维等 5 人有期徒刑，徐削等 39 人罚金 50 圆。② 徐维在狱中被毒打，成了跛足。余樣服刑不久暴毙，村民怀疑，他可能是被巡察毒死的。③

马力埔农民暴动发生后，不到 10 天，这一带又发生了赖阿来率众攻打东势角支厅的事件。

东势角事件

赖来，又名阿来，台中厅苗栗三堡圳寮庄人，以看风水地理为业，关心国家兴废大事，一向痛恨日本殖民统治，倾心革命。1912 年，赖来、谢石金偷渡海峡，在上海居住数月，看到中华民国建立后一派新生气象，深受鼓舞。1913 年初，他们又偷渡返台，以驱逐异族光复台湾为己任，联络同志，接受罗福星指导。

在台中厅葫芦墩（今丰原）支厅一带，赖来先后发展党员谢石金、詹墩、谢辉等 80 多人，鼓励说："在阴历八月十五日夜，可乘月蚀举事，一定马到成功。"④ 他们计划首先攻取台中东势角（今东势镇）支厅，夺取武器弹药，广招党员，再攻取葫芦墩。联络大湖、苗栗等地的抗日民众，然后合力攻打台

① 翁佳音：《1913 年马力埔事件的探析》，《异论台湾史》，台北稻乡出版社 2001 年版，第 157 页。
② 翁佳音：《1913 年马力埔事件的探析》，《异论台湾史》，台北稻乡出版社 2001 年版，第 159 页。
③ 翁佳音：《1913 年马力埔事件的探析》，《异论台湾史》，台北稻乡出版社 2001 年版，第 164 页。
④ ［日］喜安幸夫：《日本统治台湾秘史：雾社事件至抗日全貌》，武陵出版有限公司 1995 年版，第 74 页。

中，渐次收复台湾全省。

1913 年 11 月，罗福星、张火炉、李阿齐等人的抗日活动已经暴露，全岛处在大搜捕的恐怖气氛之中。这并没有撼动赖来抗日的决心，他仍继续准备起义。

12 月 1 日晚，赖来招集谢石金、詹墩、詹勤、李文凤、张阿头、谢水旺、任阿呆、江阿保、谢辉等人到自己家中，设立祭坛，中间树立中华民国五色革命旗帜、有两旒的龙旗，两旁陈列着武器。各同志祭旗后，歃血为盟，决定按照原计划行动。

随后，首领赖来、副首领詹墩率众，携带着旗帜和枪支、台湾刀等武器，向东势角支厅出发。12 月 2 日凌晨，他们悄悄抵达东势角支厅，探悉巡察们还在睡觉。他们把粮食放在蔗园中，冲向支厅办公室。在支厅办公室门口，赖来、詹墩用台湾刀斩杀值班的巡察佐佐木市兵卫。巡察获原政雄闻声从南门出来，被詹墩砍伤头部，逃向北门，又被詹勤砍断左手腕。赖来、詹墩进入办公室，破坏电话机 6 部。随后，他们向支厅长及巡察宿舍开枪射击。巡察补赖槙汉跳窗逃跑，在田中被打伤，又被台湾刀砍死。义军缴获宿舍内的村田枪 2 支。竹内猛警部补带领 3 名巡察伏在宿舍暗处射击，赖来、詹墩先后中弹牺牲。余众溃散，丢下 3 支枪、171 发子弹、4 斤火药、五色旗帜等，逃向深山。①

第二天，巡察就开始进山搜捕。最终，巡察逮捕了 78 人。1914 年 2 月 29 日，谢石金等 21 人在苗栗临时法院受到审判。审判结果，被判死刑者 13 人，被判 9 年以上徒刑者 8 人。日本殖民者称这次事件为东势角事件。台湾光复后，赖来入祀台北圆山忠烈祠。②

林老才抗日事件

林老才，台中太平庄人，曾加入抗日军。准备弹药和资金，准备起事。1914 年自称台湾皇帝并发布檄文，1915 年 2 月被捕。③

① 台湾总督府法务部编：《台湾"匪乱"小史》，［日］山边健太郎编：《台湾》（一），日本现代史料 21，东京みすず书房 1971 年版，第 41 页。
② 王诗琅著，张良泽编：《台湾人物志》，海峡学术出版社 2003 年版，第 294 页。
③ 台湾总督府警务局编：《台湾总督府警察沿革志》（第二编上卷）《领台以后的治安状况》，南天书局 1995 年版，第 816、817 页。

三、南部的武装反抗事件

当罗福星等人在台北、苗栗一带秘密组织武装抗日之际，李阿齐、罗阿头、余清芳等人分别在台湾南部的关帝庙、六甲、西来庵等地秘密进行抗日活动。

台南关帝庙抗日事件

1913 年 7 月，在罗福星策动下，李阿齐到大目降高山族地区宣传抗日，动员民众，准备起义，因泄密而失败。这被日本殖民者称为"关帝庙事件"。

李阿齐，台南人，一名阿良。1895 年，其父参加武装抗日活动，是一方首领，惨遭日军杀害。李阿齐一直想为父报仇，但时机未到，不敢妄动。他居无定所，常出没于台南五甲庄关帝庙支厅、高山族地区。①

1912 年，中华民国成立，台湾民众都深受鼓舞。1913 年 2 月，李阿齐突然频繁出现在台南厅关帝庙支厅管内五甲庄、台南厅大目降支厅岗仔林派出所辖区内的茅草山等地，揭露日军暴行与总督府高压统治，号召乡民起来抗日。为了鼓舞士气，他借迷信之力鼓动杀尽日本人。他宣称，"本人在'番地'拥有八百名部下"。"我所居住的'番地'地界，乃是灵仙之地，当地有一名神童，手持一把灵剑，有事卜之，可知吉凶，我等尽可放心前往讨伐日本人，在山上的某处又横有一面旗帜，我等义军组成后，在旗前拜祭，该旗自会起立，是时我等就可高举义旗出击，在神明保佑下，必定马到成功。"五甲庄等地有十几人听信了他的宣传。②

李阿齐便以这十几人作为攻打台南的骨干力量，让他们剃掉周边头发，只在头顶留一圆形，叫作"ゲジ坊主"，作为标志。但是，他们却因为模样奇怪而暴露。5 月，巡察已探听到新竹厅后垅支厅有人秘密组织抗日军，但一直没有掌握证据。6 月，台南厅关帝庙支厅的巡察根据密报，调查五甲庄一带头发奇怪的人，获得李阿齐一伙准备武装起义的确证。

7 月初，李阿齐多次到五甲庄活动。最后一次，他与同志在公共墓地开会，决定于农历十月中举事，先攻五甲庄，经关帝庙攻打台南，杀尽日本人。为了

---

① ［日］井出季和太：《台湾治绩志》（卷二），南天书局 1997 年版，第 417 页。
② ［日］喜安幸夫：《日本统治台湾秘史：雾社事件至抗日全貌》，武陵出版有限公司 1995 年版，第 72、73 页。

避免引起巡察的注意，李阿齐强调，今后党员集会时携带锄头、簸箕作为掩护。①

总督府令巡察在谣言流行地区进一步搜查，得知革命党的活动已遍及全岛。但巡察无法探知内情，只知道关帝庙支厅的革命党曾在公共墓地集会，革命党的头发中央剃一圆形为标志等。10 月上旬，总督府下令全岛戒备。各厅巡察接到命令后，不分昼夜，四处搜捕，至 1914 年 1 月底，逮捕 535 人，其中包括李阿齐等各地的首谋者。②

1913 年 11 月 27 日，吴水龙、刘琢等人被从台南厅押送到苗栗临时法院。③ 1914 年 3 月 3 日，苗栗临时法庭宣判，罗福星、李阿齐等 20 余人被判死刑，有期徒刑 285 人，无罪者 34 人，不起诉者 578 人，行政处分 4 人。④ 因参加的人员都在苗栗临时法院审判，故林圮埔、南投、新竹、东势角、关帝庙等地的抗日事件，统称为苗栗事件。台湾民众认为，在苗栗事件中，战死或被判死刑的民众多达 2 万人。⑤

苗栗事件后，在血腥镇压的恐怖之下，发现民心变化的总督府仍然担心台湾民众会继续起来反抗。果然，仅仅两三个月后，嘉义山区六甲支厅又发生了罗阿头领导抗日的六甲事件。

六甲事件

嘉义厅六甲支厅在乌山头西边、林凤营的东南。六甲有座乌山，风景秀丽，山上建有嘉南大圳的储水池。

罗阿头，又名嗅头、臭头，嘉义厅店仔口支厅（今台南县白河镇）南势庄人，父祖富有家产，自幼聪明好学，会说日语，爱好拳棒，交游广泛，因不事生产且分家而家道逐渐衰落，以狩猎为生。由于不满巡察欺压良善，他立志驱逐日人，光复台湾。

① 台湾总督府法务部编：《台湾"匪乱"小史》，[日] 山边健太郎编：《台湾》（一），日本现代史料 21，东京みすず书房 1971 年版，第 41 页。
② [日] 喜安幸夫：《日本统治台湾秘史：雾社事件至抗日全貌》，武陵出版有限公司 1995 年版，第 75 页。
③ 林道衡主编：《罗福星抗日革命案全档》（全一册），台湾省文献委员会 1977 年版，第 80 页。
④ [日] 喜安幸夫：《日本统治台湾秘史：雾社事件至抗日全貌》，武陵出版有限公司 1995 年版，第 76、77 页。
⑤ 黄玉斋：《台湾抗日史论》，海峡学术出版社 1999 年版，第 330 页。

　　1913年10月20日，店仔口支厅巡察要拘传罗阿头。他便携妻子逃到六甲支厅管区的乌山岭中，在山中流浪一段时间。他时常下山物色抗日同志，结交了六甲支厅大坵园庄的陈修荣（陈条荣）。①

　　为了躲避巡察的耳目，罗阿头于1914年4月初在南势庄横路后面的山中搭建两间小屋，一间给妻子居住，另一间供奉神佛。他日夜诵经拜佛，研读自抄的兵书和《观音经》，思考如何驱逐日本殖民者。

　　巡察继续搜捕，让罗阿头的不安与日俱增。一天夜里，他在祭坛上占了一卦，卦上竟然说："汝将登台湾皇帝之位。"他遂加紧募集党员，积极准备抗日。

　　罗狮是大坵园庄中坑庄人，因涉嫌盗窃数百圆而遭到六甲支厅巡察追捕，便与弟弟罗陈一起逃至罗阿头住处。兄弟二人都相信罗阿头的占卜之辞，愿意做他的部下，并在附近多修建了几间小屋。罗阿头、陈修荣、罗狮、罗陈常常聚议抗日的方法：第一在扩大招募同志，养成击败日寇的实力，如打垮总督府，罗阿头即可登基，部下论功行赏。②

　　之后，罗狮兄弟暗中下山，在附近村庄联络同志。当时，总督府为讨伐高山族陆续征用村民，大批村民为逃避征召而逃亡。为防止逃避征召，各地巡察对保甲壮丁施加强制措施。罗阿头、罗狮乘机召集逃亡的村民七八十人，假托清廷皇帝和天帝旨意，宣传抗日。罗阿头身穿类似中国军装的神仙服装，自称"台湾皇帝"，将按照抗日的功绩给部下授官和财物。他封罗君为都书境楣将军，封妻子罗陈氏为国妇，封次子为太子，封妻兄为国舅。③ 此时，日吏和巡察已经制定了驱逐罗阿头的计划。

　　5月，罗阿头、罗狮、罗陈、彭汉文、陈天生等集合数百人，共设誓神像前，约定在农历七月吉日起义，袭击大坵园派出所和六甲街以东5公里处的王爷宫派出所，并攻取六甲支厅，最后将全台的日本人驱逐。

　　5月5日夜，罗阿头部下潜入店仔口支厅前大埔巡察派出所宿舍，偷出2支村田步枪和5发子弹。当时，苗栗事件尚未处理完，总督府得到报告后十分紧张。店仔口支厅如临大敌，巡察挨家挨户展开调查。

　　罗阿头发现巡察搜查，担心起义计划泄露，决定先发制人。5月7日夜，

① ［日］井出季和太：《台湾治绩志》（卷二），南天书局1997年版，第420页。
② ［日］井出季和太：《台湾治绩志》（卷二），南天书局1997年版，第421页。
③ ［日］井出季和太：《南进台湾史考》，南天书局1995年版，第43页。

他召集附近同志十余人，对军旗烧香祭拜后，就下山了。8 日晨，他们向六甲支厅出发。途中，他们顺便袭击大坵园、王爷宫两个巡察派出所，但两个派出所的巡察碰巧都不在。沿途陆续有数十村民加入，队伍发展到七八十人。队伍前面的旗帜在春风中飘荡，各自挥舞着枪支、棍棒、台湾刀等武器，士气昂扬。罗阿头等计划当天深夜袭击六甲街。

但是，六甲支厅早已获得义军袭击大坵园派出所的消息，派出警部补野田又雄带领 5 名巡察向大坵园方向搜索前进。8 日夜晚，野田又雄一行乘月明在王爷宫附近造林地里行走。走在前面的义军首先发现了野田又雄一伙，立即向高地中的草丛里隐蔽。巡察队首先开枪射击。混战多时，义军虽然击毙了野田，但因缺乏训练和武器而很快溃散，越过乌山岭，逃向三脚方面的森林溪谷。随后而来的罗阿头无法阻止。①

嘉义、台南巡察队来援，进山中搜捕。罗阿头、罗陈、罗其才不愿被捕受辱，在山中自杀。李岑等 9 人奋勇抵抗，全部壮烈牺牲，余下 100 多人则全部被捕。台南地方法院的检察官跟在搜捕的巡察队后面，实地搜集义军抗日的证据。

11 月 13 日，台南地方法院开始审理本案。12 月 4 日，台南法院依据《"匪徒"刑罚令》判决。经被告上诉，复审法院于 1915 年 2 月 5 日复审，2 月 12 日宣布最后判决：行政处分 15 人，不起诉者 68 人，死刑 8 人，无期徒刑 4 人，有期徒刑 10 人，无罪者 1 人，共计 106 人。②

噍吧哖事件

1915 年 8 月，台南发生大规模的武装抗日斗争，首谋余清芳，策划地点在台南西来庵，主要战场在噍吧哖（今台南玉井乡）一带，因此被称为"西来庵事件"、"余清芳事件"或"噍吧哖事件"。日本殖民者认为，这次事件与苗栗事件、六甲事件等一样，都是受辛亥革命影响而发生的。③

余清芳又名余清风、徐清风，字沧浪，人称余先生，1879 年 11 月出生于

① ［日］井出季和太：《台湾治绩志》（卷二），南天书局 1997 年版，第 421 页。
② 台湾总督府法务部编：《台湾"匪乱"小史》，［日］山辺健太郎编：《台湾》（一），日本现代史料 21，东京みすず书房 1971 年版，第 51、52 页。
③ 台湾总督府法务部编：《台湾"匪乱"小史》，［日］山辺健太郎编：《台湾》（一），日本现代史料 21，东京みすず书房 1971 年版，第 52 页。

恒春阿猴林，七岁入私塾读书，但不幸遭到父丧，家贫失学，十二三岁时至左营米店、杂货店打工。日军侵台之初，他年仅 17 岁就参加了武装抗日，转战台湾南部。此后，他居住在台南厅长治二圆里后乡庄，并就读于旧城公学校，学会了日语。性豪放，喜交游，好结党争气，与廊后庄的卓有德、左营庄的林庆、卓有信、林发等人交游。1899 年 7 月，他被招为台南县巡察补，在阿公店支厅任职。第二年 7 月，他因涉嫌诈取钱财被解职。1902 年，他被任命为凤山县巡察补，1904 年又被免职。他两次被免职，怀恨在心，矢志报仇，常常出入台南、凤山、五里、林庄、旧城等各处斋堂，劝说佛教信众参加抗日，因而引起巡察的注意。1904 年 3 月，阿公店支厅令他寻找正当职业。5 月，他任关帝庙街区长助理，7 月又被解职。之后，他又出入各处斋堂活动。他在五里庄扶乩会上替人解读文字，结识了李德、林廷绵等人。1908 年，余清芳参加盐水港秘密结社"二十八宿会"，寻机抗日。"二十八宿会"以丁鹏为首，密谋抗日，声称中国兵将登陆夺回台湾，又称有清国大官服，台湾光复后丁鹏当皇帝。余清芳一直受到巡察的监视。

1909 年 1 月 1 日，余清芳因反日言论而被送到台东"加路兰浮浪者收容所"管训。由于谨慎勤劳，他于 1911 年 10 月被释放回家。[1] 阿公店街保正黄元开办一个商店，代理太平洋生命保险株式会社及帝国信托株式会社的业务。12 月，余清芳就任代理店的保险推销员。1913 年 11 月 28 日，雇主黄元去世。余清芳就自己开办一个酒类贩卖店，却于 1914 年 3 月倒闭。此外，余清芳与东港人邱九合伙开办了福春号碾米厂。[2]

在此前后，林圯埔、土库、苗栗等地发生抗日事件，极大地振奋了余清芳。无论做什么工作，余清芳都积极到各地斋堂进行抗日宣传。他结识了台南厅参事苏有志、大潭庄区长郑利记（和记）。他们两人都是亭仔脚西来庵的董事。苏有志是大目降街人，父亲振芳是当地巨商。苏有志继承父业，拥有糖廊 13 处、鱼埕及田园 500 多甲，以及贩卖山产的商号 2 家，被誉为全台十二大企业家之一。因被日商诱骗购买股票，苏有志亏掉了所有田园。

余清芳、苏有志、郑利记常在西来庵聚会，控诉日本殖民统治的罪行，倾

---

[1]　台湾总督府法务部编：《台湾"匪乱"小史》，［日］山辺健太郎编：《台湾》（一），日本现代史料 21，东京みすず书房 1971 年版，第 53 页。

[2]　台湾总督府法务部编：《台湾"匪乱"小史》，［日］山辺健太郎编：《台湾》（一），日本现代史料 21，东京みすず书房 1971 年版，第 54 页。

吐反日心声，密谋起事。西来庵供奉的是玉皇大帝，香火旺盛，余清芳借着募捐寺庙修缮费的机会招募同志，卓有成效。余清芳部下张重三在西来庵分发神符，筹集经费，所得非常可观。时值祖国大陆民国初建，台民思汉之念愈发炽烈。余清芳的革命运动因而大振。①

余清芳以散发经书和讲经为名，走遍了全台各斋堂，秘密发展抗日同志，因此与台北大稻埕龙云寺住持陈大关系密切。1914 年 11 月、12 月间，陈大把周田介绍给余清芳、林通水、江祥。周田又带领余清芳去新竹街认识王倡廉等 9 名斋友。周田又带余清芳、江祥去南庄支厅狮头山劝化堂，分赠《警心篇》《宜灵真经》《大洞真经》等。②

余清芳在台中的部下听说罗俊也在秘密准备抗日，遂想联合他们。1915 年 3 月，在张重三介绍下，罗俊化名赖守，带李镜成等 3 人去台南福春碾米厂。在余清芳的住室里，两人见面。罗俊虽已年过 60 岁，但精神抖擞，目光犀利。余清芳面目清秀，器宇轩昂。余清芳说："自大目降菜寮入山地处出现一神主，凡事皆能顺其所言……凡事皆能如意。并称该神主者，耳及于肩，双手及于膝，笃信其为皇帝相。"余清芳还说，神主持有宝剑，只要拔出三寸即可毙敌三万。这坚定了罗俊联合余清芳抗日的决心。罗俊还提出，祖国同胞反日斗争十分激烈，当起义时，会有数架德国飞机来助，祖国会有 10 万革命党人前来相助。③ 罗俊建议派人赴大陆求援，余清芳赞成。两人约定，罗俊负责台北、台中一带，余清芳负责南部，南北呼应，共同起事。④

罗俊，别名罗璧、罗秀、赖俊江、赖秀、赖乘等，1855 年出生于嘉义他里雾堡（今云林县斗南镇）他里雾庄，读过私塾，以行医教书为生。日据初期，他曾担任他里雾堡保正陈达臣的书记。1900 年，他见日军滥杀无辜，愤而参加中部抗日义军。失败后，他逃亡厦门，在福建、越南、泰国等地行医 7 年。1906 年，他改名罗璧潜回故乡。妻子改嫁，三个儿子已死，家业已被外甥占用，环境危险。他遂于 6 月再返回厦门。他在同安县市头庄开药店，也曾到各

---

① 王诗琅著，张良泽编：《台湾人物志》，海峡学术出版社 2003 年版，第 296 页。
② 林衡道主编：《余清芳抗日革命案全档》第 1 辑第 1 册，台湾省文献文员会 1975 年版，第 345 页。
③ ［日］喜安幸夫：《日本统治台湾秘史：雾社事件至抗日全貌》，武陵出版有限公司 1995 年版，第 92、93 页。
④ 林衡道主编：《余清芳抗日革命案全档》第 2 辑第 1 册，台湾省文献文员会 1975 年版，第 253 页。

地行医看风水，后在天柱岩寺庙吃斋念佛。他十分痛恨日本殖民者，苦思报仇的机会。1911 年 10 月，他见辛亥革命成功，感慨良多，想回台湾抗日。

1914 年 8 月，台南斋友陈金发去厦门对罗俊说：余清芳在台南自称皇帝，准备驱逐日本人，已组织数万同志。他劝罗俊抓住机会，回台参加抗日。罗俊、陈金发、李镜成等会商后，决定行动。9 月，罗俊派郑龙带一封信返台，交给台中厅燕务下堡过沟庄的赖水，让他筹集经费做"大生意"。赖水知道"大生意"就是抗日，去联系西螺堡新安庄赖成、燕务下堡黄厝庄赖庆，让他们各出 50 圆。这笔钱由郑龙转交给罗俊，作为返台的旅费。[①] 12 月 16 日，罗俊带着许振乾（振钦）、余金凤、余炳祝、余大志、白石紫、余世凤等斋友，从厦门至淡水登陆。随后，他就去赖水家，并会见赖渊国、赖楚、赖宜、赖成等人，讨论抗日。[②] 赖宜是武秀才，曾对本村保正赖格说："大陆正发起革命，吾等亦非尝试不可。"[③] 1915 年 1 月，罗俊又回厦门招来李镜成、王乌番。台北大稻埕有林豹等数人参加罗俊的组织。此时，由于日本提出灭亡中国的二十一条，祖国大陆到处是反日的怒吼。在此影响下，台湾人的反日情绪也高涨起来。

在会见罗俊后不久，余清芳又经同志的介绍，入山会晤了名闻台南各地的江定。两人一见如故，肝胆相照，相约起事。

江定出身于台南厅楠梓仙溪里竹头崎庄的名门望族，1866 年出生，资望甚高，富有侠义精神。1897 年，他被任命为区长。1899 年，他率壮丁江传生、温淡、张老掺、张富逮捕和押送"土匪"张掷司去噍吧哖支厅。途中，他们将张掷司枪杀。江定因此遭到噍吧哖宪兵分队追捕，逃入后堀仔溪一带山谷，靠垦田与打猎为生。1900 年，全台民众掀起了一个抗日新高潮。江定参加抗日义军，并成为四五十人的小首领，曾在嘉义大埔阻击日军。失败后，江定退入后堀仔山（今西仔里关），团结甲仙埔、六甲等地的隘勇及抗日义勇几十人，出没于嘉义后大埔一带，与日军、宪兵、巡察打游击。[④]

---

① 台湾总督府法务部编：《台湾"匪乱"小史》，［日］山边健太郎编：《台湾》（一），日本现代史料 21，东京みすず书房 1971 年版，第 55 页。

② 王诗琅著，张良泽编：《余清芳事件全貌——台湾抗日事迹》，海峡学术出版社 2003 年版，第 136 页。

③ 林衡道主编：《余清芳抗日革命案全档》第 1 辑第 1 册，台湾省文献委员会 1975 年版，第 218 页。

④ 台湾总督府法务部编：《台湾"匪乱"小史》，［日］山边健太郎编：《台湾》（一），日本现代史料 21，东京みすず书房 1971 年版，第 54 页。

　　1901年3月24日，巡察包围台南厅新化南里南庄湖底，杀害抗日战士2人。一人是竹头崎庄的张牛，另一人被附近民众认定是江定。因此，巡察不再追捕江定。其实，早在巡察包围之前，江定及其子江怜就已逃回后崛仔山根据地。①

　　江定身边有一子一女，疼爱有加。十余年后，江定年近五十，常想子女在深山中无出头之日。他尝试着与山外平地接触，而与余清芳党人有了联系。在后崛仔山南边的噍吧哖，有个斋友林吉，素知江定的心事，出面替他联系余清芳。1915年4月，余清芳、江定在南庄兴化寮林吉家会面，倾诉总督府统治的罪行。两人在神明前置酒，歃血为盟，约定余清芳为主将，在平地起义，江定为副，自山中赴平地会合，共举大事。②

　　余清芳与罗俊、江定结识后，信心倍增，计划于阴历八九月间在南部发难，然后扩展到中北部，驱逐日人。罗俊在中北部加紧宣传。江定在山中训练武装。1915年4月前后，台湾中部疯传："台湾已有真命天子出现，这个未来的皇帝是个两耳垂肩、两手过膝的圣人。""并且有刘伯温、吕洞宾两圣人的扶持。""中国有懂得隐身避弹仙术的和尚与红髯姑，将请他们来此传授秘术，以便击退日本人。"阴历七月七日前后，天地将黑暗一星期，中国革命军将渡台，德国大官会派10架飞机帮助打日本人。如捐款2圆做革命军费，则发给神符。③ 余清芳借着西来庵"五福大帝"的扶乩号召党徒，更以重修西来庵为名，广向信徒募捐充作抗日军费。余清芳频频向信徒示意："我受西来庵五福大帝的敕语，即刻要登台湾皇帝的大位"，并说："日本原来只有占领台湾廿年的运，到大正四年就要满期，至期限台湾人命定退去，届时大陆会派来许多军队相助，我们应该里应外合，起而发难，俾能迅速将日本人击退。""时机到来时，玉皇大帝将下起毒风毒雨，将日本人歼灭，有不参加发难的台湾人也会被毒风毒雨害死。""日本侵略祖国引起外交交涉，祖国飞行队会来台湾袭击日本人。""将日本人击退后，我们的社会就不再有贫富之分，不必纳税，没有法律

---

① ［日］喜安幸夫：《日本统治台湾秘史：雾社事件至抗日全貌》，武陵出版有限公司1995年版，第88页。

② 王诗琅著，张良泽编：《余清芳事件全貌——台湾抗日事迹》，海峡学术出版社2003年版，第137页。

③ 林衡道主编：《余清芳抗日革命案全档》第1辑第1册，台湾省文献文员会1975年版，第253页；王诗琅著，张良泽编：《余清芳事件全貌——台湾抗日事迹》，海峡学术出版社2003年版，第141、142页。

规定，可以享有绝对的自由安乐，击退日本人有功者，将论功行赏，加官晋爵。"①

以上各语，余清芳均因人而说，以扶乩托为神言，以巩固各地民众的抗日信心。

西来庵董事苏有志、郑利记、陈清吉等也在民众中进行宣传。到1915年4月为止，他们已经募集到4000圆。其中760圆作为西来庵修缮费，600圆作为去大陆使者的旅费，其余2640圆作为抗日军费。② 余清芳等决定派苏东海、谢阿成、林元、陈生等人去大陆，邀请法力广大的和尚与红鬃姑来台参加。余清芳拿出600圆，赖宜、赖水、赖成、赖楚、赖冰等拿出250圆，作为去大陆的旅费。

抗日消息越传越多，台中、台南、阿猴各厅高度戒备。1915年4月18日，台中厅警务课巡察藤泽繁造上交一份报告："外面盛传'中国军将要打台湾'。"总督府下令暗中进行调查。不久，巡察就发现，燕雾下堡黄厝庄赖宜及该庄保正的家中，有几个大陆人出入。他们隐藏在黄厝庄山中加油坑，行动神秘。台中厅令员林支厅暗中查明，1915年1月，燕雾下堡摆塘庄赖渊国、赖宜与不明身份的大陆人同行。巡察暗中检查赖渊国的信件，5月22日截获张重三致台北厅淡水街谢阿成的一封信，发现了他们的行踪。员林巡察致电台北厅进行调查。

5月23日，住在淡水街的大陆人林元、陈生，淡水街的谢阿成，台南厅阿公店大社庄的苏东海，正准备搭乘"大仁丸"轮船去厦门。巡察逮捕这四人，押到基隆支厅审讯，毫无所获。在监狱中，苏东海委托同监所日本妓女转交给赖渊国的密函，被巡察查获。密函说："我们在当地受警官讯问，你们那边倘有讯问时，切不可透露事实。应该答谓余现年29岁，以药材商为业。余与吾兄系于两个月前始在台南某旅馆初次面识。此事实甚危险。"基隆支厅立即报告台北厅。③

此后，台北、台中、台南三厅的巡察，一齐出动调查。谢阿成、张重三、赖渊国等人在中部的活动，被巡察查明。南投、阿猴厅的巡察也全面出动搜

---

① 台湾总督府法务部编：《台湾"匪乱"小史》，［日］山辺健太郎编：《台湾》（一），日本现代史料21，东京みすず书房1971年版，第57页。
② ［日］井出季和太：《南进台湾史考》，南天书局1995年版，第44页。
③ 王诗琅著，张良泽编：《余清芳事件全貌——台湾抗日事迹》，海峡学术出版社2003年版，第142、143页。

捕，查明：南部抗日的策源地在台南，中北部抗日的根据地则在台中。巡察包围西来庵，但余清芳早已得到消息，带着2000多圆，从西来庵退向噍吧哖山中的后堀仔山，与江定会合，商讨应付新形势。巡察到处滥捕民众。台中厅员林附近的罗俊等3人，也躲过巡察，逃到嘉义厅辖区。总督府警察本署将带有余清芳、罗俊等人照片或绘像的通缉令，分发全岛，悬赏通缉。

5月25日，余清芳以"大明慈悲国奉旨本台征伐天下大元帅"的名义，发布其来自祖国的秘书起草的《谕告文》。谕告文前面学习罗福星的檄文，历数总督府统治的暴行，后面宣称奉旨传檄三台，讨伐日本殖民者：

> 天感万民，笃生圣主，为民父母，所以保毓乾元，统驭万邦，坐镇中央。古今中华主国，四夷臣卿，边界来朝，年年进贡。岂意日本小邦倭贼，背主欺君，拒献贡礼，不遵王法，藐视中原，侵犯疆土，实由满清气运衰颓，刀兵四起，干戈振动，可惜中原大国，变为夷狄之邦。嗟乎，狂澜跷倒，熟能挽回？彼时天运未至，虽有英雄，无用武之地，忠良无操身之处，豪杰义士，屈守彼时，忍观颠倒，吾辈抱恨。倭贼猖狂，造罪弥天，怙恶不悛。乙未五月，侵犯台疆，苦害生灵，刻剥膏脂。荒淫无道，绝灭纲纪。强制治民，贪婪无厌。禽面兽心，豺狼成性，民不聊生，言之痛心切骨，民命无辜，遭此毒害！今我中国南陵，天生明圣之君，英贤之臣，文有经天济世之才，武能安邦定国之志，股肱栋梁，贤臣辅佐，三教助法，圣神仙佛，下凡传道，门徒弟子万千，变化无穷。今年乙卯五月，倭贼到台，二十有年已满，气数为终，天地不容，神人共怒。我朝大明，国运初兴，本帅奉天举义讨贼，兴兵伐罪，大会四海英雄，攻灭倭贼，安良锄暴，解万民之倒悬，救群生之性命。天兵到处，望风归顺，倒戈投降。……但愿奋勇争先，尽忠报国，恢复台湾，论功封赏。①

台北、台中、台南、南投、嘉义、阿猴（今屏东）各地，抗日党员集中的地方，都张贴了这篇《谕告文》。

6月中旬，台南厅警务课得到密告，有3人从台南厅半路竹车站去大目降。

① 台湾总督府法务部编：《台湾"匪乱"小史》，[日] 山辺健太郎编：《台湾》（一），日本现代史料21，东京みすず书房1971年版，第59页；林衡道主编：《余清芳抗日革命案全档》第1辑第1册，台湾省文献文员会1975年版，第10—12页。

其中一人很像罗俊。于是，台南、嘉义两厅的巡察全员出动搜查。

6月21日，甲仙埔支厅大坵园派出所巡察补陈明春报告，当地居民陈添听说"不法"台人将于7月8日发动革命，驱逐日人。南北抗日势力大结合的消息，中南部各支厅都略有风闻，总督府密令全岛各支厅展开大搜捕。全岛民众恐惧，风声鹤唳。

6月29日夜，罗俊等三人在嘉义东堡竹头崎庄尖山森林中被巡察循踪逼近。手无寸铁的罗俊猛扑巡察矢泽，咬断其拇指。巡察很快将罗俊等三人捆绑起来。据这三人交代，余清芳、江定等正逃向后崛仔山。

于是，南部各厅及支厅的巡察全部集中于此，展开追捕。嘉义、台南、阿缑三厅交界的后崛仔山，山谷重叠，森林茂密，外人很容易迷路。余清芳、江定率领约300人的义军，在此抵抗日军与巡察。台南、阿缑两厅的270名巡察入山追捕，困于南北长40公里的山林中。山中居民对巡察封锁消息。连日豪雨，巡察困难重重。余清芳分两路迎击巡察，一路由江定之子、福朝中将江怜率领，迎击噍吧哖一带的军队和巡察；另一路分攻十张犁、阿里关、大坵园等处。

7月4日，大雨淋漓，余清芳等28人从盐水港夜奔交嫂坑。5日夜再去牛角岭。6日，在噍吧哖支厅北寮庄牛港仔山中，余清芳一行与两名保护架设电话线的巡察发生遭遇战。江怜用手枪击毙巡察柄屋末吉，自己也壮烈牺牲。余清芳率部逃至项寮山商议出路。[①]

7月8日晚，义军分途出击。在十张犁警察官吏派出所，义军斩杀巡察长泽珍太郎的妻女。在大坵园警察官吏派出所，义军斩杀藤田嘉一郎、2名日本人、巡察补及其妻子等3人，缴获手枪五六支。在阿里关派出所及其附近斩杀巡察服部庄五郎及妻女、日本人小仓林助等3人。其中，用台湾刀劈死服部巡察的是阿里关庄甲长王万力。在蚊仔尺警察官吏驻在所，义军斩杀佐竹伊势吾警部补的妻子、巡察山内和、中岛力丸等。在河表湖警察官吏驻在所，高山族头目ペソ二ー带领族人斩杀巡察麻生美岁及家眷2名。此前，余清芳的参谋曾对高山族头目说，祖国军队已进入台湾，已把平地的日本人消灭。于是，高山族头目决定起来消灭当地的日本人。在小林警察官吏驻在所，义军斩杀巡察

---

① 台湾总督府法务部编：《台湾"匪乱"小史》，［日］山边健太郎编：《台湾》（一），日本现代史料21，东京みすず书房1971年版，第62、67页。

山口善六。在大坵园葡萄田附近，义军杀死 2 名日本人。

义军乘甲仙埔支厅巡察全部离开之际，乘虚于 7 月 9 日袭击甲仙埔支厅。一队攻入支厅衙门内，击毙巡察补刘食妹、庄安等 3 人，打开拘留所，救出同志 4 人，缴获村田枪 3 支、子弹 500 发；另一队攻入宿舍，斩杀巡察樱木正辉及其妻女。山崎警部补及 2 名巡察土田、丸山赶来，双方激战。街内日人都逃到俱乐部、学校躲藏。木匠诸桥利吉、田村两人在支厅大门前被杀。9 日傍晚，阿缑厅巡察山地搜查队 70 多人，在山崎警部补带领下返回甲仙埔支厅。由于事出意外，义军不敢恋战，退入山中。巡察队也不敢贸然进山，只在外坚守。

在上述几天的战斗中，义军在各地共击毙巡察、日本人等 34 名。这是余清芳率领义军乘虚而入、专门打击敌人薄弱环节的结果。①

甲仙埔支厅战斗之后，总督府紧张万分。阿缑厅很快编成一队，由今泽警部指挥，冒着雷电豪雨，于 7 月 10 日晨从杉林派出所出发，进攻义军占领的十张犁、大坵园等各派出所及甲仙埔支厅等。台北厅则由岐部警部率 30 名巡察，于 12 日进抵甲仙埔，13 日再从甲仙埔去达阿里关山麓。各地民众纷纷向义军报信，义军当即进行阻击。今泽队进攻山口，台北队则从平地进攻。义军据险抵抗。

7 月 14 日，总督府调阿缑厅巡察冒雨出动反攻，并用山炮轰击。巡察依仗猛烈火力攻占阿里关和义军防守的阵地。15 日，巡察持续向小林推进，并在入口架起山炮轰击。当日夜，余清芳、江春、吴张达、陈振添、丁进添去原来熟悉的兴化寮、火烧寮。不料，这两寮有人想把余清芳交给巡察，将功折罪。当夜大雨，余清芳等躲避在后面山林里，不久逃奔石壁寮。②

在躲避巡察队追击的过程中，余清芳一行在各地都动员村民起来抗日，有 300 多人愿意抗日。余清芳返回后堀山后，极力召集同志，准备再攻。刘凤、刘丁和、刘反、陈枝、内庄保正严德昌、中坑庄保正李支阳、南庄街严电、王般、王再等 210 多人来聚，决定先攻打南庄，再攻打噍吧哖。8 月 2 日夜到 3 日凌晨，余清芳亲率数百人突袭噍吧哖支厅的南庄派出所。南庄为入山要道，集结巡察数十人，戒备森严。义军人数众多，人人奋战，首先切断电话线，很

---

① 台湾总督府法务部编：《台湾"匪乱"小史》，［日］山辺健太郎编：《台湾》（一），日本现代史料 21，东京みすず书房 1971 年版，第 63、68、86 页。

② 台湾总督府法务部编：《台湾"匪乱"小史》，［日］山辺健太郎编：《台湾》（一），日本现代史料 21，东京みすず书房 1971 年版，第 68 页。

快突破南庄阵地，击毙警部补吉田国三、巡察西山兵次郎等 13 人、巡察补李海1 人，缴获手枪 4 支，烧毁派出所。只有 3 名巡察逃脱。但是，义军队长林新友牺牲了。当地农民也参加了战斗，贡献出 10 罐煤油。①

在山中受到袭击的有 1 个支厅、4 个警察官吏派出所、3 个警察官吏驻在所，被杀的日本人有 52 人。除了甲仙埔支厅外，其他各处的日本人悉数被歼。12 名巡察补（台湾人）被杀。

余清芳乘势召集千余人，占领噍吧哖支厅东北的虎尾山高地，据险设防，与日军对垒。8 月 3 日，江定也亲率众下山，于 4 日拂晓进兵芋匏寮，经楠梓仙溪而抵望明庄。义军声势，因而益壮。余清芳率部撤到内庄。他以大元帅身份鼓舞士气说："我军已经消灭了阿缑支厅境内的全部日本人，听说在一两天内中国革命党的精锐部队就要在安平港登陆，以攻打台南，同时在安平港也有军舰前来，海陆共同作战，并且开始炮击，日本人不久就要被驱逐出台湾了。"附近村庄民众振奋，纷纷参加义军。余清芳的队伍增加到 1000 多人。②

阿缑支厅接到南庄巡察被消灭的消息后，即刻令所属巡察到大目降（今新化）集合，同时向邻近的日军第 2 守备队司令官求救。司令官派出步兵第 1 中队赴援大目降，并调集军队到台南。总督安东贞美接到阿缑厅和台南厅的报告后，认为事态严重，可以升级为内乱了，调集各地兵力，以备进攻。第 1 守备队司令官于 8 月 4 日派兵驰援噍吧哖。

南庄消息传来后，噍吧哖支厅长召集附近派出所巡察。8 月 4 日晨，支厅长正准备率 50 多人前去南庄。突然传来情报，余清芳率大队义军正向噍吧哖杀来。于是，噍吧哖街 210 多名日本人聚集到制糖厂内，组织自卫队，由退伍军人澁河中尉任指挥官。霄里的田丸分队及今井分队，也赶到噍吧哖。大目降支厅长福山率领巡察队 190 人赶来。以正式军队为主干，配以巡察 10 名，分路出击。余清芳率部到虎头山修筑军营。义军在虎头山上敲锣打鼓，鼓舞附近民众参加战斗。面对火力强大的日军，义军分散伏击。当日夜，义军渡过崛仔溪上游，进入噍吧哖北几个村落，自北寮包抄日军。8 月 5 日晨，义军 1000 多人从虎头山向噍吧哖街上冲击。巡察队以优势火力阻击。义军大刀手上身赤裸，

---

① 台湾总督府法务部编：《台湾"匪乱"小史》，［日］山辺健太郎编：《台湾》（一），日本现代史料 21，东京みすず书房 1971 年版，第 64、83 页。

② 台湾总督府法务部编：《台湾"匪乱"小史》，［日］山辺健太郎编：《台湾》（一），日本现代史料 21，东京みすず书房 1971 年版，第 64 页。

在枪手的掩护下，向日警的掩体冲击。佐野、山冈、赤司各分队拼死抵抗。口宵里的田丸分队编成决死队，疯狂反攻。义军三进三退，击毙巡察山内昌、高尾谦三等4人，但无法抵挡巡察的火力，队长刘鸿和士兵1人牺牲。[①]

此时，南部的第2守备队的今村大尉率步兵4中队约400名、山炮2尊，经番薯寮、大目降、六甲进军，一路烧杀抢掠，远远地包围义军。但是，安东贞美总督认为日军速度太慢。于是，守备队司令官令黑田少佐率领大目降的步兵2个中队、炮兵1个中队驰援噍吧哖，于8月6日晨从大目降出发。

攻打手岛分队的义军，牺牲6人。1000余名义军一齐进攻，仍无法突破巡察的防线。义军准备迂回攻击，但不久就陷入日军和巡察队的包围之中。缺乏武器和训练的义军，很快溃败。余清芳、江定率二三百人乘夜逃入山中。据日人统计，这次战斗后，义军遗尸255具。此后，陆续被杀害的还有150人。被捕的不计其数。日军、巡察分队围山，四处搜捕。[②]

余清芳等200多人逃出日军警的包围网，到达四社寮溪畔，沿途有上百人逃走。江定也率部下来到这里会合。两队合计约有300人。余清芳、江定两人议定，义军暂时化整为零，各自东西，以伺机再起。江定率4人逃向山中的麻园。余清芳率11人撤向阿里关。余清芳等8人在台南的山谷间摸黑下山觅食，进入曾文溪附近的王莱庄。22日，被保甲民诱捕，并报告噍吧哖支厅。余清芳被捕后，双手后绑，被巡察监押游街示众。到月底，日军、巡察共逮捕1004名义军，全部关押在台南监狱。最后，日军巡察在全台逮捕了1957人。[③]

安东贞美总督下令在台南设临时法院，准备以《"匪徒"刑罚令》为根据审判。高田富藏等被任命为法官。10月30日审判结束。所列被告1957人，判死刑者为余清芳等866人，处有期徒刑者453人，受行政处分者217人，不起诉者303人，无罪者86人，罗俊等8人被判绞刑。在西来庵中与余清芳来往者，无一幸免，株连很广。这样的判决，引起日本国内议论。9月6日，罗俊等8人被执行绞刑。9月23日，余清芳、苏有志、郑利记、张重三、林庭绵、卓铜、李保、黄旺等95人被执行死刑。11月10日，是日本天皇即位大典纪念

---

① 余清芳：《自叙传》，黄玉斋：《台湾抗日史论》，海峡学术出版社1999年版，第318—320页。
② 台湾总督府法务部编：《台湾"匪乱"小史》，[日]山辺健太郎编：《台湾》（一），日本现代史料21，东京みすず书房1971年版，第64、65页。
③ 台湾总督府法务部编：《台湾"匪乱"小史》，[日]山辺健太郎编：《台湾》（一），日本现代史料21，东京みすず书房1971年版，第66、67页。

日。总督安东贞美以大正天皇登基为由，发布所谓《谕告》，实行大赦。除了已执行死刑的 95 人外，其他被判处死刑的 731 人都改为无期徒刑。[①] 连日本法律学者上内恒三郎都感叹："处刑'匪徒'千六百余人；就中处死刑者超过千人，为裁判史上世界未曾有大事件！"[②]

自从余清芳被捕之后，江定等大约三百人退入阿緱厅和台南厅之间的后崛仔溪、楠梓仙溪、羌黄溪一带广袤百里的深山。搜查队无法发现他们的踪迹，乃在失踪人口中寻找其家属。10 月初，日军逼迫妇女儿童 115 人入山寻访，以不杀害劝降。台南、阿緱两厅到处张贴招降文，并派当地有名望的人入山劝降。江定到噍吧哖支厅自首。此后到 5 月 1 日，山中的 227 人全部被诱出。[③]

总督府借口维护"国法"威严，背弃自己的诺言，于 5 月 18 日下令各地巡察逮捕所有投降的 272 人。江定等 13 人被关押在噍吧哖支厅，潘春香等 43 人被关押在甲仙埔支厅。其余 220 多人，检察官则发表处以不起诉。但是，这些不起诉者全被巡察坑杀。参加诱降的许廷光、江德明、陈顺和、蓝高川等，也不满总督府的背信弃义。许廷光、江德明、陈顺和被送到台北，由总督府警视总长汤地亲自给他们训话。[④]

当战事激烈之时，噍吧哖附近的后厝、竹园、番仔厝、新化、内庄、左镇、茶寮等 30 多个村庄的村民，除加入义军的之外，其余均逃往外地。总督府认为，噍吧哖附近上百个村庄的农民支持义军，应全部屠杀。战局既定，6 月初，500 多日军自台南出发，先张贴安抚告示，诡称凡是返回者，一概免死。村民纷纷返回原住处。日军乃选择精壮者，令其掘壕。壕沟挖好之后，日军令民众面对壕沟而立，自背后用机关枪扫射，3200 多人无一幸免。其中包括公学校的小学生。日军在噍吧哖附近 20 里搜索残杀，不问良莠，格杀勿论，虽婴孩不能幸免。遇到妇女，先奸淫后枪杀。一时尸横遍野，血流成渠。这一地区，被杀者有数千人，而其他株连者尚不在其中。[⑤] 统计此役死难者，当在万人以

---

① 台湾总督府法务部编：《台湾"匪乱"小史》，［日］山辺健太郎编：《台湾》（一），日本现代史料 21，东京みすず书房 1971 年版，第 77、78 页。

② 黄玉斋：《台湾抗日史论》，海峡学术出版社 1999 年版，第 201 页。

③ 台湾总督府法务部编：《台湾"匪乱"小史》，［日］山辺健太郎编：《台湾》（一），日本现代史料 21，东京みすず书房 1971 年版，第 80、81、83 页。

④ 台湾总督府法务部编：《台湾"匪乱"小史》，［日］山辺健太郎编：《台湾》（一），日本现代史料 21，东京みすず书房 1971 年版，第 81 页。

⑤ ［日］池田敏雄：《柳田国男与台湾——西来庵事件的插曲》，程大学译，《台湾文献》32 卷 3 期，1981 年。

上。后来，台湾人每谈起噍吧哖事件，莫不咬牙切齿。①

参加噍吧哖激战的抗日战士，来自台中、南投、嘉义、台南、阿猴等地。他们早就在各地秘密组建抗日小组织，共有罗俊派、李王派、余清芳派、江定派、李火镜派等。在罗俊领导下，赖宜、赖冰、赖成、萧大成等在台中、员林、台北等地的活动。这被总督府称为"台中事件"。在余清芳部下游荣劝说下，李王把林圯埔的革命志士组织起来。这被总督府称为"员林事件"。余清芳派有苏有志、郑利记、张重三、苏登科、苏东海等骨干。江定派的陈荣、林班等，以南庄附近的36庄为根据地，战斗力最强。李火镜派是江定派的分支，以甲仙埔一带为活动中心。这被总督府称为"番薯寮事件"。台南、阿猴交界山地的农民和雇工，也积极参加了这次战斗。

有的台湾民众认为，在余清芳领导的抗日事件中，台湾民众战死和被判死刑的有三万人或数万人。②

余清芳领导的这次起义，是林少猫牺牲后武装抗日规模最大的一次，也是日据时期最后一次千人规模的武装抗日，对台湾300万人民产生了巨大的影响。在处理这次事件的过程中，日本殖民者凶残狡诈的面目暴露无遗。此后，台湾弥漫在恐怖气氛之中，台湾革命志士不敢轻易尝试武装反抗了。台湾光复后，余清芳入祀台北圆山忠烈祠。③

在处理上述一系列抗日事件时，总督府高度关注中国革命运动对台湾人的巨大影响，察觉台湾人民心中已种下革命火种，人心思汉，不甘做异国奴。于是，其发出告示哀叹说：

> 尚有部分知识分子，沉迷于中国革命的伟业，迄今迷梦未醒，私下吊祭首魂罗福星，心中不免暗淡低迷，鉴诸其后陆续发生之西来庵事件，不得不引为本岛统治史上之遗憾也。④

台湾民众在抗日事件中表现出的民族大义和牺牲精神，让日本殖民者认识

---

① ［日］井出季和太：《台湾治绩志》（卷二），南天书局1997年版，第563页。
② 黄玉斋：《台湾抗日史论》，海峡学术出版社1999年版，第330页。
③ 王诗琅著，张良泽编：《台湾人物志》，海峡学术出版社2003年版，第296、297页。
④ ［日］喜安幸夫：《日本统治台湾秘史：雾社事件至抗日全貌》，武陵出版有限公司1995年版，第78页。

到，仅仅依靠武力无法使台湾人顺从。第七任总督明石元二郎建议日本政府采取新政策：台湾总督也可由文人担任；用怀柔政策统治。1919 年 11 月，男爵田健治郎出任台湾总督，这是第一位文人总督。他标榜"内台一体"与"内台共学"，扶植台湾人自治。内，指日本内地。"内台一体"即日本台湾一体。办法是总督府设立评议会，由总督府聘任"内台有力者"充任评议员，并发展台湾的产业。

第六章　台湾人民从武装抗日转向非武装抗日活动

随着日本殖民政府在台湾的多年经营，其在台湾的殖民统治不断强化，尤其是遍布全岛的极为严密的警察制度，使台湾人民社会生活的方方面面都处在殖民政府的监视、掌控之下，反抗日本殖民统治的斗争更加艰难。1915 年西来庵事件被殖民政府残酷镇压后，台湾人民的武装抗日斗争基本画上句号，除了少数民族发动的雾社事件外，台湾人民的抗日斗争脱去武装色彩。从 20 世纪第二个十年末到 1936 年，台湾人民在一批知识精英的领导下，通过文化启蒙、社会运动等方式，展开了以民族自治为目标、反对殖民专制统治的非武装抗日运动，继续反抗殖民政府的政治、经济压迫。

一、文化启蒙团体的成立与台湾非武装抗日运动的兴起

台湾非武装抗日运动兴起于 1920 年前后，受祖国辛亥革命、五四新文化运动等革命思潮的激励，加上日本从 20 世纪第二个十年开始的大正民主思潮以及世界范围内民族自决思想等的影响，一批新成长起来的青年知识分子和部分本土地主资产阶级结合，在岛内外成立了新民会、台湾青年会、文化协会等文化启蒙团体，在殖民政府的严密管控下，首先以提升思想文化的名义，展开宣传与启蒙活动，促使更多台湾人民民族意识觉醒，并加入以民族自治为目标、反对殖民专制统治的非武装抗日运动。

台湾非武装抗日运动的前奏：同化会

日据时期台湾人民参与社会运动，最早可追溯至同化会，而该会的成立，主要是台湾中部上流阶层策动的结果，其中最关键的人物是后来成为台湾民族解放运动重要领袖的林献堂。①

---

① 台湾总督府警务局编：《台湾社会运动史（1913 年—1936 年）》（第一册），王乃信等译，创造出版社 1989 年版，第 3 页。

林献堂（1881—1956），名朝琛，号灌园，出自台中望族雾峰林家，自幼接受严谨的汉学教育，受儒家文化影响甚深，有强烈的使命感。林献堂走上民族运动之路，与祖国立宪派代表人物梁启超有重要关系。在其成长的青春年代，林献堂即广泛阅读上海的《万国公报》、横滨的《清议报》《新民丛报》《民报》等报纸刊载的文章，并在长他一岁的侄子林幼春的影响下，对梁启超其人其文极为推崇，梁氏所倡导的民族主义、民权主义在林献堂的脑海里留下深深的刻痕，构成其民族思想的重要来源。[1] 梁启超对林献堂启发最深、影响最大的地方，是关于台湾民族运动的方法问题。早年的林献堂对台湾的前途颇感苦闷与迷茫，梁启超曾建议他效法爱尔兰人的抗英斗争方式，厚结日本中央显要，以牵制台湾总督府对台湾人民的压迫，使他"真有豁然贯通的感觉"，并奠定他一生政治运动的思想基础。不仅对林献堂个人，梁启超对当时台湾知识界都有深刻影响。1911 年，梁启超曾访台两周，此行与台湾士绅的唱和往还，对激发台湾人民的民族意识，引导知识分子特别是青年知识分子追求新思想、新知识，也产生了积极的作用。[2] 梁启超当年在台湾士绅举办的欢迎宴上即兴做了四首七言律诗，在台湾传诵极广，叶荣钟、陈逢源等后来投身民族运动的台湾知识精英，在年老后仍然念念不忘，由此也可想象梁启超台湾之行在台湾知识界产生的"旋风与魅力"[3]。

在梁启超访台之行两年后，林献堂在东京得以结识日本退职官僚板垣退助。板垣退助出身日本贵族，是明治维新的功臣，在日本地位很高。鉴于日本当时与美国关系紧张、外交形势不利，板垣主张中日两国相互"提携"，共同维护东亚的和平，台湾人作为中国人，又在日本殖民统治之下，应当成为"中日亲交"的纽带。板垣因此提出在台日本人应善待台湾人，并对台湾实行同化主义，使三百万台湾人成为日本"忠良之臣民"，进而成为中日友善的阶梯和巩固东亚和平的基础。1914 年 3 月 17 日，板垣应邀来台，在台湾各地发表演说，宣传他重视及善待台湾人的主张。因台湾人此前一直处于殖民政府的强力压制与差别待遇之下，板垣的言论对台湾人来说闻所未闻，因而颇受部分台湾

---

[1]　张正昌：《林献堂与台湾民族运动》，通美彩色印刷有限公司 1981 年版，第 41 页。

[2]　叶荣钟：《日据下台湾政治社会运动史》（上），晨星出版有限公司 2000 年版，第 31、34—36 页。

[3]　谢国兴：《陈逢源：亦商亦儒亦风流（1893—1982）》，允晨文化实业股份有限公司 2002 年版，第 74 页。

人的欢迎。1914年12月20日，经板垣及其周围日本人士的推动，同化会在台北铁路饭店召开成立大会，会员3178人，其中日本人仅44人，其他均为台湾人，且基本上都为区长、参事、保正或其他有影响力的人物。但板垣等人对台湾总督府施政的批评，以及要求日台平等的同化会的成立，触动了在台日本人的利益，一开始就遭到他们的反对。12月26日，在台北的日本人集会商议，以板垣身边参与同化会活动的日本人财务混乱为理由，建议板垣修改同化会章程，而第一条即强调，应让同化会的活动完全避免涉及政治。次年1月26日，台湾总督府干脆以"妨害公安"为由，命令板垣解散同化会。1915年8月西来庵事件爆发后，与林圯埔事件、罗福星事件等台湾人民的反抗斗争相比，台湾总督府加大了对起事者的镇压与处罚，有观点认为，台湾总督府不无借西来庵事件消除同化会影响的意图，一方面告知板垣，台湾民心尚不到轻言同化的程度，另一方面则警告台湾人民，不可妄想与日本人享受同等权利。①

应该说，同化会宣扬的同化主义并不符合台湾人民的真实诉求，在其创立之初，蒋渭水、杜聪明等台湾总督府医学校的十几名学生即去求见林献堂，表达反对意见，林献堂令其秘书甘得中向学生解释，希望借同化会的活动，让同胞的生活好过一点而已。"由这一事实来推测，可以知道他们的看法，是一种解悬拯溺的运动，同化不同化还在其次。"林献堂等参加同化会的台湾人，内心对"同化"并非没有抗拒，只是在当时台湾总督府的专制统治下，对于板垣表达出的善意，不免因"饥不择食"而"屈就"。但对于同化会组织，台湾人与日本人可谓"同床异梦"②。正如日本学者矢内原忠雄所说，台湾人接受同化会，主要接受其宗旨中的享有与日本人同样的权利待遇，但台湾总督府后来实行同化主义，所依据的则是同化会宗旨中"化育"台湾人的一面。③

同化会存在的时间很短，但其对此后台湾非武装抗日运动有重要意义，更重要之处在于它开启了台湾人组织团体开展政治社会活动的经验，且板垣所谓

① 台湾总督府警务局编：《台湾社会运动史（1913年—1936年）》（第一册），王乃信等译，创造出版社1989年版，第3—17页；叶荣钟：《日据下台湾政治社会运动史》（上），晨星出版有限公司2000年版，第36—55页。
② 叶荣钟：《日据下台湾政治社会运动史》（上），晨星出版有限公司2000年版，第43—44页。
③ ［日］矢内原忠雄：《帝国主义下之台湾》，周宪文译，海峡学术出版社2003年版，第213—214页。

台湾人应当扮演中日友善阶梯或者纽带的言论，成为后来蒋渭水等抗日运动领袖争取台湾人权益的合法借口。①

东京台湾留学生的民族觉醒与新民会的成立

台湾非武装抗日运动的兴起，留学日本的台湾知识青年发挥了重要作用。

由于日本殖民政府在台湾推行日台差别教育，对台湾人仅给予基础教育，台湾人子弟在本地缺乏升学空间，部分上层人士不得不将其子弟送往祖国或日本学习。台湾人前往日本留学大致始于 1901 年，到 1915 年，在日本的台湾留学生达 300 多名，到 1922 年，更激增至 2400 多人。这些台湾留学生主要分布在东京的明治大学、早稻田大学，早期对政治并不关心，但随着第一次世界大战后世界范围内民族自决思潮的兴起，特别是受到祖国风起云涌的革命运动以及朝鲜独立运动的刺激，这些留学生的民族意识逐渐觉醒，开始希望团结起来提高台湾人的地位，谋求台湾人民的自由与解放。在他们当中，比较突出的如林呈禄、蔡培火、王敏川、蔡式穀、郑松筠、吴三连等人，他们逐渐成为在日台湾留学生的中心，并在后来成为台湾非武装抗日运动的骨干。

台湾留学生的民族意识觉醒，使他们自然而然地与同在日本的大陆留学生走得很近，和处境相同的朝鲜留学生也有较多接触。如东京中华基督教青年会干部马伯援、吴有容、刘木琳，与林呈禄、蔡培火、彭华英等人即过从甚密，并于 1919 年秋组织成立了声应会，以示同声相应之意。声应会成立后并未开展活动，因会员流动性较大，很快自然解散。② 但在蔡惠如的影响下，日本的台湾留学生产生了强烈的民族意识，如研究汉语，使用中国纪年方式，称中国为祖国等，并表现出强烈的排日情绪。③

"蔡惠如是留学生中祖国派的领袖，他的反日态度毋宁说是比较林献堂更加积极更加显露。"④ 蔡惠如（1881—1929），名江柳，号铁生，出身于台中清

---

① 简烱仁：《台湾民众党》，台北稻乡出版社 2001 年版，第 13—14 页。

② 台湾总督府警务局编：《台湾社会运动史（1913 年—1936 年)》（第一册），王乃信等译，创造出版社 1989 年版，第 19—20 页；叶荣钟：《日据下台湾政治社会运动史》（上），晨星出版有限公司 2000 年版，第 104 页。

③ 台湾总督府警务局编：《台湾社会运动史（1913 年—1936 年)》（第一册），王乃信等译，创造出版社 1989 年版，第 20 页。

④ 叶荣钟：《日据下台湾政治社会运动史》（上），晨星出版有限公司 2000 年版，第 93 页。

水望族。蔡家自日本占领台湾以来，一直垄断当地区长一职，直至 1917 年由另一大族杨氏家长接任，可见该家族在地方上的影响力。[1] 蔡惠如同林献堂一样自幼深受中国传统文化的熏陶，且同为栎社成员。早年以经营台湾米谷会社等商业活动为主，1913 年接受殖民当局的台中区长一职，始涉足政事，而其思想转向，则在同化会失败之后。1915 年 1 月，同化会受到台湾总督府打压，蔡惠如曾和栎社创办人林朝崧以及林献堂的秘书甘得中一起，前往日本活动，当得知事已无可挽回之后，蔡惠如愤而辞去区长一职，留书友人"与其置身樊笼，不如高飞"，随即变卖大部分家产，出走祖国大陆，在福州、上海等地经营渔业等事业，并经常往来台、日和祖国大陆。[2] 蔡惠如有豪侠之气，钱财方面尤其慷慨，对青年人非常有号召力。叶荣钟第一次听他演讲即印象深刻，抗日民族运动重要人物之一的杨肇嘉则表示，蔡惠如是他走向民族运动的引路人。[3] 他和同化会失败后也经常赴日的林献堂一起，和东京的台湾留学生多有接触，且在留学生心目中，林献堂虽地位尊崇，但蔡惠如似乎更具亲和力。1919 年末，在声应会之后，东京的近百名台湾留学生还成立了"同乡交谊性质"的启发会，但启发会成立后也未开展活动，1920 年 1 月初，蔡惠如倡议重新组织新团体，11 日，在东京蔡惠如的寓所召开新民会成立会议，会名由蔡惠如所定，取《大学》篇中"作新民"之意。[4] 这与梁启超等人当年在日本横滨创办《新民丛报》，以及倡"新民说"有同样的意涵，由此也可看出台湾抗日民族运动与祖国的联系，这种联系在后来新民会创办的《台湾青年》《台湾民报》上有进一步的体现。[5]

新民会公开揭橥的组织纲领，以"专门研讨台湾所有的应革新事项以图提升其文化"为目的，实践中则依据民族自决主义立场，对台湾人民进行思想文化启蒙，同时谋求以合法手段争取民权。新民会有会员百余人，可知具体姓名的有 50 余人，除正副会长、干事及名誉会员（陈怀澄、连雅堂）外，普通会

---

① 杨肇嘉：《杨肇嘉回忆录》（一），三民书局 1977 年版，第 140 页。
② 廖振富编著：《蔡惠如资料汇编与研究》，台湾大学出版中心 2013 年版，第 8—24 页。
③ 叶荣钟：《台湾民族运动的铺路人——蔡惠如》，叶荣钟：《台湾人物群像》，晨星出版有限公司 2000 年版，第 229—233 页；杨肇嘉：《杨肇嘉回忆录》（一），三民书局 1977 年版，第 143 页。
④ 叶荣钟：《日据下台湾政治社会运动史》（上），晨星出版有限公司 2000 年版，第 104—105 页；林呈禄：《对蔡惠如氏平生的感言》，廖振富编著：《蔡惠如资料汇编与研究》，第 109 页。
⑤ 王晓波：《蒋渭水的思想与实践——〈蒋渭水全集〉代编序》，王晓波编：《蒋渭水全集》，海峡学术出版社 1998 年版，第 15 页。

员都是东京的台湾留学生。① 在成立会上，与会者原极力推举蔡惠如担任会长，但蔡惠如坚持由林献堂担任，自己仅担任副会长。② 同年 3 月，新民会会员林呈禄、蔡培火等人会商决定新民会会务方针，包括以下三点：（一）为增进台湾人的幸福，进行台湾统治的改革运动；（二）发行机关杂志，作宣传、启蒙之用；（三）与祖国革命取得联系。③

关于第一点，即后来新民会会员以个人名义投入"六三法"撤废运动和台湾议会设置请愿运动。关于第三点，则由蔡惠如负责，在新民会成立后即启程前往祖国大陆活动。当时祖国刚爆发五四运动不到一年，此前的 1919 年 10 月，孙中山又在上海将中华革命党改组为中国国民党，并与同在上海的朝鲜独立运动人士紧密合作。1920 年 8 月，蔡惠如参加了在上海中韩互助社举办的欢迎广东大理院院长徐谦的茶会，并发表了抨击日本在台殖民统治的演讲。次年参加完台湾议会设置请愿运动后，蔡惠如又游历北京、天津、上海、广东等地，与各地的台湾同胞及台湾青年学生互通声息。在蔡惠如的活动下，台湾非武装抗日运动不仅与祖国革命紧密联系起来，也与朝鲜、印度、菲律宾等亚洲殖民地的民族运动人士取得联系，从北京到上海、厦门、广州，祖国各地的台湾青年学生也相继组织起抗日革命团体，与岛内的抗日民族运动相互呼应。④

关于创办机关杂志，1920 年 7 月，新民会诸人在东京以月刊形式发行了《台湾青年》杂志创刊号。为获得日本政府与台湾总督府的批准，《台湾青年》表面以"提高台湾文化"为办刊宗旨，但实际上时有"不轨"言论，曾多次遭到当局查禁。⑤ 不少后来成为台湾抗日运动重要历史文献的文章，如林呈禄关于"六三法"的见解、林献堂有关议会设置请愿运动的议论等，也都发表在该杂志上，《台湾青年》因而深受有识之士欢迎。⑥ 尽管发行量与影响力不如后

① 台湾总督府警务局编：《台湾社会运动史（1913 年—1936 年）》（第一册），王乃信等译，创造出版社 1989 年版，第 20、23 页。
② 叶荣钟：《日据下台湾政治社会运动史》（上），晨星出版有限公司 2000 年版，第 105 页。
③ 台湾总督府警务局编：《台湾社会运动史（1913 年—1936 年）》（第一册），王乃信等译，创造出版社 1989 年版，第 24 页。
④ 台湾总督府警务局编：《台湾社会运动史（1913 年—1936 年）》（第一册），王乃信等译，创造出版社 1989 年版，第 82—83 页。
⑤ 台湾总督府警务局编：《台湾社会运动史（1913 年—1936 年）》（第一册），王乃信等译，创造出版社 1989 年版，第 27 页。
⑥ 叶荣钟：《日据下台湾政治社会运动史》（下），晨星出版有限公司 2000 年版，第 614 页。

来的大众白话文体版《台湾民报》①，但作为《台湾民报》的前身，《台湾青年》的创办对台湾抗日民族运动的意义颇为重大，这首先体现在抗日民族运动有了自己的舆论宣传阵地，尤其对台湾知识青年产生了很好的思想启蒙与动员作用，如谢南光（当时用名谢春木）曾回忆，《台湾青年》对台北中等学校以上学生冲击非常大，促进了他们的思想觉醒，并直接促成了文化协会的成立。② 蔡惠如为鼓励祖国各地的台湾青年学生响应抗日民族运动，每到一地，也总是向他们分发《台湾青年》杂志。③《台湾青年》对于台湾抗日民族运动还有一层意义，是就运动参与者而言，《台湾青年》无疑是一面有助于增强自我认同与内部团结的旗帜。在新民会成立与《台湾青年》创办前，东京台湾留学生聚会，通常在林献堂、蔡惠如等人的住宅，而林献堂、蔡惠如并不常驻东京，声应会、启发会成立后均有名无实，与此或许不无关系。《台湾青年》创办后，其位于神田区神保町的杂志社址成为台湾留学生的活动据点，东京台湾青年会在成立多年却默默无闻之后，迁入《台湾青年》杂志社合址办公，不久代替新民会成为频频公开活动的组织，各地相继成立的知识青年团体则多以"台湾青年会"命名，不能不说与《台湾青年》杂志有不小的关联。④

除发行机关杂志外，新民会唯一的一次公开活动，是1920年11月28日在东京富士见町基督教会举办政谈演说会，此后公开活动都以台湾青年会名义开展。但新民会一直存在，且组织健全，1927年还曾由杨肇嘉接棒改组，并先后出版三辑《新民会文存》，直至1930年夏，杨肇嘉为主持台湾地方自治联盟回

---

① 《台湾民报》1923年4月15日在东京创刊，原为由《台湾青年》改名而来的《台湾》杂志的增刊，主要以白话文报道时事。1925年5月1日《台湾》杂志停刊后，《台湾民报》成为台湾抗日民族运动几乎唯一的喉舌，1927年7月获准移入台湾岛内发行，其发行量与影响面均有很大增加。参见叶荣钟：《日据下台湾政治社会运动史》（下），晨星出版有限公司2000年版，第617—623页。
② 谢南光：《台湾人的要求》，谢南光著，郭平坦校订：《谢南光著作选》（下），海峡学术出版社1999年版，第290页。
③ 台湾总督府警务局编：《台湾社会运动史（1913年—1936年）》（第一册），王乃信等译，创造出版社1989年版，第82页。
④ 关于东京台湾青年会，《警察沿革志》认为是新民会中的学生会员特意另行成立的新组织，参见台湾总督府警务局编：《台湾社会运动史（1913年—1936年）》（第一册），王乃信等译，创造出版社1989年版，第25页。叶荣钟根据他自己和蔡培火的亲身经历，认为东京台湾青年会在新民会之前早已存在，参见叶荣钟：《日据下台湾政治社会运动史》（上），晨星出版有限公司2000年版，第130—131页。

台，其他重要干部也相继离开东京，新民会才自然消亡。① 新民会的成立及《台湾青年》的创刊，在台湾抗日运动史上的地位极为重要，20世纪20年代台湾越来越蓬勃的非武装抗日民族运动，由此揭开了序幕。

文化协会的成立与分裂前的文化启蒙活动

新民会的成立、《台湾青年》的创办与传播，虽标志着台湾非武装抗日运动的开始，但该运动在岛内的兴起与逐渐蔓延，与台湾文化协会的成立有重要关联。对于日据时期台湾非武装抗日运动来说，文化协会无疑是影响更为直接、也更为广泛的文化启蒙组织。对于该组织的成立，台北医学专门学校（简称"医专"）的学生起到了重要作用，而毕业于该校的医师蒋渭水又是其中的关键人物。

医专的前身是1899年成立的台湾总督府医学校。因日本占领台湾之初，疫病横行，危及日本殖民统治，但日本西医数量不足，台湾总督府不得不开办医学校以培养本地医生。1919年，该校更名为医学专门学校。在1919年之前，台湾人在岛内的升学机会很少，加上医师收入可观，台湾人子弟报考该校者众多。② 辛亥革命前夕，来自厦门的同盟会员王兆培曾在该校学习，并秘密发展会员，使该校学生很早就受到祖国革命的影响，产生较强的民族意识和反抗意识，该校也因此成为辛亥革命后台湾抗日运动中"祖国派"的一个重要来源。③ 台湾抗日运动领袖之一的蒋渭水就是医专学生中的一个典型。

蒋渭水（1891—1931），字雪谷，台湾宜兰人，少时受业于宜兰宿儒张镜光，打下了一定的汉文基础，并奠定了他一生对民族文化的认同感。直到16岁，蒋渭水才进入日本人开办的公学校学习，两年后考入台湾总督府医学校。在医学校就读五年间，蒋渭水不仅学业成绩优秀，且积极从事一些"充满民族意识的反抗行为"，曾因在校内殴打日本人而被禁足两星期，还曾与同学翁俊明、杜聪明等人拟订刺杀袁世凯的计划，又发动民众捐款以支持祖国革命。蒋渭水还积极促成医学校学生与台北"国语学校"及台湾总督府农事试验场学生的联系，经常利用课余时间举行集会，痛斥台湾总督府的殖民压迫，鼓吹革

① 叶荣钟：《日据下台湾政治社会运动史》（上），晨星出版有限公司2000年版，第110—111页。
② 龚放：《日据时期台湾高等教育评析》，《台湾研究集刊》1998年第2期。
③ ［日］若林正丈：《台湾抗日运动史研究》，台湾史日文史料典籍研读会译，播种者出版有限公司2007年版，第255页。

命。从医学校毕业后，蒋渭水成为执业医师，不久在台北大稻埕开设大安医院，同时兼营春风得意楼等生意。① 追寻蒋渭水参加非武装抗日运动的思想根源，可以发现一方面与他从小接受的汉文化教育及由此形成的汉民族意识有关；另一方面，则与他曾加入孙中山领导的中华革命党，成为该党秘密党员有关，他由此接触和认同了孙中山的三民主义和中华民国，② 并终其一生成为孙中山的信徒。

1919 年，祖国五四运动的消息传到台湾，医专学生及岛内其他青年学子深受鼓舞，随即又有东京新民会等团体的成立和《台湾青年》的创办与传播，进一步促成了岛内知识青年的思想觉醒。1921 年 4 月，医专学生李应章、吴海水、何礼栋等人准备仿效东京台湾青年会，发起成立全台青年会组织。此时林献堂也在东京提交第一次台湾议会设置请愿书后返台，李应章等人曾为成立青年会一事向林献堂、林熊征等人筹款，并因此得以结识蒋渭水、蔡培火。③ 李应章等人希望由蒋渭水出面组织团体，因而就成立台湾青年会一事多次与蒋渭水商议，蒋渭水考虑之后，建议最好组织范围更为广泛的团体，组织文化协会的想法于是逐渐成型。④

1921 年 10 月 17 日，台湾文化协会在台北市大稻埕精修女子学院举行成立大会，有 300 人参加，其中大多数为医专、师范学校、商工学校和工业学校的学生。大会推举林献堂为总理，彰化街长、林献堂妹婿杨吉臣为协理，蒋渭水为专务理事，又以总理名义指定理事与评议员人选。⑤ 文化协会成立时有会员 1022 人，最多时有 1314 人，但总督府用种种手段，迫使部分会员为了生计不得不脱离文化协会，会员数量一度减少到 718 人。⑥ 从主要成员的构成来看，"台湾文化协会基本上是一个由地主资产阶级领导的、以小资

① 黄煌雄：《蒋渭水传——台湾的孙中山》，时报文化出版社 2006 年版，第 26—32 页；王晓波：《蒋渭水的思想与实践——〈蒋渭水全集〉代编序》，王晓波编：《蒋渭水全集》，海峡学术出版社 1998 年版，第 1—5 页。

② 王晓波：《蒋渭水的思想与实践——〈蒋渭水全集〉代编序》，王晓波编：《蒋渭水全集》，海峡学术出版社 1998 年版，第 10 页。

③ 李伟光（应章）自述，蔡子民整理：《一个台湾知识分子的革命道路》，李玲虹、龚晋珠主编：《台湾农民运动先驱者——李伟光》，海峡学术出版社 2007 年版，第 4 页。

④ 蒋渭水：《五个年中的我》，王晓波编：《蒋渭水全集》，海峡学术出版社 1998 年版，第 87 页。

⑤ 台湾总督府警务局编：《台湾社会运动史（1913 年—1936 年）》（第一册），王乃信等译，创造出版社 1989 年版，第 188—190、第 194 页。

⑥ 谢南光：《台湾人的要求》，谢南光著，郭平坦校订：《谢南光著作选》（下），海峡学术出版社 1999 年版，第 292 页。

产阶级知识分子为主体的、有相当部分工农民众参与其中的反日民族统一战线组织。"①

　　蒋渭水曾表示文化协会成立的公开动机有二：其一是"日华亲善"，也就是前文中板垣退助曾经提出的说法，蒋渭水等人予以借用，表示"台湾人负有做媒介日华亲善的使命"。② 但正如在同化会问题上台湾人与日本人同床异梦一样，对于"日华亲善"，台湾的知识精英们显然也别有怀抱，殖民当局即曾警惕地表示，相关言论背后，"暗示着表面上假装稳健合法的文化协会，实际上，里面却隐秘着另外的意图"③。因为在日本殖民统治下，"日华亲善"是台湾人民"对祖国怀抱满腔孺慕心情所可能表现的极限"，不得不利用这一冠冕堂皇的说法，"借日人的酒杯来浇自己的块垒"。④ 其二则是蒋渭水提出的"文化治病"："我诊断的台湾人所患的病，是智识的营养不良症，除非服下知识的营养品，是万万不得愈的。文化运动是对这病唯一的原因疗法。文化协会，就是专门讲究并施行原因疗法的机关。"⑤ 蒋渭水的这一理念背后显然受到五四新文化运动的深刻影响，⑥ 而在文化协会主旨书中，对新文化运动的认同更表露无遗："或者说'新文化运动往往容易陷入危险，是有害无益的'，不！绝对不是如此。合理的运动，稳健的宣传，有何危险呢……"⑦

　　基于上述动机或者理念，为求在殖民统治的缝隙中生根发芽，台湾文化协会在其主旨书与章程中均表示其宗旨在于谋求发展台湾文化，将自身定位为文化运动团体，并在成立后以文化启蒙活动为其主要公开活动，通过发行会报，设置读报社，举办各种讲习会、文化演讲会，开设文化书局，以及电影放映、新剧表演等形式，进行文化启蒙工作，并从一开始的以都市为中心，逐渐扩大到乡村。但这些文化启蒙活动背后，"显有鼓吹民族主义，甚至反抗总督的态

① 陈小冲：《日本殖民统治台湾五十年史》，社会科学文献出版社2005年版，第163页。
② 蒋渭水：《五个年中的我》，王晓波编：《蒋渭水全集》，海峡学术出版社1998年版，第87页。
③ 台湾总督府警务局编：《台湾社会运动史（1913年—1936年）》（第一册），王乃信等译，创造出版社1989年版，第190页。
④ 叶荣钟：《日据下台湾政治社会运动史》（下），晨星出版有限公司2000年版，第328页。
⑤ 蒋渭水：《五个年中的我》，王晓波编：《蒋渭水全集》，海峡学术出版社1998年版，第87页。
⑥ 王晓波：《蒋渭水的思想与实践——〈蒋渭水全集〉代编序》，王晓波编：《蒋渭水全集》，海峡学术出版社1998年版，第15页。
⑦ 台湾总督府警务局编：《台湾社会运动史（1913年—1936年）》（第一册），王乃信等译，创造出版社1989年版，第189页。

度"，"它很明显地是以民族自决和台湾民众的解放为其前进的目标"。① 如读报社的设置，是文化协会启发民智的工作之一，同时也为让更多台湾人接触到台湾人自己的言论机关《台湾民报》。文化协会自成立以来，依托各地地方支部，陆续在新竹、台中、台南、高雄、台北等地设置读报社，除岛内和日本发行的报纸杂志外，还特别准备了十几种祖国大陆发行的报纸杂志，供会员及一般民众阅览，如果有和殖民地民族解放运动有关的报道，则以红笔圈点出来，提醒读者注意。由于当时台湾一般民众知识水平有限，书面宣传难以达到效果，文化协会以演讲会作为启蒙运动的中心工作。文化协会成立之初，演讲会还较少举行，且地点主要在都市。1923 年 5 月，文化协会会员黄呈聪、王敏川等以《台湾民报》社员名义返台，为推销《台湾民报》，开始在全台各地举行巡回演讲，其演讲中有关民族主义的表述以及对日本殖民统治的批判，在听众中引起极大反响，深受各地欢迎。1925 年、1926 年，文化协会在全台举行的演讲会均达到 315 场，听众人数均在两万人以上。地方会员每遇到问题，即邀请干部举办演讲会，动员民众参加，并鸣放鞭炮以增加声势，形同示威运动，参加演讲的文协干部在台湾人民眼中犹如志士。文化协会举办的演讲会对唤醒台湾一般民众的民族情感、反对日本殖民统治起到了积极的作用。讲习会是更加深入的文化启蒙活动形式，通常围绕某一专题进行数天的讲习。如 1923 年 9 月11 日至 24 日，在台北读报社举办的台湾通史讲习会，由连横主讲，每天参加的听众有二三百人。连横在讲述台湾历史过程中，对于日本殖民统治多有批评。另外还有如通俗法律讲习会、通俗卫生讲习会、通俗学术讲座、台北学术讲习会、西洋历史及经济学讲习会等。在 1923 年 10 月的第三次总会上，文化协会还决定每年利用夏季休假，开办为期一到两周的夏季讲习会，即夏季学校，由雾峰林献堂家提供场地及食宿。夏季学校也经常涉及抨击在台日本人和台湾人差别待遇及总督政治的言论，有意图提高民族意识的倾向。②

　　文化协会的上述文化启蒙活动，使台湾的民心趋向发生改变，台湾人民对五千年中华文明的自豪感被再次唤醒，开始渴望革命，希望改变被日本殖民压迫的命运。对日本殖民统治的批评与反抗增多了，参加所谓"始政纪念日"庆

---

① 台湾总督府警务局编：《台湾社会运动史（1913 年—1936 年）》（第一册），王乃信等译，创造出版社 1989 年版，第 193、198 页。
② 台湾总督府警务局编：《台湾社会运动史（1913 年—1936 年）》（第一册），王乃信等译，创造出版社 1989 年版，第 198—207 页。

祝会的台湾人则大为减少，经常与台湾民众接触的日人警察、乡镇官吏、学校职员等明显感觉到压力。而满怀理想的青年人、学生等尤其深受文化协会的影响，他们将文化协会的干部视为民族英雄，聚集其麾下并接受其指导。各校青年学生的抗议活动明显增加，还有不少青年学生因文化协会的活动引发对祖国的向往，去往祖国大陆接受进一步教育，文化协会成立后赴大陆求学的学生数量因而激增。自成立以后，文化协会与赴日本和祖国大陆求学的青年学生保持紧密联系，这些学生以文化协会为各种运动的母体及据点，同时又将日本或祖国的各种新思潮注入文化协会，再透过文化协会影响到岛内的政治社会运动。文化协会因而在文化启蒙活动之外，与20世纪20年代台湾的议会设置请愿运动、学生运动、工农运动均产生直接的影响与联系，对日据时期台湾非武装抗日运动作出了不可磨灭的贡献。①

二、从"六三法"撤废运动到
台湾议会设置请愿运动

在组织文化启蒙团体、开展文化启蒙运动的同时，1920年前后，台湾本土地主资产阶级和青年知识分子还开始以政治运动形式反抗日本的殖民专制统治，并由此开启日据时期持续时间最长（1921—1934年）、影响最为广泛的台湾议会设置请愿运动。

"六三法"撤废运动与台湾民族运动路线之争

新民会成立后，确立的三大工作方针之一，是开展改革台湾殖民统治状况的政治运动，这一运动的开端是"六三法"撤废运动以及由此衍生出的台湾民族运动路线之争。有关"六三法"撤废问题，在新民会成立前，林献堂等人及东京的台湾留学生已开始关注，新民会成立后，受时代思潮的冲击，台湾留学生关于这一问题的讨论更为热烈，思想上也更加趋向自治主义，并最终达成共识，放弃以同化主义或者说内地延长主义为理论基础的"六三法"撤废运动。

---

① 台湾总督府警务局编：《台湾社会运动史（1913年—1936年）》（第一册），王乃信等译，创造出版社1989年版，第220—234页。

　　1896 年 3 月，日本政府以律令第六十三号公布的"有关施行于台湾之法令之法律案"（简称"六三法"），赋予台湾总督"委任立法权"，对台湾实行与日本国内不同的差别政策。该法案构成台湾总督专制政治的法律基础，可谓此后台湾"一切恶法之所由来"。① 虽然"六三法"按规定其有效期仅有三年，但台湾总督府以台湾情形特殊为由，此后多次予以延长。"六三法"对台湾人民来说，是被殖民被压迫的象征，在日本国内，特别是在拥有立法权的日本帝国议会，该法案则一直存在违宪的争议。进入大正时代后，日本国内政党政治更加活跃，1918 年 9 月，政友会一系的原敬组阁，这是日本首个政党内阁。原敬曾在日本占领台湾之初，就提出"内地延长主义"的殖民统治方略，主张对台湾人民推行同化政策，只是当时未被日本政府采纳。② 在政党政治更加活跃以及主张"内地延长主义"的原敬组阁的背景下，1918 年夏，林献堂与东京台湾留学生计划展开"六三法"撤废运动，以改变台湾人民的处境。③ 但针对"六三法"撤废之后该怎么办的问题，东京留学生中间颇多疑虑与争议。因"六三法"撤废运动除了要取消台湾总督的律令制定权，还主张将殖民国日本的各项法律制度应用到台湾，这意味着否定台湾的特殊性，承认"内地延长主义"或者说"同化主义"。对不少台湾留学生来说，这一点很难接受，"想我中华民族具有悠久的历史，高度的文化，台胞都有极浓厚的民族意识，岂能赞成同化（于）异族的主张"④。反对"同化主义"的林呈禄、蔡式榖等人即表示，"同化主义"或许可以应用到"蛮荒之地"，但对于拥有特殊文化、思想、习惯、制度和信仰的台湾来说，则不可能达到效果。从上述这些观点中，可以感受到日据时期台湾知识精英对中华文化的高度认同，"有许多资料显示，日据时代的知识分子对汉文化具有一种近乎顽拗的执着"⑤。

　　进入 1919 年，世界政治格局又一次发生巨变，祖国爆发五四运动，中国革命进入新民主主义时期；在朝鲜，要求独立的三一运动爆发；而在世界其他地方，民族独立运动也是风起云涌。在这一新的时代浪潮冲击下，日本部分开明

---

① 叶荣钟：《日据下台湾政治社会运动史》（上），晨星出版有限公司 2000 年版，第 75 页。
② 张海鹏、陶文钊主编：《台湾史稿》上卷，凤凰出版社 2012 年版，第 197 页。
③ 叶荣钟：《日据下台湾政治社会运动史》（上），晨星出版有限公司 2000 年版，第 87 页。
④ 吴三连：《缅怀灌园先生的高风亮节》，《林献堂先生纪念集（年谱·追思录）》卷三，海峡学术出版社 2005 年版，第 104 页。
⑤ 周婉窈：《日据时代的台湾议会设置请愿运动》，台北自立报系文化出版部 1989 年版，第 41—42 页。

学者和政客开始重新思考本国的殖民地政策。如日本和平协会会长阪谷男爵和该会干事川上氏等人，深恐台湾步朝鲜的后尘，发生独立运动，于是私下向林呈禄等台湾留学生示好，表示只要以承认日本主权为前提，台湾人民无论怎样的内部改革方案，和平协会都将予以支持。从防止台湾独立的立场出发，支持台湾部分精英的政治改革运动，是后来日本国内一些有地位的人士支持台湾议会设置请愿运动的主要原因。[①] 另外，一些日本学者，如吉野作造、山本美越乃、泉哲等，较早就提出给予殖民地自治权的自治主义主张，对台湾留学生也产生了思想上的启发。[②] 在此背景下，有关"六三法"撤废后的台湾政治运动路线问题，东京留学生中间有更热烈的讨论，并大致体现为"同化主义"与"自治主义"两种路线之争。持"同化主义"者主张取消台湾的特殊性，直接将日本国内的法律应用到台湾；持"自治主义"者则强调台湾的特殊性，主张将特别立法权从总督转交给台湾人民自己设立的代议机关，争取台湾自治。围绕上述两种意见，当时东京的台湾留学生经常聚集在林呈禄或蔡惠如的寓所，展开讨论，[③] 但直到新民会成立，仍未达成一致意见。

新民会成立不久，新上任的台湾总督田健治郎就"六三法"存废问题，表示"本岛的实况尚未达到可废弃本法之境界"，预示着1921年有效期满后，"六三法"仍将予以延长。1920年11月28日，新民会召集二百余名在东京的台湾留学生，于富士见町基督教会举行集会，表达对台湾总督府上述意见的强烈不满。蔡培火在讲台上竖立一面写着"撤废法律第六十三号"几个大字的旗子，并与十几名主要会员轮流上台，或高喊"给我们自治权"，或大呼"撤废法律第六十三号"。[④] 此次集会主要表达台湾人民对台湾总督府统治的不满，对抗日民族运动的路线方针问题，依然没有形成统一的意见。

1920年底，林献堂、蔡惠如分别从台湾和上海来到东京，与新民会重要干

---

① 谢南光：《台湾人的要求》，谢南光著，郭平坦校订：《谢南光著作选》（下），海峡学术出版社1999年版，第288页。

② 周婉窈：《日据时代的台湾议会设置请愿运动》，台北自立报系文化出版部1989年版，第39页。

③ 吴三连：《缅怀灌园先生的高风亮节》，《林献堂先生纪念集（年谱·追思录）》卷三，海峡学术出版社2005年版，第104页。

④ 台湾总督府警务局编：《台湾社会运动史（1913年—1936年）》（第二册），王乃信等译，创造出版社1989年版，第5页。

部（也是台湾留学生的骨干分子）讨论运动路线问题。其间仍然存在两派意见之争，而林呈禄援引日本京都大学教授山本美越乃的《殖民政策论》，再次极力主张争取台湾自治，获得多数人赞同。最后由林献堂拍板，放弃"六三法"撤废运动，改采"自治主义"路线，但因担心主张自治会刺激日本政府，所以不明确提"自治"二字，而以"设置台湾议会"为运动的主要诉求，接下来台湾知识精英的政治运动即围绕议会设置请愿运动展开。①

议会设置请愿运动的正式展开及总督府的反应

在确定以请愿方式作为争取设立台湾议会的政治运动路线后，1920 年 12 月末，林献堂、蔡惠如以及东京台湾留学生蔡培火、林呈禄等人，在东京神田区神保町的中华基督教青年会馆，召集百余名台湾留学生开会，为台湾议会请愿书征集签名。由于日本帝国议会会期在即，第一次请愿书准备较为仓促，共征集到 178 人签名，其中岛内签名者只有林献堂等 10 人，其他均为东京的留学生。②《台湾议会设置请愿书》强调台湾的特殊性，主张设置民选台湾议会，将原赋予台湾总督的特别立法权，改交给台湾议会。请愿书明确提出请愿运动的主要诉求："设置由台湾住民公选出的议员组织的台湾议会，制定付与台湾议会议决将施行于台湾的特别法律及台湾预算的法律"。③

1921 年 1 月 30 日，第一次请愿书提交日本帝国议会贵、众两院，但因台湾总督田健治郎表示已决定在台湾推行"内地延长主义"政策，设置台湾议会的要求与日本统治台湾的大方针相违背，"断非所能容许者也"。鉴于台湾总督的明确反对态度，贵、众两院都作出了"不采择"的决定。④

虽然第一次请愿书在日本议会颇受轻视，但也有部分日本人士表示支持鼓励。消息传回台湾后，除在台日本人极力反对外，"本岛人知识阶级全体支持

---

① 叶荣钟：《日据下台湾政治社会运动史》（上），晨星出版有限公司 2000 年版，第 90 页；吴三连：《缅怀灌园先生的高风亮节》，《林献堂先生纪念集（年谱·追思录）》卷三，海峡学术出版社 2005 年版，第 104—105 页。

② 叶荣钟：《日据下台湾政治社会运动史》（上），晨星出版有限公司 2000 年版，第 147 页。

③ 台湾总督府警务局编：《台湾社会运动史（1913 年—1936 年）》（第二册），王乃信等译，创造出版社 1989 年版，第 37 页。

④ 叶荣钟：《日据下台湾政治社会运动史》（上），晨星出版有限公司 2000 年版，第 147—148 页；台湾总督府警务局编：《台湾社会运动史（1913 年—1936 年）》（第二册），王乃信等译，创造出版社 1989 年版，第 36—38 页。

这个运动",① 如蒋渭水之前对林献堂积极推动的同化会与台中中学都颇不以为然，但在得知议会设置请愿运动的消息后，当即表示"这真是台湾人唯一无二的活路"。② 1921 年 4 月 20 日，林献堂偕同蔡培火由东京返台，筹备第二次请愿运动。蒋渭水等人和部分青年学生得知林、蔡二人行程信息后，即计划在台北召开盛大的欢迎会兼请愿状况报告会，台中方面则计划以花车迎接、市区巡游等方式欢迎林献堂回乡，议会设置请愿运动在台湾获支持程度由此可见一斑。但因有人暗中寄送恐吓信给林献堂的家人，林献堂不得不推掉一切欢迎会。③ 不过，林献堂等人当日抵台后，一路依然受到热烈欢迎。之后更应各地亲友及志同道合者的邀请，访问全台各地，举办演讲会报告请愿运动的相关情况，所到之处均受到盛大欢迎。这些欢迎会兼演讲会进一步在台湾宣传了议会设置请愿运动，至 1921 年 12 月底，林献堂等人即将赴东京进行第二次请愿前夕，岛内共有 350 人在请愿书上签名盖章。次年 1 月 6 日，林献堂、蔡培火再次赴东京，行前，新成立的台湾文化协会为其举办了盛大而别致的饯别会，至基隆港登船前，一路获台人热情相送。④ 林献堂等人到东京后，与从上海来的蔡惠如会合，在东京台湾留学生及其他人中又征得 160 余人签名，使请愿书连署人数达到 512 人。1922 年 2 月 16 日，林献堂等人向日本第四十五届议会提交了第二次台湾议会设置请愿书。⑤

此次请愿，林献堂等人准备较为充分，除征集签名连署外，还针对各方（主要是台湾总督府和在台日人）的种种反对言论，印制了 2000 多册《台湾议会设置请愿理由书》，对台湾特别立法的由来作了介绍，并就给予台湾住民特别参政权的必要性、台湾议会设置的要旨作了说明，又以较大篇幅分析了针对台湾议会设置问题的反对意见，并一一作了辩驳，指出台湾人民要求的是"特别参政权"，与一般殖民地的要求参政权运动不同，"特别参政权"不是争取台

---

① 台湾总督府警务局编：《台湾社会运动史（1913 年—1936 年）》（第二册），王乃信等译，创造出版社 1989 年版，第 22 页。
② 蒋渭水：《五个年中的我》，王晓波编：《蒋渭水全集》，海峡学术出版社 1998 年版，第 86 页。
③ 台湾总督府警务局编：《台湾社会运动史（1913 年—1936 年）》（第二册），王乃信等译，创造出版社 1989 年版，第 40—41 页。
④ 叶荣钟：《日据下台湾政治社会运动史》（上），晨星出版有限公司 2000 年版，第 149—150 页。
⑤ 台湾总督府警务局编：《台湾社会运动史（1913 年—1936 年）》（第二册），王乃信等译，创造出版社 1989 年版，第 49 页。

人参选日本议会议员，而是由居住在台湾的人民公选代表，组织议决施行于台湾的特别法律及台湾预算的特别代议机构。尽管第二次请愿做了充分准备，但依然未能影响日本议会对设置台湾议会的态度。1922 年 2 月 17 日，众议院请愿委员会第一分科会对请愿进行审议，仅有一名委员投赞成票，另有 7 名委员表示反对，众议院审议结果，依然是"不采择"。贵族院于 3 月 13 日审议该请愿书，台湾总督府总务长官贺来以政府委员身份发言表示反对，认为"认可设置与帝国议会并列的特别议会是不可能的"，建议"不采纳"。贵族院仅提出两三个质询，之后即作出了不采纳的决定。[①]

此次在东京请愿期间，林献堂、蔡培火等人同样多方活动，通过访问或招待政客、新闻记者等，为请愿争取后援。虽也争取到日本一些中央层级人士的支持，但以台湾总督府和在台日人为中心，更多日人显然对议会设置请愿运动持警惕态度。在第一次请愿书提出后，台湾总督田健治郎就曾在总督府驻东京的办事处，召集林献堂等人谈话，表示"对于可能脱离日本而成为自治体的台湾议会设置运动绝对不能容许"。[②] 田健治郎给出的解释是议会设置请愿运动与台湾总督府既定的"内地延长主义"政策相抵触，但更深层更重要的原因，是日本殖民者深知台湾人民发动议会设置请愿运动是民族自决主义影响的结果，目的并非单纯为了设置地方性的台湾议会，而是明显带有自治运动的色彩，"至少是迈向殖民地自治运动的一个阶段"，其最终目标是获得完全的殖民地自治。而运动参与者表现出的中国意识及对中国文化的认同感，更使殖民者深恐运动的最终指向是通过殖民地自治而走向独立，继而回归中国。[③]

议会设置请愿运动对台湾人民民族意识觉醒的促进作用，以及在运动风潮影响下台湾人民表现出的对殖民统治的反抗，也让台湾总督府和在台日人深感不安。每年二三月间，台湾总督府总务长官都会借参加日本帝国议会的机会，在东京招待台湾留学生，召开所谓"恳亲会"。但 1921 年的招待会，台湾留学生为抗议日本议会对第一次请愿书作出"不采择"的决定，集体决定不出席，导致总督府安排的几百份餐点无人食用，场面极为尴尬。对于这一"罢食事件"，

① 台湾总督府警务局编：《台湾社会运动史（1913 年—1936 年）》（第二册），王乃信等译，创造出版社 1989 年版，第 44、49—50 页。

② 叶荣钟：《日据下台湾政治社会运动史》（上），晨星出版有限公司 2000 年版，第 136 页。

③ 台湾总督府警务局编：《台湾社会运动史（1913 年—1936 年）》（第二册），王乃信等译，创造出版社 1989 年版，第 11—15 页。

台湾总督府认为，正是议会设置请愿运动促使台湾留学生民族意识觉醒。①

随着请愿运动领导人林献堂等人的返台，这种融民族运动与反抗运动于一体的运动思潮迅速在岛内蔓延，岛内知识分子还成立文化启蒙团体文化协会与之相应和，从事宣传与动员活动，更加速了岛内的民族运动进程。第二次请愿运动中，签名的岛内人士达到 350 名，其中甚至有不少公教人员，以及接受过总督府"恩惠"、从总督府获得专卖品（鸦片、盐、烟酒等）利权的人。这些人和林献堂一样，大多是本土地主资产阶级的代表人物，也是总督府一直怀柔的对象，这些人也参加了请愿运动，尤令殖民政府心惊。面对如此形势，台湾总督府深感议会设置请愿运动虽表面上采用合法的请愿形式，请愿书中的各点要求看起来也未抵触帝国统治的根基，"但若缓行取缔将之放置，恐招事态渐次重大化之忧"②。因而决定对请愿运动及支持该运动的文化协会出手打压。

台湾总督府对抗日运动的打压和"治警事件"

鉴于议会设置请愿运动和文化协会的文化启蒙活动均对殖民统治形成威胁，台湾总督府计划着手打压，但抗日民族运动采取的是合法方式，运动参与者又都是社会上有地位有声望的知识分子，其中有些还与日本政界有千丝万缕的联系，总督府无法像之前对待台湾人民的武装反抗一样直接打压。况且当时正值日本国内自由民主思潮鼎盛的时期，"即使在日本本土内，官方也不能做强硬的取缔"。对台湾抗日民族运动，总督府一开始不得不采取所谓的"怀柔政策"，首先从总督府易于掌控的群体下手，如街庄长、学校教职员以及享有总督府"恩惠"者等，以收回利权或勒令辞职等方式加以取缔。除此之外，殖民政府更运用种种手段，专门针对身兼请愿运动领导人和文化协会总理的林献堂进行打压。先是进行劝诫，试图说服林献堂放弃抗日民族运动。台中州知事常吉德寿曾通过林献堂的妹婿、彰化街长杨吉臣居间斡旋，与林献堂多次"恳谈"，劝其"改弦更张"。③总督府随后还设计了所谓的"八骏事件"，宣扬林

---

① 叶荣钟：《日据下台湾政治社会运动史》（上），晨星出版有限公司 2000 年版，第 112 页；台湾总督府警务局编：《台湾社会运动史（1913 年—1936 年）》（第二册），王乃信等译，创造出版社 1989 年版，第 39 页。

② 台湾总督府警务局编：《台湾社会运动史（1913 年—1936 年）》（第二册），王乃信等译，创造出版社 1989 年版，第 51 页。

③ 台湾总督府警务局编：《台湾社会运动史（1913 年—1936 年）》（第一册），王乃信等译，创造出版社 1989 年版，第 235—236 页。

献堂已接受殖民政府停止议会设置请愿运动的要求，破坏林献堂的声誉，分化瓦解抗日民族运动阵营。与此同时，殖民政府还从经济上打压林献堂，台湾银行向林献堂催讨十几万元的债务，以逼迫他退出请愿运动。在多方夹击又被同志责难的情势下，林献堂意气消沉，没有参加第三次请愿书的签名连署，但对于请愿运动费用的捐赠并未停止。①

由于总督府的上述打压措施，抗日民族运动领导者林献堂暂时蛰伏，岛内蓬勃的运动形势一时之间也受到影响，但运动的主要参与者们并未退却。1922年12月，蔡培火在与东京的运动干将们商议后回台，与岛内的蒋渭水等人一起策划进行第三次请愿，同时为了强化阵容，加强领导力量起见，准备成立以请愿运动为直接目的的政治团体"台湾议会期成同盟会"。1923年1月16日，台湾议会期成同盟会以石焕长为主干（法律上的负责人），依据刚在台湾实施的《治安警察法》，向台北州北警察署提出结社申请，但总督府警务部门试图劝其自动撤回结社申请，停止组织工作，被蒋渭水等人婉拒。1月20日，蒋渭水、石焕长向警方表示，同盟会的组织不便停止。同日，又向台北市北警察署正式提出组织备案，并发布消息，将于2月4日举行成立大会暨政谈大演说会。眼见劝阻无效，台湾总督府于2月2日直接向石焕长下发了禁止组织议会期成同盟会的总督命令。但运动的参与者们仍未屈服。2月5日，被禁止的多名同盟会会员在台北大稻埕蒋渭水经营的大安医院开会，讨论第三次议会设置请愿运动和同盟会被禁止后的对策问题。第二天，蒋渭水、蔡培火、陈逢源三人被推选为请愿委员，携带有106人签名的请愿书和有关同盟会的文件，启程赴日。2月11日，一行人抵达东京，受到斗志昂扬的新民会和台湾青年会会员的热烈欢迎，有数百人聚集在东京车站，手举"欢迎台湾议会请愿团""自由""平等""台湾议会"等旗帜，合唱"台湾议会请愿歌"，高喊"万岁"，并在拥簇请愿代表至《台湾》（由《台湾青年》杂志改名而来）杂志社途中一路散发五色传单。当日台湾人飞行员谢文达还驾机从东京市上空播撒传单10万张，其声势极为浩大。2月23日，由蔡惠如等人领衔、有278人连署的请愿书递交

---

① 所谓"八骏事件"，是指1922年9月28日，经常吉的安排和引导，林献堂和杨吉臣、林幼春、甘得中、李崇礼、洪元煌、林月汀、王学潜等人去见台湾总督田健治郎，田健治郎"用友谊劝告"林献堂等人，不若断然停止注定徒劳无功的请愿运动。这次会见后来被总督府警务部门有意宣扬出去，并说林献堂已向田健治郎保证停止议会设置请愿运动，在台湾岛内和东京的留学生中间引起轩然大波，史称"八骏事件"。叶荣钟：《日据下台湾政治社会运动史》（上），晨星出版有限公司2000年版，第189—191页。

至日本帝国议会，只是结果依然是"不采择"。在着手进行第三次请愿运动的同时，来自岛内、祖国大陆和东京的运动干将们还谋划在东京成立议会期成同盟会，以规避台湾总督府的禁令。2 月 21 日，议会期成同盟会在《台湾》杂志社召开成立大会，任命岛内外 16 人为理事，其中蔡惠如、林呈禄、蒋渭水、蔡培火、林幼春五人为常务理事，并在《台湾》杂志社所在警察署登记备案。①

议会期成同盟会成立后，1923 年 5 月至 8 月间，该会干部和东京的台湾留学生一起，以文化协会名义在岛内各地举办文化讲演会，"借名促进文化而大肆促进民众对民族或政治的自觉，巧妙的引起民族意识的觉醒"。这些讲演在台湾引起了很大反响，起到了很好的宣传与动员效果。与此同时，蒋渭水、林幼春、蔡培火等人还制成议会期成同盟会入会申请书和台湾议会设置请愿书多份，分发给文化协会的干部和重要会员，通过他们发展同盟会会员和征募请愿书连署人。②

禁而不止的同盟会诸人的这些举动，令台湾总督府大为恼火。1923 年 9 月，曾任台湾总督府民政长官、官僚出身的贵族院议员内田嘉吉被任命为台湾总督，除强调延续田健治郎时期的内地延长方针不变外，还主张对台湾知识精英们主导的政治运动采取"断然处置"。③ 于是在其上任后不久，1923 年 12 月 16 日早晨，台湾总督府警务部门经过事前的周密准备，以台湾议会期成同盟会在岛内继续存在违背了台湾总督此前的禁令、触犯了"治安警察法"为由，在全岛各地对请愿运动主要相关人员同时展开了大检举，从而酿成日据时期著名的"治警事件"。当日被搜查并被扣押者 41 人，另外还有被搜查或被传讯者，总计涉及 99 人。总督府还在全岛实行舆论封锁，未被检举的运动参与人员，如林献堂、叶荣钟等人，均受到特务跟踪，全台一时风声鹤唳，陷入恐怖气氛。在被扣押的 41 人中，蔡培火、蒋渭水、蔡惠如、林呈禄、林幼春等 29 人于 12 月 22 日以违反"治安警察法"的罪名，被解送台北地方法院，台北地方法院

---

① 台湾总督府警务局编：《台湾社会运动史（1913 年—1936 年）》（第二册），王乃信等译，创造出版社 1989 年版，第 53 — 58、61 — 64 页；叶荣钟：《日据下台湾政治社会运动史》（上），晨星出版有限公司 2000 年版，第 151—153、232—235 页。

② 台湾总督府警务局编：《台湾社会运动史（1913 年—1936 年）》（第二册），王乃信等译，创造出版社 1989 年版，第 58 页。

③ 许世楷：《日本统治下的台湾》，东京大学出版会 1972 年版，第 304 页。

三好检察官对其中的蔡培火等 18 人提起诉讼。① 从三好检察官的起诉书来看，虽然表面上本案中心是蔡培火、蒋渭水等人不顾总督府的结社禁令，不仅未将议会期成同盟会解散，反而以在东京备案成立的形式继续于岛内存在，实际的症结则是总督府无法容忍议会设置请愿运动及其背后的反总督政治、反同化主义立场。② 由此可以看出，此案实质为一"政治案件"，蔡培火、蒋渭水等人是因其政治思想与主张而受到所谓"法律"的审判。③ 总督府以议会期成同盟会为由制造此案，则恰如蔡培火在预审自辩中所言，总督府一直标榜在台湾推行所谓内地延长主义政策，"根本是玩假的"。④ 此案最终判决结果，共有 13 人获罪，其中蒋渭水、蔡培火二人被判处监禁 4 个月，林幼春、陈逢源、林呈禄、蔡惠如、石焕长五人被判处监禁 3 个月。1925 年 2 月 20 日，蒋渭水在台北被收监，蔡培火、蔡惠如等人也于次日起陆续被关押入狱。⑤

台湾总督府针对抗日民族运动的这场全岛大检举，并未达到其希望的效果，反而更加激起了台湾人民的民族意识与参与抗日活动的热情。2 月 21 日，蔡惠如在台中入狱时，从清水至台中，群众一路相送，甚至沿途燃放烟花爆竹，以表示同情与惜别，警察虽出面驱赶，仍有数百人护送蔡惠如至监狱门口，高呼"万岁"后才离去。⑥ 台湾总督府还曾试图发动台湾御用士绅辜显荣、林熊征等成立所谓的"公益会"，出面与议会设置请愿运动和文化协会唱撂台，该会号称有 1650 名会员，却不过是一群乌合之众，"根本没有任何的定见和热情，或碍于情面或逢迎官方而入会者较多"。⑦ 公益会碍于总督府的要求，曾在 1924 年 6 月 27 日召开"全岛有力者大会"，表示反对议会设置请愿运动之意，文化协会随即于 7 月 3 日在台北、台中、台南三地同时举办了"全岛无力者大

---

① 叶荣钟：《日据下台湾政治社会运动史（上）》，晨星出版有限公司 2000 年版，第 236—241 页；台湾总督府警务局编：《台湾社会运动史（1913 年—1936 年）》（第二册），王乃信等译，创造出版社 1989 年版，第 59 页。

② 叶荣钟：《日据下台湾政治社会运动史》（上），晨星出版有限公司 2000 年版，第 245 页。

③ 周婉窈：《日据时代的台湾议会设置请愿运动》，台北自立报系文化出版部 1989 年版，第 83 页。

④ 吴豪人主编：《大正十三年治安警察法违反事件预审记录》，台湾"中研院"台湾史研究所 2016 年版，第 188 页。

⑤ 叶荣钟：《日据下台湾政治社会运动史》（上），晨星出版有限公司 2000 年版，第 298—299、303 页。

⑥ 叶荣钟：《日据下台湾政治社会运动史》（上），晨星出版有限公司 2000 年版，第 303 页。

⑦ 台湾总督府警务局编：《台湾社会运动史（1913 年—1936 年）》（第一册），王乃信等译，创造出版社 1989 年版，第 239 页。

会"，与之针锋相对。无力者大会由文化协会总理林献堂、协理林幼春亲自发动，在主要集会点台中，参与者达千余人，不仅声势浩大，且秩序井然，台上台下打成一片，展示出抗日运动阵营强大的动员能力和组织能力。①

议会设置请愿运动由巅峰走向衰落

"治警事件"发生后，台湾总督府最为介意的议会设置请愿运动不仅未因总督府的打压而中断，反而在之后不久发展到运动的巅峰期。

第四次请愿时，因警方的大检举，岛内人士不能进行署名与赴东京请愿，东京的台湾青年会和新民会就联袂承担起此次的请愿工作，于1924年1月30日，将由林呈禄领衔、东京留学生70人签名的第四次请愿书递交日本帝国议会。同年6月，保释中的蔡培火、蒋渭水和洪元煌（刚刚辞去庄协议会员、保正等公职，专心投入抗日运动）、李山火四人作为请愿代表前往东京，向日本临时议会做第五次请愿，有232人参与签名连署。在四人启程赴东京前，原本蛰伏的林献堂也再度出山，在送行会上发表讲话，以示激励。②

1924年9月，随着日本内阁交替，宪政会系的贵族院议员伊泽多喜郎出任台湾总督，伊泽较早就关注台湾问题，并曾在该年6月与赴东京的请愿代表见面，请愿运动的参与者们因此对伊泽的台政革新非常期待。③ 9月和12月，众议院议员神田正雄和前议员田川大吉郎相继来台，田川大吉郎曾多次担任台湾议会设置请愿运动介绍人，神田正雄则在田川大吉郎落选后承担起介绍人的角色。两人在台期间，均与请愿运动的领导者林献堂等人会面，并对请愿运动给予激励与指导。受伊泽出任总督和神田等人来台的影响，议会设置请愿运动进行得更加积极。1925年1月初，围绕第六次请愿的相关工作陆续展开，各地都利用文化协会名义举行文化演讲，尽力进行宣传。至请愿代表赴东京前，岛内约600人参与请愿书连署。由于蔡培火、蒋渭水等人即将入狱，林献堂再度出山，作为请愿代表前往东京，领衔共计有780人连署的第六次请愿运动。④

面对"治警事件"后越发积极的议会设置请愿运动，台湾总督府警务部门在

---

① 叶荣钟：《日据下台湾政治社会运动史》（下），晨星出版有限公司2000年版，第360页。
② 台湾总督府警务局编：《台湾社会运动史（1913年—1936年）》（第二册），王乃信等译，创造出版社1989年版，第64—69页。
③ 许世楷：《日本统治下的台湾》，东京大学出版会1972年版，第315页。
④ 台湾总督府警务局编：《台湾社会运动史（1913年—1936年）》（第二册），王乃信等译，创造出版社1989年版，第69—71页。

第六次请愿后重新检讨了对策，决定对台湾议会设置请愿运动采取"取缔策和缓和策并用"，并确定了三大方针：其一，明确宣示不可设置倾向殖民地自治的台湾议会。其二，对于没有实现可能、但却已扰乱民心的议会设置请愿运动应做相当的整顿，但整顿的方法"不必立刻禁止其活动，应多与他们的干部恳谈，使其逐渐中止为妥"。其三，虽然阻止议会设置请愿运动，但容许进行狭义的争取参政权运动和地方自治改革运动，以便"维系岛民对将来的希望，并且有指明其应走的方向的必要"①。这份针对议会设置请愿运动的"警务局方针"，是当时的警务局局长、伊泽总督心腹坂本森"体察伊泽心意的产物"，因伊泽在就任台湾总督后曾表明其"治台方针"依然是内地延长主义，与之前的台湾总督相比，不过是增加了"内台融合"的新名词而已。② 请愿运动的领导者们曾对伊泽寄予厚望，但从其阐明的"治台方针"和这份"警务局方针"来看，显然将会落空。

1925年5月10日，因"治警事件"入狱的蒋渭水、蔡培火等人"假释"出狱，其在台湾民众中的声望尤胜从前，于是在出狱后巡回全台各地举办文化讲演会，借机宣传台湾议会设置请愿运动，并透过文化协会机关报《台湾民报》唤起岛内舆论。与此同时，第七次请愿运动在准备过程中做了些技术性调整，将请愿书由全体连署改为每人一张单独署名的方式，以方便征集签名。1925年，台湾农民运动勃兴，抗日民族运动有从知识精英阶层向大众扩展的势头。此次请愿在征集签名过程中，也通过文化协会，首次将动员对象扩大到农工阶层。在日本，请愿运动的影响也超出了知识阶层，当请愿代表到日本后，在欢迎的队伍中，不仅如前几次一样有台湾留学生，神户的"台商协会"也加入进来。所以当第七次请愿书提交日本议会时，在贵族院有1995人的签名，在众议院则有2003人的签名。只是此次请愿，结果仍然是"不采择"。③ 且此次请愿期间，新任日本首相、宪政会系的若槻礼次郎明确表示不允许设置台湾议会，并且连请愿也不被允许，④ 这对台湾议会设置请愿运动造成很大打击。⑤

---

① 台湾总督府警务局编：《台湾社会运动史（1913年—1936年）》（第二册），王乃信等译，创造出版社1989年版，第20—21页。
② 许世楷：《日本统治下的台湾》，东京大学出版会1972年版，第324—325页。
③ 台湾总督府警务局编：《台湾社会运动史（1913年—1936年）》（第二册），王乃信等译，创造出版社1989年版，第64—85页；叶荣钟：《日据下台湾政治社会运动史》（上），晨星出版有限公司2000年版，第153—165页。
④ 台湾总督府警务局编：《台湾社会运动史（1913年—1936年）》（第二册），王乃信等译，创造出版社1989年版，第83—85页。
⑤ 许世楷：《日本统治下的台湾》，东京大学出版会1972年版，第327页。

　　第七次请愿运动可谓台湾议会设置请愿运动的巅峰，同时也是转折点，从此之后，运动有逐渐走下坡路的趋势。一方面，多年来的请愿，结果均是"不采择"或者"审议未了"，对抗日运动阵营的士气不免产生消极影响，特别是更富革命气息的青年知识分子，对这种"叩头请愿式"的改良运动日益不满。1928 年 4 月，当蔡培火、蔡式榖等请愿代表到东京进行第九次请愿之际，分裂后的文化协会（文化协会 1927 年 1 月分裂，详见下节）和东京留学生中的社会科学研究会派对请愿运动进行了猛烈的批评，此后不仅左翼退出了运动队伍，运动阵营缩小，林献堂等请愿运动领袖为避免纷争，也减少了相关宣传，并从第十一次请愿开始，进一步简化方式。① 请愿运动几乎变为少数干部的"职业运动"，作为社会运动的影响力大大降低。② 另一方面，从台湾总督府到日本中央政府再到日本议会，已明确对台殖民统治方针是同化主义和内地延长主义，对以自治主义为理论基础的议会设置请愿运动则明确不认可，连议会请愿运动在众议院的介绍人神田正雄都从 1925 年开始鼓吹殖民地地方自治改革运动，怂恿台湾议会设置请愿运动领导者们进行战术转换，部分本土地主资产阶级于是转向地方自治改革运动。1930 年 8 月，以地方自治改革为单一目标的"台湾地方自治联盟"成立，台湾议会设置请愿运动完全空洞化。③ 1931 年九一八事变爆发后，日本国内军国主义益发猖獗，请愿运动所处的环境更加不利，1933 年初提交日本议会的第十四次请愿书，在日本众议院请愿委员会审议期间，被认定为有潜在的民族自决要求，为不法运动，这对于台湾议会设置请愿运动是致命性打击。④ 林献堂等人坚持到 1934 年第十五次请愿之后，迫于各方压力最终决定停止该项运动。

　　台湾议会设置请愿运动是由本土地主资产阶级和新兴的知识分子结合，⑤共同发起、开展的一项体制内改良运动，旨在反对台湾总督府的殖民专制统

---

① 叶荣钟：《日据下台湾政治社会运动史》（上），晨星出版有限公司 2000 年版，第 171、173、174 页。

② 台湾总督府警务局编：《台湾社会运动史（1913 年—1936 年）》（第二册），王乃信等译，创造出版社 1989 年版，第 85 页。

③ ［日］若林正丈：《台湾抗日运动史研究》，台湾史日文史料典籍研读会译，播种者出版有限公司 2007 年版，第 159—160 页。

④ 台湾总督府警务局编：《台湾社会运动史（1913 年—1936 年）》（第二册），王乃信等译，创造出版社 1989 年版，第 109 页。

⑤ 谢南光：《台湾人的要求》，谢南光著，郭平坦校订：《谢南光著作选》（下），海峡学术出版社 1999 年版，第 289 页。

治，争取民族自治。请愿运动背后有着强烈的中华文化认同，虽然运动本身并无实质性成果，但在 20 世纪 20 年代前半期达成了民族启蒙、政治启蒙的任务，是这一时期台湾抗日运动的核心政治运动，[①] 对于促进台湾人民的民族意识、政治意识觉醒有积极的作用，并在一定程度上打破了台湾总督府对台湾的专制与封锁，借力日本中央政界为台湾人民争取到一定的权益。

三、台湾文化协会分裂与台湾民众党的抗日活动

自 1920 年底林献堂、蔡惠如和东京的留学生精英们确定自治主义的运动路线以来，台湾的非武装抗日运动即主要围绕民族自治这一目标，展开文化启蒙和议会设置请愿运动。但随着文化启蒙的深入和运动的持续开展，更多的台湾民众民族意识觉醒，加入抗日运动的队伍，1925 年以后农民运动兴起，就是典型事例。这一方面使台湾非武装抗日运动不再局限于中上层的地主资产阶级和知识精英阶层，而逐渐扩大到社会中下层；另一方面，随着运动阵营的扩大，加上社会主义思潮的传播，运动阵营内部开始产生思想上的分歧，在当时最为重要的抗日运动团体文化协会，就出现所谓的左、中、右派，即以连温卿为代表的无产阶级派，蒋渭水领导的受大陆革命影响较多的中间派，以及林献堂、蔡培火所代表的合法稳健派。[②] 1927 年 1 月，以连温卿为代表的左派夺得文化协会领导权，文化协会随即分裂，中间派和右派分离出去，另行组织政治团体台湾民众党。台湾非武装抗日运动由此结束了"统一战线时期"，进入一个分头作战的新阶段。

思想分歧与文化协会分裂

台湾文化协会自 1921 年成立以来，成为"半自发、半被动的反政府运动的总机关"，以及"台湾所有运动的参谋部和策源地"，[③] 在台湾非武装抗日运

---

① ［日］若林正丈：《台湾抗日运动史研究》，台湾史日文史料典籍研读会译，播种者出版有限公司 2007 年版，第 166 页。

② 陈小冲：《日本殖民统治台湾五十年史》，社会科学文献出版社 2005 年版，第 167 页。这三派一般又被称为无产派、祖国派、台湾派。参见王晓波：《台湾史与台湾人》，东大图书股份有限公司 1988 年版，第 69 页。

③ 谢南光：《台湾人的要求》，谢南光著，郭平坦校订：《谢南光著作选》（下），海峡学术出版社 1999 年版，第 291、292 页。

动史上地位非常重要。在 20 世纪 20 年代前半期，文化协会的启蒙工作主要配合议会设置请愿运动，展开宣传和动员。但进入 20 世纪 20 年代以后，中日两国的政治均发生了剧烈变化，在国际共产主义运动思潮影响下，中国共产党和日本共产党相继成立，农工运动蓬勃开展，尤其是祖国大陆的革命形势更是轰轰烈烈。这些形势变化，使不少赴东京和祖国各地的青年学生率先受到影响，并迅速左倾，当时在上海就有台湾学生发起成立的平社、台湾青年学生联合会等左翼团体。透过这些青年学生，这股学习、研究社会主义的思潮也传回台湾，使台湾的青年也发生思想上的变化。1923 年，台北相继成立"社会问题研究会""台北青年会""台北无产青年"等具有左翼色彩的团体，并和连温卿、蒋渭水等文化协会干部和其他会员发生联系。这其中，文化协会理事连温卿的思想较早开始左倾，他与日本左翼人士山川均关系深厚，曾在其指导下进行社会主义研究，其思想深受山川主义的影响。1924 年以后，他还负责福田狂二主编的《前进》杂志以及日本共产党机关报《无产者新闻》等日本左翼报刊在台湾的销售与传播，在其麾下，聚集了不少思想左倾的台湾青年。[①]

文化协会重要干部之一蒋渭水，此时也与左翼团体有所联系，显示他开始关注农工问题。1924 年，中国国民党第一次全国代表大会召开，孙中山提出"联俄、联共、扶助农工"的三大政策，国共实现第一次合作，蒋渭水作为孙中山的信徒，无疑也深受影响。1926 年，他创办文化书局，即优先出版与中国国民革命相关的书籍以及一些中文的经典著作，日文方面，则主要为劳工问题、农民问题相关书籍，由此也可看出当时蒋渭水的思想倾向。[②] 他后来提出"以农工阶级为基础的民族运动"的概念，可以说正是孙中山三民主义思想以及此阶段中国国民革命影响的结果。而这一概念同时也显示他仍然坚持民族运动，而不是连温卿等深受社会主义思想影响的左派和无产青年派主张的阶级斗争。[③] 但与林献堂、蔡培火等其他抗日运动领导人相比，他的思想已有很大不同。

1926 年之前，连温卿的左倾、蒋渭水的思想转变在文化协会内还只是暗

---

① 台湾总督府警务局编：《台湾社会运动史（1913 年—1936 年）》（第一册），王乃信等译，创造出版社 1989 年版，第 244—254 页。

② 黄煌雄：《蒋渭水传——台湾的孙中山》，时报文化出版社 2006 年版，第 67 页。

③ 参见蒋渭水：《以农工阶级为基础的民族运动》（原载《台湾民报》第 155 号，1927 年 5 月 1 日），王晓波编：《蒋渭水全集》，海峡学术出版社 1998 年版，第 123—124 页。

流。但从 1926 年以后，受"治警事件"激起的抗日运动热情的影响，岛内开始出现突破启蒙运动范畴、"进入实际运动"的呼声，并在该年直接表现为农民组合等农民运动团体的成立和农民运动的开展。① 岛内运动形势的变化，对文化协会造成很大冲击，1926 年 5 月 15 日至 16 日，文化协会在雾峰召开理事会，席间理事洪元煌即提起政治结社问题。因林献堂、蒋渭水二人曾向殖民政府保证文化协会不涉及政治运动，只以文化运动团体存续，② 因此理事会决定在文化协会之外组织政治结社，并于会后进行了讨论，但各方对于政治结社的纲领政策、组织方法意见不一，只好决议各自推敲方案，汇总后再交理事会讨论。随后不久，连温卿、王敏川等人提出了以无产阶级青年为背景的台湾平民党方案，其纲领揭橥"根据目前的台湾情况，我们要打破拥护特权阶级的制度，以合法的手段，期待实现一般大众政治经济社会的解放"③。蒋渭水等人则提出了台湾自治会方案，其纲领则是："一、我们对于台湾统治上的主张是自治主义。二、我们对于台湾经济上的主张是为台湾人全体利益，尤其以合法手段拥护无产阶级利益。"④ 双方的思想分歧已经非常明显，争论极为激烈，甚而变成争吵，"民族解放思想和无产阶级解放思想的两大对立"从此浮出水面。⑤

　　1926 年 10 月 17 日，文化协会第六次大会在新竹召开，鉴于会员人数增加和运动内容增多，文化协会组织需要作出调整，理事蔡惠如提议修改文协章程。该提案经全场一致通过，林献堂当即指定林幼春、蔡培火、蒋渭水、连温卿等 8 人为新章程起草委员。会议并决定于 11 月 20 日至 21 日召开起草委员会

---

① 谢南光：《台湾人的要求》，谢南光著，郭平坦校订：《谢南光著作选》（下），海峡学术出版社 1999 年版，第 297 页。
② 殖民当局为打压文化协会的抗日活动，曾在 1923 年 1 月"治安警察法"于岛内施行后，约谈林献堂、蒋渭水，使二人提交了"文化协会设立的主旨是专以文化活动为目的，即使将来也无意变更其方针，绝不涉入政治运动"的备忘录。参见台湾总督府警务局编：《台湾社会运动史（1913 年—1936 年）》（第一册），王乃信等译，创造出版社 1989 年版，第 236 页。
③ 台湾总督府警务局编：《台湾社会运动史（1913 年—1936 年）》（第二册），王乃信等译，创造出版社 1989 年版，第 120 页。
④ 台湾总督府警务局编：《台湾社会运动史（1913 年—1936 年）》（第二册），王乃信等译，创造出版社 1989 年版，第 125 页。
⑤ 谢南光：《台湾人的要求》，谢南光著，郭平坦校订：《谢南光著作选》（下），海峡学术出版社 1999 年版，第 315—317 页；台湾总督府警务局编：《台湾社会运动史（1913 年—1936 年）》（第二册），王乃信等译，创造出版社 1989 年版，第 119 页。

会议，审议定案后，提交次年 1 月 2 日、3 日相继举行的临时理事会和临时大会。① 11 月 20 日至 21 日，起草委员会如期在雾峰林献堂家秘密召开审议会，分别讨论连温卿、蔡培火、蒋渭水提出的三个方案，讨论结果，蔡培火、蒋渭水的两案折中为一案，称为本部案（或起草委员会案），连案则留待临时理事会讨论。会后，蔡培火将本部案付印并分发会员，连温卿得知后认为自案受到轻视，极为愤慨，一面向蔡培火抗议，一面也将自案付印分发。②

　　在有关文化协会改组问题上，本部案（一定程度上代表了蔡案）、蒋案、连案的区别主要集中在两个方面。一是宗旨和纲领部分，本部案、蒋案一致，都揭橥"本会以推助台湾的大众文化为宗旨，实行本会的纲领决议及宣言"，并列出八项改进大众文化的具体措施作为纲领。而连案则提出以"本会的目的在于实行本会的纲领、决议、宣言"为宗旨，关于纲领，仅有"促进大众文化的实现"这一模糊表述，以便未来文化协会能够包容更广泛阶层的活动。二是组织部分。本部案主张理事制，并继续设总理一职，总理权限也依然较大，类似"中央集权制"。蒋案、连案则主张采取"民主集中制"的委员制，不过蒋案保留了总理一职，这既因为他对孙中山的信服而对"总理"一词有情感上的认同，也因为从客观环境考虑，林献堂在台湾抗日民族运动中的声望以及对运动的资金支持，使蒋渭水不得不尊重林献堂的领导地位。但蒋案对"总理"的职权做了相当大限制，基本上形同虚职。③ 由此可以看出，本部案（蔡案）与连案差距较大，而蒋案则相对折中，这在一定程度上也反映了当时三派的思想差异。

　　1927 年 1 月 2 日，临时理事会在台中召开，文化协会 84 名理事中有 36 人出席。林献堂陈述开会宗旨后，蔡培火即提出章程修订案，并说明章程最好采取"中央集权制"，希望先讨论本部案。但蒋渭水提出应当先议连案，对蔡培

---

① 台湾总督府警务局编：《台湾社会运动史（1913 年—1936 年）》（第一册），王乃信等译，创造出版社 1989 年版，第 254—255 页；叶荣钟：《日据下台湾政治社会运动史》（下），晨星出版有限公司 2000 年版，第 417 页。

② 台湾总督府警务局编：《台湾社会运动史（1913 年—1936 年）》（第一册），王乃信等译，创造出版社 1989 年版，第 255 页；叶荣钟：《日据下台湾政治社会运动史》（下），晨星出版有限公司 2000 年版，第 383 页。

③ 谢南光：《台湾人的要求》，谢南光著，郭平坦校订：《谢南光著作选》（下），海峡学术出版社 1999 年版，第 318—325 页；简炯仁：《台湾民众党》，台北稻乡出版社 2001 年版，第 47—48 页。

火的提议表示反对。理事会表决结果，连案先议，连温卿做该案的逐条说明，其间蒋渭水又拿出他自己原来的提案，分发给理事作参考。会议最后通过的章程修订案即以连案为基础，实际综合蒋案、连案而成。中间只在审议到第十六条时，连案反对蒋案的总理制，坚持自案的委员长制不让步，双方僵持不下，后通过投票方式，决定采用连案的委员长制。①

至此，蔡培火等合法稳健派觉得大势已去，到第二天临时大会召开时，有些人干脆不参加，有些人虽参加却毫无斗志。连温卿一派则做了充足的准备，不仅在会议召开前让尚未入会的无产青年派成员突击入会，以便在人数上占据优势，且通过在会场制造声势、干扰对手、制定有利于己方的议事规则等方式，确保大会通过了头一天临时理事会议定的章程修订案。当选举临时负责人时，连派也设法让己方人马当选。选举结果，连派直系 11 人当选，其他则是连派的支持者或同路人，合法稳健派仅林献堂和蔡培火两人当选。林献堂当即表示辞去中央委员，为新任干部恳求挽留。蔡培火也表示辞不就任，并当即携前理事洪元煌、会员叶荣钟退席离会。蒋渭水原本和连温卿比较接近，有共同提携之意，但两人一来有思想上的鸿沟，蒋渭水此时仍然主张民族运动；二来在章程审议期间，蒋主张的"总理制"被连温卿等抵制而不得不放弃，所以选举结束后蒋渭水也不愿留在连派下面共事，在声明辞去中央委员后退席。文化协会于是完全被连温卿一派掌握，"向来以民族主义的文化启蒙团体的形态存在的台湾文化协会，一变而成以阶级斗争事务的无产阶级的文化启蒙团体。"②

台湾民众党的成立及其主要主张

文化协会被连温卿派掌权后，蔡培火、蒋渭水等文化协会旧干部审时度势，确实很难和连派妥协，于是商议另组政治团体。新的政治结社以蒋渭水此前提出的"台湾自治会"方案为基础。由于该方案中的"自治"等字眼及其背后反对殖民统治的立场不为殖民当局所容，结社名称和纲领政策曾不得不数易其稿，历经变更为台湾同盟会、解放协会、台政革新会、台湾民党，

---

① 台湾总督府警务局编：《台湾社会运动史（1913 年—1936 年）》（第一册），王乃信等译，创造出版社 1989 年版，第 255—257 页；叶荣钟：《日据下台湾政治社会运动史》（下），晨星出版有限公司 2000 年版，第 384 页。

② 叶荣钟：《日据下台湾政治社会运动史》（下），晨星出版有限公司 2000 年版，第 385 页。

但因蒋渭水等人始终不肯放弃反对殖民统治、为台湾人民谋解放的基本立场，屡次遭到殖民统治当局的禁止及警告。台湾总督府还将蒋渭水列为最为忌惮的人物，在蒋渭水等人计划以"台湾民众党"的名义继续政治结社前，向蔡培火提出，若想结社成立，断不许蒋渭水参加，如果蒋渭水参加，则必须声明"民众党不以民族斗争为目的"。① 这无异于在蒋、蔡之间挑起内斗，事实上，在殖民当局就禁止台湾民众党成立所做的声明中，已经显示出采取离间政策的意图。② 蒋、蔡二人在文化协会分裂前已存在思想上的分歧，之后为了政治结社，双方互相克制，也互有妥协，但在殖民当局的一再挑拨下，其矛盾日趋尖锐。

1927 年 6 月 17 日，台湾民众党组织筹备会在台中市召开，蔡培火在报告台湾民众党被禁经过及其与蒋渭水的关系后，提议为了让新结社圆满完成，蒋渭水不要参加，遭到蒋渭水及其支持者的强烈反对。③ 此次会议决定以黄周、彭华英、黄旺成、谢春木、陈逢源五人为创立委员，负责起草宣言、政纲、党章等创立事务及与警务部门的交涉，实际主要由谢春木、彭华英、黄旺成三人承担。创立委员经过连日奔走，了解到殖民政府对政策纲领等的修改要求，包括删去纲领中的"全体台湾人""解放"，以及将"保甲制度之撤废"中的"撤废"改为"改善"，"日台语并用"改为"内台语并用"等。④ 至 6 月 24 日，终于完成相关筹备工作，以谢春木的名义提出了政治结社申请。7 月 10 日，台湾民众党成立大会在台中市聚英楼酒家召开，共有 62 人参加。与会者无异议通过将纲领修改为"本党以确立民本政治，建设合理的经济组织及改除社会制度之缺陷为纲领"，但对于将政策项"保甲制度之撤废"中的"撤废"改为"改革"，与会人员大多表示反对，最后还是改回"撤废"，可见台湾人民对于保甲制度观感之差，其他事项则基本无异议通过。会议的矛盾主要还是围绕蒋渭水的去留问题，经过激烈争论，最终确定留下蒋渭水。之后会议又无异议

---

① 谢南光：《台湾人的要求》，谢南光著，郭平坦校订：《谢南光著作选》（下），海峡学术出版社 1999 年版，第 339 页；叶荣钟：《日据下台湾政治社会运动史》（下），晨星出版有限公司 2000 年版，第 418 页。
② 许世楷：《日本统治下的台湾》，东京大学出版会 1972 年版，第 400 页。
③ 台湾总督府警务局编：《台湾社会运动史（1913 年—1936 年）》（第二册），王乃信等译，创造出版社 1989 年版，第 146—147 页。
④ 谢南光：《台湾人的要求》，谢南光著，郭平坦校订：《谢南光著作选》（下），海峡学术出版社 1999 年版，第 338 页。

通过了宣言，并议决以前述五位创立委员为临时委员，任期一月。台湾民众党于是正式成立，当时有党员 197 人。①

由于殖民政府的强力干预，台湾民众党的创立经历了极为曲折的过程，其宣言、政策、纲领也不得不经过较大删改，距离最初的理想已有相当大距离，民众党内更为激进的蒋渭水等人因而希望通过纲领解释案及后来的党员大会宣言等来传达其立党精神和主要主张。在蒋系人马的推动下，1927 年 9 月 16 日，召开的第一届中央委员会决定，委托蒋渭水等人针对三大纲领拟订解释案，预备分发给党员。这份解释案比较突出的是关于第一、第二项的说明，其中针对第一项"确立民本政治"，提到要求制定台湾"宪法"，根据"宪法"使司法、立法、行政三权分立，使台湾人民拥有立法协赞权，同时提出反对集三权于一身的总督专制政治。关于第二项"建设合理的经济制度"，则提出要"确立生存权，拥护农工阶级，提高其生活水平，使贫富之差趋于平均"，具体则包括：（1）根据耕者有其田原理，奖励自耕农之发达，防止大地主的发生；（2）废除特权阶级，消灭大资本家；（3）采用社会主义原则，大企业归于公营，以防止资本主义之跋扈。与这份纲领解释案同时提出的还有一份"民众党对阶级问题的态度"，提出全民运动与阶级运动同时进行，拥护农工阶级，将扶助农工团体的发展作为全民运动的中心，站在农工利益立场合理调节阶级矛盾，结合台湾各阶级民众实行全民解放运动等。② 这一纲领解释案有强烈的民族自治倾向，且明显受到孙中山新三民主义的影响，有社会革命的意图，其有关阶级问题的态度，则表明民众党主张全民运动的同时，为了实现全民解放，亦主张阶级运动。

对于蒋渭水等人提出的上述纲领解释案与有关阶级问题的态度，10 月 28 日召开的第一次中央常务委员会原拟通过，但由于稳健派主导的台中支部反对，于是提交 11 月 6 日在台北召开的第二届中央委员会审议，拟表决通过后再由党员大会通过。但审议期间，以彭华英为代表的稳健派对上述纲领解释案强烈反对，表示这"无异表示本党以殖民地自治为目标"，恐会引起殖民政府的

---

① 台湾总督府警务局编：《台湾社会运动史（1913 年—1936 年）》（第二册），王乃信等译，创造出版社 1989 年版，第 147—148 页；叶荣钟：《日据下台湾政治社会运动史》（下），晨星出版有限公司 2000 年版，第 417—418 页。

② 台湾总督府警务局编：《台湾社会运动史（1913 年—1936 年）》（第二册），王乃信等译，创造出版社 1989 年版，第 155—157 页。

反对而影响党的生存，经济纲领部分将斗争矛头指向大地主、大资产阶级，也恐引起党内中坚分子和地方有力者的反对。① 由于稳健派的抵制，第二次党员大会最终通过的解释案依然与原纲领一样含糊抽象，在阶级问题上，也删去了"本党站在代表农工利益之地位"的表述。②

对于党纲的不同解释以及有关阶级问题态度案的修改，进一步反映了以蒋、蔡为代表的两派间的思想分歧与运动路线分歧，蒋渭水等人明确坚持民族运动路线，并将阶级运动也纳入民族运动之中，发展农工团体作为全民运动的中心势力。彭华英等蔡系人马则不仅反对阶级运动，在殖民政府的强力压制下，其政治立场也出现了退缩，不敢公开提倡民族斗争，对于台湾人民参政权的争取实际转向殖民政府许可的"狭义的争取参政权运动"。在民众党创立后的第一年，蒋渭水等人为防止党的分裂，对以蔡培火为代表的合法稳健派有所妥协，继 11 月 16 日的第二届中央委员会推荐林献堂、林幼春、蔡式榖、蔡培火为顾问后，12 月 11 日，中央常务委员会在台中召开，蒋派的谢春木、黄周以忙于台湾民报事务为由请辞，彭华英接任民众党主干，二人党内的其他职务也由其他人取代，仅保留中央常务委员身份。③

虽然纲领解释案因彭华英等人的反对未予通过，蒋渭水等立场更为激进的民众党人依然希望透过后续党员大会宣言等文件来传达其主要主张。1928 年 7 月 15 日，民众党第二次党员大会在台南召开，此次大会在民众党的政策中增加了"制定劳动立法"和"制定佃农立法"两项内容，在由蒋渭水拟订的大会宣言中，则再次强调了以农工阶层为主要力量的全民运动的主张，指出全民运动是台湾解放运动必经的过程，过去解放运动失败，是因为只有知识阶级参加，今后的全民运动应使更广大范围的民众参与，尤其要以农工阶级为解放运动的主力。所以民众党今后的工作重点是扶持农工团体的发展，以农工阶级为中心，建立农工商学的共同战线。这一宣言因被殖民政府认定为"内容多涉偏

① 台湾总督府警务局编：《台湾社会运动史（1913 年—1936 年）》（第二册），王乃信等译，创造出版社 1989 年版，第 155 页；谢南光：《台湾人的要求》，谢南光著，郭平坦校订：《谢南光著作选》（下），海峡学术出版社 1999 年版，第 476 页；简炯仁：《台湾民众党》，台北稻乡出版社 2001 年版，第 93 页。
② 台湾总督府警务局编：《台湾社会运动史（1913 年—1936 年）》（第二册），王乃信等译，创造出版社 1989 年版，第 158—160 页。
③ 台湾总督府警务局编：《台湾社会运动史（1913 年—1936 年）》（第二册），王乃信等译，创造出版社 1989 年版，第 161 页；许世楷：《日本统治下的台湾》，东京大学出版会 1972 年版，第 416—417 页。

激"而被禁止颁布。①

1929 年 10 月 17 日，第三次党员大会在新竹召开，为避免第二次大会宣言被禁止颁布的命运，此次的宣言没有在大会提出讨论，也没有向官方报备，而是油印后秘密发给全体党员。宣言的表述也因此更趋激进，提出民众党"在内则根据本党的纲领、政策及二次大会宣言，让全岛的斗争分子集中本党，使其接受本党的指导并整顿阵营、统一其战线，以扩大斗争力量……以期达成大众政党之目的。在外则联络世界无产阶级及殖民地民众，参加国际解放战线"。依据上述宣言中的精神，1930 年 1 月 7 日召开的中央常务委员会对民众党的三大党纲进行了修改，其内容为：一、解除政治、经济、社会的束缚；二、伸张并维护民众日常利益；三、反对总督专制，努力争取政权。其中第一、第三项因殖民当局的警告，不得不再做调整，使新党纲第一项变更为"期待政治的、经济的、社会的自由实现"；第三项则变更为"反对特权政治，争取普通政权"。② 修改后的党纲与原党纲相比，无疑更加深入而明确，③ 虽未使用"台湾人全体"和"解放"等词汇，但争取全体台湾人民政治、经济、社会解放以及民族自治等意图已非常明显。

1931 年第四次党员大会召开，蒋渭水等人又进一步将党纲修改为：一、争取劳动者、农民、无产市民及一切被压迫民众的政治自由；二、拥护劳动者、农民、无产市民及一切被压迫民众的日常利益；三、努力扩大劳动者、农民、无产市民及一切被压迫民众之组织。④ 显示民众党以阶级斗争取代了民族运动，是民众党在指导思想上的一次飞跃，但因总督府警务部门当场宣布民众党被禁止，相关主张未能付诸实践。在民众党存续期间，主要依据第二、第三次党员大会的宣言精神，展开各种抗日活动。

台湾民众党的主要抗日活动

民众党成立后，依据其立党精神，展开了一系列反对总督府专制统治、为

① 台湾总督府警务局编：《台湾社会运动史（1913 年—1936 年）》（第二册），王乃信等译，创造出版社 1989 年版，第 176—178 页。
② 台湾总督府警务局编：《台湾社会运动史（1913 年—1936 年）》（第二册），王乃信等译，创造出版社 1989 年版，第 213—222 页。
③ 简炯仁：《台湾民众党》，台北稻乡出版社 2001 年版，第 109 页。
④ 台湾总督府警务局编：《台湾社会运动史（1913 年—1936 年）》（第二册），王乃信等译，创造出版社 1989 年版，第 255 页。

台湾人争取各项权益的活动。

民众党在成立后首先开展了反对总督府评议会运动和地方自治制度改革运动。田健治郎任台湾总督期间，奉行所谓内地延长主义政策，在台湾设立了总督府评议会和州市街庄制度。但对于台湾人民来说，这两项制度都充满虚伪性，尤其是前项总督府评议会制度，自设立以来就遭到台湾人民的反对，1923年以后基本处于废止状态。上山满之进出任台湾总督后，于1927年重新任命评议会员，以台湾总督和总督府总务长官出任正副会长，25名会员中，日人官吏7人，在台民间日本人9人，台湾人仅9人。会议用语为日语。对台湾人民来说，这样的评议会显然不可能代表台湾民意，台湾民众党因此表示强烈反对，于9月28日以政务部名义公开发表反对声明书，批评总督府评议会完全是殖民政府为掩盖"专制的恶名"，集结御用绅士而组织的"假装民意的官僚政治机关"，其设立"不但对台湾民众无益且将遗祸未来"，完全没有存在之价值。①1930年6月，台湾总督府不顾台湾人民的反对再次任命新一届评议会员，民众党于7月5日再次向日本各有关政府部门、台湾总督及日本国内各政党发出声明书，表示绝对反对评议会的存在。②

地方自治改革曾被列入民众党政策中的第一项，也是除台湾议会外，台湾抗日民族运动精英们较早关注的政治改革内容。这一改革运动主要针对1920年台湾总督田健治郎在台湾实行的州市街庄制度，因这一制度并非真的地方自治，无论州、市、街庄长还是协议会员，均非民选产生，而是由官方任命，其实质只是让其代替殖民当局征收地方税而已。③基于此，1927年12月10日，民众党中央常务委员会决议着手地方自治制度改革运动，要求各支部监督市、街、庄协议会的开会状况，同时通过举办演讲会等方式，对现行市街庄制度进行批判。1928年3月13日至14日，蔡式榖、谢春木、洪元煌等民众党委员面见台湾总督和内务局长，陈情改革事项。8月14日，又以蔡式榖领衔、3475人

---

① 台湾总督府警务局编：《台湾社会运动史（1913年—1936年）》（第二册），王乃信等译，创造出版社1989年版，第167页；叶荣钟：《日据下台湾政治社会运动史》（下），晨星出版有限公司2000年版，第426—428页。

② 台湾总督府警务局编：《台湾社会运动史（1913年—1936年）》（第二册），王乃信等译，创造出版社1989年版，第238—239页；叶荣钟：《日据下台湾政治社会运动史》（下），晨星出版有限公司2000年版，第476—478页。

③ 杨肇嘉：《台湾地方自治制度》，杨肇嘉编：《台湾地方自治问题》，新民会文存第一辑，东京新民会1928年版，第16页。台湾"中研院"台湾史研究所档案馆所藏"六然居典藏史料"，识别号：LJK_03_04_0110188。

连署的形式，向台湾总督府提交改革建议书。民众党提出的改革建议包括：市街庄应为公法人；议员应当依照普通选举民选产生；议员人数不分日本人台湾人，均按一定人口比例选出；改市街庄协议会为议决机关；协议会议决事项以日本国内府县市町村会的权限为标准；市街庄长由市街庄选出等。其重点是将州市街庄协议会由官选咨询机关改为民选议决机关。① 1930 年初，民众党内的右派和合法稳健派鉴于蒋渭水等左派日益左倾，酝酿以地方自治制度改革名义单独成立团体。为防止民众党分裂，也为了安抚一部分倾向地方自治改革的党员，民众党决定大规模开展地方自治改革促进运动。从该年 4 月 7 日起，分南北两班、在 42 处主办演讲会，并散发传单，参加听众 1.5 万余人，有 1 万多人在改革建议书上签名。同年 6 月 24 日，蒋渭水、陈其昌、蔡式毂等人前往台湾总督府，提交带有 1 万余人签名的地方自治制度改革建议书，并向总督府总务长官陈情促进地方自治改革。②

保甲制度是日据时期台湾恶政之一，民众党在组党过程中顶着殖民政府的压力，仍然将"撤废保甲制度"列入其政纲，可见台湾人民对保甲制度的恶感有多深。鉴于很难彻底废除保甲制度，民众党采取的策略是让党员当选保正甲长，试图从保甲制度内部着力，使保甲制度回到清代的"邻保相助"功能，而不再是殖民政府监控台湾人民及收税的工具。同时，全台约有 5000 多个保长和 5 万多个甲长职位，民众党若能占据这些位置，也能掌握台湾基层社会。因此，在民众党正式成立前后，就有党员以选举保甲长的形式，展开废除保甲制度运动。但殖民当局对此进行了阻挠，甚至在民众党员当选后不予认可，因此该项运动难见成效，一直到七七事变爆发后，日本在台湾推行战时经济统制和"皇民化"政策，保甲制度失去其功能，才被与日本国内类似的"邻组"制度取代。③

---

① 台湾总督府警务局编：《台湾社会运动史（1913 年—1936 年）》（第二册），王乃信等译，创造出版社 1989 年版，第 168—169 页；叶荣钟：《日据下台湾政治社会运动史》（下），晨星出版有限公司 2000 年版，第 428—429 页。

② 台湾总督府警务局编：《台湾社会运动史（1913 年—1936 年）》（第二册），王乃信等译，创造出版社 1989 年版，第 229—234 页；叶荣钟：《日据下台湾政治社会运动史》（下），晨星出版有限公司 2000 年版，第 474—475 页。

③ 台湾总督府警务局编：《台湾社会运动史（1913 年—1936 年）》（第二册），王乃信等译，创造出版社 1989 年版，第 189 页；叶荣钟：《日据下台湾政治社会运动史》（下），晨星出版有限公司 2000 年版，第 435—436 页；谢南光：《台湾人的要求》，谢南光著，郭平坦校订：《谢南光著作选》（下），海峡学术出版社 1999 年版，第 372 页。

除开展政治制度领域的改革运动外，民众党还通过发动民众，开展市民运动和工人运动。1928 年 5 月，台南州政府为纪念天皇即位，准备废除台南市大南门外约 5 万坪的墓地，修建高尔夫球场。这块墓地自郑成功时代以来已约有 300 年的历史，涉及众多台南市民的利益，因此遭到台南市民的强烈反对。民众党顺应台南市民的意愿，其台南支部和新文协的台南支部均发表了反对拆除墓地的声明，民众党并充当指导角色，发动宗亲会、商工会、工友会等组织，与殖民政府展开斗争，曾有 3000 人出席集会，千余人包围警察署，抗议殖民政府的这一不当举措。民众党还通过《台湾民报》展开宣传，刊登州市协议会员对此事的批评意见等，最终迫使台南州知事不得不表示停止拆除墓地。在台北，民众党也领导了墓地抗争事件，要求殖民当局为无产者免费提供墓地。经过民众党人坚持不懈的努力，台北墓地问题也得到解决，无产者只要有警察的证明书，即可免费使用墓地。[①] 1928 年 10 月，民众党还展开了反对台北电车敷设运动，反对台北市花费巨额预算为日人聚集区建造电车。虽然过程中遭到殖民政府的弹压，重要干部蒋渭水、吴清海等十余人曾被拘押，但反对运动终使台北电车未能敷设成功。[②]

蒋渭水等民众党人非常重视农工团体和农工运动的发展。农民运动方面，因为已经有全岛性的台湾农民组合的存在，民众党能够介入的空间较小，于是将斗争目标主要放在殖民政府剥夺台湾农民的土地政策上。1929 年 7 月 13 日，民众党向殖民当局提出反对现行土地政策的陈情书，主张官有土地的拨售应以与该土地有关的农民为对象，反对拨售给资本家和大地主。[③] 民众党还参与了大宝农林部农民抗争事件、三井合民公司山林使用权抗争事件等，并支持浊水溪沿岸垦地农民获得开垦地所有权和永久耕作权。[④] 与农民运动相比，民众党

① 许世楷：《日本统治下的台湾》，东京大学出版会 1972 年版，第 426—428 页；谢南光：《台湾人的要求》，谢南光著，郭平坦校订：《谢南光著作选》（下），海峡学术出版社 1999 年版，第 371—372 页。

② 台湾总督府警务局编：《台湾社会运动史（1913 年—1936 年)》（第二册），王乃信等译，创造出版社 1989 年版，第 201—202 页；叶荣钟：《日据下台湾政治社会运动史》（下），晨星出版有限公司 2000 年版，第 438—439 页；许世楷：《日本统治下的台湾》，东京大学出版会 1972 年版，第 429 页。

③ 台湾总督府警务局编：《台湾社会运动史（1913 年—1936 年)》（第二册），王乃信等译，创造出版社 1989 年版，第 192—193 页。

④ 谢南光：《台湾人的要求》，谢南光著，郭平坦校订：《谢南光著作选》（下），海峡学术出版社 1999 年版，第 373—376 页。

在工人运动方面表现比较突出，1927 年底之前，民众党旗下的工人团体即达到 21 个，分布在台北、新竹、台中、台南、高雄等地。[1] 1927 年 2 月 19 日，民众党在台北指导成立了工友总联盟，当时加入的工人团体有 28 个，总人数 6367 人。到 1930 年，团体数增加到 43 个，人数 1 万余人。[2] 民众党主要透过工友总联盟展开工人运动，截至 1930 年，领导重要的劳工争议事件近 20 起，其中大部分通过罢工等运动形式，为劳工成功争取到合法权益。但也有些因受到殖民政府的弹压而归于失败，比较著名的如高雄浅野水泥工厂争议事件，因该厂无正当理由开除工人，高雄机械工友会发动该厂工人举行罢工，其间工友总联盟接管领导罢工，发动了全台所属工友会及其他友谊团体积极支援，并通过向全台派遣求职团、宣传队，召开市民大会及争议经过报告演说会等方式，争取台湾社会对罢工工人的支持，一度使罢工取得有利于工人的积极成果，大部分工厂工人就职于其他地方，浅野水泥厂陷于停工状态。但因资方拒不让步，最后串通警察部门逮捕工人领袖，使得争议事件以失败而告终。[3] 工友总联盟不仅推动了台湾的工人运动，对于民众党开展的墓地争议事件等其他运动也有支持，是民众党进行社会动员的一个重要组织。

民众党还成功开展了反对阿片（鸦片）吸食新特许运动。日本占领台湾后，对本国人严禁鸦片吸食，对台湾人则采纳后藤新平的建议，采取所谓"渐禁政策"，一方面通过鸦片专卖获得高额财政收入，另一方面通过鸦片专卖权的分配和鸦片吸食牌照的发放，笼络、控制一大批御用士绅，是一项危害台湾人民的政策。民众党一直极为反对。1924 年 11 月，日本加入国际鸦片条约，严禁国民吸食鸦片，台湾总督府也于 1928 年 12 月颁布新鸦片令，原则上规定不准吸食鸦片，并对有瘾者进行治疗。但新令又为"总督特许吸食"及鸦片专卖留下空间，并于次年 12 月由警务局长发表发放鸦片吸食新特许方针的声明，准备发放新的鸦片吸食牌照。民众党随即发出抗议书，要求警务局长收回该声明，同时致电日本政府，要求命令台湾总督府停止发放新牌照，并建议在最短

① 谢南光：《台湾人的要求》，谢南光著，郭平坦校订：《谢南光著作选》（下），海峡学术出版社 1999 年版，第 164—165 页。

② 谢南光：《台湾人的要求》，谢南光著，郭平坦校订：《谢南光著作选》（下），海峡学术出版社 1999 年版，第 309 页。工友总联盟以工人团体为主，但民众党指导的农民团体、青年团体也包括在内。

③ 谢南光：《台湾人的要求》，谢南光著，郭平坦校订：《谢南光著作选》（下），海峡学术出版社 1999 年版，第 443—450 页。

时间内停止鸦片制造与销售，对提出吸食特许申请者全部进行戒断治疗。但日本政府对民众党的意见要求置之不理，1930 年 1 月 2 日，民众党直接致电日内瓦的国际联盟，控诉日本政府在台湾的鸦片政策违背国际条约，希望予以阻止。3 月 1 日，林献堂、蒋渭水等民众党人和前来台湾调查鸦片问题的国联委员会面，告知台湾的真实情况。国际联盟的关注使日本政界大为狼狈，尤其是主持签订鸦片条约的外务省，对此极为重视，提出阁议后决定无限期搁置鸦片新特许牌照的发放。台湾岛内的反对鸦片吸食运动也掀起新的高潮，医师公会、台北社交团体如水社、东京新民会等团体也加入进来，促使台湾总督府通过 40 万日元的预算，设立"更生院"帮助鸦片成瘾者戒断。蒋渭水等民众党人通过向国际社会寻求帮助，使长期以来被殖民政府掩盖的鸦片问题受到国际社会的关注，并使台湾人民的反对鸦片吸食运动获得一定成效，但同时，这一举措也引起在台日人对民众党更深的仇恨，为一年后殖民当局取缔民众党埋下伏笔。[1]

1930 年 10 月 27 日，雾社起义爆发，民众党对少数民族人民的抗日斗争予以声援，其主要干部蒋渭水、谢春木等人于 12 月 8 日商议决定，对日本拓务大臣等发出通电，指出雾社事件的起因是殖民政府一直以来对少数民族进行榨取与迫害，加上当地警察贪戾、残暴，认为应该对包括台湾总督、警务局长、台中州知事在内的责任人予以撤职，并彻底改革警察制度和"理番"政策，保证少数民族人民的生活和自由。在发出如上通电的同时，民众党还致电日本全国大众党和劳农党等左翼政党，建议派员来台调查雾社事件真相。[2] 民众党还在通电中揭露了台湾总督府在镇压雾社人民起义过程中"违反国际条约使用毒瓦斯杀戮弱小民族"。[3] 这些举措对台湾总督府及其警务部门都造成一定冲击，也造成殖民政府对民众党更加的不满。

在蒋渭水等"祖国派"民众党人领导下，民众党还开展了支援中国国民革命的运动。针对日本田中内阁干预国民革命军北伐、破坏中国统一，1928 年 7

---

① 参见叶荣钟：《日据下台湾政治社会运动史》（下），晨星出版有限公司 2000 年版，第 447—462 页；谢南光：《台湾人的要求》，谢南光著，郭平坦校订：《谢南光著作选》（下），海峡学术出版社 1999 年版，第 385—428 页。

② 叶荣钟：《日据下台湾政治社会运动史》（下），晨星出版有限公司 2000 年版，第 479—480 页。

③ 台湾总督府警务局编：《台湾社会运动史（1913 年—1936 年）》（第二册），王乃信等译，创造出版社 1989 年版，第 264 页。

月 26 日召开的民众党中央常务委员会通过政治部主任王钟麟提出的"对华政策反对声明"紧急动议，并于 8 月 2 日向日本首相、外务大臣以及日本重要政党、报纸等发出由蒋渭水等人起草的如下声明："我党认为现内阁对中国国民政府解决东三省问题及废弃不平等条约之态度显系破坏民国之统一与东洋和平之行为。"① 民众党还曾派重要干部谢春木、王钟麟参加 1929 年 6 月的孙中山移灵大典，并参照中国国民党的青天白日旗制定党旗。②

除上述各种运动外，民众党还开展了废除渡华旅券、反对"始政纪念日"、减税、废除在台日人官吏加薪等抗日活动。③ 从民众党开展的各项运动中，可以看出民众党立足于全民运动立场，努力动员社会各阶层加入抗日阵营，致力于为台湾人民争取政治、经济、社会的全面解放。

台湾民众党的分裂与被禁

台湾民众党从筹备时期就存在以蒋渭水为代表的中间偏左派、祖国派和以蔡培火为代表的合法稳健派、台湾派的矛盾，当时甚至有"水火不容"的说法。民众党内部的分歧，有殖民当局挑拨分化，故意以一派牵制另一派的策略因素，两派之间存在路线分歧也是重要根源。大体上，蔡培火一派奉行民族自决主义，以民族自治为目标，强调体制内的合法抗争，审时度势，利用内外舆论；蒋渭水一派则受到中国国民革命思想的影响，强调民族运动与阶级斗争并重的斗争路线，以殖民地民族解放为目标。两派路线分歧最集中之处，莫过于对阶级斗争的态度。蒋渭水等民众党左派一直致力于扶持农工运动的发展，1928 年初成立了工友总联盟，并透过工友总联盟积极支持各地的劳工争议事件。1928 年 7 月，民众党第二次党员大会召开前夕，蒋渭水等人有意将工友总联盟作为民众党的附属团体，但遭到合法稳健派彭华英的反对，彭甚至提出要辞职。中央常委中支持彭的意见的也比较多，蒋渭水不得不做出让步，言明工人团体的指导援助和党分离，他将秉持信仰以个人身份继续从事运动。④ 第二

---

① 叶荣钟：《日据下台湾政治社会运动史》（下），晨星出版有限公司 2000 年版，第 438 页。

② 台湾总督府警务局编：《台湾社会运动史（1913 年—1936 年）》（第二册），王乃信等译，创造出版社 1989 年版，第 188、225 页。

③ 参见谢南光：《台湾人的要求》，谢南光著，郭平坦校订：《谢南光著作选》（下），海峡学术出版社 1999 年版，第 376—384 页。

④ 台湾总督府警务局编：《台湾社会运动史（1913 年—1936 年）》（第二册），王乃信等译，创造出版社 1989 年版，第 185—186 页。

次党员大会也就党与农工团体的关系通过决议，以农工团体中的党员为农工团体的中心，但其组织不和党混合，财政明确区分。① 但第二次党员大会后，蒋渭水等人对民众党的组织机构进行了一些调整，如撤销组织部，另设政治、经济、劳农三个调查委员会，逐步降低合法稳健派在民众党领导层的影响力。此举之后不久，彭华英再次请辞，随后公开发表对民众党现行政策的不认同："民众党之使命在于纯粹的争取及伸张参政权，其行动必须是不出使命范围之外的绅士运动"。② 由此也可明了两派之间的路线分歧：合法稳健派坚持走上层路线，主张温和改良的手段，反对蒋渭水等民众党左派以农工运动为基础的全民运动路线。

自从彭华英脱党后，蒋渭水等民众党左派掌握了党内实权，林献堂、蔡培火、蔡式毂、陈逢源等合法稳健派领导人物于是逐渐游离于民众党之外。1929年1月，民众党中央执行委员会选举陈其昌、谢春木、黄周、黄旺成等为常务委员，蔡系人马完全失去在中央的权力，只在中南部支部占据优势地位。③ 蒋渭水派逐渐占据主导地位后，民众党以扶助农工运动为主要方向，在民众党的支持下，外围组织工友总联盟的工人运动声势颇为浩大，从第二次党员大会到第三次党员大会的宣言，再到实际运动，民众党的抗日态度愈加激进。

民众党的日益左倾使林献堂、蔡培火等合法稳健派更加不满，于是酝酿另外成立组织。1930年1月12日，林献堂、蔡培火、蔡式毂等人提出以完成地方自治为宗旨组织新团体的主张。④ 筹组台湾地方自治联盟，说明台湾抗日民族运动右派群体另起炉灶，预示着与日益左倾的民众党的分裂。尽管林献堂等人一再表示成立台湾地方自治联盟不是要与民众党对立，只是因民众党阶级斗争的色彩已明，"凡无色彩之人皆不敢参加"，所以成立不分阶级、全台民众合作的地方自治联盟，以援助民众党的政策。⑤ 但台湾地方自治联盟与民众党既

---

① 谢南光：《台湾人的要求》，谢南光著，郭平坦校订：《谢南光著作选》（下），海峡学术出版社1999年版，第353页。
② 台湾总督府警务局编：《台湾社会运动史（1913年—1936年）》（第二册），王乃信等译，创造出版社1989年版，第178、187页。
③ 台湾总督府警务局编：《台湾社会运动史（1913年—1936年）》（第二册），王乃信等译，创造出版社1989年版，第222页。
④ 许雪姬、何义麟主编：《灌园先生日记（三）·一九三〇年》，台湾"中研院"台湾史研究所筹备处2003年版，第14页。
⑤ 许雪姬、何义麟主编：《灌园先生日记（三）·一九三〇年》，台湾"中研院"台湾史研究所筹备处2003年版，第202页。

有思想路线的根本分歧，实际运作中又不可避免存在有限资源的竞争关系，新团体的成立必然会影响到民众党的利益。民众党中央执行委员会因而在 3 月 8 日通过决议，禁止党员加入其他政治团体，并建议以民众党的名义开展地方自治改革运动，否则加入台湾地方自治联盟的民众党员只能任其脱党。但林献堂等人认为，由于民众党有阶级斗争色彩，如果以民众党名义，那些不赞成阶级斗争路线的人士将不敢加入，[①] 执意成立新团体。至此，台湾地方自治联盟与民众党的对立、民众党内部的分裂已不可避免。

1930 年 8 月 17 日，以促进现行地方自治制度改革为单一目标的台湾地方自治联盟在台中成立，联盟的最高权力机构由五位常务理事构成，主导联盟成立的林献堂与一位日人律师土屋达太郎则被聘为顾问。[②] 联盟本部由杨肇嘉任常务理事，理事为洪元煌，书记长为叶荣钟，另外设财政、宣传、组织、编辑、会计、庶务等部门。[③] 联盟之下于各地设支部，从 9 月 12 日"台中支部"成立，到次年 1 月 13 日北门支部成立，先后成立了 10 个支部。[④] 联盟被林献堂等人定位为一个联合性的"全民运动"组织，"无色彩之绅士、文协、农组、日本人"均可成为组织成员，[⑤] 其组织成分极为复杂，而反对阶级斗争、农工运动的特点极为鲜明。与蒋渭水等民众党人相比，合法稳健派在日本殖民政府的高压政策之下，表现出很强的妥协性。

台湾地方自治联盟正式成立后，面对加入联盟的跨党党员，民众党曾给予两周的缓冲期，以促其反省。1930 年 12 月 5 日，民众党开除了联盟的主要干部蔡培火、陈逢源、洪元煌等人，林献堂对此极为不满，不久辞去了民众党顾问一职。[⑥] 民众党内左右两派彻底决裂。

---

① 许雪姬、何义麟主编：《灌园先生日记（三）·一九三〇年》，台湾"中研院"台湾史研究所筹备处 2003 年版，第 90、92 页。

② 成立大会的情况参见《发会式概况》，台湾"中研院"台湾史研究所档案馆藏"六然居典藏史料"，识别号：LJK-04-04-0060980。

③ 台湾地方自治联盟本部编：《台湾地方自治联盟要览》，台湾地方自治联盟 1931 年版，第 42 页。台湾"中研院"台湾史研究所档案馆藏"六然居典藏史料"，识别号：LJK_04_07_0011091。

④ 叶荣钟：《日据下台湾政治社会运动史》（下），晨星出版有限公司 2000 年版，第 514—515 页；台湾总督府警务局编：《台湾社会运动史（1913 年—1936 年）》（第二册），王乃信等译，创造出版社 1989 年版，第 280 页。

⑤ 许雪姬、何义麟主编：《灌园先生日记（三）·一九三〇年》，台湾"中研院"台湾史研究所筹备处 2003 年版，第 92 页。

⑥ 台湾总督府警务局编：《台湾社会运动史（1913 年—1936 年）》（第二册），王乃信等译，创造出版社 1989 年版，第 224—225 页。

　　林献堂等稳健派脱离出民众党，使早就对民众党不满的殖民当局不再有顾忌。于是殖民当局借口民众党第四次党员大会修订的纲领明白宣示该党的本质是"农工阶级为中心的民族运动"，于 1931 年 2 月 18 日民众党第四次党员大会召开之际，当场宣布禁止民众党结社，并拘押蒋渭水、陈其昌等 16 名民众党主要领导干部。在殖民当局给出的禁止理由中，可以看出民众党此前对鸦片问题和雾社起义真相的揭露，以及民众党对中国国民党的亲近，都引起了殖民政府的强烈不满甚至仇视。在"激烈的民族主义者"蒋渭水领导下的民众党，在民族运动中融入阶级斗争，以"民族运动为纬，阶级斗争为经"，其强烈的反殖民国日本、反总督政治精神以及民族自决主义立场，是殖民政府绝难容忍的。①

　　民众党被禁止后，蒋渭水曾建议将台湾的抗日运动分为三部分，即工人加入工友总联盟、农民加入农民协会、无产市民加入此前民众党的支持团体维新会，从而谋求运动的扩大化。但可惜来不及商量出进一步的行动计划，蒋渭水就于同年 7 月因病住进台北医院，8 月 5 日，因伤寒症英年早逝。② 8 月 23 日，台北举办了声势浩大的"大众葬"，数百名工友总联盟成员参与护送蒋渭水的灵柩，5000 余人参与送葬，全台各地同时举办了悼念活动，"蒋氏之死给台湾民众带来的激荡之深以及哀痛之切，在日据时代，实无人能出其右。"③ 这死后的哀荣，也反映了蒋渭水在台湾抗日运动史上的重要影响及突出地位。

　　蒋渭水去世后，民众党人失去统领全局的领导核心，加上此时台湾的情势对开展抗日活动愈发不利，陈其昌、谢春木等原民众党的主要干部因而相继奔赴祖国大陆，民众党重要的支持力量工友总联盟也因失去指挥者，逐渐陷入有名无实的境地，④ 继文化协会之后影响最广的抗日民族运动团体民众党至此退出了历史舞台。

---

① 台湾总督府警务局编：《台湾社会运动史（1913 年—1936 年）》（第二册），王乃信等译，创造出版社 1989 年版，第 262—266 页。
② 台湾总督府警务局编：《台湾社会运动史（1913 年—1936 年）》（第二册），王乃信等译，创造出版社 1989 年版，第 270—271 页。
③ 黄煌雄：《蒋渭水传——台湾的孙中山》，时报文化出版社 2006 年版，第 191—194 页。
④ 台湾总督府警务局编：《台湾社会运动史（1913 年—1936 年）》（第二册），王乃信等译，创造出版社 1989 年版，第 266—272 页。

四、台湾共产党与农工运动

20世纪20年代中期以后，台湾非武装抗日运动的最突出特征是左翼抗日运动的兴起。从1925年农民抗争事件频发，到1927年旧文协分裂、新文协左倾，再到1928年台湾共产党成立并领导台湾的农工运动，形成日据时期台湾左翼抗日运动的洪流，并影响到原属中间派的民众党的运动路线，使其也逐渐左倾。左翼抗日运动的兴起，反映出日据时期非武装抗日运动在向深度与广度发展，运动参与者在关注民族矛盾的同时，也注意到殖民体制下的阶级矛盾：从参与的阶层来说，不再局限于本土地主资产阶级和青年知识分子，而是扩大到农工阶层；从运动的议题来说，则由主要围绕政治层面扩大到经济、社会领域。这一运动潮流的形成，一方面，客观上与日本殖民统治下台湾社会矛盾不断激化有关，另一方面，则受到社会主义、共产主义思潮的影响，一些赴日本和祖国大陆求学的台湾青年接触到社会主义、共产主义思潮，并将其引入岛内。五四运动以来祖国勃兴的反帝反封建运动，尤其让台湾青年大受鼓舞，思想日趋激进。越来越多对日本殖民统治不满的台湾青年奔赴祖国，参加祖国的反帝爱国运动，其中不少人还加入了中国共产党或共产主义青年团。正是以这些在祖国加入共产主义组织的台湾青年为基础，台湾共产党得以根据共产国际的指示在上海成立，并对台湾农工运动的进一步开展产生影响。然而，此时日本殖民政府对台湾抗日运动的打压也更趋严厉，对于思想激进的左翼抗日运动，尤其不能容忍，台湾共产党因而自成立伊始就受到殖民政府的严密监控与打压，此后艰难地在岛内秘密发展组织与动员农工运动，最终因殖民政府的强力镇压而归于失败。

台共成立前台湾农民运动的兴起

日本占领台湾后，曾通过土地和林野调查，取消大租权，确立起产权相对清晰的地权制度。但在地权制度确立过程中，因为不能及时提供有效的证明文件，台湾农民开垦的大量土地被殖民政府强行剥夺，成为所谓的"官有地"。这些"官有地"中很大一部分被殖民政府拨给由日人资本掌控的企业，以鼓励、扶持本国资本在台湾的发展，进而掠夺台湾的农林资源以供应本国的需求。这使台湾农民从日据初期就与殖民政府及其扶持的以日人资本为主的资本家阶级存在对立与矛盾，1912年爆发的林杞埔事件，即是这种矛盾的反映。进入非武装抗日运动阶段后，随着文化协会开展的宣传与启蒙活动，台湾农民的民族意识和阶级意识觉醒，从 1925 年开始开展了一系列抗争运动。

台湾农民的非武装抗争事件首先兴起于蔗农中间，因糖业领域农民与资本家的阶级矛盾尤为尖锐。占领台湾不久，台湾总督府即鉴于日本国内对糖的需求，非常注重糖业的开发，不仅鼓励、扶持日人资本在台湾建立起现代制糖业，并将甘蔗的种植与销售也纳入由日人资本主导的资本主义生产体系。通过保护糖业资本家利益的"原料采集区域制度"和"产糖奖励法"，使蔗农形同隶属于制糖企业，无论在甘蔗种植还是糖定价方面，均无发言权，从而确保由糖业资本家垄断糖业的利润。针对糖业资本家对蔗农的剥削，文化协会曾深入农村，以文化演讲等方式，抨击糖业资本家的利益垄断和殖民政府过度保护糖业资本家的糖业政策。① 蔗农运动于是首先在台中林本源制糖公司原料采集区域的二林庄爆发，其发起人与领导人是二林庄开业医师、文化协会理事李应章。李应章是倡议设立文化协会的台北医专学生之一，文化协会成立后，李应章回到家乡二林，一边开医院行医，一边开展启蒙宣传。在开展文化启蒙活动时，李应章接触到农村的现状，了解到蔗农的疾苦，于是多次出面替蔗农向制糖公司交涉，要求提高甘蔗收购价格，并向殖民政府的各级官员提出相关陈情。1925 年 6 月 28 日，在李应章的组织下，二林地区的 400 余名蔗农团结起来，成立"二林蔗农组合"。由于林本源公司溪州糖厂对李应章等人提出的提高甘蔗收购价格的要求不予理睬，同年 9 月 27 日，二林蔗农组合举行蔗农大会，决定对糖厂提出如下要求：（1）甘蔗收割前公布收购价格；（2）肥料任由农民自由购用；（3）糖厂与蔗农协议制定甘蔗收购价格；（4）甘蔗过磅应会同蔗农代表；（5）糖厂应公布肥料分析表。随后，李应章和蔗农代表携带上述要求与糖厂谈判，但糖厂代表态度傲慢，谈判破裂。蔗农组合因而决定成立斗争本部，将上述五项要求汇整后作为斗争方针，包括先议定蔗价再收割甘蔗、反对糖厂单方面称量甘蔗以及反对厂方强迫蔗农购买肥料。蔗农组合还将上述斗争方针挨家挨户进行宣传。10 月 21 日，糖厂派人带领工人到二林等地非组合员的蔗田收割，被组合员阻止。次日，糖厂在警力保护下强行收割，与现场约

---

① 台湾总督府警务局编：《台湾社会运动史（1913 年—1936 年）》（第四册），王乃信等译，创造出版社 1989 年版，第 42 页。

300 名蔗农发生冲突。10 月 23 日，日警逮捕了李应章及 90 多名参与抗争的蔗农，引发二林蔗农事件，其中有 31 人后来被殖民政府判刑，作为领导人的李应章更是入狱 8 个月，直到 1928 年 1 月中旬才期满出狱。[①]

受二林庶农事件启发，台南凤山的公学校教员简吉也开始关注农民问题，1925 年 5 月其时刚好新兴制糖公司要收回该地的 70 甲佃耕地作为自营蔗园，与佃耕这些土地的农民发生冲突，简吉于是与受文化协会影响而思想左倾的黄石顺一起，领导当地佃农向新兴制糖公司表达抗议，迫使公司作出让步。在抗争过程中，农民感受到团结力量的重要性，11 月 15 日，"凤山农民组合"成立，由简吉担任组合长，当时有成员 80 余人。凤山农民组合成立后，不仅指导农民的土地争议事件，还展开宣传活动，在周边农村举办巡回演讲，进一步扩大农民组合的影响。[②]

1924 年 12 月，台湾总督府推行行政改革，免除了一批日人官僚的职务，为让这批退职官僚长久居住台湾，提高在台日人的居住比例，台湾总督府拟订了原野地预约拨售办法，截至 1926 年 11 月底，将 3886 余甲官有地拨售给这些退职官僚。这些土地，大多已由当地农民开垦多年，殖民政府将其拨售给退职官僚，损害了垦种农民的利益，因此也引发不少农民群起反抗，[③] 其中比较典型的如台中大甲郡针对退职官僚放领土地的抗争。1925 年 12 月，台中大甲郡大肚庄的 48 余甲官有地被放领给 6 名退职日人官僚。在这块土地上垦种多年的 73 户农民向大甲郡守陈情，希望改由垦种者承领，但被大甲郡守拒绝，并让这些农民向承领的退职官僚交涉订立租耕契约。于是不满殖民政府土地政策的当地农民在赵港的率领下，寻求凤山农民组合干部简吉的支援，共同向台湾总督府等各级殖民政府陈情，并展开农民组合设立运动。

①　台湾总督府警务局编：《台湾社会运动史（1913 年—1936 年）》（第四册），王乃信等译，创造出版社 1989 年版，第 43—46 页；李伟光（应章）自述，蔡子民整理：《一个台湾知识分子的革命道路》，李玲虹、龚晋珠主编：《台湾农民运动先驱者——李伟光》，海峡学术出版社 2007 年版，第 5—9 页。李应章出狱后，于 1932 年初到厦门，参加中国共产党，后到上海进行抗日活动，并改名为李伟光。抗战胜利后，任台湾旅沪同乡会会长。新中国成立后，参加台盟，出席第一届全国人民政治协商会议。参见李玲虹、龚晋珠主编：《台湾农民运动先驱者——李伟光》，海峡学术出版社 2007 年版，第 1 页。

②　台湾总督府警务局编：《台湾社会运动史（1913 年—1936 年）》（第四册），王乃信等译，创造出版社 1989 年版，第 48—49 页；陈慈玉：《地方菁英与 1920 年代台湾农民运动》，张海鹏、李细珠主编：《台湾历史研究》第三辑，社会科学文献出版社 2015 年版。

③　台湾总督府警务局编：《台湾社会运动史（1913 年—1936 年）》（第四册），王乃信等译，创造出版社 1989 年版，第 11、51 页。

1926 年 6 月 6 日，大甲农民组合正式成立，赵港为组合长，又通过了简吉所拟的纲领规章等。大甲农民组合成立后，不仅该地的农民抗争事件更加活跃，赵港、简吉等农民组合干部还试图联合各地的农民团体，以领导全台各地的土地抗争事件。当时与大甲农民抗争事件性质类似的还有台南虎尾的农民抗争事件，在简吉的帮助下，于 1926 年 8 月 21 日成立了台湾农民组合虎尾支部。①

该时期成立的农民运动团体还有竹崎、曾文农民组合等。这些农民抗争事件，均以资本家及扶植资本家的各级殖民政府为主要斗争对象，其诉求则主要表现为争取土地耕作权，在蔗农当中，获得甘蔗定价权是更为突出的要求。不过此一时期，台湾农民运动主要在文化协会的领导之下，阶级斗争色彩还不浓厚，运动策略上主要采取陈情、请愿等方式。1926 年，日本劳动农民党麻生久、布施辰治两位律师来台，为李应章等二林事件被捕人员辩护，他们在简吉、赵港等人的陪同下，遍访全岛各地，举办农民演讲会，台湾农民运动与日本劳动农民党建立联系，并逐渐左倾。1926 年 6 月 28 日，在简吉、赵港等人倡议下，全台农民团体实现统一，在高雄凤山正式成立了全岛性的台湾农民组合，简吉担任中央组合长。台湾农民组合本部原设于凤山，后迁到台南曾文，1927 年 12 月再迁至台中，各地成立的农民组合成为台湾农民组合支部。根据章程，台湾农民组合由全台佃农、佃耕兼自耕农、雇农以及经组合承认者组成，一定程度上宣示了其阶级立场。1927 年 1 月文化协会分裂，抗日运动分化出左右翼阵营，台湾农民组合倾向于左倾的新文协。同年 12 月，台湾农民组合第一次全岛大会在台中召开，新文协主要干部连温卿、王敏川等均到会，另外还有"无产青年"代表、台湾民众党工人运动领导人、东京台湾青年会下属社会科学研究部代表以及日本劳动农民党的代表等参会。第一次全岛代表大会通过了支持日本劳农党、设置特别活动队及促进劳农结合等议案，提出台湾农民运动已脱离自然发生的经济斗争时期，应在合法的组合运动之外，以特别活动队为主体开展非合法的政治斗争，并要求与工人阶级联合，展开反抗日本帝国主义的斗争。② 台湾农民组合进一步向"马克思主义化"和"政治斗

---

① 台湾总督府警务局编：《台湾社会运动史（1913 年—1936 年）》（第四册），王乃信等译，创造出版社 1989 年版，第 54—59 页。

② 台湾总督府警务局编：《台湾社会运动史（1913 年—1936 年）》（第四册），王乃信等译，创造出版社 1989 年版，第 68—70、78—82 页。

争"方向转换。①

台湾农民组合的方向转换于组合成立后的农民抗争事件中得到体现。农民组合成立后的1927—1928年间，其指导下的农民抗争事件多达420余起，在运动方法上，早期的陈情请愿方式被抛弃，改以动员大众进行示威活动，运动的诉求也转向以减租、抗租为主。1927年，新竹州中坜、桃园两郡佃耕日本拓殖公司所有地的500余名佃农，在台湾农民组合领导下，向公司提出了减租七成至两成的要求，并每天派出佃农向公司示威，形成"第一次中坜事件"。由于殖民统治下台湾租佃矛盾尖锐，农民组合领导的农民运动顺应了台湾农民的需求，农民组合因此在组织上也得到较快发展，从成立时有支部6处、组合员4173人，到1927年底，发展到拥有支部17处、组合员2万余人。②

1927年前后农民组合明显左倾（文化协会亦然），是社会主义思潮透过日本和祖国大陆影响台湾岛内的结果。进入1928年后，农民组合以及台湾农工运动的左倾化趋势更加明显，其间台湾共产党的成立起到非常重要的作用。

祖国革命与台湾共产党的成立

五四运动以来祖国轰轰烈烈的反帝爱国运动，是台湾非武装抗日运动发生与发展的重要精神源泉，不少受新思潮启蒙的台湾青年赴祖国学习，又在祖国革命的感召下，思想更加激进。中国共产党成立以及第一次国共合作实现后，祖国的共产主义运动得到蓬勃发展，有更多台湾青年学生受这一形势鼓舞，加入左翼阵营，在上海、厦门、广州、南京等台湾青年学生相对集中的地方，均相继成立了一些共产主义色彩浓厚的团体，不少台湾青年还加入中国共产党或者中国共产主义青年团。这股共产主义运动思潮最终促成了台湾共产党的成立。

上海、广州两地是当时台湾青年学生最为集中，也是接受新思潮最为活跃的地方。在上海，新成立的上海大学为台湾左翼抗日运动培养了不少领导人才，尤其该校社会学系是培养革命人才的摇篮，首任系主任为中国共产党著名理论家瞿秋白，中国共产党早期重要干部蔡和森、萧楚女、恽代英等均在该系

---

① ［日］宗田昌人：《殖民地台湾における农民运动》，（日本）《二十世纪研究》2001年第2期，转引自陈慈玉：《地方菁英与1920年代台湾农民运动》，张海鹏、李细珠主编：《台湾历史研究》第三辑，社会科学文献出版社2015年版。

② 台湾总督府警务局编：《台湾社会运动史（1913年—1936年）》（第四册），王乃信等译，创造出版社1989年版，第86、95—97、103页。

任过课，因而吸引了大批青年学子前来求学。① 不少渴求进步的台湾青年也进入上海大学学习，上海台湾青年会的活跃分子许乃昌1923年9月进入社会学系学习，应是该系首批学生之一，② 另外如蔡孝乾、翁泽生、林木顺、谢雪红等后来的台共重要成员均先后进入该系学习。据不完全统计，从1925年到1927年间，在上海大学读书的台湾学生有十余人，除前述几位外，还有潘钦信、林日高、庄春火、刘守鸿、王万得、陈德兴、吴拱照、洪朝宗、李晓芳、庄泗川、陈丽水、王溪森、王天强等人，他们或者加入台共，或者至少参加了台湾的左翼抗日运动。③ 由于上海大学鼓励学生参加党团与各种政治、社会活动，④许乃昌、蔡孝乾等人不仅自身加入了中国共产党和中国共产主义青年团，还联络上海的台湾青年先后成立平社、台韩同志会、赤星会、上海台湾学生联合会等共产主义色彩浓厚的左翼团体。⑤

　　广州作为当时国民革命的中心，吸引了不少台湾进步青年前往，当时的广州国民政府也非常欢迎台湾青年前来参加革命。较早一批前往广州的有后来在大陆领导台胞抗日的李友邦，1926年初，李友邦回到台湾招募更多青年赴祖国参加革命，台湾农民运动领导人之一的杨春松即经其安排前往广州，与他同时前往的还有他的兄长、弟弟以及王万得等人。⑥ 1929年赴莫斯科求学的赵港之侄赵清云曾提到，当时在台湾文化协会，他经常遇到在广东求学的台湾大学生向他宣传："广东政府很乐意邀请殖民地（其中有朝鲜、台湾）的革命青年研究自由解放运动的问题，并给予物质帮助。"⑦ 1926年12月，广东台湾学生联合会成立，并于次年改组为广东台湾革命青年团。这两个团体均以打倒日本帝

① 杜继东：《留学上海——蔡孝乾的红白人生（一）》，中国社会科学院台湾史研究中心主编：《林献堂蒋渭水与台湾历史人物及其时代学术研讨会论文集》下册，台海出版社2009年版。
② 台湾总督府警务局编：《台湾社会运动史（1913年—1936年）》（第一册），王乃信等译，创造出版社1989年版，第245页。
③ 陈芳明：《殖民地台湾：左翼政治运动史论》，台北麦田出版社2017年版，第104页。
④ 杜继东：《留学上海——蔡孝乾的红白人生（一）》，中国社会科学院台湾史研究中心主编：《林献堂蒋渭水与台湾历史人物及其时代学术研讨会论文集》下册，台海出版社2009年版。
⑤ 台湾总督府警务局编：《台湾社会运动史（1913年—1936年）》（第一册），王乃信等译，创造出版社1989年版，第96—109页；台湾总督府警务局编：《台湾社会运动史（1913年—1936年）》（第三册），王乃信等译，创造出版社1989年版，第3页。
⑥ 他的弟弟杨春锦早前在东京接受共产主义思想，此时得到消息后与王万得一起前往广州。参见杨国光：《一个台湾人的轨迹》，台北人间出版社2001年版，第26—27页。
⑦ 俄档/全宗495/目录280/案卷231，转引自郭杰、白安娜：《台湾共产主义运动与共产国际（1924—1932）研究·档案》，台湾"中研院"台湾史研究所2010年版，第64页。

国主义、实行台湾民族革命为目标，① 并因受加入国民党的中共党员的影响，具有浓厚的左翼色彩，有不少成员后来加入中国共产党。大革命失败后，他们中的一部分人回到台湾，对岛内的共产主义运动卓有贡献。② 如前面提到的杨春松即受中国共产党指派，于 1927 年 9 月返回台湾，在家乡领导农民运动，第一次、第二次中坜事件中均活跃着其身影。台共成立后，杨春松成为谢雪红等人在岛内发展的首批党员之一，并进入台共领导阶层。③

这些进步的台湾青年不仅在祖国大陆接受革命思想，成立了相关团体，还透过中共组织与共产国际进一步发生联系。曾参与组织平社、台韩同志会、上海台湾青年会等团体的许乃昌，进入上海大学社会学系后，得到中共领导人陈独秀等人的赏识，1924 年 8 月被推荐作为中共后备干部前往莫斯科的东方大学学习，成为前往苏联学习的第一位台湾人。④ 回国后，许乃昌以日本大学学生身份前往东京，致力于在东京台湾青年会中发展组织，先与商满生、高天成、黄宗葵、杨贵（即作家杨逵）、杨友濂（杨云萍）、林朝宗、林聪等台湾进步青年一起，以台湾新文化学会名义研究马克思主义。1927 年 4 月，在东京帝国大学新人会帮助下，该群体于东京台湾青年会之下成立社会科学研究部，并透过帝大新人会与日本共产党取得联系。⑤

与台共成立直接相关、影响此后台湾左翼运动更深的谢雪红、林木顺等人，也是通过中共组织与共产国际发生联系。谢雪红出身台中贫困家庭，1925 年 4 月，她孤身前往上海，后与在杭州大学读书的林木顺一起，参加了国民党浙江省党部领导的革命活动。该党部由中共党员安体仁、宣中华、黄中美等人领导，经安体仁、宣中华介绍，谢雪红和林木顺、陈其昌等几个台湾青年加入

---

① 台湾总督府警务局编：《台湾社会运动史（1913 年—1936 年）》（第一册），王乃信等译，创造出版社 1989 年版，第 161 页。

② 台湾总督府警务局编：《台湾社会运动史（1913 年—1936 年）》（第三册），王乃信等译，创造出版社 1989 年版，第 4 页。

③ 杨国光：《一个台湾人的轨迹》，台北人间出版社 2001 年版，第 37 页。

④ 台湾总督府警务局编：《台湾社会运动史（1913 年—1936 年）》（第一册），王乃信等译，创造出版社 1989 年版，第 245 页。原文为"中山大学"，根据共产国际档案所载许乃昌个人档案，应为培养共产党干部的"东方大学"。参见郭杰、白安娜：《台湾共产主义运动与共产国际（1924—1932）研究·档案》，台湾"中研院"台湾史研究所 2010 年版，第 54 页。

⑤ 台湾总督府警务局编：《台湾社会运动史（1913 年—1936 年）》（第一册），王乃信等译，创造出版社 1989 年版，第 38—39 页；台湾总督府警务局编：《台湾社会运动史（1913 年—1936 年）》（第三册），王乃信等译，创造出版社 1989 年版，第 3 页。

了中国共产主义青年团，不久又加入中国国民党。1925 年 8 月，谢雪红经黄中美介绍加入中国共产党，并由中共安排和林木顺、陈其昌等一起进入上海大学学习。同年 10 月间，谢雪红、林木顺二人又接受中国共产党安排，分别前往莫斯科东方大学和中山大学学习。谢雪红原本在东方大学中国班，但由于当时的台湾处于日本殖民统治下，共产国际考虑到让谢、林二人回台湾建党的便利，不久即安排其转入日本班，林木顺后来也由中山大学转入。①

1927 年初，日本共产党派遣代表团到莫斯科，商议该党重建及其他问题，共产国际指示日本共产党应该为日本殖民地的解放运动提供思想和组织方面的帮助。② 1927 年 10 月，谢雪红、林木顺收到日共党员片山潜转达的共产国际的指示，由二人回国组织台湾共产党，并由日共中央负责指导和协助。同年 11 月，谢雪红、林木顺回到上海，中共党组织立即主动与其联系，二人得到已加入中共的台籍青年翁泽生的帮助，共同筹备台共建党工作。③ 翁泽生较早投身社会运动，文化协会成立之初就参加了该组织，后赴厦门集美中学读书，其间参加闽南台湾学生联合会、台北青年读书会、台北无产青年等组织，1925 年初进入上海大学学习，与瞿秋白有师生之谊，且获其赏识，7 月，在上海大学加入中国共产党。④ 由于上述经历，翁泽生与祖国大陆和岛内的左翼人士都有联系，成为台共建党的另一重要人物。谢雪红与翁泽生接触后，经中共党组织批准，即由翁泽生借助上海台湾学生联合会组织"台湾青年读书会"，为台共成立培养人才。翁泽生还将一些加入中共的台湾青年介绍给谢雪红，包括在台的林日高、洪朝宗、庄春火、蔡孝乾、李晓芳、庄泗川，以及在祖国大陆的潘钦信、王万得等人，并邀请他们参加台共创建。⑤

到上海后不久，林木顺先行前往日本，与日本共产党及在日本的左翼台湾

---

① 谢雪红口述，杨克煌笔录：《我的半生记》，台北 2004 年版，第 177—191、207—208 页；郭杰、白安娜：《台湾共产主义运动与共产国际（1924—1932）研究·档案》，台湾"中研院"台湾史研究所 2010 年版，第 57 页。

② 郭杰、白安娜：《台湾共产主义运动与共产国际（1924—1932）研究·档案》，台湾"中研院"台湾史研究所 2010 年版，第 44—45 页。

③ 谢雪红口述，杨克煌笔录：《我的半生记》，台北 2004 年版，第 233、237—238 页。

④ 陈芳明：《殖民地台湾：左翼政治运动史论》，台北麦田出版社 2017 年版，第 102—104 页；台湾总督府警务局编：《台湾社会运动史（1913 年—1936 年）》（第一册），王乃信等译，创造出版社 1989 年版，第 248—252 页。

⑤ 台湾总督府警务局编：《台湾社会运动史（1913 年—1936 年）》（第三册），王乃信等译，创造出版社 1989 年版，第 8—9 页；谢雪红口述，杨克煌笔录：《我的半生记》，台北 2004 年版，第 239、241 页。

青年联系，和东京"台湾社会科学研究会"中的积极分子陈来旺、林添进、何火炎、苏新一起成立了"马克思主义小组"，成为台共创建时党员的另一来源。① 1927年11月下旬，林木顺打电报给谢雪红，转达日共中央要求其也前往日本的要求。谢雪红向中共党组织汇报后，即由中共党组织帮忙购买船票，于该年底前往日本。② 谢、林二人列席了日共中央会议，并接受了日共中央通过的台共政治纲领、组织纲领等文件。③ 1928年2月初，谢雪红、林木顺偕同东京"台湾社会科学研究会"的陈来旺一起回到上海。但回到上海不久，日共代表即向谢、林等人表示，由于日本共产党要全力投入日本国会第一次普选，无力帮助台共建党，因此将指导与帮助台共建党的任务委托给中国共产党。④ 所以，尽管共产国际要求日本共产党负责指导与协助台共建党工作，但因没有书面指示，日共对这一工作显然并不积极，"日共在台共建党过程中的行动，仅止于向台湾人转交纲领文件"⑤。此后，台共的建党工作主要在中国共产党指导与帮助下进行。从谢雪红的回忆来看，自谢、林二人到上海后，中共党组织就与他们保持密切联系，并一直向其提供尽可能的帮助，包括共产国际赤色救援会的朝鲜人吕运亨，亦由中共党组织介绍给谢雪红，以帮助解决台共建党中遇到的经费问题。⑥

　　1928年4月15日，经中国共产党代表彭荣⑦安排，台湾共产党成立大会在上海法租界霞飞路横街金神父照相馆二楼秘密举行，出席者中共代表除彭荣外，台共代表有林木顺、翁泽生、林日高、潘钦信、陈来旺、张茂良、谢雪红等七人，另外还有朝鲜人吕运亨。会议大体按原案通过了台共政治纲领和组织纲领，按照日共中央拟订的组织纲领，台共暂时以"日本共产党台湾民族支部"的名义存在，须接受日本共产党领导，透过日本共产党与共产国际联系。

---

① 苏新：《未归的台共斗魂——苏新自传与文集》，时报文化出版社1993年版，第41页。
② 谢雪红口述，杨克煌笔录：《我的半生记》，台北2004年版，第245页。
③ 台湾总督府警务局编：《台湾社会运动史（1913年—1936年）》（第三册），王乃信等译，创造出版社1989年版，第9页。
④ 谢雪红口述，杨克煌笔录：《我的半生记》，台北2004年版，第255页。
⑤ 郭杰、白安娜：《台湾共产主义运动与共产国际（1924—1932）研究·档案》，台湾"中研院"台湾史研究所2010年版，第49页。
⑥ 谢雪红口述，杨克煌笔录：《我的半生记》，台北2004年版，第240页。
⑦ 关于彭荣的真实身份，学界有三种不同意见：一为瞿秋白说，一为彭湃说，一为任弼时说，近年学界较多人认为彭荣为任弼时的可能性较大。参见王键：《出席台共成立大会的中共代表"彭荣"身份辨析》，《北京社会科学》2013年第4期；陈小冲、周雨琪：《台共成立大会之中共指导者彭荣其人补论》，《台湾研究集刊》2016年第5期。

台共政治纲领提出台湾现阶段的革命性质主要为工农民主革命，同时也具有民族革命性质，根据这一认识，提出了十三条党纲：打倒总督专制统治、打倒日本帝国主义；台湾民族独立；建设台湾共和国；废除压制工农的恶法；七小时工作制；罢工、集会、结社、言论和出版自由；土地归于农民；打倒封建残余势力；制定失业保护法；反对压迫日本、朝鲜无产阶级的恶法；拥护苏维埃联邦；拥护中国革命；反对新帝国主义战争。①

　　台共纲领中提到了"台湾民族独立"及"建设台湾共和国"两条，这是当时特定历史环境下的产物，共产国际将台湾与其他殖民地放在一起考虑，重点在于使台湾脱离日本殖民统治，打倒日本帝国主义。由于当时正处于国共分裂、国民党一改亲苏政策之后，对于脱离日本殖民统治之后台湾的去向，共产国际暂时不可能提出回归中国的主张，日本共产党根据共产国际指示拟订的台共党纲作出前述规定，也就不难理解。但台湾的共产主义运动一开始就与祖国革命关系密切，台共成立之初，其成员"除了二、三个例外，全都曾经是中国共产党员"②，共产国际及奉命帮助台共建党的日共对台湾革命与中国革命之间的紧密关系也甚为了解与赞同："在台湾必须特别强调并宣传保卫中国革命以及和中国革命团结一致的信念。它将深刻唤起台湾本岛人民的深刻反应与回响，并进而促成与中国共产党更加团结在一起。"③

　　成立大会还针对工人、农民、青年、妇女等各项运动通过了对策性提纲，为台共此后开展工作提供大致方向，如有关工人运动，提出初期应在左派工会中树立党的基础，通过工会中的党团组织，使左派工会置于党的领导之下，进而推动左派工会和右派工会建立统一战线。对于农民运动，因有全岛性农民组合的存在，大会决议提出，党应派遣党员进入农民组合活动，克服农民组合现有的福本主义等错误，将农民组合引导上正确路线，同时在农民组合中发展党团组织，扩大党的影响，使农民组合在无产阶级指导下，完成同盟军的使命。

① 台湾总督府警务局编：《台湾社会运动史（1913年—1936年）》（第三册），王乃信等译，创造出版社1989年版，第9—14页。
② 《台湾的党组织活动方针及其组织状态》（1928年11月台共方面起草，预备报送日共中央），台湾总督府警务局编：《台湾社会运动史（1913年—1936年）》（第三册），王乃信等译，创造出版社1989年版，第105页。
③ 第2号文件《日本帝国主义枷锁下的台湾》（1928年6月）提纲片段，郭杰、白安娜：《台湾共产主义运动与共产国际（1924—1932）研究·档案》，台湾"中研院"台湾史研究所2010年版，第267页。郭杰、白安娜认为该文件是类似于《关于日本的提纲》的《关于台湾的提纲》，在共产国际第六次代表大会上得到日本代表团的赞同和通过。参见前引书第84页。

青年运动方面，提出应重视农村青年和无产阶级青年的组织化工作，以无产阶级为中心，发展共青团组织，以及在一般大众团体组织妇女部、赤色救援会等。[①]由于在日本殖民统治下，台共不能公开活动，成立大会还决定组织由工人、农民以及小资产阶级联盟的大众党，并经讨论决定要以文化协会、农民组合为中心，将积极分子集合于文化协会，经一段时期后再将文化协会改组为大众党。[②]

台共成立大会还选举出台共中央委员会，林木顺、林日高、庄春火（缺席）、洪朝宗（缺席）、蔡孝乾（缺席）五人当选为中央委员，翁泽生、谢雪红则为候补中央委员。1928 年 4 月 18 日，台共第一次中央委员会在上海法租界翁泽生住宅召开，出席者有林木顺、林日高、翁泽生、谢雪红四人，经协商，决定由林木顺、林日高、蔡孝乾出任中央常务委员会委员，中央委员会书记长由林木顺担任，并决定主要领导者的工作分工，如林木顺、林日高、潘钦信、谢玉叶将回台工作，陈来旺、谢雪红赴日本，翁泽生为上海驻在员等。台湾共产党于焉成立，转而开始实践活动。[③]

台共在岛内的组织发展与抗日活动

台共在上海成立后，首要任务是在台湾岛内发展组织及开展活动，所以第一次中央委员会不仅对中央委员工作做了分工，对于大多数党员也做出了具体安排。据谢雪红回忆，台共成立时共有党员 18 名，除驻上海和东京的党员外，包括林木顺在内有 12 名党员拟在岛内各地从事革命运动。[④] 4 月 22 日，陈来旺、林日高离沪分别返回日本和台湾。4 月 25 日发生了上海读书会事件，日本警察在谢雪红住所逮捕了上海台湾读书会的张茂良等 4 名党员以及谢雪红本人，并搜走了台共成立大会会议记录以及台共纲领等重要文件，[⑤] 对刚成立不久的台共造成很大打击。一方面党的重要文件被日本人搜走，使台湾总督府知道了台共的存在，从此对台湾左翼运动监视更严密，台共在岛内开展工作更加

---

① 台湾总督府警务局编：《台湾社会运动史（1913 年—1936 年）》（第三册），王乃信等译，创造出版社 1989 年版，第 15—17 页。

② 台湾总督府警务局编：《台湾社会运动史（1913 年—1936 年）》（第三册），王乃信等译，创造出版社 1989 年版，第 12—13 页。

③ 台湾总督府警务局编：《台湾社会运动史（1913 年—1936 年）》（第三册），王乃信等译，创造出版社 1989 年版，第 92—93 页。

④ 谢雪红口述，杨克煌笔录：《我的半生记》，台北 2004 年版，第 262、266 页。

⑤ 台湾总督府警务局编：《台湾社会运动史（1913 年—1936 年）》（第三册），王乃信等译，创造出版社 1989 年版，第 98—100 页。

不易；另一方面，原定赴日工作的谢雪红被押送回台湾，林木顺则因该事件有所暴露而无法照原计划回台，台共的原定计划被打乱。

上海读书会事件传到岛内后，岛内党员畏于形势，不敢开展活动，蔡孝乾等人甚至为躲避搜捕前往福建等地。1928 年 6 月，被日本警察逮捕并遭返回台的谢雪红出狱，与台共成立大会后返台的林日高取得联系，经二人商议，将按照第一次中央委员会的决定展开工作，台共在岛内的活动逐渐恢复。不久，林日高召集岛内另外三名中央委员蔡孝乾、庄春火、洪朝宗开会，决定各自执行党所分派的任务，并同意递补谢雪红为中央委员。① 林日高随即前往东京，与陈来旺会面，但因日本共产党与其他日本左翼团体在当年 3 月 15 日遭到日本当局镇压，台共与日共的联系中断。同年 8 月，林木顺由上海赴东京，与林日高会晤，对岛内党员因畏惧搜捕而放弃工作，特别是后来蔡孝乾、洪朝宗、潘钦信、谢玉叶四人更因感到危险而避回大陆的行为，提出了批评，要求岛内党员根据成立大会通过的各项决议、方针展开活动，并让林日高先行返回台湾传达党的指令。9 月 23 日，在林木顺主持下，台湾共产党东京特别支部成立，以陈来旺为负责人，通过学术研究会及台湾青年会两个大众团体开展活动，一方面联系日本共产党，另一方面与岛内左翼运动相呼应，协助岛内大众团体农民组合和文化协会的"左"倾化工作。②

林木顺原计划回台湾，但因感觉危险而作罢，不久返回上海，与翁泽生一起继续密切关注岛内的台共抗日斗争，并在中国共产党领导下从事反帝爱国运动。③ 由于林木顺不能返台领导工作，加上蔡孝乾等人的出走，使岛内出现仅有两名中央委员和一名候补中央委员的尴尬局面。1928 年 11 月，谢雪红、林日高、庄春火三人召开会议，宣布开除蔡孝乾、洪朝宗、潘钦信、谢玉叶四人出党，吸收赵港、杨春松、杨克培等台湾农工运动积极分子入党，同时重新安排中央委员的分工，由林日高担任中央委员会书记长兼组织部长，庄春火负责工人运动和宣传工作，其他事务则一概由谢雪红负责。④

---

① 谢雪红口述，杨克煌笔录：《我的半生记》，台北 2004 年版，第 282 页。
② 台湾总督府警务局编：《台湾社会运动史（1913 年—1936 年）》（第三册），王乃信等译，创造出版社 1989 年版，第 101—102、106—107 页。
③ 徐康、吴艺煤编著：《台湾共产党抗日纪实》，台海出版社 2015 年版，第 75 页。
④ 台湾总督府警务局编：《台湾社会运动史（1913 年—1936 年）》（第三册），王乃信等译，创造出版社 1989 年版，第 107—108 页；谢雪红口述，杨克煌笔录：《我的半生记》，台北 2004 年版，第 290 页。

　　谢雪红出狱后还与岛内左翼团体取得联系，农民组合和文化协会的许多干部相继来找她，特别是农民组合的简吉、赵港、杨春松、杨克培等人，和谢雪红逐渐熟识，"他们都知道台湾共产党已经诞生了，也晓得我到过苏联留学，在他们面前我也不否认这些事实。"① 和农民组合、文化协会等岛内左翼大众团体接上头后，谢雪红等人得以按照台共成立之初的设想，在农民组合与文化协会内逐渐扩大影响力，进而使台共能领导台湾的农工运动。

　　这一工作首先在日益左倾的农民组合中展开。农民组合的简吉、赵港、颜石吉、陈德兴等"干部派"支持台共主张，在将信奉山川主义、主张合法斗争的杨贵（杨逵）等"反干部派"排除出领导层后，农民组合内部形成了台共党员小组，秘密执行党的农运方针。1928 年 10 月，林木顺、陈来旺派遣东京特别支部的林兑秘密返台，带回由二人起草的《农民问题对策》提案，提交年底召开的农民组合第二次全岛代表大会，作为农民运动指导纲领。该提案提出的农运方针包括发行机关报、展开共同的民族斗争、以土地革命推动农村革命、建立工农革命同盟、成立农民组合自卫团、设立青年农民讲习所等，旨在将农民组合纳入台共的完全领导之下，使其成为红色农民组织。在上述方针指导下，该年底召开的农民组合第二次全岛代表大会提出了工农团结、建立耕作权、拥护苏维埃、支持中国工农革命、打倒帝国主义、被压迫民族解放万岁、世界无产阶级解放万岁等革命性口号。②

　　农民组合的日趋激进，使一直严密监控台湾人民反抗斗争的殖民政府难以容忍。经过谋划，1929 年 2 月 12 日拂晓，殖民政府对全台农民组合展开全面搜捕，逮捕了包括主要干部在内的 59 名组合成员，其中简吉、赵港、杨春松、陈德兴等 12 人因"违反出版规则"被判刑。"二·一二事件"对农民组合造成沉重打击，在主要领导干部均被捕的情况下，组合活动陷入停顿状况。但敌人的镇压对革命者来说恰是一次洗礼，组合主要干部在经历数月拘禁出狱后，更加坚定了革命信念。1929 年 10 月，台共农民组合分部正式成立，农组主要干部相继入党，进而在活跃的组合成员中发展党员。由于合法运动难以开展，农民组合在台共指导下，采取地下活动方式，发动以组合成员为中心的农民大众，进行示威活动，或者通过座谈会、个人访问、街头联络等方式，扩大农民

①　谢雪红口述，杨克煌笔录：《我的半生记》，台北 2004 年版，第 285 页。
②　台湾总督府警务局编：《台湾社会运动史（1913 年—1936 年）》（第四册），王乃信等译，创造出版社 1989 年版，第 121、126、130—146 页。

组合阵容，并依照台共方针设置青年部、妇女部、救援部。进入 1930 年，世界经济危机波及台湾农村，农产品价格下跌，这进一步加剧了台湾农村社会的矛盾，农民组合领导台湾农民展开了一系列抗争。该年 7 月 30 日，曾文支部动员300 余名组合成员包围制糖公司，要求改善蔗作条件及提高蔗价；9 月，为拒缴嘉南大圳水租，在台南州支部联合会领导下，成立了嘉南大圳斗争委员会，提出了争取埤圳管理权、减免水租、反对总督府水利政策以及反对总督府独裁统治、拥护苏维埃联邦等口号。斗争委员会还动员 1000 余名农民，包围学甲、佳里、麻豆、下营等各庄公所。11 月，桃园支部为反对总督府的农作物假扣押政策，动员 100 余名农民，割光了地主准备扣押的水稻。鉴于农产品价格下跌，农民负担不减反增，1930 年 11 月，台南支部联合会动员曾文郡下营庄的农民，展开以实物缴纳户税运动。除上述争取农民经济权益的斗争外，农民组合还领导农民开展了反战纪念日、俄国十月革命纪念日活动等。经过 1930 年的这一系列斗争，农民组合更趋激进，台共在组织内的影响更加深入，1931 年 1 月，在农民组合扩大中央委员会上，明确通过了"支持台湾共产党"的议案，农民组合正式成为台共外围组织。[①] 农民组合正式成为台共外围组织后，受中日关系和国际反帝斗争形势的影响，开始在台共领导下，为武装反抗日本帝国主义、建立工农苏维埃政权做准备，刘双鼎领导的新竹大湖支部和永和山临时支部即大力开展武装革命的准备工作。这两个支部位于客家人聚集区，当地人民在日据初期曾展开英勇的武装抗日斗争。进入 20 世纪 20 年代后，在文化协会、农民组合以及台湾共产党的宣传动员下，当地贫苦农民再次成为抗日斗争的主角，从抗租逐渐走向预备开展武装抗日暴动。[②] 为反对殖民政府将垦种多年的土地放领并课征地租，新竹大湖地区农民在简吉、赵港等人指导下，于 1927 年12 月底成立了农民组合大湖支部，并在抗租等形式的一系列抗日斗争活动中日渐壮大。但第二次中坜事件和"二·一二事件"后，大湖支部也遭到极大破坏。1929 年 11 月，大湖支部开始组织重建工作，农民出身的刘双鼎被选为新的负责人。在苗栗街文协中央委员、台共党员郭常的帮助下，刘双鼎于 1931 年3 月底完成大湖支部的组织重建，随即遵照台共指令，预备吸收及训练青年农民。"一·二八"淞沪抗战爆发后，台共认为台湾革命的时机即将到来，大湖

---

① 台湾总督府警务局编：《台湾社会运动史（1913 年—1936 年）》（第四册），王乃信等译，创造出版社 1989 年版，第 150、156—157、191—205、225—227 页。

② 蓝博洲：《台湾客家人抗日历史血泪斑斑》，凤凰网（ifeng.com），2022 年 3 月 7 日。

支部遵照郭常的意见，将支部解散，成员各自加入台共，变成台共的一个行动组织，原支部委员分别负责不同村落农民的动员与组织，秘密进行未来武装革命时的队伍编排工作，但因行动计划泄露，很快遭到殖民当局的镇压。刘双鼎更早被殖民当局盯上，为躲避殖民当局的侦察，在大湖支部重建工作完成后，即遵照上级指示，前往竹南郡永和山秘密开展农运工作。1931 年 8 月初，农民组合永和山临时支部成立，经郭常指导，永和山临时支部也遵照台共指示，以发动青壮年农民、预备武装暴动为主要目标。刘双鼎安排支部骨干开展周边环境调查，制订了详细的武装暴动计划，包括具体攻击目标和行动路线等。但由于相关活动很快被殖民当局侦知，永和山临时支部也遭到殖民当局检举镇压。包括郭常和刘双鼎在内，大湖支部和永和山临时支部陆续被捕人数达到 92 人，有 30 多人被判刑，郭常和刘双鼎更因殖民当局的严刑酷法，分别于 1933 年 8 月和 1934 年 10 月在狱中牺牲。①

工人运动方面，台共在岛内的组织与动员工作不如农民运动顺利，直到 1929 年后才渐有起色。造成这一局面的因素有三：

其一，在台共成立之前，岛内的右翼工会组织，也就是台湾民众党领导的工友总联盟已建立了一定的基础，并成功介入了不少劳资争议事件，台共更为认可的左翼工会组织，虽然有文化协会于 1928 年 1 月成立的台湾机械工会联合会，但与右翼工会组织相比，力量较弱。

其二，在台共的工人运动方针中，很重要的一环是掌握左翼工会领导权，所以与文化协会的关系就极为重要。台共有不少党员，如蔡孝乾、翁泽生、庄春火、洪朝宗、潘钦信等，都是文化协会会员，但从 1927 年左派掌握文化协会以来，文协内部就形成了以王敏川为首的"上大派"（成员大多有在上海大学学习的经历，偏向台共的斗争路线，几位台共党员即属此派）和以连温卿为首的"非上大派"（信奉山川主义，更偏向合法斗争）的对立。和农民组合中"干部派"面对"非干部派"拥有绝对优势不同，以连温卿为首的"非上大派"在文化协会有极高的影响力，加上由于建党以及随后上海读书会事件的影响，几位台共党员陆续离开台湾，截至 1928 年底，台共在文化协会的影响力相对较弱。一直到 1929 年初，台共有意识安排党员吴拱照、庄守

---

① 台湾总督府警务局编：《台湾社会运动史（1913 年—1936 年）》（第四册），王乃信等译，创造出版社 1989 年版，第 278—296 页。

进入文化协会工作，分别执掌文协台南和彰化支部，加上回台参加文化协会工会工作的王万得，台共对文化协会的直接影响力才逐渐增强。在台共文协党团负责人吴拱照、庄守以及支持台共的农民组合干部的共同推动下，1929 年 11 月，文化协会第三次全岛代表大会召开，通过了由台共主导的文化协会章程修订案，并展开对连温卿派的斗争，最终将连派排除出文化协会。①

　　其三，围绕工人运动的方针政策，台共内部存在分歧。台共建党时确立的工人运动方针受到日共和共产国际 1927 年以前运动路线的影响，决定从下而上地联合左右翼工会，进而组织全台总工会，也就是强调左右翼工会的"统一战线"运动。② 1927 年国民党右派的"叛变"促使共产国际重新思考政治路线，1928 年夏天召开的共产国际第六次大会（紧接中国共产党第六次全国代表大会之后）提出当前共产主义运动的主要危险来自右倾，对于工人运动，则认为应强化共产党对工人的影响力，并对右翼工会（黄色工会）展开批判与斗争。③ 根据共产国际新的指导思想，林木顺于 1929 年 2 月以日共中央指令的名义，向岛内党员发出新的工运方针，指出台共此前的工运方针存在错误，主张立即组织红色总工会。对此，谢雪红等岛内台共党员更偏向台共建党时的工运路线，提出要循序渐进地从上到下掌握左右翼工会，到一定阶段再组织统一联盟。最终，台共决定从三个方向在岛内展开工会组织运动：一是取得文化协会指导下的左翼工会的指导权；二是在过去工会组织欠缺的矿山和交通运输业等岛内重要的产业部门，发动工人成立工会组织；三是促使台湾民众党领导的右翼工会工友总联盟左倾化。④

　　关于掌握文化协会指导的左翼工会领导权，台共一方面通过吴拱照、庄守等党员加强在文化协会内的影响力，另一方面经由王万得直接在台湾机械工会联合会开展工作。王万得于 1929 年 2 月从东京回到台湾，进入台湾机械

① 台湾总督府警务局编：《台湾社会运动史（1913 年—1936 年）》（第一册），王乃信等译，创造出版社 1989 年版，第 331—337、342 页。
② 《关于台湾共产党活动的报告》（1930 年 10 月 20 日），郭杰、白安娜：《台湾共产主义运动与共产国际（1924—1932）研究·档案》，台湾"中研院"台湾史研究所 2010 年版，第 327 页。
③ 郭杰、白安娜：《台湾共产主义运动与共产国际（1924—1932）研究·档案》，台湾"中研院"台湾史研究所 2010 年版，第 81 页。
④ 台湾总督府警务局编：《台湾社会运动史（1913 年—1936 年）》（第五册），王乃信等译，创造出版社 1989 年版，第 123—134 页。

工会联合会开展活动，宣传台共的工运路线与抗日思想。1929 年底，支持台共的"上大派"将连温卿一系排除出文化协会，次年 2 月，台湾机械工会联合会召开第二次全岛大会，谢雪红、杨克培、王万得出席了此次会议，并促成会议通过了《支持太平洋劳动会议案》《支持无产者新闻案》《促进总工会组织案》等一系列反映台共斗争思想的议案。此后，以王万得为代表的台共运动领袖在该联合会的指导作用进一步增强。[①] 1931 年 1 月，文化协会第四次全岛代表大会选举出的新一届中央委员会召开，决议通过了《支持台湾共产党案》，文化协会也明确成为台共外围组织，台共进一步确立对左翼工人运动的领导权。

　　无论是台共建党时的工运方针，还是林木顺 1929 年的工运新指令，都强调在此前缺乏工会组织的矿区和新式交通运输部门成立红色工会的重要性，这也是台共工人运动成绩比较突出之处。1929 年 2 月 12 日全岛农民组合被全面大检举后，台共东京特别支部为支援岛内的抗日斗争，派遣苏新、萧来福于 4 月初回到台湾。苏新先是进入台北罗东太平山，在罗东木材工友协助会会长卢清潭的帮助下，以工人身份入山，组织当地工人，数月后成立了太平山木材工会筹备会。可惜筹备会被当地警察侦知，苏新不得不逃离太平山，后经台共党组织安排，前往基隆矿区，会同先行来到此处的萧来福，开展矿山工会组织运动，并成立基隆地区党支部。苏、萧等人在台共中央负责工会运动的庄春火的领导下，于基隆矿区发展进步矿工，开展小规模的抗议斗争。1930 年 5 月，组织成立了"台湾矿山工会筹备委员会"，并在其下设立分会。又发行《矿山工人》杂志，做宣传之用。[②] 在南部，1930 年底，台共高雄支部的庄守、刘守鸿、颜石吉、赵港等人和旗下社会科学研究会的左翼青年组成了铁路工会高雄组织干部会议，逐渐吸收高雄铁路工场的工人，预备组织铁路工会。1931 年 1 月，组织干部会议改称为"台湾交通运输工会高雄组织干部会议"，在继续吸收工会会员的同时，领导高雄工场的工人展开反对厂方解聘工人的斗争。在该年 7 月相继被捕前，刘守鸿、庄守等南部党员一直

① 台湾总督府警务局编：《台湾社会运动史（1913 年—1936 年）》（第五册），王乃信等译，创造出版社 1989 年版，第 106—107 页；徐康、吴艺煤：《台湾共产党抗日史实》，台海出版社 2015 年版，第 157 页。

② 台湾总督府警务局编：《台湾社会运动史（1913 年—1936 年）》（第五册），王乃信等译，创造出版社 1989 年版，第 135—137 页；苏新：《未归的台共斗魂——苏新自传与文集》，时报文化出版社 1993 年版，第 43—44 页。

致力于高雄铁路工会组织的发展。①

　　对于促使台湾民众党领导的工友总联盟的左翼化，台共的策略是，一方面提议结成共同战线，另一方面派遣工会组织干部进入右翼工会系统。② 在实践中，台共在岛内组织发展不易，干部不足，更多依赖上层工作。岛内负责人谢雪红与民众党的蒋渭水、谢南光、陈其昌等人保持了比较密切的关系，台共的抗日理念对民众党产生了一定的积极影响，进而影响其麾下的工友总联盟。③

　　在展开红色工会组织运动的同时，台共也积极动员工人反抗资方的压迫，进行罢工运动。1930 年底，为反对工场降低工资，台共高雄支部的简娥会同农民组合、文化协会的积极分子，动员高雄苓雅寮草袋工场的女工举行罢工，向资方提出反对降低工资、确定工资发给日期、增加设置工场厕所、改善卫生设施等要求，不仅在工人运动史上，在妇女运动史上也有积极意义。另外，台共还领导台北市台湾胶版印刷公司的印刷工人和基隆石底炭坑的矿工开展罢工斗争，提出缩短工作时间、反对降低工资等争取工人权益的要求，努力唤醒工人的阶级意识。④

台共的内部分歧与殖民政府对台共的镇压

　　台共自成立之初就受到殖民政府的打压与严密监视，在岛内的发展极为不易。继建党初期的上海读书会事件后，1929 年 2 月 12 日的农民组合大检举对台共进一步造成沉重打击。1929 年 4 月 16 日，共产国际指定的台共上级指导机关日本共产党也被日本政府镇压，台共东京特别支部遭到破坏，台共在岛内一时间陷入完全孤立的状态。⑤ 在殖民政府的弹压下，为防止被警察机构侦知，台共只能借助农民组合、文化协会的掩护从事地下活动，连主要领导干部谢雪红、林日高、庄春火三人之间也极少开会商议事情，党员发展也极为谨慎，主

① 台湾总督府警务局编：《台湾社会运动史（1913 年—1936 年）》（第五册），王乃信等译，创造出版社 1989 年版，第 139—140 页。
② 台湾总督府警务局编：《台湾社会运动史（1913 年—1936 年）》（第五册），王乃信等译，创造出版社 1989 年版，第 135 页。
③ 徐康、吴艺煤：《台湾共产党抗日史实》，台海出版社 2015 年版，第 161 页。
④ 台湾总督府警务局编：《台湾社会运动史（1913 年—1936 年）》（第五册），王乃信等译，创造出版社 1989 年版，第 169—180 页。
⑤ 台湾总督府警务局编：《台湾社会运动史（1913 年—1936 年）》（第三册），王乃信等译，创造出版社 1989 年版，第 108 页。

要在农民组合和文化协会的干部积极分子，以及上海读书会和广东台湾革命青年团的被捕人士中发展党员。① 台共党组织的发展因此极为缓慢，据统计，截至1931年1月，岛内共有党员25人，其中工人5名、农民4名、劳动群众4名、知识分子12名，另外党间接领导的有组织的群众1.7万人。② 党活动的极端隐秘、党组织的发展缓慢，使一些在工人运动和农民运动斗争前沿的党员干部对台共中央产生不满情绪，认为中央委员的态度过于消极。③

在日共这一联系通道断绝之后，为了和中共以及共产国际取得联系，1930年春，岛内台共中央派遣林日高前往上海，与台共候补中央委员翁泽生会晤，并透过翁向共产国际提交有关台湾革命情势以及台共在岛内活动状况的报告。该年夏天，农民组合的陈德兴也被台共中央派往上海，原拟参加第五届赤色工会国际会议，但因错过会期而未能与会。陈德兴在上海和翁泽生也多有晤谈，中共中央领导人瞿秋白也曾面见陈德兴。当时共产国际和中共中央都受到"左"倾路线的影响，对于岛内台共的谨慎保守，中共中央和共产国际远东局都提出了批评，认为岛内台共中央犯了右倾机会主义和关门主义错误，要求岛内台共党员纠正错误，开展党的改革活动。④

1930年11月，陈德兴携中共中央和共产国际的指示回到台湾。在此之前，由于中央委员林日高、庄春火相继离党，岛内中央仅余谢雪红一人，于是在谢雪红的主持下，由王万得召集党员苏新、赵港、吴拱照、庄守、杨克煌等人，在台北松山召开台共中央扩大工作会议。松山会议对台共的工人运动和农民运动都做了一定的检讨，承认台共在工人运动中活动不充分，有非大众化倾向，决议尽快确立一定的方针，统一计划工会组织的发展，并要求农民组合扩大发展后也参加赤色总工会。⑤ 陈德兴回台湾后，先后会晤了谢雪红、苏新、王万得等人，随后被派往基隆矿区参加工运工作，在那里，陈德兴向在当地负责工运工作的苏新转达了中共中央和共产国际的相关指示，主要指出岛内台共存在

---

① 谢雪红口述，杨克煌笔录：《我的半生记》，台北2004年版，第290—291页。
② 《翁泽生关于台共人数、群众组织人数的报告》（1931年2月7日），郭杰、白安娜：《台湾共产主义运动与共产国际（1924—1932）研究·档案》，台湾"中研院"台湾史研究所2010年版，第404页。
③ 台湾总督府警务局：《台湾社会运动史（1913年—1936年）》（第三册），王乃信等译，创造出版社1989年版，第112页。
④ 徐康、吴艺煤：《台湾共产党抗日史实》，台海出版社2015年版，第204页。
⑤ 台湾总督府警务局：《台湾社会运动史（1913年—1936年）》（第三册），王乃信等译，创造出版社1989年版，第112—113页。

右倾机会主义和关门主义的错误，应该尽快纠正错误，大胆、慎重地展开群众日常生活的斗争，并在斗争中组织群众，建立党的群众基础。陈德兴、苏新二人后来又联系了王万得，就此事进行商议。① 对于中共中央和共产国际的上述批评和指示，谢雪红并不认同，认为岛内台共此前存在的机会主义错误在松山会议中已得到清算，而台湾处于革命低潮，在白色恐怖下，不宜采取门户开放政策，大量吸收党员。王万得、苏新等人则承认台共存在右倾机会主义错误，倾向于更加激进的政治路线。②

1931 年初，王万得、苏新、陈德兴与赵港、颜石吉、吴拱照、萧来福、庄守等其他党员经多次开会商议后组成了改革同盟，一方面领导当时台共的工作，另一方面负责筹备台共第二次大会。③ 台共党内于是形成以王万得、苏新为代表的"改革同盟派"与谢雪红、杨克培、杨克煌等少数党员组成的"国际书局派"④ 的路线分歧。谢雪红对改革同盟的活动极为不满，多次通过在上海的翁泽生和杨春松向中共中央和共产国际反映，并质疑改革同盟出自翁泽生授意。中共中央对此很重视，曾两次对翁泽生展开调查。但翁泽生断然否认与改革同盟存在任何关联，⑤ 并指出决定成立改革同盟的凤山会议未获得共产国际批准，也非在共产国际直接指导下召开，存在严重的缺失，因此建议派遣同志前往台湾传达共产国际的指令，同时由改革同盟派人来上海报告具体情况。⑥

1931 年 3 月，共产国际远东局和中共中央派遣上海台湾反帝同盟会会员、中国共产主义青年团团员李清奇回台，将共产国际远东局的指示《致台湾共产主义者书》转交王万得，同时转交的还有潘钦信起草的《关于反对机会主义数言》等文件。⑦ 同年 4 月，潘钦信由厦门回到台湾，遵照共产国际和中共中央

---

① 苏新：《未归的台共斗魂——苏新自传与文集》，时报文化出版社 1993 年版，第 46—47 页。

② 徐康、吴艺煤：《台湾共产党抗日史实》，台海出版社 2015 年版，第 248 页。

③ 苏新：《未归的台共斗魂——苏新自传与文集》，时报文化出版社 1993 年版，第 47 页。

④ 1929 年初，为给革命工作做掩护，谢雪红和杨克培共同出资，并向林日高借款，在台北大稻埕创办国际书局，是台共在台北的重要联络点（参见谢雪红口述，杨克煌笔录：《我的半生记》，台北 2004 年版，第 303—306 页）。此次分歧中，谢雪红、杨克培等人就被称为"国际书局派"。

⑤ 台湾总督府警务局编：《台湾社会运动史（1913 年—1936 年）》（第三册），王乃信等译，创造出版社 1989 年版，第 132 页。

⑥ 《翁泽生致远东局的信》（1931 年 2 月 1 日），郭杰、白安娜：《台湾共产主义运动与共产国际（1924—1932）研究·档案》，台湾"中研院"台湾史研究所 2010 年版，第 391—392 页。

⑦ 台湾总督府警务局编：《台湾社会运动史（1913 年—1936 年）》（第三册），王乃信等译，创造出版社 1989 年版，第 140、148 页。

的指示，立即召集改革同盟的主要干部，向其转达了中共中央和翁泽生对改革同盟犯了原则性错误的批评，并准备召开台共第二次大会。① 5 月 31 日至 6 月 2 日，台共二大在台北观音山召开，潘钦信、王万得、苏新、萧来福、颜石吉、刘守鸿、庄守、简娥等 8 人参加会议，潘钦信以共产国际远东局派遣员的身份，在会上报告了共产国际远东局和中共中央对岛内台共的指导意见和建议，对台共过去所犯的错误进行了批评与清算，不仅主要批评台共过去所犯的机会主义错误，还提出改革同盟虽然在政治动机方面是正确的，但违反了组织原则，因此应将其解散。会议通过了开除谢雪红、杨克培、杨克煌出党的决定，选举潘钦信、苏新、颜石吉、刘守鸿、王万得为新一届中央委员，萧来福、简娥为候补中央委员。在随后召开的第一次中央委员会上，潘钦信、苏新、王万得当选为常任委员，王万得出任书记长。②

　　台共二大还通过了由潘钦信等人起草的新党纲，以及有关工人运动、农民运动及其他群众运动的方针。新党纲指出，当时台湾革命的性质为资产阶级性质的工农民主革命，其主要任务有三：一是推翻帝国主义的统治，实现台湾独立；二是实行土地革命，消除封建残余；三是建立工农民主专政的苏维埃政权。新党纲对台共过去所犯的机会主义、关门主义错误进行了深入剖析和批评，指出其受共产国际第三期革命理论的影响，对台湾的革命形势作出了乐观判断，认为台湾无产阶级革命运动高潮已经来临，党应改革过去的错误路线，选择"布尔什维克"的正确路线，组织广大群众，扩大党在群众中的政治影响，吸收群众入党，领导工农群众展开激烈的阶级斗争，以武装暴动推翻帝国主义的统治，树立工农民主政权。③ 新党纲是潘钦信等人根据中共中央的建议拟订的，不可避免受到当时共产国际和中共"左"倾政治路线的影响，④ 较之台共成立时的纲领，"有显著的尖锐化"。⑤

　　自改革同盟成立以来，台共的活动就变得活跃，如在台北发动印刷工人罢

① 苏新：《未归的台共斗魂——苏新自传与文集》，时报文化出版社 1993 年版，第 47—48 页。
② 台湾总督府警务局编：《台湾社会运动史（1913 年—1936 年）》（第三册），王乃信等译，创造出版社 1989 年版，第 163—165 页。
③ 台湾总督府警务局编：《台湾社会运动史（1913 年—1936 年）》（第三册），王乃信等译，创造出版社 1989 年版，第 170—191 页。
④ 徐康、吴艺煤：《台湾共产党抗日史实》，台海出版社 2015 年版，第 256 页。
⑤ 台湾总督府警务局编：《台湾社会运动史（1913 年—1936 年）》（第三册），王乃信等译，创造出版社 1989 年版，第 170 页。

工，并采取"占领工厂"的策略；发动罗东蔗农对日人制糖公司、罗东街房屋租户对日人地产公司展开斗争；在高雄铁工厂、水泥工厂、铁道部工人中间散发传单，公开进行工会组织工作；油印共产国际对台共的指示、台共新党纲等重要的党的文件，分发给党员进行学习，以便对党员进行教育等。二大以后，台共对发展新党员也非常积极，通过了《关于吸收党员的指令》，开始吸收工农群众入党。① 但这样的形势很快就因殖民政府的大规模搜捕与镇压而遭到破坏。

从上海读书会事件发生以来，殖民政府就未放松对台湾共产党的侦察，1929 年岛内左翼运动再兴，殖民政府判断台共确实存在，1930 年底陈德兴返台、次年初王溪森接受翁泽生的指令回台等，均在殖民政府的监视之下。1931 年 3 月，台共党员以及重要干部赵港、陈德兴等相继被捕，日警通过搜查得到台共重要文件，从而掌握了台共的大致情况。从该年 6 月开始，殖民政府对台共展开全岛性大搜捕，至 9 月，谢雪红、杨克培、杨克煌、王万得、颜石吉、刘守鸿、潘钦信、简娥、苏新等相继被捕，被捕人数总计 107 人，其中 49 人被判刑。②

在日警对台共开展大搜捕后，在罗东从事工人运动而暂时逃过一劫的苏新根据潘钦信的指示，曾试图在台北等地开展党的再建工作，但不久被捕。1931 年 5 月前往日本试图联系日共的刘缵周，回到台湾后也力图开展党的再建工作，但很快也被日警逮捕。上海的翁泽生得知岛内台共组织被搜捕、被破坏的情况后，曾派遣台籍中共党员张志忠（又名张梗）回台着手党的再建工作，可惜也被日警侦知。1933 年，张志忠、翁泽生相继在上海被捕，并被移送回台湾受审。在殖民政府严密的监视监控下，一系列党的再建运动均以失败而告终，台共的外围组织农民组合、文化协会、赤色救援会也被迫解散，台共组织被破坏殆尽。③

对于台共领导的抗日斗争失败的原因，谢雪红认为"左"倾路线对台共造成了较大损失，苏新、王万得等当年的"改革同盟派"对此也作了深刻反思，承认党后来犯了"左"倾机会主义的错误。但正如有论者指出的，台共的解体

---

① 苏新：《未归的台共斗魂——苏新自传与文集》，时报文化出版社 1993 年版，第 49 页。
② 台湾总督府警务局编：《台湾社会运动史（1913 年—1936 年）》（第三册），王乃信等译，创造出版社 1989 年版，第 192—195 页。
③ 参见徐康、吴艺煤：《台湾共产党抗日史实》，台海出版社 2015 年版，第 268—285 页。

以及领导的抗日斗争失败，更重要的原因是殖民政府的严密监视和镇压，"日本殖民当局对台共领导的抗日斗争进行残酷镇压，视台共为心腹重患，极力破坏和镇压共产党力量……在敌强我弱的斗争环境中，台共的生存异常艰难"。[①]事实上，不仅台共，台湾人民的各种非武装抗日斗争均面临这样困窘、严酷的环境。在日本殖民政府极端严密的专制统治下，台湾抗日运动团体在群众基础和殖民当局的镇压之间陷入两难的境地，倘若希望扩大影响力，使斗争能够深入，则必须最大限度动员群众，厚植群众基础，而这是殖民政府绝对不会允许的，民众党被禁是基于此，台共被镇压同样因为如此。[②]倘若为了在殖民统治的缝隙中生存，抗日运动团体需要或者像合法稳健派一样不断妥协，或者像台共之前一样采取极端的地下方式，但这样的生存显然是缺乏社会影响力的。而历史的进一步发展证明，九一八事变后，日本国内军国主义抬头，对社会运动、抗日运动的镇压更加严酷，即便如台湾地方自治联盟这样妥协、温和的运动团体，也不被允许有存在的空间。

五、"祖国事件" 和台湾人民非武装抗日斗争的被压制

在 1931 年台湾民众党被禁和台共被全岛大搜捕之后，台湾仅剩从抗日运动前沿不断后退、深具妥协性的台湾地方自治联盟，但随着日本国内军国主义势力的日渐抬头，最终连地方自治制度改革这样温和的抗争也不被允许，台湾人民有组织的非武装抗日斗争因殖民政府的压制而走向沉寂。

台湾地方自治联盟的温和抗争

如前所述，台湾地方自治联盟以促进现行地方自治制度改革为单一目标，是殖民政府曾表示可以接受的"狭义的争取参政权运动"。围绕这一目标，台湾地方自治联盟首先参照日本的地方自治制度，研究制定适合台湾的地方自治改革方案。经过数月的努力，终于在 1931 年 1 月推出了台湾地方自治制度改革方案，其

---

① 徐康、吴艺煤：《台湾共产党抗日史实》，台海出版社 2015 年版，第 294—296 页。
② 简炯仁：《台湾民众党》，台北稻乡出版社 2001 年版，第 238 页。

主要内容包括五个方面：第一，依普通选举赋予公民权；第二，确立州市街庄的自主权；第三，改官任咨询机关为民选议决机关，并明确其职务权限；第四，改革执行机关组织，明确其职务权限；第五，确立州市街庄的财政管理权。①

台湾地方自治制度改革案确定后，1931年1月下旬，杨肇嘉前往东京，向新任台湾总督太田政弘提交关于台湾地方自治制施行建议书，并仿效台湾议会设置请愿运动，向日本议会请愿。在杨肇嘉去东京请愿的同时，地方自治联盟的其他干部在岛内展开配合宣传，印发建议书，并举办巡回演讲说明会。联盟主要干部对地方自治制度改革极为乐观，在得知建议书被日本接受后，即以为成功的可能性很大。实际情况是，该建议书在日本众议院未曾审议，贵族院则决定不予采纳，此次陈情请愿并无结果。②

请愿虽未见成效，联盟随后仍然致力于地方自治改革的宣传活动，截至第一次联盟大会召开的1931年8月16日，也就是联盟成立一年时间内，联盟本部共在22个场所举办了29场演讲，听众达25000人次，内容涉及台湾地方自治联盟的介绍、联盟的地方自治改革方案、现行地方自治制度的批判、地方自治制度如何运用、地方自治与民众生活的关系等。如此大力宣传的结果，联盟组织得到积极发展，支部数增加到13个，联盟成员也由发起时的不过几百人发展到3000人。③第一次联盟大会后，台湾地方自治联盟再次展开宣传攻势，于各地举行巡回演讲会，至第二次联盟大会召开前，共举办演讲会17场，听众达93500人次。④又印发《立宪政治小论》《台湾地方自治联盟要览》等，旨在向台湾民众普及公民教育，加强政治训练。另外，地方自治联盟继续向台湾总督提交建议书，杨肇嘉也于1932年1月18日再次前往东京，向日本议会进行地方自治改革请愿运动。尽管地方自治联盟进行了非常积极的陈情请愿及宣传等活动，但地方自治制度改革仍未见成效，上述建议书与请愿均未得到日本政府的回应。⑤

---

① 叶荣钟：《日据下台湾政治社会运动史》（下），晨星出版有限公司2000年版，第520页。
② 台湾总督府警务局编：《台湾社会运动史（1913年—1936年）》（第二册），王乃信等译，创造出版社1989年版，第304—305页。
③ 《第一回联盟大会记录》，1931年8月16日，台湾"中研院"台湾史研究所档案馆馆藏"六然居典藏史料"（以下简称"六然居典藏史料"），识别号：LJK-04-04-0651063。
④ 《运动经过概况》，1932年8月21日，"六然居典藏史料"，识别号：LJK-04-04-0160998。
⑤ 台湾总督府警务局编：《台湾社会运动史（1913年—1936年）》（第二册），王乃信等译，创造出版社1989年版，第313—325页。

在尽了种种努力之后，原以为很快能实现的地方自治制改革却迟迟不见动静，联盟内部开始产生消极、急躁情绪，为防止联盟内部分裂，安抚部分联盟成员的情绪，联盟本部决定对单一目标以外联盟成员关注的一些社会问题，在不突破联盟现有规定的前提下，以个人名义去进行活动，如 1932 年 8—9 月间临时组成的"台湾米移入制限反对同盟会"，地方自治联盟就有较多成员参加，杨肇嘉也是其中的积极分子。为鼓舞士气，地方自治联盟还积极介入 1932 年嘉南大圳组合代议员的选举，编制了《嘉南大圳代议员选举问题》小册子及宣传单，分发给该地区有选举权的人士。临近选举前，地方自治联盟由杨肇嘉亲自带队，派出阵容浩大的巡回演讲队，前往嘉义、台南、北门三支部所属区域，举办演讲会，呼吁有投票权的人珍惜手里的选票。但这样"合法"的斗争方式也很快受到殖民当局的打压，投票前夕的 9 月 29 日，位于台中的联盟本部遭到警察搜查，数百册小册子被收走。①

直到 1934 年，殖民政府才决定在台湾实施地方自治制度改革，与此同时，殖民政府要求林献堂等人停止台湾议会设置请愿运动。迫于各方压力，该年 9 月，林献堂决定中止台湾议会设置请愿运动。② 但林献堂等民族运动精英在台湾议会设置请愿运动上的让步，并未换来真正的地方自治制度改革，最终出台的官方改革版本，距离地方自治联盟当初的设计很远。首先，官方的"台湾地方自治改正案"仅在州、市设置民意议决机关，街庄仍然是咨询机构，州市街庄的各级民意代表，仅半数民选，另外半数依然为官派，与地方自治联盟一直强调的州市街庄"改咨询机关为议决机关，改官任为民选"，差距很大。官方的所谓"改正案"对选举权的限制，尤其令地方自治联盟不满。该方案规定，年满 25 岁有独立生计、年纳税额在 5 日元以上的男子才有选举权。这在杨肇嘉等人看来，隐藏着两大问题：一是"独立生计"的规定，使台湾人若想争取选举权，就必须分产析家，"就必然破坏了我们以往农业社会的大家族制度"；二是在台的日本人、台湾人之间依然极度不平等，较之在台的日本人，台湾人有选举权的比例很低，400 万台湾人中，有选举权的还不到 3 万人，比有选举权

---

① 叶荣钟：《日据下台湾政治社会运动史》（下），晨星出版有限公司 2000 年版，第 534、538—539 页。

② 许雪姬主编：《灌园先生日记（七）·一九三四年》，台湾"中研院"台湾史研究所筹备处 2003 年版，第 342 页。

的在台日本人还少约 2000 人。① 以台中市为例，台湾人和日本人的人口比例为 5：1，结果在台的日本人中有选举权的 2000 多人，台湾人仅 1800 余人。②

台湾总督府的改革细节通过媒体透露出来后，1934 年 10 月 6 日，地方自治联盟即召开理事会，讨论对策。同年 12 月 12 日，杨肇嘉等联盟干部一起向台湾总督陈情，希望扩大选举权，半官半民选的议员全部改为民选，街庄协议会比照州市，同样改为议决机构。陈情之后，杨肇嘉又再次前往东京活动，希望在日本议会讨论该案之前尽最大的努力。但最终这些努力并没有结果，1935 年 4 月 1 日，台湾总督府公布了台湾地方自治改革案，并定于同年 10 月 1 日实行。③

台湾地方自治联盟的活动显然并无成果，其意见被殖民当局置之不理，这使联盟陷入非常尴尬的境地，此后联盟的存续成为问题，内部又意见不一。联盟的种种活动一直是极为温和的请愿和宣传活动，但依然遭到当局的猜忌，如地方自治联盟为嘉南大圳议员选举所做的指导宣传活动，就招致日本警察对联盟本部的搜检。1935 年 1 月，为反对米谷统制案和官方的地方自治方案，杨肇嘉又一次赴日本，在日本政界展开活动，也遭到殖民当局的一再劝阻。④ 面对殖民当局对民族运动的容忍度越来越低，台湾地方自治联盟的活动日趋消极。虽然在 1935 年 10 月的台湾地方自治选举中，地方自治联盟为其推选的候选人助阵宣传，取得了一定成绩，但其次年 1 月 26 日召开的理事会决定联盟活动"暂时中止"，只约定以后每年在杨肇嘉家中聚会几次，"相互沟通心气和精神"，使联盟实际退缩成一个社交团体。⑤

"祖国事件"与台湾非武装抗日运动的沉寂

尽管台湾地方自治联盟一再退缩，但在殖民当局的不断打压下，最后仍然

① 杨肇嘉：《杨肇嘉回忆录》（二），三民书局 1977 年版，第 287—288 页。
② 叶荣钟：《日据下台湾政治社会运动史》（下），晨星出版有限公司 2000 年版，第 557 页。
③ 台湾总督府警务局编：《台湾社会运动史（1913 年—1936 年）》（第二册），王乃信等译，创造出版社 1989 年版，第 347—349 页；叶荣钟：《日据下台湾政治社会运动史》（下），晨星出版有限公司 2000 年版，第 550—551 页。
④ 林献堂 1935 年 1 月 27 日、1 月 30 日日记，许雪姬主编：《灌园先生日记（八）·一九三五年》，台湾"中研院"台湾史研究所筹备处 2003 年版，第 35、39 页。
⑤ 《台湾地方自治联盟全岛理事会》（1936 年 1 月 26 日），"六然居典藏史料"，识别号：LJK-04-04-0791077。

不能存续。

进入 20 世纪 30 年代以后，日本在对外侵略的道路上越走越远，受日本国内政治形势变化的影响，在台湾，经过十多年的文官总督体制后，在台日本军部的力量再次崛起，并逐渐掌握对台湾政治的发言权。1935 年 4 月，借由荷兰船只"珠诺（Juno）号"因台风避难澎湖马公港而引起的"珠诺号事件"，在台日本军部不断对总督府和在台律师群体施压，迫使以文官总督为首的总督府向军部屈服。以该事件为发端，产生了以陆海军为基础的一系列右翼团体，他们和在台日本军部一起，鼓吹扩大军备，强化防卫，批评文官总督及其在台实施的"同化政策"，提出重新以武官总督取代文官总督。①

以在台日本军部为首的在台日人右翼势力对台湾抗日民族运动尤其深恶痛绝，为镇压台湾人民的抗日民族运动，军部亲自策划了所谓的"祖国事件"。

1936 年 3 月，台湾新民报社组织华南考察团，预备前往厦门、福州、汕头、广州、香港、上海等地游历。林献堂及其弟林阶堂、次子林犹龙，以及新民报社的骨干分子共十余人参加了这个考察团，不仅按计划去了华南、上海等地，还前往杭州、武汉游玩，并在国民政府的首都南京多有逗留。在上海期间，考察团一行曾受到华侨联合会的盛大招待，林献堂在致辞中有"林某归来祖国"等语。考察团回台后，殖民政府的御用报纸《台湾日日新报》连续数日在头条位置对林献堂大张挞伐，骂林献堂是"非国民"（日奸的意思）。6 月 17 日，林献堂等人应台中州知事的邀请，参加在台中公园举办的所谓"始政纪念日"游园会，其间一位日本浪人卖间善兵卫突然拦住林献堂，递给他一份"劝告文"，要求他就在上海时的言论公开表示谢罪，林献堂迟疑之际，卖间又掌掴（一说拳击）林献堂面部。② 卖间是日本右翼团体"生产党"的成员。"祖国事件"正是以军部参谋长荻洲立兵为首的日本右翼势力策划的结果，旨在通过羞辱、威吓抗日民族运动领袖林献堂，杀一儆百，在全面侵华战争开始前，彻底扼杀台湾人民的抗日民族运动。③

---

① ［日］近藤正己：《总力战与台湾：日本殖民地的崩溃》（上），林诗庭译，台湾大学出版中心 2014 年版，第 21—27 页。

② 杨肇嘉：《杨肇嘉回忆录》（二），三民书局 1977 年版，第 312—315 页；叶荣钟：《一段暴风雨时期的生活纪录》，叶荣钟：《台湾人物群像》，晨星出版有限公司 2000 年版，第 409 页。

③ 叶荣钟：《一段暴风雨时期的生活纪录》，叶荣钟：《台湾人物群像》，晨星出版有限公司 2000 年版，第 409 页；［日］近藤正己：《总力战与台湾：日本殖民地的崩溃》（上），林诗庭译，台湾大学出版中心 2014 年版，第 32 页。

　　"祖国事件"发生后，全台为之震动，不仅台籍知识分子和地主阶级噤若寒蝉，连总督府的日人官僚也战战兢兢，不敢有任何反对意见。[①] 在时局紧迫、军部暴力威胁之下，7月19日，台湾地方自治联盟召开理事会，决议将联盟解散。8月15日，台湾地方自治联盟召开第四届全岛联盟大会，此次大会实际只有一项任务，即将联盟彻底解散。[②] 台湾抗日民族运动的最后一个政治团体也不复存在，两位领导人林献堂、杨肇嘉相继避居东京，曾经在20世纪20年代轰轰烈烈展开的台湾抗日民族运动，在殖民当局的武力威吓下，不得不走向沉寂。

---

① 叶荣钟：《一段暴风雨时期的生活纪录》，叶荣钟：《台湾人物群像》，晨星出版有限公司2000年版，第409页。
② 《台湾地方自治联盟第四次大会议事录》（1936年8月15日），"六然居典藏史料"。

第七章 台湾总督府血腥的"理番" 政策与雾社起义

日据时期，台湾总督府把针对少数民族的相关政策和活动，统称为"理番"。在 20 世纪 30 年代，曾有日本人鹫巢敦哉对台湾总督府的"理番"政策作过分期："明治三十六年（1903）前，由警察掌管'番人番地'事务，当时并不重视'理番'事业。之后加以革新'理番'事业，至明治四十二年止，视为'理番'第 1 个时期。四十三年以后至大正三年，亦即 5 年'理番'计划结束为止，视为'理番'第 2 个时期。之后视为'理番'第 3 个时期。亦可进而将雾社事件之后看作为'理番'政策革新的第 4 期"。① 此后，海内外学者也多受此影响，按照这一分期，讨论各个时段的"理番"特征，分别定名为"绥抚"、"镇压"和"育番"。②

台湾"理番"政策的出台并非孤立于日本社会之外。明治维新以后，强调日本自身发展的"国权论"在日本崛起，表现在日本外交界，时任外务卿的副岛种臣一改以往"自卑外交"风格，讲究谋略为日本争取利益，成为国权论在明治时代开始流行的标志。③ 甲午战后日本割据台湾发生在这一背景下，曾参与 1874 年出兵台湾及中日甲午战争的桦山资纪、水野遵、儿玉源太郎、后藤新平、佐久间左马太等人在"理番"政策的制定中，把如何彰显国权确定为殖民地经营方向的重点。

一、台湾总督府"理番" 计划与山地征服

日本明治政府对台湾的关注始于 1871 年琉球人在台湾牡丹社遇害事件。时任外务卿的副岛种臣看中"台湾气候适宜，且为膏腴之地。盛产稻米、砂糖、

---

① 鹫巢生：《"理蕃" 40 年史话（一）》，《"理蕃"之友》第 6 年 1 月号（1937 年 1 月），黄幼欣译：《"理蕃"之友中文初译本》第 2 卷，新北"原住民族委员会"2016 年版，第 247 页。
② 代表性著作有，［日］藤井志津枝：《日本治理台湾的计策："理蕃"》，台北文英堂 1997 年版；［日］近藤正己：『総力戦と台湾：日本植民地崩壊の研究』，刀水书房 1996 年版等。
③ ［日］煙山専太郎：『征韓論実相』，早稲田大学出版部 1907 年版，第 40—49 页。

芋头,有矿山数处,有良港"①,意欲借此事确立日本对台湾"番地"的国权。

1874 年正式出兵台湾之前,时任台湾"番地"事务都督、负责此次军事行动的陆军中将西乡从道命令陆军少佐桦山资纪率领儿玉源太郎、水野遵等人登陆台湾淡水,侦察"番地"情况。② 此三人后来对日本"理番"政策产生了极大的影响。

1895 年 5 月 8 日,清朝与日本交换《马关条约》批文,将台湾、澎湖列岛割让给日本。两天后,海军大将桦山资纪受命出任台湾总督府第一任总督。

1895 年 8 月 25 日,桦山资纪向军务负责人发布对待"番人"的训示,要求军队贯彻绥抚,并"训诫部下,接待'生番'勿有差错"。③ 这显示了台湾总督府在"理番"之初,首先关注的是"民番"关系。桦山资纪认为,两百年来,"番人"将清朝视为仇敌,是因为清朝在"理番"过程中损害了他们的感情,无法挽回他们的信任所致。故而主张在初期着重展现把少数民族与日本人一视同仁的一面,希望以此驯服他们。除此之外,台湾总督府的另一个用意是,通过绥抚"番人",缓和与少数民族的矛盾,为镇压台湾汉族人民的反抗争取时间。

桦山资纪在当时的明治政府里,是台湾问题的最高权威者。他与第一任民政局局长水野遵在琉球人台湾遇害事件发生后,曾前后三次,共花了 8 个月时间勘察台湾全境④,1874 年出兵台湾之前曾到台湾对少数民族情况进行过调查。所以,日本在台湾的"理番"政策,在初期由总督府全权负责,基本上是按照桦山资纪 1895 年 8 月 25 日向军务负责人发布的关于对待"生番"的训示来执行的,即彻底的绥抚政策。

在桦山资纪的指示下,台湾总督府组织人员向当地有知识的岛民进行调研,了解少数民族及其生活的山地现状,其中尤其关注清朝"理番"设施抚垦局的作用。占领台湾 4 个月后,台湾总督府民政局出版《台湾制度考》,主要内容便是山地各处抚垦局的组织概况,是日本殖民统治者第一本有关"番地番

---

① 《大日本外交文书》第 7 卷(4),第 6 页,转引自[日]安冈昭男:《明治前期日中关系史研究》,胡连成译,王晓秋审校,福建人民出版社 2007 年版,第 75 页。
② 黄昭堂:《台湾总督府》,黄英哲译,台北前卫出版社 2015 年版,第 67、21 页。
③ [日]藤崎济之助:《桦山总督与"理蕃"(三)》,《"理蕃"之友》第 4 年 9 月号(1935 年 9 月),黄幼欣译:《"理蕃"之友中文初译本》第 2 卷,第 50 页。
④ 黄昭堂:《台湾总督府》,黄英哲译,台北前卫出版社 2015 年版,第 67、21 页。

人"的文书。①

但是，"民番"关系不仅限于日本军队与"番人"，据统计，1905 年台湾的日本人有 59618 人，其中大部分为日据台湾后涌进来的。② 进入山地的日本人，最初有不少人"为图私利，或盗伐樟树，或走私枪支弹药"，与少数民族之间矛盾重重，甚至影响了台湾总督府最初的"理番"政策。1896 年 3 月，台湾总督府民政局下令禁止随意进出山地。③

有关"番人"的所有事务，最初几乎都是在民政局殖产部管辖之下进行的。1895 年 9 月 2 日，台湾总督府派殖产部部长押川则吉与台北县知事桥口文藏二人去大嵙崁招抚"番人"，被认为是绥抚"番人"的第一步。④

1896 年 3 月 30 日，军政裁撤，日本在台湾 12 个地方设立抚垦署，专门负责"番地"与"番人"事务，成为"理番"行政机关的开端。⑤ 1896 年 3 月，"依据敕令第 93 号，公布抚垦署的官吏制度。自 6 月至 8 月间，于叭哩沙等 8 处陆续开设抚垦署，署长受民政局长监督"。⑥ 抚垦署初设之时由台湾总督直接管理。该署负责：1. "番人"的抚育、授产、整顿，2. "番地"的开垦，3. 山林、樟脑制造。其中台湾总督府最为关注的是"番地"的樟脑。桦山资纪认为，只有"番地"才产樟脑，"番地"日后将会成为台湾之富源，对于国家经济的作用亦不可等闲视之。所以他希望通过教育、授产和恩惠拉拢"番人"，尽快从事樟脑的生产。⑦

抚垦署体制就是把台湾"番地"与普通行政区域分离开，作为特别行政区域进行统治。⑧

1896 年 6 月桦山资纪被任命为枢密顾问官，桂太郎被任命为第二任台湾总督。在桂太郎的施政方针中，他提到"地方行政因与被统治者有直接的关系，

---

① 『"理蕃"誌稿』第 1 编，台湾総督府民政部"蕃務"本署，1911 年，第 15—17 页。
② 台湾総督府编：『台湾事情 大正 5 年』，台湾総督府，1916 年，第 52 页；『临时台湾户口调查记述报文：漢訳.明治 38 年』，台湾総督府，1909 年，第 268 页。
③ 『"理蕃"誌稿』第 1 编，台湾総督府民政部"蕃務"本署，1911 年，第 19 页。
④ 大路会编：『大路水野遵先生』，大路会事务所 1930 年版，第 54—55 页。
⑤ 大路会编：『大路水野遵先生』，大路会事务所 1930 年版，第 56 页。
⑥ 桂长平：《"理蕃"机构的变迁（上）》，《"理蕃"之友》第 4 年 10 月号（1935 年 10 月），黄幼欣译：《"理蕃"之友中文初译本》第 2 卷，第 68 页。
⑦ 『"理蕃"誌稿』第 1 编，台湾総督府民政部"蕃務"本署，1911 年，第 15—17 页。
⑧ ［日］松田京子：『帝国の思考 日本「帝国」と台湾"原住民"』，有志舍 2014 年版，第 98 页。

所以在政务实施过程中要注意宽威有度。一方面要以指导教养使其臣服于皇恩之下，另一方面要赏罚严明以示威严"。桂太郎主张地方官要以"警察与兵备为羽翼"，才能实现宽威之目的。过于宽或过于严都不能达到抚育的目的。① 但其在职只有短短几个月，没有出台实质性的"理番"政策。② 桂太郎就任之初的想法是让台湾不但成为日本殖产、兴业的基地，还要成为日本进一步对外扩张的南部延长线。③

　　1896 年 10 月 14 日，第二师团团长乃木希典被任命为台湾总督。"致力于抚垦绩效的建立，诸多设施待举，尤其注重矫正'番人'的锁国情绪、严禁其杀人行为、打破'番人'的迷信、教授番人生活及生产技能、推广新式农业、改良衣食住、启发智能、勘查'番地'、促进'番地'交通便利、开垦'番地'、利用森林产物等"。为了完成这些目标，乃木认识到"必须精密调查'番人'与'番地'情形"，于是 1896 年 11 月 "命令民政局殖产部长通告各抚垦署署长开始调查'番社'名称及人口增减情形，欲建立'理番'基础大业"。④

　　将乃木希典的"理番"设想付诸实施的是台湾总督府第一任民政局局长水野遵。此人曾留学中国，还曾于 1873 年跟随桦山资纪前往台湾考察少数民族的情况。⑤ 1897 年 1 月，他奉乃木希典之命前往新竹、苗栗、台中、彰化、鹿港、埔里社、集集街、云林、嘉义、台南、凤山、恒春、澎湖列岛视察。⑥ 他的观

① 『"理蕃"誌稿』第 1 编，台湾総督府民政部"蕃務"本署，1911 年，第 40—41 页。
② ［日］持地六三郎：『台湾殖民政策』，富山房 1912 年版，第 375 页。
③ ［日］宿利重一：『児玉源太郎』，国际日本协会 1942 年版，第 312 页。
④ 桂长平：《"理蕃"机构的变迁（上）》，《"理蕃"之友》第 4 年 10 月号（1935 年 10 月），黄幼欣译：《"理蕃"之友中文初译本》第 2 卷，第 68 页。
⑤ ［日］藤崎济之助：《桦山总督与"理蕃"（一）》，《"理蕃"之友》第 4 年 7 月号（1934 年 9 月），黄幼欣译：《"理蕃"之友中文初译本》第 2 卷，第 26—28 页。藤崎济之助，原籍宫崎县，"明治 34 年，任职台北县警部补，历任新竹厅中港、南庄、新埔各支厅长及各支厅保安课长、警务课长。大正 9 年，转任台北州"理蕃"课长。10 年 10 月，荣升总督府警视。之后就任苏澳郡守，于 13 年时退休。任职新竹厅南庄支厅长时期，努力治理赛夏人，之后任职台北州"理蕃"课长及苏澳郡守的期间亦致力于"蕃务"革新。藤崎氏颇富学问，任职时深切感慨介绍"蕃族"及"蕃界"的书籍极度缺乏，于是著作《台湾"蕃族"》一书。此书中不仅巨细靡遗介绍了"蕃族"的风俗习惯，并且详细解说平定"蕃族"及抚育工作方面的种种变迁。对于从事"理蕃"事务的警察职员或立志研究"蕃族"的人士而言，此书令人获益良多。"参见《"理蕃"之友》第 4 年 7 月号（1934 年 9 月），黄幼欣译：《"理蕃"之友中文初译本》第 2 卷，第 29 页。
⑥ 「水野遵民政局長の巡台日記」，中京大学社会科学研究所台湾史料研究会编：『日本領有初期の台湾——台湾総督府文書が語る原像』，創泉堂 2006 年版，第 13—38 页。

点是，台湾对日本的意义在于开拓财富，所以应该把"理番"问题放在殖产一项。他重视清朝在山地开设抚垦局的历史，认为设立抚垦局，抚育少数民族，以少数民族有机会通过交换获得物品，是清朝在"理番"过程中取得成效的重要转折点。他认为，过去中国人派其他人进入"番地"采伐樟树，开垦林野，使两者之间纷争不断；开设抚垦局后，在靠近"番地"的要塞设立分局，使"番人"可以与汉族人交换开垦获得的物品。尽管清朝官员贪婪成性，但却通过抚育"番人"获得了民心，效果良好。从那以后他们与"番人"的交涉顺利，制造樟脑、经营山林、开垦林野、增收农产、内陆移民开发矿产、范围涵盖了整个"番地"。水野指出，教化少数民族乃日本政府之责任和义务，开发山地，为日本培养财富来源是日本殖民统治者的主要任务。水野认为，不熟悉"番人"之事，则事事难行，肯定了桦山资纪设立抚垦署的"理番"方法。他说，"'番人'虽然有时也会耕种，但他们的习性是在山野中狩猎。台湾将来事业尽在'番地'。今欲在'番地'经营事业，首先必须使'番人'服从日本政府，让他们摆脱野蛮的境遇，找到生活的方法。然而驯服'番人'，需在武力镇压的同时采取抚育之方针。最初'番人'也常常以袭击、杀害中国人为能事，这其实是因为汉人官民尔虞我诈，欺骗'番人'所致。原来'番人'不乏有猜疑和复仇之心，一旦有事，极易出现纷争，故须备以兵力，但他们天性守信守约，现在他们视西方人为友人，以好态度对他们，足够了解他们。因此，采取抚育方针，在方法上不发生错误，驯服'番人'应非难事。仿效上届政府设立一个类似于抚垦局的机构，不时邀请头目及其他'番人'，飨以酒食，给予布匹器物，对他们谆谆教导后得其好感，如此，与他们之间在制造樟脑、砍伐樟树、开垦土地、经营山林等方面应可顺利。与此同时，给予他们一定的土地，教给他们耕种的方法，逐渐感化，如此可使他们成为良民"。

也就是说，水野遵的根本思想与桦山资纪相同，即通过设立抚垦署，一方面发挥"抚育"的功效，另一方面可以严格监督"番人"与日本人的接触，防止双方产生矛盾。水野遵的设想是，待"番人"生活逐步稳定，逐渐与日本人接近、互相提携，从而实现经济上的利害关系。如此，他们便会逐渐脱离中国的影响，而明白离开日本会直接关系到他们的利益。①

———————————

① 大路会编：『大路水野遵先生』，大路会事务所1930年版，第90—91页。

对于"番人"无论是日本政府还是社会舆论，这一时期的建议多从台湾施政的角度考虑"理番"，强调"绥抚""抚育"，乃是因为"'生番'为清政府所谓化外之民，未曾臣服于政府之下。然今日要想贸然将之纳入我行政区划中进行统治，让其与已经接受启蒙的民族为伍，恐非易事。所以对化外之民的化育不可急于成效，要尽量避免与之接触，滋惹事端，期长久之效果，当下不要设立新规，唯绥抚为业，待他日庶政完善，然后开始为要"①。

台湾总督府绥抚的"理番"方针引起了来到台湾"番地"从事樟脑制造业者的反对。1897年新竹县从事樟脑制造业的数名日本人向台湾总督府请愿，请求保护。他们称，从事樟脑制造业的日本人不时为当地"番人"所伤害，导致不少人回国，使制造业停产，损失惨重，但是总督府一味绥抚，助长了"生番"的跋扈气焰，严重影响了樟脑制造业的发展，请求总督府迅速出台相关整顿办法，以作保护。他们提出的方法是：1. 给予抚垦署署长赏罚"番人"的特权；2. "番人"发生杀伤以上的犯罪时，应作为现行犯罪立即处分；3. 各抚垦署署长应提前召集各"番社"头目，向其训谕杀伤乃极恶非道之行为，要给予严惩，且让"番社"头目对"番社"全体负责；4. "番人"杀伤他人，加害者明确的情况下，抚垦署署长可临时决定请求地方警察官或宪兵到场，在"番社"头目在场的情况下进行处罚；5. 犯人不明确的情况下让"番社"头目负责搜查，如果"番社"头目包庇隐藏，并连带整个"番社"全体；6. 对包庇隐藏罪犯的"番社"，由"理番"警察或日本宪兵、守备队任命与殖民当局合作的其他"番社"少数民族执行惩罚，且对于特别有功的"番人"给予充足的赏赐；7. 抚垦署要时常在山内巡视，一一取缔私自制造樟脑者；8. 山地附近的警察宪兵及守备队每月要在山里巡视至少两三次；9. 抚垦署设立"番兵"训练官，训练各"番社"的"番丁"，逐渐准备"番兵"编制；10. 得到抚垦署的批准后，可向制造业者租借枪支弹药；11. 抚垦署可根据地方情况组织隘丁队防"番"；12. "番人"需要的枪支弹药需要在抚垦署售卖，严禁一切汉族人走私买卖；13. 在因"番人"伤人事件发生，樟脑业主被迫停工或者为维持营业而需要业主加强保安时，抚垦署给予一定的补助；14. 以上各种办法所需费用从樟脑税中抽取，编入营业保护费的年度支出项目中。②

---

① 《台湾布政の急要問題》（1897年7月2日），作者不详，后藤新平文书，中国社会科学院近代史研究所档案馆藏，K833. 1374 H440-1：R23。

② 『"理蕃"誌稿』第1编，台湾総督府民政部"蕃務"本署，1911年，第96—98页。

日本政府当时提倡"渐化"的对台政策①，或许是受此影响，已出任殖产部部长的桥口文藏坚持对"番人"的绥抚政策，不同意惩罚"生番"，并提议扩张抚垦署②，获得了大部分抚垦署署长的同意。他们认为惩罚令不可能有效改变"番人"的习俗，防"番"应该由具备军事力量的警察机关来执行，如此才能恩威并施。扩大警察机构的提议由此产生。③

把"理番"政策从绥抚转向征服的关键人物是第四任总督儿玉源太郎。儿玉源太郎任职时候面临的情况是，日本占领台湾已经数年，但各地"匪患"不断，以绥抚为主的"理番"政策不足以有效消除"番害"，"番地"不断发生少数民族的反抗活动。④日本朝野因此出现"台湾放弃论"及"卖台论"，认为占领台湾得不偿失，而提议卖给法国。⑤

1897年6月，日本政府派法制局参事官石塚英藏前往视察台湾行政事务。石塚认为设置抚垦署的目的是抚育、管理"番人"，开发"番地"，负责山林、樟脑制造。然而台湾多处抚垦署与总务署并设，抚垦署也没有取得特别的成绩，只不过是为了取得"番人"的欢心，给予其物质和金钱上的笼络。而要发挥抚垦署的功效，就必须扩张其机构，增设人员，地点移至"番地"，但此时"理番"政策未定，所以倒不如将抚垦署与办务署合并，如此每年还能节省20万左右的经费。⑥

1898年2月26日，儿玉源太郎于上任当天废止抚垦署，将警察与抚垦两项统一至办务署。⑦次年即设立"防番"机构，规定凡涉及"番人"与"番地"的诉讼等事务都需要他亲自批准。⑧废除抚垦署、设置"防番"机构为进

① 《台湾施政方针》明治30年（1897）8月3日，后藤新平文书，中国社会科学院近代史研究所档案馆藏，K833．1374 H440-1：R23。
② 『"理蕃"誌稿』第1编，台湾総督府民政部"蕃務"本署，1911年，第120页。
③ 『"理蕃"誌稿』第1编，台湾総督府民政部"蕃務"本署，1911年，第122—124页。
④ ［日］持地六三郎：『台湾殖民政策』，富山房1912年版，第355—376页。
⑤ ［日］横澤次郎：「後藤伯と台湾の阿片制度」，［日］三井邦太郎编：『吾等の知れる後藤新平伯』，東洋协会1929年版，转引自刘明修：《台湾统治与鸦片问题》，李明峻译，台北前卫出版社2008年版，第122—123页。
⑥ 『台湾総督府警察沿革誌　第一编　警察机关の构成』，台湾総督府警務局，1933年，第364—365页。
⑦ 桂长平：《"理蕃"机构的变迁（上）》，《"理蕃"之友》第4年10月号（1935年10月），黄幼欣译：《"理蕃"之友中文初译本》第2卷，第68页；『"理蕃"誌稿』第1编，台湾総督府民政部"蕃務"本署，1911年，第125页。
⑧ ［日］持地六三郎：『台湾殖民政策』，富山房1912年版，第355—376页。

一步开展讨"番"工作做了铺垫。

1900 年 2 月，儿玉源太郎在殖产协议会上公开提出在"番界"武力推进拓殖工作的方针，称"现在平地的各项事业逐渐就绪，当下应该着手'番界'的拓殖，不得不靠武力推进。而生活在这些'番界'中的'番人'顽劣愚蠢，难以驾驭，其野性似禽兽，若以酒食飨之加以抚慰，经过长年累月的努力或许会取得一定的效果。但眼下经营新领土的要务不允许依靠此缓慢姑息的手段，宜锐意迅速扫清障碍"。①

1903 年，儿玉源太郎出台"理番"大纲：第一，统一"番政"；第二，对待"北番"以武力镇压为主，对待"南番"以安抚为主；第三，对待"北番"设置隘勇线形成包围态势，严密加强"防番"设备。儿玉源太郎当时面临的问题是，废除抚垦署后，"番政"分散成四个部分：有关"番人"的抚育以及"番地"的拓殖由殖产局负责；"番地"樟脑的采收由专卖局负责；"番界"的防备、民众的保护等有关保安警察的事务由警察本署负责。然而以绥抚为主的"番政"与主要负责维持保安的警察有冲突，以利益为主的樟脑专卖也与其他"抚育蕃人"存在矛盾。各主管单位根据其各自的目的经营"番人""番地"，难免会出现一些矛盾。如此造成"番地"局势不稳，动乱频发。原本"番人""番地"事务关系影响各项行政，所以需要将"番政"统一到一个机构，设立一定的计划以掌握大局，其他行政皆随这一计划进退。鉴于此，儿玉源太郎将"番人番地"事务归于警察本署这一有权威的机构，完全改变了此前以绥抚为主的"理番"政策。②

儿玉源太郎改变了以往一味绥抚的"理番"政策，在削减"抚番"机构的同时，加强完善防"番"，将"番人""番政"事务归于警察本署，为日后以武力镇压为主的山地征服打下了基础。

参与起草此次改制方案的参事官持地六三郎③认为，在经历了刚占领台湾时本着破除一切旧制度而制定的"理番"政策，终于在儿玉源太郎时回归到沈葆桢、刘铭传的"理番"道路上。但他也意识到，这一"理番"政策，并没有解决经济问题。儿玉源太郎的"理番"政策，更多强调的是拓殖的必要性，以及作为国权问题，若一味放任杀人斩首的"番族"，有损日本殖民统治的颜面。④

---

① ［日］持地六三郎：『台湾殖民政策』，富山房 1912 年版，第 378 页。
② ［日］持地六三郎：『台湾殖民政策』，富山房 1912 年版，第 379—380 页。
③ 『"理番"誌稿』第 1 编，台湾總督府民政部"蕃務"本署，1911 年，第 295—296 页。
④ ［日］持地六三郎：『台湾殖民政策』，富山房 1912 年版，第 381 页。

关于儿玉源太郎"理番"政策的转变，有一个背景值得关注，即台湾总督府的财政面临破产，这一点也受到了日本众议院部分议员的严厉指责。

1902 年 2 月第十六次帝国议会讨论台湾"六三法"延期问题时，众议院议员永江纯一、神鞭知常、竹内正志等批评台湾总督府在"番政"问题上不作为，使"番地"处于"无政府、无统治、无干涉"之状况①，而在经济上却一直仰仗日本国库补助，给日本政府带来沉重的财政负担。② 1902 年 11 月 20 日台湾发行的日文报纸《台湾民报》提出两个主题"如何开发'番地'""'番人'该如何处置"征集论文。③《台湾民报》是 1900 年日本人三浦重次在台北发行的日文报纸，存续于儿玉源太郎任总督期间，自始至终对儿玉和后藤的对台政策持批判态度。1902 年 2 月第十六次帝国议会召开时，《台湾民报》特派其理事前往东京打探消息，详细报道了众议院内各派对台湾总督府的批判。其在征稿文中称，"'生番'问题乃重大且极难的问题。领台以来至今久未解决。然此问题终须解决，如今已经迎来了逐步解决该问题的时期"。④

1902 年 12 月，参与起草改制方案的总督府参事官持地六三郎在前往"番地"考察之后向总督府提交复命书——被称作儿玉源太郎"理番"蓝图的《"番政"问题意见书》。持地六三郎在意见书中着力强调了"番地"资源的丰富，称占本岛面积 56% 的"番地""乃林产、矿产、农产的资源宝库"，从殖民地经济财政的角度对"讨番"的必要性做了阐释。⑤

此外，儿玉源太郎通过对"番人"作为法学意义上人的否认，为其武力"讨番"寻找理论依据。该理论依据由持地六三郎、（奉命前往台湾调查的京都大学教授）冈松参太郎、（台湾复审法院检察官）安井胜次提出，把对"番人"的讨伐定义为"国家处分权内"的正当行为。⑥ 正如后藤新平在第 22 次帝国议会贵族院所言，即便是"看似柔顺的'番人'，也像豢养的野兽一样，

① 第十六回　帝国议会众议院　明治二十九年法律第六十三号中改正法律案委员会会议录（速记）第二回，明治三十五年（1902）2 月 5 日。
② 第十六回　帝国议会众议院　明治二十九年法律第六十三号中改正法律案委员会会议录（速记）第三回，明治三十五年（1902）2 月 24 日。
③ ［日］松田京子：『帝国の思考　日本「帝国」と台湾"原住民"』，有志舍 2014 年版，第 104—106 页。
④ 「"生番"問題投稿募集」，『台湾民报』1902 年 11 月 20 日第 2 版。
⑤ 『"理番"誌稿』第 1 编，台湾总督府民政部"番务"本署，1911 年，第 281—282 页。
⑥ ［日］松田京子：『帝国の思考　日本「帝国」と台湾"原住民"』，有志舍 2014 年版，第 111、139—140 页。

一旦被放到野外马上又会变成野兽"。"为了樟脑、矿山等其他利益，若不对'番地'进行侵略就无法开发利源"。① 可以说儿玉源太郎在其任总督时代，从拓殖和国权两方面为征服山地找到了借口。

可以说，把台湾殖民地价值定位为开拓"富源"，决定了"理番"政策由"绥抚"到"讨伐"这一走向的必然性。在"理番"政策以绥抚为主的时期，即儿玉源太郎就任之前，台湾总督府中负责"番人"事务的抚垦署中，有不少人出于抚育之目的，承认"番人"的法律主体性。儿玉源太郎就任台湾总督后，在行政统治上确立以警察本署为主导的体制，"番人"遂逐渐成为法外之对象。这些皆为佐久间左马太日后"'理番'五年计划"，即彻底的"讨番"政策铺平了道路。②

虽然儿玉源太郎从体制上、合法性、必要性上做好了"讨番"的准备，但因为"番地"地域广阔，山峦重叠，地势险恶，且"番人"散居其间，无法轻易靠近③，所以一直没有开展彻底的"讨番"。

1906 年 4 月 11 日，佐久间左马太就任第五任总督。佐久间是一位典型的日本军人，信服武力。8 月 15 日，佐久间前往警察官及司狱官联系所参加练习生结业证书授予式，发表训示：对台湾的统治已成为内外为政者之模范，此乃今日普遍公认及事实所证明；警察制度之完备得到了日本天皇的赞许；在"番界"服务的人，了解统治"番人"素来不易，须打起十二分的精神消灭"番害"。这是佐久间总督第一个涉及"理番"的讲话，体现了他依靠"番界警察"治理"番人"的基本思想。10 月 30 日，佐久间在官邸会见前来台北观光的"归顺番人"，反复向他们强调"要服从不要违背厅长及警部、巡察等领导的命令，勤于生计，不要偷懒"，意在让"番人"认识到警察的权威。④

1907 年 1 月，在佐久间左马太的授意下，"番务课"课长贺来仓太起草了《对"番"计划书》。贺来仓太指出，虽然经营"番地"一直以来都是镇压"土匪"后台湾统治面临的大问题，但由于探查"番人""番地"内部情况，确立设施、计划极为困难，所以直至今日即便花费巨资，设立各种机构，绥抚

---

① 第 22 回帝国議会　貴族院　明治二十九年法律第六十三号に代わるべき法律案特別委員会，1906 年 3 月 22 日。
② 有关台湾总督府对"番人"法律主体性的讨论，参见［日］松田京子：『帝国の思考　日本「帝国」と台湾"原住民"』，有志舎 2014 年版，第 116—130 页。
③ 『"理蕃"誌稿』第 1 編第 2 編，台湾総督府警務局，1921 年，第 482—483 页。
④ 『"理蕃"誌稿』第 1 編第 2 編，台湾総督府警務局，1921 年，第 444—445 页。

"本岛九族六百八十二社风俗习惯各异、化熟程度不同的'番人',短时间内亦难以奏效"。他主张"设立一定的目标,讲究相当的方式方法,有先有后,逐渐推进"。①

据此,佐久间左马太着重调查"番社"情况、山地的地形等。通过多次调查,警察本署署长大津麟平认识到,通过延长隘勇线和对山地的封锁,已经使"番人"在生活上陷入困境,"除官府给予以外,绝对得不到一把盐、一片布。枪支弹药、他们自己采集的'番产物',也无法运出交易"。"'番地'今日状况比之以往已有较大变化,目前已经度过了从周围远攻的时期,进入第二个发展时期"。生杀之权已尽在总督府的掌握之中。②

1908 年 5 月,总督府秘书官斋藤参吉起草"对番"策,进一步研究了"讨番"的可行性及对日本殖民统治台湾的重要意义。

斋藤认为,平定"番地",无论从政治、经济、财政等各方面,都将大有裨益,且对全岛而言关系重大。此前大多以实行困难为借口踌躇不前,但如今在"理番"警察的镇压下,少数民族越来越感受到来自外部的压迫,或言物资供应不便,或感到其地位之危笃等,总督府的威力逐渐为其所认识,所以南投、台中厅管内陆续有提出"归顺"者。平定"番界"时机已经成熟,需借此时机准备平定全局之策,迅速实行。③

斋藤认为,无论从政治、经济、财政任何一方面来看,平定"番界"都到了急需解决,不能永久放任其因循姑息的状态。讨伐"土匪"需要多年的实验、准备及投入巨大的劳力、经济,做出巨大牺牲后方始成功。其效果影响之处固然伟大,然平定"番界"之效亦多,与之并不相让。政治上使总督府之威信、威望更加千钧之重,足以令岛民深深心服。经济上,将解决与台湾产业有重大关系的治水问题,为各种新事业的兴起作后备的资源始得开发,财政上减少的消极性的防备费用可以用于积极的事业,必能培养出更多的财源。实行时,"土匪"之所在扰乱民心,自行限制在一个范围,采得当之法给予重压,让他们感到无法抵抗,当能收平定全局之功。与"剿匪"相比,这应该更容易。

"剿匪"以来,台湾平地的产业、交通、教育、卫生等各项事业都有显著

---

① 『"理蕃"誌稿』第 1 编第 2 编,台湾総督府警务局,1921 年,第 482—483 页。
② 『"理蕃"誌稿』第 1 编第 2 编,台湾総督府警务局,1921 年,第 506—507 页。
③ 『"理蕃"誌稿』第 1 编第 2 编,台湾総督府警务局,1921 年,第 607 页。

的进步，面目一新，独"番界"依然不改暗黑之状况，成为横亘台湾前途之一大障碍，使今日之伟业有功亏一篑之憾。"番人"未得全面平定之前，不只是台湾富源遭到封锁，治水问题也永久无法得到解决，对平地的进步亦影响甚大。如此台湾之繁荣有待"番人"平定、"番地"开发，若永久将之缓慢搁置，恐招中外之耻笑，或议论帝国威力之轻重，难保不影响岛民之臣服。故平定"番人"、开发"番地"之问题是将给沉醉于成功之声、人心渐萎靡沉滞的台湾带来活力的大好问题，不仅如此，也是关乎台湾兴隆的至关重要之问题。尽速解决此问题有百利而无一害，虽一时花费颇多，但必为着眼于远大效果之有识者所取。①

可以认为，斋藤的《对"番"政策》，是佐久间左马太提出"'理番'五年计划"的可行性报告。1909 年 2 月 18 日，日本众议院议员佐佐木安五郎在第二十五次帝国议会上对该《对"番"政策》提出质疑。他的主要批评点集中在以下几个方面：

1. 台湾"番族"非历史上增殖之人种，而属自灭之人种，故暂时将其作为化外之民也不影响台湾之存立。然政府每年花费巨资，欲以多数人的性命急于"处分"之，到底因何急迫之事由？

2. 若上一条的理由来自拓殖，政府今后打算花几年平定"番族"，又以几年着手拓殖呢？且认为"番地"适合我们同胞拓殖的理由依据是什么？

3. 政府若真欲取缔"番害"，"番害"由来之处与"土匪"鸦片之路径相同，需明察提供武器之祸根是否来自一衣带水的对岸，应严密监视沿海线。台湾当局不这样做，却不厌其烦地疲于奔命，其理政思路究竟从何而来？

4. 简单说来，政府的"对番"政策是以威压为主还是以怀柔为主，还是威压与怀柔并用？台湾当局需在此等计划中言明这一点，"番界"铁路不成功的今天及以后，将以何种方法实行"对番"策？

5. 听闻最近对"番人"也开始实施以前对待"土匪"的招安之事。此事是否有损宪法第一章第十六条之天皇的大权？若无，政府通过什么形式获得如此重大之特权的？

3 月 23 日，内务大臣向众议院议长提出答辩如下：

1. 台湾"番族"到底属于增殖性人种还是自灭性人种目前尚不清楚，"治

---

① 『"理蕃"誌稿』第 1 编第 2 编，台湾総督府警务局，1921 年，第 613—617 页。

番”的紧急之处在于拓殖及防御危害。

2. “治番”的目的今后希望几年得以达成，现在尚不能保证。但政府的预期是在不久的将来达成这一目的。而“番地”富有开垦地、樟树、矿物、林产物等，适合我同胞创业。

3. 政府对于“番族”的武器走私是严格取缔的，故如今已没有这一类的事情。

4. 政府的“对番”政策是恩威并用，而“番界”铁路尚未铺设成功虽然会感到不便，但不会妨碍实行“对番”政策。

5. 允许“番人”“归顺”并给予保护乃属于行政处理范围，并不侵害宪法第一章第十六条[1]

经过辩论，“‘理番’五年计划”得到了大部分议员的认可，多数人认为若能 5 年平定“番地”，便可轻松开发山地未知资源，而这也是当时日本媒体的主流意见。[2]

在佐久间的指挥下，日本当局在隘勇线架设电话线，于必要的地点设置炮台，甚至使用高压电线网、地雷等近代装备防止少数民族越线。与此同时，总督府出动军队及警察队，征召军夫，逐渐进入隘勇线，以武力征服少数民族。其中规模最大的是 1914 年 6 月的征讨太鲁阁之役。这场战役由佐久间亲自领军，攻击花莲太鲁阁一带的太鲁阁人，日军共动员了军警 6000 多人，配备了 200 多挺机枪及 59 门大炮。随后，为增加樟脑的产量，总督府强行收缩隘勇线，缩小少数民族族的生活圈，甚至采取断绝盐供应的残酷手法。在武力强大压迫下，少数民族逐渐失去反抗能力，此后日本殖民当局一方面鼓吹对少数民族开展教化、医疗、授产等活动，希望以此培养新的领导阶层，以消灭其对日本人的敌意及反抗思想，一方面也在少数民族区域广设警察驻在所、分遣所，并延长隘勇线以监视少数民族。甚至对于居住较为深山的少数民族部落，还强制迁徙至靠近平原的地带，以防止发生反抗事件。

对于佐久间的“‘理番’五年计划”，日本国内和台湾毁誉两极。在五年“讨番”接近尾声时，曾有《大阪朝日新闻》记者深入少数民族居住的山地调查，发现少数民族的排日思想日盛，且相互间有攻守同盟。已“归顺”的少数

① 『“理蕃”誌稿』第 1 编第 2 编，台湾総督府警務局，1921 年，第 660 页。
② 鷲巣生：《“理蕃”40 年史话（一）》，《“理蕃”之友》第 6 年 1 月号（1937 年 1 月），黄幼欣译：《“理蕃”之友中文初译本》第 2 卷，第 246—247 页。

民族担心他们现在为日本人尽力，日后当日本人离开台湾，"番地"的官员们也都回国以后，会受到其所属"番社"或其他"番社"的憎恨，下场悲惨。尤其是一些"下层日本人不知他们的习惯而恣意横行，紊乱他们的社会风纪，且在授产奖励等美名之下开展的设施多徒有其名，而名不副实"，"实施的怀柔抚育或者产业奖励等，与其实际的理想相反"，苦于因"归顺"而受到的束缚，而感到"未'归顺'时代的产业反倒让他们受益一些"，"这些'归顺番'带来的日本人对'番人'的关系传递给'未归顺番'，更加培养起他们的排日思想"，而愈发不喜欢与日本人接近了。①

"讨番"结束一年后，《大阪朝日新闻》又发文称佐久间总督的"讨番"其实是"殖民地的大型演出，结果却助长了'番人'的敌忾心，甚至连平地的交通公路都陷入危险"，不但经济上得不偿失，且"对弱者进行讨伐开炮，采取全歼的方法，对于强者则给很多的金钱收买其武器，仅仅是为了面子"。抨击佐久间利用"友番"讨伐"生番"，向"'番人'走私武器，讨伐费用的大部分从'番人'那再次落入了日本某商人的腰包中"。②

佐久间的"讨番"实现了儿玉源太郎时期持地六三郎"番政"意见中的设想。持地六三郎高度肯定佐久间左马太的"理番"政策，他认为，"理番"政策反映的是民族生存竞争的历史。民族的生存竞争中，劣等人种为优等人种所驱逐是不争的真理。以绥抚教化培育"生番"包含有一半的真理，但是却永远不能期待其成效。因为"生番"有杀人斩首的风俗，不能干涉其生活状态，要保证"番地"的安全，不侵入其狩猎地区，如果能做到这些或许能收到一定的效果，但"番地"已经被汉人开发成获利的地区，而且在这个汉、"番"利益竞争的领域，现在又加上了第三者日本民族，"生番"问题变成了民族利益的冲突问题。然而当局者却希望通过一味的绥抚作为拓殖开发的手段，而收"番地"采集樟脑、伐木、开垦等利益，以绥抚让"生番"顺从，这从根本上就是相互矛盾的两个思想。佐久间的"理番"政策明确"讨番"的目的在于开发"番地"，从而确保当地的经济经营，此为"'理番'政策的本义"，显示出其完全从经济方面为主，强调财政得失的

① 「台湾"生蕃"討伐」(1—6)，『大阪朝日新聞』1913年7月13—28日，神戸大学経済経営研究所、新聞記事文庫、朝鮮・台湾・満州（2-011）。
② 「台湾の警察政治」（上・中・下），『大阪朝日新聞』1916年4月19—24日，神戸大学経済経営研究所、新聞記事文庫、朝鮮・台湾・満州（2-027）。

"理番"理念。①

《大阪每日新闻》社社长本山彦一批评五年"理番"政策为急功近利之策，认为"讨伐'生番'花费了1700万日元，并牺牲同胞无数，虽然讨伐已告一段落，但'讨番'事业尚未及七八分。何况'理番'事业，即便是称作'归顺番'的也未必果真如此，不过取缔枪炮，今后处理起来应容易一些（猎枪今天还有租借的地方）而已"。但也认为最重要的是修筑铁路和公路以开发"番地"。② 在日本国内的媒体和议员看来，"'理番'政策或同化主义颇令今日当局者头疼的问题，也会随着道路的开垦，给他们提供衣食之途而使其乐于沐浴皇恩，无需多虑"。③ 这种经济决定一切，经济好了自然就会"归顺"的想法，在日后主导了台湾总督府的"理番"政策，历任总督虽采取所谓的"恩威并施"的政策，甚至高唱同化政策，但与少数民族之间的经济矛盾，使少数民族怨恨颇深。不仅如此，直接负责少数民族事务的日本警察，兼具山地行政、警备、教育等职责，以低微工资，任意驱使少数民族或强制劳动，使少数民族的反抗在"理番"五年计划结束后的二三十年间依然持续不断，成为最终导致雾社起义的一个潜在因素。

二、警察对少数民族的高压统治

日本殖民台湾过程中，警察发挥的作用久已为学者所关注。其对殖民行政的参与，"世界任何殖民地都不如台湾之甚"。④

在台湾创设警察之议，始自时任总督府内务部警保课课长千千岩英一。1895年6月20日，日本的第一任台湾总督桦山资纪举行始政仪式三天后，千千岩英一向民政局局长水野遵建议遵照日本本土的方法在台湾创设警察。即每2000人配1名巡察，每10名巡察配1名警部，唯一不同处是额外配备200名巡

---

① ［日］持地六三郎：『台湾殖民政策』，富山房1912年版，第342、395页。
② 『吾辈の台湾観』（上・中・下），『東京日日新聞』1916年5月9—11日，神戸大学経済経営研究所、新聞記事文庫、朝鮮・台湾・満州（2-029）。
③ 『台湾産業政策観　過般視察の議院団　吉原法学士帰京談』，『台湾日日新報』1918年7月14日，神戸大学経済経営研究所、新聞記事文庫、産業（一般）（2-043）。
④ ［日］盐见俊二：《日据时代台湾之警察与经济》，台湾银行经济研究室编：《台湾经济史初集》，台湾银行，1954年，第127页。

察和 20 名警部从事感化少数民族之工作。① 由于当时台湾已宣布实施军政，千千岩英一的建议在 1895 年 9 月以后才开始落实。当时内务部下辖警务课掌管警察事务，总督府迁至台北后制定的最早的地方官制是设台北、台湾、台南三县，县下设警察部，负责高等警察、行政警察、监狱、卫生及刑事等司法裁判事务。② 即便是 1896 年 4 月开始民政以后，警察也仅是民政局下属管理的一个课，仅负责户籍、新闻言论、集会集社等。

讨论让警察进入到"理番"工作，是在 1896 年抚垦署开设之后。1897 年 4 月，台湾总督召集各抚垦署署长，就"番政"设施进行讨论，其中就"过去的隘勇隘丁对'理番'有何影响，还需要什么设施"征求大家的意见。所谓"隘勇""隘丁"，是台湾总督府在警察制度草创期借鉴清朝"理番"制度而引进。各抚垦署署长认为"根据隘勇制度对'番人'进行镇压与'抚番'的本意相悖。然一朝起用又不可再废止，所以建议已设的逐渐撤掉，以后不再新设"。然而当时北部"番地"的"生番"反抗不断，日本殖民统治者的所谓"绥抚"并没有取得好的效果。1897 年 9 月，内务部部长就整顿"生番"提出建议，要求改变过去的"对番"方针，组织"番界"警察。据此建议，设"'生番'取缔方法调查委员"，讨论的结果是把普通警察的设施扩张至"番界"，特立于抚垦署以外以全权负责对"生番"的取缔，在"番害"最严重的新竹县和宜兰厅设警丁作为"防番"机构。③

1897 年 6 月，第三任总督乃木希典为区分军队与警察的权力提出所谓三段警备法，即山川的治安由陆军及宪兵负责；村落的治安由警察负责；中间地带由宪兵与警察共同负责。

当时"番地"归殖产部管辖。总督府为了依靠樟脑制造业获取稳定的财政收入，1899 年开始实行专卖制度，又颁布《关于占有"番地"之律令》，规定"非'番人'者不得以任何名义占有使用'番地'，不得为其他权利之目的"，实现了"番地"的"国有化"。然而日本以"讨伐"为名对"番地"的侵犯引起了当地少数民族的抵抗，这些抵抗被日本人称作"番害"。

---

① 『台湾総督府警察沿革誌 第一編 警察機関の構成』，台湾総督府警務局，1933 年，第 35—36 页。
② 『台湾総督府警察沿革誌 第一編 警察機関の構成』，台湾総督府警務局，1933 年，第 7—9 页。
③ 『台湾総督府警察沿革誌 第一編 警察機関の構成』，台湾総督府警務局，1933 年，第 381—383 页。

在乃木担任总督期间，已有日本相关人士建议扩张警察机构。① 松方正义内阁在给乃木希典有关台湾施政方针的信函中已经指出，要采取"渐化"之方针，大力起用警察以保护台湾民众的生命财产，使其安居乐业。② 不过，如前所述，台湾警察机构的扩张及警察制度的完善始自 1898 年 2 月，第四任总督儿玉源太郎上任以后。儿玉源太郎认为宪兵的责任在于军事教育，而日常的防患于未然、化祸为福，则需要依靠警察的作用。他认为台湾进入民政阶段以后，"三段警备"已不适用于台湾。③ 民政长官后藤新平也发现宜兰、台北、台中管内少数民族的反抗严重，其中以苗栗地方情况最为严重，他把这一现象归咎于"三段警备"制度造成程序上的拖沓，即警察、官吏、隘丁欲对反抗的"生番"进行联合讨伐时，需由受害区域的人向知事申请，知事再与旅团长协商，继而向总督申请。1901 年，后藤新平向儿玉源太郎建议，在总督府民政部下专设警察本署，统一警察业务，并将此作为台湾总督府官制改革的重点。当时台湾废县置厅，后藤新平建议总督府配备 23 名"警视"，以其中 20 名充任各厅厅长，在台湾实行彻底的警察行政。后藤新平的主张最初并没有得到日本法制局和内阁议会的同意，儿玉源太郎遂致电内阁总理大臣，称过去各县的警部长是警察执行的最高长官，各县联合行动时缺乏统一，所以多半难奏实效。废县置厅以后，行政区域变多，警察的联合行动也将变多，希望日本政府能够尊重后藤的意见统一警察机构。④ 在后藤新平的坚持和儿玉源太郎的帮助下，统一警察机构的设想最终通过枢密院批准。1901 年 10 月，总督府下设民政部，民政部下设警察本署，由警视总长为警察本署署长掌握一切警察权，指挥台湾所有警察机关，同时划分台湾全岛为 20 厅，各厅普设警务课，辅佐厅长管理警察事务。厅之下，设支厅，以"警部"为支厅长。"以下的官吏，全为巡察；故其系统，表面上是总督府—各厅各课—人民，而实际上是总督通过警察与人民接触，由巡察担任税务、卫生、农政及其他诸般政事，人民耳所闻、目所见的官吏，只

① 《台湾布政の急要问题》（1897 年 7 月 2 日），作者不详，后藤新平文书，中国社会科学院近代史研究所档案馆藏，K833. 1374 H440-1：R23。

② 《台湾施政方针》（1897 年 8 月 3 日），后藤新平文书，中国社会科学院近代史研究所档案馆藏，K833. 1374 H440-1：R23。

③ 后藤新平文书，北京，中国社会科学院近代史研究所档案馆藏，K833. 1374 H440-1：R23。

④ 『台湾総督府警察沿革誌　第一編　警察机関の构成』，台湾総督府警务局，1933 年，第 99—104 页。

有警察而已"。① 至于少数民族和山地的事务，通过此次改制，由警察本署"番务课"负责，有关隘勇的事项转交警察本署警务课负责，山林及少数民族整顿事务归警察本署保安课负责。②

1902 年对汉族人民反抗的镇压运动告一段落以后，如何对待少数民族成为日本政府和台湾总督府面临的问题。

此时台湾的警察力量，除全岛 20 厅的警察课以外，97 支厅共设 992 派出所，警部 177 人，警部补 271 人，巡察 3234 人，巡察补（本地人）1524 人，警察费总额约 180 万元。③ 换言之，台湾此时已经具备了警察"理番"的条件。

1903 年，警察本署的权责进一步扩大。1903 年 1 月，根据训令第 9 号修改台湾总督府官方及民政部、警察本署及各局事务分课规程，将原本属于保安课的有关"番人"整顿的事务改为警察本署署长专属。修正的原因是"土匪"尚潜伏"番地"内，动辄即引诱"番人"，或双方合作抵抗日本的殖民统治。而警察具备各种秘密及迅速的处理突发事件，甚至武力镇压的能力。④

4 月 4 日，训令第 62 号令进一步将"番地"事务也从殖产局拓务课中分离出来，改为警察本署署长专属，其下设"番务挂"。继而以训令第 63 号将地方各厅的有关"番人番地"的事务移交警务课（台东厅除外）。警察本署由警视总长大岛久满次出任，"番务挂长"由警部贺来仓太出任。⑤ 自此确立了有关"番人番地"事务中警察本署的主导体制，这一体制最直接也是最重要的影响就是对"生番"的"讨伐"，意味着在法理上不认为"生番"为人的讨论已经开始合理化。⑥

被称为"番地"的地区，是被隘勇线、带电铁丝网封闭的特殊禁区。"隘勇线就是开凿'番地'要地的山岭溪谷，配置警备人员，亦称之为隘路。隘路外侧数十间（1 间约 1.8182 米）以内的草木被割掉，整理并清理出扫射击界

---

① ［日］竹越与三郎：《台湾统治志》，博文馆 1905 年版，第 241 页。
② 『台湾総督府警察沿革誌　第一編　警察機関の構成』，台湾総督府警務局，1933 年，第 106 页。
③ ［日］持地六三郎：『台湾殖民政策』，富山房 1912 年版，第 379—380 页。
④ 『台湾総督府警察沿革誌　第一編　警察機関の構成』，台湾総督府警務局，1933 年，第 112—113 页。
⑤ 『"理蕃"誌稿』第 1 编第 2 编，台湾総督府警務局，1921 年，第 295—296 页。
⑥ ［日］松田京子：『帝国の思考　日本「帝国」と台湾"原住民"』，有志舎 2014 年版，第 141—142 页。

限，以防备'番人'袭击。在隘路要冲地点设置隘寮，配置隘勇"。隘寮的构造通常是使用附近方便拾取的竹木、土石等，以能承受子弹穿透力与防火为主要目的，墙上有射击孔，用来射击前来袭击的"番人"。隘勇线上设有电话，在一些必要的地点还配有野炮、山炮、迫击炮等，目的是对"番人"形成威慑。①

在"番地"，"理番"警察主宰一切，"番人"的民刑事件，虽然也有法律条文，但实际上由警察或行政官厅任意处分。② 警察兼任了所有的行政事务。警察既可以是老师，也可以是医院的医生，还可以是授产机构的技师和交易所的交易负责人。但"理番"警察是在日本的巡察、军人、宪兵之间物色人选，有时还会免去学术考试。这些人被选用后，会被免去学习一些练习所中所需要的学科，在一周或一个月时间内速成学习带枪教练、"理番"警察的概要等，然后被送到"番地"。在1911年颁布的《从事"番务"台湾总督府警视特别任用令》中规定，"尤其采用具有军事素养之人"。所以从干部到巡察，有军队经历的人占据了大多数。不仅如此，在"理番"警察的培养过程中，军事训练课程占据了整个课程一半以上的时间，而没有对宪法、刑法、行政法等基本法规的学习。相反，"理番"警察日常需要承担的教育、医疗、授产、交易等工作，在培训时，除卫生课以外几乎没有相应的课程。"理番"警察只是告诉当地的少数民族，隘勇线是他们的安全屏障，只要踏出线外，就马上身处险境。③

《台湾民报》把这种警察主导的对"番地"的措施，称为对"番人"和山地的封锁主义。④ 这导致少数民族被迫丧失了他们固有的土地。这种警察体制造成的后果之一是对少数民族生产手段的剥夺。他们不了解的是，土地在台湾少数民族中继承自祖先，不得轻易让给他人。无论是耕地、闲置土地、狩猎地都是由各种族、部落决定，没有所谓的无主土地。他们并非没有土地所有观

---

① ［日］眉原下松仙次郎：《"蕃地"警备》，《"理蕃"之友》第 1 年 9 月号，昭和 7 年（1932）2 月 1 日，黄幼欣主编，陈连浚译：《"理蕃"之友中文初译本》第 1 卷，新北"原住民族委员会"2016 年版，第 88—89 页。

② ［日］姉歯松平：『本島人ノミニ関スル親族法並相続法ノ大要』，台法月报発行所 1938 年版，第 12—13 页。

③ ［日］眉原下松仙次郎：《"蕃地"警备》，《"理蕃"之友》第 1 年 9 月号，昭和 7 年（1932）2 月 1 日，黄幼欣主编，陈连浚译：《"理蕃"之友中文初译本》第 1 卷，新北"原住民族委员会"2016 年版，第 88—89 页。

④ 类似比较有代表性的文章有：「台湾の真相 "対蕃"（十五）」，『台湾民报』明治 35 年（1902）2 月 11 日第 1 版。

念，而是没有日本人眼中所谓近代化的土地私有观念。

剥夺土地在佐久间左马太讨伐"北番"之后更加严重。1916 年一位笔名瓢齐的人在《大阪朝日新闻》就台湾的警察政治发表论述。他说：台湾的政治，换言之就是对土人与"生番"的统治，有全权交给警察官吏之感。原本从别国瓜分来的殖民地，最初贯彻武断政治，乃任何国家都会采用的手法，而随着秩序的稳定，接下来更替为警察政治乃自然之趋势。因此台湾今天逃脱不了警察政治之范畴，也无不可思议之处。然而，警察政治不但有威压为主的内容，也有怀柔的部分，无论采用何种方法，都在于统治客体的变化程度。我等虽然并不认为台湾现状已经离开了警察政治的范畴，需要所有岛民都处于立宪政治之下，但必须承认，现实的警察政治的确存在应该改良或者说不得不改良的诸多缺陷。占领台湾已 20 年，在殖民史的区分上不应停留在序章。

这位作者说，台湾的统治机构上有总督，民政长官以下官僚如星，几乎网罗了一代人才，威容颇整，南下时偶遇安东总督在岛内巡视，由此得见总督车后夹道欢迎的盛大阵容。每个停车场自然站满了以驻扎各地的官员、公立学校的学生、职员等为中心的土人等，虽然作为与新任总督见面很是方便，但这种在众多停车场的一瞥，对于总督而言能够有多大的参考价值呢。学生荒废课业，官员停止办公、土人暂停一天的劳役，两次送迎就有两次的浪费。作为特命检阅使来台湾的川村元帅几乎前后脚通过，同样的民众还要用同样的方法浪费时间送迎，我等听到某公立学校教师嘀咕说"沿街的公立学校还好说，从两三里地之外来的人每次都要花费一天的时间，真是麻烦"。据闻总督说"每次事情，不必有太多的送迎"，而官厅的指示则是"要尽可能多的欢迎"。由此可见殖民地的官员作风可笑至极，这也是早晚需要改良的繁文缛节。

他指出：新总督在这种形式下视察管辖领地，虽然不知这样能有什么样的收获，但据我所见，与上级官员威容颇整相反，下级官员的信用度值得怀疑。台湾的地方行政区划分为台北、宜兰、桃园、新竹、台中、南投、嘉义、台南、阿缑、台东、花莲港、澎湖 12 个厅，各厅下又有很多的分支，由此来统治全岛百姓，但这些厅内又有庶务、财务、警务，它们之间能否取得理想的联络值得怀疑。有人批评这是矛盾的施政，厅与分支、分支与地方驻在巡察之间没有充分的沟通，这是衙门按章办事经常有的通病，不应该严苛地只批评台湾，但是统治的对象是语言风俗都不同的土人，所以不能轻易放任不管。

当然，在深山幽谷中搭上性命从事"理番"的警察，其工作非常艰难，不会有很多人希望前往。以前进山的警官及事业人在人选上难说是优良的任务，今天也多闻丑闻，"生番"的凶暴多是因为日本人不近情理，其中有破坏妇女贞操、掠夺"番人"贵重物品的人。虽然他们尚未开化，但是对所有权、两性关系，"番人"神经敏锐，所以行凶也在情理之中。有识者多认为"番地"有必要改良警察政治。①

曾担任台东厅厅长的相良长纲也强调警察对"番人"的不良影响："警察进入'番社'，只会注意到'番人'的过失、行迹等，只强调处刑处罚等，这些都会造成'番情'的动荡而对教化无益。军队只会让'番人'感到害怕，而敌视我所主持的方针"，而尽量避免通过警察与"番人"进行交涉。②

1903年4月27日至6月24日，警察本署召集管辖"番地"的各厅警务课课长及与"番界"相关的支厅厅长先后在深坑、宜兰、桃仔园、新竹、苗栗、台中、南投、斗六、嘉义、番薯寮、阿猴、恒春召开第一次"番务"会议，警察本署署长大岛久满次自任议长，讨论有关"番人"和山地的17项议题。1. 所辖"番人"的情况；2. "番人"相互的社交关系；3. "番人"化育授产的状况；4. 惠与"番人"和惩戒"番人"的状况及未来的计划；5. 各"番社"拥有枪械弹药的数量及管理补给的方法；6. 管理物品交换的状况及以此作为官方营业的实行方法和利害；7. 设立一定的"番地"出入路线的可行与否；8. 惩戒凶"番"的方法；9. 隘勇的情况如何；10. 补充隘勇的方法及招募的难易如何；11. 隘勇的配置，是少部分配置密还是多数松散好；12. 隘寮建设的最好办法是什么；13. 设置隘勇线的比较经济的办法是什么；14. 隘勇线与"番地"事业的关系如何；15. 隘勇教练的方法如何；16. 除电话以外，隘寮之间的通信方法如何；17. 隘勇的被服不需要改良其染色公益，若需要，请举出几个要点。在开始讨论之初，大岛久满次警察本署署长就总督府的"对番"方针发表了训示。

他说，"番人番地"事，不经警察这一关就无法进行。然而警察既然责任重大，就不能一味地消极应对，宜关注殖产，经常涵养其思想，积极思考该采取何种方针进行。根据原来殖产土地的情况，应开办的事业方针自然各异，但也不能一概而论，要广泛留意国利民福，追求适合的事业，制定恰当的方针。

① 「台湾の警察政治」（上·中·下），『大阪朝日新聞』1916年4月19—24日，神户大学经济经营研究所、新聞記事文庫、朝鮮·台湾·滿州（2-027）。
② 『"理蕃"誌稿』第1編第2編，台湾総督府警務局，1921年，第295—296页。

若只以普通警察之概念，仅着眼于"防番"而不顾殖产，那么"番地"事务还能有何成绩。

他还说，"番人"虽然诱导其性或提供酒食可以获得一定程度的进化，但平地事业渐次发展，来到"番地"，不允许一直以这种缓慢的方针进行，必须时时采取消灭的政策，但消灭也有各种方法，怀柔让其自然灭亡为其中之一，需以人道为盾，让他们无畏的杀戮受到世人的指责，如此深切警惕。归根结底，只要是对事业有妨碍，就要杀戮殆尽。①

1903年6月9日，警察本署署长大岛久满次致电民政长官后藤新平，希望总督确定对"番人"的方针，即尽量防止"番人"的凶暴行为，若不能防止，即便中止"番界"事业，也要采取守卫的模式。若出于事业的必要或有机可乘，则需采取积极的方针进入"番界"；维持"番界"治安的警察行动都需事先与陆军幕僚交涉，征得其同意。自此，台湾总督府的"对番"政策的主要方针确立为大力开发"番界"。② 于是在"理番"警察业务中，除了例行警察业务以外，多了一项保护经济开发的重要任务。隘勇、警备人员的素质与待遇因此得到提高。为提高警备功能，增设了电话、地雷、铁丝网、木栅、探照灯等。③

截至1909年，因开发"番地"而进行的讨伐，经费每年高达二百数十万元。与之相应的是隘勇线的延长，已经从150多里发展至200里。"理番"警察的工作性质逐渐与平地警察拉开距离。"理番"警察通常需要通过武力以进行防御和镇压，但他们在采取军事行动的同时，还需对未开化"番人"进行"抚慰化育"。而本岛的平地警察与下层的警察辅助机构保甲制度和下级行政机关街庄社长有着密不可分的关系，平地警察的任务除固有警察以外还需做不少辅助行政的事情。如前文所述，此时全面征讨"番人"和山地已成大势。为顺应讨伐之需要，1909年10月根据敕令第279号，台湾总督府修改官制，废警察本署，设"番务"本署，将"理番"警察从平地警察系统中分出来。④ 但是废除警察本署并非意味着缩小警察权限，平地警察和"番地"警察在中央分属不同主管，但在地方，两者主管相同，根据轻重缓急，相互帮

---

① 『"理蕃"誌稿』第1编第2编，台湾総督府警务局，1921年，第302页。
② 『"理蕃"誌稿』第1编第2编，台湾総督府警务局，1921年，第305—306页。
③ 傅其赆：《日本统治时期台湾"原住民"抗日历史研究——以北台湾"泰雅族"抗日运动为例》，团结出版社2015年版，第10页。
④ 『台湾総督府警察沿革誌 第一编 警察机关の构成』，台湾総督府警务局，1933年，第126—127页。

助以维持治安。①

1910 年，佐久间左马太开始"理番"事业五年计划以后，首先惩罚卡奥湾"番"，没收其枪支弹药，同年冬到次年春，"讨伐"了雾社"番"和北势"番"，将其赶入深山，又推进隘勇线，压迫马里阔丸"番"。1913 年结束了中央山脉以西"番地"的处分，1914 年镇压了太鲁阁人，没收枪支弹药，接着着手没收"南番"的枪支弹药。

1911 年 3 月，"番务"本署署长大津麟平视察"讨伐"后的雾社，对雾社"番"荷戈社在此次的"讨伐"中属于比较恭顺的"番社"表示满意。②

大津麟平强调了对武器的没收及要求无条件"归顺"的命令，但是却忽视了"番人"对武器的信仰。有日本人考察山地之后称，"番人""不仅拥有健硕的体格和敏捷的身手，精神上也拥有令人惊叹的美德，即对武器的尊重。他们如今因'归顺'而被没收了武器，但他们爱惜、尊重武器的信仰就是日本的军队内部也无法想象。他们非常仔细地爱护武器，认真清洁，甚至连枪托都打磨地发亮"。"他们对枪械的尊重就如封建时代日本人爱护刀剑一样"。③

1911 年 4 月，设立"番务"监视区，区长由台湾总督府"番务"警视充当，奉"番务"总长的命令负责监视"番人"的操纵、化育、警备及其他与"番务"相关的事务。④

1911 年 10 月，重设警察本署，警视总长为其长官。对此，有人表示恢复警察本署是行政上的倒退，是警察万能主义的表现，但同时也表示这是过渡阶段，是为了日后的发展。⑤

1915 年 1 月 4 日，佐久间左马太表示，"'理番'五年计划"完成后，台湾"番政"重心转至开发"番地"。台湾民政长官提出"番地"交易可随机应变，其成效如何完全在于运用是否巧妙得当。比如若把谷菽苧麻通草竹或者藤编品

---

① 『台湾総督府警察沿革誌　第一編　警察機関の構成』，台湾総督府警務局，1933 年，第 127 页。
② 『"理蕃"誌稿』第 3 编，台湾総督府警務局，1921 年，第 181—184 页。
③ 台湾帰客談「"蕃族"現在及将来」，『神戸又新日報』1915 年 3 月 20 日，神戸大学経済経営研究所蔵、新聞記事文庫、朝鮮·台湾·満州（2-016）。
④ 『台湾総督府警察沿革誌　第一編　警察機関の構成』，台湾総督府警務局，1933 年，第 165、144 页。
⑤ 『台湾総督府警察沿革誌　第一編　警察機関の構成』，台湾総督府警務局，1933 年，第 147 页。

等物的价格定高，而使之养成勤于农工的习惯，就属于积极的手段。以低价购买鹿茸、鹿鞭、兽骨，让其厌烦打猎，消灭杀伐之风，属于消极的手段。对于不顺从的"番社"，限制食盐的交易数量，在一定时间定中止交易，以促其反省，这是不借助武力的手段。简言之就是向"番人"提供必需品进行抚育的同时，逐渐让其软化，把他们培养成善良的农民。然而，负责管理"番地"交易的警察往往将之看作是盈利之事业，非但不能"抚番"，反而让"番人"生出怨恨之心。①

1915 年 1 月 20 日，为保证"理番"五年计划的成果，佐久间左马太加强在山地的警备力量。他要求警察官员细心留意，不要在绥抚方面发生什么错误，且在进行绥抚的同时继续保持威压之势。

1915 年 7 月 21 日，敕令第 129 号宣布废止"番务"本署，"理番"事务重归警察本署主管。② 截至 1917 年，山地警察之驻在所的数量由原来的 202 处增加到 831 处。此后驻在所数量虽然有所减少，但警察人数却在增加。驻在所与驻在所之间依靠电话与马路相连，将"番社"包围起来。一般来说，驻在所设在较高的山丘上，以便一眼可以看到整个"番社"，每个驻在所大概配有 3 名警察，掌管两到三个"番社"。与日本本土相比，台湾警察人数多，每人负责的人口少。1931 年"番地"警察平均负责管理两个"番人"。

"理番"警察是如何看待"番人"的呢？1919 年时任桃园厅巡察的宫崎辉雄曾撰文称"'番人'与野兽无异"③，把"番人"看作是低等无知的人，所以在处理案件时，遇到说服不听的"番人"，直接的办法就是拘留和枪杀。④ 对于不臣服的"番社"，则杀害其头目。例如阿猴厅恒春厅管内的四林格社"未归顺番"在"理番"五年计划结束后，不改反抗之态度。他们的中心人物是头目萨斯娜奥、涂农库和卡图佰。恒春支厅认为不除掉这三个人就无法解决四林格社，于是其支厅厅长命令巡察藤田庄吉和恒春区区长陈云土，利用台湾本岛人诱其出动。1916 年 1 月 20 日，他们得知萨斯娜奥、涂农库两人到老佛山下的烧炭小屋以后，藤田马上带领陈云土等三人赶到，于晚上 10 点枪杀了这两人

---

① 『"理蕃"誌稿』第 4 编，台湾総督府警務局，1921 年，第 141—142 页。
② 『"理蕃"誌稿』第 4 编，台湾総督府警務局，1921 年，第 89 页；『台湾総督府警察沿革誌第一編　警察機関の構成』，台湾総督府警務局，1933 年，第 163 页。
③ 「"生蕃"の道德心を論ず」，『台湾警察協会雑誌』第 29 号，大正八年（1919）10 月 25 日，第 49 页。
④ 『"理蕃"誌稿』第 4 编，台湾総督府警務局，1921 年，第 162 页。

及一名"番丁"。① 此后，该社陷入缺少粮食和日用品的困顿境地。"理番"警察趁机说服他们交出所有枪支"归顺"总督府。2月9日，在高士佛、八瑶两社头目响林庄、万里得庄的保证下，四林格社提出"归顺"的申请。11月，屋加比警部接见四林格社十多名"番人"，接受他们的请求，接收16支管打式枪和11支枪身，暂时统一"归顺"，又接着调查残存枪支，利用该社的"番人"，于11月17日没收4支毛瑟枪。②

为防止"番人"叛乱，警察严格管理本岛汉人与"番人"的接触，亦不允许本岛人居住在"番地"，甚至将已经与"番人"结婚多年的人驱逐出去。

花莲港厅的太鲁阁"番地"有数名本岛人。他们娶"番妇"为妻，以铁工为业，制作修理"番人"喜欢的"番刀"和其他武器，也从事一些开采砂金，秘密交换"番产品"等营生。在"番地"尚未平定之前，他们与"番人"相互联系，隐秘其住所。1906年设置隘勇线以后，完全同化为"番人"，一同反抗政府。1914年，台湾总督府镇压了太鲁阁人的反抗，当地的汉族人也因为无法继续制造铁器等而失去生活来源。花莲港厅厅长利用这一机会，在警察本署的支持下，照会各所，调查其本居地和亲戚故旧，责令他们离开"番地"。③

在警察的高压统治与封锁下，少数民族因苦于物资缺乏，不得不在隘勇线附近以各种信号交换物品，或试图破坏电网，造成不少少数民族及其家畜触电而亡。尽管如此，警察本署依然要求不得放松对"番人"的封锁和管理，通过试探性赠给"番人"些许物品让其感受恩典，一方面收买人心，一方面探听"番人"的实际情况。④

在对"番人"的高压统治中，设置警察飞行班是台湾总督府在佐久间左马太"讨番"之后开始实行的一项威吓手段。

在多年的"讨番"过程中，少数民族屡屡凭借天险隐匿群山之中，成为"理番"警察在征讨过程中遇到的最大障碍，如何处理这一障碍成为"理番"当局的心病。1909年台湾总督府安排"番人"前往日本观光时，带领他们参观了日本陆军的机场，未曾想飞机在空中飞翔的情景令"番人"恐慌不已。自此，"理番"当局每每趁"番人"赴日观光之际安排参观机场。1916年6月，

① 『"理蕃"誌稿』第4编，台湾総督府警務局，1921年，第161页。
② 『"理蕃"誌稿』第4编，台湾総督府警務局，1921年，第164页。
③ 『"理蕃"誌稿』第4编，台湾総督府警務局，1921年，第180—181页。
④ 『"理蕃"誌稿』第4编，台湾総督府警務局，1921年，第247—248页。

第六任总督安东贞美与日本陆军协商在"理番"中使用飞机一事，但因经费问题未能马上实现。

1917年7月，陆军飞行队在台湾各地进行耐热试飞，向台湾总督府请求到台北、新竹、高雄各州山地进行恐吓飞行，向其中未"归顺"的高雄州"番人"首次展示投放炸弹的演习。面对炸弹的威力，"番人"纷纷交出枪械哀求"归顺"，"理番"当局由此更加肯定了飞机在镇压"番人"方面的良好效果。鉴于此，开始讨论有事时为达到军事等其他行动的目的，而在警务局内设立警察航空班。1919年正式在警察本署设立警察飞行班。

警察飞行班成立后，1920年10月上旬，攻击台中州下东势郡下的反抗"番人"避难地，为恐吓警备线一带，以鹿港为根据地开展计划，准备了100发九三飞机用炸弹、1000发雾弹，带领熟悉地形的3名巡察同乘。

1921年初，在高雄州"番地"六龟里方面侦察飞行。6月在东势郡"番地"飞行，空袭永安部落的避难地。1922年11月，在对屏东郡"番地"进行恐吓飞行时，不但让高雄、台东、花莲港等地的"番人"都感到恐惧，并且发现了以往未知的"番社"。[①] 1923年1月首先连续三天在屏东郡等做练习飞行的同时，对山地进行侦察飞行。5月对东部山地进行恐吓及地形侦察飞行。在新武路溪方面"番地"一代、内本鹿社及大武、新港两支厅进行飞行，使深山的"番人"感到恐惧，并召集众多内本鹿社等各社的"番人"及他们的孩子参观机场附近投弹，令他们恐惧不已。又连续在台北新竹台中的山地上空飞行，在台北练兵场东部投下炸弹。

警察飞行班成立后，1920年在山地飞行的次数为10次、1921年8次、1922年12次、1923年62次、1924年51次、1925年75次、1926年3月底前10次[②]，在镇压和威吓少数民族方面取得了一定的效果。

至日本战败为止，台湾的山地行政一直保持着高压的警察政治。"理番"警察，不但有警察权，同时还负责教育、授产及卫生等诸般事务。换句话说，台湾的"理番"警察，不仅是警察，同时也是教师、医生，且为生产技术的指导者、主持诸般世事的家长。山地里"只有人治，没有法治；这一区域，可以

① 『台湾総督府警察沿革誌　第一編　警察機関の構成』，台湾総督府警務局，1933年，第336—338页。
② 『台湾総督府警察沿革誌　第一編　警察機関の構成』，台湾総督府警務局，1933年，第338—342页。

说是中世纪的独裁王国，也可说行的是氏族的家长制度。日本的警察，就是国王，也是家长"①。

三、台湾少数民族的反抗与雾社起义

如前所述，台湾总督府对少数民族的所谓"绥抚"政策充满了高压与欺诈。自古栖息在山地生活的少数民族在面对入侵者时从未停止抵抗。1930 年 10 月 27 日爆发的雾社起义（又称"雾社蜂起事件"），由台中雾社泰雅人莫那·鲁道领导，杀死 140 多名日本人。因事件完全针对日本人，使日本统治者的"惊讶、悲愤尤其强烈"。这次事件，距离 1916 年台湾总督佐久间左马太的"理番"五年计划结束已有 14 年，且此前雾社"番"一向被统治者标榜为台湾最进步的少数民族。② 台湾总督府在事件爆发后迅速出动军队，使用飞机、大炮、毒瓦斯进行镇压，并于次年 4 月发动了第二次雾社事件，对当地少数民族进行了近乎灭绝的屠杀。

有关雾社起义的发生、经过、原因等，自事件发生之日起，日本就开始了一系列调查。③ 但是，由于当时日本断绝了雾社与外界的一切联系，故这些调查结果成为日后研究雾社起义最主要的资料。

21 世纪初，中国台湾戴国辉、春山明哲系统地对雾社起义相关资料进行了翻译和整理，为该事件的研究奠定了基础。大体而言，以往研究较多地探讨了为什么会发生雾社起义。④ 较为通行的研究方法是，通过对后续调查资料的爬梳，从结果倒推事件发生的原因，从而得出结论，即台湾总督府对少数民族的"理番"政策充满了高压与欺诈，且与自古栖息在山地的少数民族存在风俗习

---

① ［日］盐见俊二：《日据时代台湾之警察与经济》，台湾银行经济研究室编：《台湾经济史初集》，台湾银行，1954 年，第 136 页。
② 台湾总督府警务局：《雾社事件誌》（时间不详），戴国辉编著，魏廷朝译：《台湾雾社蜂起事件研究与资料》下册，台北"国史馆"2002 年版，第 641 页。
③ 主要有拓务省管理局局长生驹高常：《雾社"番"骚动事件调查复命书》（1930 年 11 月 28 日）、台湾总督府警务局：《雾社事件誌》（时间不详）、台中州能高郡警察课：《关于雾社事件的概要说明书》（1936 年）、台湾军参谋陆军步兵大佐服部兵次郎：《关于雾社事件》（1931 年）。
④ 代表性的著作有［日］喜安幸夫：『台湾统治秘史：雾社事件に至る抗日の全貌』，原书房 1981 年版。该书从日本"理番"政策的演变这一角度，分析了雾社起义发生的原因和背景。

惯上的差异。① 大陆史学界以往多把雾社事件作为台湾武装抗日史的一个案例进行叙述，把台湾总督府的屠杀视为与南京大屠杀同等性质的战争暴行。近年有学者从人类学、社会学的角度，以雾社事件为切入点研究日占台湾对当地少数民族族群关系的影响，为研究台湾少数民族开辟了新的思路。②

雾社是台湾少数民族的组成部分，其遭遇带有一定的代表性，反映了少数民族在接受日本统治过程中持续反抗的历史。从日本占领台湾到1930年，对于当时的人，尤其是一些长者来说，雾社起义并非孤立、偶然的，而是其生命旅程中发生的一件事，具有一定的连续性和必然性，只是反抗的形式有所不同。鉴于此，本章拟对日本占领台湾后雾社少数民族的境遇做一梳理，阐述其在面对侵略者时，在不同阶段采取不同反抗形式的侧重，分析其最终走向自杀式反抗道路的历程。

初遇侵略者：深崛安一郎失踪事件与雾社大封锁

雾社位于台湾南投厅埔里社支厅管辖区浊水溪的上游，地处深山峻岭之中，其地附近多称为"番社"。雾社"番"属于泰雅人中的分支赛德克人，包括巴兰社、多闻社、西波社、塔洛湾社、荷戈社、罗当社、马赫坡社、加祖克社、斯克社、波亚伦社、他加南社共11个社，拥有730户约3900人口。在其传统的社会组织中，每个社均设有一名头目，多为选举产生，有时也由赛德克人总头目推荐人选。巴兰社为其中的大社，所以一直以来由巴兰社头目统辖全"番"。不过，雾社地区所有社均实行合议制，所以头目只有执行决议命令的权力，却不能对违抗者进行惩罚，只能与老人或有势力的人商量之后，率壮丁进行威吓或抵制。③

---

① 有关台湾少数民族抗日运动的研究，代表性研究成果有傅琪贻：《日本统治时期台湾"原住民"抗日历史研究》，团结出版社2015年版。该书以埔里社以北泰雅人的抗日运动为研究对象，参考日文资料对历史上比较有名的几次抗日事件进行了回顾。不过，浊水溪上游的雾社"番"所处山地，因拥有丰富的樟脑等资源，更为台湾总督府所看重，这一点，作者在书中并未展开。

② 参见秦孝仪主编：《革命文献》第109辑，《日军在华暴行——南京大屠杀》下册，中国国民党中央委员会党史委员会1987年版。黄福才：《镇压台湾雾社起义》，禹硕基等主编：《日本帝国主义在华暴行》，辽宁大学出版社1989年版，第87—99页。周慧慧、董建辉：《雾社事件与台湾少数民族族群关系》，袁晓文主编：《西南民族与南方丝绸之路》，民族出版社2016年版。

③ 台湾総督府蕃族調査会编：『台湾総督府"蕃族"調査会"蕃族"調査报告书"排彎族・狮設族"』，台湾総督府"蕃族"調査会，1917年，第2、8—9页。关于雾社"番"包括的"番社"数目，有11和12两种说法，至今未有定论。参见宁墨公：《台湾雾社"番族"之研究》，《新亚细亚》1931年第1卷第5期。

日本占领台湾后，1895 年 7 月 18 日，台湾总督府在埔里社成立民政部支厅，11 月 29 日设埔里社派出所，12 月 6 日设立警察署。1896 年抚垦署制度实施之后，埔里社亦成立抚垦署，由日本陆军中尉长野义虎担任首任署长。他向日本陆军参谋部建议组织"义勇番队"，实行"以番治番"。经探查，长野义虎按地域把台湾少数民族分为东、西、南、北四"番"。所谓"北番"即为住在中界岭以北山地的少数民族，其中包括雾社"番"。1896 年他发表了《陆军中尉长野义虎氏"番地"探险报文》，详细介绍了东、西、南三个地方少数民族的居住环境、语言等情况，但独缺"北番"。① 在这一背景下，1897 年 1 月，日本陆军步兵大尉深崛安一郎奉命率领 13 名队员，从埔里社进入"番界"，目的是探测横贯台湾东西的铁路线。这成为日本殖民统治者与雾社"番"接触的起点。

从埔里社到达雾社，行程约 6 里许。深崛安一郎一行人在"南番"道泽社和德鹿谷社人的带领下进入"番界"。在当时日本殖民统治者对台湾少数民族有限的了解中，他们认为道泽社和德鹿谷社虽然与雾社同属埔里社的少数民族，但容貌气质大不相同，相较雾社更加天真无邪，容易交往。另外，他们也知道道泽社和德鹿谷社历史上一直与雾社所属赛德克人不睦。深崛安一郎等人的勘察行动得到了"南番"少数民族的帮助，但雾社"番人"并不了解深崛一行人带领道泽社、德鹿谷社人前来的用意，认为勘测画图会给"番社"带来灾难。不仅如此，深崛安一郎等人在勘察过程中表现出对当地少数民族的警惕和歧视。他们在夜间安排哨兵站岗，勘测画图时，只要有少数民族的人盯着看，便上前呵斥，甚至驱逐，而不作任何解释。少数民族的这种恐惧与愤恨在遭到蛮横呵斥后进一步加剧。于是，在深崛安一郎等人计划继续北上，前往雾社"番"荷戈社时，遭到荷戈社人的激烈反抗。最终，深崛安一郎一行寡不敌众，悉数自杀。②

台湾总督府失去深崛安一郎等人的消息后，派台湾守备混成第二旅带领陆军步兵少尉秋元源宽、柿内雄三郎等 14 人前往埔里社"番界"搜查。范围包

① 参见《陆军中尉长野义虎氏"蕃地"探险报文》，台湾大学图书馆藏，台湾"原住民"诸家报告书汇辑，M055/00/0186/0204；「義勇蕃隊　長野義虎」、JACAR（アジア歴史資料センター）Ref. C12121291100、戦時編制改正審議に関する書類綴　明治 29 年 10 月（防衛省防衛研究所）。
② 《埔里社支署长"北蕃"巡视并故深堀大尉一行遭难遗物发见报告》（1900 年 5 月 1 日），台北"国史馆"台湾文献馆藏，台湾总督府档案·总督府公文类纂，00004627002。

括巴兰社、荷戈社等，并事先通知各社，要求头目本人或代表一直跟随。他们一行在塔洛湾社发现深崛一行人的遗物，并有人证实他们皆已战死。埔里社抚垦署派技术员竹田忠治前往调查，亦被雾社"番人"所杀。① 1898 年，长野义虎再次带人前往勘察山地，因当地人的敌视，而被迫终止调查。

从深崛安一郎失踪到事后调查，台湾殖民统治者借助与雾社"番"不睦的"南番"少数民族的力量，试图探查"北番"山地以及雾社"番"少数民族的情况。其傲慢的态度以及所谓"以番制番"的策略，激起了雾社"番"少数民族的恐惧与愤恨，击退入侵者成为他们最直接的目标。

台湾总督府名义上为示惩戒，对雾社"番"实行严格的生计大封锁，杜绝食盐、铁器等生活必需品的交易和交换，史称"雾社大封锁"，实则趁封锁期间，大肆开展对樟脑资源的勘察行动。1900 年 11 月 13 日，台湾总督府樟脑局事务官前往南北"番界"进行考察，以确定当地是否存在足够开发数量的樟树林。此次考察历时 4 个月，最终确定雾社"番"所在地浊水溪以北的山地中存在茂密且樟脑含量较高的樟树林。② 雾社"番"人面对殖民统治者的勘察，尽管身处被封锁的境地，但依然反抗强烈。据称，仅 1901 年 1—6 月，埔里社就有 6 人被猎首，4 人受伤。"番害"消息频见报端。③ 时人批评台湾总督府的封锁政策，称"'番界'封锁、食盐限制，这样的措施不会有任何效果"，"如果这种制裁能让'生番'感到痛苦的话，他们早便已经投降，而不会这样躲到深山之中"。④

1902 年，台湾总督儿玉源太郎决定全面推进隘勇线，实行积极的"理番"政策。所谓"隘勇线"是带有高压电流的铁丝网，以此作为封锁线把台湾的少数民族赶入深山，目的是获取山地的资源。雾社"番"所在的南投厅从 1903 年 10 月 3 日正式开始隘勇线推进运动，台湾总督府希望由此获得"好望垦地，田 400 余甲，园 8000 余甲，制脑预定额 200 余万斤"及其他"造材薪炭其余山

---

① 「深堀步兵大尉外 13 名の失踪経緯等に関する内報」、JACAR（アジア歴史資料センター）Ref. C10061168100，明治 30 年分　編冊　2　附属　台湾総府　混成旅団（防衛省防衛研究所）。

② 「"蕃界"視察談」，『台湾民報』1901 年 3 月 26 日第 2 版；「"蕃界"視察談」，『台湾民報』1901 年 3 月 28 日第 2 版。

③ 「"蕃害"統計」，『台湾民報』1901 年 7 月 19 日第 2 版。

④ 「"蕃事"管見」，『台湾民報』1901 年 3 月 29 日第 1 版。

林产物"。① 长期的大封锁已使雾社少数民族生活穷困，推进隘勇线更激起了他们的反抗之心。因有此前殖民统治者"以番制番"的前车之鉴，雾社"番"希望联合"南番"一起对抗侵略。1903 年 10 月 5 日上午，雾社"番"联系素有旧仇的"南番"干卓万社，称"平日日本不与我便利，不如我们就此签订和约，两社合作打击日本"，提议"南北联冲以当官军"。② 但此举却为埔里社支厅当局所利用。如前所述，埔里社支厅抚垦署署长长野义虎素有"以番治番"的想法，且非常了解雾社"番"的抵抗，早在统治之初即曾向台湾总督府建言不得向雾社"番"等"北番"提供军械武器。深崛安一郎失踪事件后曾暗中挑唆"南番"伺机消灭雾社"番"。③ 干卓万社在埔里社支厅的授意下假装同意，于 10 月 6 日，联合卓社"伏兵于要地以待北番之来，北番不知而遂陷伏，四面包击"。④

这次伏击，在日本文献中称作"姊妹原事件"或"雾社'番'膺惩事件"，造成雾社"番"104 名壮丁被杀，其中"为干卓万社猎首者 73 名，为卓社猎首者 31 名，战利品则干卓万社枪支 50、刀 93、长矛 110，卓社枪支 7、刀 34、长矛 20，其余'番'衣、网囊不知其数，而'南番'无一人死伤者"。干卓万社和卓社携其猎首 27 颗献给埔里社支厅。

雾社"番"元气大伤，被迫宣布无条件"归顺"。1903 年 12 月，雾社"番"众人来到埔里社支厅蜈蚣仑隘勇监督所附近，向监督所的日本警察表达了"归顺"的意愿，并对"姊妹原事件"作出了解释。他们称，雾社大封锁，导致其日用铁器类磨损严重，难以继续作耕种用，虽然一度不愿"归顺"，向素有旧怨的干卓万"番"求和，希望与之交换日用品，结果反遭暗算，导致多人被杀，使"番社"势力蒙受了巨大损失，原来使用的刀枪等也都被掠夺一空，雾社"番"希望能允许其"归顺"，"番社"壮丁可做隘勇等用。据现有记载，面对雾社"番"要求"归顺"的请求，埔里社支厅并没有马上允诺。而

① 「隘勇線前進」，『台湾民報』1903 年 10 月 13 日第 1 版。
② 「両"蕃社"争鬪後報」，『台湾民報』1903 年 10 月 9 日第 2 版；「南北両"蕃"鬪争詳報」，『台湾民報』1903 年 10 月 22 日第 1 版。此次事件发生之初，有消息称是干卓万社提议联合打击日本，雾社"番"上当，但根据日后的报道和《"理蕃"誌稿》中的记载，应为雾社"番"的提议。
③ 「北蕃二対シテ特二銃砲火薬類ノ供給ヲ制限スル意見」，『"理蕃"誌稿』第 1 編，台湾総督府民政部"蕃務"本署，1911 年，第 65—66 页。
④ 此处及下段均出自「南北両"蕃"鬪争詳報」，『台湾民報』1903 年 10 月 22 日第 1 版。

雾社"番"少数民族也并非真正认可隘勇这一身份，他们对隘勇线本身充满恐惧。1904 年 2 月，同地区居住的阿冷社人向隘勇线会见所的日本警察请求下山另寻出路，原因是"隘勇线扩张，有深虑将来能安全居于'番社'乎"；雾社"番"少数民族也不时伏击当地从事隘勇之人。①

有鉴于此，埔里社支厅厅长在雾社"番"表达"归顺"意愿两年多以后，方于 1906 年 2 月 11 日前往当地视察。其视察的目的是看该社是否已到穷困潦倒之境地，并借机劝告雾社"番人"，不要阻止隘勇线的推进。埔里社支厅厅长告诫荷戈社头目，称"若穷困状况不若传闻，则绝不容许交换物品。'番人'出没交换物品，如果出现伤人事件，其危害较缺少物资更甚。为避免出现这种情况，要推进隘勇线，在线外比较安全的地方设置交易所"。②

1906 年 5 月 31 日，南投厅的隘勇线建设工程取得进展，日本殖民统治者在该处的隘勇线长达 12 里，由此控制了樟脑资源丰富的山地，并占据海拔高达 8000 尺的守城大山，可以将雾社"番"等尽收眼底。埔里社支厅认为时机成熟，于当日向雾社"番"宣布四条"归顺"条件，在霞关中央隘勇监督所举行"归顺"仪式：1. 绝对遵守官厅命令；2. 发誓不进入隘勇线内；3. 进出"换番所"进行物品交换时不携带兵器，不在指定地点以外住宿；4. 不在隘勇线附近出草，若因狩猎等故须靠近隘勇线，提前携带国旗到霞关中央隘勇监督所申请。③ 至此，台湾总督府多年来探查中央山脉东西铁路地势的夙愿达成，对雾社少数民族的"讨伐"也暂告一段落。

被缴械：反对隘勇线、奇袭脑寮与"理番"五年计划

台湾总督府接受雾社"番""归顺"后，继续在当地推进隘勇线，加强对山地樟脑的采伐，为此在各地设立警察驻在所，增强警备力量。

如前所述，雾社"番"少数民族自始对殖民统治者在其山地勘测、推进隘勇线、开发樟脑心怀恐惧和不满，这种情感在台湾的少数民族中具有普遍性。有学者称"1900 年起，于'番地'制脑之日本人与'番人'间关系愈趋恶劣，

---

① 「南投生"蕃"」，『台湾民報』1904 年 2 月 2 日第 1 版；「埔里社支庁の"蕃害"」，『台湾民報』1904 年 2 月 2 日第 2 版。
② 「南投庁霧社"蕃"ノ帰順」，『"理蕃"誌稿』第 1 編第 2 編，台湾総督府警務局，1921年，第 455—457 页。
③ 『"理蕃"誌稿』第 1 編第 2 編，台湾総督府警務局，1921 年，第 455—457 页。

日本人遭到'番'害者逐渐增加","大致是'番人'认为日本人在'番地'制脑后,隘勇、脑丁以及为开垦而进入'番地'之汉人随之逐渐增多,而认定若不趁现在将日本人驱逐出'番地',终有一日土地将会被汉人全部占领"。① 因此,当台湾总督府接受雾社"番""归顺",继续在当地推进隘勇线以后,遭到了雾社"番"少数民族的激烈反抗。据台湾总督府电报称,1909 年 3 月 2 日,雾社地区隘勇线铺设完成后,当地少数民族杀死了 1 名巡察、10 名隘勇,且造成该地区隘勇线部分警察死伤。雾社"番人"的反抗使殖民统治者进一步铺设隘勇线,较之以前延长了 10 里,最终迫使雾社"番"少数民族缴械 33 支,宣布投降。②

但是雾社少数民族的抵抗没有停歇,一年后他们再次趁统治者不备奇袭脑寮。1910 年 5 月,宜兰厅推进隘勇线,雾社一带的警察被调往宜兰厅支援。于是雾社"番"少数民族趁守备力量薄弱,于 10 月 24 日至 11 月 1 日接连袭击了一夜谷等三处脑寮。南投厅厅长久保通猷迅速增派巡察补隘勇前往一夜谷,严防守备,并发电报至台湾总督府要求撤回前往宜兰支援的警备。"番务"本署署长大津麟平接报告后派警察前往镇压,但雾社"番"少数民族看出此时警备势单力薄,于 11 月 14 日又以打猎为名进入隘勇线,袭击本部溪的脑寮,遭到巡察补隘勇的抵抗,造成一人死亡,一人受伤。雾社"番"前往警察驻在所,要求交出射杀雾社"番人"的巡察补,遭拒后,于 15 日率 10 名"番人"在隘勇线内杀死两名隘勇,并在警备线前面的各要塞建筑壁垒,试图反抗。12 月,南投厅在"番务"本署的部署下,组织 1000 多名警察成立讨伐队,队长为南投厅厅长久保通猷,副队长为"番务"课课长警部长仓用贞。讨伐队分六个分队,分派三角峰等五线,并在各处监督所和分遣所设置炮台,严加警备。"番务"本署的计划是以炮击为主,辅以推进隘勇线和追击,拟在 30 天内彻底镇压雾社"番",收缴该社少数民族的武器,处分参与射杀隘勇事件的少数民族。此次反抗,虽然雾社"番"少数民族凭借天险积极反抗,但在猛烈的炮击下,

---

① 王学新:《日治前期桃园地区之制脑业与"蕃地"拓殖(1895—1920)》,《台湾文献》第 63 卷第 1 期,第 63 页。

② 参见「隘勇線の激戦　我死傷二十七名」,『東京朝日新聞』1909 年 5 月 29 日,第 3 页。其中有关隘勇线的延长数字,是综合『"理蕃"誌稿』(「南投厅雾社"蕃"ノ帰順」,『"理蕃"誌稿』第 1 编第 2 编,台湾総督府警務局,第 455—457 页)、「南投隘勇線完成」(『東京朝日新聞』1909 年 3 月 6 日,第 3 页)计算得出。

大量房屋受损，粮食被焚，人员伤亡惨重。①

此次镇压后，台湾总督府在雾社地区基本实现了收缴枪械的目标，但也埋下了当地少数民族反抗的种子。同一年，台湾第五任总督佐久间左马太制订了"理番"五年计划，决定五年内解决少数民族问题。当时有"'番社'传言称日本人收取枪支，是为了杀戮'番人'"。为此，1911年3月，"番务"本署署长大津麟平先后来到雾社"番"的各社，召集各社头目和各社壮丁。大津麟平称："你们若听我的，一定会平安无事，若不听，将全部灭亡。本官绝不骗你们……你们是日本人，也和平地人一样，需要遵守总督制定的规则……被派去观光的人能知道日本政府如何惩治、镇压那些反抗的人的……只要你们听日本官府的，就可以安稳生活。"②

巴兰社是此次事件中的主要当事者，也是深崛安一郎失踪事件后被迫参加搜索，反抗意识较强的"番社"，日本殖民当局对待他们格外强调日本的强大和优越，希望以此使其"归顺"。3月5日，大津麟平在巴兰社召集数十名"番人"，训话称："我奉台北最高大人总督阁下之命前来，总督对你们上交枪械非常满意，命令我们要加强对你们的保护，奖励农业，使尔等安居乐业。打猎虽非全然恶习，但与之相比，勤于农业更为本官所喜。今天你们赠给我蜜橘，我感到非常开心，但品质上与平地相比还比较低劣，需要官府加强保护，以图改良。我听说厅长已经选择良种，近期树苗将至。妇女工作最需要奖励织布。以往'番社'的机器织不出上好的布料，而且比较麻烦。你们若使用日本的机器，一定会织得又快又好，制作出好衣服。考虑到这些事情，万事都要遵从警察的命令，不得违背，这样尔等日后生活才会无忧"。"通过此次镇压，你们一定已经认识到日本的强大。你们的武器只有枪械，而仍要服从日本，是因为日本除了武器之外还拥有优越于你们的智慧。只要有知识，不独战争会强，还能让人们聪明，生活幸福"。此外，大津麟平还透露了一个信息，即将派一名传教士来。他说，"此人是奉总督之命，被派来让你们变聪明的人。你们的孩子也要靠他变得聪明。而且不论是孩子还是任何不明白的事，都可以问他，问他是最有利的。此人不仅知道人生之前的事，甚至还知道死后的事情，无所不知。受他教诲，你们会变得与日本人一样聪明。'生番'之所以愚昧是因为

① 「霧社方面討伐」，『"理蕃"誌稿』第3编，台湾総督府警務局，1921年，第680—700页。
② 「霧社方面討伐」，『"理蕃"誌稿』第3编，台湾総督府警務局，1921年，第680页。

不懂文字没有学问之故。我等出生时与你们的孩子一样，然习学问，解文字，所以变得像今天这般聪明，成为比你们优秀的人"。他强调，传教士"是为了授人以知识而来，你们的孩子交给他充分学习，一定会成为比你们聪明的人"，并且提出要建造学校，为孩子们建游乐场，劝告少数民族把孩子们送到学校去。①

不过短时间内，埔里社支厅对雾社"番"的基本方针仍然是严格执行上交全部枪械的规定，不时通过武力镇压以作惩罚。所以，关于少数民族将遭受日本人屠杀的传言并没有就此消失，雾社"番"的反抗也未因训示而消减。1911年7月初，雾社地区疯传，各驻在所之间的道路铺设完成之日，就是各社头目被日本杀掉之时。埔里社支厅长派人前去调查传言的来源，查明是雾社地区荷戈社的两名头目，曾到万大社，称日本早晚都会消灭少数民族，不如先行一步，袭击隘勇线之虚处，一天之内便可完事。荷戈社的提议，已经获得波亚伦社、斯克社、道泽社、土鲁阁社的同意，马赫坡社、塔洛湾社也正在准备响应。埔里社支厅以观光为名，将各社头目共50多人叫到支厅，严加训诫。此事最终以荷戈社两名头目认错而告终。②

遵从文明还是传统：莫那·鲁道的"归顺"与反抗

"理番"五年计划结束后，台湾总督府认为以镇压为手段的时代已经过去，遂开始实行绥抚政策。绥抚的内容包括授产、教育、医疗，并鼓励警察迎娶部落头目的女儿为妻。雾社"番"马赫坡社头目莫那·鲁道的妹妹就嫁给了"理番"警察近藤仪三郎。

莫那·鲁道生于1882年12月，也就是说1896年雾社"番"第一次遭遇日本殖民统治者，次年发生深崛安一郎失踪事件的时候，他已经是一名十四五岁的少年。在台湾总督府的"番情"记录中，莫那·鲁道从十七八岁起便以战斗灵巧勇敢闻名近邻，而且势力强大，在雾社中没有一个人比得上。在日本拓务省管理局局长生驹高常调查的雾社分室管区内须重点防范的"番人"名册中，莫那·鲁道名列第一。

其日常言行中"充斥"着"对官宪干涉的厌恶，以及对出劳役和其他的怨

① 『"理蕃"誌稿』第3编，台湾総督府警務局，1921年，第182—184页。
② 『"理蕃"誌稿』第3编，台湾総督府警務局，1921年，第231—232页。

言"，还常常"妄言"屠杀日本人，甚至"进而从事布置，轻视官府，颇有威震一方的气势。他的反官、反内地人（日本人）的气焰之盛，可以想见"。日本的警察几乎无法驯服他，而且认为不可能纠正他的性格，甚至考虑在适当的时候除掉他。因为莫那·鲁道一直是他们重点防范的人。每逢警备力量单薄，莫那·鲁道就会企谋反抗。1925 年，台中州知事曾向台湾总督府警务局局长汇报"马赫坡社头目莫那·鲁道一派，与雾社'番'不良之徒合作，企图反抗官宪，谋求拉拢万大'番'而在秘密奔走"。1925 年 4 月 2 日莫那·鲁道与在波阿隆社有力人士瓦旦罗拜家，与万大社、巴兰社、沙德社头目达成协议"要合力反抗，今后不必服从官宪的命令"，因为"以番人身份接受日本人的保护很不自在，不能像往昔那样过自由的生活"。① 日本当局从其他"番人"处获得消息后，在残间滨吉警部补的提醒下，加强了警力。

"归顺"日本殖民统治者，折磨着雾社"番"少数民族，也同样折磨着莫那·鲁道的心灵。日本人在雾社的"理番"政策，表面上给少数民族创造了文明制度，但却迫使他们不得不放弃一些旧有的、被日本统治者看作是迷信的习俗。在莫那·鲁道等注重传统的人眼中，所有违反传统习惯的做法都会招致天谴。1926 年 7 月，波亚伦社少数民族遵从日本警察之命，在小米收获期前去打猎，这严重违反了当地的习惯。不久以后，当地出现大暴雨，莫那·鲁道等人为追究责任，率马赫坡 47 人到波亚伦社内榛林中，砍倒约 40 棵木材。② 莫那·鲁道的看法是他们这样做如果"事先被警察知道，我们的传统习惯就会没有使用的机会"，表现出在保护传统习惯上与殖民当局难以调和的矛盾。

1930 年，日本为准备 10 月份举行的"台湾神社祭"，在雾社大兴土木修建房屋。该活动是为了纪念侵台日本军人北白川宫能久亲王等人而办。日本殖民者强迫雾社少数民族到离雾社 20 公里的马赫坡社砍伐、搬运木材。森林是雾社少数民族信仰中的圣地，林中的巨木是他们的守护神灵，砍伐巨木等于摧毁他们灵魂的故乡。因此，他们被迫进山伐木时，内心充满恐惧和不满，担心引起神的震怒而遭报应。

---

① 「霧社事件の顛末（一）」，『台湾日日新報』1931 年 1 月 7 日，神戸大学経済経営研究所蔵、新聞記事文庫、政治（44-001）；戴国煇编著，魏廷朝译：《台湾雾社蜂起事件研究与资料》下册，台北"国史馆"2002 年版，第 387—388 页。
② 戴国煇编著，魏廷朝译：《台湾雾社蜂起事件研究与资料》下册，台北"国史馆"2002 年版，第 393—394 页。

也即在此时，发生了所谓"敬酒风波"，成为雾社起义的导火索。10 月 7 日，日本巡察吉村克己为建设雾社小学搬运木材一事前往马赫坡社。上午 10 点 15 分左右，抵达该社头目莫那·鲁道家房前。莫那·鲁道的长子成亲，正在与 40 多名"番丁""番妇"一起喝喜酒。吉村等两名巡察及 1 名警守欲参观酒宴，走到他们面前。莫那·鲁道的长子达道·莫那伸手去拉吉村想邀请他们喝酒，不料竟遭到拒绝，还被吉村用拐杖打手。"以'番人'的习惯而言，开酒宴席时，社内自不必说，他社的'番人'也要招待，有共享欢乐的风尚。此外，对当地驻在所所员及一般来社者，也要请客"。吉村克己 1929 年才来到雾社，虽然与莫那·鲁道等人已有交往，但并不了解他们的习俗。随后，吉村扣留并毒打了莫那·鲁道，这让达道·莫那气愤难忍，在深夜带着一名族人杀死了吉村克己。[①] 事情发生后，莫那·鲁道深知必定会遭日本警察的报复，于 10 月 27 日号召雾社"番"举行起义。

马赫坡、荷戈、波亚伦、斯克、塔洛湾、罗多夫六社共 300 多人先后响应。10 月 27 日晨，雾社公校聚集了当地的小学、公校和教育所共 350 多名儿童参加运动会，几乎所有的日本人都出席了。六社的起义者趁警备松懈，先攻陷了波亚伦、荷戈等 13 个警察官吏驻在所，抢走枪支弹药，然后进攻雾社公校，继而袭击了邮局等，杀死了 130 多名日本人，除枪支弹药以外，还抢走了大量家具和衣服等。[②]

台湾总督府接到消息后，组织警察队，并命令军方支援。台湾军司令官渡边锭太郎于 27 日下午 3 点，即派出飞行队驾驶 3 架飞机进入雾社侦查。28 日，警察队封锁雾社各个出口，军方部队于当日凌晨抵达埔里社。在警察队与军队的联合阻击下，雾社"番"的少数民族退至深山，凭借马赫坡、塔洛湾的有利地势与日方奋战。日本军队动用机关枪、山炮、飞机，还向雾社山地投掷了瓦斯弹。此次"讨伐"，台湾总督府共出动 1306 名警察，1303 名军人和 1563 名人夫。经过 40 多天的"围剿"，莫那·鲁道等人被迫自杀，六社少数民族仅剩下 514 人，被收容在"保护'番'收容所"，第一次雾社起义宣告结束。

为严惩举行起义的雾社"番"，彻底消灭雾社"番"的抗日势力，台中州

---

① 戴国辉编著，魏廷朝译：《台湾雾社蜂起事件研究与资料》下册，台北"国史馆"2002 年版，第 404 页。

② 戴国辉编著，魏廷朝译：《台湾雾社蜂起事件研究与资料》下册，台北"国史馆"2002 年版，第 498 页。

警务部部长三轮幸助、警察课课长宝藏寺虎一计划采取"以番治番"策略，挑唆道泽社攻击已投降的雾社六社。1931 年 4 月 25 日深夜，道泽社率领 200 多名"番丁"突袭"保护'番'收容所"，杀死雾社马赫坡等六社少数民族 216人。道泽社将割下的首级献给时任当地"理番"警察的小岛源治。此为第二次雾社事件。此次事件后，马赫坡等六社少数民族仅剩下 200 多名幸存者，5 月 6日，被日本官方强制迁移到北港溪流域与眉原溪交汇处，改名为"川中岛社"。①

雾社起义的影响

雾社起义在当时产生了巨大的影响力，原因之一便是由于该事件乃少数民族自发组织，且是以日本人为对象的规模庞大而悲壮的抗日行为。第一次雾社起义中遭到杀害的，除两名被误杀的汉族人以外，全部是日本人。因此日本殖民当局一度怀疑汉族与此次参与起义的少数民族之间存在密切的关系。这一点在当时并没有得到日本拓务省和台湾总督府警务局的肯定。② 20 世纪 80 年代，有学者从这一视角把该事件的发生与当时的大背景"台湾共产党之活跃全盛期"相关联③；也有人"从当时汉族系台湾反体制运动者、知识分子的反应作为历史起点"寻找少数民族与汉族"在反体制运动上结盟的基础"。④

不可否认，这些判断所基于的事实是，雾社起义爆发时恰逢台湾反日运动、台湾文化协会及台湾农民组合等共产主义色彩浓厚的组织发展时期，且事件发生后，各方都在考虑利用这一事件做文章。

台湾民众党谢春木表示"1930 年台湾的各种社会运动，因雾社起义的突发，而有如群星在太阳照耀下般黯然失色。因此，社会运动家们必须深刻地反省，自行清算过去毫无气力的运动"。⑤

1930 年 12 月 8 日，台湾民众党向日本的全国大众党与劳农党发电报，要

---

① 「12　霧社事件に関する台湾憲兵隊長報告綴」（1931 年 4 月 25 日—5 月 26 日），上原勇作関係文書研究会：『上原勇作関係文書』，東京大学出版会 1976 年版，第 631—644 页。
② 「台湾の暴動事件詳報/内地人集合を機に計画の暴動か」，『東京朝日新聞（夕刊）』1930年 10 月 30 日，第 1 页。
③ ［日］喜安幸夫：《日本统治台湾秘史：雾社事件至抗日全貌》，武陵出版社 1995 年版，第177 页。
④ 蓝博洲：《寻访被湮灭的台湾史与台湾人》，时报文化出版社 1994 年版，第 37 页。
⑤ 蓝博洲：《寻访被湮灭的台湾史与台湾人》，时报文化出版社 1994 年版，第 44 页。

求他们尽速派遣调查员来台。其时，日本"一切关于革命思想的书籍，销路非常广大。单以《马克思恩格斯全集》的预约数来讲，就有二十余万份"①，但由于全国大众党与劳农党处于政府镇压之下，所以雾社起义为其提供了一个弹劾政府的机会。

1930 年 12 月 11 日，日本全国大众党决定派河野密与河上丈太郎前往台湾实地调查雾社起义，探寻真相。② 1931 年 1 月 6 日下午，两位调查员乘扶桑丸到达基隆，受到台湾民众党及其领导下的工友总联盟成员在码头上列阵欢迎。据白成枝编的《蒋渭水遗集》，大约在河野密、河上丈太郎二人访台的同时，台湾民众党也向国际联盟拍发电报，要求"禁止日帝使用毒瓦斯"。③ 此外，准备在第四次大会（1931 年 2 月 18 日）提出之纲领、政策修改案，在政策的政治政策第二十条，以"反对阻害'生番'民族自由发展的一切措施"，对于少数民族的解放表示了明确的态度。④

就在河野密与河上丈太郎到达台湾的当天，台湾总督府发布了雾社起义的官方报告，把根本原因归咎于少数民族野蛮的天性。⑤ 从台湾总督府发布报告的时间来看，可以说，台湾民众的社会运动与日本无产阶级政党的联合，给台湾殖民当局造成了一定的压力。

经过调查之后，河野密与河上丈太郎将该起义看作是劳动问题⑥，指出此次起义的起因有六点。

1. 在役使少数民族搬运木材时，日本警察对待他们十分苛酷，使少数民族人民心中甚为不满。

2. 在役使以后，又不按原约付给工资，更加激化了他们的反感。

3. 在裁撤少数民族警察的时候，采取了不公正的待遇。

4. "警察掠夺'番人'所生产的所谓'番产物'，也是这次事变的起因"。日本警察经常在少数民族地区掠夺他们的物产，使得他们本来已十分贫乏的生

---

① 郭真：《现代日本讲话》，出版社不明，1929 年版，第 11 页。

② 「大衆党対議会策決定」，『東京朝日新聞』1930 年 12 月 12 日，第 3 页。

③ 《台湾民众党向国际联盟抗告日本使用毒瓦斯毒杀台湾同胞案》，王晓波编：《蒋渭水全集》上册，海峡学术出版社 2005 年版，第 274 页。

④ 蓝博洲：《寻访被湮灭的台湾史与台湾人》，时报文化出版社 1994 年版，第 44—45 页。

⑤ 「霧社事件の原因発表」，『東京朝日新聞』1931 年 1 月 7 日，第 2 页。

⑥ 戴国辉编著，魏廷朝译：《台湾雾社蜂起事件研究与资料》下册，台北"国史馆"2002 年版，第 650 页。

活变得更加穷困，更引起他们反抗的决心。

5. 台湾总督府在雾社地区强迫推行储金制度，硬性规定每人必须有若干元的邮政储金的目标。到事件爆发前，"其数已达每人廿四元"，被认为是"进步的'番社'"。

6. 强迫少数民族自山区迁到平地，并且禁止他们种植过去大量种植的甘薯和小米，使他们的生活陷于极度困难之中。①

日本全国大众党领导人、议员浅原健三基于上述调查报告，在1931年1月24日召开的众议院会议上对日本内阁进行了猛烈抨击。他在河野密、河上丈太郎调查报告的基础上进一步阐发，在以上劳动问题之外，强调少数民族被迫改变生活方式亦是事件爆发的原因，称该事件乃是"殖民地政治矛盾的产物"。②

日本政府坚持认为，虽然在"理番"过程中存在拖欠劳资、警察处事不当等情况，但并不认为存在所谓抢夺少数民族产物、强制性存储、强迫少数民族改种板栗等事实。不仅如此，日本政府及台湾总督府强调，雾社"番"少数民族杀戮日本警察，破坏公共设施，已经造成对日本国权的侵犯，出动军队是合理合法的。③

不可否认，浅原健三、河野密、河上丈太郎等人对台湾殖民统治的质疑，给日本政府及台湾总督府造成了压力。1931年2月19日，台湾总督府颁布第32号告示，宣称为保持安宁秩序之需要，依治安警察法第8条第2项，自2月18日起禁止台湾民众党之结社。④ 与此同时，台湾总督府修改"理番"政策大纲，要求对"番人"形成正确的了解，制定"以'番人'实际生活为基础的方法策略"⑤，增派授产技师和视学官，加强教化与授产的力度。1932年1月1日，台湾总督府继而开始改革山地交易，为少数民族的产品争取更多的市场销路，丰富他们的经济生活，将节余的部分用于抚育少数民族。⑥ 7月，发布敕令第185号，增加1名警视和两名警部从事"番务"监察，时常前往山地巡

① 胡起望：《胡起望民族学研究集锦》，中央民族大学出版社2009年版，第228页。
② 「無産階級のため気を吐く浅原君」，『東京朝日新聞』1931年1月25日，第2页；「霧社事件を提げて　政府の責任を追究」，『東京朝日新聞（夕刊）』1931年1月27日，第1页。
③ 時事新報社政治部编：『議会年鑑・第59議会』，時事新報社1931年版，第503—506页。
④ 『官報』，1931年4月20日，大蔵省印刷局。
⑤ ［日］高桥正男：《"理番"人・新闻人》，《"理蕃"之友》第1年第2号，昭和7年（1932）2月1日，黄幼欣主编，陈连浚译：《"理蕃"之友中文初译本》第1卷，新北"原住民族委员会"2016年版，第16页。
⑥ ［日］山下义清（花莲港厅警务课长）：《祝创刊》，《"理蕃"之友》创刊号，昭和7年（1932）1月1日，黄幼欣主编：《"理蕃"之友中文初译本》第1卷，第5页。

视，监察"番地"区划及职员配备的合适与否、纪律的张弛、训授命令的贯彻、警察的勤务情况、接待"番民"的态度合适与否、"番情"、山地警备及其他与"理番"警察相关的一切情况。①

直接负责"理番"的山地警察在雾社起义之后，认为今后之"理番"已非单纯依靠"武力政策之隘勇制度的前进策略"便能取得成功的时代，需要"随时都要努力研究'番地番人'事务，以求通晓各项事务与熟练'番人'语言，不可有凭借文明人的头脑而实施跳跃式的引导"，不能"只看到他们的野性凶猛性情就动不动胡乱加高墙壁，想躲在铁丝网中进行指导"，要保持警戒心与紧张感的同时，以亲切为本进行指导。② 在台湾总督府警务局局长井上英的倡导下，1932年1月1日，台湾总督府警务局"理番"课创办了月刊《"理番"之友》，为从事"理番"工作的警察职员提供有关教养指导的资料，便于其了解"理番"工作。③

1931年新订的"理番"政策大纲出台以后，"理番"警察在日常的绥抚工作中注意依靠医疗救助生病的少数民族、通过电影实施教化、加强对少数民族儿童的教育等。④ 台湾总督府的目标是，十年后彻底将少数民族改造为文明人。⑤ 1935年6月4日，雾社起义发生五年后，台湾总督府以训令第34号公布的户口调查规定中把"生番人"的称呼改成"高砂族"。⑥

---

① 『台湾総督府警察沿革誌　第一編　警察機関の構成』，台湾総督府警務局，1933年，第208—210页。

② ［日］石川定俊（警务局"理蕃"课长）：《发行之辞》，《理蕃》之友》创刊号，昭和7年（1932）1月1日，黄幼欣主编：《"理蕃"之友中文初译本》第1卷，第2页。

③ ［日］平山泰（台北州知事）：《祝"理蕃"之友发行》；［日］横光吉规（台南州知事）：《祝辞》，《"理蕃"之友》创刊号，昭和7年（1932）1月1日，黄幼欣主编：《"理蕃"之友中文初译本》第1卷，第2—3页。

④ 类似报道多见于《"理蕃"之友》。如《医疗的效果》，《"理蕃"之友》第1年12月号，昭和7年（1932）12月1日，黄幼欣主编：《"理蕃"之友中文初译本》第1卷，第123页；《对电影的感想》，《"理蕃"之友》第1年12月号，昭和7年（1932）12月1日，黄幼欣主编：《"理蕃"之友中文初译本》第1卷，第124页；等等。

⑤ 「全"蕃地"を平和境に"理蕃"课で新計画　領台五十年後を期し"理蕃"なき新台湾を建設」，『台湾日日新報』1937年3月24日，神戸大学経済経営研究所蔵、新聞記事文庫、03．人種問題（3-025）。

⑥ 关于"番人"称呼的改变，早在雾社事件发生之后不久，1932年9月就有人呼吁。详见《"蕃人"称呼的废止首先从"理蕃"人员开始……》，《"理蕃"之友》第1年9月号，昭和7年（1932）9月1日，黄幼欣主编，陈连浚译：《"理蕃"之友中文初译本》第1卷，第89页。

有日本学者认为，雾社起义以后日本开始尊重少数民族的生活习惯，劳动时间不与农忙时间相冲突，劳资支付采取光明正大之态度，增强教育设施及医疗设施，为改善他们的经济状况，劝他们转移到可以农耕的地方，扩充"番地"交易所，增加道路，以近乎洗脑的宣抚政策为中心，对改变台湾少数民族对日感情上具有重大的意义。① 其实还应该注意到，此后"理番"能够顺利进行，与日本通过第二次雾社事件消灭了雾社"番"少数民族的抵抗力量密不可分。

以雾社"番"为代表的台湾少数民族，自日本统治者入侵台湾就开始了不断的抵抗。台湾总督府最初的"理番"政策，中心思想一为招安，尤其针对各"番社"头目或正副社长，利用他们的权威管理少数民族；二为利诱，给其以酒肉食品作为劳动报酬或奖励。但这些皆与少数民族传统的社会习惯不相符合，效果并不理想。同时，碍于经费不足和环境恶劣等原因，长野义虎提出组织"义勇番队"，即所谓"以番治番"，后来发展为利用少数民族之间的矛盾使其自相残杀，最后迫使其"归顺"。但是表面上的臣服并没有磨灭其对自身传统和信仰的保护，反抗一直没有停歇。有日本人考察山地之后称，少数民族"不仅拥有健硕的体格和敏捷的身手，精神上也拥有令人惊叹的美德，即对武器的尊重。他们如今因'归顺'而被没收了武器，但他们爱惜、尊重武器的信仰就是日本的军队内部也无法想象。他们非常仔细地爱护武器，认真清洁，甚至连枪托都打磨得发亮"。"他们对枪械的尊重就如封建时代日本人爱护刀剑一样"。②

到20世纪30年代，日本军国主义兴起，大肆对外扩张以后，居住在深山的少数民族也对日本侵略逐渐萌生出自己的认识。马赫坡、荷戈社等少数民族曾警告负责训练他们的青年团族人说，如果接受训练，将来日本与外国战争时，我们一定会被驱使去参加战斗，那只有自找死路。③ 可见，雾社起义虽然

---

① ［日］藤野陽平：「日本統治下台湾における対日感情——漢族と"原住民"の比較から」，『民俗文化研究』5，2004年7月。

② 台湾帰客談「"蕃族"現在及将来」，『神戸又新日報』1915年3月20日，神戸大学経済経営研究所蔵、新聞記事文庫、朝鮮·台湾·満州（2-016）。

③ 戴国辉编著，魏廷朝译：《台湾雾社蜂起事件研究与资料》下册，台北"国史馆"2002年版，第406页。"青年团"是日本殖民统治者为继续教育少数民族中的青年人而设立，目的是防止他们从"番童"教育所毕业后，受旧习影响恢复原来的生活习惯。青年团中，日本警察担负教练职责，重在巩固青年人的日语能力，培养他们奉公守法等所谓"国民精神"。参见『"理蕃"概況』，台湾総督府警務局，1935年，第79页。

是由于当地少数民族与日本殖民者日常矛盾的积累而造成，但也含有朦胧的抵抗日本向外扩张的意识。经过多年的反抗斗争之后，雾社少数民族开始表现出不同以往的谋略，比如选择起事的时机，为预防统治者镇压提前切断电话线等，这大概也是日本殖民统治者没有想到的。

第八章 日据末期殖民统治的强化
与台湾人民的抗争

20 世纪 30 年代，日本受世界经济危机的影响，国内军国主义抬头，试图通过对外侵略来摆脱危机。日本首先发动了侵华战争，随后又确定南进政策，发动太平洋战争。对外侵略战争需要大量人力、物力，在战时体制下，台湾对于日本的意义发生改变，地位日渐重要，日本对台湾的殖民统治因此更加强化，一方面将台湾纳入战时经济体制，着力发展军需产业，推行统制经济；另一方面进一步强化对台湾人民的思想控制，推行"皇民化"运动，试图使台湾人民成为"真正的日本人"。在殖民统治愈益强化的情况下，公开的、大规模的反抗斗争很难展开，但不屈的台湾人民或在生活层面抵制殖民政府的奴化政策，或将对殖民者的不满诉诸文字，或为了早日脱离日本的殖民统治，密谋展开武装抗日，通过各种可能的方式继续反抗日本的殖民统治。

一、战时体制与日本强化对台经济掠夺

1929 年于美国首先爆发的经济危机，在 20 世纪 30 年代初席卷全球资本主义国家，日本也未能幸免。在应对经济危机过程中，日本国内右翼势力逐渐兴起，军部对政治的影响力不断增强，1931 年九一八事变侵占中国东北之后，日本国内军国主义思想进一步抬头，20 世纪 20 年代短暂兴起的政党政治实际走向终结，由军部全面掌控了日本。[①] 在台湾，20 世纪 30 年代以来，在日趋强势的军部力量推动下，日本殖民统治者不仅严禁台湾人民进行任何反抗活动，更通过恢复武官总督制及推行"皇民化、工业化、南进基地化"的"治台方针"，从经济到思想层面强化对台湾的殖民统治，强行将台湾人民绑上日本对外侵略的战车。

台湾被纳入战时体制

自 1931 年侵占中国东北三省以来，日本军国主义者的对外侵略野心日益膨

---

① ［美］约翰·惠特尼·霍尔：《日本史》，邓懿、周一良译，商务印书馆 2016 年版，第 229 页。

胀，日本国内逐渐进入准战时体制。1936 年 2 月 26 日，日本陆军中的"皇道派"少壮军官发动刺杀"统制派"军政官员的军事叛乱，虽然叛乱很快被镇压，但之后军部法西斯力量合流，借善后之机成功掌控了日本政局，并加快军国主义化步伐。"二·二六事件"发生后，日本加快了准战时体制建设，不仅将陆军的北进论和海军的南进论均纳入基本国策，并决定拿出全国一切力量扩充军需产业，推行国家总动员体制。① 经济方面，从 1931 年开始推行所谓"经济再编成"，其主要特征为农业改造、工业化和统制经济。② 1936 年 7 月，日本当局完成第二次总动员计划，次年 4 月，又提出"产业五年计划"和"生产力扩充五年计划"，重点发展军需产业，确保军需资材和国民生活必需品的供给。③ 1937 年 7 月，卢沟桥事变爆发，日本悍然发动全面侵华战争。由于中国人民的顽强抵抗，日本闪电战的意图破灭，不得不转而进行长期战争的准备。为应付庞大的军费开支和扩充军需工业生产力，动员所有力量用于对外侵略战争，日本举国进入战时体制，严格实行战时统制经济。1937 年 9 月，日本临时国会在通过陆军提出的 25 亿日元临时军费拨款案的同时，通过了"战时统制三法"，即《临时资金调整法》《进出口物品等临时措施法》以及《军需工业动员法实用法》。《临时资金调整法》虽主要针对长期资金，但政府对资金的统制实际涵盖企业的设立与设备投资，政府由此得以通过对不同产业的资金运用政策，达到扶持军需产业以及相关"紧急产业"的目的，抑制甚至全面禁止与军需无关的民生及商业性产业等的发展。《进出口物品等临时措施法》的实际统制范围也超过法律表面规定的进出口物品，赋予了政府几乎对所有物品都可以随意实行统制的权力。《军需工业动员法实用法》则授予军队管理、使用或征用军需工业的权力，结果使像样的工厂都置于陆、海军大臣的管理之下，军队掌握了企业的生产经营权。④ 1938 年 1 月，为进一步动员全国人力、物力，日本国会在陆军主导下通过了《国家总动员法》，规定战时为实现国防目的，最有效地发挥全部力量，要求对人力物力均统制使用。根据该法，总动员业务范围涵盖物品生产、运输、通信、金融、教育训练、试验研究以及警备等，实

---

① ［日］藤原彰：《日本近现代史》（第三卷），伊文成等译，商务印书馆 1983 年版，第 50—53 页。

② 张宗汉：《光复前台湾之工业化》，联经出版事业公司 1980 年版，第 59 页。

③ 陈慈玉：《战时经济统制下的台湾煤矿业（1937—1945）》，《中国经济史研究》2001 年第 3 期。

④ ［日］中村隆英：《日本昭和经济史（1925—1989）》，刘多田译，河北教育出版社 1992 年版，第 88—90 页。

际上将国民经济和国民生活的各个方面都置于政府的强力统制之下，连言论也在统制范围之内。①《国家总动员法》是此前颁布的统制法规的集大成，"它是对战争所需要的所有劳动力、资源、资金和设施等一切部门具有统制权限的法律，是以敕令形式，把所有问题的统制权交给了政府的委任立法。"与该法同时通过的还有《电力国家管理法》《农地调整法》《国民健康保健法》等重要法规，以此次会议为标志，日本全面过渡到战时体制，在一切以军需为最优先的思想指导下，严格推行经济统制。②

随着日本国内逐渐进入战时体制，台湾也被绑上日本对外侵略的战车。九一八事变后，受日本国内军国主义思想抬头的影响，台湾军司令部也越来越活跃，对于日本的"治台方针"日渐展现出干涉的态度。台湾军部与在台日人中的右翼势力结合，联合日本国内的右翼团体，对政党出身的文官总督提出严厉批评，认为其对台湾民族运动的态度太过宽容，其所采取的"一视同仁的同化政策"有损于日本殖民者的利益，主张取消文官总督，再次任命武官总督。台湾和日本国内军国主义者联合倡导的"武官总督盼望论"，最终促成1936年日本政府任命海军预备役大将小林跻造为新任台湾总督，台湾再次进入武官总督时代，直至台湾光复，台湾总督府一直掌握在海军出身的武官总督之手，台湾军司令部则继续由陆军势力掌控，日本中央层面陆海军对峙的状况同样在台湾出现。③

武官总督制的恢复，一定程度上代表了台湾准战时体制建设的完成。在此之前，台湾总督府出于新形势的需要，已经在政治上、经济上有所行动，如在政治上禁止台湾人民所有有组织的社会政治运动，经济方面，则先后于1930年召开临时产业调查会、1935年召开热带产业调查会，预备配合日本的"南进"政策，参与华南和南洋的开发。随着武官总督小林跻造的上台，日本军国主义者在台湾加速推进战备建设。1936年8月，台湾军司令部不仅新设立了总动员业务部门，其主管总动员业务的新任高级参谋山本募更频频在《台湾日日新报》撰文，在阐释总动员概念的同时，鼓吹台湾产业军需化的必要性。1937年

---

① ［日］中村隆英：《日本昭和经济史（1925—1989）》，刘多田译，河北教育出版社1992年版，第94—96页；日本历史学研究会编：《太平洋战争史第2卷中日战争》，金锋等译，商务印书馆1961年版，第108—109页。

② ［日］藤原彰：《日本近现代史》（第三卷），伊文成等译，商务印书馆1983年版，第65页。

③ ［日］近藤正己：《总力战与台湾：日本殖民地的崩溃》（上），林诗庭译，台湾大学出版中心2014年版，第15—29页。

4月，台湾军司令部对台湾总督府提出9项"请求事项"，主张构筑包括人心、物力动员在内的总动员体制。出身海军的新任总督小林跻造，从海军提出的"南进论"出发，则在上任后不久提出"皇民化、工业化、南进基地化"的"治台方针"，力图将台湾打造为日本的"南方玄关"，为日本侵略华南和进一步侵略东南亚地区提供全方位支持。① 在台湾军司令部和台湾总督府的共同推动下，台湾从政治到经济开始做总动员的准备，不久全面抗战爆发，日本颁布的《国家总动员法》同样要求在台湾施行，台湾被正式纳入战时体制，包括工业化和统制经济在内的战时经济体制也由此展开。

工业化与军需工业的发展

在殖民政府构筑的战时经济体制中，以军需工业发展为中心的工业化建设是重要内容之一。全面抗战爆发后，台湾被纳入"大东亚共荣圈"，在日本对外侵略战争中的作用日益重要，为使台湾在战时能够自给自足，成为日本"南进"的基地，殖民政府调整了台湾的经济政策，一改此前的"工业日本，农业台湾"的经济发展策略，代之以建立"工业台湾，农业南洋"的经济依存关系。② 台湾在经济上不再仅仅是向宗主国提供米糖等农产品资源的单一角色，而是在继续充当资源供应者的同时，承担起南进基地和军需品生产基地的多重任务。③ 为此，与南进政策相配合，殖民政府在台湾推行以军需工业发展为中心、旨在增加军需品供应和维持日本帝国经济自给的工业化建设。

与宗主国经济再编成的过程同步，台湾的工业化大致经历了三个阶段。④

第一个阶段从1931年九一八事变开始，到1937年卢沟桥事变爆发前，这六年间在日本是所谓备战阶段，在台湾是工业化发轫时期。在此之前，台湾经济以农业为主，工业主要集中在食品加工领域，最为突出的即为制糖业。九一八事变后，日本进入所谓备战阶段，加上来自台湾、朝鲜等殖民地的廉价农产品影响到日本农民的利益，日本政府对台湾的殖民经济政策开始有所调整。该

① ［日］近藤正己：《总力战与台湾：日本殖民地的崩溃》（上），林诗庭译，台湾大学出版中心2014年版，第29—31、155页。

② 袁颖生：《光复前后的台湾经济》，联经出版事业公司1998年版，第44页。

③ ［日］涂照彦：《日本帝国主义下的台湾》，李明峻译，于闽闲校订，人间出版社1999年版，第122页。

④ 关于日据后期台湾工业化的分期，参考张宗汉：《光复前台湾之工业化》，联经出版事业公司1980年版，第59—62页。

阶段台湾经济的调整主要体现在四个方面：其一，对农业进行改造，将以米粮为中心的台湾农业，改造为转向工业原料的生产，限制稻米种植，鼓励种植经济作物，特别是工业原料作物；其二，发展电力，日月潭水力发电工程 1931 年复工，1934 年投入使用，是该时期的重要事件；其三，进行交通系统和港口建设，为工业化提供必要的运输条件；其四，开展新兴工业调查研究和对已有工业的协助与调整等。该时期，在原有制糖工业之外，利用外国原料和大量电力的电化工业，如制铝、矽铁、化肥、蔗渣利用、火柴工业等，在台湾开始建设，并在农业调整基础上，利用本岛农林资源，新建起无水酒精、植物油炼制、制麻等加工工业。[①]

第二个阶段从全面抗战爆发到 1941 年底珍珠港事件爆发前，该时期为配合侵华战争，日本在台湾正式推行工业化，台湾工业化相对进入积极建设时期。1938 年，按照日本国内的"生产力扩充四年计划"，台湾总督府制订了台湾的"生产力扩充五年计划"，以工业建设为中心，扩大硫酸铔、铝、麻制品、纸浆、香料、油脂、皮料、火柴、洋纸、火石、硝酸钙、苦汁、碱及机械等物品的生产，农业、矿业等其他产业则以充分供应工业所需原料为主要目标。殖民政府通过对台湾的人力物力资源进行全面统制、整顿工业研究机构、扩充工业技术人员训练机关、发展都市与交通建设、设置补助金等一系列辅助性措施，力图推进战时台湾军需工业的发展。在殖民政府的推动下，台湾在原有的制糖工业和其他农产品加工工业之外，致力于扩大与军需和战时经济自给自足有关的工业，如利用制糖副产品生产酒精、纸浆，新建纺织工业等。这一时期更为重要的新兴工业，无疑是利用华南和东南亚的资源，再配合一部分本地资源和电力的电气化学工业、冶炼工业、机械制造工业，这类重化企业也是日本工业资本的重点投资对象，在该时期得到显著发展。但该时期日人资本投资台湾工业有个显著特征，即投资主体是日本同类企业，其性质类似日本工业企业在台湾设立分支机构，将其国内闲置或废旧的设备运到台湾，生产半成品或粗制品，再运回国内企业进行精加工，台湾工业因而不过是日本工业的附庸。[②] 通过该时期殖民政府的各项工业化措施，台湾经济结构有了突出变化，到台湾第一个"生产力扩充五年计划"完成的 1942 年，台湾工业生产总值达 7 亿日元，

① 张宗汉：《光复前台湾之工业化》，联经出版事业公司 1980 年版，第 61、79—80 页。
② 张宗汉：《光复前台湾之工业化》，联经出版事业公司 1980 年版，第 84、87、104—113 页。

较之 1931 年增长了 2.5 倍，并于 1939 年超过了农业生产总值。①

　　第三个阶段从珍珠港事变后的 1942 年到台湾光复前夕，台湾工业进入战时动员阶段。因太平洋战争的爆发，台湾作为"南进基地"的地位更加重要，殖民统治者希望进一步扩充台湾的工业生产能力，既满足对外侵略战争对军需品的需求，又确保在海运因战事受阻的情况下，台湾经济能够自给自足。为此目的，殖民政府先后召开了临时台湾经济审议会和东亚经济恳谈会，并于 1942 年开始推行"第二次生产力扩充计划"，预备由日本国内供应资本、设备、器材，利用自华南和东南亚掠夺来的原材料，在台湾重点发展与军需有关的重工业或化学工业。由于该时期台湾所面临的战时色彩更为浓厚，加上受到日军在太平洋战场上逐渐失利的影响，台湾的经济变成以应付宗主国的战争需求为急要目标，工业化未能真正进行，至光复前夕，台湾遭到盟军飞机轰炸，已有工业设施毁损严重，与第二阶段相比，第三阶段台湾工业化的成效甚微。②

　　和日据时期米糖经济的发展主要是为了满足日本国内的食粮消费需求一样，战时台湾的工业化同样出于宗主国的需要，"是为了日本军国主义的战争目的而推行的"，并非台湾经济自然发展的结果，因而在产业设置上呈现偏重化学工业、金属工业等军需工业的特点，人民生活所需的产业则受到抑制，产业发展的结构性不平衡特征极为显著。同时，台湾总督府掌握了经济领域的绝对控制权，并成立台湾拓殖株式会社这样的国策会社，动员及支持日本工业资本投资于台湾的工业化。在殖民政府进一步整编台湾经济的过程中，在官方力量支持下，日本资本更加膨胀，台湾本土资本却不得不更加后退，日趋衰落，加上殖民政府基于差别待遇，对台湾本地人采取低薪政策，日本对台湾的经济榨取更加严重，台湾经济的殖民地化程度更为深重。③ 战时这种完全基于日本对外侵略战争的军备需求而推行的"工业化"，也为后续台湾经济的发展带来种种问题，由于在资金、技术、人才等方面都严重依赖宗主国，台湾光复后，脱离了日本经济圈，这些战时建立起来的军需工业大多面临进一步发展的困难，④ 至于如何把严重依赖初级产品的殖民地经济残余，转变为一个真正工业

---

①　史全生：《台湾经济发展的历史与现状》，东南大学出版社 1992 年版，第 106 页。

②　张宗汉：《光复前台湾之工业化》，联经出版事业公司 1980 年版，第 115—128 页。

③　[日] 涂照彦：《日本帝国主义下的台湾》，李明峻译，于闽闲校订，人间出版社 1999 年版，第 125、148 页。

④　陈慈玉：《连续与断裂：近代台湾产业与贸易研究》，上海人民出版社 2014 年版，第 73—80 页。

化和更加多样化的经济，也成为战后台湾当局面临的一大难题。①

战时各项经济统制政策的推行

台湾经济被纳入战时体制后，殖民政府在台湾采取的另一项重要政策是推行统制经济，加强对台湾经济的掠夺，将所有人力、物力动员起来，满足日益膨胀的战时财政与军需工业发展的需求。

《国家总动员法》颁布后，同样在台湾施行，日本国内施行的各项统制政策也被应用到台湾，殖民政府对人力、物力均实行严格的经济统制，截至 1943 年 2 月，台湾总督府针对经济统制的法令达二百余种，涵盖经济统制的组织、手续以及一系列具体的管制措施。战时经济统制按其对象，约可细分为一般性统制、物资统制、物价统制、劳务统制、事业统制、团体统制、资金统制、贸易统制及交通运输统制等九类。②

资金统制（亦称"金融统制"）是殖民政府维持台湾战时财政和军需工业发展的重要措施。台湾被纳入战时体制后，在原有财政支出之外，还需要分担日本向海外侵略的军事费用，同时作为"南进基地"，各项建设经费支出也大为增加，战时台湾总督府的财政负担因而有显著扩增，1938 年到 1944 年间每年的支出预算，已增加到 1930 年至 1937 年间的七倍以上。战时主要围绕重化工业展开的军需工业建设，虽主要由日本工业资本投资，但战时资金紧张，殖民政府因而也设法从台湾汲取资金，协助日本资本投入军需产业。殖民政府主要通过政策性通货膨胀和强制储蓄等手段来汲取台湾人民的资金。前者主要以增加税收和强制认购公债的方式去实现。就税收而言，台湾总督府从 1937 年开始整理税制，并从 1941 年 11 月开始实行以间接税为主的大幅增税。公债认购方面，台湾各金融机构每年必须认购日本国内发行的"国债"，到 1942 年，其认购额达到各金融机构存款额的一半。从 1941 年 4 月开始，日本政府还允许台湾以一部分"国债"作为发行钞票的准备金。这些措施使台湾的通货膨胀加剧，从而达到隐性掠夺资金的目的。与此政策相配合，为减轻大量公债发行可能造成的财政负担，防止恶性通货膨胀，殖民政府在压低公债利率（规定为三分五厘）的同时，更采取鼓励乃至强制储蓄的方式，进一步从台湾民间汲取资

① ［美］何保山（Samuel Ho.）：《台湾的经济发展（1860—1970 年）》，上海市政协编辑工作委员会译，上海译文出版社 1981 年版，第 134 页。
② 袁颖生：《光复前后的台湾经济》，联经出版事业公司 1998 年版，第 44—45 页。

金。作为"国民精神总动员"的一环,台湾总督府于 1938 年 5 月就规定了所谓的储蓄奖励方法,此后逐年强化,储蓄目标额由 1938 年的 5000 万日元,增加到 1944 年的 7 亿日元。殖民政府甚至以增加黄金储备的名义,搜罗台湾民间包括首饰在内的黄金,仅 1938 年至 1939 年间的黄金收购量即价值 6700 万日元,至于民间出售黄金所得的大部分货币,又通过信用组合等金融机构,再次纳入政府统制资金的范畴。[①] 由此可知,包括黄金首饰在内的台湾民间资本都被殖民政府用各种手段征集剥夺,用于维持日本战争机器的运转。

对于如何分配千方百计从台湾搜罗来的资金,殖民政府也采取了一系列统制措施,透过金融机构严格控制资金的流向,优先发展军需产业。1937 年 10 月,日本政府制定的《临时资金调整法》在台湾施行,该法针对长期设备资金,规定由政府指定其投资用途,优先投向与军需工业有关的甲类企业。1940 年在台施行的《银行业资金运用令》则针对短期流动资金,规定金融机构关于资金的运用计划需预先征得政府许可,进一步加强政府对资金流向的控制。[②] 在政府统制下,1937 年以后金融机关给予工业部门的贷款额大幅增加,其中原有的以制糖为中心的食品工业显著衰退,与军需有关的化学、水泥、金属等新兴工业获得的资金则大大增加。台湾战时的工业发展结构与日本国内一样,呈现从轻工业向重化工业、军需工业转移的特点,而这背后,则是殖民政府在台湾推行工业化和资金统制的本质,配合宗主国对外侵略战争的需要。[③]

除金融统制外,为确保军需工业发展和战时对人力的需求,殖民政府还对劳力进行限制。台湾总督府首先强化了管理劳力统制的行政机关,1938 年,将劳务管理由文教局社会课转移到殖产局商工课和官房企划部,进而于 1941 年初统一劳务行政,于企划部之下新设劳务课,全面负责劳务管理工作。在行政机关之外,1940 年,台湾总督府又主导设立了官民合组的劳务协会,并配合各级行政机构,自上而下成立从总督府到州、市郡、街庄的各级组织,协调政府处理对劳动力的需求。为确保战时对劳力的种种需求,殖民政府将劳务行政工作的重点放在薪资限制及劳力供需调整等方面,从 1939 年到 1942 年,先后颁布

---

① [日]涂照彦:《日本帝国主义下的台湾》,李明峻译,于闽闲校订,人间出版社 1999 年版,第 131—136 页。

② 张宗汉:《光复前台湾之工业化》,联经出版事业公司 1980 年版,第 87—90 页。

③ [日]涂照彦:《日本帝国主义下的台湾》,李明峻译,于闽闲校订,人间出版社 1999 年版,第 136—138 页。

了《学校毕业后使用限制令》《国民职业能力申告令》《防止从业者移动令》《薪资统制令》《养成工业技能者令》《青年雇用限制令》《劳务调整令》等一系列劳务统制法令，政府直接插手工矿学校毕业学生等劳力的分配，并对工人最低工作时长、工资的上涨等作出限制，限制工人的离职、解雇和新雇等，防止有用劳力流入非急要的事业，从而确保军需产业发展得到足够的劳动力。[1]劳力统制一方面保证了殖民政府急需的产业部门对劳动力的需求，另一方面也使殖民政府的强力统制覆盖到每一个人，最后发展到殖民政府动员台湾人民走上中国大陆和东南亚战场，充当日本发动的侵略战争的炮灰。[2]

　　农业也被殖民政府纳入战时体制。20世纪30年代初，为保护受到大萧条和殖民地稻米进口影响的日本农业，并确保日资独占的制糖业有稳定的甘蔗来源，殖民政府就曾采取一系列措施，对台湾农业生产进行统制，限制台湾稻米的生产与外销日本，以防止日本农产品价格进一步下跌。同时推行"多角化"经营，鼓励甘蔗以及棉花、黄麻、苎麻、茶、花生等其他经济作物的种植，为工业化建设提供原料。七七事变，特别是太平洋战争爆发以后，鉴于日本国内日益严重的粮食问题，殖民政府一改以往的限制粮食作物生产的政策，转而推行粮食增产计划，同时为了配合以工业化为中心的生产力扩充五年计划，重点增产与军需工业有关的重要工业原料作物，一些重要农作物的生产，均在政府严格管制之下。殖民政府还对农地地价、地租、农业工资以及水利等进行统制，对农业生产中会用到的化肥、农具、饲料等农用物资，也采取配给制。这种对农业的强力干预对日据末期的农业生产造成极大的负面影响，农作物种植面积及产量均有所下降。[3] 鉴于粮食不足，为保证战时日本对粮食的需求，总督府还对台湾人民的粮食消费进行严格管制，日据末期在台湾推行"总收购总配给"制度，对粮食的收购、配给、储藏、加工、输出、价格等全盘统制管理，都市实行严格配给，农村则除留下最低自用量外，全部由政府强行收购，并鼓励台湾人民以番薯代替米作为主食。强力统制与搜刮的结果，连林献堂这样年收租谷2万余石的大地主都出现"无米可炊"的缺粮情况，其他台湾人民

① ［日］涂照彦：《日本帝国主义下的台湾》，李明峻译，于闰闲校订，人间出版社1999年版，第140—142页；张宗汉：《光复前台湾之工业化》，联经出版事业公司1980年版，第92—94页。
② 陈正茂编著：《台湾经济发展史》，新文京出版社2003年，第137—138页。
③ 史全生：《台湾经济发展的历史与现状》，东南大学出版社1992年版，第116—117、120—123页。

的惨况可想而知。[1]

米糖等重要物产的外销更受到总督府的严格管控。1939 年 5 月，总督府以律令第 5 号公布《台湾米谷移出管理令》，实行所谓米谷专卖，规定所有出口到日本的米谷，全部由总督府收购，台湾总督府新设米谷局作为管理机关。总督府还就日本进口米谷问题，与日本政府农林省协议，以决定每年的米谷供应量。同年 10 月，总督府以律令第 6 号公布《台湾糖业令》，对制糖会社的经营进行管制，规定制糖厂的设立、原料采取区域、甘蔗的处理、制糖事业的歇业或转让等，都必须获得总督府的许可才能进行。在糖的运销方面，关于砂糖的贩卖数量、种类、品质、定购分配、贩卖价格、销路等，都由日本糖业联合会台湾支部向总督府申请，获得许可之后才可以进行。以此将台湾最重要的出产米、糖的贸易都操纵在总督府手中，并对糖业的生产过程进行干预。[2]

不仅对米糖等农产品进行统制，对其他各种物资殖民政府也进行了全方位统制，且将物资统制作为战时统制经济的核心。[3] 战前台湾的出产以农产品为主，工业所需原料及器材大多依赖日本、英美以及华南、东南亚等地输入。七七事变后，日本国内需求增加，输出减少，英美等国的输出更是减少甚至禁运，为防止台湾工业受到极大影响，殖民政府不得不对物资进行统制，采取重点配给制度，限制新设民用事业，已有民用事业则受到压制，产量减少，仅可满足最低需求。重要器材被优先用于与军需有关的产业，使其维持甚至扩大产能。台湾总督府还专门设立了官房企划部，负责物资统制与配给工作，包括资金、贸易、劳动、交通、电力以及生产力扩充等项，均由该部统筹管理。战时由该部办理配给和统制的重要物资涉及普通钢材、机械、钢铁制品、铁屑、铅、洋纸、火药等工业用品，以及与民生有关的石炭、青果、鲜鱼、牛奶和乳制品等。其中普通钢材因攸关工业建设与企业发展，更是物资统制的重中之重。殖民政府从生产、配给、消费三方面入手进行管控，规定除与国防军需有关的工业可特别予以配给外，其他工业使用钢铁原料均须受到限制。由于钢铁及铜原料等缺乏，总督府还收购民间散置的废铜废铁，规定民用的都应拆卸上缴，并专门设立统制会社负责此事。物资统制将台湾人民的生活物资压制到最

---

[1]　叶荣钟：《台湾光复前后的回忆》，叶荣钟：《台湾人物群像》，晨星出版有限公司 2000 年版，第 430 页。

[2]　张海鹏、陶文钊主编：《台湾史稿》上卷，凤凰出版社 2012 年版，第 274—275 页。

[3]　陈小冲：《日本殖民统治台湾五十年史》，社会科学文献出版社 2005 年版，第 256 页。

低限度，一切以满足日本政府所需的军需工业发展为首要目标。[1]

为推行战时经济统制，除在总督府层面设置官房企划部之外，殖民政府通过设立经济警察、各种统制会社，以及后来的"皇民奉公会"组织等，来确保各项法令的推行和实施，严密而强大的警察网络在经济统制方面更是起着重要作用。[2] 在战时经济统制之下，台湾人民生活日益困顿，被迫节省下来的粮食、资金及其他各种资源，除了用于岛内有限的军需工业发展外，均被殖民政府投向日本军国主义这个无底洞。而人力、物力的总动员，严重制约了民间资本，削弱了其实力和自主性，对战后台湾经济恢复留下不少负面影响。[3]

二、"皇民化"运动对台湾人民思想的钳制

除对物力进行全方位统制外，作为总力战动员的另一重要内容，日据后期殖民政府还非常重视"人心"的动员，开始在台湾推行极端的"内地化"政策，试图通过各种手段将台湾人民改造为"真正的日本人"，在加强对台湾人民思想控制的同时，为其发动对外侵略战争提供可靠的人力和一个稳定的"南方玄关"。

"皇民化"政策的形成与推行

九一八事变以后，日本对台湾的殖民统治渐趋强化。1932 年 5 月，曾任文部省次官的中川健藏出任台湾总督，就任不久，即表示要落实内地延长主义政策，使台湾真正成为日本帝国领土的一部分，使台湾人民成为"帝国忠良之臣民"。中川健藏在任期间，力图落实这一目标，1935 年 4 月 1 日公布的"地方自治制度修正"即被定位为同化政策的延长，在打压台湾知识精英寻求自治权的台湾议会设置请愿运动的同时，该政策以有限的地方自治，使台湾表面上实行与日本国内一样的地方制度。中川健藏在任期间，试图同化台湾人民的一项重要举措，是将日本国内开展的教化运动推行到台湾。该运动在日本国内以"明征国体观念，振兴国民精神""图谋经济生活的更新，致力于国体的培养"

① 张宗汉：《光复前台湾之工业化》，联经出版事业公司 1980 年版，第 95—96 页。
② 陈小冲：《日本殖民统治台湾五十年史》，社会科学文献出版社 2005 年版，第 255—256 页。
③ 陈正茂编著：《台湾经济发展史》，新文京出版社 2003 年版，第 139 页。

为主旨，中川健藏担任文部省次官时，曾指挥教化总动员运动，在中川健藏之下，台湾总督府新任总务长官和文教局长均曾参与该运动。1934 年 3 月 1 日，台湾总督府举行台湾社会教化协议会，中川健藏在会上指出："静观本岛社会情势，尤其是精神方面的实际情形，难说令人满意。初等教育的普及至今仍未完全，即使是已受初等教育者，在'国语'的熟练、国民信念的确立及其他作为健全优良国民的资质上，仍未达充分，实感万分遗憾。"① 因而强调在台湾开展社会教化运动极为必要。会议通过了《台湾社会教化纲要》，以实现"作为皇道日本一部分之理想台湾的建设"为最高精神，强调贯彻"皇国精神"，致力于国民意识的教化，并以"崇敬神社""常用'国语'""尊重国旗""皇国的纪元"为具体要求，从而达成包括"报国尽忠的至诚""皇国体的精华""流露皇国历史的国民精神"在内的"皇国精神"。按照该纲要，神社被作为"地方教化的中心"，试图以此引导台湾人民信奉日本宗教。奖励"国语"（日语）是社会教化的另一重要内容，纲要提出的相关措施包括：在市街庄之下的各部落（村）设置"国语"讲习所或简易"国语"讲习所；进一步要求公务机关、银行、公司等只能使用"国语"，雇用人员时必须加上"国语"这一条件；以及通过广播节目的播放推广"国语"等。该纲要还明确提出要形成岛内教化网，在市街庄之下组织部落振兴会，以从学校职员、市街庄职员、市协议会员、宗教人士、教化团体等当中选出的教化委员为中心人物，具体落实教化运动。部落振兴会之上，在市街庄、郡、州厅、府各级部门，设立教化统制机构，负责发行机关刊物和教化资料。由台湾社会教化协议会所设立的台湾教化团体联合会，以台湾总督为总裁，总务长官为会长，文教局长为副会长，又网罗总督府局长、州知事、大学校长、民间人士等担任评议员。台湾的社会教化运动不单纯是日本国内国民教化运动的延伸，其中对于日语的强制使用，带有将台湾人民视为异民族的特殊教化意涵，因而该运动可谓"皇民化"运动的前奏。②

教化运动推行一年多以后，鉴于日本占领台湾即将超过 40 年，仍然有七成的台湾人不懂日语，殖民政府进一步强化了同化政策。1935 年 7 月 25 日，台湾总督府召开民风振兴协议会，发誓要致力于"同化的彻底"和"国民精神

① 《中川総督の挨拶》，《台湾教育》1934 年 4 月号。转引自 ［日］近藤正己：《总力战与台湾：日本殖民地的崩溃》（上），林诗庭译，台湾大学出版中心 2014 年版，第 149 页。

② 以上参见 ［日］近藤正己：《总力战与台湾：日本殖民地的崩溃》（上），林诗庭译，台湾大学出版中心 2014 年版，第 144—152、155 页。

的振兴"，会议倡导的民风振兴运动不仅将日语强制使用扩大到日常生活中，还新增了涵养国防思想，改善宗教及戏剧、讲古，以及打破迷信、改善陋习、改善住宅、美化部落等一系列所谓的移风易俗的措施，其主要目的都是破坏台湾人民固有的汉民族文化传统，实现其殖民教化的目标。①

小林跻造继任台湾总督后，标榜"内台同一"的统治策略，在 1936 年 10 月 30 日的记者会中，小林跻造阐述了其政策主张："尽早使本岛人成为堂堂正正的日本人。因此，当局必须积极地指导他们。如果有不易成为日本人者，则必须以力矫正，恩威并行。"② 次年 7 月，台湾总督府府政调查会通过《昭和十三年度应特别考虑的重要方策答询报告》，其中第一号为"彻底推行同化政策"，表示要从四个方面达成这一目标，包括革新初等教育、彻底推行国民训练、迁移日本人口来台定居以及充实卫生保健设施。关于革新初等教育，殖民政府认为，通过学校教育从儿童时期就对台湾人进行同化教育极为重要，因而酝酿普及初等教育，并最终于 1943 年度起开始实施小学义务教育，一方面将台湾人从小就教育为所谓的日本人，另一方面为工业和国防建设准备人力资源。同化政策中更为重要的措施是第二项，该报告强调："明征举岛一致的国体观念，振兴国民精神，乃本岛当前的急务。"为此，台湾总督府延续民风振兴运动的一些举措，并进一步予以强化。如对于台湾人民固有的宗教信仰，该报告试图将其纳入邪教或迷信、陋习的范畴予以打压，意图迫使台湾人民只能信仰日本神国思想。"国语"普及方面，也进一步发展到要求从部落这一基层单位开始推行。③

此时台湾总督府虽已提出"皇民化"政策的基本主张，但其表述中尚未出现"皇民化"一词。"皇民化"作为一种表述，最早是由台湾军提出与使用的。由于台湾被日本占领 40 多年间，台湾人民一直未放弃抵抗日本的殖民统治，并在内心仍认同中国是祖国，在中日两国之间势将一战的情况下，殖民统治者，尤其是驻台日军对台湾人民可谓充满了不信任，台湾军司令部就曾表示，在与中国的战争中，最具威胁的就是"本岛人"，因此在 1937 年 4 月提出的

---

① ［日］近藤正己：《总力战与台湾：日本殖民地的崩溃》（上），林诗庭译，台湾大学出版中心 2014 年版，第 153—154 页。

② 《大阪每日新闻》台湾版，1936 年 11 月 3 日。转引自［日］近藤正己：《总力战与台湾：日本殖民地的崩溃》（上），林诗庭译，台湾大学出版中心 2014 年版，第 156 页。

③ ［日］近藤正己：《总力战与台湾：日本殖民地的崩溃》（上），林诗庭译，台湾大学出版中心 2014 年版，第 156—159 页。

"对总督府的请求事项"中，台湾军就强调"台湾防卫的根本在于岛民思想的'皇民化'，尤其是国防思想的普及贯彻"，为此，主张以严峻的态度对台湾人民强制实行"皇民化"运动，在对台湾人民加强国防教育的同时，开展"国语"普及等教育训练。对于台湾军的意见，台湾总督府给予了积极回应，于7月由府政调查会通过了前述报告，并具体提出了同化政策或者说"皇民化"政策的主要主张。①

1937年7月全面抗战爆发后，台湾总督府通过了《台湾总督府国民精神总动员实施纲要》，以"国民精神总动员"为中心的第一阶段"皇民化"运动正式开启。② 1937年9月10日，台湾总督府成立了"国民精神总动员"本部，由总务长官担任中央本部长，台北帝大总长、总督府下属各局局长、台湾军参谋长、总督府附属海军武官，以及一些民间人士都被任命为"参与"。"国民精神总动员"本部之下，于各州厅、郡市、街庄分别成立支部、支会，形成与行政系统相协调的自上而下的官方组织体系，民风振兴委员会系统的民间人士也被相应纳入该体系，共同推行"皇民化"运动。"国民精神总动员"运动重点开展两方面的活动：一是通过举办演讲会等形式贯彻战争宣传；二是将开展中的民风振兴运动纳入其中，贯彻国民教化运动。举行祈愿祭、"革新社会风潮"、持续强化后方支援以及开展劳动服务等项目，与此前的教化运动相比，"皇民化"运动带有浓厚的战时色彩。③ 在"国民精神总动员"运动阶段，殖民政府重点通过各种思想宣传与精神动员，消除台湾人的祖国观念，灌输大日本臣民思想。殖民政府要求台湾人说"国语"（日语）、穿和服、住日式房子，放弃台湾民间信仰和祖先牌位，改信日本神道教并参拜神社，每天还要向日本天皇的居所膜拜等。1940年，殖民政府公布更改姓名办法，要求台湾人民废除汉姓，改成日本姓氏，进一步试图将台湾人民"日本化"。④

但以所谓"国民精神总动员"为中心的第一阶段"皇民化"运动并未达到

---

① ［日］近藤正己：《总力战与台湾：日本殖民地的崩溃》（上），林诗庭译，台湾大学出版中心2014年版，第159—162页。

② "皇民化"运动分为前后两个阶段，第一阶段为"国民精神总动员"阶段，时间上一般认为从1936年底到1940年，第二阶段从1941年4月皇民奉公会成立到1945年台湾光复前夕，是"皇民奉公"运动时期。参见陈小冲《1937—1945年台湾皇民化运动述论》，《台湾研究集刊》1987年第4期。

③ ［日］近藤正己：《总力战与台湾：日本殖民地的崩溃》（上），林诗庭译，台湾大学出版中心2014年版，第162—163页。

④ 陈小冲：《1937—1945年台湾皇民化运动述论》，《台湾研究集刊》1987年第4期。

殖民统治者的理想，台湾人民或主动或消极的抵制，使运动很难深入与持续，台湾总督府反思之下，认为基层组织薄弱是主要原因，因此从 1940 年起试图"整备强化实践网"，强化街庄及以下组织，使之达到接近保甲组织。此时日本国内为进一步适应对外侵略战争的需要，发起名为"大政翼赞会"运动的更广泛的国防国家建设运动。"大政翼赞会"运动也被要求在台湾进行，台湾总督府于是将"国民精神总动员"运动和"大政翼赞会"运动相结合，于 1940 年 11 月 22 日提出了台湾"大政翼赞会"运动大纲，围绕"确立国防国家体制"的目标，在设立与各级行政机关协调一致的"大政翼赞会"本部及其支部的同时，重点加强下层组织设置，在"保"的区域设置部落会，"甲"设奉公班。台湾总督府原定于 1941 年 1 月成立"大政翼赞会"组织，但随着小林跻造的调任，该计划延期，继任总督长谷川清鉴于前一阶段强力推行的"皇民化"运动在宗教问题上执行过火，引起台湾人民反感，为进一步配合日本的"南进"步伐，"活用"台湾人，长谷川清力图促成所谓的"内台一家"，主张以社会动员的方式，网罗各阶层领导者，构筑殖民地台湾的国家总动员体制。拟设立的台湾"大政翼赞会"组织因而被更改为"皇民奉公会"，1941 年 4 月，"皇民奉公会"成立，全台百姓都是会员，以"皇民奉公"运动为中心的第二阶段"皇民化"运动正式开始。"皇民奉公会"在总督府一级设中央本部，其下设有支部、支会（州厅）、分会（市郡）、区会（街庄）、部落会、奉公班等，与总督府以下各级行政组织完全重叠，并与保甲系统相配合。地方精英不论愿意与否，都被笼络为各层级的奉公会干部。另外还设有产业奉公团、文学奉公团、爱国妇人会等多种团体，作为"皇民奉公会"的外围组织。"皇民奉公会"除了替总督府改造台湾人，驱使台湾人民心甘情愿投入"圣战"外，还担负战时募兵、经济动员等工作，如推动鼓励储蓄报国、献金报国等。各级"皇民奉公会"组织的建立，将"皇民化"运动推向社会的最基层，并更加强调以实际行动"实践臣道"。①

"皇民化"运动的主要内容

殖民统治者透过语言、宗教、文化习俗等层面对台湾人民进行精神改造，

---

① ［日］近藤正己：《总力战与台湾：日本殖民地的崩溃》（上），林诗庭译，台湾大学出版中心 2014 年版，第 360—366 页；陈小冲：《1937—1945 年台湾皇民化运动述论》，《台湾研究集刊》1987 年第 4 期。

所以日据末期的"皇民化"运动大致包括推行语言同化政策的"国语"运动、旨在培养皇民信仰的宗教与旧俗改革运动、改汉族姓氏为日本姓氏的改姓名运动等。

对殖民统治者来说，语言是极为重要的同化手段，所以日本占领台湾不久，就在台湾开设"国语"学校和"国语"传习所，向台人推广日语。1898年6月台湾总督府颁布"台湾公学校令"，以六年制公学校取代"国语"传习所，供台湾人子弟学习，并将其作为推广日语的重要途径，但因公学校入学率有限，台湾社会真正懂日语的"'国语'解者"不多，到1930年仅达到12.36%。[1] 1928年，台湾总督府和各州均成立了社会教育部门，其成立初期的中心工作，就是普及"国语"，殖民政府以补助金的形式资助各种形式的日语培训机构，并于1931年开始将其整编为面向不在校青少年的"国语"讲习所，以及在农闲时夜间授课的简易"国语"讲习所，[2] 因而进入20世纪30年代后，台湾"'国语'解者"的比例有所提升，到1937年达到37.8%。但这些讲习所的课程松散，学习时间有限，学习效果大打折扣，很多所谓的"'国语'解者"其实并不能讲日语。即使是那些受过学校教育会讲日语的人，一般也只在与日本人或公务机关打交道时才使用日语，日常生活中仍习惯说母语方言。这对试图将台湾人民同化为"真正日本人"的殖民统治者来说，是极为不满意的状况，因此"国语"普及成为"皇民化"运动最先开展的内容，而其目标则是将台湾社会改造为完全使用日语的社会。[3]

早在中川健藏任内，台湾总督府即将"国语"普及作为"教化"台湾人民的重要内容。中川健藏曾表示："惟国语能发扬国民精神，彰显国体精华，系一国历史的产物，国民文化的温床。"所以当时推行的教化运动即围绕"国语"普及提出了一系列意见方法，如要求公务机关、银行、公司、各团体等日常用语必须为日语；上述机构雇用人员时，掌握日语是必要条件；在各市街庄的各部落设立"国语"讲习所或简易"国语"讲习所，致力于家庭及市街庄、部落等的"国语"化；运用日语读物、日语唱片音乐、日语戏剧电影、收音机广播

---

① 周婉窈：《海行兮的年代——日本殖民统治末期台湾史论集》，允晨文化事业股份有限公司2003年版，第81—83页。

② ［日］近藤正己：《总力战与台湾：日本殖民地的崩溃》（上），林诗庭译，台湾大学出版中心2014年版，第163—164页。

③ 周婉窈：《海行兮的年代——日本殖民统治末期台湾史论集》，允晨文化事业股份有限公司2003年版，第83—84、87—88页。

等手段，宣传推广"国语"等，并选拔"国语"家庭、"国语"部落，作为奖励台人学习日语的手段。① "皇民化"运动正式开启后，台湾总督府的"国语"普及政策更趋强硬。1937 年 1 月，台湾总督府公布修正公学校规则，规定从该年开始全面取消公学校的汉文课。同年 4 月，所有报纸、杂志被强迫废止汉文栏，仅《台湾新民报》因读者多，延期至 6 月全面废止。强制使用日语的情况还扩展到工厂、宗教场所以及公车等公共空间，如台湾总督机关报《台湾日日新报》曾对专卖局下属一家烟草工场禁用闽南语的情况大加宣扬，还有地方政府要求基督教长老会必须用日语布教，另外如高雄市公车禁止说闽南话、嘉义市役所拒绝受理闽南语案件等。②

　　殖民当局还采用各种措施鼓励台湾人学习日语，对全家完全使用日语交谈的家庭，颁发"'国语'家庭"的证书、奖章及门标，并给予其入学、工作、物资配给等方面的优待。如"'国语'家庭"的小孩享有"小学校共学许可"以及中等学校入学许可优先的优惠，政府机关和社会公共团体优先录用"国语"家庭的成员，以及"'国语'家庭"成员更有机会取得各种营业执照等。虽然有上述种种优待，当时全台湾取得这一认证的家庭人口数，截至 1942 年 4 月，也仅占人口总数的 1.3%，且这些家庭并不能真正做到完全使用日语，很多人在家中甚至公共场所仍习惯说闽南话。"'国语'家庭"主要针对受过较高教育的知识家庭，在广大的农村，殖民当局以"部落振兴会"为日语推广的基层组织，透过广泛设立简易"国语"讲习所向农村居民推广使用日语，并仿效"'国语'家庭"，向 50% 以上人口会讲日语的部落颁发"'国语'部落"称号。通过软硬兼施、恩威并用的各种方式，日据末期台湾日语普及程度有明显提升，截至 1943 年底，全台约有 80% 以上人口为所谓"'国语'解者"，当然对这一数字背后台湾人民真实的日语水平仍须打个大大的问号。③

　　宗教同样是殖民统治者推行"皇民化"运动的重要领域，在 1937 年 9 月台湾总督府通过的彻底推行同化政策的具体方略中，就明确提出要打压台湾人

---

① ［日］近藤正己：《总力战与台湾：日本殖民地的崩溃》（上），林诗庭译，台湾大学出版中心 2014 年版，第 164—165 页。

② ［日］近藤正己：《总力战与台湾：日本殖民地的崩溃》（上），林诗庭译，台湾大学出版中心 2014 年版，第 166 页；周婉窈：《海行兮的年代——日本殖民统治末期台湾史论集》，允晨文化事业股份有限公司 2003 年版，第 88—91 页。

③ 周婉窈：《海行兮的年代——日本殖民统治末期台湾史论集》，允晨文化事业股份有限公司 2003 年版，第 94—95、97—99 页。

民的固有宗教信仰，树立台湾人民的崇敬神社观念："贯彻神国思想乃岛民教化的根本。因此，需迅速采取唤起岛民崇敬神社观念的方策，使国民确定崇敬的对象，同时，彻底检讨本岛固有的宗教，厘清旧惯寺庙、宗教团体等的本质，打破邪教、迷信及陋习，明示岛民信仰的归驱。"① 本着这一指导思想，殖民当局双管齐下，一方面提倡日本神道，一方面打压台湾固有宗教，从而实现以日本国家神道信仰取代台湾民间传统信仰的终极目的。提倡日本神道方面，主要表现为增建神社、奉祀神宫大麻（指由日本伊势神宫所颁布的神符）以及参拜神社。日据时期殖民政府在台湾兴建的 68 个神社，有一半以上建于第一阶段"皇民化"运动时期。殖民政府还强制要求台湾人民在家中奉祀神宫大麻，截至 1941 年，全台有七成家庭被殖民政府强行分配神宫大麻，不过台湾人民领到大麻后实际祭拜的并不多。宗教领域"皇民化"运动的另外一个方面，是透过所谓"寺庙整理"和"正厅改造"等极为野蛮的方式，打压台湾民间传统信仰。殖民统治者为了摧毁台湾人民的传统汉民族信仰，拆除、烧毁了大部分中国传统寺庙、神像，保留下来的寺庙，则被改造为日本风格，截至小林跻造离任前，台湾的寺庙和斋堂数量减少了约三分之一。从 1936 年底开始，台湾总督府还在台湾展开"正厅改造运动"，要求台湾人民把家中的牌位、神像烧掉，在正厅改奉神宫大麻。② 如台南州曾要求该州台湾人家庭的正厅必须"以神宫大麻为生活中心，将之纳于神龛，奉祀于家屋内最尊严的场所（正厅桌的中央或其上）"，过去习惯供奉的观音像则要求移到其他房间或者中央桌以外的地方，另须悬挂日本国旗等等。③ 新竹州采取的措施更为强硬激烈，要求全面废除传统宗教信仰，当即引起相当大反弹，长谷川清继任台湾总督后，不得不赶紧停止了这一政策。尽管殖民当局费尽心思欲使台湾人民在宗教上也完全"日本化"，但这一切最终未能有任何成效，日本投降后，神道信仰马上消失无踪，"'皇民化'运动在宗教上可说是完全失败了"。④

---

① ［日］近藤正己：《总力战与台湾：日本殖民地的崩溃》（上），林诗庭译，台湾大学出版中心 2014 年版，第 158—159 页。

② 周婉窈：《海行兮的年代——日本殖民统治末期台湾史论集》，允晨文化事业股份有限公司 2003 年版，第 42、44 页；张海鹏、陶文钊主编：《台湾史稿》上卷，凤凰出版社 2012 年版，第 230—232 页。

③ ［日］近藤正己：《总力战与台湾：日本殖民地的崩溃》（上），林诗庭译，台湾大学出版中心 2014 年版，第 184—185 页。

④ 周婉窈：《海行兮的年代——日本殖民统治末期台湾史论集》，允晨文化事业股份有限公司 2003 年版，第 44、46—47 页。

　　姓氏是中国人民文化传承的重要标志之一，为了彻底切断台湾人民的汉民族纽带，全面抗战爆发后，殖民统治者诱导台湾人民将原本的姓氏改成日本式的姓，将"改姓名"作为塑造台湾人民"日本人化"的重要一环。1940 年 2 月，总督府以府令第 19 号公布户口规则修正案，宣布实施"改姓名"。改姓名运动一开始不带有强制性，总督府甚至将其作为对于部分充满"皇道精神"的希望改姓名的台湾人的"恩惠"。改姓名以户为单位，总督府规定要符合以下两个条件：其一，为"'国语'常用家庭"；其二，"致力于涵养皇国民资质之意念深厚，且富于公共精神"，并经州厅知事或厅长认为适当者，才能予以许可。① 总督府还规定不得使用与原来姓氏有关的中国地名作为日本姓氏，以防止台湾人民用这种方式保存其对中国传统文化的认同。② 对于殖民政府视同"恩惠"的改姓名政策，台湾人响应者寥寥，总督府国民精神总动员本部于是动员州、市、郡、街庄系统实行改姓促进运动，加强宣传，针对符合条件者，尤其是"'国语'家庭"、教师、公务员等，加强呼吁其"改姓名"。但就算总督府采取了种种手段，截至 1943 年 11 月，改姓名者仍仅占台湾总户数的 1.69%和总人口数的 2.06%。且选择改姓者大多有现实的考虑，因为从其身份来看，改姓名者中，公务员、商人、公司职员等经常和日本人打交道的群体占多数。③ 1944 年 1 月以后，殖民政府为配合征兵制度，进一步放宽改姓名的许可条件，改姓名者有所增加，但为数仍然不多，以台北县为例，光复后有 37742 人恢复原有姓名，约占该县人口总数的 7%强。④

　　除上述措施外，殖民政府还通过废除台湾人民的传统节日、改过日本节日，打破传统婚丧祭祀礼俗，采用日式家居、器具、服饰等手段，使台湾人民的日常生活也受到"皇民化"的规训。⑤ 1941 年以后，"皇民化"运动进入"皇民奉公"运动阶段，除继续对台湾人民进行精神上的"教化"之外，还强调台湾人民作为日本臣民在精神和物质上的奉献。物质层面，要求台湾人

① ［日］近藤正己：《总力战与台湾：日本殖民地的崩溃》（上），林诗庭译，台湾大学出版中心 2014 年版，第 177 页。
② 周婉窈：《海行兮的年代——日本殖民统治末期台湾史论集》，允晨文化事业股份有限公司 2003 年版，第 57 页。
③ ［日］近藤正己：《总力战与台湾：日本殖民地的崩溃》（上），林诗庭译，台湾大学出版中心 2014 年版，第 179—183 页。
④ 周婉窈：《海行兮的年代——日本殖民统治末期台湾史论集》，允晨文化事业股份有限公司 2003 年版，第 58 页。
⑤ 陈小冲：《1937—1945 年台湾皇民化运动述论》，《台湾研究集刊》1987 年第 4 期。

民承担纳税义务，开展"爱国储蓄"和国防、恤军献金，以及节衣缩食以支持战争等。人力层面，为弥补兵源不足，从1942年4月起，"陆军特别志愿兵制度""海军特别志愿兵制度"相继在台湾实施，日本开始向台湾人募兵，共有1.6万余名台湾青年加入日本军队，参加日本的对外侵略战争。[①] 随着日本的战况更加吃紧，1945年初，日本在台湾全面征兵，役龄青年都被征召入伍。到8月15日日本宣布投降为止，包括军人、军属、军夫在内，台湾总督府征用台湾人总计多达20万人，他们当中有3万多人死于日本所谓的"大东亚圣战"。[②]

"皇民化"运动是日据末期日本殖民者为强化殖民统治，使台湾人民成为其战争机器上的一分子，采取的强力同化台湾人民的手段。在此过程中，台湾人民的传统文化被强行割裂，有部分台湾人的祖国认同产生混淆，成为亲日派，更多的人从内心深处抗拒殖民统治者的奴化措施，还有些积极的勇士，不堪殖民政府的奴化统治，离开台湾，投身祖国的抗日革命事业。

三、严密监管下台湾人民的艰难抗争

随着日本对台湾殖民统治的加强，日据末期，台湾人民已无可能爆发大规模的抗日斗争，但即便在各种统制措施及极端同化政策之下，台湾人民也并未真正屈服，而是利用一切机会，在思想、文化及社会生活等领域，展开抵制殖民政府同化政策的反"皇民化"运动，努力保持中华传统文化，并在经济领域，展开反对殖民统制政策的斗争，更有部分斗士，在殖民政府的高压统治和警察的严密监视下，仍然展开武力反抗或秘密策划抗日活动，打击日本的殖民统治。尤须一提的是，日据末期台湾人民的抗日意识还通过一些下意识的反日、反战言论展现出来，表明即使日本殖民统治的触角延伸到台湾人民日常生活的方方面面，但大部分台湾人民并未从思想上屈服，这种从骨子里透出的对日本殖民统治的抵触和对祖国根深蒂固的强烈认同，正是令日本殖民统治者寝食难安的地方。

---

① 张海鹏、陶文钊主编：《台湾史稿》上卷，凤凰出版社2012年版，第236—238页。
② 林国章：《民族主义与台湾抗日运动（1895—1945）》，海峡学术出版社2004年版，第320页。

台湾人民对"皇民化"运动的抵制

日据末期，殖民统治者为了防止台湾人民同情祖国的抗日斗争，试图从文化上、思想上对台湾人民进行彻底改造，消除台湾人民的祖国认同，为此在台湾推行日语普及、改姓名以及打压台湾人民的传统信仰、要求其改信日本宗教等"皇民化"运动，力图将台湾人民打造成所谓真正的日本人。面对殖民者的这一政策，绝大多数台湾人民虽身处严密的殖民统治环境下，仍不忘以中华民族意识与殖民者宣扬的"日本皇民精神"相抗衡，用各种方式反抗和抵制"皇民化"运动。①

对于日本殖民者非常重视的语言同化政策，不少台湾人表现出极为抵触的态度，如台南新化郡新市庄日佣谢四川曾大骂用日语和其打招呼的台湾人："竟然还有混蛋讲'国语'？台湾人讲台湾话！用'国语'讲话的是什么知道吗？我们是台湾人，没必要讲！"②但迫于殖民统治者的压力，台湾人民不得不参加所谓的各种"国语"讲习所，日据末期殖民政府公布的日语普及率一度达到八成以上，只是其中真正能熟练掌握日语的并不多，很多人都是消极应付，所以当"皇民奉公会演剧挺身队"在台湾巡回演出"皇民化"剧目时，因很多观众听不懂日语，最后不得不改用闽南话进行表演。一些所谓的"'国语'家庭"或被强制要求说日语的教师、学生、公务人员等，也大多只在公众场合讲日语，一旦回到家或其他私下场合，仍然大多使用闽南话，以致日本殖民者常常指责台湾人阳奉阴违。③

为贯彻语言同化政策，对塑造台湾人民祖国认同有重要意义的汉文教育也在日据末期遭到殖民政府的彻底打压。传统的书房、私塾，是日据时期传播、保存汉文的主要温床，也是培养民族精神的根据地，在日据时期反抗殖民统治的台湾人精英中，或多或少都可看到传统的私塾教育对其思想观念的影响。日本占领台湾后，对通过"教育"手段同化台湾人民非常重视，不仅在台湾开设公学校，还运用种种手段限制传统私塾和书房的发展，最终达到消灭私塾和书

---

① 陈小冲：《口述史料所见之日据末期台湾"皇民化运动"——以宜兰为中心之个案分析》，《台湾研究》2008 年第 2 期。
② 台湾军司令部：『支那事変卜本島人ノ動向』第四號，1938 年 1 月 1 日，亚洲历史资料中心。
③ 茅家琦、胡华军：《论 1937—1945 年台湾人民对日本"皇民化"运动的抵制》，《东南文化》1995 年第 3 期。

房教育的目的，到 1938 年，全台书房仅剩 9 处。全面抗战爆发后，殖民政府更禁止在台湾开设汉文书房。为保护中华传统文化的传承，一些台湾人精英将书房登记为文昌庙，以便设法保全书房教育的火种。还有些台湾人精英秘密开设书房，坚持以诗书授徒，一直到 1943 年殖民政府颁布废止私塾令，台湾的书房被迫完全停办。① 一些口述史料也反映出台湾人民如何在殖民当局严禁汉文的情况下暗中接受汉学教育，如有宜兰人回忆在当地碧霞宫的讲堂学习汉文，还有人表示当时随太子庙的庙公学习四书五经。② 上述例子也证明在"皇民化"政策下，台湾人民借助庙宇的掩盖从事汉文私塾教育，从而保存中华文化。

殖民政府旨在使台湾人民"日本人化"的改姓名运动更是受到台湾人民的抵制。如前所述，即使日本殖民者加强宣传，并放宽改姓名的条件，大多数台湾人民仍拒绝更改姓名，直至台湾光复前夕，台湾人民改姓名的比例仍然极低。在不超过人口总数 7% 的改姓名者当中，除极少数"皇民化"分子外，大多是迫于情势，或为生活所迫。因殖民统治者采取各种所谓的"优待"方式诱使台湾人改用日本姓名，如对改姓名者，殖民当局改善其待遇，并提高其社会地位，在子女教育、日用品配给等生活方面，也给予优待。在当时实行严格的统制经济政策，物资完全采取配给制的情况下，有些台湾人为多得一些配给品而改了姓名。还有些人虽坚持不改姓名，但因子弟升学受到殖民当局的有意刁难，最后不得不妥协而改了姓名。不过，虽不得已改了姓名，台湾人民依然发挥聪明才智，设法保留对祖先和中华民族的记忆，如利用字形将"吕"姓改为"宫下"，或利用祖籍地改陈姓为"颍川"、改黄姓为"江夏"等，"多拖着民族意识的尾巴"。③

殖民者对台湾人民宗教信仰和风俗习惯的强制改变和"皇民化"措施同样遭到台湾人民的抵制。台湾总督府曾大力倡导神社参拜，鼓励台湾人民参拜神社，但台湾人民信仰中国传统的妈祖、王爷等神明，神社参拜活动并未得到台

① 黄新宪：《日据时期台湾书房探微》，《教育评论》2004 年第 5 期。
② 陈小冲：《口述史料所见之日据末期台湾"皇民化运动"——以宜兰为中心之个案分析》，《台湾研究》2008 年第 2 期。
③ 茅家琦、胡华军：《论 1937—1945 年台湾人民对日本"皇民化"运动的抵制》，《东南文化》1995 年第 3 期；陈小冲：《口述史料所见之日据末期台湾"皇民化运动"——以宜兰为中心之个案分析》，《台湾研究》2008 年第 2 期；叶荣钟：《台湾人物群像》，晨星出版有限公司 2000 年版，第 414 页。

湾人民的响应，尤其是都市地区，在"皇民化"运动推行的八年时间里，登记在册的神社数量不仅没有发展，反而大幅萎缩，显示宗教上的"皇民化"措施至少在都市地区受到较大抵制。① 另有部分台湾人仅摆出日本"天照大神"的神位装装样子，敷衍了事。还有些人将原来的民间神像藏起来膜拜，或者坚持奉祀祖先，维持家族祭祀活动，从而在宗教信仰层面坚守传统中华文化。②

面对殖民统治者在宗教领域的"皇民化"运动，台湾人民甚至不惮于展开直接抗争。花莲郡当局为推行"皇民化"，曾野蛮地宣布废除包括城隍庙在内的 11 个本地人庙宇，激起当地民众的强烈愤慨，尤其是城隍庙是当地居民的主要信仰，信众甚多，所以其被废更是遭到当地民众反对，花莲人与地方殖民当局之间的纠纷一度愈演愈烈，令台湾军司令部也表示极大关注。③ 高雄市的殖民当局也试图废止该市旗后区的妈祖庙（天后宫），引起视妈祖为守护神的当地渔民的强烈反对，集结了百余名信徒，手持判决书进行申诉，最终迫使当局做出让步。④

日常生活方面，殖民者也强迫台湾人民"日本化"，如要求穿和服，过阳历新年，不过农历新年等。但和服在台湾并不适用，很少有人肯去穿戴。而按照日本过阳历新年的习俗，需要在家门口两边插门松，并在门前挂稻草绳以祈福，但这样的装饰按中国人的传统眼光犹如办丧事，因而台湾人民极为不喜，大多依然保留过农历新年的习惯，并按中国的传统张贴红色对联、放鞭炮、穿新衣、给孩子包压岁钱等，在生活习惯上保留了中国传统文化。⑤

台湾人民还从文艺战线展开抵制"皇民化"的运动。在文艺领域，1937年，殖民当局为统制台湾人民的思想，禁止报纸杂志使用汉文，对向来以中国白话文为文学表达工具的台湾文学界造成沉重打击，台湾文学的两大园地——《台湾文艺》和《台湾新文学》不得不相继停刊。在打压台湾作家汉文写作的

---

① 陈小冲：《1937—1945 年台湾皇民化运动再论——以总督府临时情报部〈部报〉资料为中心》，《台湾研究集刊》2007 年第 4 期。

② 茅家琦、胡华军：《论 1937—1945 年台湾人民对日本"皇民化"运动的抵制》，《东南文化》1995 年第 3 期。

③ 台灣軍司令部：『支那事変卜本島人ノ動向』第十三號，1938 年 10 月 1 日，亚洲历史资料中心。

④ 台灣軍司令部：『支那事変卜本島人ノ動向』第十八號、1939 年 3 月 1 日，亚洲历史资料中心。

⑤ 茅家琦、胡华军：《论 1937—1945 年台湾人民对日本"皇民化"运动的抵制》，《东南文化》1995 年第 3 期；黄新宪：《日据时期台湾书房探微》，《教育评论》2004 年第 5 期。

同时，殖民当局极力鼓吹"皇民文学"。太平洋战争爆发前后，台湾皇民文学运动的"头号御用总管"西川满即组织"台湾文艺家协会"，并利用机关杂志《文艺台湾》以及"日本文学报国会"台湾支部等，积极地以文学协助推动日本大东亚战争，培养符合"呼应国家的心"的"皇民文学观"的作家，倡导"皇民文学"。但除周金波、陈火泉等极少数汉奸作家之外，大多数台湾作家都采取了不合作的态度，如台湾现代文学的开拓者赖和、杨守愚、陈虚谷等人为了抗拒用殖民者的语言写作，转而写作旧体诗文，有些作家选择远赴大陆、南洋，还有吴曼沙等人创办无关时局的白话文杂志《风月报》，与日本御用文人西川满主持的《文艺台湾》相抗衡。① 尤其是通过旧体诗文创作来延续中华文化的传承，使日据时期的台湾虽与大陆一样经历了新文学运动，但数以百计的传统诗社，仍如雨后春笋般不断涌现，究其原因，是台湾知识分子希望在殖民当局禁用汉文写作之后，能够通过结社联吟、创作旧体诗文的合法形式，尽力"保存国粹以延一线斯文于不坠"。② 另外还有像杨逵、吕赫若、吴浊流等具有强烈民族气节和艺术良心的作家，承接中国五四新文化的精神传统，以现实主义手法创作揭露殖民统治黑暗现实的文学作品，与"皇民文学"展开针锋相对的斗争。1941 年 5 月，张文环等台湾作家创办"启文社"，并发行《台湾文学》季刊，与西川满主编的《文艺台湾》对抗，以"乡土特色"为掩护，提倡民族意识和抗争精神，在其麾下聚集了杨逵、吕赫若等一大批爱国进步作家。这些具有抗争精神的作家，公开发表针锋相对的作品，批驳"皇民文学"作家着力美化殖民统治的歌功颂德文章。如杨逵创作的《模范村》，揭露了日本殖民者与御用士绅相互勾结，残害盘剥农民的黑暗现实，从而反衬出日本人滨田隼雄的"皇民文学"作品《南方移民村》的虚伪不真实。吴浊流在这一时期创作了《功狗》《先生妈》等著名作品，同样用现实主义手法，批判《水癌》《志愿兵》等"皇民化"小说对日本及其殖民统治的美化和粉饰。③ 日据末期，吴浊流还顶着殖民者的监视，悄悄创作了长篇抗日小说《亚细亚的孤儿》，塑造出胡太明这一从彷徨到觉醒，并一直坚信"汉魂终不灭"的知识分

---

① 曾健民：《台湾"皇民文学"的总清算——从台湾文学的尊严出发》，《文艺理论与批评》1998 年第 6 期；陈映真：《中华文化和台湾文学》，《世界华文文学论坛》2005 年第 4 期。

② 朱双一：《日据末期〈风月报〉新旧文学论争述评——关于"台湾诗人七大毛病"的论战》，《台湾研究集刊》2004 年第 2 期。

③ 粟多贵：《论台湾抗日文学的发展及与"皇民文学"斗争的重大意义》，《华文文学》2007 年第 6 期。

子形象。①

另外，台湾人民还暗中偷演殖民当局禁演的歌仔戏等中国传统戏曲，京剧、采茶戏等中国传统戏剧表演也禁而不止，使传统戏曲也成为台湾人民传播中华文化、维系祖国认同的阵地，表达了台湾人民对故土、祖国的怀念与向往之情。②

台湾人民上述种种抵制殖民统治者"皇民化"运动的举措，反映出台湾人民的心态，正如他们自己所言："台湾是拥有五千年历史文化的汉民族，有根深蒂固的民族观念，因此日本不可能在数十年的时间之内同化台湾人。虽然日本花了很多心思，用了很深的精神，来推行'皇民化'运动，最后还是没有成功。"③

经济战线反对米谷统制的斗争

面对殖民当局在经济领域的种种统制措施，台湾人民也曾展开抗争。

日据时期的台湾经济依然是农业为主的经济，为满足日本的需求，在殖民政府的着力推动下，米糖成为日据时期台湾最重要的出产物。糖业领域，在殖民政府的大力扶持下，日人资本控制了新式制糖业，并透过"精巧的"制度设计，使糖业利润完全被日人资本垄断，台湾本地资本及蔗农均被排除在外。④稻米领域由于小农分散经营的特点，不适合工业化的生产方式，日人资本难以进入，因而包括地主和农民在内的台湾本土资本在该领域仍然有较大发言权。但随着20世纪20年代以来蓬莱米的扩大生产，台湾米价上涨，导致向米价看齐的蔗价上涨，威胁到日人糖业资本的利益，加上进入20世纪30年代后，台湾稻米大量外销日本市场，影响到日本农民的利益，日本殖民政府在1933年就颁布《米谷统制法》，对殖民地台湾和朝鲜外销日本市场的稻米数量进行限制。全面抗战爆发后，为了保护糖业资本家的利益，并配合无水酒精等军需工业的发展需求，增加甘蔗及黄麻等特种作物的种植，总督府进一步从掌控稻米的生

① 茅家琦、胡华军：《论1937—1945年台湾人民对日本"皇民化"运动的抵制》，《东南文化》1995年第3期。
② 黄文涛、许祥文：《抗战时期台湾民众抵制日本"皇民化运动"的斗争》，《南京政治学院学报》2005年第4期。
③ 转引自陈小冲：《口述史料所见之日据末期台湾"皇民化运动"——以宜兰为中心之个案分析》，《台湾研究》2008年第2期。
④ 柯志明：《米糖相克——日本殖民主义下台湾的发展与从属》，群学出版有限公司2003年版，第159页。

产与流通入手，于 1939 年 5 月公布了《台湾米谷移出管理令》，开始实施"米专卖"。根据这一法令，台湾总督府按各年期生产成本等资料制定价格，收购民间生产的稻米，统一输往日本。日、台间的米谷贸易由总督府垄断，收购价被压低，并在每期作水稻播种前就予以公布。出口日本的价格则由台湾总督府和日本农林省协定，追随日本市场米价。总督府不仅从"米专卖"中获得大笔收入，也通过控制米价，压低台湾农民种植水稻的意愿，迫使其转向总督府鼓励的甘蔗及特种作物的种植，这一法案也为后来殖民当局进一步实施粮食配给等统制措施奠定了基础。①

米谷统制直接攸关占台湾人口绝大多数的农业人口的利益，同时，经营稻米生意的台湾工商业者和日本米谷商的利益也受到侵害，因此，从 20 世纪 30 年代初期开始，即有类似反对米谷统制的运动，如台湾抗日民族运动领导人物林献堂、杨肇嘉等人都曾参加临时组成的"台湾米移入制限反对同盟会"，②台湾地方自治联盟召开大会期间，也有联盟员提交反对限制台湾米输入日本的议案。③ 1937 年台湾总督府"旧事重提"，打算推出台湾米谷管制方案，杨肇嘉等人再次展开抵制活动。此时杨肇嘉因台湾地方自治联盟解散、台湾总督府加大对台湾人民的思想钳制而避居日本，他和新民报社东京分社长吴三连以及刘明电等人一起，在林献堂支持下，联合日本米谷商以及枢密院顾问伊泽多喜男一派，于东京展开反对运动。杨肇嘉搜集了有关米谷问题的资料，在奔走呼吁的同时，印发《台湾移出米管理案》作书面抨击。吴三连则假借日本人田沼征的名义出版《长期建设与农业政策》一书，前半部分谈论台湾农业政策，后半部分则纯系批评米谷管理案。该书资料丰富，议论切中米谷管理案的要害，令台湾总督府颇为难堪。时任总务长官曾担任东京警视总监，于是出动警察力量，以反军思想之名逮捕了吴三连以及当时同样在东京的蔡培火，并查封新民报社台湾分社。在台湾岛内，台湾总督府则以关闭报社为要挟，勒令台湾新民报社将吴三连撤职，台湾新民报社迫于殖民当局的压力，最终于 1940 年春将吴

① 李力庸：《战争与粮食：太平洋战争前后台湾的米谷统制（1939—1945）》，（台湾）《两岸发展史研究》第二期，2006 年 12 月；柯志明：《米糖相克——日本殖民主义下台湾的发展与从属》，群学出版有限公司 2003 年版，第 198 页。

② 林献堂 1932 年 7 月 28 日日记，许雪姬、周婉窈主编：《灌园先生日记（五）·一九三二年》，台湾"中研院"台湾史研究所筹备处 2003 年版，第 308 页。

③ 《第二回全岛联盟大会会议录》，1932 年 8 月 21 日，台湾"中研院"台湾史研究所档案馆藏"六然居典藏史料"，识别号：LJK-04-04-0251007。

三连撤职。①

米谷统制反对运动可算台湾非武装抗日民族运动的余绪，代表了包括地主在内的台湾本土资本的利益。由于总督府强力压制，岛内已不可能公开表达反对的声音，因此这一运动主要在东京展开，参与者也以少数旅居东京的台湾知识精英为主，运动方式上仍然主要借助舆论和日本国内的部分政治力量，试图在日本议会审议台湾总督府提案时予以驳回。但在当时所谓的"非常环境"之下，小林跻造等台湾总督府官员主导的米谷统制政策又事关日本南进的"国策"，② 杨肇嘉等人的米谷统制反对运动并不能阻止该法案的出台，反而被戴上反对日本"国策"、有"反逆的策动企图"的大帽子，受到东京当地报章的大肆挞伐。③ 最终，日本帝国议会于1939年5月通过了台湾总督府提出的米谷管制法案，而在该法案通过不久，随着日本侵华战争的扩大，粮食问题日益严重，不得不实施更彻底的经济统制，台湾总督府对粮食实行配给制，并严禁台湾人私存余粮，台湾人民的这一段米谷统制反对运动便如大海中的一个小小的波浪，"一下子就被恶劣环境的激流所淹没了"。④

反日事件和有组织的秘密抗日活动

日据末期，在殖民统治者从物质到精神均实行严厉管控的非常情况下，台湾人民无法再进行大规模的抗日斗争，但仍有不屈的台湾人勇敢地挑战殖民统治者的权威，发起反日斗争，有些还在岛内组织秘密的抗日活动，试图推翻日本的殖民统治。

七七事变爆发后，不少台湾人对于中国战胜日本、台湾脱离日本殖民统治回归祖国充满希望，并试图配合祖国军队的行动，武力推翻日本的殖民统治。台南市无业人员陈文山及洋服裁缝店员林兆东即曾三次以中华救国团名义投书台南州宪兵队长和警察署长，向殖民统治者宣战："命令已经下达，复仇的时刻已来临。吾等很快可以获得默许，吾等的第一颗子弹是我国的卖国贼，第二

① 叶荣钟：《急公好义的杨肇嘉先生》，叶荣钟：《台湾人物群像》，晨星出版有限公司2000年版，第271—272页；杨肇嘉：《杨肇嘉回忆录》（二），三民书局1977年版，第322页。
② 叶荣钟：《一段暴风雨时期的生活纪录》，叶荣钟：《台湾人物群像》，晨星出版有限公司2000年版，第420页。
③ 杨肇嘉：《杨肇嘉回忆录》（二），三民书局1977年版，第325页。
④ 叶荣钟：《一段暴风雨时期的生活纪录》，叶荣钟：《台湾人物群像》，晨星出版有限公司2000年版，第422页。

颗子弹是交通通信机构，第三颗是各银行，第四颗是尔等高官的狗头，第五颗是台湾的人心骚乱，尔等必将恐惧吾等之威力，品尝吾等复仇之滋味。吾等集结完毕，磨刀霍霍，这是最后的通告。"① 台南州北港郡水林庄一陈姓拳师则向数名本岛人宣传，来年中国军队攻打台湾，台湾防备弱，必将很快被占领，号召大家拿起武器，协助中国军队击杀日本人。②

　　上述两起事件如果说还只停留于言论层面，接下来江保成等人则实际展开了密谋武力推翻日本殖民统治的抗日活动。江保成是台南州新化郡人，曾参与当年的噍吧哖抗日事件，由于对当地警察强迫保甲民修建道路极为不满，加上认为在中日两国的战争中，日本一定会战败，台湾军主力将会被派到大陆战场，彼时中国军队将会趁机登陆并收复台湾，江保成因而联合了一批志同道合的台湾同胞，准备到时与登陆的中国军队相互呼应，先袭击高雄州旗山郡警察派出所，然后在全岛开展武装斗争，一举从日本人手中夺回台湾。可惜江保成等人的秘密谋划被台南州新化郡警察课侦察得知，截至1938年1月3日，有4人被检举，另有包括江保成在内的十余人被殖民当局全力搜捕。此次事件除江保成所在的台南州新化郡外，涉事地区还包括台中州竹山郡、台南州嘉义郡以及高雄州恒春郡、旗山郡，参与人员既有汉族人，也有少数民族人士。③

　　一些进步的知识青年也不畏艰险，在殖民高压政策下秘密进行抗日活动。1937年，任职于新竹州厅的杨金辉等7位公学校毕业生因为不满日本的殖民统治，反对日本侵略祖国，成立了"七星会"组织，秘密研究三民主义和汉文。经同学介绍，杨金辉又结识了同在新竹州厅任职的施儒珍，并成为好友。施儒珍在南门成立"南门俱乐部"，参加的人包括郑万成、王如钦、詹德知，杨金辉则在北门组织"北门俱乐部"，参加者多是"七星会"成员。两个俱乐部成员经常聚集在文化协会干将黄旺成之子、律师黄继图家中，阅读进步书籍，商

① 台灣軍司令部：『"支那"事变卜本島人ノ動向』第四號，1938年1月1日，亚洲历史资料中心。
② 台灣軍司令部：『"支那"事变卜本島人ノ動向』第十八號，1939年3月1日，亚洲历史资料中心。
③ 台灣軍司令部：『"支那"事变卜本島人ノ動向』第五號，1938年2月1日，亚洲历史资料中心。江保成抗日事件发生后不久，在祖国大陆参加抗日斗争的李友邦等人曾在东南日报上刊登文章，号召岛内同胞"扩大阿里山的反日暴动"，日本殖民当局猜测这或许是指江保成抗日事件。参见台灣軍司令部：『"支那"事变卜本島人ノ動向』第十八號，1939年3月1日，亚洲历史资料中心。

讨时局。他们普遍对日本殖民统治下的日本人和台湾人差别待遇和愚民政策极为不满，希望台湾能够摆脱殖民统治乃至回归中国。其中施儒珍的思想尤为激进，他广泛阅读左翼书籍，向往赴祖国大陆参加抗日斗争。受其影响，这群进步青年曾让郑万成前往日本，打探从日本经东北参加祖国抗战的可能路线。1939年，新竹北门后的妈祖庙口被人张贴反日标语，日本特高警察极为紧张，对杨金辉、施儒珍等可疑的知识分子展开搜查，因从施儒珍住处查到不少左倾思想的书籍和信件，探知了施、杨等人的反日主张及预备参加祖国抗战的意图，于是展开大搜捕，杨金辉、施儒珍、王如钦、詹德知等人陆续被捕入狱，连在日本的郑万成也被抓捕回台，酿成当时重要的抗日事件"新竹事件"。① 该事件尤令殖民当局震惊的是，面对日人警察的审问，施儒珍等人的反日态度极为坚定，"均无悔改之意"。他们坚信"我们的祖国是中国，我们的同胞是汉民族"，无论殖民当局如何压制，"也无法撼动台湾青年们的这种潜在意识"。他们不仅不畏殖民统治者的打压，甚至以被检举为荣，表示"我们今天被检举，相当于赋予我们台湾人的地位和名誉"。②

强烈的民族意识也促成台湾普通劳工在殖民统治强化的恶劣环境下不忘开展抗日斗争。1937年7月22日，在基隆市桥本运输店工作的13名台湾籍和大陆籍搬运工反感日本人搬运工的行为，并将其打伤。③ 1939年8月，在高雄市日本轻银会社的搬运工作过程中，由于日人监工欺压并殴打一名台湾劳工，引发现场约70名台湾劳工的强烈不满与集体反抗，直到政府官员和警察到现场弹压才得以暂时平息。由于事件中有两名劳工被捕，上述台湾人劳工还曾准备展开总罢工，经相关人员劝说后，才于第二天恢复正常到岗上班。④

台湾人民这种强烈的民族意识与反日情绪无疑使日本殖民当局绝难安心，

① 郑万成：《常念施儒珍兄——一个落伍败残兵的手记》，张炎宪等访问记录：《风中的哭泣——中国石油新竹研究所案》（下），新竹市政府，2002年，第352—363页；《杨金辉访问记录》，《风中的哭泣——中国石油新竹研究所案》（下），第447—448页；台湾军司令部：『"支那"事变卜本岛人ノ動向』第三十號，1940年5月1日，亚洲历史资料中心。
② 台湾军司令部：『"支那"事变卜本岛人ノ動向』第三十號，1940年5月1日，亚洲历史资料中心。
③ 台湾军司令部：『"支那"事变ヲ通シテ見タル本岛人ノ皇民化ノ程度』，1937年9月1日，亚洲历史资料中心。
④ 台湾军司令部：『"支那"事变卜本岛人ノ動向』第二十五號，1939年10月1日，亚洲历史资料中心。

抗日战争进入相持阶段后，日本侵略者在中国战场越陷越深，而美国和日本之间在太平洋的战争也一触即发，在政治、军事形势对日本日益不利的情况下，台湾社会人心更加浮动，不少人认定日本在这场战争中会输，"回归祖国""争取独立"等情绪因而蔓延。当时高雄旗山郡有学校老师给小学生出了《我们对日中战争的看法》的命题作文，很多学生在作文中即表达了"日本会输""中国因为有美国在援助，所以这场战争胜利将归中国——我爸爸和隔壁的人都这么说""中国军队会打到台湾来"等类似"唱衰"日本的言论，令日本人教师大为震惊。① 对于台湾民心浮动的状况，殖民统治者极为恐慌，特务警察系统加强了对台湾人民思想言行的监控，一些在地方上卓有声望、不积极和日本合作的台湾人，无论之前有无参加抗日运动，都被殖民政府视为危险人物，成为特高警察重点关注的对象。高雄州凤山郡医师吴海水曾经是台湾文化协会会员，因而不为日人所喜，其言行一直受到警察特务的关注。曾留学日本的台南市执业律师欧清石，因为富于民族精神，不喜与日本人交际，且对于日本人压迫台湾人的现象经常进行批评，也成为殖民当局重点关注的"危险人物"。1941年，殖民当局收到情报，欧清石、吴海水等人鼓动台湾人起义，殖民当局于是在珍珠港事件爆发前一个月，以违反治安维持法为由，逮捕了吴海水、苏泰山等人，之后又陆续扩大搜捕范围。特高警察通过严刑逼供，逼迫被捕者供出事件主谋为欧清石，并供述欧清石企图在将来日本与美、英开战时，接应美英军队登陆台湾，以暴力革命形式推翻日本的殖民统治。此案牵涉人员众多，至1943年7月，被捕者达200多人，因其中以高雄东港人为最多，所以被称为"东港事件"。② 东港事件一般认为是台湾特高警察虚构出的所谓"台湾独立事件"，目的是在太平洋战争爆发前进一步打压台湾人民的反抗意志。在特高警察的严刑逼供下，被捕者一度还供出一个以林献堂为中心，包括黄朝清、郑松筠、蔡先於等20世纪20年代非武装抗日运动干将等在内的全岛性组织，但连曾负责侦办该事件的日本人检察官下秀雄都认为事件本身缺乏证据，更多是牵涉当地的派系之争，加上线民挟私报复、夸大诬告，其真实性很值得怀疑。下秀雄还因此建议高雄州高等法院检察长结束对东港事件的搜查，并以证据不足

---

① ［日］寺奥德三郎：《台湾特高警察物语》，日本文教基金会编译，文英堂出版社2000年版，第54页。

② 台湾省文献委员会编：《台湾省通志》（卷9革命志），台湾省文献委员会，1971年，第54—55页。

为由对涉案人等给予不起诉处分。① 但特高警察一直致力于罗织罪名，在 1944
年 3 月东港事件正式审判前，有 8 名被捕者因受不住严刑拷打而惨死，另有 12
人被判以重刑，其中欧清石被判无期徒刑，张明色、郭成章被判有期徒刑 15
年，陈江山、陈明和被判有期徒刑 13 年，吴海水、洪雅、周庆丰有期徒刑 10
年，苏泰山、陈月阵、王永漳有期徒刑 7 年，张朝辉有期徒刑 5 年。判决后，
欧清石等人被关押在台北监狱，到光复前夕，又有 4 人病死狱中，另有欧清
石、洪雅二人于 1945 年 5 月死于盟军飞机轰炸。②

与东港事件同时发生的还有旗山事件。旗山郡同样属于高雄州，其境内多
山地，交通不便，殖民当局的监控触角不易深入。来自台中的拳师陈秋金就住
在深山之中，每天晚上教授附近的年轻人打拳。陈秋金为人颇有侠义之风，乐
于助人，经常帮村人调解纠纷，因而在当地声望很高，极富号召力。1941 年 9
月的一天晚上，陈秋金和其拳术师父黄石松，同来自台中、在旗山山中经营农
业的郭万成，以及林春生、陈宝山、郑宗结、郑吉等 7 人，于深夜时分在佛像
前歃血为盟，义结金兰，并相约将来中国军队前来收复台湾时，里应外合，武
装起事。陈秋金还与在当地执业的医师柯水发过从甚密。柯水发曾赴日本学
医，读书期间即表现出反日情绪，积极参加学生运动，还曾因日共检举事件而
被日本警察短暂拘留。柯水发从日本回台后回到乡里行医，对穷苦人经常免费
施诊，还常常不辞辛劳深入山里替山民看病，因而无论在其乡里还是附近山地
居民中都非常有声望。因为经常赴山里出诊，柯水发和陈秋金相熟，并对陈秋
金等人预备将来与中国军队里应外合攻打日本殖民者的想法表示赞赏和支持。
陈秋金等人的反日言行很快被殖民政府无孔不入的特高警察侦知，1941 年 11
月 8 日凌晨，在逮捕东港事件涉事人等的同时，高雄州警察部在检察局的指挥
下，也派出警察深入山里，逮捕了柯水发、陈秋金以及陈的同伴共计 17 人。之
后殖民政府展开大范围侦查，被捕人数达到 50 多人。特高警察通过严刑拷打，
逼迫被捕者承认柯水发、陈秋金为反日事件主谋，并供出在山里藏匿武器以及
通过种植姜黄筹集经费等预备起事的事实。1943 年 3 月，涉事的 21 人被移送

① 《附录——高雄版乱阴谋事件调查报告书》（下秀雄），［日］寺奥德三郎：《台湾特高警察物
语》，日本文教基金会编译，文英堂出版社 2000 年版，第 171—172、184—185 页。
② 台湾省文献委员会编：《台湾省通志》（卷 9 革命志），台湾省文献委员会，1971 年，第 55
页；［日］寺奥德三郎：《台湾特高警察物语》，日本文教基金会编译，文英堂出版社 2000 年
版，第 19—20 页；安然：《台湾民众抗日史》，台海出版社 2003 年版，第 310 页。

高雄州检察局，两年后高雄州检察局对此案宣判，柯水发被判无期徒刑，陈秋金、黄石松、郭万成分别被判 7—15 年有期徒刑，另有郑吉、陈宝山因不堪日本特高警察的非人虐待，在审判前死于刑狱中。①

日据末期比较著名的抗日事件还有"五二七"事件（又称瑞芳抗日军事件、李建兴事件）。瑞芳一煤矿矿主李建兴因不配合"皇民化"运动，不学日语，不改日文名，并在收购日本人的矿场后成功经营，因而引起日人嫉恨，1940 年 5 月 27 日，李建兴兄弟 5 人及上百名煤矿工人被日本警察以阴谋在台湾建立抗日武装、谋通祖国的罪名逮捕。李建兴等人在狱中受尽折磨，煤矿员工被折磨致死者达半数以上。②

台湾光复前夕，据传有苏澳附近的渔民将美国潜艇上的军人带上岸，殖民政府因此以间谍罪名逮捕当地渔民 70 多人，并将其杀害，此即苏澳渔民事件，是日据末期殖民政府镇压台湾人民的又一惨案。③

日据后期，一些热血的青年学生不畏殖民政府的威压，积极参加反日斗争。早在 1936 年 4 月日本发动全面侵华战争之前，台北二中的李沛霖、颜永贤、杨友川等 10 名台湾学生即秘密组织列星会，决心用革命手段，使台湾脱离日本的殖民统治，并于每个月月底定期集会，招纳会员。"祖国事件"发生后，上述青年学生又联合同校学生林水旺，着手组织"中国急进青年党"，以"在中华民国援助下，台湾脱离日本帝国的统治，复归中华民国"为目的。但可惜未及成立，就因发生李沛霖、杨友川伤害日人事件而被日警侦知，李沛霖、杨友川等人相继被殖民当局逮捕入狱。这一"青年思汉"事件对后来的台湾青年学生抗日爱国思想有重要影响。④ 1943 年 11 月开罗会议召开后，为了早日光复台湾，台北二中的台湾学生唐志堂、陈炳基、郭宗清、黄雨生和台北工业学校学生刘英昌、留日归来的外科女医生谢娥，相约在岛内开展抗日斗争，以配合美军的登陆作战计划，但因遭人出卖，谢娥等人相继被捕入狱。密谋响应祖

① ［日］寺奥德三郎：《台湾特高警察物语》，日本文教基金会编译，文英堂出版社 2000 年版，第 18—20、60、66—75、103—104、111—112 页。
② 杨毅周主编：《台湾抗日人物传》，华艺出版社 2015 年版，第 138—139 页。另陈孔立《简明台湾史》和安然《台湾民众抗日史》均指出当时被逮捕的煤矿工人达 500 余人，有 300 多人在狱中被活活打死。参见陈孔立：《简明台湾史》，九州出版社 2016 年版，第 177 页；安然：《台湾民众抗日史》，台海出版社 2003 年版，第 310 页。
③ 安然：《台湾民众抗日史》，台海出版社 2003 年版，第 310 页。
④ 蓝博洲：《幌马车之歌续曲》，生活·读书·新知三联书店 2018 年版，第 7—8 页；蓝博洲：《日据末期台湾青年学生的抗日行动》，《两岸关系》2016 年第 6 期。

国、在岛内开展抗日斗争的还有台北帝大医学部的学生蔡忠恕、郭琇琮，以及
在台北商校就学的雷灿南等人。他们都曾跟随从北京来台的中文教师徐征研读
鲁迅、巴金等人的作品，从而形成了强烈的祖国意识，郭琇琮还曾利用假期到
祖国各地旅行考察，目睹日本对中国的侵略以及祖国抗战的艰难，更加坚定了
反帝反日的爱国民族主义立场。郭琇琮曾通过宣传台湾乡土文化的活动，来抵
消殖民政府的"皇民化"影响。太平洋战争爆发后，蔡忠恕等人秘密酝酿组织
台湾同胞共起抗日，希望在祖国军队登陆台湾时，发动武装起义作为响应，但
同样因遭到出卖而被殖民政府侦察得知，并在1944年4月相继被捕。被捕后，
他们遭到日本宪兵惨无人道的严刑拷打，但依然坚持革命信念，不向殖民者屈
服。其中雷灿南因受刑中精神高度紧张，最终发疯而死，蔡忠恕则因监狱受到
盟军军机轰炸而惨死狱中，唯有郭琇琮在狱中坚持到台湾光复，并在出狱后继
续投身新民主主义革命。[①]

　　日据末期台湾人民的抗日活动是在极为艰难的环境下展开的，表现出台湾
人民英勇不屈、誓不臣倭的强烈的爱国民族主义精神。

日据末期台湾人民的反日、反战言论及其抗日意识

　　日据末期，在将台湾纳入战时体制后，殖民统治者一方面希望动员台湾
的人力、物力投入日本的对外侵略战争，另一方面又因台湾人民固有的民族
意识与祖国认同而对台湾人民不敢信任，在这种矛盾的心理下，抗日战争爆
发后，殖民统治者一再加强对台湾人民的监控，透过密布全岛的警察网络监
听台湾人民的一言一行，但凡台湾人民有一点出格的言行，就被冠以"不
敬""不当"的罪名，动辄受到检举、拘留等处罚，并经由台湾宪兵队长、
总督府警务局长、各州知事及厅长等通报至台湾军司令部，[②] 仅七七事变以
来至该年8月底之前不到两个月的时间内，因所谓"恶性言论"而被检举处
分的案件总数即达392件。[③] 尽管随着殖民当局加大对台湾人民言行的监控与
打压，以及"皇民化"运动的不断推进，这些因言获罪的案件大为减少，但正

---

① 蓝博洲：《日据末期台湾青年学生的抗日行动》，《两岸关系》2016年第6期。
② 台灣軍司令部：『"北支"事変ヲ通シテ見タル本島人ノ皇民化ノ程度』，1937年9月1日，
　亚洲历史资料中心。
③ 台灣軍司令部：『"支那"事変卜本島人ノ動向』第一號，1937年10月1日，亚洲历史资料
　中心。

如殖民统治者所说，不过是"大多数人随大流采取保全自身的做法，乃至言行举止逐渐潜藏化"①。直到太平洋战争爆发前夕，依然不断有台湾人敢于发表对日本"不敬"言论，使殖民当局深感恐惧，并感叹"本岛人的'皇民化'运动要彻底执行尚需我们持续努力"②。综观被殖民统治者视为洪水猛兽并记录在案的种种"不敬""不当"言论，其主要出发点为强烈的中华民族认同以及祖国观念，因此在中日之间爆发战争的情况下，虽身处日本殖民统治之下，仍一方面表达对日本殖民统治和日本发动对外侵略战争的不满，另一方面宣扬中国必胜、日本必败、台湾终将回归祖国的坚强信念。具体言之，台湾人民的反日、反战言论主要包括以下内容。

1. 反对日本发动侵华战争

对于七七事变以来中日两国之间的战争，有台湾人民认为挑起战争的责任在日本，并批评日本是错误的一方。如台中州大屯郡大平庄电工蔡石象说，中国没有什么不好，日本无端挑起战争，是日本所做不妥。高雄凤山街左营人蔡夔在与人闲聊时也认为七七事变爆发的原因是日本好战，仗势欺人不法挑衅中国。③ 台北市一杂货店佣工叶发英更具体地指出，由于日军在实弹演习中打死了中国士兵才导致了中日战争的爆发，"所以显然是日军不对"。④

台湾人民反对日本发动的侵华战争，还有一个很重要的原因是，认为战争会危害台湾人的切身利益。台中市一木炭商江火就跟自己的家人说，一旦中日开战，台湾人会很麻烦，军费膨胀，必将导致课税、慰问金等开支高企，生活会变得困难。高雄潮州郡保正林国祥也表示："最好不要发生战争。战争只有不利，毫无利益可言。最可怜的是出征的军人，我们也会面临这样的困难：物价高企，而与此相反的农作物却变得便宜。"与前述二人持类似观点的台湾人应该还有不少，台中州大甲郡清水方面就颇多这样的言论："一旦日支开战，大部分本岛人青年会被命令去参军，此外，更强大的军力需要征收更多的军需

---

① 台灣軍司令部：『"支那"事变卜本島人ノ動向』第四號，1938 年 1 月 1 日，亚洲历史资料中心。

② 台灣軍司令部：『"支那"事变卜本島人ノ動向』第二十六號，1940 年 11 月 1 日，亚洲历史资料中心。

③ 台灣軍司令部：『"北支"事变ヲ通シテ見タル本島人ノ皇民化ノ程度』，1937 年 9 月 1 日，亚洲历史资料中心。

④ 台灣軍司令部：『"支那"事变卜本島人ノ動向』第一號，1937 年 10 月 1 日，亚洲历史资料中心。

品。我们将无法安居乐业。"①

在反对日本发动侵华战争的各种理由中，还有人以本岛人青年同志的名义，投书台湾总督，表示台湾人和大陆人是同一祖先血脉，不希望同室操戈，因此坚决反对中日之间的战争。②

2. 宣扬日本必败、中国必胜

在被殖民统治者记录在案的"恶性言论"中，非常多的台湾人表达了对日本必将战败、中国一定能取得战争胜利的坚定信念，这里面既有台湾人民对于祖国的亲近感与认同感，也带有希望在战争结束后重回祖国怀抱的期许。

全面抗战爆发后，高雄地区有不少民众就表现出对祖国的孺慕之情，纷纷传言："日本被全世界孤立，最后的胜利将属于中国。"台北市东门町杂货商洪文超跟人宣扬中国是大国，所以中日交战中国必胜。台北市永乐町的药行商人黄秋金在街上大声放言：我们祖国国力充实，大家不用担心。台北市新富町木炭商许东琳在龙山寺庙内对五名僧人表示，中国就像沉睡的老虎，一旦睡醒睁眼，立马就会变强，日本根本不是中国的对手。还有台湾人认为，中国会得到苏联、英美等国的支持，因此必将能获得战争的胜利，连台湾儿童在与日本儿童争吵中都带出这样的言论，表示一旦中日开战，"俄罗斯"会援助中国，"你们不要这么嚣张"。③

台湾人民之所以坚信中国一定能取得胜利，是因为他们认为自己是中国人，他们希望中国能赢得这场战争，从而回到祖国怀抱。台南州曾文郡下六甲公学校两名学生所说的话，颇能反映台湾人民的这种心理："中国是我们的祖国，我们希望中国胜利，中国一旦战败，我们就无家可归了。"台北罗东郡的李木发就表示，中国取得中日战争的胜利，到时台湾就能回归祖国，台湾人民将重获自由。高雄市内部分地区也流传着这样的言论：一旦中日交战，日本必败，台湾将再次回归中国领导之下，"我们本岛人就可以免除官厅的束缚"。④

---

① 台湾軍司令部：『"北支"事变ヲ通シテ見タル本島人ノ皇民化ノ程度』，1937年9月1日，亚洲历史资料中心。

② 台湾軍司令部：『"北支"事变ヲ通シテ見タル本島人ノ皇民化ノ程度』，1937年9月1日，亚洲历史资料中心。

③ 台湾軍司令部：『"北支"事变ヲ通シテ見タル本島人ノ皇民化ノ程度』，1937年9月1日，亚洲历史资料中心。

④ 台湾軍司令部：『"北支"事变ヲ通シテ見タル本島人ノ皇民化ノ程度』，1937年9月1日，亚洲历史资料中心。

正是基于这样一种期许，台湾人民非常乐于分享日本在战场失利的消息，如淡水郡石门庄渔民潘遒昌在休息时跟人闲聊，谈及："日军几乎都战败了，中国沿岸到处浮着尸体，日本的轮船都装不过来了，只能将尸体推开通过。"台北基隆郡瑞芳庄的医师王泉元在给病人看病时，特意将台湾新民报报道的中国战场上"日军死伤众多"的新闻给患者看，暗示日军损失惨重，并为此感到高兴。还有台湾人对殖民当局新闻中宣传的中国战败的消息表示怀疑，如台北一家人参行的商人杨德贵就对几名同胞表示，新闻广播里播出的中国战败的新闻都是假的，实际上日军的进攻非常困难，已陷入持久战，最终中国会取胜。[1]即使殖民统治者宣传中国战争失利、日本节节胜利的消息铺天盖地，依然有台湾人不肯相信中国会战败，或者表示只要中国得到外国援助，战败的就一定是日本；[2] 或者坚信再过两三年，日本就会战败，就会离开台湾。[3] 最有趣的是台南曾文郡乌山头幼儿园的两名台湾人幼童，当园长教其唱"日本强，'支那'战败逃走了"时，他们回答说："'支那'不会战败，日本才会战败"。[4]

3. 批评日本殖民统治，渴望回归祖国

有不少台湾人在言谈中对日本殖民统治下税金高企、自由受限、差别待遇等问题深表不满，渴望能够回归祖国，重享自由。宜兰郡礁溪庄农民林阿旺表示："我们现在处于日本的统治下，要缴纳高额的税金，而且受到的监管很严格，没有自由。"该庄杂货商林荣将日本殖民统治下的生活和清朝时期对比，认为清朝时期台湾没有苛捐杂税，生活自由自在，如今日本政府税金高企，台湾人非常不自由。与其同一庄的周阿妙则批评日本政府的差别政策，经常将台湾人"当作继子养"，所以台湾人在内心自然更偏袒中国，并且要不遗余力使台湾再次成为中国的领土。该庄打零工的游存添和邻居聊天时也说，日本统治下年年增加税金，战争的结果使台湾回归中国，"没有比这再幸福的事儿了"。台南曾文郡的郭厚也批评在当时状态下，台湾人民没法愉快地生活，"税金高

---

[1]　台灣軍司令部：『"支那"事變卜本島人ノ動向』第一號，1937 年 10 月 1 日，亚洲历史资料中心。

[2]　台灣軍司令部：『"支那"事變卜本島人ノ動向』第四號，1938 年 1 月 1 日，亚洲历史资料中心。

[3]　台灣軍司令部：『"支那"事變卜本島人ノ動向』第二十六號，1939 年 11 月 1 日，亚洲历史资料中心。

[4]　台灣軍司令部：『"支那"事變卜本島人ノ動向』第一號，1937 年 10 月 1 日，亚洲历史资料中心。

企，一旦违反了一点点规则，就会被告发，必定要损失 2、3 元。"与日本殖民统治下的生活相反，高雄市一名日佣周奢在理发店里跟人说，华南那边设施齐全，生活安定，没有任何不安稳，台湾不如交给华南来管理。①

淡水郡石门庄农渔民张品也在言谈中对日本殖民统治下负担过重极为不满，批评"日本政府税金高企，人民生活困苦，除此以外村公所还逼迫我们缴纳各种费用，人民生活越来越困难。如果这次战争日本战败，台湾成为中国的领土，我们就不用缴纳税金，人民生活也会好起来"。同庄农民潘氏螺也对日本战时收取很多税金表示不满，认为日本很讨厌，如果中日战争中日本战败，台湾重回中国，"我们绝对不用担心中国会像土匪那样，多好啊！"②

4. 反对捐款捐物、征夫等"皇民化"措施

日本殖民当局曾动员台湾人民捐款捐物，以供应战争机器的消耗，并征用台湾人力用于战时所需，不少台湾人对此表现出抵触情绪，反对这些剥削台湾人民的"皇民化"措施。

台北罗东郡的吴砂反对殖民当局以收"慰问金"的方式强迫捐款，说："日本好战，我们没必要给慰问金"，于是把他不在家时其妻捐出的 50 元钱又拿回去了。台南虎尾街医师颜新户对当班警官说："因为事变我缴纳了税金，然后又捐了钱，现在又要支出皇军的慰劳金，我不想出这笔钱，因为出了这笔钱，我的情况就会不好，会很麻烦。"台北大溪街肉类营业者颜有福说："缴纳了组合费，还要再捐献国防金，这会使行业凋敝，国防捐款，使人一无所有。"台南二中同窗会曾通过从同窗会基金中捐献百元国防捐款的提议，当某委员第二天获得许可去取捐款时，曾文郡下营庄医师颜来旺对他说："能否别犯傻去浪费这百元钱"。③ 苏澳郡苏澳庄蔬菜商张进宝直接回绝前来募集国防捐助金的工作人员："我没有钱给日本军人，他们没钱了就会停止跟'支那'的战争。"④

---

① 台灣軍司令部：『"北支"事变ヲ通シテ見タル本島人ノ皇民化ノ程度』，1937 年 9 月 1 日，亚洲历史资料中心。
② 台灣軍司令部：『"支那"事变卜本島人ノ動向』第一號，1937 年 10 月 1 日，亚洲历史资料中心。
③ 台灣軍司令部：『"北支"事变ヲ通シテ見タル本島人ノ皇民化ノ程度』，1937 年 9 月 1 日，亚洲历史资料中心。
④ 台灣軍司令部：『"支那"事变卜本島人ノ動向』第一號，1937 年 10 月 1 日，亚洲历史资料中心。

显示其反对捐款背后的反战意图。在村落集会所发表关于报国储蓄金的演讲时，台南州大屯郡北屯庄芭蕉农户赖秋火则说："所谓报国储蓄金，正如其文字所示，是在一个好的名目下强制性地让你出钱，用于事变。说是五年内返还，但是这个钱根本不可能返还，这完全是在骗人！"①

针对殖民当局的征夫要求，台湾人民也颇多不配合。殖民统治者就发现，"征募令一下，本岛人中受各种流言影响，以及对战场惨状的恐惧，会找出各种借口逃避应征。"其典型的言行包括：（一）自称生病不能应征，并出具医生的诊断书申请免征；（二）向村郡公所商量，试图通过缴纳国防捐助金，以斡旋聘任其为防卫团员，从而试图免征为军夫；（三）因担心妨碍家业，试图让人替代；（四）有不接受村公所工作人员下达的征募命令的；（五）有接到命令后天天以泪洗面，或者抱着病妻幼儿应征，经常感叹失去生活中心的；（六）有接到命令后躲藏起来，直到后来自首或者被发现的；（七）还有出发时向驿头悲泣哀求免除征募的等等。至于被征用的台湾人的家眷，也多有抵触情绪，有因事出意外，感到震惊，终日闷在家里郁郁度日的，还有因家人被征用，认为地方官员选人不公平的等等。高雄市蔬菜行商人杨灶就对被征军夫的家属说："你丈夫也去送死吗？让那些内地人去就行了。"台南市校官刘振源也对一个本岛人说："征去当小工，等于是去送死。"② 嘉义郡无业人员黄桂枝则跟自己的朋友说，日军是将台湾人征去当炮灰，最近被征发的百名左右的军夫不能活着回来了。③

有台湾人对征夫政策发自内心的抵触。高雄凤山郡有人对给应召军夫送行不以为然："在台湾的日本人变少，这真让人高兴啊！这些高喊万岁为他们送行的人真蠢。"同街杂货店员陈春生也对一个本岛人说："给出征军人送行的，全是跟你们一样无聊的人。"台中员林街洋杂货商人魏国深更对应召出征者表示不满："部分本岛的有志之士中出了这等之徒，令人怀疑所有本岛人的国家观念，令人非常愤慨，正在协议近期让其谢罪。"并前往被动员或命令应召的以前顾客家中，索回赊账金。基隆郡金山庄的渔民许明钦则表示宁可死在台湾，也不愿上战场当炮灰，因军夫的征发由村公所指定，"我们与其战死在战

① 台灣軍司令部：『"支那"事變卜本島人ノ動向』第四號，1938年1月1日，亚洲历史资料中心。

② 台灣軍司令部：『"支那"事變卜本島人ノ動向』第一號，1937年10月1日，亚洲历史资料中心。

③ 台灣軍司令部：『"支那"事變卜本島人ノ動向』第二十六號，1939年11月1日，亚洲历史资料中心。

场，不如袭击村公所死在台湾。"冈山郡湖内庄鱼行商人陈祈抱也说，"征兵由官府来选定，如果我被征兵，一定要杀死那些官员。"都显示出其强烈的不愿配合殖民当局征夫政策的态度。①

另外还有反对说日本话等"皇民化"措施的言论。如虎尾郡西螺街醋商媳妇王氏阿珠对前来的台湾人顾客说："日语是世界上最卑劣的语言，你们就甘于充当日本人的走狗吗？"台北市台湾戏剧杂工黄石泉在台南州斗六街看到两名观剧的公学校儿童用日语聊天，也劝诫他们说："身为台湾人却说'国语'，这不合适。你们应该说台湾语。"② 其言论背后也蕴含着强烈的民族意识。

被殖民当局记录在案的反日、反战言论仅为台湾人相关言论的一部分，从中既可感知日据末期殖民统治者对台湾人监控之严密，以及台湾人民开展抗日斗争之不易，同时，由于这些言论很多是台湾普通民众日常生活中下意识的表达，因此从中也可窥知在殖民统治不断强化的艰难环境下，台湾人民依然抱有强烈而质朴的民族意识和抗日意识。

---

① 台灣軍司令部：『"支那"事変卜本島人ノ動向』第一號，1937 年 10 月 1 日，亚洲历史资料中心。
② 台灣軍司令部：『"支那"事変卜本島人ノ動向』第一號，1937 年 10 月 1 日，亚洲历史资料中心。

第九章　台湾同胞在文化领域的抗争

对于台湾人民，台湾总督府既实行军事镇压，又实行愚民和同化政策，企图通过屠杀、行政、法制、经济、通婚、日语、宗教、风俗、报纸杂志、电影、广播、文艺、生活方式等手段，把台湾社会全面地彻底地日本化，将台湾人驯化成日本天皇的臣民。

与此相对应的是，台湾人民的反抗斗争，也分为武装反抗与非武装反抗两大类。台湾人民非武装反抗活动分布在政治、文化、经济等领域，旨在改善物质生活条件，提高文化程度，强化汉民族意识。1902 年夏季，总督府转而对汉族士绅采取怀柔政策，目的是集中力量对付高山族，开发高山族所占有的广大地区。① 这样，汉族保存自己的文化、宗教等，就暂时具有了一定的空间。

本章主要叙述台湾民众在文艺和宗教领域的反日活动。这是一场 50 年的全民斗争，最终挫败了日本殖民者的野心，成为台湾于 1945 年 8 月顺利光复的重要原因之一。

由于心向祖国，在台湾光复时，"台湾同胞鸣放鞭炮，欢欣鼓舞，祭告祖先，庆祝回归祖国怀抱的伟大胜利"②。

一、台湾同胞保存中华文化的努力

整个日据时期，总督府都致力于推行以日语教育为中心的殖民同化政策。日据末期，总督府官员认为同化政策是成功的。1944 年，日语普及率已达台湾人口的 71%。③ 另一种说法是 80%。④

台湾民众十分清楚日语教育的险恶用心。1923 年 4 月，蔡惠如在《祝〈台湾民报〉创刊》中说："堂堂皇皇的汉民族为什么不懂自家的文字呢？……因

---

① ［日］藤崎济之助：《台湾史与桦山大将》上卷，（北京）全国日本经济学会译，海峡学术出版社 2003 年版，第 80 页。
② 国台办编：《台湾问题与中国的统一》，中华人民共和国中央人民政府网。
③ 台湾总督府编：《台湾统治概要》，南天书局有限公司 1945 年版，第 65 页。
④ 《兴南新闻》昭和 18 年（1943）10 月 12 日（夕刊）。

为台湾当局的政策，学堂里不肯教学生汉文，他们用意很是深远，不用我多说，大家早已明白了。"① 1926 年 4 月，王学潜说："不特斯文（汉文）有关兴废，即汉族亦有关存亡也。"② 1934 年，《三六九小报》说："人而不欲保持民族之性则已，如欲保持其性，舍汉文莫与归也。"③ 因此，台湾民众要保存汉文和中华文化。

社会上层是保存中国传统文化的主要力量。清末台湾社会上层有土豪、士绅、地主商人等。土豪是大地主或开拓指导者；士绅是有科举功名或做过官的人。这些人都反对日寇侵略。"台湾之迎日军者，无甲乙科人，亦无士藉。甲科若施士洁，若许南英，均襄助刘永福饷事，时事去则已亦去；鹿港蔡德芳虽不与事，亦望风不去。"④ 甲科指进士，乙科指举人。1898 年，全台具有进士、举人、秀才 814 人左右。1916 年 4 月发行的《台湾列绅传》，收录了 1000 多名士绅。台湾士绅有组建诗社、文社的习惯。日据以后，他们更加积极地创办诗社、文社、私塾、杂志等，借以保存中华文化，抵制日本殖民文化。

组建诗社，创办刊物，保存中华文化

为对抗日语运动，诗社大量出现。鹿苑吟社、栎社、瀛社、南社、咏霓吟社、古崎峰吟社、耕心吟社、鸥社、莱园吟社、戆音吟社、南雅吟社、大冶吟社、登瀛吟社、留东诗友会、菽庄吟社、兴贤吟社、鳌西诗社、牡丹诗社、海东吟社、薇阁诗社、潜社、研社、桃社、大同吟社、松社、柏社、东海钟社、西瀛吟社、东山吟会、丰原吟社、东墩吟社、樗社、栗社、成社、春莺吟社、留青吟社、香草吟社、香芸吟社、芸香诗社、崁津吟社（南雅吟社）、罗山吟社、仰山吟社、登云吟社、竹社、葵社、旗津吟社、茗香吟社、嘉社、桐侣吟社、傲吟社、如水社、莲社、奇莱莲社、竹桥吟社等。1936 年已有诗社 180 多个。⑤ 1939 年，吴衡秋等人组建应社。1940 年，全台有 86 个诗社。1941 年，

---

① 王晓波：《台胞抗日文献选新编》，海峡学术出版社 1998 年版，第 82 页。
② 王学潜：《崇文社文集序》（三），黄哲永、吴福助编：《全台文》32 卷，文听阁图书有限公司 2007 年版，第 7 页。
③ 刘鲁：《祝〈三六九小报〉重刊》，《三六九小报》昭和 9 年（1934）3 月 13 日。
④ 洪弃生：《瀛海偕亡记》，黄哲永、吴福助编：《全台文》，文听阁图书有限公司 2007 年版，第 27 页。
⑤ 黄哲永、吴福助编：《全台文》37 卷，文听阁图书有限公司 2007 年版，第 259 页。

黄纯青成立汉诗研究会。① 1943 年，全台诗社仅存 17 个。整个日据时期，全台成立的诗社多达 270 多个，维系着汉文的传承。

诗社的主要活动击钵联吟，是创作诗歌的比赛活动。击钵吟诗歌，包括击钵联吟活动中的诗钟、七绝、七律，有关于时、体、题、韵的严格规定和"拈题"、"宣唱联句"之类的项目。全台诗人所作击钵体的绝句、律诗很多。曾朝枝编辑《东宁击钵吟前集》，收录绝句 4000 首；《东宁击钵吟后集》收时人与清代律诗 2000 首。此外，诗社和士绅还创办刊物。如 1902 年的《台湾文艺》，1918 年的《台湾文艺丛志》，1924 年的《台湾诗荟》《台湾诗报》，1925 年的《鲲洋文艺》，1930 年的《三六九小报》，1931 年到 1944 年的《诗报》，1939 年的《应社诗荟》等。

日军攻打台湾时，台湾士绅认为中华文化即将灭绝了。"改隶之初，倥偬戎马，风流云散，老师宿儒，匿迹销声，吾道几坠于地。"② 为笼络台湾民众，总督府重点拉拢台湾社会上层。为此，总督府开办保良局，招募台湾人做基层官吏、巡察补等，创办汉文报刊，创办中国古典诗词社淡社、玉山吟社等，颁发"绅章"，举办"飨老典""扬文会"，保留台湾书房或私塾，在去掉民族性的前提下宣扬儒教的价值，粉饰太平。台湾士绅则虚与委蛇，借机保存中国文化。

1896 年 12 月 20 日，玉山吟社在台北艋舺江濒亭成立。官员水野遵、初山衣洲、土居香国、伊藤天民、矶贝蜃城、村上淡堂等十几人参加。台湾人有黄茂清、李秉钧、翁林煌、蔡石奇、陈洛等人。他们常在龙山寺举办诗会，并常借《台湾新报》征诗征文。1897 年 11 月以后，活动越来越少。1898 年，台北县知事村上淡堂等与台湾人士互相唱和，诗稿于 1902 年结集成《江濒轩唱和集》。1898 年，儿玉源太郎总督以《南菜园偶作》一诗，邀请 40 多人唱和，包括李秉钧、陈洛、陈怀澄、傅锡祺等人，后结集为《南菜园唱和集》。1903 年，玉山吟社停止活动。

1900 年 3 月 15 日，儿玉源太郎总督在台北淡水馆（原登瀛书院）举办扬文会，邀请李秉钧、庄士勋、蔡国琳、李望洋等全台进士、举人、秀才 146 人参加，实际参加者 72 人。扬文会取意于唐明皇松王唆巡边诗："税武威荒服，

① 《风月报》143 期，黄哲永、吴福助编：《全台文》75 卷，文听阁图书有限公司 2007 年版，第 757 页。
② 香祖：《就 42 年文艺言》，《台湾日日新报》明治 43 年（1910）1 月 1 日。

扬文肃远墟"。儿玉源太郎让他们论述旌表孝节、修保庙宇、救济赈恤等问题。①

这些活动客观上保护和推动了汉文学，但也使部分台湾士绅失去斗志，依附于殖民者。

鹿苑吟社、栎社、南社、瀛社、研社及其重要诗人的活动和成就，更带有以汉诗反抗殖民统治的特色。

洪繻、蔡振丰、陈怀澄、施仁恩、庄士勋、庄士哲、许梦青、施梅樵等人，在鹿港组建鹿苑吟社，联络南北诗友，共抒亡国之悲。洪繻（1866—1929），本名攀桂。1895年与丘逢甲、许肇清等一起倡议抗日，失败后回鹿港，改名繻，字弃生。他著有《寄鹤斋诗集》、史书《瀛海偕亡记》《中东战纪》《中西战纪》等。1922年秋到1923年，他与次子洪炎秋游历祖国各地，写成《八州游记》《八州诗草》。诗文具有强烈的忧国忧民色彩。"江山万里，洋鬼纵横；风土九州，岛夷睥睨。"② 因为揭露殖民者的暴行，他被关入监狱数年，出狱数日后去世。③

蔡振丰，字启运，竹堑大地主，是丘逢甲的表兄弟，曾助邱抗日，1910年兼任新竹古奇峰吟社社长，著有《苑里志》等。④ 陈怀澄，号沁园，著有《沁园诗草》《媪解集》。庄士勋的诗词《赋得观于海者难为水》等，具有强烈的汉民族意识。许荫亭，学名梦青，常借诗词抒发亡国之悲。施梅樵的诗集《卷涛阁诗草》等，抒发台湾沦陷后的悲愤情怀。

栎社抗日色彩浓厚，1902年成立于台中。发起人林朝崧，社长蔡振丰，会员有赖绍尧、陈怀澄、林资修（字幼春，号南强）、陈贯等。1906年3月4日，林朝崧、蔡振丰、吕厚庵、赖绍尧、陈瑚、林资修、林仲衡、傅锡祺等9人在台中林家集会，推林朝崧、陈瑚为理事，订立社章17条，正式将栎社组织化。社旨是："以风雅道义相切磋，兼以实用有益之学相勉励，且期交换知识，亲密交情。"蔡惠如、连横、王学潜、吕琯星、王松、林耀亭、张玉书、吴子瑜、傅锡祺、庄嵩、庄龙、张丽俊、王石鹏、陈锡金、林子瑾、林载钊、蔡世贤、

① 黄哲永、吴福助编：《全台文》31卷，文听阁图书有限公司2007年版，第274页。
② 洪弃生：《再与家韫崖孝廉书》，黄哲永、吴福助编：《全台文》23卷，文听阁图书有限公司2007年版，第223页。
③ 洪炎秋：《瀛海偕亡记弁言》，王晓波：《乙未抗日史料汇编》，海峡学术出版社1999年版，第275页。
④ 黄美娥：《清代台湾竹堑地区传统文学研究》，辅仁大学博士学位论文，1999年。

傅春魁、林春怀、黄炎盛等20多人，先后加入栎社。整个日据时期，栎社有成员50人，大多数是地主、商人、塾师、记者、医生。

林朝崧号痴仙、无闷道人，字俊堂，著有《无闷诗集》《无闷草堂诗存》等，描述台湾割让后的心境，寄寓故国情结与遗民意识。[①] 赖绍尧，字悔之，继蔡启运后任栎社社长，著有《逍遥诗草》。陈瑚，字沧玉，《台湾新闻》记者，著有《枕山诗抄》。王学潜，字卿淇，著有《卿淇诗草》。[②] 张丽俊，号南村，著有《南村诗草》《清河堂张氏族谱》等。王石鹏，字箴盘，1900年著《台湾三字经》，启蒙台湾儿童，还著有《台海击钵吟》《箴盘铁笔》《清宫游记》等，1916年任《台湾新闻》汉文部记者。王松，别号沧海遗民，著有《台阳诗话》《友竹行窝遗稿》《沧海遗民滕稿》等，编辑《郑如兰诗集》，诗词因汉民族意识太强而遭到禁止。陈锡金著有《鳌峰诗草》。林春怀著有《春怀诗草》。[③]

该社活动以击钵联吟为主。先后主持栎社的林朝崧、林资修，都把击钵吟当作游戏之作。林朝崧曾说："尝以击钵吟号召，遂令此风靡于全岛。""吾故知雕虫小技，去诗尚远，特藉是为读书识字之楔子耳。"[④] 此外，击钵吟作品内含丰富的中国历史典故，也有不少抒发爱国情感的优秀作品。

栎社总共举办活动约75次，其中30次是在林献堂的灌园府或莱园举办的。吴子瑜也是台中富豪，在自己东山别墅或怡园举办栎社活动14次。1910年4月24日，栎社在台中召开51人的全岛词人大会，有林献堂、林朝崧、赖绍尧、陈怀澄、蔡振丰、南社陈筱竹、连横、洪以南、李汉如、王文章、王毓卿、郑鹏云、王石鹏、吴德功、陈瘦云、赖雨若、罗山吟社的林玉书、白玉簪、谢石秋、洪繻、谢汝铨等。蔡振丰致辞后，南社代表苏孝德致祝词，瀛社代表林湘沅、古奇峰，吟社代表王石鹏先后致辞。连横建议各吟社合并，每年输出课题。第二天，各社友赠答唱和，异曲同工。[⑤] 1911年4月2日，栎社诗会的课题之一是"追怀刘壮肃"，表达"日吏不如清官"。社友28人，来宾有梁启超

① 连横：《林痴仙传》，黄哲永、吴福助编：《全台文》28卷，文听阁图书有限公司2007年版，第85页。
② 黄哲永、吴福助编：《全台文》31卷，文听阁图书有限公司2007年版，第268页。
③ 林庆彰编：《日据时期台湾儒学参考文献》上册，台湾学生书局2000年版，第281页。
④ 林朝崧著，林献堂等编：《无闷草堂诗存》，龙文出版社1992年版，林献堂序言。
⑤ 湘：《赴栎社大会日记》，《台湾日日新报》明治43年（1910）5月1日。

等 12 人。①

该社击钵联吟咏物诗有一些佳作，如刘梅溪的《春燕》："几经世态阅炎凉，故垒何曾一日忘。穿巷不堪余夕照，归巢忠贞好风光。"林朝崧的《盆梅》："不辞风云老天涯，傲骨偏遭束缚加。打破金盆归庾岭，人间才有自由花。"1919 年栎社社长傅锡祺吟出："诗书历劫残篇少，社稷成墟隐痛多。"

1935 年 4 月 20 日，栎社在雾峰林献堂家召开乙亥春会。林献堂、庄嵩、王了庵、张玉书、傅锡祺、林仲衡、张栋梁、林资修等参加，坚持使用中国传统纪年法。1937 年七七事变以后，总督府希望林献堂表态支持侵略战争，但林献堂态度冷漠，致力于振兴栎社。1942 年，栎社还发展了叶荣钟等社员。②

南社于 1906 年冬在台南成立，连横、赵钟麒、谢石秋等十几人参加。1909 年，社员增多，推举蔡国琳为社长，赵钟麒为副社长。社员有连雅堂、胡殿鹏、许丙丁、陈逢源、林秋梧、杨宜绿、黄欣、谢国文等几十人。活动以击钵吟为主，春秋两季在开元寺、固园等地聚会，延续汉文命脉、联络文人声气、传播汉文化种子。

连横，号雅堂，先后在《台澎日报》《台南新报》《台湾新闻》汉文部任职。1914 年底任职《台南新报》，并在此发表《大陆游记》《大陆诗草》。1921 年编著《台湾诗乘》，搜集了 253 名诗人的诗词。1921 年 4 月，所撰《台湾通史》出版。该书始自大业元年，终于光绪 21 年，分为纪、志、传等 88 篇。"民族精神赖以不坠，则此书也。"③ 1924 年 2 月创刊《台湾诗荟》，共发行 22 期。

蔡国琳，号遗种叟，著有《丛桂堂诗抄》等。④ 胡殿鹏，号南溟。1905 年，连横在厦门创办《福建日日新报》，邀请胡殿鹏相助，数月后辞归。此后，专心写诗，以致穷困抑郁而卒。著有《南溟琴曲》，包括《长江》《黄河》等 24 首曲子。"是盖以史迁、老杜之沉郁悲壮，凭吊古人者凭吊今人"。⑤

谢国文，字星楼，号省庐，创醒庐文虎社，研究灯谜。著有《请愿歌》、小说《犬羊祸》《省庐遗稿》。赖尚益，号闷红老人，著有《闷红馆全集》，收

① 梁启超：《先秦政治思想史》，天津古籍出版社 2004 年版，第 3 页。
② 《叶荣钟日记》上册，晨星出版有限公司 2002 年版，第 171、172 页。
③ 黄哲永、吴福助编：《全台文》28 卷，文听阁图书有限公司 2007 年版，第 44 页。
④ 黄哲永、吴福助编：《全台文》31 卷，文听阁图书有限公司 2007 年版，第 288 页。
⑤ 林庆彰编：《日据时期台湾儒学参考文献》上册，台湾学生书局 2000 年版，第 63、64 页。

录诗词 1894 首。其号"闷红"意为绿闷红愁，象征落寞寡欢的一生。林景仁，号小眉，著有《摩达山漫草》《天池草》《东宁草》，咏唱台湾史事，以屈原、文天祥自喻。陈凤昌著《拾唾》，为吴彭年等抗日英雄立传。洪铁涛著有《台湾文化略说》《施将军庙碑记》等。①黄清渊著有《林小猫轶事》。谭瑞贞（冷红生）著《读史随笔》，宣扬祖国历史文化。赖世观著有《乙未嘉城沦陷记》《东莱诗文集》。

1930 年 5 月，台南地区的南社、春莺吟社社员赵钟麒、连横、赵雅福、洪坤益、王开运、蔡培楚、张振樑、苏锦墩、洪铁涛、萧永东、许丙丁等筹组文艺性报刊《三六九小报》，9 月 9 日正式成立。赵雅福是发行人兼编辑。每月 3、6、9 日出刊，故命名为三六九。"吾台之汉学，未坠之余绪，于焉将斩，全台有识之士振臂疾呼，众山皆应，盖深恐汉学之衰微而至于沦亡也。"②有史遗、论坛、长篇小说、短篇小说、随笔、征诗、征文、诗社课题、乱弹、山歌、古香杂拾、花丛小记等栏目。1933 年 8 月 13 日停刊，1934 年 2 月 23 日复刊，撰稿人主要有赵钟麒、赵雅福、连横、郑坤五、萧水东、邱水、罗秀惠、王开运、洪铁涛、许丙丁等文言作家。1935 年 8 月 26 日停刊。其特色是连载长篇小说。如恤红生的《蝶梦痕》、浚南生的《社会镜》、郑坤五的《大陆英雌》等。

赵钟麒，号云石，别署畸云，在《三六九小报》开设"史遗"专栏，合成《史遗文集》。所谓史遗，指正史所遗，其中趣味性传记很多，符合报刊宗旨。③王开运，号幸盦，在《三六九小报》发表的文章集成《幸盦随笔》。邱水，字澘川，著有《绿波山房遗稿》，擅长七绝。④许丙丁，1921 年开始在《台南新报》发表汉诗，著有小说《小封神》《廖添丁再世》。郑坤五，笔名元园客，1927 年任《台湾艺苑》编辑。著有小说《鲲岛逸史》《活地狱》《爱情的牺牲》等。《鲲岛逸史》模仿《水浒传》，描写清中期台南地区侠客惩罚山贼海盗的故事。他最先把台湾歌谣提升到《诗经·国风》的高度。⑤

1929 年到 1933 年，《三六九小报》连载连横编写的《台湾语典》，以保存

---

① 黄哲永、吴福助编：《全台文》72 卷，文听阁图书有限公司 2007 年版，第 203、204、229 页。
② 黑汉：《更生之辞》，《三六九小报》昭和 8 年（1933）1 月 3 日。
③ 黄哲永、吴福助编：《全台文》37 卷，文听阁图书有限公司 2007 年版。
④ 黄哲永、吴福助编：《全台文》39 卷，文听阁图书有限公司 2007 年版。
⑤ 《风月报》131 期。

闽南语文化。连横常在《三六九小报》发文，列举中国人在天文、算学、制造、测量、火药等领域的成就，增强青年的民族自信心。① 《三六九小报》5 年间发表王鹏程、洪铁涛、郑坤五、黄卧松、许丙丁、黄文虎、邱水、李兆塘等人的文言小说、寓言故事 300 多篇，主要是揭露日本殖民统治的黑暗："慨乎当今之世，百鬼横行。"②"于是举世滔滔，无恶不有。"③ 他们借用鸡、御者等讽刺投靠日本殖民者的台湾人："鸡原由鸟类进化而成，追本溯源，彼此固同宗也。然鸡托主人恩荣，尝傲慢于鸟族。"④"御者不知何许人也……乃传其衣钵于后世，故子孙多奴颜婢膝，喜袭其业。"⑤ 他们借用螟蛉子揭露总督府同化政策的虚伪。"是盖欲多养无权利、有义务之螟蛉子，以作其无给之奴隶，为其从事劳役，以扩充其财产，而为亲子造福也。"⑥

1909 年春，玉山吟社的洪以南、谢汝铨、林熊祥、林湘沅、魏清德、倪希昶、黄茂清、李逸涛、许梓桑、林知义、曹秋圃等在台北创办瀛社，社员上百人。洪以南、谢汝铨先后任社长。瀛社具有亲日色彩，但社员多会吟诗作赋，客观上保存了中华文化。"文运之延，赖此一线，是亦民俗盛衰之所系也。"⑦

谢汝铨，1895 年帮助许南英办团练抗日。《昭和新报》《风月报》主笔。因其常在报纸上发表诗词，遂成瀛社领导。谢汝铨的诗词描述台湾历史文物，文章论述中国历代书风、诗风、经学等。⑧

瀛社每月击钵联吟会的作品，多发表在汉文版《台湾日日新报》等报刊上。1905 年 7 月 1 日起，汉文版《台湾日日新报》单独发行，6 个版面。该报发表总督府的律令和政策、说明文、小说、诗论、游记、传记等。关于制糖、制茶等的说明文，数量最多。该报带头发表文言小说，以扩大汉文的影响。1906 年 5 月 20 日发表李汉如《双喜》，1907 年 7 月 7 日发表天演《蓄连生之小影》。1905 年到 1911 年，李逸涛发表《手足仇》《南荒奇遇》《优人报恩》《侦探记》《杀奸奇案》等。此后，魏清德、许宝亭、谢星楼等也创作。魏清德著

① 林庆彰编：《日据时期台湾儒学参考文献》上册，台湾学生书局 2000 年版，第 93 页。
② 黑汉：《劝钟进士出山书》，《三六九小报》昭和 10 年（1935）5 月 6 日。
③ 蔡培楚：《妓女从良说》，《三六九小报》昭和 6 年（1931）6 月 19 日。
④ 郑坤五：《鸡与乌白之谈片》，《三六九小报》昭和 5 年（1930）11 月 3 日。
⑤ 醉余生：《御者传》，《三六九小报》昭和 6 年（1931）9 月 6 日。
⑥ 李兆塘：《可哀可痛之螟蛉子》，《三六九小报》昭和 10 年（1935）2 月 23 日。
⑦ 连横：《台湾诗社记》，黄哲永、吴福助编：《全台文》28 卷，文听阁图书有限公司 2007 年版，第 127 页。
⑧ 黄哲永、吴福助编：《全台文》36 卷，文听阁图书有限公司 2007 年版，第 1 页。

有《侦探犬》《赝票》《齿痕》等。此类文言小说在 1915 年以后增多，对 1920 年代白话小说的创作起到了一定的促进作用。

汉文版《台湾日日新报》发表了不少日本人、中国人的传记。孙逸仙、袁世凯、郑成功、刘铭传、吴沙、吴凤、陈凤昌等人的传记，寄托着台湾士绅的家国情怀。连横在《陈鞠谱传》中赞扬台南抗日秀才陈凤昌说："余闻西哲曰，国多狂者，则其国必强。……中原衰弱，士德不振，昏昏终夜，王气消沉，安得千狂士奔走呼号以起其疲困耶?"① 台湾士绅也借游记等含蓄地抨击殖民统治。如大安庄长李城编著《大安港游记》，描写大安港的兴盛衰落，"有心人能无沧桑之感焉?"②

瀛社与新竹的竹社、桃园的桃社互相联合，时开大会。1921 年 10 月 23 日，瀛社在稻江春风得意楼旗亭发起首次全台击钵联吟会，第二天，田健治郎总督在东门官邸举办茶果会，招待诗人。北、中、南部共有 13 个诗社代表参加，共计 80 多人。诗会中议定，此后每年在台北召开全岛诗人联吟会一次。以前在北、中、南三处轮番举行的诗会，改在五州轮番举行，以期诗教重兴。这刺激了台湾诗社活动的发展，到 1927 年 3 月 20 日、21 日台北集会时，与会者已达 270 人。1932 年 3 月，全台诗人在台北大龙峒孔子庙集会，吟诗作赋。黄赞钧著《台北圣庙沿革》。许宝亭著《壬申全岛诗人大会记》。林钦赐编成《瀛洲诗集》。1934 年 4 月 7 日，黄文陶主办全岛诗人大会，67 个诗社的 231 人参加。1937 年前后，南社衰落，瀛社活动不息，成为全台诗社龙头。③ 1939 年 8 月，瀛社诗人等组织台湾诗人协会，并创刊《诗报》以提倡台湾残存的汉诗文艺。④

1935 年 5 月，谢汝铨等人创办《风月报》半月刊。表面上是"吟风弄月"，实际另有目的。"汉文将欲坠地，幸有风月报之刊，鲁殿灵光，藉得一线之延。"⑤ 1937 年，申请副刊，徐坤泉加入做主编。徐坤泉去大陆后，吴漫沙接任。从 1939 年第 90 期开始，"开拓纯粹的艺术园地，提倡现代的文学创

---

①　剑花：《陈鞠谱传》，《台湾日日新报》明治 44 年（1911）3 月 4 日。

②　黄哲永、吴福助编：《全台文》65 卷，文听阁图书有限公司 2007 年版，扉页，提要。

③　陈世庆：《诗社特辑》，《台北文物》4 卷 4 期，1956 年。

④　陈敏耿主编，柯台山编著：《台湾概览》，全国图书馆文献缩微复制中心：《台湾史料汇编》九，第 81 页。

⑤　简荷生：《中南部访问记》，《风月报》132 期。

作。"1941年7月1日更名为《南方》，1943年10月被迫停刊。①

《风月报》刊登的长文，有《崇文社课题》、王则修《忠孝论》、黄纯青《孔子与现代生活》《说智与仁》《宗教大观》等。1935年5月23日第4期到1935年6月9日第9期，《风月报》连载《诠赋》六个部分。1935年6月6日第8期到1935年8月9日第19期，连载《清代画观》九个部分。② 1935年8月13日第20期到1936年2月8日第44期，连载《汉诗之沿革》25部分，是一部完成的中国诗歌简史。③ 此外，它还刊登了中国的印学、建筑学等。1939年7月15日第90期到1940年3月15日第105期，连载《青年指南》11个部分，以"修身齐家治国平天下"勉励台湾青年。该文要求青年人要为国出力，但终篇不提哪一国，其态度耐人寻味。④

1940年，《风月报》成了台湾唯一的汉文杂志，"无时不在出版难的情势中，可幸编辑者诸位不惜物资之困难、精神之消耗、撰稿之艰辛，贯彻始终"。⑤ 从1941年1月1日起，连续刊登中国诸子百家的名言。⑥ 1941年6月，郑坤五先后在《风月报》上发表《台湾诗人的毛病》《台湾诗人七大毛病再诊》，为古体诗诗人辩护。

研社于1915年在台北成立。张津梁（字涛邨、纯甫，号兴汉）、林湘沅（号寿星）、林述三（号怪星）、陈心南（号秋星）、杜仰山（号剑星）、黄水沛（字春潮、桂舟）、黄梅生、李鹭村、吴梦周、骆香林、李腾岳等人组建，倡导诗学运动。1921年1月1日，研社改组成星社，举行首次诗会。

张津梁是研社和星社的中心人物。1924年，星社、潜社共同发行《台湾诗报》，张津梁负责编辑古今诗词钞，推广诗学。⑦ 张津梁在新竹教授汉文。1935年，张津梁设立柏社，进行汉诗教学。他与台南洪铁涛南北呼应，被誉为最活跃的二大击钵诗健将。他著有《数年诗簿》《守墨楼吟稿》《咏史杂诗》《古今人物汇考》《诗话小史》《台湾俗语漫录》《唐人白描绝句选》《非墨十说》

---

① 郭怡君：《〈风月报〉与〈南方〉通俗性之研究》，静宜大学中文所硕士学位论文，2000年。
② 黄哲永、吴福助编：《全台文》74卷，文听阁图书有限公司2007年版，第303页。
③ 黄哲永、吴福助编：《全台文》74卷，文听阁图书有限公司2007年版，第330页。
④ 泽民：《青年指南》1—11，黄哲永、吴福助编：《全台文》74卷，文听阁图书有限公司2007年版，第36页。
⑤ 《祝词与感言》，《风月报》133期。
⑥ 黄哲永、吴福助编：《全台文》75卷，文听阁图书有限公司2007年版，第653页。
⑦ 《台湾诗报》，《台北文物》4卷4期，1956年。

《是左十说》等。①

上述诗社的众多诗人,创作了许多反日爱国诗句,抒发台湾沦陷的悲愤之情。谢道隆:"无奈深山虎狼穴,夷齐难采首阳薇。"王松:"沧海遗民在,真难定去留;四时愁里过,万事死前休。"洪繻《台湾哀辞》:"岛屿于今成粪壤,江山从此署遗民。焚焚玉石昆冈火,换尽红羊劫外人。"林朝崧:"移民念旧主,千家齐夜哭。"赖和:"满腔碧血吾无吝,赋予人间换自由;短鬓渐疏终不悔,南冠对泣总堪羞。"1918 年,叶荣钟作《望月》:"伤心莫问旧山河,奴隶生涯涕泪多。惆怅同胞三百万,几人望月起悲歌。"② 总督田健治郎推行地方自治,有人在报刊上发诗颂扬。谢星楼作诗讽刺:"诗人无耻有脾气,法制短才工谀媚。铸得黄金颂德碑,盗铃掩耳吹牛屁。"1925 年,蔡惠如在狱中赋诗:"沧海曾经知世变,虚名浪得满人间,中原大地春如旧,绿水青山待我还。"1940 年,林献堂作诗《外苑观月》:"乌鹊栖虽稳,星河望却难。光明不易得,翘首发长叹。"③ 表达了对台湾乃至整个中国前途的担忧。

崇文社、台湾文社等保存中华文化的活动

面对总督府强势推动日本文化,台湾士绅忧心中华文化"道衰文敝"。1917 年,彰化塾师黄卧松决定招募会员,利用崇文社来重振中华文化。崇文社本来是崇拜文昌帝君的神明会。社员都是中南部士绅,推举吴德功为社长。

吴德功(1850—1924),号立轩,1895 年任地方联甲局正管带,参与抗日。1897 年作《让台记》,为抗日英雄立传。他作诗歌颂抗日首领吴彭年说:"延陵季子真奇英,雍雍儒将愿请缨。统率黑旗镇中路,桓桓虎旅号七星。""人居世上谁无死,泰山鸿毛权重轻。慷慨激烈殉知己,至今妇孺咸知名。"1920 年4 月撰写经学著作《瑞桃斋文稿》。在彰化组建四五十人的经学研究会,其中有中村樱溪等数名日本人。④ "然而学术与世变,古文经学几绝矣,独彰化吴立轩先生,夙讲经学,修古文授诸后进,为中流砥柱,以支狂澜。"⑤ 他还著有《戴施两案纪略》,以及关于晁错、汉文帝、郑成功等人的史论。

---

① 林庆彰编:《日据时期台湾儒学参考文献》上册,台湾学生书局 2000 年版,第 131、132 页。

② 叶荣钟:《少奇吟草》,晨星出版有限公司 2000 年版,第 91、94 页。

③ 《林献堂先生纪念集》卷二《海上唱和集》,文海出版社 1974 年版,第 194 页。

④ 《彰化同志学问研究会论作文法》,黄哲永、吴福助编:《全台文》17 卷,文听阁图书有限公司 2007 年版,第 79 页。

⑤ 黄哲永、吴福助编:《全台文》17 卷扉页,吴德功小传,文听阁图书有限公司 2007 年版。

从 1918 年 1 月到 1926 年底，崇文社每月出一课题，向全台征文。"挽救世风之事，扶持名教之端，为我台所宜设施，皇民所常勤勉者"，"举凡论说、议解、策辩、考记以及檄文"。征文由黄卧松逐一誊抄后，再由林维朝、陈景初等从中选优，共编为八册 500 多篇。附有黄茂盛、冯德安、林维朝、陈景初、黄卧松等人的序文，由嘉义兰记图书部于 1927 年出版。"每期所征之论文，皆属当世之时事，人生之要图，为我台所宜设施，岛民所宜劝勉者。"① 崇文社文集三的主题有：义务与权利并行论、汉学起衰论、表彰忠孝节烈议、佛教持正论、花柳病妨害人种论、倡修孔庙议。崇文社文集四的主题有：论丧礼、家庭制度与个人主义孰优、天之生才难养才更难、提倡文化在修身论、广设实业学校及工艺场论、正义明道论、性善性恶论、自由婚姻之得失论、争权夺利不顾社会论、一视同仁说、克己复礼论、东西文化比较论、春秋大义解、禽兽尚知有母论、台湾今昔风俗考、良臣论、伦常论、汉学兴废说、谄媚奉迎宜知羞耻论、真自治促进论、尊重人格论、劝孝文、文盲说、民声论、世界大同论、孔孟学说比较论等。②

尤丽水、王锡璋等 170 人参加征文。他们都高度赞扬汉学。"汉学者，世界人类之正学也。"③ 他们还主张保留中医，以补西医的不足，因为当时台湾人口已有 340 多万人。"西医既不能急于养成……以汉医暂补西医之不足，方可并收其效。"④

从 1918 年到 1941 年，崇文社共将作品结集出版《崇文社百期文集》《崇文社二十周年纪念诗文集》等。

栎社的蔡惠如、林幼春于 1918 年 10 月发起台湾文社，"鼓吹文运，研究文章诗词，互通学者声气为宗旨"。1919 年 1 月 1 日，创办《台湾文艺丛刊》，发表同仁及征文作品。郑汝南担任主编和发行人。到了第 5 年第 1 号起，又改成《台湾文艺月刊》。1919 年 10 月 19 日，台湾文社在台中召开社员大会，选举林幼春等 27 人为理事，洪弃生等 38 人为评议员。中部士绅基本上都参加了。该社经常悬赏募集诗文，刊载于《台湾文艺丛志》上。为避免台湾总督府干预，

① 《崇文社文集序》，黄哲永、吴福助编：《全台文》32 卷，文听阁图书有限公司 2007 年版，第 1 页。
② 苏秀玲：《日治时期崇文社研究》，彰化师范大学国文教育所硕士学位论文，2001 年。
③ 陈庭瑞：《汉学兴废说》（二），黄哲永、吴福助编：《全台文》35 卷，文听阁图书有限公司 2007 年版，第 1044 页。
④ 莲池关金城：《汉医存废说》，《台湾日日新报》明治 41 年（1908）12 月 10 日。

征文都是文学作品。《台湾文艺丛志》刊登小说、词苑、古文、栎社及其他诗社的雅集击钵吟等，并附有诗文钞。如许荫亭的《鸣剑斋遗草》、林痴仙的《无闷草堂诗钞》、丘逢甲的《岭云海日楼诗钞》等。还刊登介绍欧美文化和新知的文章，如《德国史论》《科学杂俎》等。1926年，《台湾文艺月刊》停刊。

崇文社、台湾文社维系了台湾汉文学的文运，影响重大。除此之外，还有一些小型文社。1897年，张麟书、郑家珍、曾逢辰、黄旺成等在新竹组建乱弹会，组织新竹公学校与女子公学校的教师研习诗文，持续20年。1936年10月，彰化孔教报事务所创刊《孔教报》，施梅樵任发行人，旨在保存汉学，到1938年12月出刊2卷9号。"以汉学为真髓，防汉学之衰颓，以鼓倡文学，涵养日本精神为目的。"它刊登诗作、文言小说、逸闻趣事等。[1]

书院、书房（私塾、社学）等保存中华文化

日本殖民者深知，私塾或书房、书院等是传播保存中国文化、培养中华民族精神的重要处所。在日军攻占台湾时，许多书院、书房遭到破坏或征用。例如，日军占用台南崇文书院，日军野战医院占用澎湖文石书院，鹿港文开书院也改为北白川纪念堂。不久，台湾总督府没收书院及学田。1901年12月18日，总督府发布《学租财产管理及征收及使用办法》。1920年，学田租赋已达90511元。台湾教育会的费用、东京台湾留学生高砂寮的建筑费，都来自这里。

根据台湾总督府1896年的调查，书院、书房、社学的教科书有《三字经》《论语》《大学》《中庸》《孟子》《幼学群芳》《孝经》《诗经》《易经》《书经》《礼记》《春秋》《唐诗》《千家诗》《千字文》《声律启蒙》《史记》《四书注解》《尔雅》《纲鉴》《家语》《左传》《公羊传》《周礼》《性理》《尺牍如面谈》《人德之门》《初学字格》《初入学早登科》《指命算法》《昔时贤文》《女论语》《闺则》《列女传》等。教师有进士、举人、贡生、廪生、生员、童生等。[2]

1896年10月23日，总督府的《木下邦昌学事视察报告书》提到：为了让台湾知识分子糊口，保持社会稳定，决定对书房进行改良而不是取缔。删掉书

---

① 翁圣峰：《日据末期的台湾儒学：以"孔教报"为论述中心》，《第一届台湾儒学研究国际学术研讨会论文集》，1997年。

② 台湾教育会编：《台湾教育沿革志》，南天书局1995年版，第966页。

房教科书中尊崇清廷的内容，加入忠于天皇热爱日本的思想。[1] 1898 年 11 月 10 日，台湾总督府发布《关于书房义塾的规程》，规定：书房义塾增加如下的教学内容：日语、《大日本史略》2 册、《教育敕语述义》、小幡笃四郎编《天变地异》、福泽谕吉编《训蒙穷理图解》、算术，地方官厅加强管理。[2]

表 9-1　1897 年 4 月调查的全岛书房一览表

管厅名	书房数	生徒数
台北县	93	2142
淡水支厅	23	445
基隆支厅	31	508
新竹支厅	151	2341
宜兰支厅	40	629
台中县	111	1562
彰化支厅	134	2276
苗栗支厅	39	644
云林支厅	25	436
埔里社支厅	3	48
台南县	138	1828
嘉义支厅	73	1043
凤山支厅	160	1940
恒春支厅	23	283
台东支厅	1	22
澎湖岛厅	81	919
合计	1127	17066

资料来源：《台湾教育沿革志》，第 980—981 页。

表 9-2　1898 年 2 月调查全岛书房一览表

县厅	书房	教师	教师资格	生徒
台北县	382	382	生员 6、秀才 12、廪生 2、无资格 362	8510，女 27
宜兰县	31	31	生员 6、童生 25	726

---

① 台湾教育会编：《台湾教育沿革志》，南天书局 1995 年版，第 975 页。
② 台湾教育会编：《台湾教育沿革志》，南天书局 1995 年版，第 980—986 页。

续表

县厅	书房	教师	教师资格	生徒
台南县	129	129	举人1、增生1、廪生3、贡生3、秀才21、童生100	1889，女30
台东厅	4	4	童生3、无资格1	71
嘉义县	256	256	生员36、廪生1、童生213、读书人6	4127，女5
台中县	335	335	秀才18、贡生2、廪生1、童生286、无资格6	4890，女3
新竹县	280	280		5200
澎湖厅	95	95	秀才8、洎生3、童生79、无资格4	1646
凤山县	195	195	童生52、秀才18、监生2、儒生2、无资格121	2823
合计	1707	1707	生员70、秀才77、廪生7、童生758、举人1、增廪生1、贡生5、洎生3、监生2、儒生2、无资格132	29876，女65

资料来源：《台湾教育沿革志》，第982—983页。

　　日据初期，台湾青少年仍读私塾、书房，希望回祖国去考秀才、举人、进士。为割断台湾民众与祖国的关系，台湾总督府限制两岸之间的渡航居留，且不许中国在台湾设领事馆。台湾总督府不给回祖国求学的台湾青年发护照，并用领事裁判权压制。1898年，总督府设立招收台湾青少年的公学校，并对书房采取逐步禁止的方针。但是，只有三分之一的适龄青少年才能进入公学校。两年后，取缔方法放松，书房再兴。台湾总督府限制台湾人就读中学，直到1910年才创办一所高等女学校，接着又办一所台中中学校，却被日本人独占。[1]

　　1905年，总督府发布私塾规则，改私塾为私立学校之一，受地方官厅监督；学科与公学校相同，加上日语和算术。然而，私塾还是逐步被淘汰。1917年有533所，教员有593人，学生有17641人。至1922年，私塾只有96所，教员118人，学生3678人。[2]

　　1920年1月，开始开放"日台共学"。但是，台湾人就读专收日本人的小学，非常困难。申请就读小学的台湾人，必须是来自上层社会、来自日本化的家庭，或日语非常好。根据总督府内训，1920年，台湾儿童就读小学人数，男

---

[1]　黄大受：《台湾史纲》，三民书局1982年版，第238页。
[2]　海峡两岸出版交流中心、中国第二历史档案馆编：《馆藏民国台湾档案汇编》第26册，九州出版社2007年版，第171页。

172 人，女 43 人。初等学校以上，"日台共学"人数共 21 人。1922 年，新《台湾教育令》撤废日台差别待遇，中学以上实行"日台共学"，但用日语考试，故台湾学生仍然很少。1925 年 4 月，第一批共学报名者当中，全岛共有 208 名台湾人被准许入学。[①] 所以，书房、私塾仍有存在的必要。

表 9-3　全台书房教员生徒一览表

时间（年）	书房	教员	男生	女生	合计
1898	1707	1707	29876	65	29941
1899	1421	1421	25089	126	25215
1900	1473	1392	26051	135	26186
1901	1554	1543	27898	166	28064
1902	1623	1629	29644	98	29742
1903	1365	1368	25555	155	25710
1904	1080	1083	21426	235	21661
1905	1055	1056	19009	246	19255
1906	914	916	19584	331	19915
1907	873	886	18236	376	18612
1908	630	647	14491	291	14782
1909	655	669	16701	400	17101
1910	567	576	15374	437	15811
1911	548	560	15310	449	15759
1912	541	555	15747	555	16302
1913	576	589	16729	555	17284
1914	638	648	18696	561	19257
1915	599	609	17433	567	18000
1916	584	660	18562	758	19320
1917	533	593	16839	802	17641
1918	385	452	12725	589	13314
1919	302	350	10347	589	10936
1920	225	252	7167	472	7639

---

① ［日］竹中信子：《日本女人在台湾》大正篇，曾淑卿译，时报文化出版社 2007 年版，第 211 页。

续表

时间（年）	书房	教员	男生	女生	合计
1921	197	221	6490	472	6962
1922	94	118	339	425	3664
1923	122	175	4676	607	5283
1924	126	180	4540	625	5165
1925	129	190	4491	646	5137
1926	136	208	4829	657	5486
1927	137	215	4664	648	5312
1928	139	218	4856	741	5597
1929	160	236	4959	741	5700
1930	164	236	5179	789	5968
1931	157	219	4516	862	5378
1932	142	199	3988	742	4700
1933	129	185	3706	788	4494

资料来源：《台湾教育沿革志》，第984—986页。

台湾士绅利用总督府留下的空隙，积极传播和保存中国文化。栎社社员庄嵩、陈瑚、庄龙、傅锡祺、林载钊、蔡世贤都是塾师，都积极教授经史。台南举人王石蓝，1903年开始设私塾训蒙。台南秀才王钟山在家开馆授徒。台南西区区长黄欣于1927年在台南城创办共励义塾，免费教育失学者。陈国治在台北三角涌任私塾教师。南投秀才黄廷干在羌仔寮办私塾。陈斐然在台北县开设化德斋教汉学。曹容在台北稻江教授汉文和书法。张希衮在大稻埕公学校教授汉文10多年。1927年，骆香林在新庄创立馆涵虚楼，教授汉文。后到花莲设立说顽精舍，以闽南语讲授汉文。[①] 施梅樵在全台传授汉学。1920年，许在泮在彰化倡建道东书院。1899年，贡生郑贻林任鹿港公学校汉文教师，1914年因公学校汉文教材废四书而辞职。举人郑家珍在明志书院任教。陈梅峰在澎湖设杏园堂私塾。1898年，林维朝在嘉义怡园开馆讲授汉文。[②] 1924年，张麟书在新竹设汉文专修书房。

---

① 骆香林：《骆香林文选》，黄哲永、吴福助编：《全台文》40卷，文听阁图书有限公司2007年版。

② 苏秀玲：《日治时期崇文社研究》，彰化师范大学国文教育所硕士学位论文，2001年。

表 9-4　1933 年至 1937 年台北市的私塾

年度	教师	男生	女生	合计
1933	39	600	357	957
1934	32	486	342	828
1935	29	496	353	849
1936	27	438	314	752
1937	24	409	256	665

资料来源：王诗琅《北市书房最后数字》，《台北文物》1957 年 4 月五卷四期。

表 9-5　1938 年台北市的书房

书房名称	设立年月	教员数	男生数	女生数	合计
映竹斋书房	1922 年 3 月	2	23	1	24
修养书房	1925 年 12 月	4	72	30	102
养学书房	1922 年 4 月	2	23	9	32
尚圣义塾	1922 年 3 月	3	16	5	21
聚养斋书房	1922 年 3 月	2	57	40	97
文安雅言书房	1925 年 11 月	2	15	0	15
培德书房	1922 年 4 月	5	69	86	155
稻江义塾	1922 年 6 月	3	95	64	159
青年义塾	1923 年 2 月	1	34	27	61
合计		24	404	262	666

资料来源：王诗琅《北市书房最后数字》，《台北文物》1957 年 4 月五卷四期。

表 9-6　1937 年 6 月底调查的台北市的义塾

名称	创立时间	修业年限	教师数	创办者	男生	女生
尚圣义塾	1922 年 11 月	2	2	蔡宜甫	44	6
青年义塾	1923 年 2 月	3	1	岛田弘舟	37	21
稻江义塾	1923 年 2 月	4	3	稻垣藤兵卫	72	57
慈惠夜学义塾	1923 年 2 月	4	3	黄联发	51	60
培英义塾	1923 年 2 月	4	4	李武常	97	40
合计			13		301	184

资料来源：王诗琅《日据时期私塾员生数》；《台北文物》1960 年 11 月九卷二、三期。

稻垣藤兵卫是日本人道主义和社会主义者，在台湾进行社会救济工作 20 多年，艰苦卓绝，遭到总督府的忌恨。义塾是其社会救济工作的一部分。

台北市的书房逐年减少。但是，总督府保留了少数书房、私塾，作为实施所谓"对岸政策"的手段。所谓"对岸政策"，就是由台湾侵入祖国南部。这些书房、私塾，名义上由台人经营，但教员均由总督府指派。总督府还允许在台的闽粤民众开办"藉民学校"，但必须要受限制和利用。① 到 1943 年，总督府颁布《废止私塾令》，全面禁止书院私塾。

到 1944 年 10 月，全台有五六万人在私塾里学习过汉文。② 私塾培养了一批汉文作家。张深切，1910 年入李春盛公馆私塾就读，塾师是洪月樵。王诗琅，自幼就读王采甫私塾。黄得时，1914 年入私塾学《唐诗》《诗经》等。徐坤泉，在陈锡如的私塾留鸿轩学习诗文多年。

二、台湾民众在宗教领域的反日活动

日本殖民者在台湾强力推广日本宗教

日本的宗教有佛教、神道教、基督教、天主教等。日本的佛教有天台、真言、日莲、净土、真宗、华严、禅宗等派别。禅宗中又有曹洞、临济、黄蘗等数派。真宗又分为本愿寺派、大谷派等。③

日本宗教特点是祭政一致，即政权与神权合二为一、融为一体。八纮一宇，合天下为一家，家长为万世一系的天皇。1903 年，日莲派的田中智学将八纮一宇阐释为"日本的世界统一之原理"。"大东亚共荣圈"的理论基础，就是八纮一宇，以天皇为中心的超国家思想。

日本殖民者认为，要彻底割断台湾与祖国的联系，必须彻底改变台湾的宗教信仰。因此，总督府大力提倡日本神道，大建神社，举办台湾神社大祭，强制台湾人在家里祭祀神宫"大麻"（即祭祀天照大神的伊势神宫对外颁发的白纸做成的神符），淡化台湾人自己的信仰。

日本殖民者对日本宗教有期待，但其宗教政策效果有限。原因有台湾人民

① 陈敏耿主编，柯台山编著：《台湾概览》，全国图书馆文献缩微复制中心：《台湾史料汇编》九，第 83 页。
② 海峡两岸出版交流中心、中国第二历史档案馆编：《馆藏民国台湾档案汇编》第 26 册，九州出版社 2007 年版，第 171 页；王子毅编：《台湾》，自由出版社 1944 年版。
③ 佐仓孙三：《游黄蘗山记》，《台湾日日新报》明治 41 年（1908）1 月 7 日第 4 版。

抵制、语言障碍、日本宗教人员素质低下等。一些在台湾的日本僧侣喝酒吃荤，还勾引台湾女性，有的还经营高利贷。据 1896 年 8 月 16 日的《台湾新报》报道："日本国内宗教团体派遣僧侣时，认为即使没有学问的也无妨。现在希望日本国内能派遣人格高尚、会受台湾人尊敬的僧侣来台。"日本佛教虽然进行办学、葬仪等服务，却屡屡出现负面报道。因此，民政长官后藤新平不依赖宗教，而是依靠医疗取得台湾人的信任。① 在 1898 年 11 月发行的《台湾协会会报》中，日本人哀叹："渡台的宗教家、民间人士、官吏等素质之差，对统治而言，实为头号毒瘤。"

到 1910 年，情况稍有好转。1911 年，井上博士向总督府献计："台湾僧侣多缺知识，宗教之发源甚低。……由此观之，则欲由宗教以启发台湾，当先以日本僧侣启发台湾之僧侣也。……故养台湾僧侣以日本的智识，最为切要。"② 但是，日本宗教组织发展的台湾人很少。"二十年来，不断有日本宗教家、思想家巡回全岛，但重点都是在台的日本人。"因各宗教家多不会台湾土话。③ 台湾人都信仰中国佛教，而不信仰日本佛教。少数加入日本佛教组织者也是为了逢迎权势。④

"西来庵事件"，以及"番地"平定告一段落之后，总督府更加重视宗教。1916 年 11 月，下村民政长官接到安东总督的指令，在总督府召开 46 位宗教家座谈会。这是总督府首次召开这样的座谈会，希望加强宗教力量的同化作用。宗教人士出国优惠，在岛内住宿、旅行都有补助。⑤ 1917 年 11 月 11 日，大谷光瑞在《台湾日日新报》上发文，呼吁日本宗教人士不仅要骗取善男信女的金钱，还要帮助日本侵略。"台湾是南洋的玄关、垫脚石，要经营南洋必须先视察台湾。"

1922 年，总督府公布的《台湾公立中学校规则》规定，学校师生须参拜神社，私立中学也照此办理。

---

① ［日］竹中信子：《日本女人在台湾》明治篇，曾淑卿译，时报文化出版社 2007 年版，第 59 页。
② 井上博士：《渡台中所感》，《台湾日日新报》明治 44 年（1911）4 月 3 日，黄哲永、吴福助编：《全台文》70 卷，文听阁图书有限公司 2007 年版，第 525 页。
③ 《台湾宗教家之宜奋兴》，《台湾日日新报》明治 43 年（1910）10 月 1 日。
④ 《好崇内地佛教》，《台湾日日新报》明治 43 年（1910）6 月 2 日。
⑤ ［日］竹中信子：《日本女人在台湾》大正篇，曾淑卿译，时报文化出版社 2007 年版，第 169 页。

1936 年 12 月 1 日，台湾神职会发起"家庭正厅改善运动"，宗教领域的"皇民化"运动正式开始，目标是以日本国家神道取代台湾固有的宗教。[①] 1939 年 2 月，总督府下令停止台湾的神明庙会活动。[②] 台湾的家庭都设置了日式神龛。台南州新丰郡关闭 130 多所寺庙，将神像集中一处。寺庙改成"国语"传习所，或改为临济宗寺院。各地实施一庄一神社政策，培养台湾人成为标准的日本皇民。[③]

总之，日据末期，表面上看起来，以天照大神为中心的日本宗教，已取代了台湾传统各宗教。

台湾民众坚持自己的宗教文化信仰

自从郑成功收复台湾后，台湾就建有庙宇。"溯台湾自郑氏开创以来，各处地方具有建立神祠庙宇，以恭奉夫圣神者。"[④] 日据之前，台湾有儒教、道教、佛教、斋教、天主教、长老教会、神明会、祖公会、父母会等。[⑤] 所谓神明会，就是由读书人、同业、同乡、同姓等志同道合者，以祭祀神佛为目的而组织起来的一种宗教团体。祖公会大约与神明会相似，而不同之处在于其会员是同姓者或同宗者，而且祭神必须是会员的共同祖先。[⑥]

斋教是儒佛两教折中者，分先天、金幢、龙华三派，教义相同，独先天派不禁婚娶。龙华斋友分九品，有小乘、大乘、三乘、小引、大引、四偈、大空、空空等，都主祀观音，团结力甚强。先天派男女混杂，教规凌乱。斋教与佛教逐渐融合，斋教主创佛教龙华会，互相提携，也渐渐热衷于社会事业。

台湾的代表性祭典有"天公生""迎妈祖""中元普渡""王爷生""城隍生"等。农历 3 月 23 日的妈祖诞辰祭典、一年一度的北港妈祖庙进香活动最

① 蔡锦堂：《日据时期台湾人宗教信仰之变迁——"家庭正厅改善运动"为中心》，《史联杂志》第 19 期，1991 年 12 月。

② [日] 竹中信子：《日本女人在台湾》昭和篇，熊凯弟译，时报文化出版社 2007 年版，第 103 页。

③ [日] 竹中信子：《日本女人在台湾》昭和篇，熊凯弟译，时报文化出版社 2007 年版，第 104 页。

④ 林巽东：《修保庙宇议》，黄哲永、吴福助编：《全台文》31 卷，文听阁图书有限公司 2007 年版，第 441 页。

⑤ 台湾总督府编：《台湾统治概要》，南天书局 1945 年版，第 32 页。

⑥ [日] 藤崎济之助：《台湾史与桦山大将》上卷，全国日本经济学会译，海峡学术出版社 2003 年版，第 89、90 页。

为隆重。举行祭典时，有乐队、艺阁、化装游行、燃放爆竹等。其次是全岛盛行的中元节的盂兰会。"台湾旧祀文庙、武庙、文昌、天后、城隍等庙，守土官春秋仲月以时祭之，列在祀典。""台人之于神，固各从其俗耳，如泉人祀吴真人、祀清水师、祀观音，漳人祀开漳圣王、粤人祀三山国王，皆以为发源鼻祖，斯固挟帝王之力所不能转移。"①

日军攻占台湾时，肆意强占和摧毁庙宇。"乃自我帝国辖台而后，一切庙宇尽为军队宿舍，墙垣户牖损害不少，嗟彼神灵，其何以安!"②"所有庙宇，改建官署者有之，堆积军物者有之。"③"盖当大军下台之时，所到之处，凡有庙宇，皆为其所据，或毁其门墙，或折其栋梁，前之巍峨可观者，今则变为毁瓦颓垣。"④

1895 年 6 月，日军后勤部队司令部占用新庄街三山国王庙，直至翌年 2 月该司令部撤销。8 月，宪兵占关渡妈祖庙为屯所。⑤ 金包里街妈祖庙也变成宪兵屯所。⑥"台北文武二庙，先则听军士住宿，继而作医士疗场，现今栋宇倾颓。"⑦ 宜兰有文庙、城隍庙、天后庙、关帝庙、文昌庙五子祠、仰山书院、五谷祠，都被日军侵占。城隍庙后殿住着日军分队队长，文庙被卫戍医院占用，文昌宫五子祠则安放军粮，考棚则成了巡察的宿舍。⑧

在台中，日军卫戍医院占用大甲镇澜宫，同时霸占文庙。1898 年，曹洞宗霸占镇澜宫为分教场。1915 年后，僧番和尚任镇澜宫主持。1924 年，主持和尚觉定因犯色戒被迫离去，镇澜宫改为街庄民所有。

---

① 陈云林：《修保庙宇议》，黄哲永、吴福助编：《全台文》30 卷，文听阁图书有限公司 2007 年版，第 13 页。

② 蔡莲舫：《修保庙宇议》，黄哲永、吴福助编：《全台文》31 卷，文听阁图书有限公司 2007 年版，第 274 页。

③ 刘维经：《修保庙宇议》，黄哲永、吴福助编：《全台文》31 卷，文听阁图书有限公司 2007 年版，第 301 页。

④ 黄子庚：《修保庙宇议》，黄哲永、吴福助编：《全台文》30 卷，文听阁图书有限公司 2007 年版，第 213 页。

⑤ 台湾宪兵队编：《台湾宪兵队史》（上），王洛林总监译，海峡学术出版社 2001 年版，第 111 页。

⑥ 台湾宪兵队编：《台湾宪兵队史》（上），王洛林总监译，海峡学术出版社 2001 年版，第 64 页。

⑦ 刘廷玉：《修保庙宇议》，黄哲永、吴福助编：《全台文》30 卷，文听阁图书有限公司 2007 年版，第 61 页。

⑧ 李绍宗：《修保庙宇议》，黄哲永、吴福助编：《全台文》31 卷，文听阁图书有限公司 2007 年版，第 435 页。

1895 年，日军占据彰化文庙及鹿港文祠。[①] 彰化圣庙成了巡察派出所，文昌祠则为陆军医院。鹿港三处天后宫、北头两处、林圯埔三处，都被日军占用。[②]

在台南，日军占据所有庙宇。文庙改为公学校，书院、城隍庙则改为卫戍医院，天后庙则成了宪兵屯所。另外两座天后庙，一个变成本愿寺布教所，一个成了物资站。三山国王庙改为巡察派出所，观音庙护室及福德庙均改为曹洞宗布教所。天公庙两旁护室，右侧改为邮便局，旁边的龙王庙改为卫戍医院。试院奎楼成了陆军仓库。[③]

总之，台湾各处庙宇都被日军占用，各庙宇的财产，大多被没收。[④]

有鉴于此，台湾民众要求总督府保护庙宇和尊重台湾人的信仰。1900 年 3 月 15 日，总督府在台北淡水馆举办扬文会，宣传"德政"。全台士绅 80 人应邀参加。儿玉源太郎向他们征文，论述三大问题：旌表孝节、修保庙宇（文庙、城隍庙、天后庙等类）、救济赈恤（养济院、育婴堂、义仓、义冢、义渡、义井之类）。[⑤] 参加征文的蔡国琳、蔡梦兰、苏云梯等人，都要求修保庙宇，并把庙宇交给台湾士绅管理。

所有征文都肯定台湾人尊奉孔子、天后、城隍，并希望总督府予以尊重。举人余亦皋说："要其有关于世道人心者，则惟文庙、城隍庙、天后庙等为最重。"[⑥] 李祖训认为，文庙、城隍庙、天后庙的祀典应该继续。总督府应该向清代官府学习，修茸保护庙宇。[⑦] 陈云林等建议总督府以台湾固有的宗教稳定人心。"忽焉而台湾更隶版图，大军咸集，学校暂停，草昧初开，实不能不假之

---

① 庄士勋：《修保庙宇议》，黄哲永、吴福助编：《全台文》30 卷，文听阁图书有限公司 2007 年版，第 146 页。

② 吴德功：《修保庙宇议》，黄哲永、吴福助编：《全台文》30 卷，文听阁图书有限公司 2007 年版，第 151 页。

③ 卢德嘉：《修保庙宇议》，黄哲永、吴福助编：《全台文》31 卷，文听阁图书有限公司 2007 年版，第 347、348 页。

④ 陈信斋：《修保庙宇议》，黄哲永、吴福助编：《全台文》30 卷，文听阁图书有限公司 2007 年版，第 140 页。

⑤ 《扬文会策议文集一》，黄哲永、吴福助编：《全台文》30 卷，文听阁图书有限公司 2007 年版，第 2 页。

⑥ 余亦皋：《修保庙宇议》，黄哲永、吴福助编：《全台文》30 卷，文听阁图书有限公司 2007 年版，第 8 页。

⑦ 李祖训：《修保庙宇议》，黄哲永、吴福助编：《全台文》30 卷，文听阁图书有限公司 2007 年版，第 31 页。

神庙……何以关风化？不祀，何以服民心？"①

蔡国琳要求日军归还庙宇，并尊重台湾人的信仰："旧政府时，所有祀典各庙，似宜一律谕交绅商，妥为保管，有倾圮者，鸠资修葺……其现为公家借住者，俟一二年后，官舍构成，即行给还。并恳谕知来台布教禅宗，如有假庙宇为说教场者，不得毁弃神像，改为末寺。"② 张简德也认为：总督府应将一切庙宇交给台湾民众管理，由官民筹资修建。③

不少士绅出面保护、维修、重建庙宇。彰化秀才吴汝祥、吴德功、杨吉臣、林烈堂、李崇礼改建彰化的南瑶宫。秀才黄祖涛任台北指南宫开山董事。吴子瑜捐出台中的土地建孔子庙。新竹郑拱辰捐资修建文庙。1907 年 11 月 7日，汉文版《台湾日日新报》发表《文庙兴建之置议》，公开呼吁在台北兴建文庙。④ 1908 年纵贯铁路完成，每年农历一月到三月，南北信徒前往北港朝天宫进香，人潮汹涌。1912 年朝天宫重修竣工，台湾总督佐久间左马太亲自去参拜。1921 年北港区长蔡然标等提出《北港朝天宫管理规则》，主持僧侣失去管理权，地方士绅成为庙中事务的决定者。⑤

台湾民众仍然保持自己的宗教信仰和习俗。日据初期，"台南文庙依旧祭献，台北前年亦致祭焉。彰化城隍以及台中、鹿港皆编入祠典，地方官朔望拜谒，神诞致祭，民人烧香顶礼，如临官长"。⑥

城隍庙每年迎神一次，儿女肩荷纸枷，求神赦罪，需要牲酒、演戏、爆竹、纸钱等。天后庙或由官绅捐钱建造，或由商民备资创立。捐款逐年生息，公款均备该庙迎神、普度、演戏之需。每年三月迎圣母，演戏，北港进香。每年七月普施孤魂。⑦

① 陈云林：《修保庙宇议》，黄哲永、吴福助编：《全台文》30 卷，文听阁图书有限公司 2007年版，第 13 页。
② 蔡国琳：《修保庙宇议》，黄哲永、吴福助编：《全台文》31 卷，文听阁图书有限公司 2007年版，第 288 页。
③ 张简德：《修保庙宇议》，黄哲永、吴福助编：《全台文》31 卷，文听阁图书有限公司 2007年版，第 331 页。
④ 《文庙兴建之置议》，《台湾日日新报》明治 40 年（1907）11 月 7 日。
⑤ 王见川、李世伟：《台湾妈祖庙阅览》，2000 年，笨港。
⑥ 吴德功：《修保庙宇议》，黄哲永、吴福助编：《全台文》30 卷，文听阁图书有限公司 2007年版，第 151 页。
⑦ 郑鹏云：《修保庙宇议》，黄哲永、吴福助编：《全台文》30 卷，文听阁图书有限公司 2007年版，第 105 页。

1907 年 4 月到 7 月，水返脚鼠疫严重。于是，民众举办了迎关渡妈祖、清水祖师的活动，每家摊派经费。[①]"大稻埕近以鼠疫纷起，防不胜防，遂欲乞灵于神，如上古乡人傩之意，以关渡妈祖、保生大帝、霞海城隍为主，自阴历三月二十七日夜以至二十九日夜，皆为暗访，全市七十余街，皆次第巡及之。每夜迎神者辄逾二千人。及四月初一日午前十时许，即在城隍庙边之旷地齐集，结队以行者约三四千人，有装艺棚者，有装杂剧者，皆极如荼如火之盛；兼之鼓乐喧天，街道几为拥塞。是夜，尤置大坛于熊圣宫，即供奉三尊神之所，听街众前往烧香或敬献。"[②] 10 月 28 日夜晚，"艋津为御神祭。龙山寺前，剧演女班，男妇老少，聚集如云"。[③]

1911 年，井上博士评论自己目睹的现象说："台人信仰之神，有观音、罗汉、孔圣、关圣、天妃诸神像，其深印脑里，决未可轻排。如北港等处天妃，其祭祀焚化纸帛，年达 50 万圆，以外可勿具论，其信仰之热烈为何如耶！"[④]

1925 年 6 月 17 日，台湾人举办万华妈祖绕境。一万两千多名台湾人参加，在台北市区中列队游行。台湾音乐演奏会从 21 日到 23 日在新公园举行。台北士绅演奏南管等中国音乐。妈祖绕境盛况空前，25 日因下雨中断，28 日接着进行。数百台艺阁蜿蜒数里，宛如摊开的卷轴画。队伍经过总督府门前时，代理总务长阿部等官员、地方官员，以及家属，都列队恭候并行礼。在此之前，日本人是不尊奉妈祖等中国神仙的。妈祖绕境后不到五天，接着是大稻埕的城隍庙祭典。凤山也举办城隍庙祭典，有五万多人参加。屏东、潮州、高雄、冈山、台南六千多人前去参拜。80 多个民间文艺团体七千多人，进行敬神演出。这次绕境活动，让台湾人的汉意识更加高涨。总督府被迫向中国神祇低头。[⑤]

《亚光》是日据时期最重要的中国佛教刊物。觉力法师高足妙吉在 1926 年创办，旨在宣扬儒道释三教教理及事迹。《亚光》报社附属于龙山寺，编辑是林述三，每月一期。因经费困难，第二年出 3 期。总共出版两年 12 号。第二年，高雄富绅陈启贞任社长。有论坛、讲坛、著述、文苑、问答、杂俎、词林

① 目击心伤生：《媚神殃人》，《台湾日日新报》明治 40 年（1907）11 月 30 日。

② 《大稻埕迎神逐疫》，黄哲永、吴福助编：《全台文》27 卷，文听阁图书有限公司 2007 年版，第 287 页。

③ 南樵：《价值扬声》，《台湾日日新报》明治 40 年（1907）11 月 3 日。

④ 井上博士：《渡台中所感》，《台湾日日新报》明治 44 年（1911）4 月 3 日。

⑤ ［日］竹中信子：《日本女人在台湾》大正篇，曾淑卿译，时报文化出版社 2007 年版，第 373、374 页。

等栏目，刊登祖国和台湾法师、文人、学者文章、宗教动态。第二年第二号刊登太虚法师《救世的佛教》、吕徵《佛学史稿》、高雄苓雅同善社讯息。①

1927 年，台中佛教会的林德林被指与中部文人张淑子之妻有染，经张淑子在《台湾新闻》揭发后，引起崇文社的声援。他们大力抨击林德林，将相关资料与批评的诗文汇编成 5 册《鸣鼓集》。有些诗文也批判日本佛教界领导，引起日本佛教界不满。双方针锋相对，互相攻讦，延续数年才告平息。这场儒佛争论的实质是台湾士绅批判日本佛教的侵略，乃至所有日本宗教的侵略。②

1931 年，台湾民众仍然继续奉祀城隍。"改隶以还，文明大进，虽信神之念日见浅薄，而奉祀城隍者，依然不替。即如五月十三日，台北之奉迎，所费不赀。其他新竹、台中、嘉义各地，亦皆循例致祭，极一时之热闹。"③

台湾人抵制参拜神社、设置神龛、崇拜日本国旗等。1939 年 2 月，高雄州旗后计划撤去天后宫，有数百名信众反对并准备陈情。于是从 2 月开始，汉文版《台湾日日新报》开辟"明信片随笔"专栏，由知识分子抒发感慨。有人投书批判总督府的宗教政策："废止本岛人的寺庙、设立神社一事，仿佛是强迫人吃下他们讨厌的大餐……"④ 1939 年 6 月 29 日，台北民众仍举行城隍庙祭典。嘉义市准备在每个街庄设立神社。嘉义市牙医陈威严批评说："我是基督徒，所以我不捐钱给神社祭典。"这惹恼了区长津久井。彰化员林农学校学生因对日本神龛的态度缺乏诚意，遭到校长责骂。对此，58 名学生中有 30 名集体罢课抗议。学校教员宿舍都安置神龛和"奉祀大麻"，但台湾教员都不礼拜。⑤

到 1944 年，道教仍很发达。凡超度亡灵，驱邪疗病，设坛扶乩等，都请道士。艋舺大厝口街一号的道士王顺，帮助女孩说服自己的父母，与私奔的男子成婚。⑥ 汉传佛教仍然兴旺。各寺庙供奉释迦牟尼佛、观音、文殊、普贤、药

① 《亚光》1927 年 2—6 号，中坜圆光佛学研究所台湾佛教文献特藏室。

② 施懿琳：《日治中晚期台湾汉儒所面临的危机及其因应之道：以彰化"崇文社"为例》，成功大学《第一届台湾儒学研究国际学术研讨会论文》，1997 年。

③ 黄拱五：《拟台南府县城隍致台北、新竹、台中、嘉义各地城隍书》，《三六九小报》昭和 6 年（1931）8 月 26 日。

④ ［日］竹中信子：《日本女人在台湾》昭和篇，熊凯弟译，时报文化出版社 2007 年版，第 109 页。

⑤ 吴浊流：《台湾连翘》，钟肇政译，南方丛书出版社 1987 年版，第 109 页。

⑥ 《托神结婚》，黄哲永、吴福助编：《全台文》27 卷，文听阁图书有限公司 2007 年版，第 78 页。

师、弥勒、地藏等，而供奉观音者最多。[1] 此外，还有斋教、神明会、祖公会、父母会等。[2]

三、台湾各界对祖国大陆辛亥革命、
五四运动等的呼应

台湾民众始终心向祖国，深受戊戌变法、清廷预备立宪、辛亥革命、五四运动等重大事件影响。1895 年 4 月，在京台籍官员叶题雁、李清琦，以及三位在京赶考的举人汪春源、罗秀惠、黄宗鼎，上书清廷，并参与"公车上书"，反对丧权辱国的《马关条约》，反对割台。1919 年前后，欧美民主主义和自由主义思潮高涨。祖国大陆也发生了五四运动。这惊醒了台湾留日学生的汉民族意识，开始组织起来，背靠祖国，掀起以文化启蒙为主调的民族民主运动，持续进行反抗日本殖民统治的伟大斗争。

对新教育新道德的呼应

中日甲午战争后，康有为、梁启超领导的维新变法运动，对台湾知识分子影响甚大。1894 年到 1911 年，兴中会、同盟会领导的辛亥革命，更加鼓舞了台湾革命志士。清廷的维新运动，同样也刺激着台湾士绅。

1905 年，中国同盟会在东京成立。1910 年春，同盟会福建支部派王兆培入学台北医学校，5 月 1 日发展同学翁俊明入会。翁俊明被委任为交通委员，化名翁樵，负责发展组织。台北三所高校中台籍学生不到百人，其中蒋渭水、杜聪明等 30 多人加入同盟会。[3]

台湾知识分子十分关注祖国的消息。1906 年，汉文版《台湾日日新报》发文说，"吾侪审察清国之形势，何敢让诸他人，又希望清国之隆兴，实比清国人士尤切也。是以慨清国之濒于衰亡，而望有一大义人出，为之补救也久

---

① 《罪加一等》，黄哲永、吴福助编：《全台文》27 卷，文听阁图书有限公司 2007 年版，第 51 页。

② ［日］藤崎济之助：《台湾史与桦山大将》上卷，（北京）全国日本经济学会译，海峡学术出版社 2003 年版，第 138 页。

③ 黄敦涵编著：《翁俊明烈士编年传记》，正中书局 1977 年版，第 24 页。

矣。"① 因此，汉文版《台湾日日新报》陆续发表《袁世凯》②、《孙逸仙》③、《张之洞自传》④、《清国维新之趋势》、《论清国立宪》、《清国之立宪政治》、《清帝立宪之诏敕》⑤、《清廷之谬见》⑥、《南清之暴动》⑦、《论黄冈"匪乱"》⑧、《清国革命之思潮》⑨、《袁张之联立内阁》⑩、《清国在野党及首领》、《清国国会开期》⑪、《清国发表预备立宪》⑫、《清国三大运动》⑬、《就清国开设国会言》⑭、《清国改革币制》⑮ 等文章。

《孙逸仙》一文介绍革命情况和三民主义。"孙逸仙者，清国之大革命家也，于'支那'的学识，不多逊康有为，而于欧洲的智识，犹远过之。"《清国在野党及首领》一文介绍孙中山、康有为、章炳麟、黄兴、陶成章等，介绍革命党的历次起义及孙中山的主张。"一言以蔽之，曰灭旧清国而造新中国者也。"

辛亥革命胜利后，台湾商人从上海大量输入革命领导者的肖像画、武昌起义的图画，以及歌颂革命的《新三字经》、通俗小说等，并在岛内大量翻刻。讲古师、街头艺人也演唱上海出版的《孙逸仙演义》《辛亥革命演义》等。⑯

台湾知识分子喜欢阅读汉文报刊，林献堂最具代表性。林朝琛（1881—1957），字献堂，号灌园，台中雾峰望族，自学经史子集。22 岁时，总督府强令他为雾峰区长。25 岁时，他开始阅读上海的《万国公报》、横滨的《清议报》《新民丛报》。《清议报》《新民丛报》是梁启超于戊戌变法失败后流亡日

---

① 《清国维新之趋势》，《台湾日日新报》明治 39 年（1906）2 月 7 日。
② 《袁世凯》，《台湾日日新报》明治 39 年（1906）4 月 18 日。
③ 天南：《孙逸仙》，《台湾日日新报》明治 40 年（1907）6 月 2 日。
④ 《张之洞自传》，《台湾日日新报》明治 40 年（1907）8 月 16 日。
⑤ 《清帝立宪之诏敕》，《台湾日日新报》明治 39 年（1906）9 月 18 日。
⑥ 《清廷之谬见》，《台湾日日新报》明治 39 年（1906）11 月 16 日。
⑦ 《南清之暴动》，《台湾日日新报》明治 40 年（1907）5 月 31 日。
⑧ 《论黄冈"匪乱"》，《台湾日日新报》，明治 40 年（1907）6 月 2 日。
⑨ 《清国革命之思潮》，《台湾日日新报》明治 40 年（1907）8 月 7 日。
⑩ 《袁张之联立内阁》，《台湾日日新报》明治 40 年（1907）9 月 15 日。
⑪ 《清国国会开期》，《台湾日日新报》明治 41 年（1908）7 月 4 日。
⑫ 《清国发表预备立宪》，《台湾日日新报》明治 41 年（1908）9 月 6 日。
⑬ 《清国三大运动》，《台湾日日新报》明治 43 年（1910）1 月 18 日。
⑭ 《就清国开设国会言》，《台湾日日新报》明治 43 年（1910）2 月 6 日。
⑮ 《清国改革币制》，《台湾日日新报》明治 43 年（1910）6 月 5 日。
⑯ ［日］若林正丈：《台湾抗日运动史研究》，台湾史日文史料典籍研读会译，播种者出版有限公司 2007 年版，第 259 页。

本时创办的，主要宣传维新变法思想。林献堂在堂侄林资修介绍下，大量阅读梁启超的著作。1911 年 2 月，他邀请梁启超访问台湾。梁启超鼓励林献堂等栎社会员，"不可以文人终身，须要努力研究政治经济以及社会思想等学问"，并开列 170 多种日文新知书目。①

在戊戌变法和辛亥革命的鼓舞下，台湾知识分子开始革新自救。但是，总督府并不急于改革台湾的落后习俗。乃木希典总督的施政方针是：台湾风俗习惯是不成文的法规，辫发、缠足、衣帽等是否改变，由本岛人自行决定。鸦片烟逐渐限制，而不是严禁。② 于是，台湾士绅首先改革教育和习俗等。

总督府实行教育歧视政策，据台 20 年后，仍不设立让台湾人入学的中学，又不许台湾人办学。因此，台湾新知识分子主要是留日人员。1896 年，台湾士绅开始送子弟去日本留学，之后越来越多。1906 年，清廷废除科举制度。这也教育了台湾士绅。为了控制台湾留日学生，总督府出台下列措施：一、为指导监督留日学生应设留学生宿舍。二、关于留学资格、学科及学校种类，应有限制内规。为实施这个计划，于 1907 年任命石田新太郎为留学生监督。同时对于东京以外的留学生监督，委托给日本各地方长官。1908 年，创设高砂青年会为指导监督学生机关。1911 年 4 月 4 日，日本文部省颁布直辖学校外国人特别入学规程，限制台湾人等进入直辖学校。进入官立学校，必须有总督府在东京留学生监督的介绍信。1912 年 2 月 9 日，以学租 23000 多日元在东京东洋协会专门学校内设置台湾留学生宿舍高砂寮，同时制定高砂寮规则。③

1908 年，李汉如等组建新学会，发刊《新学丛志》，"欲以高等国民教育灌输于我台民而使之自觉！"④ 但是，很快就遭到总督府禁止。

1910 年，林献堂长子、次子到东京留学。⑤ 1911 年 3 月，总督府官员隈本繁吉视察台湾中南部时，林献堂提出，让台湾子弟进入日本人的小、中学共学。虽获得总督佐久间和民政长官内田嘉吉的理解，但由于部长级高官激烈反对而未实现。1912 年，林献堂募集 10 万多圆，成立劝学会，鼓励留学，资助

① 叶荣钟：《日据下台湾政治社会运动史》（上），晨星出版有限公司 2000 年版，第 32 页。
② ［日］高滨三郎：《台湾统治概史》，东京新行社 1936 年版，第 78 页。
③ 黄玉斋主编：《台湾年鉴（4）》，海峡学术出版社 2001 年版，第 988 页。
④ 黄玉斋：《台湾抗日史论》，海峡学术出版社 1999 年版，第 337 页。
⑤ 《林献堂先生纪念集·年谱》，海峡学术出版社 2005 年版，第 19、27 页。

蔡培火等人留日。但是，劝学会方针很快转变为请求设立私立中学，因为留学工作被总督府抢先一步。

为了让台湾士绅捐款支持"理番"，佐久间同意设立台中中学校。1915年2月，《公立台中中学校官制》公布，学校由总督府控制，而24.8万圆经费却由林献堂等200多位台湾士绅捐出，5月开始招收公学校毕业生，进行四年初中教育。1919年，该校改为台中高等普通学校，培养初中和高中生。

台湾士绅也急于改良风俗。日据不久，锡口的名门陈春光兄弟七人一起断发。台北富豪李春生家也断发。1899年，黄玉阶等绅商40余人组建台北天然足会，倡导解放缠足。1900年，台南设立天足会。1911年初，黄玉阶、谢汝铨共同发起断发不改装会。林献堂组织中部剪发会，75名会员剪掉辫发。林家的女子也放足。5月28日，淡水解缠足会在沪尾公学校成立。第一批放足的有公学校学生71人、台北市内妇女50人。8月，台北解缠会在艋舺公学校成立，洪以南夫人任会长。1912年1月1日民国成立，进行风俗改良。"认为根在对岸的台湾人，潜在愿望是跟随中国大陆的脚步。"①

1914年，台北厅三角涌区长黄纯青组建同风会，倡导革新风教、矫正陋习和打破迷信。接着，吴昌才组建艋舺同风会，林熊徵组建大稻埕同风会等。4月，林献堂在台中组建风俗改良会，以革除辫发和缠足等陋习。5月16日起，汉文版《台湾日日新报》增辟家庭栏目，讨论婚姻恋爱等新时代话题。12月6日，风俗改良会在彰化员林广场举办解缠大会。副会长杨吉臣批评缠足、蓄妾、买卖人身、穿耳洞等风俗。此时，放足者已有14000多人，多是中上阶层妇女。

1918年，台湾留日学生，"研究'支那'语，使用年号时采用'支那'年号，称'支那'为祖国，提高排日风气等值得注意之倾向。"鼓舞这种倾向的是蔡惠如。1921年10月，台湾文化协会在台北成立。其会员刻意穿着中国传统服装昂首走在大街上，使用中国年号，竖起中国的五色国旗。②"现今台湾人除了特权阶级以外，大部分人都醉心于中国。"③

---

① ［日］竹中信子：《日本女人在台湾》明治篇，曾淑卿译，时报文化出版社2007年版，第312页。

② ［日］竹中信子：《日本女人在台湾》大正篇，曾淑卿译，时报文化出版社2007年版，第375页。

③ 林东岗：《中国旅行の所感（一）》，《台湾》第3年第7号。

根据总督府《外国旅券规则》，从台湾到大陆必须有旅券（签证），而从日本到中国则不需要旅券。黄呈聪、施至善等人，先去长崎，再去上海。① 1924年4月21日，黄呈聪在《台湾民报》上发表《家族制度的将来》，罗列陈独秀、高一涵、吴虞、李大钊等人关于家族制度的观点，认为家族制度必将瓦解。10月30日，林献堂、黄呈聪向新任总督伊泽提出12条建议。第2条是"教育的普及与内容之改善（充实公学校教员的质与量、反对废止公学校汉文课程，充实汉文授课内容，实施初等教育义务制，增设中等学校，与内地人教育机会均等）"。第6条是"言论自由（现行报纸发行之许可制改为与内地人相同之申报制）"。第9条是"废除中国渡航旅券制度"②。

1927年2月10日，台湾文化协会干部在雾峰组建台湾自治会，提出：实施义务教育；初等教育教授日语、闽南语并用；日本人台湾人教育机会均等。7月10日在台中成立的台湾民众党，教育文化政策基本上与台湾文化协会的相同。③

1930年8月17日，台湾地方自治联盟成立。1932年10月31日，该盟向日本内阁与总督府建议：对台湾民众普及教育；要求实行义务教育，扫除文盲；实行彻底的共学制度。④ 1929年，台湾学龄儿童就学率为31.1%，在台日本儿童就学率则为98.5%。

对新文艺的呼应

台湾知识分子克服日本殖民者的重重阻挠，纷纷研究、传播、实践五四新文化，使台湾追随祖国大陆，从文言文和古典文学时代进入白话文和新文艺时代。

面对强大而凶残的日本殖民统治，任何领域的反抗斗争都必须组织起来。文化领域的反抗斗争，也是有组织的。在新民会、台湾文化协会等推动下，以《台湾青年》《台湾》《台湾民报》《台湾新民报》等报刊为阵地，台湾知识分子开展了反殖民统治的新文化运动。

---

① 黄玉斋：《台湾抗日史论》，海峡学术出版社1999年版，第339页。
② 《台湾民报》2卷24号，1924年11月21日；《台湾》第3年第9号。
③ ［日］山辺健太郎编：《台湾》（一），日本现代史料21，东京みすず书房1971年版，第6页，解说。
④ ［日］山辺健太郎编：《台湾》（一），日本现代史料21，东京みすず书房1971年版，第172、179页。

1920 年 1 月 11 日，新民会在东京涩谷蔡惠如寓所成立。会长林献堂，副会长蔡惠如。干事黄呈聪、蔡式谷。名誉会员陈怀澄、连雅堂。会员有林呈禄、蔡培火等 47 人。① 7 月 16 日，创刊中日文并用的《台湾青年》，以蔡培火为发行人，林呈禄为干事。陈炘、吴三连、李瑞云、王金海等为编辑。林呈禄发表《敬告吾乡青年》："期应世界之时势，顺现代之潮流，以促进我台民智，传播东西文明。"② 至 1922 年 2 月《台湾青年》第 4 卷第 2 期为止，共出版 18 期。1922 年 4 月 1 日，《台湾青年》改名《台湾》。林呈禄、王钟麟主编，共发行 19 期，1924 年 5 月 10 日停刊。

在新民会支持下，台湾文化协会于 1921 年 10 月 17 日在台北成立，"谋台湾文化之向上"，会员 1320 人。发起人蒋渭水、翁俊明等人，都是中华革命党的秘密党员。③ 1921 年 11 月 28 日，出版《台湾文化协会会报》第 1 号，汉日文并用。因多次遭到禁刊，第 3 期改名《台湾文化丛书》，以单行本发行。第 4 号《台湾的文化》被禁止发行。第 8 号后被总督府取缔。

1923 年 4 月 15 日，《台湾》杂志社发行白话文杂志《台湾民报》半月刊，以林资修为社长、林呈禄为主笔、黄呈聪为发行人兼编辑主任。同仁还有郑松筠、王敏川、黄朝琴、吴三连、蔡培火等。林呈禄在创刊词中说"这回新刊本报，专用平易的汉文，满载民众的智识，宗旨不外欲启发我岛的文化，振起同胞的元气，以谋台湾的幸福，求东洋的和平而已。"④ 平易的汉文就是白话文。6 月，黄呈聪、黄朝琴、林呈禄、王敏川等回祖国考察。⑤ 12 月，在黄呈聪、林呈禄、黄朝琴、王敏川等主持下，《台湾》杂志社开始发行中国白话文刊物。⑥

1923 年 10 月 17 日，台湾文化协会在台南举行第三次总会会议，决定《台湾民报》为机关报。12 月 16 日，治警事件发生，《台湾民报》进行详尽报道，导致同仁一齐被日警拘押。1924 年 2 月复刊。其后，《台湾民报》开设专栏

① 总督府警务局编：《台湾社会运动史——文化运动》，王诗琅译注，台北稻乡出版社 1995 年版，第 121—123 页。
② 王晓波：《台胞抗日文献选新编》，海峡学术出版社 1998 年版，第 78 页。
③ 连战：《台湾文化协会成立八十周年纪念座谈会致辞稿》，《台北文献》第 140 期，台北市文献委员会，2002 年，第 7 页。
④ 《台湾》第 4 年第 3 号。
⑤ 《台湾》第 3 年第 3 号。
⑥ 李南衡主编：《日据下台湾新文学·明集 5》文献资料选集，明潭出版社 1979 年版，第 1 页。

"应接室"，由黄朝琴主持。还在台南创设白话文研究会，凡有志研究白话文者，均可入会。《台湾民报》自第 1 卷第 9 号起由半月刊进为旬刊。1924 年 5 月 12 日起，《台湾》停刊，编辑人员专注《台湾民报》，内容更加充实。各地巡察下令禁止阅读《台湾民报》。[①] 1927 年 7 月下旬，《台湾民报》被总督府批准迁回岛内发行。1932 年 4 月 2 日，《台湾民报》改为日刊。

台湾文化协会内的左派王敏川、郑明禄、王万得退出《台湾民报》，于 1928 年 5 月 7 日创刊《大众时报》。7 月 9 日停刊，仅出 10 期。

1929 年 1 月 3 日，《台湾民报》社改为《台湾新民报》社股份公司，在台中举行成立大会，林献堂、林履信、林资彬、罗万俥、林呈禄为董事。1930 年 3 月 29 日，《台湾民报》改名《台湾新民报》。1932 年 1 月 9 日，获得总督府批准发行日刊。林呈禄任编辑局长兼主笔，黄呈聪任编辑局论说委员，吴三连任政治部长，陈逢源任经济部长，黄周任学艺部长，扩大文艺园地。林攀龙、赖和、陈虚谷、谢星楼为学艺部员，分工负责学艺栏和文艺专页。该报以白话文为主，但也有日文版面。4 月 15 日，《台湾新民报·学艺栏》发行日刊第一号。1933 年"乡土文学论争"的相关论文即在《台湾新民报》上发表。该报多次发起小说有奖征文活动，连载长篇小说。至 1937 年，刊登了不少优秀的白话文作品。小说、随笔、评论、诗，均极一时之盛。

《台湾新民报》至 1937 年已发行 5 万份，与日文《台湾日日新报》不相上下。1938 年，《台湾新民报》等所有报纸废止汉文版。1941 年，它改为《兴南新闻》，失去了本来面目。1944 年 3 月 26 日，《兴南新闻》与《台湾日日新报》等六家报纸合并为《台湾新报》。

在新民会、台湾文化协会影响下，台湾岛内外青年相继组织各种团体，创办文艺杂志，进行新文化活动，反对总督府的殖民同化活动。

1922 年 1 月，林炳坤、范本梁等在北京组建台湾青年会，发行《会报》，将蔡元培等人言论向岛内散发。厦门大学学生李思祯等组织的厦门尚志社，于 1923 年 8 月 15 日创刊《尚志厦门号》，批判日本殖民统治。[②] 1924 年 5 月，闽台学生联合会编印杂志《共鸣》，由庄泗川、张梗主持。1924 年 5 月 21 日，台北市赤阳社出版日文杂志《文艺》，编辑与发行人都是林进发，只出一期。

---

① 《台湾民报》3 卷 6 号，1925 年 2 月 21 日，第 3 页。

② 史明：《台湾人四百年史》，南天书局 2014 年版，第 531、532 页。

1925 年，中学生杨云萍、江梦笔发行《人人》杂志。这是第一本综合性中文杂志，但只出了 2 期。1927 年 3 月，张我军、苏维霖等人在北京创办《少年台湾》杂志。

1927 年以后，日本的无产阶级文学影响越来越大，四五年间成了日本文坛的主流。台湾文艺运动受此影响，也从思想启蒙运动中独立出来。1927 年 10 月 17 日，在全岛代表大会上，台湾文化协会分裂成左右两派。新文学阵营也随之分化。左翼文学主要反映殖民者、地主资产阶级的压迫。右翼文学则坚持文化启蒙的立场。在左翼主持下，大会决议：促进实现大众文化。① 此后到 1931 年，非武装抗日运动达到鼎盛，文艺运动蓬勃发展。② 谢雪红、林木顺等无产阶级革命派，于 1928 年 3 月 24 日创刊《台湾大众时报》。1931 年 12 月改称《新大众时报》。③

1930 年 6 月，王万得、陈两家、周合源、江森钰、张朝基创办《伍人报》周刊。王万得、周合源分任中、日文编辑。创刊号发行 3000 册，共发行 15 期。第 15 期后改名《工农先锋》。12 月合并于《台湾战线》。该刊抨击时弊，宣扬民族反抗意识和左翼思想。它与日本无产者艺术联盟、普罗列塔利亚科学同盟等保持密切联系，也与台湾大众时报社保持联系，成为台湾无产阶级文艺运动的先驱，屡遭总督府查禁。④ 8 月，谢春木、黄白成枝、廖汉臣等创办另一左翼刊物《洪水报》。发行 10 期左右，刊登政论文、小说、诗歌、散文等。

1930 年 8 月，林裴芳、黄天海创办中日文并用的左翼刊物《明天》，共发行 6 期，3 期遭禁。

1930 年 8 月，台北国际书局的杨克培、谢雪红组建台湾战线社，发行《台湾战线》杂志。张信义、王敏川、赖和、陈焕奎、郭德金、林万振等参与，共刊 4 期，但都被禁止。后来与《伍人报》合并，于 12 月发行《新台湾战线》，它鲜明地提倡普罗文学，促进文艺革命，但也被禁止。⑤

① ［日］山辺健太郎编：《台湾》（一），日本现代史料 21，东京みすず书房 1971 年版，第 288 页。
② 陈芳明：《左翼台湾：殖民地文学运动史论》，台北麦田出版社 1998 年版，第 34 页。
③ ［日］若林正丈：《台湾抗日运动史研究》，台湾史日文史料典籍研读会译，播种者出版有限公司 2007 年版，第 180、181 页。
④ 总督府警务局编：《台湾社会运动史——文化运动》，王诗琅译注，台北稻乡出版社 1995 年版，第 508 页。
⑤ 王诗琅：《思想鼎立时期的杂志》，《台北文物》3 卷 3 期，1954 年 12 月 10 日。

1930 年 10 月，许乃昌、黄呈聪、林笃勋、杨宗城、赖和、许嘉种、许廷燎、周天启等创办《现代生活》杂志，具有社会主义色彩，仅见创刊号。

1930 年 10 月，赤崁劳动青年会的林秋梧、林占鳌、庄松林、卢丙丁、林宣鳌、梁加升、赵枥马、陈天顺，在台南创办《赤道报》旬刊。共发行 6 期，第 3、5 期被查禁，1931 年停刊。该刊中日文并用，是介绍普罗文学的左翼刊物。转载日本左翼作家秋田雨雀《苏俄的概观》，第二号社论《我们要怎样参加无产文艺运动》。

1931 年 6 月 8 日，在台日本作家井手勋等人在报纸上发表《台湾文艺作家协会创立趣意书》等，准备成立台湾文艺作家协会。包括张维贤、周合源、徐琼二、黄菊次郎、廖汉臣、王诗琅、李彬、朱点人等台人在内的 39 人应募。6 月 30 日，在台北市西门町召开成立大会，决议发刊《台湾文学》，"确立新的文艺！""文艺的大众化！"8 月，《台湾文学》发行，共出 6 期。①

九一八事变之后，总督府解散岛内所有政治团体。抗日志士把工作重心转向文艺战线。1931 年 9 月末，陈结、陈神助、林水福、张城在竹崎发行《二字集》《三字集》与台湾赤色救援会机关报《真理》第 1 号。《三字集》分上下两卷，三字一句，两句一押韵，以"台湾话文"写成。内容是揭露资本家地主勾结帝国主义压迫剥削无产大众的罪恶，激发工农的阶级意识，并以苏维埃为理想。

1931 年秋，庄垂胜、叶荣钟、赖和、郭秋生、陈逢源、周定山、张焕珪、张聘三、许文逵、洪栖、吴春霖等在台中组建南音社。南音，指台湾文学乃中国文学中的南方支脉。② 1932 年 1 月 1 日，《南音》半月刊创刊，主编郭秋生。开展文艺启蒙运动，促使文艺大众化，重金征集小说、戏曲、诗歌等。共发行 12 期，其中第 9、10、12 期被查禁。开辟"台湾话文尝试栏"，发表"台湾话文"作品。③

1933 年 3 月 20 日，林添进、魏上春、巫永福、柯贤湖、吴鸿秋、吴坤煌、张文环、苏维熊、庄光荣、陈某，在东京成立台湾艺术研究会。5 月 10 日，王

---

① ［日］山辺健太郎编：《台湾》（一），日本现代史料 21，东京みすず书房 1971 年版，第 329、335 页。
② 叶芸芸、陈昭瑛主编：《叶荣钟全集 7·叶荣钟早年文集》，晨星出版有限公司 2002 年版，第 59 页。
③ 李南衡主编：《日据下台湾新文学·明集 5》文献资料选集，明潭出版社 1979 年版，第 117 页。

白渊、张文环、吴坤煌、苏维熊、巫永福、施学习、陈兆柏、黄坡堂、王继吕等开会，决定创刊《福尔摩沙》月刊，促进台湾文学及艺术发展。7月，创刊号500份，公开发往日本、台湾各地。到1934年止，《福尔摩沙》共发行3期。[1]

1933年10月，廖汉臣、郭秋生、黄得时、朱点人、陈君玉、林克夫、吴逸生、蔡德音、徐琼二、黄湘萍、林月珠、黄启瑞、王诗琅等，在台北组建台湾文艺协会，"推翻腐败文学，实现文艺大众化"。该协会强调以白话文创作，致力于台湾民间文学的发掘与保护。1934年7月，协会机关刊物《先发部队》创刊，廖汉臣主编，中日文并用。因总督府的干涉，1935年1月第2期更名《第一线》，并增加了部分日文稿件。

张深切、何集璧、张星建等，提倡召开全台文艺大会。经过3个多月的筹备，台湾文艺联盟成立大会于1934年5月6日在台中市小西湖酒家举行。墙上张贴着标语："推翻腐败文学，实现文艺大众化"。大批日警监控会场。出席会议的有黄纯青、黄得时、林克夫、廖汉臣、吴逸生、赵栎马、吴希圣、徐琼二、赖庆、赖明弘、赖和、何集璧、张深切、郭水潭、张星建、蔡秋桐、林越峰等82人。会议选举赖和、赖庆、赖明弘、何集璧、张深切为常务委员，张深切为委员长。11月6日，《台湾文艺》月刊创刊，主编张深切。1936年8月被迫停刊，共出15期。内容有评论、小说、诗歌、戏剧、随笔、学术研究等。该刊极大地推动了台湾新文学的发展。

1935年12月，杨逵、叶陶创办中日文的《台湾新文学》月刊。1937年6月被迫停刊，共出14期，另有《文学月报》两期。编辑有赖和、杨守愚、黄病夫、吴新荣、郭水潭、王诗琅、赖明弘、赖庆、李祯祥、杨逵、高桥正雄、叶荣钟、田中保勇。营业部有庄明当、林越峰、庄松林、徐玉书、谢顿登、叶陶。[2]

1937年7月以后，总督府令全岛报刊废止中文。朱点人等封笔。赖和、杨守愚、陈虚谷、叶荣钟、黄石辉、周定山、蔡愁桐等转用文言文创作。王诗琅等人则返回大陆。后来，部分台湾作家又重拾信心。"特别是大东亚战争爆发以来，本岛文学正与经济、政治共同承担大东亚共荣圈的一环而受到内外一致的注意，相信今后本岛的文学运动一定能越来越蓬勃发展。"[3] 黄得时、张文

---

①　柳书琴：《荆棘之旅：旅日青年的文学活动与文化抗战：以"福尔摩沙"系统作家为中心》，台湾清华大学台湾文学研究所博士学位论文，2001年。
②　王诗琅：《〈台湾新文学〉杂志始末》，《台北文物》3卷3期，1954年12月10日。
③　黄得时：《輓近の台湾文学运动史》，《台湾文学》第2卷第4号，1942年10月19日。

环、龙瑛宗、吕赫若、杨逵、吴浊流、陈华培等以日文创作，坚持现实主义的创作传统，抵制"皇民文学""国策文学"。

张文环于1941年5月组建启文社，成员有黄得时、吴新荣、陈逸松、王昶雄、巫永福、王井泉等，另有日本人中山侑、坂口袗子、名和荣一等，发行《台湾文学》，联合吕赫若、吴天赏、杨逵、王碧蕉、张冬芳、林抟秋、简国贤、吕泉生等。[①] 他们坚持"写实主义"的方针，描写台湾民众悲苦的生活，竭力避免"皇民化"。

"皇民奉公会"文化部下设文化奖，分为文艺、音乐、演剧三类，诱使台湾人创作"皇民化"作品。1943年2月，"皇民奉公会"首次颁发"台湾文学奖"。西川满《赤崁记》、滨田隼雄《南方移民村》、张文环《夜猿》得奖。4月，皇民奉公会机关杂志《台湾时报》发表滨田隼雄《非文学的感想》一文，批评台湾文学是"艺术至上主义"和"自然主义的末流"。分别暗指张文环、吕赫若。[②] 5月，西川满在《文艺台湾》上发表《文艺时评》，批评台湾文学是"狗屎现实主义"，"丝毫没有日本的传统"。[③] 邱炳南在《兴南新闻》上发表《狗屎现实主义与假浪漫主义》，提出："文学家的使命是为真理而活"，驳斥西川满等人。[④]《兴南新闻》发表吴新荣的《好文章·坏文章》、台南云岭的《寄语批评家》，继续反驳西川满等人。7月，杨逵在《台湾文学》上发表《拥护"狗屎现实主义"》，反驳西川满、滨田隼雄等对现实主义的污蔑。[⑤]

上述台湾人创办的报刊，从《台湾青年》到《台湾文学》等，是研究、介绍五四新文化的主要阵地，是发表台湾新文学理论和作品的主要阵地，推动台湾新文艺发展，抵抗"皇民化"运动。

第一，研究和介绍五四新文化理论和作品。1920年代，陈炘、甘文芳、陈瑞明、黄呈聪、黄朝琴、张我军、林子瑾、林攀龙、许乃昌、苏维霖、张梗、易前非、施文杞、黄文芳、刘梦苇、江梦笔、杨云萍等人，发表文章介绍五四新文化，引起新旧文学之争。他们介绍了胡适、陈独秀、鲁迅、郭沫若、周作人、冰心等人的文学理论或作品。台湾知识分子深受鲁迅观点的影响。例如，

① 黄武忠：《亲近台湾文学》，九歌出版社1995年版，第93—103页。
② 曾健民：《喑哑的论争》（人间·思想与创作丛刊），人间出版社1999年版，第112页。
③ 柳书琴：《荆棘的道路：旅日青年的文学活动与文化抗争——以"福尔摩沙"系统作家为中心》，台湾清华大学台湾文学研究所博士学位论文，2001年。
④ 曾健民：《喑哑的论争》（人间·思想与创作丛刊），人间出版社1999年版，第127页。
⑤ 伊东亮（杨逵）：《拥护狗屎现实主义》，《台湾文学》第3卷第2号，1943年7月。

文学是战斗；以文艺来改变国民性，促使民族新生等。

《台湾青年》率先发表文章，呼吁学习五四新文学。陈炘的《文学与职务》，呼应陈独秀的《文学革命论》，主张文字与文体改革，言文一致。"文学者，不可以不以启发文化，振兴民族为其职务"。① 甘文芳的《现实社会与文学》认为，台湾文学已远离时代和现实。② 陈瑞明的《日用文鼓吹论》，主张学习祖国，用简便的日用文取代文言文，启发民智。③

1923 年 1 月 1 日，《台湾》刊登黄朝琴的《汉文改革论》、黄呈聪的《论普及白话文的新使命》。黄呈聪写道："白话文是文化普及运动的急先锋。""若就文化而言，中国是母我们是子。""我们台湾不是一个独立的国家，背后没有一个大势力的文字来帮助保存我们的文字，不久便就受他方面有势力的文字来打消我们的文字了……"④ 他暗示要用中文抵抗日文的侵略。⑤ 黄朝琴呼吁人人使用白话文。《台湾》发表林攀龙《近代文学的主潮》、许乃昌《沙上的文化运动》。林攀龙介绍自然主义、普罗文学等文学理论；许乃昌介绍了左翼文化。⑥

转载或介绍祖国新文学方面，《台湾民报》《台湾新民报》贡献最大。重要者如下：1923 年 8 月，《台湾民报》转载胡适新诗《相思》《小诗》《关不住了》，胡适的剧本《终身大事》，⑦ 胡适翻译的法国作家都德的《最后一课》，⑧ 胡适《李超传》，许乃昌《中国新文学运动的过去和将来》，⑨ 陈独秀《敬告青年》，⑩ 张我军《致台湾青年的一封信》，⑪ 苏维霖《二十年来的中国古文学及文学革命的略述》，⑫ 张我军《文学革命运动以来》，⑬ 张我军《研究新文学应该读什么书?》，蔡孝乾《中国新文学概观》，⑭ 鲁迅《鸭的喜剧》，胡适翻译的

① 《台湾青年》1 卷 1 号，1920 年 7 月。
② 《台湾青年》3 卷 3 号，1921 年 9 月。
③ 《台湾青年》3 卷 6 号，1921 年 12 月。
④ 《台湾》第 4 年第 1 号，1923 年 1 月 1 日。
⑤ ［日］若林正丈：《台湾抗日运动史研究》，台湾史日文史料典籍研读会译，播种者出版有限公司 2007 年版，第 214 页。
⑥ 林瑞明：《台湾文学的历史考察》，允晨文化出版公司 1996 年版，第 23、25 页。
⑦ 《台湾民报》第 1 卷第 1、2 号。
⑧ 《台湾民报》第 1 卷第 3 号。
⑨ 《台湾民报》第 1 卷第 4 号。
⑩ 《台湾民报》第 1 卷第 7 号。
⑪ 《台湾民报》第 2 卷第 7 号。
⑫ 《台湾民报》第 2 卷第 10 号。
⑬ 《台湾民报》第 3 卷第 6 号。
⑭ 《台湾民报》第 3 卷第 12—16 号。

英国吉卜宁的《百愁门》,① 胡适翻译的莫泊桑小说《三渔夫》,② 胡适《五十年来中国之文学》,③ 冯沅君《隔绝》,④ 鲁迅《故乡》,⑤ 鲁迅《牺牲谟》,⑥ 鲁迅《狂人日记》,⑦ 鲁迅翻译自爱罗先珂的《鱼的悲哀》《狭的笼》,⑧ 鲁迅《阿Q正传》第1章到第6章,⑨ 鲁迅《杂感》,⑩ 刘大杰《"支那"女儿》⑪《妹妹!你瞎了》⑫《樱花海岸》,⑬ 郁达夫《故事》,⑭ 鲁迅《高老夫子》,⑮ 蒋光慈的《寻爱》⑯ 《逃兵》⑰,凌叔华的《女人》,⑱ 徐志摩的《自剖》《秋虫》,⑲ 郭沫若的《牧羊哀话》《仰望》《江湾即景》,冰心的《超人》,郑振铎的《墙角的创痕》,焦菊隐的《我的祖国》,张我军的《新文学运动的意义》⑳等,大陆作家每部作品后都有作者简介和导读。

《南音》《台湾文艺》《台湾新文学》等杂志,也介绍鲁迅等大陆作家及其作品。如鲁迅译作《池边》㉑ 及《鲁迅自叙传略》㉒,增田涉《鲁迅传》,㉓ 郭沫若《鲁迅传中的误谬》,㉔ 王诗琅《悼鲁迅》,黄得时《大文豪鲁迅逝世——回顾其生涯与作品》。㉕

---

① 《台湾民报》第3卷第1号。
② 《台湾民报》第3卷第3号。
③ 《台湾民报》第3卷第6—10号。
④ 《台湾民报》第3卷第6号。
⑤ 《台湾民报》第3卷第10、11号。
⑥ 《台湾民报》第3卷第13号。
⑦ 《台湾民报》第3卷第15、16号。
⑧ 《台湾民报》第69、73号。
⑨ 《台湾民报》第81—85、87、88、91号。
⑩ 《台湾民报》第292号。
⑪ 《台湾民报》第296—300号。
⑫ 《台湾民报》第305、306号。
⑬ 《台湾新民报》第351号。
⑭ 《台湾民报》第300号。
⑮ 《台湾新民报》第307—309号。
⑯ 《台湾新民报》第317—320号。
⑰ 《台湾新民报》第324—327号。
⑱ 《台湾新民报》第339—342号。
⑲ 《台湾新民报》第394号。
⑳ 《台湾民报》第61号。
㉑ 《南音》第1卷第5号,1932年3月。
㉒ 《南音》第1卷第11号,1932年9月。
㉓ 《台湾文艺》第2期,1934年12月。
㉔ 《台湾文艺》第2期,1935年2月。
㉕ 《台湾新文学》1936年10月。

《台湾民报》等报刊引进五四新文化，引起了新旧文学和"台湾话文"的争论，扩大了五四新文化的影响，促使台湾新文艺从实际出发，把白话文和闽南语结合起来，以现实主义创作手法反映日本殖民统治的黑暗。

许乃昌《中国新文学运动的过去现在和未来》，介绍了胡适《文学改良刍议》和陈独秀《文学革命论》，介绍了鲁迅等人及其作品。苏维霖《二十年来的中国古文学及文学革命的略述》，根据胡适《中国五十年之文学》中的资料，说明台湾文学的趋势也是白话文学。张我军《致台湾青年的一封信》一文，号召台湾青年勇敢地担负起改革社会旧道德、旧文化与旧制度的重任。[1]《糟糕的台湾文学界》抨击台湾旧文学，揭露旧文学界背后殖民者的阴谋。[2] 这引起了新旧文学界的激烈论争。

1924 年 11 月，连横在《台湾诗荟》上发表一篇跋，写道："今之学子……而嚣嚣然曰，汉文可废，汉文可废，甚而提倡新文学，鼓吹新体诗。"[3] 12 月 11 日，张我军发表《为台湾的文学界一哭》指出，反对旧文学不是要废弃汉文。1925 年 1 月，张我军又发表《请合力拆下这座败草丛中的破旧殿堂》，指出："台湾的文学乃中国文学的一支流。本流发生了什么影响、变迁，则支流也自然而然地随之而影响、变迁，这是必然的道理。"[4] 1925 年 1 月 5 日，汉文版《台湾日日新报》发表闷葫芦生《新文学的商榷》，认为"台湾之号白话体新文学……不通不文字"。[5] 张我军于 1 月 21 日发表《揭破葫芦》，说明："汉文学即中国文学，凡用中国的文字写作的有韵无韵的诗或文，而含有文学的性质的都是中国文学。""所谓新文学，乃是对改革后的中国文学说的。""新旧文学的分别不是仅在白话与文言，是在内容与形式两方面的。"[6]

此后，争论激烈。旧文学界的郑军我、连横、郑坤五、黄文虎、蕉麓、赤坎王生、黄衫客、一吟友等，在《台湾日日新报》《台湾新闻》《台南新报》等汉文栏发表文章，批评新文学。新文学界的张我军、易前非、半新半旧生、陈逢源、张维贤、蔡孝乾、张梗、赖和、陈虚谷、杨守愚、叶荣钟等人，在《台湾民报》上发表文章反驳。此外，1925 年 10 月，张绍贤在《七音联弹》

---

① 李南衡主编：《日据下台湾新文学·明集 5》文献资料选集，明潭出版社 1979 年版，第 57 页。
② 李南衡主编：《日据下台湾新文学·明集 5》文献资料选集，明潭出版社 1979 年版，第 63 页。
③ 李南衡主编：《日据下台湾新文学·明集 5》文献资料选集，明潭出版社 1979 年版，第 416 页。
④ 李南衡主编：《日据下台湾新文学·明集 5》文献资料选集，明潭出版社 1979 年版，第 81 页。
⑤ 汉文版《台湾日日新报》大正 14 年（1925）1 月 5 日。
⑥ 《张我军全集》，人间出版社 2003 年版，第 5—8 页。

创刊号发表批评连横的文章。《人人》第2期上有杨云萍批评旧文学写作态度的文章。

在争论过程中，张我军正式介绍胡适的《文学改良刍议》、陈独秀的《文学革命论》等五四新文学理论。① 在《新文学运动的意义》一文中，根据胡适的"国语的文学，文学的国语"，张我军提出"建设白话文文学，以代替文言文学；改造台湾语言，以统一中国国语"。② 在《研究新文学应读什么书》一文，张我军列举大陆新文学作品：新诗集有《女神》《星空》《尝试集》《草儿》《冬夜》《西还》《蕙的风》《雪潮》《繁星》《将来之花园》《旧梦》；短篇小说集有《呐喊》《沉沦》《玄武湖之秋》《蔓萝集》《超人》《小说汇刊》《水灾》《隔膜》等；新文学期刊有《创造周报》《创造季刊》和《小说月报》。③

新旧文学之争，持续两年多，1925年达到高潮，最终新文学取得压倒性的胜利。

新旧文学之争深入的结果，就是关于台湾文学内容与形式、乡土文学和"台湾话文"的论争。④ 这推动了台湾知识界结合台湾现实应用五四新文化理论，走现实主义创作路线，以反抗日本殖民文化。1924年10月，连温卿在《台湾民报》上发表《言语之社会性质》一文，指出语言与民族不可分，要保护民族独立，就要保护民族语言。接着他又发表《将来之"台语"》，指出，为了反对殖民同化政策，必须保存、整理以至改造台湾语言。⑤ 1926年1月24日，赖和在《台湾民报》上发表《读台日纸的〈新旧文学之比较〉》，指出："去建设言文一致的大众化文学，藉着口语中方言、俚语、俗语的运用，不仅要呈现出台湾的乡土特色，更要将反帝反封建的意识，直接打进广大的社会群众中，以达致文章救国的初衷。"⑥ 1927年6月，郑坤五尝试用闽南语写作，并发表在《台湾艺苑》上。1929年5月，叶荣钟在《台湾民报》上发表《关于罗马字运动》，主张运用祖国的文学作品来滋培台湾话文。同年底，《台湾民报》刊登连横《"台语"整理之责任》，指出：日语运动将导致"台语"日趋

① 林瑞明：《台湾文学的历史考察》，允晨文化出版公司1996年版，第2—4页。
② 秦贤次：《台湾新文学运动的奠基者——张我军》，张恒豪主编：《杨云萍、张我军、蔡秋桐合集》，前卫出版社1996年版，第129—153页。
③ 《台湾民报》第3卷第7号，1925年3月1日。
④ 许俊雅：《台湾文学论——从现代到当代》，南天书局1997年版，第147、149页。
⑤ 《台湾民报》第2卷第19、20、21号，1924年10月。
⑥ 梁明雄：《日据时期台湾新文学运动研究》，文史哲出版社1990年版，第134页。

消亡。

在论争中，叶荣钟在《南音》上连续发表《"大众文艺"期待》①、《前辈的使命》②、《"第三文学"提倡》③、《再论"第三文学"》④ 等 4 篇文章，提出，"现在的台湾人全体共同的生活，感情，要求和解放的"台湾文学，是第三文学。因乡土文学一词易于联想到无产阶级，叶荣钟才提倡第三文学。

1933 年《台湾新民报》上有"乡土文学论争"内容，关于文学用语，有人主张用白话文，有人主张用闽南话，有人主张用教会罗马拼音，有人主张用日本假名拼音。

《台湾文艺》第 2 卷第 2 期、第 4 期先后刊登张深切《对台湾新文学路线的一提案》《再提案》提出，"是台湾文学不要筑在于既成的任何路线上，要筑在于台湾的一切'真、实'（以科学分析）的路线之上，以不即不离，跟台湾的社会情势进展而进展，跟历史的演进而演进。"⑤

这些论战促进了文艺社团的建立、台湾民间文学的搜集整理、文艺大众化、左翼文艺的发展、创作风潮出现，以及重视"台湾话文"等。

在《台湾民报》编辑、作者、读者的努力下，台湾新文化运动很快就开花结果了。在抗日精神的鼓舞下，台湾的语言、文学、戏剧、音乐、美术等，所有关于台湾人精神文化方面的自觉性改革，都在这段时期展开。⑥

早在 1885 年，英国长老会牧师巴克莱（Thomas Barclay）就以闽南语罗马拼音发行《台湾府城教会报》月刊。因此，蔡培火也提倡用罗马字母书写闽南话，并于 1925 年著书，旨在抵抗日语运动。1929 年，蔡培火在台南武庙成立罗马式白话字研究会。

1913 年 12 月 15 日，儿玉四郎、连温卿、苏璧辉等在台北成立世界语协会台湾支部，发行《绿荫》杂志。黄呈聪等人也以通信的方式参加学习。世界语运动，实质上是追求人类和平的运动。在国际联盟鼓吹的和平理想下，为避免强国语言称霸，试图在各国平等基础上使用和推广一种共通的语言。1921 年 1

---

① 《南音》1 卷 2 号，1932 年 1 月 17 日，东方文化书局影印本。
② 《南音》1 卷 3 号，1932 年 2 月 1 日，东方文化书局影印本。
③ 《南音》1 卷 8 号，1932 年 5 月 25 日，东方文化书局影印本。
④ 《南音》1 卷 9、10 号合卷上，1932 年 7 月 25 日，东方文化书局影印本。
⑤ 李南衡主编：《日据下台湾新文学·明集 5》文献资料选集，明潭出版社 1979 年版，第 185 页。
⑥ ［日］若林正丈：《台湾抗日运动史研究》，台湾史日文史料典籍研读会译，播种者出版有限公司 2007 年版，第 10 页。

月 16 日，台湾世界语学会举办首届大会。和田被推举为会长，苏璧辉、黄铁、连温卿等为理事。① 1923 年 7 月，谢文达、蒋渭水、石焕长等，在大稻埕连温卿家组织社会问题研究会。② 连温卿找人将中文《共产党宣言》译成日文，邮寄日本，但被日警发现后没收了。台湾世界语学会在全岛举办演讲会及音乐会，并向报刊投书。为此，日警警告山口小静说："语言跟思想的关系很密切，排斥日本语即意味排斥日本，而日本殖民地政策是绝对无法默许反叛者。"③

在新文艺发展上，小说的成就最大。1922 年 4 月 17 日，谢春木在《台湾》上发表日文小说《她要往何处去——给苦恼的姊妹们》，通过桂花的婚恋遭遇，批评封建婚姻，倡导自由恋爱。④《台湾文化丛书》第 1 号发表鸥的短篇小说《可怕的沉默》，以老马和老蔡两个屈辱的人物形象，生动地说明了台湾文化协会的立场。⑤ 1923 年 3 月 10 日，无知在《台湾》上发表寓言《神秘的自制岛》。"自制"指迷信、愚昧及奴性。"岛"指台湾岛。小说讽刺了日本殖民统治下一些人的麻木不仁。

从 1926 年 1 月到 1931 年 2 月，《台湾民报》《台湾新民报》兼发表大陆和台湾作家的小说。1931 年 2 月以后，《台湾新民报》发表的小说，几乎都是台湾作家创作的。《台湾民报》和《台湾新民报》发表的小说有：赖和的《斗闹热》《一杆"秤仔"》《不如意的过年》《可怜他死了》《辱？》《丰作》，杨云萍的《光临》《弟兄》《黄昏的蔗园》《秋菊的半生》，张我军的《买彩票》《白太太的哀史》《诱惑》，天游生的《黄莺》，涵虚的《郑秀才的客厅》，郑登山的《恭喜？》，杨守愚的《谁害了她》《过年》《一群失业的人》《猎兔》《生命的价值》《凶年不免于死亡》《醉》《十字街头》《冬衣》《颠倒死》《瑞生》，郭秋生的《死么？》《鬼》《跳加冠》，陈虚谷的《他发财了》《无处伸冤》《荣归》《放炮》，太平洋的《夜声》，蔡秋桐的《保正伯》《放屎百姓》《夺锦标》《新兴的悲哀》，朱点人的《岛都》《一个失恋者的日记》，梦华的《斗》《荆棘的路上》，孤峰的《流氓》，林努进的《牛车夫》，林克夫的《阿枝的故事》，

① ［日］若林正丈：《台湾抗日运动史研究》，台湾史日文史料典籍研读会译，播种者出版有限公司 2007 年版，第 196 页。
② 连温卿：《台湾政治运动史》，台北稻乡出版社 1988 年版，第 122 页。
③ ［日］竹中信子：《日本女人在台湾》大正篇，曾淑卿译，时报文化出版社 2007 年版，第 306 页。
④ 钟肇政、叶石涛：《光复前台湾文学全集》，台北远景出版社 1979 年版，第 34 页。
⑤ 许俊雅编：《日据时期台湾小说选读》，万卷楼图书公司 2002 年版，第 6 页。

铁涛的《阿凸舍》，李万居所译法国小说，林辉焜日文小说《争へぬ运命》，赖庆的《女性の悲曲》，陈镜波的《湾制デカメロン》《落城哀艳录》，陈君玉的《工场进行曲》，山竹的《突出水平线上的恋爱》，徐坤泉长篇小说《灵肉之道》《可爱的仇人》《暗礁》《新孟母》《中国艺人阮玲玉哀史》，吴漫沙长篇小说《韭菜花》《繁华梦》《桃花江》《黎明之歌》《大地之春》，翁闹的《有港口的街市》，黄得时用日文改写的《水浒传》。

1930 年，庄松林在《赤道报》上发表《女同志》《到酒楼去》，宣传社会主义思想。后来，他又发表民间故事《鸭母王》《林投姐》。

1932 年 1 月，《南音》设"台湾话文讨论栏"，发表民歌、童谣、歌曲、谜语、故事等，致力于建设"台湾话文"文学。如杨守愚的民歌《贫妇吟》，赖和的《归家》《惹事》等。小说则有周定山的《老成党》，赤子的《擦鞋匠》等。

《福尔摩沙》有吴天赏、杨基振、曾石火、施学习、刘捷等撰稿人，发表的重要作品有张文环的《落蕾》，巫永福的《首与体》，吴希圣的《豚》，吴天赏的《龙》，王白渊的《行路难》等。

《台湾文艺》发表：赖和《善讼人的故事》，张深切《鸭母》，林越峰《到城市去》《好年光》《红萝卜》，杨华《一个劳动者的死》《薄命》，王诗琅《青春》《没落》，蔡德音《补运》，廖汉臣《玉儿的悲哀》，绘声《秋儿》《像我秋华的一个女郎》，谢万安《老婆到手苦事临头》《五谷王》，李泰国《分家》《细雨霏霏的一天》，蔡秋桐《兴兄》《理想乡》《媒婆》，村老《难兄难弟》，张庆堂《鲜血》，翁闹《憨伯仔》，巫永福《山茶花》等。

《先发部队》创刊号的"台湾新文学出路的探究"特辑，发表朱点人《纪念树》、赵栌马《私奔》、廖汉臣《创痕》、林克夫《秋菊的告白》等小说。

1936 年 1 月，《第一线》"台湾民间故事特辑"，收录 15 篇民间故事：廖汉臣《顶下郊拼》，黄琼华《莺歌庄的传说》，一骑《新庄陈华成，下港许超英》，周定山《鹿港憨光义》，沫儿《台南邱懔捨》，李献璋《过年的传说》，一平《领台轶事》，朱点人《贼头儿曾切》，陈锦荣《水流观音王四老》，蔡德音《碰捨龟》《洞房花烛的故事》《圆缘汤岭》《离缘和崩崁仔山》。卷头语是黄得时《民间文学的认识》。[①] 在此基础上，李献璋编辑出版《台湾民间文学

① 李南衡主编：《日据下台湾新文学·明集5》文献资料选集，明潭出版社 1979 年版，第 170 页。

集》，包括 23 篇故事、上千首童谣、民歌、谜语等。

《台湾新文学》发表小说：赖贤颖《稻热病》，庄松林《老鸡母》，赵栎马《西北雨》，朱点人《秋信》《脱颖》，杨守愚《鸳鸯》，废人《三更半暝》，王诗琅《十字路》，周定山《旋风》，但遭到了总督府查禁。

《台湾文学》发表了一些重要小说，例如：张文环《艺姐之家》《夜猿》《论语与鸡》《阉鸡》，吕赫若《财子寿》等，杨逵《无医村》，巫永福《欲》，王诗琅《夜雨》《青春》《老婊头》，王昶雄《奔流》等。该刊还开设"赖和纪念专辑"，以表明继承赖和的精神。

此外，还有许多作家的作品不能详列，例如：黄石辉《以其自杀，不如杀敌》，赖明弘《夏》《结婚男人的悲哀》，巫永福《黑龙》《山茶花》《阿煌与父亲》，翁闹《罗汉脚》《可怜的阿蕊婆》《音乐钟》《残雪》《天亮前的恋爱故事》，赖庆《斗争意识》，王昶雄《淡水河的涟漪》，雨村《善も邻人》，辜颜碧霞长篇日文小说《流》，刘顽椿日译《水浒传》等。

赖和（1894—1943），创作小说的成就最大。他主张文学大众化和提倡用"台湾语文"写作。现实主义的创作手法、创作主题、文体形式、讽刺笔调等，都是学习鲁迅的。其小说质朴含蓄，批评旧文化传统，批判日本殖民者及其走狗。[①] 著有《蛇先生》《未来的希望》等 20 篇小说，塑造了一批人物形象：代表日本殖民统治的巡察以及攀附他们的台湾人巡察补，被侮辱损害的小民，自命清高的遗老逸民，不甘于现状的青年，粗俗无知的顺民等。巡察就是"查大人"，冷酷贪婪、巧取豪夺。这些人物形象深刻反映了日本殖民统治的凶残本质。[②]

赖和的小说《一杆"秤仔"》，主人公是秦得参，16 岁欲租佃谋生，适逢会社圈地种甘蔗，无田可耕。若为会社当劳工，形同牛马，因此做散工。年关时分，他借钱借秤去贩卖生菜，却被巡察折断了秤，还被骂道："畜生！到衙门去。"妻子用挣来的 3 圆钱将他赎回。他感到"人不像人，畜生谁愿意做？"趁夜杀死巡察后自杀。"秤仔""不堪用了"，隐喻总督府标榜的法制、公平的虚伪。[③]

---

① 范钦林：《现实主义乡土小说的两地先驱——鲁迅、赖和乡土小说比较论》，《南通师范学院学报》1999 年第 2 期。
② 林瑞明：《台湾文学与时代精神：赖和研究论集》，允晨文化出版社 1993 年版。
③ 《台湾民报》第 92、93 号。

　　赖和的小说《善讼人的故事》，描绘"生人无路，死人无土，牧羊无埔，耕牛无草"的社会现状，以古喻今。内容是清代彰化民间传说，知识分子林先生与地主打官司，为贫苦农民争取墓地。林先生控告地主说："不应当占有全部山地做私产"，提出必须剥夺地主对土地的占有权。台湾的官员不支持林先生。林先生到福建省政府打赢了官司。这个故事暗示，觉悟了的知识分子要依靠民众和祖国大陆，才能解决台湾的问题。1934 年 2 月，台湾议会请愿运动被台湾总督府强行解散。这也是赖和对 15 年台湾议会请愿运动失败的总结。

　　陈虚谷《荣归》讽刺某些攀附日本殖民者的台湾人的奴性。《他发财了》等三篇小说，揭露巡察以特权欺压台胞的暴行。蔡秋桐的小说多用讽刺手法，揭露日本殖民者的荒谬和欺骗。《夺锦标》表面上歌颂"日本大人"爱民如子，实际上是讽刺殖民者的剥削压榨。杨守愚的小说，以犀利的写实笔法，或刻画巡察的残暴掠夺，或反映知识分子的困境和挣扎，或反映殖民统治下女性的悲惨。[1]

　　杨逵的小说，"描写台湾人民的心酸血泪生活，而对殖民残酷统治抗议，自然就成为我所最关心的主题"。[2] 1932 年用中文创作的《送报夫》。小说里的青年杨君，父亲因不愿贱卖土地给日本制糖会社而被活活打死，弟妹们不幸饿死，母亲也上吊而死。这是对殖民统治最有力的控诉。《送报夫》结尾："我满怀着信心，从巨轮蓬莱号的甲板凝视着台湾的春天……这宝岛，在日本帝国主义的统治下，表面上虽然装得富丽肥满，但只要插进一针，就会看到恶臭逼人的血腥的迸流！"1937 年 8 月，杨逵撰写寓意深刻的短篇小说《模范村》。"泰平乡"是巡察、日本制糖会社、财主阮固等互相勾结营建的模范村，有无钱而自杀的憨金福，有连灯油都没有的农民。为评模范村，妈祖、观音菩萨的像，必须换成写着《君之代》的挂幅。最后，阮固的独生子阮新民去大陆抗日。小说揭露了日本殖民统治的残暴虚伪，结尾暗示着光明："他自言自语地站了起来，山后一道霞光，已经透过窗口射了进来。"[3]

　　朱点人的小说《秋信》半塑造半写实地叙述了陈斗文的故事。前清老秀才陈斗文，具有崇高的民族气节，到台北参观总督府"始政四十周年纪念"博览

①　许俊雅编：《日据时期台湾小说选读》，万卷楼图书公司 2002 年版，第 23、39、53 页。
②　杨逵：《台湾文学对抗日运动的影响——十一年前一项文艺座谈会上的书面意见》，《文季》第 2 卷第 5 期，1986 年 6 月。
③　彭小妍主编：《杨逵全集》第四卷小说，国立文化资产保存中心筹备处，1998 年。

会时，脱口而出："倭寇！东洋鬼子！……清朝虽然灭亡了，但中国的民族未必……说什么博览会，这不过是夸示你们的……"通过斗文先生的口，揭露了日本殖民者的歧视和掠夺政策。小说歌颂旧文人四十年始终如一热爱祖国的伟大精神。①

翁闹的《残雪》运用写实兼象征手法，塑造了留日学生林春生的形象，深刻地揭示了日本殖民统治给台湾几代青年人带来的认同困惑。出身台南礼仪之家的林春生，因与玉枝自由恋爱，遭到双方家长的反对，而去东京留学。在东京，林春生又与来自北海道的喜美子产生感情。于是，他在两个女人之间纠结痛苦。小说结尾，林春生在雪夜里反复思虑："北海道和台湾，究竟那个地方远？……在内心这两个地方都同样远。……既然如此，我不回台湾，也不到北海道。"②

与《残雪》主题相似、笔法相似的还有巫永福的《首与体》。小说主人公"我"留学东京，过着喝咖啡欣赏戏剧音乐的现代生活，却时刻要想着父母要求"我"回台湾结婚的面容。东京是"首"还是"体"，台湾是"首"还是"体"，搞得"我"很错乱，常想起人面狮身兽。正是日本殖民统治，才造成台湾留学生认同上的"人面狮身"。③

吴浊流著有日文小说《水月》《泥沼里的金鲤鱼》《先生妈》《陈大人》《功狗》等。《先生妈》塑造了先生妈和钱新发母子两个人物，母亲至死不过日本式生活，而儿子钱新发则是个地道的皇民，穿和服讲日语用日本姓名。先生妈与儿子尖锐地对立，代表着本土性与殖民性的对立。《先生妈》中的巡察补，为了要博得日本人的信任，对自己同胞十分凶残。④ 从1943年起秘密写作自传体长篇小说《亚细亚的孤儿》，表现台湾人处处受到日本人压迫、歧视，十分苦闷，心灵深处有眷恋祖国的情结。主人公胡太明是个知识分子，反对"皇民化"，只认同自己的祖国。在历经种种变故之后，他毅然返回祖国抗日。胡太明作诗述志："志为天下士，岂甘作贱民？击暴椎何在？英雄入梦频。汉魂终不灭，断然捨此身。"⑤

---

① 《台湾新文学》1936年3月号。
② 许俊雅编：《日据时期台湾小说选读》，万卷楼图书公司2002年版，第226页。
③ 《福尔摩沙》创刊号，1933年7月。
④ 彭瑞金主编：《吴浊流集》，前卫出版社1997年版，第21—36页。
⑤ 黄美娥：《铁血与铁血之外：阅读诗人吴浊流》，吴浊流作品国际研讨会论文，2000年。

张深切著有《铁窗感想录》《儿童新文学》，译著《日本文学杰作集》，以及自传体小说《里程碑》。①

王诗琅1935年前后完成的《夜雨》《没落》《十字路》，都是反映参加反日政治运动者生活与心理的短篇小说，表现这些人在总督府高压下的无力与愤懑。小说的叙述方式是自传式的娓娓道来，让读者在冷静中体会其中的悲苦无奈。②

张文环小说都取材故乡嘉义梅山的生活，真实地记录殖民统治下的社会真相，充满着深沉的民族感情和对重建家国的期待。"我以为殖民地生活的苦闷，至少可以从文学领域上自由的作幻想飞翔来抚平。现实越是惨痛，幻想也就华丽。"③

王昶雄的《奔流》，叙述台湾知识分子朱春生抵抗"皇民化"运动的曲折痛苦过程。小说以自然主义手法，冷峻地描写"'皇民化'运动"下台湾人的精神煎熬。④

龙瑛宗小说描写的生活与张文环的相似，阴郁灰暗。他著有《植有木瓜树的小镇》《夕照》《黑妞》《白鬼》《村姑逝矣》《黄昏月》《黄家》《邂逅》《午前的悬崖》《白色的山脉》《貘》《不知道的幸福》《死于南方》等。其中，《植有木瓜树的小镇》于1937年被日本《改造》杂志评为佳作。另有中篇小说《赵夫人的戏画》在1939年出版。⑤

吕赫若，战争时期日语作家的代表，所著《牛车》和《暴风雨的故事》，描写1930年代的乡村民众贫困悲惨的生活。《牛车》主人公是农民杨添丁，在殖民掠夺政策下一步步变成赤贫，又一步步变成偷鹅的小偷。作者辛辣地讽刺了总督府统治下的"现代化"。所谓"现代化"就是强占耕地林地，垄断工业和商业。⑥ 1940年到1943年所著的小说《邻居》《柘榴》《财子寿》《清秋》等，用曲笔描写黑暗的社会现实。《邻居》《清秋》表面上写的是日台亲善、台湾人从军，才得以出版。11月，《财子寿》获"台湾文学赏"。他擅长通过细

①　张深切：《里程碑》，《日据时期台湾小说选》，心影出版社1979年版，第70—72页。
②　张恒豪编：《王诗琅朱点人合集》，《台湾作家全集》，前卫出版社1991年版。
③　罗成纯：《龙瑛宗研究》，《龙瑛宗集》，前卫出版社1992年版。
④　许俊雅编：《日据时期台湾小说选读》，万卷楼图书公司2002年版，第393页。
⑤　罗成纯：《龙瑛宗研究》，《龙瑛宗集》，前卫出版社1992年版。
⑥　赵铁锁：《日本对台湾殖民地的掠夺》，《台湾研究》1999年第1期。

节冷峻地刻画社会变迁下的人生，以此反映殖民统治的残酷。[1]

新诗歌具有强烈的时代色彩和政治意义，坚持现实主义创作手法，描写民生疾苦、社会不公、反抗民族压迫和阶级剥削，唤醒民众改造社会，推翻殖民统治，追求自由光明。诗人们或慷慨高歌或高声呐喊或直陈愤怒，表达不屈的斗争意志。

1923 年 12 月，施文杞在《台湾民报》上发表新诗《送林耕余君随江校长渡南洋》。1924 年 4 月，《台湾》上发表谢春木的日文诗《诗的模仿》。此后，《台湾民报》发表的新诗越来越多。张我军的《沉寂》《对月狂歌》《无情的雨》《弱者的悲鸣》，崇五的《误认》《旅愁》，杨云萍的《这是什么声？》，杨华的《小诗》等。

1925 年 1 月，张我军在《台湾民报》上发表《绝无仅有的击钵吟的意义》，论述诗歌革命。诗歌"都是有所感于心，而不能自已"，"自然而然地写出来，决不是故意勉强去找诗来作的"。诗歌内容是"彻底的人生观和真挚的感情"。他批评旧诗限题、限韵、限时间、限数量等，"有形无骨"。[2] 3 月到 5 月，《台湾民报》又刊登张我军《诗体的解放》。依据胡适的主张，他主张用白话自由诗体反映时代生活的内容，以取代文言格律旧诗的陈词滥调。

1925 年，《人人》第 2 期上发表郑岭秋的《我手早软了》、江肖梅的《唐棣梅》、纵横的《乞孩》、泽生的《思念郎》，都是抒情诗。当年底，张我军出版诗集《乱都之恋》，收集 55 首白话新诗，这是台湾第一部新诗集。

1926 年秋，《台湾民报》征求白话诗歌，杨华、崇五、黄石辉、黄得时、沈玉光、谢万安等人的诗歌入选。1930 年 8 月 2 日，《台湾民报》第 334 号上增开"曙光"栏目，征集新诗，此后有大批新诗发表。如廖汉臣、杨华、杨守愚、杨炽昌、赖和等的作品。优秀作品如杨守愚《长工歌》、赖和《流离曲》、陈虚谷《诗》、林克夫《失业的时代》、杨华《小诗十二首》等。

1931 年 1 月 1 日，《台湾新民报》第 345 号发表黄周《整理歌谣的一个提议》，转述赖和的话："若不早日著手，怕再有几年，较有年岁的人死尽了，就无从调查。现时一般小孩子所唱的，岂不多是日本童谣吗？想着了还是早想方法才是。"《台湾新民报》从第 346 号开始，增设"歌谣专栏"，以发表全台的

歌谣。《三六九小报》上也发表新民歌，例如萧永东的《消夏小唱》等。

1931 年，盛冈女子师范学校教师王白渊出版日文诗文集《荆棘之路》，包括 60 多首现代诗、1 篇小说、1 篇剧本、2 篇论文。王白渊的诗歌反帝反封建、憧憬祖国和世界革命，受到日本左翼文坛的好评。[①]

《先发部队》和《第一线》上有廖汉臣的《先发部队·序诗》，王诗琅《蜂》，陈君玉《黎明的青春》等。1934 年 7 月 15 日，《先发部队》创刊号发表了郭秋生的诗歌《先发部队》：

> 出发了，先发部队！
> ……
> 莫迟疑，别彷徨，
> 来！赶快齐集于同一战线，
> 把海洋凝固，
> 把大山迁移，
> 动其手来，
> 直待，实现我们待望的世界！

赖和的新诗直抒胸臆，感情强烈，雄浑遒劲。1925 年 10 月，彰化二林蔗农反抗日本制糖株式会社压低甘蔗价格，被逮捕 40 多人，致死多人。赖和写下了第一首新诗《觉悟的牺牲——寄二林战友》：

> 觉悟下的牺牲
> 觉悟地提供了牺牲，
> 唉！这是多么难能！
> 他们诚实的接受，
> 使这不用酬报的牺牲，
> 转得有多大的光荣。

1930 年 7 月，台湾总督府制造雾社事件，大肆屠杀高山族。赖和愤怒地写

[①] 梁明雄：《日据时期台湾新文学运动研究》，文史哲出版社 1996 年版。

下《南国哀歌》：

> 兄弟们！来！来！来和他们一拼，
> 凭我们有这一身，
> 我们有这双腕，
> 休怕他毒气、机关枪！休怕他飞机，炸裂弹！

全诗充满着对日本殖民者的仇恨。

1930年9月，《台湾民报》连载赖和的长诗《流离曲》。这首诗长达292行，刊登到204行时，就被总督府禁止了。这首诗揭露退职的殖民官吏强买大批土地，造成农民流离失所的惨状，呼唤工农革命：

> 天的一边，地的一角，
> 隐隐约约，有旗飘扬。
> 被压迫的大众，
> 被榨取的工农，
> 趋趋！集集！
> 聚拢到旗下去，
> 想活动于理想之乡！
> 去！去！
> 紧随他们之后，
> 我怎生这样痴愚，
> 怎样甘心在此受人欺负！
> 去！去！紧随他们之后！①

赖和还用台湾方言创作了《新乐府》《农民谣》《农民叹》《相思歌》《歌仔调》等歌谣体新诗。②

陈虚谷、杨守愚、吴坤煌都是反殖民统治的诗人和战士。陈虚谷有新诗

---

① 林瑞明编：《赖和全集（二）：新诗散文卷》，前卫出版社2002年版。
② 薛顺雄：《赖和旧俗文学作品的时代意义》，东海大学中国文学系编：《台湾文学中的历史经验》，文津出版社1997年版，第19—46页。

《秋晓》《纵贯道路》《村居杂咏》《春获》等。其作品深受赖和影响，有凛然不屈的民族气节，代表作是《敌人》：

> 止！止！止！
> 止住我们的哭声
> 敌人来了！
> 不要使他们听见
> 使他们听见
> 他们就要误会我们是在求怜悯同情
> ……我们便是死尸遍野
> 也不愿在敌人之前表示失意
> 表示失意
> 是我们比死以上的羞耻。①

杨守愚的创作具有普罗文学的倾向，其诗歌的主要内容是揭露阶级剥削，为劳苦大众鸣不平。如《人力车夫的叫喊》《冬夜》《新郎的礼数》。关注妇女悲惨的命运，如《洗衣妇》《女性悲曲》《贫妇吟》。在《中秋之夜》中他直呼："真想把现世间一脚踢倒"。

吴坤煌在东京参与左翼文化团体，对其诗歌创作影响很大。如《母亲》一诗中揭示，台湾民众的苦难不仅来自地震，更主要来自日本殖民者的囚禁和迫害。

杨华，1927 年在台南监狱中创作 53 首新诗，编成《黑潮集》。另著有《心弦集》《晨光集》。诗歌基调都是控诉殖民者的压迫，风格感伤抑郁。《黑潮集》中的诗歌，常用比喻等手法。例如将台湾民众比作小羊：

> 和煦的春天，
> 花儿鲜艳地开着，
> 草儿苍笼地长着！
> 何方突然飞来一阵风雹，

---

① 陈逸雄编：《陈虚谷作品集》，彰化县立文化中心，1997 年。

将他们新生的生命，

摧残得披靡凌乱！

……

可怜无告的小羊，

悲惨继续的叫着，

无归路般的站在歧途上……①

吴新荣、郭水潭、庄培初、徐清吉、林精镠等居住在台南佳里、北门一带，被称为盐分地带诗人。他们描绘日本殖民者的丑恶行径等，主张文学必须走向民众，植根乡土，具有浓烈的乡土意识和汉民族认同感。吴新荣用平淡语句，表达最强烈的反日意识。吴新荣第一首新诗《平原上的烟囱》，写出日本资本家工厂里冒出的黑烟，就是台湾农民的血汗。《故乡的挽歌》通过今昔对比，控诉黑暗的殖民统治。《疾驰的别墅》《烟》等，揭露日本资本家剥削和民族不平等的事实。吴新荣也写诗揭露总督府制造雾社事件的罪恶。

郭水潭的诗作有《世纪之歌》等，《故乡的书简——致狱中的S君》直接揭露残暴的殖民统治。《世纪之歌》饱含强烈的反战情绪。徐清吉的诗歌数量少，但反抗性强烈。如《桅上的旗》："要站在被虐待者的一边"、"要不断地燃烧着一股火辣辣的热忱"、"要替那些被欺压的人告状、呼冤"。庄培初、林精镠等用超现实、象征手法，渲染灰暗凄惨的氛围。

1934年秋，杨炽昌、张良典、李良瑞、林永修、陈奇云等人，在台南市组建风车诗社，倡导超现实主义诗观，以超现实主义手法表现总督府统治下的社会病态，但最终被现实主义诗潮吞没。他们创办《风车诗刊》，每期发行75本，1935年夏停刊。

该社诗人的作品多用隐喻表现知识分子的无力感，充满着抵抗与批判精神。杨炽昌有诗集《热带鱼》。陈奇云著有《热流》，常在诗歌中寄托忧愁孤独凄恻惆怅的情绪，例如《秋天去了》：

明知无从反抗，

暴君的寒风，

---

① 参见朱双一：《日据时期台湾新诗的抗议和隐忍》，《台湾研究》1996年第4期。

山丘的荒草，

依然缠着苟延残喘的根！

林永修的《黄昏》，以黑潮和静寂的海底象征环境的恶劣。李良瑞有的诗歌主题是反殖民统治的。如《天空的婚礼》中，飞机扮演了太阳和月亮迎娶送嫁的角色，深刻地讽刺了侵略者。《这个家》含蓄地表现了对本民族传统的眷恋。

1937 年前后，在总督府的高压统治下，台湾新文学进入低落状态，但仍有继续战斗者。巫永福的诗《遗忘语言的鸟》，以鸟喻人，从语言的角度讽刺那些投靠日本殖民者的人。诗歌《祖国》，呼唤祖国醒来，发愤图强，光复台湾：

啊！祖国吆醒来！

祖国吆醒来！

国家贪睡就病弱，

病弱就会有耻辱，

人多地大的祖国吆　咆哮一声

祖国吆　咆哮一声

祖国吆　站起来

祖国吆　举起来

向海叫喊还我们祖国呀！①

散文方面，包括政论文、游记、杂文、随感等，数量众多。

蒋渭水的政论文影响最大。1921 年 11 月 28 日，《台湾文化协会会报》第 1 号刊登蒋渭水的《临床讲义：关于台湾这个患者》，以独特的形式论述台湾现状："原籍中华民国福建省台湾道，现住所大日本帝国台湾总督府"。"诊断：世界文化的低能儿。原因：知识的营养不良。处方：正规学校教育最大量；补习教育最大量；幼稚园最大量；图书馆最大量；读报社最大量。

① 杜文靖：《老而弥坚的前辈诗人巫永福》，张恒豪主编：《翁闹、巫永福、王昶雄合集》，前卫出版社 1996 年版；巫永福著，陈千武译：《祖国》，陈少廷：《台湾新文学运动简史》，联经出版社 1981 年版，第 154 页。

20 年内根治。"① 但是，该刊遭到日警禁止。12 月 10 日，第 1 号《会报》才发行删节版。从第 1 号起，《会报》的原稿必须送到总督府检查，不许《会报》刊载时事。1924 年 4 月起，《台湾民报》连载蒋渭水的《入狱日记》《狱中感想》《狱中随笔》。1927 年，蒋渭水又在《台湾民报》发表《北署游记》。② 这些散文充满反殖民压迫的豪情，既是文学经典，也是珍贵史料。

1925 年 1 月至 1926 年 2 月，张我军在《台湾民报》上发表《随想录》9 篇。1926 年 2 月到 3 月，张我军著《南游印象记》。这些杂感学习鲁迅写作手法，批评旧文人的复古倾向，宣传五四新文化。如《赛先生也访到台湾》表示欢迎赛先生，大力歌颂科学精神。《笑〈台日报〉中文部记者的愚劣》《狂犬病的流行》《忠实的读者》等，都宣扬恋爱自由的个性解放思想。《糟糕的台湾文人》则赞扬了历史进化的观点。③

赖和在《台湾民报》上发表《无题》《答复〈台湾民报〉设问》《前进》等杂感。《前进》采用象征手法和悲壮的语调，通过简洁形象的语言构筑了深沉凝重的意境。开头和结尾都描写了一个"骇人的黑暗"的氛围，象征着日本殖民统治的无比黑暗。赖和的散文多运用反语和讽刺。1941 年 12 月 8 日，赖和被捕入狱。在狱中 50 多天，他写下《狱中日记》，其中包括杂感和诗歌，记述他与日警等打交道的过程和自己不屈的心境。

1927 年 5 月，《台湾民报》从第 171 期开始连载林献堂的《环球游记》。1931 年 10 月 3 日起，《台湾日报》再次连载这本游记，一直连载了 4 年。为寻求新知，思考中华民族的出路，林献堂率两个儿子和林茂生等游历欧美，著有《环球游记》。1927 年 5 月 15 日，他们从基隆出发，第二年 4 月 15 日到达横滨。这期间，他们先后游历英国、法国、意大利、德国、丹麦、荷兰、比利时、西班牙、瑞士、美国。林献堂借景抒情，抒发忧国忧民的情怀。"何荣华氏年四十一，系生长于马来半岛之吉亨坡……他对祖国观念，颇为热切，谓国家之贫弱，皆由商工业之不振，究其不振之故，皆受外资所压逼，而自己又不能国励有以致之也。"④ 在游埃及时，他不描写景物，却详细地记述埃及独立过

---

① 王晓波编：《蒋渭水全集》，海峡学术出版社 1998 年版，第 5 页。
② 《台湾民报》第 2 卷第 6—11 号。
③ 《台湾民报》第 3 卷第 10、12 号。
④ 林献堂：《环球游记》，黄哲永、吴福助编：《全台文》66 卷，文听阁图书有限公司 2007 年版，第 7、8 页。

程，从中可见其内心的情怀。① 英国是头号强国，《英国见闻录》详细地记述了警察、工商业、议院议事、大英博物馆、地下电车、苏格兰等各方面的情况。② 在《圣佛兰西斯科》一文中，林献堂借自由的美国，批判日本殖民统治的黑暗压抑。"继思在此自由天地，无束缚，无压迫，'我无汝诈，汝无我虞'得以共享自由之幸福，不亦乐乎，然匆匆竟欲此以去，而即樊笼，其故何哉，言念及此，不仅忧从中来不可断绝矣。"③

周定山在《台湾民报》发表《一吼居谭屑》，抨击总督府的黑暗统治。④ 他还在《南音》上发表《"儒"是什么?》《刺激文学的研究》等评论。

郭秋生在《台湾民报》上发表《社会写真》，在《南音》上发表随笔《粪屑船》等。郭秋生、黄纯青等人讨论"台湾话文"的随笔，刊登在《南音》上。郭秋生在《先发部队》上发表《台湾新文学的出路》，强调文学的现实意义与群众性。在《台湾文艺》上发表学术论文《北京语》《福佬话》《北京杂话》等。⑤

黄得时在《1932年台湾文艺检讨》一文中，批评了旧诗诗人，批评了《三六九小报》《诗报》等，赞扬了《新民报》。⑥ 1933年3月，黄得时在《台湾新民报》上发表长文《中国国民性与文学特殊性》。在《先发部队》创刊号"台湾新文学出路的探究"特辑发表《科学上的真与艺术上的真》。在《台湾文艺》上发表《孔子的文学观及其影响》。1936年11月，郁达夫赴台，黄得时与他谈论文学多次，并在《台湾新民报》发表《达夫片片》，连载20回。⑦

杨逵于1935年2月在《台湾文艺》上发表文学理论文章《艺术是大众的》，代表左翼文学理论的最高水平。⑧ 杨逵还著有《首阳园杂记》。1943年8

① 林献堂：《埃及之独立》，黄哲永、吴福助编：《全台文》66卷，文听阁图书有限公司2007年版，第25—29页。
② 林献堂：《英国见闻录》，黄哲永、吴福助编：《全台文》66卷，文听阁图书有限公司2007年版，第34—74页。
③ 林献堂：《圣佛兰西斯科》，黄哲永、吴福助编：《全台文》66卷，文听阁图书有限公司2007年版，第377页。
④ 《台湾民报》第359期。
⑤ 李南衡主编：《日据下台湾新文学·明集5》文献资料选集，明潭出版社1979年版，第117页。
⑥ 顽固生：《黄得时的1932年台湾文艺检讨的检讨》，《三六九小报》昭和8年（1933）2月3日2版。
⑦ 林庆彰编：《日据时期台湾儒学参考文献》下册，台湾学生书局2000年版，第673页。
⑧ 白春燕：《论杨逵对20世纪30年代日本行动主义文学的吸收与转化》，《现代中文学刊》2013年第2期。

月 3 日《台湾新民报》上发表杨逵的散文《一只蚂蚁的工作》，比喻深刻。一只蚂蚁——大地上的小小生物，平凡，沉默，勤劳，不懈，一旦团结起来，就是大群的蚂蚁，就是殖民地台湾解放的"无限的希望"。

除上述作家的散文外，还有很多作家作品。例如，《先发部队》发表的散文，有蔡嵩林《郭沫若访问记》等随笔。《福尔摩沙》发表的散文，有吴坤煌的《台湾乡土文学的论述》等。《南音》发表陈逢源的《对于台湾新诗坛投下一巨大炸弹》、廖汉臣的《最近苏维埃文坛展望》、叶荣钟的《知识分配》等，宣传白话文。在《台湾文艺》上发表的散文，如张深切的《对台湾新文学路线一提案》，施学习的《中国语文之发达及变迁概观》，李献璋的《方言谈屑》，蔡嵩林的《中国文学的近况》等。《台湾新民报》文艺版上发表的散文更多，如林履信的《萧伯纳研究》，陈炳煌发表《海外见闻录》《大上海》《百货店》《漫画集》等绘画本散文。

20 世纪 40 年代重要的散文，有吴浊流的《南京杂感》、吴新荣的《亡妻记》等。

1943 年，杨逵的盛兴出版部出版龙瑛宗的日文文学评论和随感集《孤独の蠹鱼》。收录 1939 年到 1942 年间龙瑛宗在台、日杂志上发表的文章，以及专为本集撰写的文章，共 15 篇，评论鲁迅、果戈理、巴尔扎克等作家的作品，是成熟的文学心得。

台湾传统戏剧，例如乱弹戏或者叫北管戏，遭到总督府的压制。上海的文明戏于 1921 年首度传入台湾，由民兴社剧团接洽去台北、台中、台南、嘉义等地公演。

为了与日本戏剧竞争，"文协"早就提倡改良台湾戏剧，举办文化戏剧演出，以讽刺殖民统治，激发汉民族意识。1923 年 12 月，在厦门求学的彰化青年陈崁、潘炉、谢树元等，暑假回台与留日学生周天启、杨松茂、郭炳荣、吴沧洲等，在彰化合组新剧团鼎新社，公演《良心的恋爱》等新剧，掀起了台湾新剧运动。鼎新社演出的新剧，剧本多是大陆作家的作品。[1] 1925 年，鼎新社发展成为台湾最早含有政治色彩的文明戏剧团体，成员都是"文协"会员。后来，鼎新社与东京留学生联盟合并改称彰化新戏社，在台湾中南部结合农民运动，公演过《我的心肝肉儿》。

––––––––––––––––

[1]　王诗琅：《台湾新文化运动与大陆》，《台湾风物》1960 年 1 月，10 卷 6 期。

　　1924 年，张维贤、陈崁、周天启等在台北组织新光社。张维贤又与赖廉水、王井泉、杨木元、陈奇珍、翁宝树、潘传薪等组建星光演剧研究会，坚持纯文学方向。11 月起，新光社在全台巡回公演《咖啡店之一夜》《父归》《终身大事》等戏剧。10 月 28 日，洪元煌、李春哮等上百人的炎峰青年会成立，巡回农村演讲，经营文化剧团。

　　1925 年 7 月，台中州青年组建剧团。基隆"文协"会员也组建民运新剧团，与鼎新社、新光社等互相呼应。自此，新剧运动气氛渐浓，相继有博爱协会炎峰剧团的公演。在戏剧、演讲等活动影响下，农运工运蓬勃发展。1926 年，总督府开始规定，演员要有执照，剧本必须先送审。11 月，新竹的"文协"会员组建新光剧团。"文协"的林占鳌、林宣鳌创办台南文化剧团，庄松林等人也参加演出活动。1927 年，"文协"组织新光剧团、星光剧团、新剧团、民声社，进行 50 次演出，剧目有《复活的玫瑰》《父归》等，观众 18770 人。[①]

　　原本坚持纯文学的张维贤，也于 1927 年开始与周合源、林斐芳等组织孤魂联盟，宣传无政府主义，批判总督府统治。5 月，星光演剧研究会为筹募爱爱寮基金，公演《黄金与美色》《火里莲花》等剧。随后，研究会改称星光剧团。1928 年，星光剧团在台北永乐座公演。7 月 14 日，日警搜查星光剧团，解散孤魂联盟。张维贤被迫去日本学习戏剧，1930 年夏回台，在台北组建民烽演剧研究所，招募会员开办讲习班 6 个月，以戏剧揭露总督府统治的罪恶。民烽演剧研究所改称民烽剧团后，于 1933 年秋在台北永乐座公演《原始人的梦》《社会公敌》等翻译剧。

　　1930 年，张深切、何集璧组建台湾演剧研究会，演出和推广戏剧。

　　随着"文协"分裂和被总督府取缔，20 世纪 30 年代后，新剧剧团大量减少。这一时期，台湾人自己创作的新剧剧本不多。《台湾民报》刊登张梗的独幕剧《屈原》、逃尧的独幕剧《绝裾》，《反普特刊》刊登庄松林的独幕剧《谁之过》，《台湾文艺》创刊号发表张深切的《鸭母》等。

　　1934 年 2 月进行"新戏祭"，日本人和台湾人剧团四团体出演。以上台湾人的剧团有意识的或无意识的，都是反日解放运动的"别动队"。

　　1937 年七七事变爆发后，总督府禁止台湾原有的戏剧、音乐，仅"改良

① 叶荣钟、吴三连、蔡培火等：《台湾民族运动史》，自立晚报社文化出版部 1990 年版，第 316 页。

剧"和"皇民化"演剧存在。1942 年,总督府设立台湾演剧协会,控制团体 51 个,另外还有所谓演剧挺身队,这些都是"皇民化"运动的文化工作。

1943 年初,林抟秋指导桃园的双叶会在台北公演《阿里山》引起关注。随后,林抟秋发表剧作《医德》《高砂馆》。4 月 29 日,王井泉、张文环、吕泉生等组建厚生演剧研究会,林抟秋任编导部主任,成员包括桃园、士林、新庄、三重等地的青年。该研究会获得《台湾文学》社的全力支持。吕泉生、画家杨三郎等参与戏剧制作。9 月 3 日起,连续 6 夜在台北永乐座演出《阉鸡》《高砂馆》《地热》《从山上望见的街市灯火》等剧,轰动一时。①

闽南语流行歌曲,反映总督府统治下的社会生活,抒发民众思想感情,传承中华文化,抵制日本殖民文化。这些歌曲哀怨悲伤,甚至有的颓废鄙俗,正好表达了台湾民众心底的不平和悲愤。闽南语歌曲的歌词,多以文言诗歌的旧体形式——对偶、押韵、长短句等,表达新文化思想。②

日本殖民者主导的台湾全岛洋乐竞赛大会,于 1932 年 10 月间举办。这是以西洋古典音乐为主的社会教育运动。这大大刺激了台湾音乐的发展。

真正能欣赏南管北管、京剧的台湾人数量有限。歌仔戏又被知识分子批评。台湾人又不甘心跟唱日本歌曲,于是发展出台湾的流行歌曲。③ 1931 年,黄周在《台湾新民报》上发表了《整理歌谣的一个建议》,提到台湾儿童都在唱日本歌谣,引以为忧。黄周呼吁台湾作家创作台湾儿歌。廖汉臣写了一首《春天》:"春天到,百花开,红蔷薇,白茉莉,这平几丛,彼平几枝,开得真齐,真正美。"邓雨贤为其谱曲,即后来周添旺重新填词的《雨夜花》的旋律。

1932 年,上海联华影业公司影片《桃花泣血记》来台上映,请人制作歌曲进行宣传。詹天马填词、王云峰作曲的闽南语歌曲《桃花泣血记》诞生,以"歌仔册"式样的"四句联"写成,共 12 段。"礼教束缚非现代,最好自由的世界"风靡全台。1933 年,哥伦比亚唱片公司决定录制闽南语歌曲,请陈君玉负责文艺部,聘请姚赞福、邓雨贤专职作曲与训练歌手演唱,招集李临秋、林清月、周添旺、吴得贵、周若梦、蔡德音、廖汉臣、苏桐等人。在他们的努力下,闽南语歌曲很快发展起来。1934 年,邓雨贤谱曲、周添旺填词的《雨夜花》成为经典歌曲。

---

① 杨渡:《日据时期台湾新剧运动(1923—1936)》,时报文化出版社 1994 年版,第 70—79 页。
② 这部分主要参阅吕钰秀:《台湾音乐史》,五南图书公司 2003 年版,第一部分音乐人物。
③ 陈郁秀:《音乐台湾》,时报文化出版社 1999 年版,第 57—69 页。

1934 年，旅日音乐家组成"台湾乡土访问音乐团"，在台湾巡回演出。江文也担任男中音演唱。随后，江文也、江文光兄弟搜集全台的民歌资料。江文也创作的名曲有《白鹭的幻想》《盆踊》《潮音》《台湾舞曲》《断章小品》等。

1935 年 2 月 10 日，陈君玉、廖汉臣提议在台北成立歌人恳亲会。3 月 31 日该会正式成立，选出陈君玉为议长，林清月、詹天马、廖汉臣、李临秋、张福兴、高金福、王文龙等人为理事监事，目的在敦睦情谊与相互切磋。

台北的胜利唱片公司也开始发行闽南语唱片。张福兴负责挑选乐曲，林清月负责筛选歌词。该公司灌制了闽南语流行曲盘《夜来香》《日日春》《白牡丹》《心酸酸》。

1936 年，陈秋霖、陈君玉、苏桐、陈水柳等组建台湾新东洋乐研究会，研究祖国大陆的音乐。

当时新文学运动迅猛发展，许多文人纷纷创作流行歌曲，重要者如下：

李临秋，自幼热爱中国古典文学，在永乐座剧场工作。主要歌词作品有《望春风》《人道》《四季红》《一个红蛋》《对花》等。《望春风》作于 1933 年，是闽南语流行歌的代表作。李临秋以闽南语表述《西厢记》中名句"隔墙花影动，疑似玉人来"。邓雨贤又用中国传统五声音阶谱曲，旋律优美典雅。

张福兴，作曲家，1924 年开始搜集整理台湾民间音乐和童谣，著有《"支那"乐东西乐谱对照女告状》《台湾日月潭杵音及"番谣"》《打猎歌》等。

陈君玉，词作家，著有《单思调》《闺女叹》《大桥进行曲》。

苏桐，歌仔戏班乐师，以歌仔戏的游赏调为基础为《青春岭》作曲，乐曲欢快奔放，表现了不受拘束的自由恋爱的欢乐场景。主要作品有《倡门贤母》《忏悔》《半夜调》等。

周添旺创作的歌词有《月夜愁》《雨夜花》《碎心花》《河边春梦》《满面春风》《春宵吟》《风中烟》《黄昏愁》《黄昏岭》《江上月影》《落花吟》《梅前小曲》《春宵梦》等。

陈达儒，1935 年加入胜利唱片公司，创作大半名曲的歌词，主要有：《白牡丹》《双雁影》《青春岭》《满山春色》《农村曲》《心酸酸》《三线路》《青春城》《港边惜别》《阮不知啦》《安平追想曲》《南都夜曲》《青春悲喜曲》《烟酒歌》《卖菜姑娘》等。与陈达儒搭档的作曲家是陈秋霖。

邓雨贤谱曲的作品有《月夜愁》《雨夜花》《桥上美人》《跳舞时代》等。《雨夜花》以雨夜花比喻软弱不幸的女性。雨夜花隐喻日本殖民统治下的台湾民众。他还秘密谱下《昏心鸟》一曲，抒发殖民统治下无处倾诉的压抑。

颜龙光为《路滑滑》《春风》等作词。张福兴为《路滑滑》等作曲。王云峰为《春风》等作曲。陈君玉为《月月红》《半夜调》等作词。廖汉臣为《琴韵》作词。黄得时为《美丽岛》作词。吴成家为《港边惜别》《阮不知啦》等作曲。作曲家黎明，本名杨树木，为《河边春梦》作曲。此外还有姚赞福、许丙丁、江中清、吴晋淮、赵怪仙等词作家。①

从 1933 年到 1938 年还有反映现实的歌曲：《怪绅士》《老青春》《人道》《一心两岸》《春宵吟》《海边风》《碎心花》《满面春风》《心惊惊》《悲恋的酒杯》《欲怎样》《恋爱风》《一剪梅》《心僭僭》《可怜的青春》。

1937 年 7 月，总督府禁演台湾戏剧、音乐，强制推行所谓"新台湾"音乐，所有歌谣与戏曲一律不得以汉语发音。1940 年，总督府将《雨夜花》改填新词，题目也换成了《荣誉的军夫》，使之变成了一首日语军歌。1941 年，总督府将《望春风》改填了日语歌词，题为《大地在召唤》，煽动台湾青年加入战场。《月夜愁》也被日军改成军歌《军夫之妻》。②

1943 年，吕泉生等人创立厚生男声合唱团，团员 16 人。他们在厚生演剧研究会担任演唱，演唱曲目以台湾民谣为主。吕泉生首先用五线谱记录闽南语歌谣。9 月，厚生演剧研究会将张文环新著《阉鸡》交给吕泉生配乐演出。吕泉生为该剧所配的音乐，可谓集民族音乐于大成，有京剧、昆曲、南管等曲调，还有宜兰民谣《丢丢铜仔》《六月田水》等。在进行第二次演出时，就被日警禁止了。③

1945 年 7、8 月，尼子律三郎在基隆台湾街剧场举办台湾音乐会，每次都挤满台湾人。当听到中国音乐时，台湾人欢声四起，并要求演出台湾戏剧。④

日本殖民者以电影作为推行"皇民化"的有力工具，也惊醒了台湾人。台湾人迅速学习电影技术，努力拍摄自己的电影。

同时，电影也是海峡两岸文化联结的新中介。1924 年起，"文协"会员张秀光成立新人影俱乐部，引入上海制造的影片《孤儿救祖记》《古井重波记》

---

① 李诠林：《台湾早期闽南语流行歌的历史演变及其审美意蕴》，《福建师范大学学报》（哲学社会科学版）2007 年第 1 期。
② 庄永明：《台湾歌谣追想曲》，前卫出版社 1999 年版，第 47 页。
③ 石婉舜：《"厚生演剧研究会"初探》，《台湾史研究》7 卷 2 期，2001 年。
④ ［日］竹中信子：《日治台湾生活史——日本女人在台湾》昭和篇，熊凯弟译，时报文化出版社 2007 年版，第 449 页。

《莲花落》《火烧红莲寺》《渔光曲》等，至光复前已引入三四百部，深受台湾观众的欢迎，但备受总督府的阻挠。1926年8月，总督府公布实施电影检查规则，专门检查"进口"大陆影片的"公安"、"风俗"问题。所谓"公安"问题就是祖国大陆文化影响台湾民心的问题。从1930年到1935年，从大陆"进口"的影片长度，从2752米减少到569米。张秀光屡次想在台湾制片，都被日本人阻止，后返回祖国。

1926年3月，台湾文化协会组建电影队美台团，全台放映《丹麦之农耕》《丹麦之合作事业》《红十字架》《无人岛探》《母与其子》《武勇》《北极动物之生态》，以及大陆电影《工人之妻》。这些影片本身就是宣传片，每次放映之前，大家都一起唱热烈的美台团团歌。放映过程中，电影解说员进行反日的政治和文化宣传。1927年1月，"文协"分裂，美台团活动停止。①

1933年拍摄完成的《怪绅士》，资金、演员、构想都是台湾人提供的。台湾电影解说员也发展到43人。

1937年5月31日，第一映画制作所在台北成立，所长吴锡洋，常务董事郑德福。"我们希望原作、导演、演员、摄影等等，都仰赖本岛自己全力以赴，努力描绘与我们息息相关的台湾。"该所拍摄处女作《望春风》，导演是安藤太郎与黄粱梦，编剧是李临秋，彭楷栋饰演男主角清德、陈宝珠饰演女主角秋月。电影配音是日语。秋月爱上有为青年清德，并互定终身。清德去东京留学并娶了富家女，秋月却因家贫被卖作艺伎。1938年1月17日，该剧首先在台北永乐座放映，场场爆满。主题曲成为流行歌。

何非光于1928年去东京求学，1933年成为上海联华影业公司演员，1934年与阮玲玉合作演出《再会吧，上海》。抗战爆发后，何非光编导《保家乡》《东亚之光》《气壮山河》《血溅樱花》等一系列抗战主题的电影。②

倪蒋怀、陈澄波、廖继春、李石樵、李梅树、蓝荫鼎、杨启东、李泽藩、叶火城、洪瑞麟、陈德旺、张万居等，都是受到台北"国语"学校美术教师石川钦一郎启蒙，留日学习美术的。他们都希望美术作品能入选"东京帝国美术院美术展览"。在总督府以文化活动转移政治诉求的策略下，总督府台湾教育会又于1927年开始举办"台湾美术展览会"，以笼络台湾画家。

① 《台湾民报》第103号，1926年5月2日。
② 黄聪洲：《终战前的台湾电影活动与战后台湾电影发展》，台湾史研究会主编：《台湾史研究会论文集》第1集，1988年，第211—222页。

　　1934 年 11 月，在第八届"台展"举办时，廖继春、颜水龙、陈澄波、陈清汾、李梅树、李石樵、杨三郎等联合组织"台阳美术协会"，并举办"台阳美展"，开始主导美术活动，并获得全岛画家的响应，也受到台湾文化协会蔡培火、杨肇嘉的声援。1935 年 6 月 9 日，吕铁州、林锦鸿、郭雪湖、陈敬辉、杨三郎、曹秋圃等成立六砚会，举办画展，推广美术教育。[①] 1936 年，台湾教育会将台湾美术展览的主办权交给台湾总督府，加强对台湾画家的控制。1940 年，第六届"台阳展"之后，陈进、郭雪湖、林玉山、蒲添生、刘启祥等先后加入，汇成了台湾美术运动的主流。台湾画家开始扎根台湾本土文化。[②]

---

①　汉文版《台湾日日新报》昭和 10 年（1935）6 月 11 日。

②　林惺岳：《台湾美术风云 40 年》，自立晚报社 1993 年版，第 36—43 页。

第十章　台湾同胞在祖国大陆的抗日活动

日据时期，不屈的台湾人民在岛内开展武装斗争及非暴力政治抵抗运动的同时，也有一部分人跨海来到大陆，在祖国开展了一系列的抗日活动，从而客观上形成了海峡两岸台胞抗日斗争相互呼应的局面。台胞在大陆的抗日活动由于其特殊的身份和复杂的时空环境，呈现出与岛内不同的若干特点；他们对于台湾前途命运的思考，也烙上了鲜明的时代印记。抗日战争爆发后，在大陆的台湾革命志士团结起来，组织了台湾义勇队、台湾革命同盟会、东区服务队等抗日团体，积极投身于伟大的民族自由解放斗争，与祖国人民同呼吸共命运，最终迎来抗战胜利和台湾光复。

一、在大陆台胞抗日组织与抗日活动

1895—1945 年间，虽然台湾沦为日本的殖民地，但海峡两岸间政治经济文化交流依然曲折进行，两岸人员往来遭到日本殖民者的重重阻挠，但依旧有不少的台湾同胞来到大陆。这个时期在大陆的台胞，大致可分为以下几种类型。

一类是学生、医生、会社职员及其他有正当职业者。1920 年代，日据后出生成长的台湾新一代知识分子逐渐形成，他们在接受初等、中等教育之后，进一步的受教育途径却受到了极大的限制。首先是岛内的高等教育并不发达，除了总督府医学校、高等商业学校、农林专门学校等少数几所专科院校外，综合性大学尚未建立（"台北帝国大学"设于 1928 年），加上教育不平等状况及民族歧视政策，一部分台湾青年学子便来到祖国大陆求学。这部分人在 1920 年代逐渐占据在大陆台胞的主流。由于日本殖民者不希望台湾人接触新思想以防政治觉醒，所以台湾青年学医者甚多，他们不少也回到大陆悬壶济世。再则尽管日本殖民当局实施两岸分离政策，但两岸经贸往来仍无法阻挡，一批会社职员也来到了大陆。上述台胞主要分布东南及华南一带，至于其他职业者则以散在的方式生活在大陆各个地方。

另一类是短期到大陆游历、经商、探亲访友的台胞。

最早在大陆从事抗日活动的是日据初期坚持抗战的台湾义士，譬如简大狮、林少猫、林李成等等，在岛内抗日形势恶劣的时候曾潜回大陆避难休整，谋求支援，并得到大陆民众资金、弹药甚至人员的援助。[①] 20 世纪 20 年代后在大陆从事抗日活动的上述第一类台胞，抗战之前以学生为主要力量，抗战爆发后则发展为在大陆各界台胞的联合抗日运动。下表为抗战前台胞在大陆的主要抗日团体状况。

表 10-1   20 世纪 20 年代在大陆主要台胞抗日团体

名称	地点	成立时间	主要参与者	主要活动
北京台湾青年会	北京	1922 年 1 月	蔡惠茹、林松寿、林焕坤、刘锦堂、郑明禄、黄兆耀、陈江栋	与岛内文化协会及台湾议会设置请愿运动密切联系，抗议"治警事件"
韩台革命同志会	北京	1922 年	张钟玲、洪炎秋、李金钟、吕茂宗、杨克培	参加中国国民党
上海台湾青年会	上海	1923 年 10 月 12 日	谢清廉、施文杞、许乃昌、许水、游金水、李孝顺、林鹏飞	支持台湾议会设置请愿运动，参加上海民众反帝运动
上海自治会	上海	1924 年 5 月	由上海青年自治会及旅沪台籍人士组成	着重对祖国方面的宣传与联络，促进祖国人民认识台湾
台韩同志会	上海	1924 年 6 月 29 日	由上海台湾青年会、台湾自治会部分会员联合韩国若干人士组成	散布传单、发表宣言
台湾尚志社	厦门	1923 年 6 月 20 日	李思祯	发表宣言、抗议台湾"治警事件"
闽南台湾学生联合会	厦门	1924 年 4 月 25 日	李思祯、郭丙辛、王庆勳、翁泽生、洪朝宗、许植亭、江万里、萧文安	发刊《共鸣》杂志，编演新剧，激发台胞抗日情绪
厦门中国台湾同志会	厦门	1925 年	林茂锋、郭丙辛	发刊《台湾新青年》
中台同志会	南京	1926 年 3 月 21 日	吴丽水、李振芳、蓝焕呈	召开反对台湾始政纪念日大会
广东台湾革命青年团	广东	1926 年 12 月 19 日	谢文达、张月澄、张深切、林文腾、洪绍潭、郭德金	出刊《台湾先锋》。参加国耻纪念日的示威游行，发表抗日文稿

资料来源：秦孝仪：《国民革命与台湾》，台湾近代中国出版社 1980 年版，第 31—32 页。

[①]   参阅陈小冲：《日据初期台湾抗日运动与总督府的对岸经营》，《台湾研究集刊》1990 年第 4 期。

　　由上可见，台胞在大陆抗日的主要活动地点为北京、上海、南京、厦门和广东。北京是中国文化的重镇，五四运动的发祥地，诸多高等院校林立，青年学生的政治活动历来蓬勃发展，台湾青年学子在此活动自是理所当然。上海是旧中国的十里洋场，各国租界和黄浦江上列强的战舰炮口是帝国主义侵略中国活生生的写照，反帝爱国运动有着悠久的传统。厦门是与台湾关系最密切的大陆城市，且不说历史上闽南就是大多数台胞的原乡，即便是割台后，来到厦门的台胞相对于其他地方也一直都是人数最多的，台湾进步青年学生掀起的抗日热潮，使得厦门成为台胞在大陆早期抗日斗争发展较显著的地方之一。广东是1920年代中国革命的热土，孙中山的革命策源地，北伐的起点，为台湾进步青年心向往之。另一现象是同在日本殖民统治下的韩国反日人士与台湾抗日斗争达成了一定程度的连接，这是作为帝国主义压迫下的人民向共同敌人发起的抵抗斗争。

　　当然，到大陆来的也有为虎作伥的台籍浪人。1895年日本占据台湾，依据《马关条约》台胞有两年的所谓国籍选择期，两年后仍留在台湾者被"酌视为日本臣民"，因此其身份的真正变化是在1897年5月8日之后。延续着晚清时期两岸人员往来的惯性，割台后不少台胞到了大陆，他们当中的一些人很快发现自己身份的变化，而这种变化对其政治经济各个方面的利益有着很大的"好处"。譬如因为成了外籍而不必受苛捐杂税的困扰；作奸犯科也不必担心中国官方的惩罚，因为有领事裁判权的保护；甚至连台胞的身份证件都是值钱的东西，能够以此入干股，"渡华旅券"能够做大价钱的买卖，等等。这等"待遇"是以往作为普通台胞不敢想象的天上掉下来的"馅饼"。受此诱惑加上日本殖民者的策略性安排，割台初期前来大陆的少部分台胞摇身一变成了钻法律空子、仰日人之鼻息而鱼肉原乡民众的人，其中部分籍民凭借治外法权藐视大陆官府，或经营妓院、赌场及鸦片馆等非法行当，或组织黑社会横行一方，甚至配合日本驻华机构破坏大陆反日爱国风潮，甘当日本帝国主义侵略中国的走卒，被大陆民众斥为"台湾呆狗"。他们主要分布在厦门、福州、汕头一带。这些人破坏了两岸人民的感情，影响恶劣。

　　1937年七七卢沟桥事变爆发后，中华民族面临生死存亡的关键时刻，在台日本殖民者陷入恐慌之中，对台湾人在这场与其祖国进行的战争中究竟会站在哪一边心存疑虑。随之发生的诸多事件证实了日本人的担忧，台湾同胞依其浓烈的祖国意识与大陆同胞站在了同一阵线上。台湾军极密资料揭示："事变爆发当时，一部分本岛人中间由于民族的偏见，依然视中国为祖国，过分的相信中国的实力，受宣传的迷惑，反国家的或反军队的言论和行动在各地流传，民心动摇。"① 甚至在某公学校进行的问卷调查中，台湾学生家长"相当多的人希望台湾回归到中国的怀抱"。② 这不能不引起日本殖民者的高度警惕。因此1937年台湾岛内掀起的"皇民化"运动浪潮，一个重要目标就是以强制措施彻底同化台胞、改变台胞对祖国的向心力，最终以失败而告终。而在大陆的台胞则纷纷成立了各类抗日组织，支持祖国抗战。如厦门当局的档案中记载部分台胞"有爱国思想不忘祖国"者，要求恢复中国国籍，还有游振煌等人组织了台湾抗日复土总同盟等。③ 除了各地小的台胞抗日团体外，抗战爆发后较为著名的在大陆台胞抗日团体主要有：台湾革命青年大同盟、中华青年复土血魂团、抗日复土大同盟、台湾革命党、台湾革命民族总同盟、台湾独立革命党和台湾国民革命党等等。

为了集中抗日力量并实施统一指导，1940年3月，各地台湾抗日人士聚集重庆，成立了"台湾革命团体联合会"。1941年2月10日，由台湾革命民族总同盟、台湾独立革命党、台湾国民革命党、台湾青年革命党和台湾革命党五团体联合组成"台湾革命同盟会"，取代前述之"台湾革命团体联合会"，全大陆台胞抗日力量实现了真正大联合。④

台胞在大陆抗日活动的发展与台湾岛内反抗日本殖民统治、争取民族民主权益的斗争遥相呼应，同时也与大陆人民的反帝爱国斗争密切相连。

北京台湾青年会章程为"疏通会员意志，奖励研究中国文化为目的"。⑤他们积极支持台湾岛内文化协会和议会设置请愿运动，抗议日本殖民者镇压民众的"治警事件"。此外还敦聘蔡元培、梁启超、胡适等著名人士为名誉会员，以求扩大影响力。⑥ 在《华北台湾人大会宣言》中，他们痛斥"惨虐无道、悖

---

① 参阅陈小冲：《七七事变与台湾人》，《台湾研究》1996年第2期。

② 陈小冲：《七七事变与台湾人》，《台湾研究》1996年第2期。

③ 厦门市档案局、厦门市档案馆编：《近代台湾涉外档案史料》，厦门大学出版社1997年版，第164页。

④ 有学者将台湾光复团亦列入其中，称为六团体（参阅李云汉：《抗战期间台湾革命同盟会的组织与活动》，载魏永竹主编：《抗战与台湾光复史料辑要》，台湾省文献委员会，1995年，第33页注释2）。不过我们看到的档案史料记载均为五团体，如中央组织部函，当事人谢南光的备忘录等（参见福建省档案馆编：《台湾义勇队档案》，海峡文艺出版社2007年版，第245页）。故仍应以五团体为宜。

⑤ 《北京台湾青年会会章》，王晓波编：《台胞抗日文献选新编》，海峡学术出版社1998年版，第271页。

⑥ 魏永竹主编：《抗战与台湾光复史料辑要》，台湾省文献委员会，1995年，第144页。

逆天理之日本总督政治"，号召台湾人民及全世界被压迫弱小劳苦民众"援助我们内政运动的台湾诸先锋，并解放全世界被压迫劳苦人类同胞"。①

上海台湾青年会针对台湾岛内总督府御用绅士组织"有力者大会"对抗民族运动的情况，痛斥其"求勋章，望特权"，为总督府"饲养"的"走狗"。并大声呼吁"在华台胞"全力声讨。② 1924 年又针对"治警事件"，向日本国内政界、台湾岛内各界寄出决议文，予以强烈抗争。同年 9 月的国耻纪念大会上，他们表示"台湾人今已经觉醒，愿与祖国诸君握手、团结，打倒共同之敌——日本帝国主义"。继而开展反对所谓 6·17 台湾"始政纪念日"活动，称"台湾人受日本统治，陷为亡国之民，实属最大耻辱"。③

台湾自治协会与台湾青年会成员相互交叉，斗争中也互相呼应支持，且政治色彩更为鲜明。其成立宣言称：相对于菲律宾、印度甚至朝鲜争取"民族独立"运动，"我等台湾人望尘莫及"，"一任供为牛马饲料"。"我台湾同胞，牺牲许多生命，流过不少血泪，回顾过去苦难，无力主张正义"。因此号召"愿我台湾人坚持根本的民族自觉，愿我亲爱之中国同胞，帮助我等之自治运动"。④ 主张海峡两岸应共同反抗日本侵略，否则"将不免陷入与我等同为亡国奴隶之命运"，"恐中华民国四字，或随而消灭"。⑤

台韩同志会的组织为类似于秘密结社的组织形式，倾向于采取暴力斗争。其规约称"以完成台韩独立，建立自由联邦，为唯一目的"。入会手续严格——"血印誓书"，纪律严明——"凡我同志须绝对服从干部命令，不许丝毫反抗"。⑥ 具体的反抗活动有诸如散发传单鼓动反日斗争，揭露段祺瑞卖国行径等，并发布《警告对日市民外交大会》《须注视日本之对华政策》等文告，言辞十分激烈。

创建于厦门的台湾尚志社，刊行《尚志厦门号》杂志，其宗旨在促进台湾

① 《华北台湾人大会宣言》，王晓波编：《台胞抗日文献选新编》，海峡学术出版社 1998 年版，第 274—275 页。
② 《在华台胞反全岛有力者大会檄文》，王晓波编：《台胞抗日文献选新编》，海峡学术出版社 1998 年版，第 281 页。
③ 魏永竹主编：《抗战与台湾光复史料辑要》，台湾省文献委员会，1995 年，第 148—149 页。
④ 《台湾自治协会宣言》，王晓波编：《台胞抗日文献选新编》，海峡学术出版社 1998 年版，第 279—280 页。
⑤ 魏永竹主编：《抗战与台湾光复史料辑要》，台湾省文献委员会，1995 年，第 150—151 页。
⑥ 《台韩同志会规约》，王晓波编：《台胞抗日文献选新编》，海峡学术出版社 1998 年版，第 285 页。

人民族觉醒，抨击日本在台殖民暴政。他们揭露"总督握有立法、行政大权，行独裁统治"，"视岛民如奴隶，滥用权威与官权"，"近有以台湾议会请愿团事，拘禁许多无辜岛民；以阴险手段，妨害合法请愿运动"。高呼"反对台湾总督府历代之压迫政策"、"反对总督府对议会请愿者之不法拘束"。①

闽南台湾学生联合会是厦门台湾学生的联合组织，他们猛烈抨击日本殖民者在台湾的残暴统治，称："日本是专制君主国，领台以来，于兹三十年。剥夺我们开垦的土地、森林、陆产、海产，及人民应受的权利。用着恶毒的经济政策，加以魔鬼一样的手段，使我们精神、物质都受压迫。"在所刊发的《台湾通讯》中细述台湾民众割台后的抵抗事迹，对于议会设置请愿运动中台胞坚忍不拔的意志大加赞赏，称其"有如火如荼之势"、"不屈不挠"，"台胞的反日感情，日见增加"。批判总督府的镇压为"贼子狼心"，"恶劣的手段，无过于此"。②

南京中台同志会是部分祖国意识较为强烈的台胞和大陆人士共同组成的反日爱国团体，为两岸同胞面对共同敌人齐心奋起抗争的典型。其成立宣言中写道："在历史上看台湾之灭亡，此灭亡即中国民众开始受控制于帝国主义之日。中国完全屈服于日本之日，亦即台湾民众被剥削于日本帝国主义之时。故中台两地民众，实有共生共死之关系，而日本帝国主义者，又同时为两地民众之公敌；故两民众，自然有同样之要求，更进一步，两地民众应相联合，立于同一战线上，对共同之敌，作一大进攻。"③ 因此，该会的使命就在于建立海峡两岸中国人的反日统一战线，对抗共同敌人，谋求民族解放。中台同志会的主要公开活动为对两个中国近现代史的重要日子的纪念，一是袁世凯卖国二十一条的"国耻纪念日"，一是 6 月 17 日所谓台湾"始政纪念日"的"台耻纪念日"，中台同志会的参加者将这两大活动视为国恨家仇不可忘却的记忆和情感宣泄。

广东台湾革命青年团前身为广东台湾学生联合会，以联络台湾学生感情为号召以避日人侦探之耳目。他们先后刊发《一个台湾人告诉中国同胞书》《勿

---

① 《台韩同志会规约》，王晓波编：《台胞抗日文献选新编》，海峡学术出版社 1998 年版，第287 页。
② 魏永竹主编：《抗战与台湾光复史料辑要》，台湾省文献委员会，1995 年，第 155、157—158 页。
③ 魏永竹主编：《抗战与台湾光复史料辑要》，台湾省文献委员会，1995 年，第 160—161 页。

忘台湾》等文章和出版物，宣传台湾遭受侵略的惨痛历史，号召革命。① 1927年4月出版的机关刊物《台湾先锋》热情宣传台湾，同情祖国，鼓吹革命。大陆政界、学界著名人士亦积极评价台湾青年学生的祖国意识和爱国热情，称："台湾民众，是中国的民众；台湾民众的团结，就是中国民众的力量；台湾民众爱祖国的热忱，确是革命精神的发挥。"② 广东台湾青年学生目睹当地国民革命斗争轰轰烈烈开展，为浓厚的革命氛围所感染，认为台湾民众要获得解放，非从事祖国革命及组织开展台湾革命运动不可。他们喊出的口号是："打倒日本帝国主义！""中国民族联合起来！""台湾革命成功万岁！""中国革命成功万岁！"等。③

　　1932年，受九一八事变的刺激，台籍青年刘邦汉、林云连、余文兴等，在丘念台的指导下与大陆学生联合成立台湾民主党，从事反日爱国斗争。其组织在广州、汕头、潮州、惠州等地均有所发展，并获得部分国民党地方党部的支持。他们举办演讲会、散发传单，宣传台湾及大陆革命运动，发表《为台湾革命运动警告我四亿同胞》《抗日救国救同胞》等文宣，刊发《台湾革命运动》（后改名为《台湾》《研究日本》）刊物，揭露日本国内政治黑暗及其对外侵略野心。其党员宣誓语揭示了党的反日爱国宗旨："为我大汉民族争光，为我台胞争自由"，"团结台胞四百万汉民族，打倒日本帝国主义"。④

　　综上所述，七七事变之前台胞抗日活动的主要斗争方向：一是揭露日本殖民者在台湾实施的总督专制统治和对台湾资源的攫取，抨击殖民暴政；二是支持岛内的非暴力政治抵抗运动，发起对"治警事件"的声援；三是特别针对日本殖民者每年举办的所谓"始政纪念日"活动予以坚决的反对，认为这是日本侵略的烙印，是台湾耻辱的象征，称之为"台耻日"，此为在大陆台胞抗日活动的一个鲜明特点。与此同时，海峡两岸人民在抗日斗争中也是相互支持的。我们知道，近代中国积贫积弱，长期遭受列强的侵略。清王朝的腐败无能使得台湾被迫割让给日本，辛亥革命后的中国仍然陷于军阀割据混战的乱局，日本对华"二十一条"带来的民族危机，使得人们意识到日本帝国主义乃中国最大的威胁。因此在大陆台胞的抗日斗争中经常可以看到其对两岸中国人的如下急

---

① 魏永竹主编：《抗战与台湾光复史料辑要》，台湾省文献委员会，1995年，第163页。
② 魏永竹主编：《抗战与台湾光复史料辑要》，台湾省文献委员会，1995年，第166页。
③ 魏永竹主编：《抗战与台湾光复史料辑要》，台湾省文献委员会，1995年，第167页。
④ 李云汉：《国民革命与台湾光复的历史渊源》，幼狮文化事业公司1980年版，第88—91页。

切呼吁："中国同胞啊！要振作须从台湾做起。台湾是清朝割让予日本为殖民地的。台湾人要洗恨说（雪）耻，正在争取独立，要先建设自治议会。中国同胞有爱国思想者，当然也要负起援助台湾的义务。"① "台湾同胞啊！倭奴的凶焰，有进无退。在对岸厦门的台湾同胞，也要受暴日的压迫，我们已被迫到无容身之地了，应该快和中国同胞协力，来雪恨报仇。"② 又如广东台湾革命青年团号召："祖国现在已进入革命发展的时期，我台胞应认清时潮，急起直追，来参加祖国的革命"，同时呼吁 "希望绝对不要忘记一八九五年甲午战争所失去的台湾！""中国民众团结起来援助台湾革命！"③ 由此看来，两岸同胞的抗日斗争既各自蓬勃展开，又相互呼应支援，它们一同壮大了抗日斗争的声势，达成了两岸中国人共同抗日的有机结合。

二、台湾义勇队、台湾少年团及东区服务队

台湾义勇队

1937 年七七事变后中国人民奋起全面抗战，台胞在大陆的抗日活动也进入了一个新的阶段。在祖国的东南沿海地区出现了一支直接参与抗战的台胞抗日武装团体——台湾义勇队及其下属台湾少年团。

李友邦（1906—1952），原名李肇基，祖籍福建厦门同安，出生于台湾台北芦洲。1918 年考入台湾总督府台北师范专科学校，后因反日言行逃往大陆，入黄埔军校二期，成立台湾独立革命党，自任主席。因思想倾向左翼并参加革命组织于 1932 年被捕，于狱中结识中国共产党党员骆耕漠，西安事变后被释放。1937 年七七事变爆发后，李友邦向中国共产党提出组织集结福建台胞成立抗日团体的构想，得到了中国共产党的全力支持。1939 年 2 月在中国共产党浙江省委的帮助下，由共产党员张一之（后化名张毕来）直接协助，带领被集中于福建崇安的台湾籍民中的先进分子，于浙江金华组织抗日队伍——台湾义勇队暨台湾少年团，开赴抗日第一线。因此台湾义勇队虽隶属国民政府军委会政治部，但它从成立一开始就得到了中国共产党的积极关注和支持。这是抗日战

---

① 李云汉：《国民革命与台湾光复的历史渊源》，幼狮文化事业公司 1980 年版，第 156 页。
② 李云汉：《国民革命与台湾光复的历史渊源》，幼狮文化事业公司 1980 年版。
③ 王晓波编：《台胞抗日文献选新编》，海峡学术出版社 1998 年版，第 298、299、304 页。

争时期唯一的一支由台湾同胞组成的、在前线参与抗战的队伍，充分体现了台湾同胞与祖国同呼吸、共命运的血脉之情。

抗战时期台湾义勇队的主要工作体现为以下四个方面——"对敌政治"、"医务诊疗"、"宣慰军民"和"生产报国"。所谓"对敌政治"，就是利用台胞熟谙日语的优势，开展对敌广播宣传、前线阵地对敌喊话、协助一线军事单位审讯俘虏等；"瓦解敌军和教化俘虏，将是台湾义勇队的主要工作"。[①] 他们的工作业绩得到了前线官兵的高度赞许。"医务诊疗"则是由于参加义勇队的台胞，有不少是医生出身，他们的职业特长正好十分适合战争前线的需要，于是他们在金华、衢州等地设立了台湾医院，在服务军队的同时，还为当地民众诊疗治病，深受军民的欢迎。"对荣军、征属、义民、贫民则完全免费治疗，因此极为当地人士之爱护"。[②]"宣慰军民"则主要发挥台湾少年团的作用，以街头宣传、慰问演出、张贴标语、巡回演讲等丰富多彩的方式，深入民众中间，鼓舞军民抗日士气，同时宣传台胞与祖国一道同仇敌忾奋起抗击日本帝国主义。"生产报国"则针对的是战时物质匮乏的形势，以这些台胞较具优势的产业知识，生产前线急需的物质，譬如在金华设立药品生产合作社，在崇安、丽水设立樟脑制作厂，生产医药用品、樟脑油等。

此外，台湾义勇队还开展了抗日舆论宣传活动，除了其领导人李友邦在抗日大后方积极发表讲话，在重要报纸杂志刊载文章，支持祖国抗战、呼吁重视台湾与台胞、要求收复祖国领土台湾之外，台湾义勇队还先后创办了《台湾先锋》和《台湾青年》杂志，出版台湾问题研究专刊，譬如列为台湾革命丛书的《日本在台湾之殖民地政策》《台湾民族解放运动史》《台湾革命运动》《台湾复员对策纲要》等。台湾义勇队的抗日斗争获得了祖国各地军民的好评，人们对台湾义勇队的抗战活动给予了高度的赞扬。

台湾少年团

在台湾义勇队之下李友邦还组织成立了台湾少年团。成立台湾少年团的意义何在？李友邦在《为什么组织台湾少年团》一文中做了系统的论述：第一，少年儿童是民族的幼苗，是国家民族的未来和希望。"无论哪一个国家或民族，

---

① 李友邦：《台湾义勇队之组织及其工作》，《东南战线》第 1 卷第 4 期，1939 年 3 月。
② 张士德：《从金华转进龙岩——台湾义勇队工作近况》，《台湾青年》1944 年 1 月。

所以能继续存在，并且能健全而强盛起来，是由于他们有优良的民族后继者"。因此，对国家民族事业继承者的少年儿童的培养和教育，具有重要的战略意义。第二，台湾少年儿童，是台湾革命事业的继承者和新台湾的建设者，肩负着争取民族解放和台湾民主自由的双重任务。"台湾要得到真正的解放，决非仅仅赶跑日本帝国主义在台湾的一些统治者便成的，他必须一于推翻日阀的统治后，建立起一个强固的自由幸福的新台湾来，才能保持和巩固已获得的胜利。"第三，组建台湾少年团是台湾少年儿童自身的迫切要求。在日本殖民统治下的台湾，少年儿童所接受的是以日语为主的奴化教育，身心健康被扭曲。回到祖国大陆的台湾少年儿童，由于其本身的特殊性，需要有关台湾革命和建设的特殊课程教育，这在一般学校中是无法获取的。"在祖国抗战的烽火中，他们是迫切地要求着，尽他们的力量，做一点他们所能做的工作，并且希望，能在工作中去锻炼自己。"[1] 因此台湾少年团担负着双重的任务，一方面，从少年儿童正常的健康成长出发，实施普通教育，努力创造尽可能良好的学习和生活环境；另一方面，按祖国抗战和台湾独立革命运动的需要，向他们灌输抗日战争的道理和台湾革命及建设的理论知识，并组织他们参加祖国抗日活动。[2]

张毕来在谈到创建台湾少年团时曾称："那几个小朋友也组成'台湾少年团'，做宣传工作。"[3] 也就是说，台湾少年团的工作任务，从一开始就定位在宣传方面，这是从少年儿童的特点出发考虑的，他们活泼天真的个性，自然纯真的情感，在宣传上能够起着一些大人们所无法达到的作用和效果。台湾少年团的宣传工作，大抵可分为以下几种类型：一是分赴各地巡回演讲，史料记载：1941年3月的一天，少年团在诸暨县展开宣传工作刷写标语，"标语是那样的大而美术，行人多很惊异，转观的人逐渐的加多，他们看见观众不少，便抽出一个人来宣传，就反站在扶梯上，那样和气的问着土人家乡的事，先是问答，后来便讲演日本统治台湾的故事和抗日的大道理来，听众不禁为之神往、感佩！"[4] 二是组织文艺演出队，进行抗日救亡鼓动宣传，在各种场合演了不少精悍、易懂的文艺节目，如快板、演唱、舞蹈和话剧，已知的剧目有《打杀汉

① 李友邦：《为什么组织台湾少年团》，《台湾先锋》第8期。
② 参见王晓波：《日据时期的台湾独立革命与李友邦将军》，《台湾研究集刊》1994年，第2—3期合刊。
③ 张毕来：《台湾义勇队》，《革命史资料》第8辑。
④ 何蜀英：《工作在浙东前哨的台湾少年团》，《台湾先锋》第8期。

奸》《为了大家》《台湾之路》等，这些演出活动加上抗日救亡的内容，备受
欢迎。在欢迎南洋侨胞联欢会上，侨胞代表激动地说："连这样小小年纪的小
同胞们都担负起这样伟大的工作，这是我们大家所敬慕的。"① 在崇安的文艺演
出，一连公演了两天，小小的崇安山城，竟有一千多人汇聚观看，获得了各界
的交口称赞。三是慰劳前线官兵，鼓舞抗战士气。在烽火连天的战地，经常
可以看到台湾少年团的身影，尽管前方危险，但紧张、刺激的战地生活，却
牢牢吸引着台湾少年团的成员们，"有一次要到前线工作，照规定这次的人
数不能太多。但是小朋友们个个都愿去，争先恐后地请求，结果为了工作人
数的限制而不能去的小朋友，有的整天在苦闷，在懊恼，有的整天连饭都不
吃……"②

除此之外，台湾少年团还开展了其他丰富多彩的活动，诸如在街头陈列缴
获之战利品，出版《台星》刊物，刷写抗战标语，参加对敌广播，与国内其他
少儿团体密切联络、相互鼓励等等。他们的辛勤努力，给紧张的浙东前线及
闽、赣等地注入了一股清新的空气，给在抗战中苦斗的人们，增强了必胜的
信念。

东区服务队

七七事变后，日本帝国主义发动全面侵华战争，华北、华中和东南沿海相
继沦陷，1938 年 10 月 12 日，日军从台湾出发在广东南海大亚湾登陆，直逼广
州。此时，一直以广东为中心在全国宣传抗日、支持抗战的台胞丘念台受国民
革命军第十二集团军的指令，负责广东惠、潮、梅属 25 县民众的组训，组织民
众参加抗战，定名为"东区服务队"。

最初东区服务队有十余人，后增至 30 余人，落脚点为丘念台祖籍地蕉岭
县文福乡，对民众的发动与组织工作也很快开展起来，据称一年间即有骨干青
年 120 人，影响民众 3000 余人。1939 年春，丘念台受聘为第十二集团军少将
参议，东区服务队的工作重心也转移到更接近前线的罗浮山区，最初曾经试图
组织武装抗日队伍，但因种种原因半途终止。转移至横坜之后，东区服务队的
工作重心为"安政教民"，开始注重当地教育事业的发展，计划以横坜为中心，

---

① 朱行记：《兄弟会》，《台湾先锋》第 3 期。
② 任癸：《台湾少年团工作与学习生活的点滴》，《台湾先锋》第 8 期。

每保建设一所战时小学校，教员大部分以服务队成员充任，截至1941年春先后开办了45所，为当地教育事业发展作出了很大的贡献。

与此同时，东区服务队还在广东毗邻沦陷区的罗浮山开展抗日宣传、支援前线军队、维持后方治安、调解地方纠纷和收集敌方情报等各种工作，并且一度为配合盟军攻打台湾的计划，积极招募台湾抗日志士，秘密搜集台湾情报，为美军物色台籍向导，但最终因美国反攻计划变更，决定跳过台湾岛直接攻击日本本土而作罢。但是，东区服务队的工作显然获得了相当的成效，丘念台称："我是坚决拥护政府抗日的，而且牺牲了自己研习的本学，走向穷乡僻壤去组训民众，感化青年；走向最接近敌人的前线地区去清除奸伪，和发动武装打游击。凡是我们到过的地方，都能赢得民众的信任与拥戴，赢得部队的爱护与亲近，这些是差堪自慰的。"

东区服务队组成人员有大陆人和台胞两部分，在台胞方面既有原长居大陆的台胞，也有抗战时期潜归祖国参加抗日的台湾热血青年，譬如钟浩东、蒋碧玉、肖道应、黄怡珍、李南峰自香港回到祖国，一度被误为日谍，后经丘念台救助获释，加入了东区服务队。参加东区服务队的大陆人除了本地人之外，还有来自其他地区的，前后总计达五六百人，而这些人很多又是流动的，这样便将种子撒播到了更广泛的地方。

丘念台曾到革命圣地延安考察，受到了共产党人的影响，据丘晨波的回忆："东区服务队以文福乡为试点，效仿陕北民众运动的方式，搞民众运动，开办有百余学员的干部训练班，课程大致仿陕北公学，学习政治，时事知识，重点在组织民众抗日救亡，并演练游击战。"东区服务队与中国共产党的关系较为密切，许多做法有着不少的"陕北色彩"，而队伍中也有从陕北回到广东的广东、福建籍学生，甚至有共产党员。在东区服务队活动的地点也活跃着共产党的东江纵队，二者之间势必有所接触和交叉。这样的联系不能不引起国民党的极大关注，"予以密切监视"。丘念台本人有关东区服务队的回顾中也多次提及与共产党的关系，可见中国共产党对其影响不容忽视。

东区服务队的主要领导者丘念台（1894—1967），名琮，号念台，以念台行世。台湾台中人，祖籍广东蕉岭，为台湾近代抗日先贤丘逢甲第三子，丘逢甲抗日失败后内渡故里，其居曰念台山馆，念台之名源于此，以示不忘台湾。丘念台曾赴日本东京大学学习，1925年返回国内，任职东北，后返广东担任教职。九一八事变，赴东北慰劳抗日义勇军。抗战爆发后，积极参加抗日宣传活动，并赴西北、西南等地考察，在延安拜会毛泽东主席。广州陷落之际，筹划组织民众抗日，获聘第四战区长官部少将参议，组建东区服务队，入驻罗浮山区，从事抗日活动。1943 年任国民党台湾党部执行委员与调查委员，联络抗日台胞，开展对敌渗透工作。抗战胜利后，积极为维护台胞权益奔走呼号，避免不少台胞沦入汉奸罪名。并组织台胞组成台湾光复致敬团向祖国致敬。二二八事件后任台湾省党部主任委员，1967 年逝于日本东京。

此外，在国民党中枢的直接指令下，1941 年 2 月中国国民党中央直属台湾党部筹备处在香港成立，翁俊明任主任，刘启光为秘书，沦陷区台湾岛北部负责人周望天，南部负责人庄孟候，自由区重庆联络站负责人林忠，桂林联络站负责人谢东闵。香港沦陷后，台湾党部筹备处转至内地，并于 1943 年 4 月 1 日在福建漳州正式成立中国国民党中央直属台湾党部。抗战后期台湾党部转移至福建永安复兴堡，继续推动抗日复台斗争。

台湾党部的主要任务为，基于祖国抗战及收复台湾的需求，组织台湾岛内及在大陆地区的台湾同胞，开展武装斗争、收集情报、对台宣传、组训干部等工作。同时在有关台湾知识及战后回归祖国的问题上，积极进行宣传鼓动，发行《台湾研究季刊》，关注台胞在大陆的生活境况，呼吁改善其待遇。在国民党对台政策中，台湾党部处于相对主导的地位。台湾党部聚集了一批大陆台湾人抗日力量，为抗战胜利、收复台湾做出了一定的贡献。

三、台湾革命同盟会

1940 年，为集中抗日力量并实施统一指导，来自各地的台湾抗日团体聚集陪都重庆，成立台湾革命团体联合会。1941 年 2 月 10 日，为适应祖国抗战及台湾革命运动的需要，台湾革命民族总同盟、台湾独立革命党、台湾国民革命党、台湾青年革命党和台湾革命五团体发起组建台湾革命同盟会，取代台湾革命团体联合会，达成全大陆台胞抗日力量的大联合。

此前台湾抗日团体在祖国大陆的活动，虽开展得有声有色，但对于整个中国社会的触动却较为有限。直至 20 世纪 40 年代初，国人对于台胞的认识依然是带有隔膜的，对台湾的印象也是十分模糊。究其原因首先是日本帝国主义推行对岸扩张政策，策略性地纵容一些台籍浪人在大陆从事违法犯罪活动，分化两岸人民的感情，造成两岸民众的隔阂。对此台籍志士们有着清醒的认识。其次是祖国大陆近现代历史上一度陷于积贫积弱、军阀混战的漩涡中，国内政局多变，民生凋敝，中国社会自身问题重重、反帝爱国斗争任重道远。在此背景下，台湾问题被摆到次要的地位，逐渐淡出了人们的视野。第三则是在全社会普遍忽略台湾的情形下，对于台湾情况的了解及有关台湾的研究十分薄弱，谢南光直言："在祖国方面，四万万五千万的同胞，一向对于台湾漠不关心，也是不可否认的事实，就是关心国事的志士仁人，对于台湾并不十分关切，他们因为缺少台湾的资料，不能深刻了解台湾，致使对台湾问题不免有隔膜，而不能尽其一切能力来援助台湾革命运动。"① 对此，林啸鲲明确点出了大力宣传台湾是眼下台湾革命者应努力的主要方向，他说："台湾为中国领土，国防屏障，沦陷将近五十年，关于台湾问题，竟无一专书，虽为国际环境使然而亦不无遗憾！今当倭寇气焰就衰，盟国胜利在望，收复台湾失土，当为我国目前当务之急，但因台湾沦陷已久，各界人士难免有隔膜不清者，每当讨论台湾问题，乃是仁者见仁，智者见智，议论分歧，莫衷一是，长此以往，不但影响台湾革命，甚而动摇中国国策。"②

为争取祖国各界了解台湾、理解台胞、支持台湾革命运动，台湾革命同盟会在抗战大后方的陪都重庆展开了轰轰烈烈的台湾宣传运动，其中的高潮就是联合重庆各界举办的"台湾日"宣传活动，确定如下四大内容：（1）定四月五日假抗建堂举行台湾光复运动宣传大会；（2）各大报编印台湾光复运动专刊；（3）以国语、英语、台湾闽南语及日语向中外广播；（4）由台湾革命同盟会发布该会第二届会员代表大会宣言。③

1942 年 4 月 5 日，台湾革命同盟会联合东方文化协会、中苏文化协会、国民外交协会、国际反侵略中国协会、中英文化协会、中缅文化协会、朝鲜民族战线联盟、日本革命协议会及重庆文化界、报界等 17 个团体于重庆抗建堂举行台湾光复运动宣传大会，定该日为"台湾日"。大会由时任司法院副院长覃振主持，他在谈到此刻参会者的心情时说："各位今天到这里来也不是为了参

---

① 谢南光：《台湾问题言论集第一集序文》，民国三十二年（1943）九月十二日，《重要言论》，第 122 页。
② 林啸鲲：《序台湾问题言论集第一集》，民国三十二年（1943）九月，《重要言论》，第 125 页。
③ 《台湾光复运动定四月五日开宣传大会》，《新蜀报》民国三十一年（1942）四月五日，第 3 页。

加一个寻常的讲演会，而是怀着满腔同情台湾光复运动的热情来的。"因为"我们已经忍受了快三十个年头了，现在才能够公开提出台湾光复的号召，这真是谈何容易！"①黄少谷、章渊若、司徒德则分别代表军委会政治部、中央秘书处及立法院出席，与会者达一千多人，在战时重庆可谓难得的盛会。当晚国民党中央电台播出特别节目，梁寒操、吴茂孙、林啸鲲分别以国语、英语、闽南话三种语言做专题演讲。②梁寒操在广播演讲词《清算的时候到了》中呼吁："亲爱的同胞们，和平不可幸致，敌人不可轻纵，我们要争取一切力量，尤其是台湾同胞的力量，予敌人以致命打击。"③而宣传活动中更具影响力的是重庆各大报纸同时刊载台湾光复运动特刊，从而实现台湾问题在祖国各界尤其是普通民众中的有效普及，其中主要的文章譬如李友邦的《收复台湾与远东和平》（《时事新报》）、宋斐如的《台湾农民的惨痛》（《益世报》）、刘峙的《怎样解放台湾台胞》（《国民公报》）等等，福建的媒体也同时刊登相关文章，以为呼应。

台湾革命同盟会的宣传得到了大后方舆论界的大力支持，除了刊登大陆各界及台湾革命者的文章之外，重庆各报刊并配发了社论和时评，进一步号召人们认识台湾、关注台湾。如《新蜀报》1942年4月5日发表题为《还我台湾！》的长篇社论，对"时间冲淡了国内同胞对台湾的记忆"感到深深的忧虑，文章历数台湾民众在岛内和祖国内地的不屈斗争历史，指出："台湾失了，台湾精神未死！台湾失了四十七年，台湾的人心始终在活跃着，越发振奋，越发飞扬！台湾兄弟们的奋斗和表现不弱于国内同胞，而艰苦则过之！""台湾要回到中国的怀抱，台湾根本是中国的领土，台湾人本来就是中国人"，并振臂高呼："抗战一定要抗到台湾收复才算底！中国人人人应当有此决心，有此抱负。"④《新民报》1942年4月5日社论《台湾归来》称："现在，是宣告台湾归来的时机了"，"我们希望国人从此认清台湾是我们的，同时以满腔热情，期待台湾同胞之奋起归来"。⑤同年4月17日社评《怎样援助台胞复国——纪念马

---

① 覃振：《我怀台湾》，《新蜀报》民国三十一年（1942）四月十五日，第3页。
② 吕芳上：《抗战时期在大陆的台湾抗日团体及其活动》，收入魏永竹主编：《抗战与台湾光复史料辑要》，台湾省文献委员会，1995年，第4页。
③ 梁寒操：《清算的时候到了》，《新蜀报》民国三十一年（1942）四月六日，第3页。
④ 《新蜀报》民国三十一年（1942）四月五日，第2、3页。
⑤ 社评：《台湾归来》，《新民报》民国三十一年（1942）四月五日第2版。

关条约》①、1943 年 6 月 17 日社评《收复台湾》均呼应了台湾革命同盟会的活动："读了今天台湾革命同盟会所发的宣言和告台胞书，我们不仅确实为台湾同胞返复祖国的热忱所感动，并且坚决相信，收复台湾必须正式列入我们抗战的目标之内，也必须列入战后世界和平计划之内。"② 同日《新蜀报》发表标题为《台湾与中国》的短评，文章写道：

> 　　自从一八九五年马关条约割让台湾以来，迄今四十八年了。四十八年中，台湾人民在日本帝国主义蹂躏之下，受尽痛苦，但是台民也从未停止过争取自由解放的斗争。这一部血泪史，本应为国人熟知，但熟知者竟不多，今天台湾志士诉说全台民众的痛苦与愿望，全国及全世界都应注意倾听，因为台湾是亚洲重要问题，台湾人民的意见应最受重视。
>
> 　　台湾割让以后，日本对我侵略亦步步紧逼，中国台湾实具同一命运，台湾原在中国版图，台民多为华籍，对于解放台湾，中国自有不可推脱的责任。抗战以来，台民重归祖国的愿望热烈蓬勃，寄其希望于祖国的胜利。中国一定要接受台民的要求，战胜日本帝国主义，争取台湾归来。这一切都要求早日打倒暴日，台湾志士应与全国同胞加速努力。③

　　国共两党的主要媒体也显现出对台湾革命同盟会及台胞抗日运动的积极支持态度，《新华日报》发表社论称：

> 　　自我国全面抗战以来，在祖国的台湾人民就积极的参加抗战。虽然人数不多，力量不大，他们却始终不懈的奋斗。而各革命团体，亦皆能团结一致，努力于光复运动。台湾人民知道……只有加强团结，只有积极参加祖国的抗战，获得彻底的胜利，才能将日寇驱逐出台湾，回到祖国的怀抱，过着民主自由幸福的生活。④

---

① 社评：《怎样援助台湾同胞——纪念马关条约》，《新民报》民国三十二年（1943）四月十七日第 2 版。

② 社评：《收复台湾》，《新民报》民国三十二年（1943）六月十七日第 3 版。

③ 《新蜀报》民国三十二年（1943）六月十七日，第 3 页。

④ 《社论：台湾，回到祖国来！》，《新华日报》1943 年 6 月 17 日第 2 版。

《中央日报》亦云：

> 我们回想半个世纪以来六百万神明华胄的子孙，在那孤悬海外的岛上，饱受日寇的煎迫欺凌，不禁悲愤百倍，而对于台胞在四十九年来前仆后继屡蹈屡起的英勇革命事迹，亦愿致其衷心的敬意。……等到日寇败亡的日子，也就是台湾重见天日的时候了。①

综上可见，反省国人过往对于台湾不应有的淡忘，积极宣传台湾、热烈期盼台湾革命同盟会发挥作用，最终达成光复台湾的目标，已经成为大后方舆论界的一致声音，正如重庆《商务日报》刊载的专论《台湾革命运动的新阶段》一文所云：

> 台湾革命运动的新阶段展开了，同时，亦就是台湾同胞"回归祖国"的内向运动高热度和成熟了，我们应该特别表示热忱的欢迎。在过去，"假如"我们真的忘记了台湾六百万同胞，就实在是一种严重的错误，但是，我相信，我们全国同胞，实际上都未犯了这种错误，只是，在过去，我们对台湾同胞的眷念，是潜在的，而现在，则已经可能是而且必然和应该是明朗化和具体化的时候了。②

除了响应台湾革命者的宣传，在大后方掀起台湾知识普及、台湾革命鼓动及推动台湾回归祖国运动高潮之外，重庆的舆论界还详细跟踪报道台湾革命团体的活动，如《新民报》并不像一般报纸仅仅转引国民党中央社新闻稿，而是在台湾革命同盟会成立当天就予以即时报道③，第二天再以本报讯刊登《台湾革命团体昨日宣布同盟》的后续报道，称之"在弱小民族求解放的史册上，写下了重要的一页"，文中还详细描述了成立大会经过情形："由台湾革命同盟会

---

① 《社论：从军略上论收复台湾——纪念台湾沦陷四十九周年》，《中央日报》1944 年 6 月 17 日第 2 版。
② 每日专论——林劲风：《台湾革命运动的新阶段》，《商务日报》民国三十一年（1942）四月十七日第 3 版。
③ 《台湾革命同盟会今上午在渝成立》，《新民报》民国三十一年（1942）二月十日第 1 版。

秘书长刘启光报告统一组织的经过，潘副部长公展、陈主任委员访先、日本反战盟友鹿地亘、及朝鲜友人韩一来等都相继致词。"①《新蜀报》同样以该社自组新闻稿报道了台湾光复宣传日"热烈举行"的盛况，着重报道"宋斐如报告敌人虐待台人现状，要求政府从速筹设省政机构"。② 此外，各报还刊载了国民党中央社的两则稿件，称台湾革命同盟会"力言台湾应归还中国"③，并更宣示"台湾全岛健儿愿效命疆场"。④ 应当说，这些报道在很大程度上提升了台湾革命同盟会的社会声望和地位，1943 年 6 月台湾革命同盟会在其工作报告书中是这样描述台湾光复宣传活动成效的："光复宣传周与宣传大会"，"陪都各报为响应本会之光复宣传起见，各报皆特辟专栏，登载祖国各部门负责人士之光复台湾之言论，曾轰动全国，耸动世界，收效甚宏。"⑤

四、台湾同胞的抗日爱国立场

台胞在大陆的抗日活动，除了声援大陆民众反帝爱国运动，对抗共同的敌人——日本帝国主义之外，更为关注的无疑是台湾本身。在此过程中，不可避免地要面对台湾的前途命运问题。换句话说，台胞在大陆所进行的抗日活动是在为了一个什么样的台湾而奋斗？在他们的理想中，台湾的未来究竟应当走一条什么样的道路？

大陆台胞抗日团体对于台湾前途命运的思考，有着历史发展变化的过程，请看台胞抗日团体的相关言论：

1925 年 4 月厦门中国台湾同志会：

> 我们信奉民族终须独立……中国同胞啊！要振作须从台湾做起。台湾是清朝割让给日本为殖民地的。台湾人要洗恨说（雪）耻，正在争取独

---

① 《台湾革命团体昨日宣布同盟》，《新民报》民国三十一年（1942）二月十一日，第 3 版。
② 《渝市昨晨热烈举行台湾光复宣传日》，《新蜀报》民国三十一年（1942）四月六日，第 3 页。
③ 《台湾革命同盟会纪念马关条约》，《新蜀报》民国三十二年（1943）四月十七日，第 2 页。
④ 《台湾全岛健儿愿效命疆场》，《新蜀报》民国三十二年（1943）四月十八日，第 3 页。
⑤ 《台湾革命同盟会工作报告书》，民国三十二年（1943）六月二十九日拟呈，载张瑞成编：《台籍志士在祖国的复台努力》（中国现代史史料丛编二），中国国民党党史会 1990 年版，第 145 页。

立，要先建设台湾议会。中国同胞有爱国思想者，当然也有负起援助台湾的义务。①

1926 年 6 月南京中台同志会：

> 台湾被吞并于日本帝国主义以后，日本帝国主义遂用其一切恶毒手段，向台湾民众行其贪欲无厌之剥削……凡一切人类间不平等待遇，均使台湾人尝之饱矣。于此时期，台湾人唯一愿望，在于奔走脱离日本帝国主义羁绊，是极自然之现象。②

显然，脱离日本殖民统治是台湾民众的迫切要求。但脱离殖民统治之后的台湾应该往何处去？在中台同志会的人们看来，台湾被割让虽是缘于清王朝的腐败无能，但也给了台湾人被抛弃的感觉，这种弃民之痛是一种历史的伤痕。又由于左翼青年对军阀混战、贫弱腐败政局下的政府的不信任，认为台湾民众有其犹豫和选择的空间，也就是所谓的"自决"问题的提出。这在大陆台胞抗日团体中是较为独特的。

那么这个时期台胞抗日团体提出的"台湾独立"的内涵究竟是什么呢？其实从上引史料人们已经很容易看到，台胞抗日团体所主张的"台湾独立"，是针对日本帝国主义的，是要脱离日本在台湾的殖民统治而"独立"，是殖民地人民反抗和摆脱殖民宗主国统治的正义斗争，与现在针对台胞的祖国中国而叫嚣的"台独"论调风马牛不相及。依此逻辑，"台湾独立"本身就不可能是在大陆台胞抗日团体的最终诉求，历史事实也正是如此。请看中台同志会的下述言论：

> 本会工作之第一步，即在唤醒两地民众实际要求事项之意识，使对本会抱有将来之希望。首先使中台两地民众，完全摆脱日本帝国主义之羁绊；然后使中台两地民众，再发生密接之政治关系。③

---

① 王晓波编：《台胞抗日文献选新编》，海峡学术出版社 1998 年版，第 298 页。
② 王晓波编：《台胞抗日文献选新编》，海峡学术出版社 1998 年版，第 300 页。
③ 王晓波编：《台胞抗日文献选新编》，海峡学术出版社 1998 年版，第 302 页。

也就是说，在台胞抗日团体看来台湾的前途命运应当遵循如下的路径前行：首先是脱离日本殖民统治——"独立"，然后是与祖国的再结合——"统一"。时代的特性和复杂的社会历史背景决定了在大陆的台胞抗日团体对于台湾前途的如此特殊设计方式，对此台湾义勇队总队长李友邦在一篇题为《台湾要"独立"也要归返祖国》的文章中作了十分透彻的阐述：

首先，我们应知道，台湾曾是中国之一省，台湾五百多万人，除掉二十万的"生番"而外，都是从福建、广东过去的中国人；但是，我们也应知道，一八九五年满清曾正式地在大压力之下，不得已把台湾割让给日本帝国主义了。

这样的事实，决定了台湾革命目的的两面性，就是，一方面，他要求"独立"；同时，另一方面，他要求返归祖国。

要求"独立"和要求返归祖国不是冲突的吗？是不冲突的。

什么是台湾的"独立"呢？台湾的"独立"，是在国家关系上，脱离外族（日本）的统治，是对现在正统治着台湾的统治者而言。作为被压迫于日本帝国主义者之下的台湾民族，他是要对其统治者斗争，以争取能够自己处理自己，自己决定自己的前途的权利，被锁紧地压迫在日本帝国主义的铁蹄下的台湾民众，迫切地需要的是这个。

但"回唐山去啊？"从前是，现在也还是台湾五百万民众的口头禅。"唐山"指的就是中国，要归回中国的热情，除了少数丧心病狂的作日本帝国主义的走狗的败类而外，这已成为一般台湾民众的要求，所以台湾要归返中国。

因此，在对日本的关系上，台湾和朝鲜完全一样；在对中国的关系上，台湾和朝鲜又稍有不同。同时在对日本的关系上，台湾与祖国内部的任何一省都不同；在对祖国政府的关系上，又都彼此有异；这样的事实造成了台湾革命的复杂性，他第一，必须以台湾作为日本帝国主义的殖民地而向他争取"独立"；第二，他又须以台湾作为中国之一部分，而且适应着全民的要求要归返祖国。

所以这两个目的，是同时为台湾革命所具有，他不能缺掉第一个，因为《马关条约》以后，祖国政府已不得不把台湾认为日本所有，所以台湾革命已不得不成为台湾五百万民众自己的事，而祖国政府不能是主动的，除非他提出"收复台湾"的口号。既然由台湾五百万民众方面出发，所以他首先必须作争取"独立"的斗争。同时又不能缺掉第二个。在前清割让台湾的时候，台湾五百万民众不得不由中国的政治机构脱离而又不愿屈服于日本帝国主义者，所以，在一八九五年曾一度有"民主国"之成立。以后，在祖国抗战胜利而台湾"独立"革命成功时，祖国当是一个崭新的三民主义的国家，台湾民众归返祖国的要求，当可以得到。故同时，台湾革命者又以归返祖国作为其革命目标之一。……所以我们说，台湾（要）"独立"又要归返祖国。①

台湾问题的历史原点在于 1895 年不平等的《马关条约》导致台湾被迫割让并沦为日本殖民地，尽管《马关条约》是日本侵略者强迫中国签订的不平等条约，但在当时的历史条件下，它是日本占据台湾所谓的"法律依据"。正如李友邦所言，除非中国政府提出收复台湾的口号，否则台湾要想脱离自身的殖民地地位就只能靠台湾民众自己，中国就只能在道义上或秘密渠道上予以支持。这样一来，台湾革命首先就是脱离日本帝国主义，然后才能依据台湾民众的爱国热情和民族感情，踏上回归祖国的道路。这就是台湾前途命运的二阶段论：台湾需要先"独立"，然后回归祖国。由此可见，在大陆台胞抗日团体的"台湾独立论"，与"台湾回归祖国论"非但是不矛盾不冲突的，而且是有机结合的一个整体，对于这样一种既矛盾又统一的关系，台胞抗日人士黄玉斋在当时就有过精辟的分析，他说：

> "台湾独立派"　这派发达很早，如本书前面所讲的，说他是"台湾独立派"亦可；说他是"台湾光复派"也无不可！我们所谓台湾人，个个都是中国人。总而言之，所谓"台湾独立派"舍去极端自主外，都是要做中国的一省呀！最近极端独立派的论调是说："现在中国内受军阀横行，外受列强压迫，几乎自身不能顾了，焉能顾及我们台湾呢？"他们的结论还是：现在应该台民治台民，将来还是做中国的一部分！②

显然，台湾"独立"是台湾革命者当时要做的头一件事，回归祖国是获得

---

① 李友邦：《台湾要"独立"也要归返中国》，《台湾先锋》第 1 期。
② 汉人：《台湾革命史》，载黄玉斋：《台湾抗日史论》，海峡学术出版社 1999 年版，第 332 页。

自由后的台湾民众将来要做的第二件事，这就是"台湾独立派"，也是"台湾光复派"，台湾要"独立"也要"回归"祖国的辩证统一关系。直到1941年12月9日中国正式对日宣战，公告废除包括《马关条约》在内的所有不平等条约，台湾主权归属中国的地位确定后，上述台湾回归二阶段论中的第一个阶段——台湾"独立"才失去了存在的基础，而与第二阶段——回归祖国合二为一，因为李友邦所提到的跳过台湾"独立"阶段的前提条件——"除非它（祖国）提出收复台湾"已经变成为现实。正是顺应这一历史变化，台湾义勇队随后提出了"保卫祖国、收复台湾"的响亮口号。[①] 打倒日本帝国主义、收复祖国领土台湾，便从此真正成了在大陆台胞抗日团体的唯一选择。

1942年11月，国民党中央日报连续数日刊载美国幸福、时代、生活三大杂志编辑共同组建的战后和平方案问题委员会编印之《太平洋的关系》小册子，其中提出了所谓战后应将台湾交予国际托管的论调，激起中国社会各界尤其是在大陆台湾人士的极大震动。该方案的核心内容，是声称为了战后在太平洋建设防御地带，台湾在从日本手中夺取后，不应划为中国领土之一部分，而应由国际托管，岛上的居民既不得要求独立，也不得要求归入中国。[②] 对此，台湾革命同盟会随即发表声明，严正宣告："战后处理台湾问题，除将台湾之领土主权完全归还中国外，任何维持现状或变更现状之办法，均为台湾人民所反对。"他们在各大媒体发表言论，反对国际托管，力主台湾为中国固有领土，台湾必须回归祖国。刘启光说："台湾为我中华民族开拓领有之地，为我民族文化灌溉浸润之区，且为我国防上不可或缺的生命线，已无容置疑。台澎之必须收复，更属浅而易见。台湾人民五十年来前仆后继，不断从事反日斗争，其故在此，而其目的亦即摆脱日寇羁绊，重返祖国怀抱。"[③] 宋斐如说："迩来美国舆论对于战后中国领土问题多有错误的主张，其谓'台湾应划归国际共管，台湾不宜划为中国领土，台湾居民亦不得投票，要求归回中国'尤为荒谬绝伦，台湾与中国的历史上和地理上，皆有极其密切的关系，血浓于水，台湾必须归还中国，固无疑义，此种措置亦未为法理及人情所支持，实不容国际人士

---

① 《三民主义青年团中央团部台湾义勇队分团部团员大会宣言》，《台湾青年》第8期，转引自魏永竹主编：《抗战与台湾光复史料辑要》，台湾省文献委员会，1995年，第243页。
② 中央执行委员会秘书处图书室：《战后台湾问题》，民国三十三年（1944）五月十七日，《重要言论》，第93页。
③ 刘启光：《领袖对于台湾问题的昭示》，民国三十二年（1943）七月二十一日，《重要言论》，第110页。

因别种战略上的打算而有所变更。"① 台湾革命同盟会于 1943 年 4 月 17 日连续
发布两份文告,其内容均涉及反对台湾国际托管论,如在《告祖国同胞书》中大
声呼吁:"近来有人主张战后台湾由国际共管,这是多么骇人听闻的事呀,如果
这个主张实现,不但台湾同胞永无翻身之日,则中国国防亦永无建设之期。祖国
同胞们,你们愿意这样做下去吗? 如果不愿意的话,请大家赶快起来共同摧毁其
妄想。"② 同日发表的纪念马关条约宣言也称:"本会今复郑重声明台湾土地原为
中国领土","深望世界有识之士,为使实现世界和平,必须一致主张战后台湾应
即归还中国,而本会领导台湾革命方针,素以归宗祖国为中心,今后尤为坚决此
方针而努力,无论任何异族统治台湾,均为吾人所反对,势必反抗到底"。③ 在 6
月 17 日纪念台湾沦陷宣言中,台湾革命同盟会更鲜明地表达了自身的态度:

> 　　民族的生存和自由是不可分割的,为什么我们没有选择我们赖以生存
> 的政府的权利,我们台湾人坚决主张台湾应重新归还其母国——中华民
> 国,台湾同胞希望在中国国民政府的统治下,奉行三民主义,我们身上流
> 着的是中华民族的血,我们要求尊重人民意志的民权,我们信仰民主主
> 义,同时我们欲以诚恳的态度,请求同盟国政府依据大西洋宪章及二十六
> 国宣言,待遇台湾,以解决战后的台湾问题,即请求援助我们达到复归中
> 华民国的目的,解除我们四十八年来的奴隶生活,让我们有机会参加建设
> 自由平等互助的新世界。现今国际中尚有若干人士主张于战后国际共管台
> 湾,这种思想不问其动机是善意抑恶意,事实上乃帝国主义残留形式,违
> 背大西洋宪章,无视公理与正义,我们台湾人必以反对日本帝国主义的态
> 度,来反对这种思想及这种措置,我们不愿做一个主人的奴隶,更不愿做
> 一种奴隶去服事许多主人。④

---

① 宋斐如:《为什么要收复台湾》,民国三十二年(1943)四月十五日,《重要言论》,第
　87—88 页。
② 《台湾革命同盟会告祖国同胞书》,民国三十二年(1943)四月十七日,张瑞成编:《台籍志
　士在祖国的复台努力》(中国现代史史料丛编二),中国国民党党史会 1990 年版,第 133 页。
③ 《台湾革命同盟会为马关条约四十八周年纪念宣言》,民国三十二年(1943)四月十七日,
　张瑞成编:《台籍志士在祖国的复台努力》(中国现代史史料丛编二),中国国民党党史会
　1990 年版,第 131—132 页。
④ 《台湾革命同盟会为纪念六一七台湾沦陷日宣言》,民国三十二年(1943)六月十七日,张
　瑞成编:《台籍志士在祖国的复台努力》(中国现代史史料丛编二),中国国民党党史会 1990
　年版,第 134 页。

从此次反对台湾国际托管论的斗争中，人们看到台湾抗日团体在为着一个共同的目标而努力，即排除一切干扰，坚定不移地踏着迈向回归祖国的步伐。而这正是台湾同胞在抗日战争中矢志不渝的最终追求。

第十一章　中国政府光复台湾的努力与实践

一、国共两党对台胞抗日的支持

20 世纪 20 年代后台胞的抗日活动与民族精神受到国共两党的关注与支持。这种关注与支持在三四十年代日趋增强。随着太平洋战争的爆发，国民政府对日宣战，台湾光复提上日程，对台胞的支持就变得公开化了。

中国共产党对台胞抗日的声援

中国共产党诞生后，以先进的理念影响着从台湾到大陆求学的青年，促使谢雪红、蔡孝乾、翁泽生等人投身抗日活动和革命事业。20 世纪 30 年代日本占据东北、觊觎全中国后，中国共产党以民族利益为虑，呼吁联合台湾同胞共同抗日，密切关注着台湾同胞的英勇斗争，并给予多方支持与呼应。七七事变后，在台湾的进步政党、团体，如工会、农民联合会、文协等遭强制解散，在极端困难条件下，仍有不少团体"坚持着地下活动"。[①] 中国共产党帮助台胞在大陆组建台湾独立革命党等抗日团体，并协助李友邦等人建立抗日联合战线。[②] 中国共产党的报纸刊物对台湾被殖民情况与抗日情况的分析、报道，对抗日民族统一战线的倡导，对收复祖国失土的呼吁，对台胞抗日形成巨大声援。

1935 年 8 月 1 日，中共中央在《为抗日救国告全体同胞书》（即《八一宣言》）中提出"联合一切反对帝国主义的民众（日本国内劳苦民众，高丽、台湾等民族）作友军"。[③] 1937 年 8 月，中国共产党提出的"十大救国纲领"中，明确提出要"废除与日本签订的条约""驱逐日本帝国主义出中国"。[④] 1938 年

---

① 有关情况参见吴国安：《论台湾同胞参加祖国抗日战争的活动及其历史意义》，《近代史研究》1986 年第 3 期，第 219 页。

② 吴国安：《论台湾同胞参加祖国抗日战争的活动及其历史意义》，《近代史研究》1986 年第 3 期，第 224—225 页。

③ 中共中央书记处编：《六大以来——党内秘密文件》（上），人民出版社 1980 年版，第 682 页。

④ 中共武汉市委党史研究室、武汉市新四军历史研究会编：《新四军与武汉》，武汉出版社 2003 年版，第 50—51 页。

11月，在扩大的六届六中全会上，中共中央将"建立中日两国与朝鲜、台湾等人民的反对侵略战争的统一战线"列为全中华民族当前的一项紧急任务。[①]

1938年，广东新生活运动促进会创办《战时生活》，第1期在广州发行后，有关人士认为福建形势更为紧急，于是移至厦门，由中共厦门市工委接管，由共产党人张兆汉任总编辑。当时厦门的民众动员做得很不够，福建的抗战局势不容乐观，针对这样的情况，《战时生活》刊出多篇文章。如徐村的文章《厦门民众为什么动员不起来？》、川然的文章《保卫大福建》与《保卫大福建的基本工作》、杜明的《准备以广泛的游击战争来保卫福建》等。[②] 这些文章指出福建地连台湾，国防力量薄弱，日本很可能先占领福建，以建立北上南下西向的新基地，呼吁福建民众意识到当地严峻的形势，充分动员。福建的闽西南、闽粤边、闽中、闽北、闽东几支较强大的红军游击队已经政府改编。为发挥更大的力量，应将少年先锋队等也组织起来，使他们参与到抗日游击战中。福建与台湾关系最为密切，民众往来最多，抗战形势休戚相关，共产党人通过在福建的抗战宣传，对台胞精神动员的推动和台湾抗战力量的发挥起到了积极作用。

1939年1月，中共中央东南局宣传部在《战时生活》和《抗建论坛》两刊合并的基础上，创办半月刊《东南战线》，每月5日、20日出版，16开60页。中共浙江省委文委负责人骆耕漠任主编。当时，李友邦领导的台湾义勇队及其少年团正在初创时期。李友邦是国民党人中素有"左派"色彩的人物，他在闽南组建的台胞抗日武装组织曾有共产党人的参与、协助，当时共产党人张一之担任了义勇队秘书。《东南战线》不定期刊载《台湾义勇队特页》，宣传台湾义勇队的抗日活动和党的抗日民族统一战线政策。《东南战线》第4期刊出多篇关于台胞抗日及台湾情况的文章，如李友邦撰写的《台湾义勇队之组织及其工作》、黄月华等人的《在革命中成长的台湾儿童》、《台湾独立革命党最近行动大纲》、《台湾义勇队队歌》等。其中，《在革命中成长的台湾儿童》是数个台湾儿童合写，反映了台湾家庭不愿受日本压迫而来到大陆的实况，以及出生在台湾的儿童立志抗日救国的心情。王正南是李友邦创建的台湾少年团的成

---

① 《中国共产党抗战文献》第1辑，香港红棉出版社1946年版，第62—63页。

② 分别出现在《战时生活》1938年第2期，第11—12页；1938年第3期，第4—5页；1938年第4期，第4—6页；1938年第4期，第7—8页。

员，他写道"小人也应该救国"，应团结抗日，收回失地，做中华民国的大国民。①

《前锋》曾作为中共中央的机关报，由瞿秋白创刊，但维持时间很短。1938年，应抗日新形势，前锋社编辑部组于广州，《前锋》以抗战理论前锋的姿态倡导抗日民族统一战线。中国共产党人张健甫②是其重要撰稿人。1941年第1卷第2期《前锋》刊出其文章《从日寇占越南想到反法抗日的刘永福》，该文指出日本声言进攻越南西贡，是其威胁到英美的南进政策的第一步，倡导发扬刘永福的精神，抵御日寇。③

1941年5月15日，中共中央决定将延安《新中华报》《今日新闻》合并，出版《解放日报》。一切党的政策，将经过《解放日报》与新华社向全国传达。《解放日报》创立之初即关注到对台湾的宣传。6月，在纪念台湾人民的反日斗争日，《解放日报》刊出文章呼吁："十余年来血的教训，指明了欲完成台湾独立解放的伟大任务，必须建立广泛的民族反日统一战线"。④ 10月，延安召开东方各民族反法西斯代表大会，主席团有台湾代表蔡前，即著名的台共领导人蔡孝乾⑤。23日，《解放日报》第3版发表他所撰写的《台湾的今昔》，介绍了台湾被日侵占和统治的情况，指出："在今天，东方各民族结成巩固的反法西斯统一战线已经成为刻不容缓的严重的任务"。⑥ 1942年2月24日，《解放日报》指出太平洋战争后，日本对台湾的压榨变本加厉，台湾民众痛苦日益加深，其抗日情绪更加高涨，殷切希望实行反攻，驱逐日寇。⑦ 3月5日及23日的报纸则对台湾革命同盟筹备临时代表大会和台湾复土复省运动进行了报道。⑧

---

① 《在革命中成长的台湾儿童》，《东南战线》1939年第1卷第4期，第190页。

② 张健甫（1898—1955），湖南省平江县人，中央苏区时期的一个重要人物。真名叫张幄筹，又名张怀万、张云汉、江汉波。1925年加入中国共产党，1926年任北伐军某部党代表，1927年任中共平江县委宣传部长。"三月扑城"失败后，随毛简青出走上海。后任中共河南省委秘书，安徽省委宣传部长、代理省委书记。1930年在江西为"左"倾路线所迫脱党，到福建任教。

③ 《前锋》1941年第1卷第2期，第23—25页。

④ 自强：《纪念六一七——台湾人民的反日斗争日》，《解放日报》1941年6月17日第2版。

⑤ 台湾彰化人蔡孝乾早年受到瞿秋白等人的思想影响，加入共产党，并在台湾建立支部。他参加红军长征，任反帝联盟（后改为抗日联盟）主席，曾随八路军总部赴抗日前线。

⑥ 《台湾的今昔》，《解放日报》1941年10月23日第3版。

⑦ 《太平洋战争后台湾民众痛苦益深》，《解放日报》1942年2月24日第3版。

⑧ 《台湾革命同盟筹备临代大会》，《解放日报》1942年3月5日第3版；《台湾志士复土运动》，《解放日报》1942年3月23日第3版。

《新华日报》1938 年 1 月创刊后，成为中国共产党在抗战时期及战后公开发行的机关报，对联合台胞共同抗敌与台湾回归等问题进行了多方关注。1939 年 2 月，《新华日报》指出，朝鲜、台湾受日寇压迫已久，早有民族解放的意志，且在不断的奋斗中，联合他们建立反侵略统一战线"不仅是可能的，而且也是必要的"。① 1940 年 7 月 26 日，台湾青年革命党和台湾国民革命党加入台湾革命团体联合会，《新华日报》对此进行报道，并在标题中写道：两党"携手合作为台湾解放奋斗"。② 1942 年《新华日报》对台湾革命同盟会与台湾光复运动做了大量报道，有关报道达 20 篇。1942 年 3 月 25 日，台湾革命同盟会第二届临时代表大会闭幕，台湾各革命团体结成统一阵线，加紧复土运动。报道特别提到丁超五力言国人对台湾之忽视与不了解是不恰当的，实际台湾同胞十之八为闽粤两省迁去者，"不能视为外族"，"国人应以台湾之光复引为本身责任"。③ 4 月，以纪念台湾被割让 47 周年为契机，陪都重庆展开声势浩大的光复台湾宣传运动。5 日，在渝各文化团体举行"台湾光复运动宣传大会"，《新华日报》对其进行了详细报道，刊载孙科的《解放已在目前了》以及《台湾革命同盟会》第二届大会宣言，并在"台湾光复运动专刊"中发表冯玉祥的《我们要赶紧收复台湾》、台魂的《向祖国呐喊》、春涛的《"绿树苍郁"的台湾》、青山和夫的《迎接"台湾日"》以及植进的《台湾的战略价值》等数文。还推出社论《论台湾解放运动》，指出七七事变后《马关条约》客观上已失去作用，应积极援助台湾的革命，提出台湾解放的目标。疾呼："我们必须与台湾人民紧紧的站在一起"，决不让他们"苦斗无援"。④

1943 年 4 月 17 日，《新华日报》刊登《台湾应归还中国》一文，报道台湾革命同志会为纪念《马关条约》而发出的宣言和告中国同胞书。宣言指出，近年来对于战后台湾问题，有主张归还中国者，有主张共管者，有主张为特别区域者，众说纷纭。为此，台湾革命同志会再次郑重声明："台湾土地原为中国之领土……无论任何异族统治台湾，均为吾人所反对，誓必反抗到底"。同版报纸还有柯台山撰写的《铁蹄下的台湾》，言："敌人处心积虑数十年的奴化政

---

① 《台鲜人民的反日运动》，《新华日报》1939 年 2 月 14 日第 1 版。
② 《台湾两革命党发表共同宣言，参加台湾革命团体联合会，携手合作为台湾解放奋斗》，《新华日报》1940 年 7 月 26 日第 2 版。
③ 《台湾各革命团体结成统一阵线》，《新华日报》1942 年 3 月 25 日第 3 版。
④ 《论台湾解放运动》，《新华日报》1942 年 4 月 5 日第 2 版。

策，已由我台湾同胞不断的反抗给他答复了"。① 5 月 2 日，中国共产党举行纪念"台湾民主国"48 周年的活动。6 月 17 日，《新华日报》刊出社论：《台湾，回到祖国来》，再次倡导刘永福的老骥伏枥、坚决抗敌的精神，指出"只有发扬刘永福的抗日民主的传统，只有加强团结，只有积极参加祖国的抗战，获得彻底的胜利，才能将日寇驱逐出台湾，回到祖国的怀抱"。并指出国外少数"不明历史发展，不顾实际情况，而抱有帝国主义思想的人们"叫嚣将台湾从中国的母体割裂，高谈国际共管，"实不值识者一笑"。"台湾的命运，决之于中国的抗战"，"不必与持谬见者争辩不休，而应该用最大的力量来决定我们的命运"。②

对于太平洋战争发生后美英等国谋求共识与协作的历次接触，《新华日报》都加以介绍，鼓舞国人抗敌决心。蒋介石与罗斯福、丘吉尔会面后，《新华日报》更是进行了一系列详细报道与评论。1943 年 12 月 2 日至 7 日，《新华日报》大力介绍和宣传了开罗会议的成就与国内外观感，并发表《中、英、美开罗会议》的社论。这些文章指出开罗会议加强了反攻日本的力量，盟国将一直作战到日本无条件投降，并特别提到东北与台湾人民闻讯后的兴奋情绪，强调应加紧组织敌后力量，收复失地。③

1943 年 11 月到 1944 年夏，美军曾有在台湾登陆的想法。当时，太平洋战区盟军总司令尼米兹（Chester William Nimitz）与盟军西南太平洋战区总司令麦克阿瑟（Douglas MacArthur）计划以美国军力指向菲律宾群岛，在南中国沿岸登陆，以中国大陆为基地对日作战。而日本欲以台湾为南进基地，在岛上建航空基地十余个，并在台湾、澎湖设置四个以上的军港。足见台湾对盟军与日本来说，都具有重要战略意义。1944 年 4 月 17 日，在《马关条约》签订 49 周年的日子，《新华日报》刊发社论《台湾沦陷四十九年》。社论指出台湾重要的地位，号召台湾人民为自身解放、为早日回到祖国而积极抗日，并协助盟军作战。同时，社论也指出盟国对台湾人民也有积极援助的责任，国内上下须给予其切实的帮助和足以动员全台同胞的措置，号召对不久前台湾工党领袖高斐所

① 《台湾应归还中国》，《铁蹄下的台湾》，《新华日报》1943 年 4 月 17 日第 2 版。
② 社论：《台湾，回到祖国来》，《新华日报》1943 年 6 月 17 日第 2 版。
③ 《开罗会议的成就》《东北和台湾籍人士对开罗会议表示兴奋》等文，《新华日报》1943 年 12 月 3 日第 2 版、4 日第 2 版。

领导阿里山的矿工暴动给以物资与干部方面的协助。[1]

中国国民党支持大陆台胞抗日

中国国民党领导和支持了参加抗日活动的台胞。在筹划收复台湾的过程中，一些台湾同胞发挥了作用。

柯台山，嘉义人。1923年负笈日本时，在白咏华等国民党人协助指导下，与留日同学共11人发起成立"北京语研究会"，誓为祖国收复台湾而奋斗。是年，在日台湾人参加研究会者多达240名。柯台山于1924年毕业返台，而后赴大陆负责联络同道，曾辗转湖南等地，等待时机。1939年抵达重庆。适逢柯康德等组织志愿队，抵达广州，欲参加抗战。经设法与柯台山取得联络，促其请求中央推展台湾工作，领导台胞抗敌。是年12月，柯台山在重庆提出《台湾革命过去之检讨及今后应进取之途径》的报告，报告末尾指出"台湾之收复，台胞之解放，其历史任务，均赖祖国国民党早日奠定此旨，速谋于成"。[2] 此后，柯台山展开宣讲，为台胞请命，并参加中央训练团第五期受训。1940年1月结业后，柯台山留在国民党中央党部工作。1945年7月，在渝筹备成立台湾重建协会。抗战胜利后，柯台山协助台湾行政长官陈仪接收台湾。[3]

谢东闵，原名谢进喜，自号求生，彰化人。因为对日本人统治台湾不满，谢东闵赴大陆求学。1931年于广州中山大学政治系毕业。1942年，在桂林广西日报社担任电讯室主任、总编辑。随后参加中国国民党台湾省党部的筹备工作。1943年5月至1945年，谢东闵成为中国国民党台湾省党部的执行委员，在漳州、永安、福州等地从事抗日活动。台湾光复时，参与高雄的接收，任高雄州接管委员会主任委员，后任高雄县首任县长、台湾省行政长官公署民政处副处长、台湾省政府教育厅副厅长、台湾省立师范学院院长、台湾新生报董事长、中国青年救国团副主任、中国国民党中央党部副秘书长、台湾省政府秘书长、台湾省议员、台湾省议会副议长、议长等职。

黄朝琴，生于台南，早年留学日本期间，参加抗日运动，宣传民族思想。后赴美国，研究国际公法，学成后回国，任职外交部。1925年，加入中国国民

① 《台湾沦陷四十九年》，《新华日报》1944年4月17日第2版。
② 《台湾革命过去之检讨及今后应进取之途径》，中国国民党特种档案，特17/3.10，国民党党史馆藏。
③ 许雪姬访问，曾金兰纪录：《柯台山先生访问纪录》，台湾"中研院"近史所，1997年6月。

党。1945 年 10 月，以外交部驻台特派员兼任台北市市长，为战后首任台北市长。1946 年，台湾省参议会成立，膺选为首任参议会议长，历任第 1、2、3 届临时省议会及第 1、2 届省议会议长，先后达 17 年之久。1947 年，出任台湾第一银行董事长，并先后担任台湾银行常务董事，第五届联合国大会中华民国全权代表等要职。二二八事件发生后，任二二八事件处理委员会联络组组长。

李友邦，本名李肇基，生于台北。就读于黄埔军校第二期，加入国民党，曾受当时国民党负责侨务的廖仲恺栽培。1937 年全面抗战爆发，李友邦在浙江省金华县着手恢复台湾独立革命党。1939 年 2 月李友邦在浙江省金华成立"台湾义勇队"。1940 年，复刊机关报《台湾先锋》，又出版《台湾革命丛书》。后台湾独立革命党加入台湾革命团体联合会，该会更名为台湾革命同盟会。战后李友邦升至中将军衔。1945 年 12 月 8 日，李友邦率台湾义勇队回台，兼任三民主义青年团中央直属台湾区团部筹备处主任。

宋斐如，原名宋文瑞，台南人，就读于北京大学经济系，改用名"斐如"。1924 年，宋斐如主编杂志《少年台湾》。抗日战争期间，曾在广州孙科旗下工作，后担任中苏友好协会干事。1942 年任中国国民党台湾省党部干训班教育长。1945 年日本投降，宋斐如回到台湾，被任命为台湾省行政长官公署教育处副处长。

连震东，字定一，台南人，知名史学家连横之子。抗日战争期间出任重庆国民政府国际问题研究所组长、西京筹委会专门委员，国民政府当时有意委派他在西安改制为西京后出任第一任市长，但因抗日战争爆发而被搁置。1945 年11 月，台湾省行政长官陈仪委任连震东担任台北州接收管理委员会首任主任委员，正式接管台北州军政事务。

黄国书，本名叶焱生，生于新竹，客家人。因曾在日本编写的教科书上写"宁愿站着死，不愿跪着生"，而被日本殖民者列为"危险分子"。[①] 抗战时期，曾立下战功，得到李宗仁赞赏。任陆军中将，与邹洪上将同为二战期间的大陆两大台湾省籍将领。台湾光复前后，任台湾省警备总司令部高参室主任、台湾铁路管理委员会委员。1948 年当选台湾省立法委员。

王民宁，台北人，曾在北京大学学习经济，后赴日本士官学校就读工兵科。1945 年 9 月，台湾警备总司令部成立，时为少将军衔的王民宁任副官处处

---

① 杨毅周主编：《台湾抗日人物传》，华艺出版社 2015 年版，第 67 页。

长。10月，作为台湾警备总司令部代表跟随葛敬恩参加南京受降仪式。二二八事件后，出任台湾省政府警务处处长。1947年当选为第一届国民大会台湾省台北县代表。

刘启光，本名侯朝宗，嘉义县六脚乡人。日据时代因参加农民运动，被日警追缉逃亡大陆，改名换姓多次，最后改名为刘启光。抗日战争时期任军事委员会台湾工作团少将主任。战后，任新竹县长。1947年后，曾任华南银行董事长、台湾火柴公司董事长、台湾省政府委员、临时省议员等职。

中国国民党支持台胞的抗日活动，对其中有为人士加以任用拔擢，使其能够为抗日斗争和光复台湾发挥更大作用。同时，国民党也注意到抗日烈士家属的生活情况，对困难者给予抚恤。罗福星是在台湾反抗日本统治的著名人物。他祖籍广东，1903年随父迁台，1907年加入中国同盟会，1912年奉孙中山先生委派回到台湾成立中国同盟会支部，进行武装抗日运动。1913年，罗福星在台北、苗栗等地发动数次起义。12月，他不幸被捕，并于翌年惨遭绞刑。罗福星遇难时，其子尚幼。随着父母日老，其次子尚未成年，家庭困窘。1929年，广东省蕉岭县国民党执行委员会呈文，为罗福星家属申请抚恤。国民政府行政院内政部决定每年发拨六百元抚恤金，直至罗福星烈士次子成年。[1]

全面抗日战争开始后，台湾人民的抗日力量尚未形成有力组织。鉴于台湾对抗战的重要作用，1939年底，时任国民党组织部长的朱家骅约集台籍志士刘启光、林忠、谢东闵等人商讨如何在台湾发展党务。经数年努力，1943年，国民党组成直属台湾党部筹备处，以翁俊明为筹备主任，以宋斐如、李友邦、谢南光、刘启光、张邦杰为设计委员。每月拨给经费。[2] 该年4月，中国国民党直属台湾执行委员会在漳州成立。翁俊明为主委，林忠为执行委员兼书记长，陈邦基、郭天乙、丘念台、谢东闵、陈栋、杨万定、廖启祥等为执行委员。工作人员大都出自党训班。[3] 起初的运作以秘密方式进行，以光复台湾为使命。

直属台湾党部成立后，运作并不如意，台湾抗日力量未能有效统一。1943

① 《中国国民党中央执行委员会秘书处等办理罗福星抚恤案相关文书》（1929年5月14日—6月19日），海峡两岸出版交流中心、中国第二历史档案馆编：《馆藏民国台湾档案汇编》第3册，九州出版社2007年版，第1—37页。
② 《直属台湾党部筹备处名单》，中国国民党特种档案，特17/2.36，国民党党史馆藏。
③ 《中国国民党与台湾——追记光复前的台湾党务》，张瑞成编：《台籍志士在祖国的复台努力》（中国现代史史料丛编二），中国国民党党史会1990年版，第301—303页。

年 9 月，台湾革命同盟会与台湾义勇队联合提出《代拟统一加强台湾革命工作以利收复台湾》的提案，指出，"我当局对台工作每年耗费巨款，煞费苦心……惟台湾党部付托未得其人，在国内则排除同志于党外，对台湾岛内亦不免失其联络，此固非当局预料所及，但影响前途甚巨"。为统一领导，建议在国防最高委员会设"台湾问题委员会"或在中央党部设"台湾革命工作指导委员会"，调整台湾党部人事；并在台湾党部设"联络会议"，调整各部门工作及其联系；在训练机构内设立"台湾政治干部训练班"及"军事干部训练班"，以备将来接管台湾军政之需。为使该提案在即将在渝召开的国民党五届十一中全会上提出，中央党部秘书处将其呈送立法院院长孙科。①

11 月，翁俊明去世后，国民党中央任命林忠兼代主委。翌年春，林忠辞去本兼代各职，萧宜增代书记长兼主委。萧宜增草拟《台湾党务工作意见书》，介绍了台湾史地与概况、党务沿革与概况，建议今后工作改进要点、人事与经费。1 月 14 日，国民党中央执行委员会秘书处指示关于台湾工作应改进各点，准予试行，但应与实际情况相结合，妥为运用，"须注意台籍人才之物色与善用，但以毋滥给名义为宜。"② 此后，台湾党部继续在组织训练和舆论宣传等方面展开工作，为台湾的光复做了一定的铺垫和准备。

1944 年 4 月，直属台湾党部以"名义不崇，地位不著"为由，要求改为台湾省党部，以便进行工作。③ 9 月，中央执行委员会组织部核议后，认为台湾党部所请恢复省制"应在国土光复之后为宜"，至先改该部为省党部一节，应俟省制问题决定后再议。且因该部成立不久，不宜"斤斤于名分之争"，而应"深入台岛组训台胞，以厚植党基"。④ 因台湾党部确不具备深厚根基，本身存

---

① 《代拟统一加强台湾革命工作以利收复台湾案》，中国国民党特种档案，特 17/6. 16，国民党党史馆藏。

② 《中央执行委员会秘书处覆萧宜增函》，张瑞成编：《台籍志士在祖国的复台努力》，国民党党史委员会 1990 年版，第 336 页。

③ 《台湾党部为请求恢复台湾省制致中央党部秘书处及组织部呈文》，张瑞成编：《台籍志士在祖国的复台努力》（中国现代史史料丛编二），中国国民党党史会 1990 年版，第 354—356 页。

④ 《中央执行委员会组织部致中央秘书处函》，张瑞成编：《台籍志士在祖国的复台努力》（中国现代史史料丛编二），中国国民党党史会 1990 年版，第 358 页。1945 年 9 月，因已决定台湾恢复为中华民国一行省，国民党第六届中央执行委员会常务委员会第十次会议决议，直属台湾党部改组为台湾省党部，但其主委及委员大多被撤换，新派执行委员会主委李翼中并非台籍。《中国国民党第六届中央执行委员会常务委员会会议纪录汇编》，张瑞成编：《台籍志士在祖国的复台努力》（中国现代史史料丛编二），中国国民党党史会 1990 年版，第 407 页。

在很大问题,① 其成员亦欠缺主掌省政的资历与威望,蒋介石并未打算依靠它实行接收。加之,台湾的收复很大程度上取决于国际反法西斯战争形势的发展,美国当时的主张仍是先在台湾设立军政府。为避免与盟国主张直接抵牾,蒋介石在中央设计局辖下成立台湾调查委员会,作为收复台湾的研究机构。当然,蒋介石也考虑到台湾党部的地位,在任命台调会委员之前,特意询问陈仪,台湾党部现任主委及书记长有无加入台调会。②

虽因党政失和,台湾党部在收复台湾过程中并未发挥主导作用。但直属台湾党部发动和团结台籍人士积极投身抗战,在沦陷区台胞中进行宣传和呼号,并为国民党中央和国民政府编辑了一系列有关台湾的参考资料、提出了不少有价值的意见,③ 为台湾的光复做出了贡献。

抗战后期国民党对台广播加强。

自 1943 年 4 月起,国民党中央宣传部聘用柯台山每周在中央电台用闽南语对台湾广播一次,由该部对敌宣传委员会成员提供广播稿。对台广播时间原规定为每周五下午九时。④ 不过,从一些广播稿所标示时间看,实际播送时间并未按此规定执行。如 1943 年 11 月 3 日、1944 年 11 月 24 日的对台广播是下午五时半进行的。⑤ 日期也比较随机,并非都是周五。且未按每周都播的规定,经常有重大事件发生时,便以速件、最速件呈报,核准即播。对台广播的内容大致有以下几项。

---

① 1944 年 7 月 28 日,丘念台曾提出《台湾党务改进管见》,指出台湾党部的明显问题,如"无群众、少党员","工作特务化、公文化","隔离现实","拘束行动","耗材百万,未通岛内","任党职者多不知台","台岛政治人才不参加","未从德望才智中觅领导"等。《台湾党务改进管见》,中国国民党特种档案,特 17/5. 12,国民党党史馆藏。

② 《蒋介石致陈仪电》,海峡两岸出版交流中心、中国第二历史档案馆编:《馆藏民国台湾档案汇编》第 22 册,九州出版社 2007 年版,第 201 页。

③ 如自 1943 年 6 月至 1944 年 5 月中国国民党直属台湾党部编写了十辑台湾问题参考资料,介绍台湾具体情况,反映民意,提出建议和意见。见中国国民党特种档案,特 17/7. 1–17/7. 9,国民党党史馆藏。

④ 罗克典签呈,《国民党中央宣传部中央电台〈对台湾广播稿〉(1943 年 4 月—1944 年 11 月)》,海峡两岸出版交流中心、中国第二历史档案馆编:《馆藏民国台湾档案汇编》第 16 册,九州出版社 2007 年版,第 2 页。

⑤ 1943 年 11 月 3 日对台广播稿,海峡两岸出版交流中心、中国第二历史档案馆编:《馆藏民国台湾档案汇编》第 16 册,九州出版社 2007 年版,第 90 页;1944 年 11 月 24 日对台广播稿,《国民党中央宣传部对敌宣传委员会中央电台对台湾广播存稿(1943 年 1 月—1945 年 2 月)》,海峡两岸出版交流中心、中国第二历史档案馆编:《馆藏民国台湾档案汇编》第 14 册,九州出版社 2007 年版,第 216 页。

1. 对日本压迫台胞事实的揭露

对日本压榨、压迫台胞事实的揭露是对台广播的一项重要内容，如 1943 年 1 月 2 日，国民党中央宣传部对敌宣传委员会根据密报摘录日本压迫事实，并附密报原件，作为广播主稿素材使用，指示"多多宣传（不怕重复）"。① 从密报内容判断，② 该密报书写于 1942 年。文中对日本侵华以来，特别是太平洋战争以来，日本对台湾变本加厉的政治压迫、经济剥削、军事奴役和宗教麻痹四个方面的压迫事实进行揭露，内容详尽。其中介绍了 1942 年日本在台实行的"台湾特别志愿兵"制度的情况，指出这是日本为进一步加强"以台制台"的军事法西斯手段和准备后备兵员的需要。密报提到，1942 年 2 月中旬的台湾《日日新报》报道，自该制度实施以来，至 1942 年 2 月 15 日，志愿兵就达 2 万余人，写血书表志愿决心者约占四分之一。密报称，实际上志愿兵并非真的志愿，而是被迫的。且由于服兵役年龄只有 17 岁的下限，而无上限，一些年迈老人也随时有被迫书写血制志愿书的可能，并以台南州某市 70 老翁兒于天被征作军事通译为例，进行揭露。③

1943 年 5 月 12 日的广播稿《日本帝国主义怎样剥削台湾同胞》，以若干具体实例说明日本对台胞的剥削。例如，当时台胞每年生产额已达 12 亿元，按全台 600 万人口来分，每人平均可得 200 元，实际每人每年仅得 50 元。指出，日本对待殖民地人民，"是开始剥夺他们的财产（要钱），继而奴隶他们（要人力），再继而消灭他们（要命）。呼吁台胞宁为玉碎，不为瓦全，打倒日本帝国主义"。④

2. 日本的困境与内在矛盾

一些广播稿揭示了日本的困境和内在矛盾，说明日本的失败是必然结果，以鼓舞士气民心。

1943 年 5 月 21 日的对台广播稿《日寇〈国家总动员计划〉的礁石》，指

---

① 《广播主稿》，海峡两岸出版交流中心、中国第二历史档案馆编：《馆藏民国台湾档案汇编》第 14 册，九州出版社 2007 年版，第 57 页。

② 如提到台湾特别志愿兵役制度实施于"本年二月一日"，而该种志愿兵的正式申请时间是 1942 年 2 月 1 日至 3 月 10 日，可知密报写于 1942 年。

③ 《广播主稿》附件，海峡两岸出版交流中心、中国第二历史档案馆编：《馆藏民国台湾档案汇编》第 14 册，九州出版社 2007 年版，第 72—75 页。

④ 《日本帝国主义怎样剥削台湾同胞》（1943 年 5 月 12 日对台广播稿），海峡两岸出版交流中心、中国第二历史档案馆编：《馆藏民国台湾档案汇编》第 16 册，九州出版社 2007 年版，第 27、33、34 页。

出日本于1943年提出七项动员计划，重点在增加生产力与将生产力"战力化"，即一方面是物资与人力动员，一方面是钱力与运输力的动员。但实际上该计划行不通，如物力动员方面，日本的铁远远无法满足需要，全日本本土只有5600万吨的储量，占世界0.31%。战前主要靠从中国、印度与英国输入，日本自身产额仅占需求量的三十分之一。战争中，对铁需求日增，而运输力不足，即便能从占领地掠得，亦难以运达。通过分析，得出结论："日寇各种动员计划本身不可克服的弱点，将把其整个'国家总动员计划'搁在礁石上"。①

1943年5月7日的广播稿《日寇当前的难题》指出，日寇当前最大问题是经济问题，运输力不足是其中的致命伤。只要盟国加强海洋潜艇战，并轰炸日本本土，破坏其军需生产，其失败就不远了。②

1943年8月13日广播稿《日寇战争思想的分析》，分析日本战争思想，指出日寇作战目的不仅在吞并东亚，还在征服世界；日寇不会主动中途停止战争；日本战争思想是一贯的，要得到远东和平，就要对其战争思想进行彻底改造。该广播稿还对战后处置问题进行了思考，提出要在战后合理处理日本的问题，防止其发动下一次战争，以免"赢得战争而输给和平"。并进而指出废除日本天皇制度，以根绝日本的穷兵黩武战争思想，才是追本清源的办法。③

1943年6月21日广播稿《日寇思想战的失败》指出，日寇思想战失败表现在两方面：其一，在华日军战斗意志的日益低落；其二，日本始终无法抑制我军民的战斗意志，无法收揽我民心。④

1943年10月22日广播稿《日寇的台湾殖民政策及其内在的矛盾》，指出抗日战争加深了日本在台湾殖民政策的内在矛盾，日本帝国主义会在不久的将

---

① 《日寇"国家总动员计划"的礁石》（1943年5月21日对台广播稿），海峡两岸出版交流中心、中国第二历史档案馆编：《馆藏民国台湾档案汇编》第14册，九州出版社2007年版，第85—86、95页。

② 《日寇当前的难题》（1943年5月7日对台广播稿），海峡两岸出版交流中心、中国第二历史档案馆编：《馆藏民国台湾档案汇编》第16册，九州出版社2007年版，第19、25页。

③ 《日寇战争思想的分析》（1943年8月13日对台广播稿），海峡两岸出版交流中心、中国第二历史档案馆编：《馆藏民国台湾档案汇编》第14册，九州出版社2007年版，第101—102页。

④ 《日寇思想战的失败》（1943年6月21日对台广播稿），海峡两岸出版交流中心、中国第二历史档案馆编：《馆藏民国台湾档案汇编》第16册，九州出版社2007年版，第45—46页。

来退出台湾。①

3. 胜利曙光的展现

发表战讯、分析战局，展示胜利曙光是 1943 年以后国民党中央电台对台广播中最常见的，也是分量最重的部分。如通报 3 月初中国远征军在缅北的重大胜利，通报日寇在我沿海交通已被断绝，并说明这些进展的意义。②

此时的对台广播充分发挥了作为宣传工具的鼓舞人心的作用，将战况发展或具体事件背后的意义和一些军事家乐观的观察和推测也都加以说明。如，1944 年 3 月 3 日对台广播稿《盟国海军袭击马里亚纳的意义》，介绍了 2 月美国军事进程的重大意义。指出，美国在很短时间里，在有一定距离的不同地点取得几场大的胜利，证明出令人吃惊的军事实力。据推测，袭击马里亚纳的航母就有 10 艘，主力舰 8 艘。③ 又如 1945 年 8 月 9 日广播了一些剪报内容，介绍了 6 日在广岛投下的原子弹对日所造成的破坏和伤亡情况，并称军事观察家相信，盟国在考虑对日发出新的促降公告，否则将以原子弹力量使其消灭。④

对于战争重大突破的消息发布及评论，也是一项重要内容。如 1945 年 8 月 7 日的对台广播，对中英美合攻日本进行了评论。指出，中英美三国对日公告发表之后，英美两国将以全力对日作战的声明也随后发表。"中英美三国已密切联系，动员所有力量来合攻敌寇了"，盟军解决了德国，移师东来，"绝对有把握赢得胜利"。⑤

4. 台胞抗战的重要性

国民党面向台湾的广播也有对台胞抗战重要性的肯定和褒扬。

---

① 《日寇的台湾殖民政策及其内在的矛盾》（1943 年 10 月 22 日对台广播稿），海峡两岸出版交流中心、中国第二历史档案馆编：《馆藏民国台湾档案汇编》第 14 册，九州出版社 2007 年版，第 111—118 页。

② 1943 年 3 月 15 日对台广播稿，海峡两岸出版交流中心、中国第二历史档案馆编：《馆藏民国台湾档案汇编》第 14 册，九州出版社 2007 年版，第 77—80 页。

③ 《盟国海军袭击马里亚纳的意义》（1944 年 3 月 3 日对台广播稿），海峡两岸出版交流中心、中国第二历史档案馆编：《馆藏民国台湾档案汇编》第 14 册，九州出版社 2007 年版，第 142—143 页。

④ 1945 年 8 月 9 日对台广播稿，《国民党中央执行委员会宣传部编审组编 1945 年 6、8 月份"台语"播稿汇存》，海峡两岸出版交流中心、中国第二历史档案馆编：《馆藏民国台湾档案汇编》第 33 册，九州出版社 2007 年版，第 251—254 页。

⑤ 《中、英、美三国合攻日本（评论）》（1945 年 8 月 7 日对台广播稿），海峡两岸出版交流中心、中国第二历史档案馆编：《馆藏民国台湾档案汇编》第 33 册，九州出版社 2007 年版，第 246—250 页。

1943 年 8 月 31 日，国民党中央宣传部对敌宣传委员会发文（对字第 327 号）《太平洋战事与台湾》，指出台湾位于太平洋重要战略地位，"台湾既然是位置于太平洋中之一重要战略地点，故太平洋所发出的一波一浪都足以波动及台湾。固此我台湾同胞对于太平洋的任何事变之发生，都应有负有直接间接的责任。"[①] 希望台胞认清其重要性，若有盟军登陆之日，应争先援助。

1944 年 3 月 14 日的对台广播稿《太平洋战争的现势》，指出美国在太平洋战场取得优势，日本要扭转战局，唯有依靠海军孤注一掷，但显然他们缺乏这样做的勇气。"日本侵略主义的崩溃就在我们的面前。台湾的同胞们，你们应该注视太平洋战局的进展，准备内应，消灭日寇，这是当前我台湾同胞应有的准备和使命。"[②]

1944 年 7 月 22 日的对台广播稿《盟军对敌（倭）国包围战的开始》，分析战局，指出"中太平洋战争的顺利及其积极的发展迟早就会达到台湾本土，台湾同胞应认识台湾这次在日寇利用为南进的据点，积极武装后成为盟国海空军所注目的一个重要攻击地点，进攻日寇本土必以台湾为先"。[③] 呼吁台胞及时醒悟，参加祖国的抗日，与盟国联合起来，打击日本。

二、抗日战争的转机与国民政府复台立场的确立

太平洋战争前的复台呼声

自台湾被迫割让，就不断有有识之士发表痛失山河的悲愤言论。对于日本的侵略野心，舆论界亦早有议论。1912 年，《大公报》刊出《中华民国的国土》一文，指出台湾是中华民国国土。[④] 1919 年，哈尔滨某俄报指出台湾应归

[①] 《太平洋战事与台湾》（1943 年 8 月 31 日国民党中央宣传部对敌宣传委员会发文），海峡两岸出版交流中心、中国第二历史档案馆编：《馆藏民国台湾档案汇编》第 14 册，九州出版社 2007 年版，第 119 页。

[②] 《太平洋战争的现势》（1944 年 3 月 14 日对台广播稿），海峡两岸出版交流中心、中国第二历史档案馆编：《馆藏民国台湾档案汇编》第 14 册，九州出版社 2007 年版，第 161 页。

[③] 《盟军对敌（倭）国包围战的开始》（1944 年 7 月 22 日对台广播稿），海峡两岸出版交流中心、中国第二历史档案馆编：《馆藏民国台湾档案汇编》第 14 册，九州出版社 2007 年版，190 页。

[④] 《大公报》（天津版）1912 年 11 月 4 日第 9 版。

还中国，该文被《大公报》转载。① 1925 年，金保康转文《解决不平等条约的步骤》，指出"我们的香港台湾，难道永远听他在人家的手中么？"②

孙中山生前亦曾留下"恢复高（高丽，即朝鲜）台（台湾），巩固中华"的遗愿。③ 但在孙中山时代和民国初期，在收复台湾的力量尚不具备的情况下，需要借用国外力量来解决国内问题，不宜本末倒置。1928 年 6 月，北伐告成，南京政府为树立独立自主新形象，发表宣言称："国民政府为适合现代情势，增进国际友谊及幸福起见，对于一切不平等条约之废除及双方平等互尊主权新约之重定，久已视为当务之急。此种意志，迭经宣言在案。现在统一告成，国民政府对于上述意旨，应即力求贯彻"。对不平等条约，已届满期者当然废除、另订，尚未期满者以正当手续解除、重订，旧约已期满新约未订者，另订临时办法处理。④ 但，迫于国家实力不足，"改定新约"内容只限于关税自主和废除领事裁判权，并未提及收复被侵占领土。

尽管受时势限制，也有官方人士在某些重要场合主张收回包括台湾在内的失地的主权，有军政人员通过官方渠道呼吁废约，国民政府对于台湾在国防上的重要性亦有清醒认识。1919 年，巴黎和会召开期间，中国代表王正廷、顾维钧主张收回山东权益，遭到日方压制阻挠。王葆真等议员在国会上提出应对之策，表达对挽回国权的支持，并建议归还台湾等主张亦应一并提出。⑤ 1928 年 2 月 5 日，戴季陶在讲演中说："台湾民族是属于我们中国的民族，台湾领土本来也是中国的领土，日本以强权与力，夺了我们的土地，把我们台湾同胞当作奴隶"，因此东方各被压迫民族必须"打成一片，联合起来，以反抗压迫我们的帝国主义"。⑥ 7 月 21 日，何应钦等少壮军人递交《为请厉行革命外交的呈文》，称："废约与修约大有霄壤之别。本党之革命外交，应为彻底的废约，而非苟且的修约，此诚不可不辩。"⑦ 1929 年 1 月 25 日，曾任驻比利时全权公使、

---

① 《大公报》（天津版）1919 年 1 月 17 日第 6 版。
② 《大公报》（天津版）1925 年 7 月 16 日第 4 版。
③ 蒋介石：《对日抗战与本党前途》，林泉编：《中国国民党临时全国代表大会史料专辑（上）》，中国国民党党史会 1991 年版，第 374 页。
④ 中国第二历史档案馆编：《中华民国史档案资料汇编》第五辑第一编外交（一），江苏古籍出版社 1994 年版，第 34 页。
⑤ 《大公报》（天津版）1919 年 2 月 22 日第 6 版。
⑥ 《台湾总督府警察沿革志》（第二编中卷），台北稻乡出版社 1988 年版，第 230—233 页。
⑦ 《何应钦等为请厉行"革命外交"的呈文》（1928 年 7 月 21 日），《中华民国史档案资料汇编》第五辑第一编，外交（一），江苏古籍出版社 1994 年版，第 38 页。

中国国民党驻法国总支部长的国民党外交官员王景岐，在国际联合会禁烟顾问委员会第十二届会议第十五次大会上代表中国发表宣言，指出"日本代表当知台湾为中国领土"。① 4月，修订《中华民国国防计划纲领草案》特别提到："由外交之观势、地理之地位、历史之事迹而判断，将来与我发生战争公算较多之豫想敌国，首为陆、海相接而有满蒙问题、山东问题及其他多数利害冲突问题之日本……台湾我东南之门阈也，乃日本据之，我今日虽无收回之力量，然为将来之大问题。"② 同年，行政院通过在日本统治下的台湾设立领事馆一案。

1930年1月，国民政府有表彰御侮先烈、查修戚继光郑成功祠宇的举动。此前，台湾华侨代表吴有若等呈请为戚继光铸像建祠，经行政院分交军政部、内政部两部核议，因"戚公御寇有功、郑公御满可嘉"，拟请通令各地修葺原有祠宇，以资纪念。因"铸像一节，属国党殊典，非勋著伟大如先总理者，不宜轻予举行"，此举颇具意味。③ 同年，中华民国外交部任命林绍楠为首任台北总领事。林绍楠于1930年5月17日派署，自上海乘船经福州到台北，1931年3月27日正式到任，受到台湾各界热烈欢迎。在台设领后，国民政府多了一个官方的常设渠道来了解台湾，国民政府的外交部公报不断刊出驻台北总领馆提供的各类调查、法规和消息。与此相应，民间对台湾的关注也在持续升温。关于台湾的各种调查、考察和新闻报道大幅增多，出现于各种官办、民办报刊或学术性刊物。

至迟在日本侵略东三省后，先后任国民政府委员会主席、国民政府军事委员会委员长的蒋介石就开始认真考虑收回台湾问题，曾定下于1942年中秋节"恢复东三省，解放朝鲜，收回台湾、琉球"的目标。④ 1934年4月，蒋介石公开表态："不仅是东四省的失地我们要收复，而且朝鲜、台湾、琉球……这些地方都是我们旧有领土，一尺一寸都要由我们手里收回"⑤。由于当时中日之

① 《大公报》（天津版）1929年3月10日第14版专载。
② 中国第二历史档案馆：《中华民国史档案资料汇编》，第五辑第一编外交（一），江苏古籍出版社1994年版，第43页。
③ 《大公报》（天津版）1930年1月10日第11版。
④ 《蒋介石日记》手稿，1932年9月13日，美国胡佛档案馆藏。
⑤ 《日本之声明与吾人救国要道》（1943年4月23日出席抚州北路剿"匪"总司令部扩大纪念周训词），秦孝仪主编：《先"总统"蒋公思想言论总集》卷12，中国国民党中央委员会党史委员会，1984年，第199页。

间尚未进入全面对抗阶段，两国国力悬殊，国民政府面临内忧外患，蒋介石的表态仅被当作减缓抗日派所施加的压力之举，未上升为国策。

卢沟桥事变后，随着中日之间进入全面对抗状态，收复台湾等失地成为国民政府公开宣讲的目标，复台立场逐渐确定。1938 年 4 月 1 日，蒋介石在国民党临时全国代表大会讲道："台湾是我们中国的领土，在地势上说，（朝鲜、台湾）都是我们中国安危存亡所关的生命线……为要达成我们国民革命……必须针对日本积极侵略的阴谋，以解放高丽（朝鲜）、台湾的人民为我们的职志。"① 太平洋战争的发生，给国民党政府带来更多胜利的希望，于是由"自卫"状态进入"宣战"状态。并昭告中外，所有条约、协定、合同涉及中日间之关系者，一律废止，② 从国际法角度宣布了《马关条约》失效。

1940 年 5 月，宋渊源等 28 人于国民参政会第五次大会提出"策进台湾朝鲜革命使敌益速崩溃"的提案，指出我国抗战已 33 个月，日敌已再衰三竭。"我于此时倘以'收复台湾'、'解放朝鲜'为号召，则台韩人民心理必因以震动，其革命进行亦必益形热烈，故积极的可使台韩志士内应杀敌，消极的可使敌因猜疑而影响于台韩人力之利用。"提案建议：1. 应立即宣布《马关条约》无效，将台湾列为应收复之失地范围，并宣言扶助朝鲜独立。2. 通告英美法苏等国，说明台湾为日本南进根据地，韩为北进根据地，请援助台、韩民族自决，使其脱离敌之羁勒，维持亚陆与南洋和平。3. 组织台韩革命联络机关。4. 设法使台韩革命志士与敌国之革命志士密切联络。该提案获董必武、张澜、王云五等人连署支持。国防最高委员会第 32 次常务会议决议将其交军事委员会行政院参考。③

抗日战争的转机及影响

由于近代以来中国积贫积弱，辛亥革命虽然推翻了帝制，却并未彻底改变中国在国际上的不平等地位，光复台湾一直是中国人的梦想。1931 年日本侵占东北与 1937 年抗日战争全面爆发，使收复同样被日占据的台湾逐渐清晰地成为

---

① 蒋介石：《对日抗战与本党前途》，林泉编：《中国国民党临时全国代表大会史料专辑（上）》，中国国民党党史会 1991 年版，第 374 页。

② 谭合成、江山主编：《世纪档案：影响 20 世纪中国历史进程的 100 篇文章（1895—1995）》，中国档案出版社 1996 年版，第 270 页。

③ 《策进台湾朝鲜革命使敌益速崩溃》，中国国民党国防档案，防 003/0646，国民党党史馆藏。

激励国人的目标。目标的明确及落实是在中国抗日战争出现转机，即太平洋战争的爆发和反法西斯同盟的形成之后。

1937 年七七事变后，中国组成抗日民族统一战线对日作战，形成全国全面抗日战争局面。中国军民以正面战场和敌后战场做战略配合，抵抗日军侵略，以持久作战拖住日军，积极推动国际军事援助与合作。1941 年 6 月，苏德战争爆发后，世界大战范围扩大，美英在反法西斯的战略与行动上加强了沟通和协调。8 月中旬，美英两国首脑在大西洋的一艘军舰上会晤，发表共同宣言（即《大西洋宪章》）。9 月，英、苏、法、比、荷等国在伦敦召开第二届同盟国会议，大西洋宪章成为这些国家反法西斯战争的行动纲领。宪章第三条宣布："希望看到曾经被武力剥夺其主权及自治权的民族，重新获得主权与自治"。①中国的《地方政治》等杂志对同盟国会议共同拥护《大西洋宪章》之事进行了报道，《文化杂志》《正言》等刊则表示此宪章不仅适用于大西洋国家，也适用于全世界，号召同盟国家互相协助共同作战，以取得最后的胜利。②随着日本军国主义在远东的扩张，日军与美军在太平洋、日军与英军在东南亚的矛盾也在暗中酝酿。1941 年 12 月 7 日，日本对美国太平洋军事基地珍珠港发动突袭，随之轰炸英属香港和美国统治下的菲律宾，揭开太平洋战争的序幕。自此，世界大战的格局明朗化，东西方的反侵略战争连成一体，美英与中国的命运连在了一起。

12 月 8 日凌晨四时，时任国民政府行政院院长、军事委员会委员长蒋介石接国民政府军事委员会第五部副部长董显光电话称，倭寇已轰炸檀香山珍珠港，不一时又接香港、菲律宾被炸之报，蒋介石随即返渝参加中常会，决定方针。当日，他在日记中记下："本日抗战政略之成就已达于极点，物极必反，居高临危，能不戒惧"。③面对日本法西斯的全面侵略，中国已独力顽强坚持了 4 年有余，为确保最终的胜利，与各大国结成军事同盟无疑是最为稳妥的。然而，日本放弃了北进战略，选择了南进战略。蒋立即致电苏、英、美各国驻华大使，指出："中国现决心不避任何牺牲，竭其全力与美、英、苏联及其他诸

① 《国际条约集 1934—1944 年》，世界知识出版社 1991 年版，第 337—338 页。
② 《二届同盟国会议拥护"大西洋宪章"》，《地方政治》1941 年第 6 卷第 4 期，第 24—25 页；《大西洋宪章适用于人类》，《文化杂志》1942 年第 3 卷第 2 期，第 79—80 页；《关于大西洋宪章的适用问题》，《正言》1943 年第 1 卷第 2 期，第 6—7 页。
③ 《蒋介石日记》手稿，1941 年 12 月 8 日，美国胡佛档案馆藏。

友邦共同作战，以促成日本及其同盟轴心国家之完全崩败"；"为联合行动起见，中国政府以为反侵略阵线各个国家必须对于各个轴心国家认为共同公敌，因之中国建议美国对于德、意两国与苏联对于日本，皆请同时宣战"。① 蒋介石欲借机将苏联也拉入阵营，但遭遇困难，苏联方面集中力量西线作战，对于东线作战取缓进态度。当晚，蒋介石召见英、美驻华武官，向他们说明中国坚定不移的决心，表明："中国将尽其最大努力，毫不动摇地在战争中与该两国同甘苦共命运"。② 此时，尽管希望中尚有隐忧，但毕竟，中国抗日战争的巨大转机到来了。

9日，国民政府主席林森代表中国政府发表对日宣战文书，指出：

> 中国为酷爱和平之民族，过去四年余之神圣抗战，原期侵略者之日本于遭受实际之惩创后，终能反省。在此时期，各友邦亦极端忍耐，冀其悔祸，俾全太平洋之和平，得以维持。不料残暴成性之日本，执迷不悟，且更悍然向我英美诸友邦开衅，扩大其战争侵略行动，甘为破坏全人类和平与正义之戎首，径其侵略无厌之野心，举凡尊重信义之国家，咸属忍无可忍。兹特正式对日宣战，昭告中外，所有一切条约协定合同，有涉及中日间之关系者，一律废止。③

同日，国民政府发表对德、意宣战布告。同时对日、德、意三国宣战，国民政府是下了很大决心。在此之前，国民政府试图离间德日关系，虽未采纳联德政策的内部建议，至少也是在对德关系上留下了余地。而此时国民政府的所为，显示了为赢得英美苏等大国的支持与被侵略国家的尊重而破釜沉舟的勇气。这一意图在蒋介石的日记中有鲜明体现，他说："本日决定对倭对德、意同时宣战，其用意乃在放弃其无关紧要与侵略暴行之德、意，而获得利害密切之英、俄也，且得对俄对英对美皆有发言之地位。此种大事，必须在大者远者着想，决不可留有余地后步，成为投机取巧纤微之心也。且此次世界战局，必

① 中国国民党中央委员会党史委员会编，秦孝仪主编：《中华民国重要史料初编——对日抗战时期》第3编，《战时外交》第3卷，台北"中央"文物供应社1981年版，第41页。
② 《蒋介石致宋子文》，《美国外交文件》1941年第4卷，第740页。
③ 秦孝仪主编，张瑞成编：《抗战时期收复台湾之重要言论》，中国国民党中央委员会党史委员会，1990年，第2—3页。

为一整个之总解决，断不容分别各个之媾和，否则虽成亦败矣。"① 自断对德关系余地，在争取苏联的意味上尤为突出。12 日，斯大林收到蒋介石促请其即刻对日宣战的密电后，回电表示，苏联现正担负抗德战争之主要任务，力量似不宜分散于远东。斯大林认为日本必将破坏中立条约，届时苏联当然必须与日本作战，但目前苏联需保持与日之间的相安无事，以赢得时间先击退德国，并完成对日的备战，故请中国勿坚持苏联即刻对日宣战之主张。② 蒋介石认为此时"惟有苏联能及早先发制人"，从而挽救太平洋局势，③ 同时对日德意宣战表明了中国联合苏联的诚意与反对世界法西斯的决心。

1942 年 1 月 1 日，26 国《联合国家宣言》发表，宣布：

（1）每一政府保证动用其军事与经济之全部资源，以对抗与之处于战争状态之"三国同盟"成员国及其附从国家。

（2）每一政府保证与本宣言签字国政府合作，并不与敌国缔结单独之停战协定或和约。④

这一宣言标志着世界反对轴心国的盟国阵线正式形成。在这一宣言中，中国列于美、英、苏之后，作为第四大国领衔签署，这是中国近代史上的第一次，也是中国作为"四强"之一的开端。中国政府苦撑抗日、艰苦斗争，国民政府为推动盟国间军事合作的不懈努力有了阶段性的回报。随后，盟军中国战区成立，蒋介石担任战区司令，统一指挥中国、越南及泰国境内的盟军作战。

太平洋战争爆发后不到一个月的时间，中国抗日战争的形势发生了重大变化。在中国人民艰苦抗敌的苦撑下与中国政府建立反法西斯阵线的努力下，中国的抗日战争迎来了胜利的曙光，中国不但开始争取平等国家地位，并且开始在国际舞台上作为大国出现。这是晚清以来出现的新现象。正如 1941 年 1 月 6 日《中央日报》社论所说："这的确是历史上空前未有的大事"，"我们的国际

① 《蒋介石日记》手稿，1941 年 12 月 9 日，美国胡佛档案馆藏。
② 中国国民党中央委员会党史委员会编，秦孝仪主编：《中华民国重要史料初编——对日抗战时期》第 3 编，《战时外交》第 3 卷，台北"中央"文物供应社 1981 年版，第 571 页。
③ 中国国民党中央委员会党史委员会编，秦孝仪主编：《中华民国重要史料初编——对日抗战时期》第 3 编，《战时外交》第 3 卷，台北"中央"文物供应社 1981 年版，第 68—69 页。
④ 《反法西斯战争文献》，世界知识社 1955 年版，第 34—36 页。

地位从未有达到这样高峰"。① 正因为这种变化，中国政府和有识之士有了更多的大国关怀。1942 年，立法院院长孙科提倡具有世界眼光的三民主义。他认为，民族主义不只是要求中华民族获得国际地位的平等，还要求世界各民族一律平等；抗战胜利的目的不只在中国，还要顾及旁边的弱小民族朝鲜、越南、暹罗、印度的平等自由。② 于是，国民政府有了更多支持周边国家抗日的行动。而在大国关怀之前，中国自身主权的完整自然是被关注的重点。因《马关条约》而被日本占据的台湾和在 1931 年九一八事变中被日占去的东北四省，是近代以来为日本强占的两大区域。两地主权的回归是众望所归。在此背景下，中国朝野有了更多复台的呼声，国民政府也着手进行一系列谋求收复失地的行动。

太平洋战争后的复台活动和明确立场

太平洋战争爆发，26 国《联合国家宣言》发表，世界反侵略战争形势联系在一起，美英法等国家在反法西斯战争中与中国站在了一起，对日作战的胜利曙光日益清晰。1942 年秋，蒋介石决定以"印度独立与亚洲各民族一律平等"为对英美外交方针之基础。③ 反对殖民主义是国民政府战时的重要立场。对于英美在 1941 年《大西洋宪章》中表达的民族自决精神，国民政府不但报以欣赏，且认为应做积极调整，使其适用于太平洋沿岸的殖民地，而日本之领土"应以其 1894 年发动侵略战争以前之范围为准"。④ 1942 年、1943 年，中国各界人士、社会团体掀起纪念台湾沦陷的高潮，通过纪念活动和舆论宣传，更多国人投入到呼吁台湾光复的浪潮之中。

纪念活动方面，主要指 4 月 17 日与 6 月 17 日两个日子。1895 年 4 月 17 日，李鸿章与伊藤博文签订《马关条约》，这一天成为"马关条约签订纪念日"或"台湾沦陷纪念日"。1942 年，东方文化协会、中苏文化协会、国民外交协会、国际反侵略中国协会、台湾革命同盟会等决定在签订《马关条约》的 4 月举行"台湾光复运动宣传大会"。5 日，大会召开，立法院院长孙科、中国国民

① 《华府伟大的决定》，《中央日报》1942 年 1 月 6 日。
② 孙科：《三民主义的世界性》，重庆《中央日报、扫荡报》联合版 1942 年 7 月 16 日第 3 版。
③ 秦孝仪总编纂：《"总统"蒋公大事长编初稿》卷 5 上册，台北中正文教基金会 1978 年版，第 196 页。
④ 王宠惠：《补充大西洋宪章联合宣言文稿》，1942 年 7 月 7 日，秦孝仪主编：《中华民国重要史料初编——对日抗战时期》第 3 编，《战时外交》第 3 卷，台北"中央"文物供应社 1981 年版，第 796—798 页。

党中央党部秘书长吴铁城等人参加。台湾革命同盟会常驻委员宋斐如发表题为《台湾的惨状与祖国的责任》的演说,《新华日报》特选 4 月 17 日予以发表。[1]1943 年 4 月 17 日,闽粤台湾归侨协会举行纪念,并发表告全国台胞书;台湾革命同志会发表宣言,表明台湾应归还中国。[2] 1895 年 6 月 17 日,日本首任台湾总督桦山资纪于台北举行始政式,这一天被日本殖民者称为"台湾始政纪念日"。而对台湾人民而言,这一天是反抗日本侵略者与台湾沦陷的纪念日。抗战以来特别是对日宣战后,中国朝野每到这个日子就要掀起各种纪念活动,通过举行集会、发表言论等各种形式反对日本强占台湾的暴行。1942 年 6 月 17 日,《中央日报》刊出"台湾光复运动纪念特辑",福州市市长林有壬题词:"纪念六一七要把全台湾六百万台胞联合起来结成一个坚固的大团体,一面举起义旗驱倭,一面拥护祖国抗战"。国民党将领刘峙发表《怎样解放台湾同胞》。[3] 1943 年 6 月 17 日,台湾革命同盟会举行隆重集会,邀请吴铁城等出席,请各名流用国语、英语、闽南语、日语等语向中外广播,并发表《为纪念"六一七"台湾沦陷日宣言》。[4]

舆论方面除前文提到过的国共两党主要媒体的主张外,还有许多刊物对复台的正义主张发声。1943 年 1 月 7 日,重庆《大公报》社论指出:"根据国际公法的先占主义,台湾是不折不扣的中国领土",自中国对日本宣战,《马关条约》失效,中国对日本清算关系已追溯到甲午战争。"中国必收复台湾,言情喻理,皆不应把台湾与中国强迫分离,盟国之中如有人作此想头,必受中国人的强烈反对"。[5] 此后又陆续刊有类似文章,如 3 月 30 日《大公报》桂林版刊登宋斐如的《如何收复失地台湾——血浓于水台湾必须收复》,5 月 15 日《大公报》重庆版刊登《再论关于台湾问题——读〈美国的战后设计〉》一文,阐明中国的正义立场。1943 年第 1 卷第 11—12 期的《半月文萃》发表宋斐如的《太平洋战争中的台湾》一文,指出血浓于水,台湾必须收复。[6]

---

[1]　宋斐如:《台湾的惨状与祖国的责任》,《新华日报》1942 年 4 月 17 日第 3 版。

[2]　《台湾陷敌四十八周年纪念日》,《新华日报》1943 年 4 月 19 日第 2 版;《台湾应归还中国》,《新华日报》1943 年 4 月 17 日第 2 版。

[3]　《台湾光复运动纪念特辑》,中国国民党特种档案,特 17/2. 23,国民党党史馆藏。

[4]　《台湾沦陷四十八年,今日举行纪念》,《新华日报》1943 年 6 月 17 日第 2 版。

[5]　《中国必收复台湾——台湾是中国的老沦陷区》,《大公报》重庆版社论 1943 年 1 月 7 日第 2 版。

[6]　宋斐如:《太平洋战争中的台湾》,《半月文萃》1943 年第 1 卷第 11—12 期,第 7—27 页。

　　在收复台湾为更多民众积极响应的同时，中国政府也逐渐明确了复台立场。1942 年 1 月 29 日，外交部修正拟定解决中日问题之基本原则，其主旨之第一条即为："对于既往之清算，以恢复甲午以前状态为标准，期我领土之真正完整，并维持太平洋之和平"。并进而明确指出："台湾及澎湖列岛，应同时收回。"① 4 月，国民党在陪都重庆掀起一场运动，孙科、陈立夫、冯玉祥等军政要人纷纷行动，或举行演说，或撰写文章表达对台湾的收复立场。《新华日报》《中央日报》《大公报》等纷纷出版"台湾光复专刊"，呼吁台湾同胞精诚团结、为收复台湾而努力。11 月 3 日，外交部长宋子文在记者会上，进一步阐明战后恢复领土以甲午战前状态为目标，中国应收回东北四省、台湾及琉球，朝鲜必须独立。② 在国民党的执政理念中，收复台湾的立场被完全确立。1943 年 8 月 4 日，中国外交部长宋子文在伦敦接见新闻界发表谈话，表明"中国但求收复失土、而决无领土野心"，再次确认了战后收复台湾的立场，并对收复失土的范围进行了修正，没有再提琉球，仅指出"中国期望于日本失败后，收回东北与台湾"。③ 台湾与琉球的差异之一，简单地说就是固有领土与原藩属地的不同。台湾本是中国不可分割部分，理应被收回。

　　正因为这一立场的存在，在 1943 年的开罗会议中，中方才明确提出对台湾的主权恢复诉求，并对英方修正案含糊其辞的说法进行有力反驳，最终促成台湾于战后应归还中国之事获得国际认同和国际法的肯定。1943 年 11 月 22—26 日，中国、美国、英国三国政府首脑在开罗举行会谈。《开罗宣言》经斯大林同意后，于 1943 年 12 月 1 日公布于世。宣言声明：对日作战的目的在于制止并惩罚日本侵略；剥夺日本自第一次世界大战开始后在太平洋地区所夺得或占领之一切岛屿；日本攫取的中国的领土，如满洲（中国东北）、台湾、澎湖列岛等归还中国；在相当期间，使朝鲜自由独立。④

蒋介石对台湾的认识发展

　　自全面抗战第二年蒋介石在中国国民党党内最高地位确立后，他也在事实

---

① 中国第二历史档案馆编：《中华民国史档案资料汇编》第五辑第二编外交，江苏古籍出版社 1997 年版，第 101 页。
② 《外交部长宋子文在重庆国际宣传处记者招待会答问》，重庆《中央日报》1942 年 11 月 4 日。
③ 张海鹏主编：《台湾光复史料汇编（第一编）·政府文件选编（一）》，重庆出版社 2017 年版，第 18—19 页。
④ 上海大公报社编：《国际重要文献》，大公报出版委员会 1951 年版，第 7 页。

上掌握了中国政府的最高权力。1943 年 8 月国民政府主席林森病逝后，蒋介石代理其职。国民党五届十一中全会，修正《国民政府组织法》，国民政府主席直接掌控一切行政大权。从这个角度说，有必要考察一下蒋介石作为收复台湾过程中起决策作用的人物，对收复台湾的认识过程。

1926 年 7 月，为完成孙中山遗愿、结束军阀割据，蒋介石率国民革命军正式誓师北伐，直到 1928 年完成形式上的统一。北伐期间，蒋介石开始面对越来越多涉外事务，与武汉国民党中央争夺外交主导权的斗争亦逐渐展开，这使蒋需要对各国关系进行定位，思考具体的外交策略，并对外发表意见。至 1927 年"四一二政变"之前，他对外关系的定位是：专对英国，不牵动他国；对日联络，且有所期待。[1] 邵元冲、郭泰祺等人向蒋建议：对帝国主义各个击破，目下应集中反英，日本欲与英人争夺长江商务，颇对我表示好意，"宜与之有相当联络"。[2] 亲日观点在当时国民党内不乏其人。1926 年下半年至 1927 年初，蒋介石确也派人向日本传递信息，争取支持；而日本方面亦有笼络蒋介石之举，并推动蒋反共。

1920 年代蒋没有公开谈及台湾问题，主要还是时势使然。九一八事变后，台湾问题开始进入其视线。据蒋介石日记记载，他在 1932 年 9 月曾设想以十年为期恢复东三省，收回台湾。[3]

随着二战局势日益明朗，蒋介石表现出更多的主权关怀和收复失地决心。1942 年 4 月 17 日，是《马关条约》签订之日，蒋在日记中铭记国耻："四十七年前之今日，乃马关条约，割我台湾与让与倭寇之日也，亦即时辽东半岛被割之日，后英由三国干涉而归还，但我东北之沦陷实始于此日也，从此则缅甸亦被英强占矣，是年为我八岁，而国耻大难即蒙于此童昏之时矣。"[4] 此后，收复台湾的想法在蒋的日记中有更为频繁的表述。在与美国的沟通中，台湾应交还中国这一要求多次被明确提出。此时，恢复国土的概念在蒋介石意念中有强烈体现，台湾作为中国固有领土理应归还中国，这是首要的问题。蒋介石表示，"此时我国只求于实际无损，战后能恢复台湾，东三省与外蒙，则其他外来虚

①   左双文、高文胜：《北伐出师后蒋介石的对外方略》，《南京大学学报（哲学·人文科学·社会科学版）》2009 年第 3 期，第 92 页。
②   《邵元冲日记》，上海人民出版社 1990 年版，第 287 页。
③   《蒋介石日记》手稿，1940 年 9 月 30 日，美国胡佛档案馆藏。
④   《蒋介石日记》手稿，1942 年 4 月 17 日，美国胡佛档案馆藏。

荣，皆可不以为意也"。①

有人研究指出，1942年初，外交部就已经提出中国不必收回琉球，国防最高委员会、军委会参事室在开罗会议迫近时也有放弃琉球之议，这些不同声音的出现预示着政府内部对琉球问题态度的转变。② 开罗会议前，蒋介石认识到琉球与台湾在我国历史地位不同，琉球为一王国，其地位与朝鲜相同，故决定在几天后与罗斯福（Franklin D. Roosevelt）、丘吉尔（Winston Churchill）的会谈中对于琉球问题不予提出。③ 开罗会议中，蒋介石将台湾、澎湖归还中国作为主要目的之一进行接洽。终于在会后的宣言中，获美英共同声明，宣称台湾归还中国。会后，蒋介石感叹"东三省与台湾澎湖岛为已经失去五十年或十二年以上之领土，而能获得美英共同声明，归还我国，而且承认朝鲜于战后独立自由，此何等大事，何等提案，何等希望，而今竟能发表于三国共同声明之中，实为中外古今所未曾有之外交成功也"。④

蒋介石对于台湾问题的认识有一发展过程，其间不乏概念模糊的时候。主要原因还是国民政府对于收复台湾并无较早而充分的准备，蒋介石缺乏对台湾问题深有研究的幕僚，其结果不但造成政府领导人在较长时间内对于台湾历史地位缺乏准确定位，对具体问题缺乏清晰考虑，也导致接收工作的混乱和流于表面。当然，此点遗憾在相当程度上取决于当时国民政府和蒋自顾不暇的处境。无论如何，作为当时中国政府领导人，抗日战争爆发以后蒋介石是始终主张收回台湾的，这一立场并无改变。随着局势发展，蒋对台湾的定位日趋准确，主张日趋明朗，并在开罗会议时做出正确应对，使台湾的光复具备了法理基础。

三、开罗会议及其前后的外交折冲

酝酿与召开

太平洋战争爆发后，美国从对日经济封锁、对华援助变为直接对日作战，

---

① 《蒋介石日记》手稿，1943年1月29日，美国胡佛档案馆藏。
② 参见侯中军：《困中求变：1940年代国民政府围绕琉球地位问题的论争与实践》，《近代史研究》2010年第6期。
③ 《蒋介石日记》手稿，1943年11月15日，美国胡佛档案馆藏。
④ 《蒋介石日记》手稿，1943年11月30日上星期反省录，美国胡佛档案馆藏。

世界反法西斯盟国的作战计划连为一体，美国开始更多地关心中国对于被日占领之地的态度，并主动与中国政府联系，以探明其立场。美、英、中等主要的反法西斯盟国为取得对于作战安排及战后处置的共识而逐步接近。中国政府面对变局做出调整，理清思路，制定对策，迎接三国首脑的重要会谈。

1942年6月7日，美国驻华使馆官员谢伟思（John S. Service）约请时任外交部亚洲司司长杨云竹举行会谈，了解中国对台湾和琉球的主张。古琉球国曾与中国建立长期的藩属关系，在民族意识复兴的20世纪30年代，包括蒋介石在内的许多人在讨论台湾问题时都会连带考虑到琉球，有收回琉球的想法。[①] 杨云竹向谢伟思说明，对于台湾，战后回归中国是恰当的；至于琉球，民间可能抱有过高的期望。琉球过去只是中国藩属，岛上的居民不是中国人，且已和中国隔绝八十年，他确信外交部和中国政府不打算让它归属中国。[②] 这是中美官方关于战后处置的初步接触。

1942年8月，美国《幸福》《生活》《时代》三大杂志联合刊发战后太平洋问题之备忘录，提议为建立太平洋上的防御带，战后台湾作为该防御带上一环，应划归国际共管，台湾居民不得投票要求归还中国。[③] 随后，被称为"围堵政策之教父"、当时在耶鲁大学国际研究所任职的斯派克曼（Nicholas John Spykman）出版新著《世界政治中美国的国策》（America's Strategy in World Politics: The United States and the Balance of Power）[④] 鼓吹"现实主义"，主张以德制俄、以日制华。认为中美英苏在战争中的联合是基于一时的利益，战争结束后，各国必然会背道而驰，美国应及早为自己打算。在他看来，强盛的日本和强盛的中国对美国来说都是威胁，应在战后扶植日本恢复军事力量，以牵制中国。当时，美国军部及外部亦有人持此种论调。该书一经出版，很快引起中国各界广泛讨论。[⑤] 1943年前后，孙科发表一系列文章反驳西方不当言论，申明中国立场。他指出，认为台湾应由国际行政机构管理的建议"违反合理与公平之原则"，"台湾本为中国之领土，甲午之后，始被日本占据，中国抗战胜利，

---

① 1932年9月，蒋介石曾预定1942年中秋节前恢复东三省，解放朝鲜，收回台湾、琉球。见《蒋介石日记》手稿，1940年9月30日，美国胡佛档案馆藏。

② Memorandum by the Third Secretary of Embassy（Service）in China（Gauss），June 17, 1942, *FRUS*, 1942, China, pp. 732-733.

③ 徐家驹：《台湾问题之检讨》，《南洋研究》1943年第11卷第1期，第55页。

④ N. Y. Harcourt Brace&Co., 1942.

⑤ 傅锜华、张力校注：《傅秉常日记（1943—1945）》，社会科学文献出版社2017年版，第14页。

应当清算甲午以来日寇对我侵略历半世纪之所有血债。台湾为中国重要失地之一，应由中国收复"。① 同时，孙科指出，欧美人士对于世界建设的各种言论虽有"持义正大，见解精辟"者，但"站在狭隘的利己立场，囿于陈旧的思想传统的见解也不少见"。孙科提醒国人，在民主国家，舆论常常可以影响国策，一旦一种见解成为普遍共识，政府就只有顺应这种主张，因此必须及时对此种舆论进行驳斥。②

同时，英国政府态度也令人忧虑。1943 年 3 月下旬，丘吉尔发表演说，表示希望联合国以英美俄为首，而将中国排除在外。蒋介石对此很是愤懑，认为其"专以先解决欧战问题为惟一算盘，而称英美俄为三大战胜国家，其无视我国与轻侮亚洲之观念毫无改过，更无觉悟"，考虑如何"使之觉悟与改过"。③ 对于此前所谓"四强"之说，蒋介石很清楚地意识到那不过是赋予中国的"虚誉"，而丘吉尔连此虚名也不想给中国，中国唯有自强才能打消帝国主义轻蔑的态度。④

当时，有利的一点是美国的态度。主张台湾归国际托管或主张美国采取"现实主义"、防止中国崛起的意见并未被美国政府接纳，英国对中国的无视也没有影响到美国政策。美国政府认为对日、德作战应以欧洲战场为主，先欧后亚，因此，美国援助力度重在欧洲，军事力量也多用于欧洲。对于在亚洲战场牵制日本，美国寄希望于中国。中国以独力抗日四年多，证明有这个实力继续与日军对抗。为鼓舞中国继续抗战的积极性，防止中国迫于压力退出战争，美国决定提高中国在盟国中的地位。提高中国地位的办法，包括响应中国废除不平等条约的呼声与支持中国收回失地。

1943 年 2 月，宋美龄作为蒋介石特使访美，并在 18 日于美国国会演说，劝说美国将注意力转到日本对中国的侵略，为中国赢得关注与同情。随后，她到美国各地演讲，并与罗斯福进行了一系列会谈，交换对于战争援助及战后问题的看法。5 月，美国国务卿赫尔对宋子文表示，美英均尊重中国权利，"台湾、琉球、东三省、大连，自当归还中国"。⑤ 6 月底，罗斯福表示，急切盼望

① 孙科：《战后远东问题》，《南洋研究》1943 年第 11 卷第 1 期，第 77 页。
② 孙科：《战争目的与战后建设问题：战后世界建设之研究》，《半月文萃》1943 年第 1 卷第 11—12 期，第 27—30 页。
③ 《蒋介石日记》手稿，1943 年 3 月 24 日，美国胡佛档案馆藏。
④ 《蒋介石日记》手稿，1943 年 3 月 28 日，3 月 28 日上星期反省录，美国胡佛档案馆藏。
⑤ 《宋子文致蒋介石》，吴景平、郭岱君编：《宋子文驻美时期电报选（1940—1943）》，复旦大学出版社 2008 年版，第 195 页。

在秋天某个时候与蒋介石晤面，并建议在两国首都之间中途的某地举行。① 7月8日，蒋介石回函表示自己期盼与罗斯福见面，时间以9月以后最为适宜。② 10月，美外部东方事务顾问康勃克（Dr. Hombeck）访英，名义上是答访英外部东方股长去岁访美之行，实际是就日本及一般远东问题交换意见。此间，顾维钧探知其对日主张，得知美方主张使东三省及台湾交还中国，印证了此前赫尔的说法。③ 10月27日，罗斯福再次致函表示，斯大林能否参加会谈尚不确定，但无论如何亟愿及早于11月20日及25日间与蒋介石及丘吉尔晤面，共商大计，并请蒋介石严格保密。④ 鉴于丘吉尔等人对中国的轻视以及蒋介石等人基于实力现状的不自信感，国民政府担心对重大问题并无多少发言权，因而对于美国提议的大国首脑会谈起初并不十分热心。

10月下旬，美英苏三国外长举行莫斯科会议，在美国力主之下，中国代表得以参加签署会议形成的《关于普遍安全的宣言》（即"莫斯科宣言"）。30日，驻苏大使傅秉常代表中国与三国外长共同签署该宣言。这个宣言奠定了联合国成立的基础，中国参与签署宣言，表示中国将以四强身份担负战时及战后问题的重大责任。签字后，罗斯福立即致电蒋介石，告知此事，并表示祝贺。因苏有意滞押，罗电的到达竟先于傅秉常来电。与此同时，10月28日、29日及11月1日，罗斯福接连来电，邀蒋参加开罗会议。此二事使蒋确认了美国的诚意，同意与会。⑤ 但鉴于以往被轻视的经历，蒋介石虽被推上大国领袖地位但仍缺乏自信，且因实力有限对英美苏等国的援助或军事配合尚有期待，蒋介石对开罗会议采取了"澹泊自得、无求于人"的态度，决定不主动提出对日处置与赔偿损失等事，以此使英美减少顾忌，并表明中国无野心与私心。⑥

尽管蒋介石决定避免过于积极的姿态，但收复中国固有领土台湾、澎湖之事是会前就已确定的立场。11月14日，在蒋介石提出的为开罗会议准备的有

① 《罗斯福致蒋介石》，1943年6月30日，《美国外交文件》，中国卷，第69页。

② 中国国民党中央委员会党史委员会编，秦孝仪主编：《中华民国重要史料初编——对日抗战时期》，第3编《战时外交》，第3卷，台北"中央"文物供应社1981年版，第492页。

③ 《顾维钧致蒋介石、宋子文电文》，1943年10月15日，"顾维钧档案"档号：koo_0057_026_0008_001，哥伦比亚大学藏。

④ President Roosevelt to Generalissimo Chiang, Oct. 27, 1943, United States Department of State, *Foreign Relations of the United States: Diplomatic Papers, The Conferences at Cairo and Tehran*, 1943, Washington, D. C.: U. S. Government Printing Office, 1943, p. 47.

⑤ 《蒋介石日记》手稿，1943年11月7日上星期反省录，美国胡佛档案馆藏。

⑥ 《蒋介石日记》手稿，1943年11月17日，美国胡佛档案馆藏。

关远东政治的提案中，明确"东北四省与台湾、澎湖应归还中国"。[1] 在台湾之外特别将澎湖群岛提出，应为蒋介石幕僚根据割让台湾之《马关条约》的具体内容而提的建议。[2]《马关条约》第二款规定，中国将"台湾全岛及所有附属各岛屿"以及"澎湖列岛，即英国格林尼治东经百十九度起至百二十度止，及北纬三十三度起至二十四度之间诸岛屿"，并该地方"所有堡垒军器工厂及一切属公物件，永远让与日本"。[3] 依据《马关条约》，澎湖与台湾本岛一同被割让给日本，设澎湖岛厅（1897 年改称澎湖厅）。为参加开罗会议，蒋介石令各部门准备会议方案。军事委员会参事室的提案关于政治问题的第六条提出，日本应将台湾及澎湖列岛归还中国，两处一切公有财产及建设一并无偿交与中国。[4] 此前的考虑与说法仅表明蒋介石大的意向与决心，开罗会议时根据幕僚研议方案加上澎湖群岛更具外交可行性与针对性，因而在最后的定稿中，中方代表王宠惠将原稿"在使日本所窃取于中国之领土，特别是包括满洲和台湾，归还中国"一句，改为"在使日本所窃取于中国之领土，例如满洲、台湾与澎湖列岛等，归还中国"。[5]

1943 年 11 月 22—26 日，蒋介石与美国总统罗斯福、英国首相丘吉尔终于相聚开罗。要求收复失地，是蒋介石在开罗会议时最终选择的立场。太平洋战争到开罗会议期间，美国卷入二战，为牵制日军而扶助蒋介石走向大国席位。"不让美国为难"是蒋介石此间较为突出的一个心理，这在日记中多有体现。[6]

11 月 27 日，中、美、英三国政府首脑在开罗发表对日作战之目的与决心之公报（即《开罗宣言》）。[7]《开罗宣言》经斯大林同意后，于 1943 年 12 月 1

---

[1] 秦孝仪总编纂：《"总统"蒋公大事长编初稿》卷五上册，"中央"文物供应社 1978 年版，第 431 页。

[2] 学界对此有过讨论，参见周小宁：《〈开罗宣言〉拟定与发表的若干真相》，《军事历史》2013 年第 6 期，第 48 页。

[3] 弘治、张鑫典、孙大超：《盛世之毁：甲午战争 110 年祭》，华文出版社 2004 年版，第 270 页。

[4] 《军事委员会参事室自重庆呈蒋委员长关于开罗会议中我方应提出之问题草案》，秦孝仪主编：《中华民国重要史料初编——对日抗战时期》第三编战时外交（三），中国国民党中央委员会党史委员会，1980 年，第 499 页。

[5] 《国防最高委员会秘书长王宠惠自重庆呈蒋委员长关于开罗会议日志》，秦孝仪主编：《中华民国重要史料初编——对日抗战时期》第三编战时外交（三），中国国民党中央委员会党史委员会，1980 年，第 532 页。

[6] 《蒋介石日记》手稿，1941 年 12 月 5 日，1943 年 8 月 25 日，美国胡佛档案馆藏。

[7] 秦孝仪主编，张瑞成编：《光复台湾之筹划与受降接收》，中国国民党中央委员会党史委员会，1990 年，第 35 页。

日公布于世。宣言声明：对日作战的目的在于制止并惩罚日本侵略；剥夺日本自第一次世界大战开始后在太平洋地区所夺得或占领之一切岛屿；日本攫取的中国的领土，如满洲（中国东北）、台湾、澎湖列岛等归还中国；在相当期间，使朝鲜自由独立。①

"共同使用" 台湾的提法及调整

1942 年 10 月蒋介石曾考虑中美共同使用台湾、旅顺军港。② 1943 年 8 月，在向美提出此点后，蒋介石又担心战后准予美国共同使用台湾与旅顺之海空军根据地之表示似乎为时过早，使美国了解中国对彼有所希望，即以为有所挟制，"反不以我国之交涉在意也"。虽有悔意，但为向美国表明中国没有野心，并杜绝美国与英俄预谋共管台湾的想法，蒋介石感到还是应该自己先提出来。只要有协定或宣言规定以使用期限，便于中国无害。③ 至于何时提出此说法，该日日记未予明言。但据 1943 年 10 月 24 日补记，"去年夏妻与罗谈话要点：甲、东本省旅顺大连与台海琉球须归还中国，惟此等地方海空军根据地准许美国共同使用"。④ 可知，早在 1942 年夏蒋介石便有共同使用台湾之念。"共同使用"台湾的想法不是蒋的突发奇想，而是与其此时处境和心境有关。在希望通过此途促使美国协助防御中国重要军港的想法之外，蒋还有其他考虑。

开罗会议之前，虽然蒋介石等党政要人在不同场合皆表示有对台湾主权收复的决心，但他们对台湾在战后的归属并不能保证。二战大局在相当程度上取决于英美等大国，而英美在通常奉行"先欧后亚"战略，以欧洲战场为主要着力点，忽视亚洲。蒋介石为此曾经颇为苦恼，数次劝诫罗斯福、丘吉尔要重视亚洲。⑤ 另一个令蒋苦恼、而令台湾归属具有悬念之处，则是英美对中国政府及其军队没有足够的重视。英美对中国政府的轻视之心时常流露。抗战后期，蒋介石虽曾被抬至大国首脑位置，却时而有不相称的"屈辱"之感，这种心态

---

① 上海大公报社编：《国际重要文献》，大公报出版委员会 1951 年版，第 7 页。
② 《蒋介石日记》手稿，1942 年 10 月 6 日，美国胡佛档案馆藏。
③ 《蒋介石日记》手稿，1943 年 8 月 25 日，美国胡佛档案馆藏。
④ 《蒋介石日记》手稿，1943 年 10 月 24 日补记，美国胡佛档案馆藏。
⑤ 如蒋介石 1942 年 1 月 7 日记："英美战略思想以大西洋为主，太平洋为从之观念，以及保守为主，进取为从之习性应使之彻底改变，尤其使美国全和注重太平洋，解决日本为第一要旨也。" 1 月 14 日记："转移英美先德后倭之心理，应告其东亚战局果延长，则其殖民地必动摇，且必为倭军利用，则大局不堪问矣。"（见《蒋介石日记》手稿各该日）

在 1942 年前后很是明显。①

1942 年夏，蒋介石曾让夫人向罗斯福提出共同使用台湾的提议。此后，美国"先欧后亚"的战略并没有改变，蒋介石时有怨言。因而，在开罗会议之前，他曾至少两次向美谈到共同使用台湾问题。

对于旅顺港的共同使用提法，蒋介石也是抱有"赋予利益，使其积极"的想法。1941 年 12 月曾与美国总统谈道："渤海湾为亚洲惟一军港，当为中美海军合作之基地，故旅顺必使倭寇交还中国，方能消除东亚之祸根。"② 这一思路应是蒋介石一度考虑将台湾、旅顺港供中美共同使用的出发点。

防止战后对台湾的国际共管之议，应是蒋介石曾经提出中美共同使用台湾的另一个考虑。原本属于中国的领土，在战后不是顺理成章地归还中国，而是被设想出多种结局，这与上文所述，美国对中国政府缺乏足够重视是有关的。太平洋战争之后，对于盟军占领台湾后如何处置，美国有三种意见：台湾可独立和自治；归还中国；临时联军托管，托管期间台湾人民举行公民投票，以决定他们最后的命运。③ 1942 年初，美国国防部远东战略小组的柯乔治（George Kerr）向军方提出的备忘录集中反映了这些观点。其用意甚明，台湾在经济与战略上对美国意义重大，不能"轻易将台湾交还中国人控制"。④ 1943 年 8 月，蒋介石向美提出战后中美共同使用台湾、旅顺港时，防止美国预谋与英俄共管台湾，便是考虑之一。⑤ 在坚定地要求台湾回归中国的同时，给美国以一定好处，并将防守责任绑在美国舰艇之上，抗拒其他有碍于中国领土统一的嘈杂之声，为其真实用意。

但据美国外交文件，在开罗会议期间蒋介石向罗斯福谈到这个问题时，并未提到对台湾的共同使用。在 1943 年 11 月 23 日晚餐商讨军事合作问题时，罗斯福提议，战后中美应作某些安排，遇外来侵略时，两国可相互支援；美国应

① 如蒋介石在 1942 年 1 月 3 日上星期反省录记："反侵略阵线各国签订共同宣言，我国始列为世界四强之一，甚恐名不符实"，"受尽英美人员之侮辱"等语。1 月 7 日记："英美皆对我军轻视。"1 月 31 日记："英首相演讲，甚觉英美对中国轻视之心理。"（见《蒋介石日记》手稿各该日）此外，蒋介石在日记中多次提到美国对中国的"视若无睹"，如 1942 年 1 月 31 日上星期反省录，6 月 5 日。
② 《蒋介石日记》手稿，1941 年 12 月 5 日，美国胡佛档案馆藏。
③ ［美］柯乔治：《被出卖的台湾》，陈荣成译，前卫出版社 1991 年版，第 20 页。
④ 苏格：《美国对华政策与台湾问题》，世界知识出版社 1998 年版，第 74 页。
⑤ 《蒋介石日记》手稿，1943 年 8 月 25 日，美国胡佛档案馆藏。

在太平洋各基地保持足够兵力，以有效分担防止侵略的责任。蒋介石表示同意，希望美国给予中国必要军事援助，并主动提出中国准备将旅顺军港供中、美两国共同处置。① 开罗会议期间的会谈中，在商谈军事合作问题时，蒋介石仅表示打算中美共同使用旅顺港，并未提到台湾。笔者尚未找到更多资料表明这一变化的原因以及蒋改变想法的确切时间。姑且推测：蒋在会议期间观察到美国对于战后台湾归还中国并无异议，此点立场并将以共同宣言公布，遂决定不再强调共同使用台湾之说。

二战中，美国虽更重视欧洲战场，但东亚战局影响到整个战争局势。美国需要中国全力以赴牵制日军，以减轻美军在太平洋战场的压力。因此，在台湾光复前，尽管美国内部不乏"托管"之类的嘈杂之声，但美国政府最终的抉择是以大局为重，支持中国收复失土，顺理成章地与蒋介石达成共识："日本用武力从中国夺去的中国东北四省、台湾和澎湖列岛，战后必须归还中国"。② 当英国有意将原草案"日本由中国攫去之土地，例如满洲、台湾与澎湖列岛等，当然应归还中国"，改为"日本由中国攫去之土地，例如满洲、台湾与澎湖列岛等，当然必须由日本放弃"时，美国坚定支持中方意见，使英国不得不放弃其含糊其辞的说法。③ 不排除此种可能，在开罗与美国首脑面对面的会谈过程中，蒋介石对美国立场有了更清楚和更确切的了解，相应调整对策，未提共用台湾之说。在战争接近尾声时，为充分调动苏联的积极性，在美、英、苏三国举行的德黑兰会议上，美国又出卖中国利益，侵犯中国领土主权，表面上看这与开罗会议维护中国领土完整的宗旨相悖，实则却是一致的，是大国利益至上外交原则之体现。同样具有嘲讽意味的是，美国内部主张台湾"托管"或"自治"的言论在战后再次甚嚣尘上，否定不久前与中英两国共同发表的宣言，制造台湾与大陆的分离，为中国政府造成困扰。

美国的"军政府"主张及其流产

1943 年 8 月，盟军在西西里岛登陆，在此建立了盟军军政府。9 月 15 日，

---

① Roosevelt-Chiang Dinner Meeting, November 23, 1943, Chinese Summary Record (Translation), FRUS, The Conferences at Cairo and Tehran, 1943, Washington: GPO, 1961, p. 324.

② Roosevelt-Chiang Dinner Meeting, November 23, 1943, Chinese Summary Record (Translation), FRUS, The Conferences at Cairo and Tehran, 1943, Washington: GPO, 1961, p. 324.

③ 《国防最高委员会秘书长王宠惠自重庆呈蒋委员长关于开罗会议日志》，秦孝仪主编：《中华民国重要史料初编——对日抗战时期》第三编战时外交（三），中国国民党中央委员会党史委员会，1980 年，第 530—532 页。

蒋介石指示外交部，趁向英美政府对欧洲敌人领土暨联合国领土被盟军占领时之处理办法发表意见之机，建议远东战区的相应办法，提议：

> 一、敌人领土被占领时：由占领军队暂负完全军事及行政责任，但占领军如非中英美三国之联军，则此三国中无军队参加占领之国，应照苏俄参加西西里行政成例，派员参加。二、中英美领土收复时：由占领军队暂负军事责任，该地之行政由该地原主权国负责，彼此相关事项由占领军与行政机构协商行之。三、其他联合国领土被收复时：由占领军暂负军事责任，由该地原主权国负行政之责，但仍受占领军事机构之节制。（即照英美关于欧洲战区之办法）。①

蒋介石提出如此建议与其对收复台湾缺乏信心有关。1943 年，蒋介石与美国派来的中国战区参谋长史迪威（Joseph Warren Stilwell）的矛盾更为公开化。蒋不满史氏对中国军人的轻视，曾在 6 月 18 日致宋美龄的函电中，对史迪威的凌辱轻慢有详细描述，希望宋在与罗斯福的谈话中转述此意。② 此信虽为蒋希望撤换不合作美军将领而写，其间因史迪威认为中国军队胜利无望而生的怨气却给人留下深刻印象。太平洋战争后，美英虽有与中国合作的表示，但在谋求合作的过程中，蒋介石屡受轻慢刺激，常有气愤之感。盟国对日作战情势尚不明朗，中国政府仍然在已持续数年的抗战中苦撑待变。8 月，向美提出战后中美共同使用台湾、旅顺海空军基地的表示，便是蒋介石在此时缺乏收复失地信心的明证。9 月 15 日，蒋介石欲借机提出远东解放区占领模式可参照欧洲的建议，亦是对未来光复失土无把握的表现。

11 月，史迪威（Joseph Stilwell）在开罗提出一份报告，建议如有必要于 1945 年 5 月至 11 月进攻台湾。③ 基于美军将登陆台湾的假设，美国政府主张先在台湾建立由美国主导的军政府，而后再交还中国。因为台湾曾被日本统治多

---

① 《蒋中正致宋子文等指示》（1943 年 9 月 15 日），"蒋中正'总统'文物"，典藏号：002-020300-00018-012。

② 《蒋中正致宋美龄电》（1943 年 6 月 18 日），"蒋中正'总统'文物"，典藏号：002-020300-00037-122、002-020300-00037-123、002-020300-00037-124。

③ Memorandum by the Generalissimo's Chief of Staff（Stilwell），Nov. 22，United States Department of State，*Foreign Relations of the United States：Diplomatic Papers*（FRUS），*The Conferences at Cairo and Tehran*，1943，Washington：U. S. Government Printing Office，1943，pp. 370–371.

年，日本在台影响深，军政府可能会经历一个较长的时间。

开罗会议后，中方了解美军有进攻台湾的预期，因此在设计复台方案时，也提出依照盟军所采用之方式，组织军政府，作为收复台湾第一步。但这个军政府应争取由中国来主持。① 对此，蒋介石也较为谨慎，建议根据开罗会议时我方提出之原建议，先向美国商洽，有相当结果后，再与英国商洽。②

1944年6月28日，美国国务院远东司际委员会准备了14个文件，来回答提交给美国陆军民政司和海军占领地局关于台湾军政府的相关问题。这些文件建议：军政府的计划是建立在台澎将无条件地归还中国的前提之下，美国对台湾民政的军事管制将持续到中国在此重建主权；即便日本政府在不需要武力占领的时候就投降，美国还是要占领台湾岛并建立军政府，军政府将对该地民政保持唯一的责任和权威；如果中国军队从大陆方向为占领台湾提供了协助，在计划和实施台湾民政中要谋求中国人的参与，但这种参与不能以任何方式限制美国军政府唯一的权威，所有被雇佣人员须受美国军政府直接领导。③ 美方所设想的军政府是以美国方面为唯一权威的，即便中国在占领台湾过程中起到较为重要的作用，即便军政府雇用了一些中国人，发挥决定作用的仍然是美国主导的军政府，这与中方的想法是不一致的。从蒋介石对台调会有关军政府的建议较为审慎的答复来看，他对美方可能的回应是有思想准备的。但蒋指示设立台湾调查委员会来准备接收台湾问题，这一点又有积极意义。

9月27日，美国国务院远东司际委员会又提供了一份备忘录，再次提出如何处理接收台湾的问题。他们获得报告说中国政府计划使台湾成为一个独立的省，并在解放后立即回到中国主权之下。尽管如此，美国政府不打算在军政府之前在台湾建立中国政府之下的次政权（sub-state）或其他形式的政府。并指出接收台湾的问题与接收丹麦问题不同。在丹麦，有现存的行政机构和地方官

---

① 《行政院秘书处关于收复台湾准备工作与蒋介石往来函电》，陈鸣钟、陈兴唐主编：《台湾光复和光复后五年省情》（上），南京出版社1989年版，第1页。

② 《行政院秘书处关于收复台湾准备工作与蒋介石往来函电》，陈鸣钟、陈兴唐主编：《台湾光复和光复后五年省情》（上），南京出版社1989年版，第3页。

③ Memorandum Prepared by the Inter-Divisional Area Committee on the Far East, June 28, United States Department of State, *Foreign Relations of the United States: Diplomatic Papers (FRUS)*, 1944, *The Near East, South Asia, and Africa, the Far East*, Volume V, Washington: U. S. Government Printing Office, 1944, pp. 1266-1267.

员，军政府的基本目的是为尽早重建丹麦国王控制之下的丹麦政府；在台湾行政中大多是日本人，因而军政府在台湾的统治也会较丹麦更长。①

就在此时，美国军方的作战计划发生了改变。1944年夏，衡阳、桂林的空军基地沦陷于日本之手，美国原本考虑的在台湾和大陆东南沿海登陆的行动变得更加困难。② 同时，又有情报说日本精锐部队关东军调往台湾驻防，为避免因攻打台湾而付出的沉重代价，主导对日作战的太平洋战区盟军总司令尼米兹（Chester William Nimitz）计划先攻打硫磺岛和冲绳岛。10月初，美国参谋长联席会议正式批准了尼米兹的方案。因美军暂时不考虑在台湾登陆，有关建立军政府之事也就被搁置。

当然，战局瞬息万变，美国虽缓议登陆台湾计划，但也没有明确表明不会在台湾登陆。1945年3月，美国国务院、陆军部、海军部协调委员会的一份文件，仍建议美政府战后在台湾成立军政府，直到中国政府对台主权恢复。③ 5月，在欧洲战场赢得胜利后，为最大限度地调动中国对日战斗的积极性，美国在向苏联寻求共识时又指出：应该完全接受《开罗宣言》，该宣言规定台澎应归还中国，且应"在对日战争结束时正式确立中国对这些岛屿的主权"。④ 然而，美苏之间的交涉是秘密的，美国要求苏联完全接受《开罗宣言》，目的也并不单纯，在塑造中国成为战后强国以制衡苏联之外，防止中国东北、朝鲜等成为苏联势力范围的想法占很大成分。中国政府并不了解美国最终的决定，在6月下旬的记者招待会上，何应钦还认为台湾的未来是"仍被其他盟军代表保

① Memorandum Prepared by the Inter-Divisional Area Committee on the Far East, Sept. 27, United States Department of State, *Foreign Relations of the United States: Diplomatic Papers (FRUS)*, 1944, The Near East, South Asia, and Africa, the Far East, Volume V, Washington: U. S. Government Printing Office, 1944, pp. 1272-1274.

② The Ambassador in China (Gauss) to the Secretary of State, Jul. 4, United States Department of State, *Foreign Relations of the United States: Diplomatic Papers (FRUS)*, 1944, The Near East, South Asia, and Africa, the Far East, Volume Ⅵ, Washington: U. S. Government Printing Office, 1944, p. 116.

③ "SWNCC 68 Series-National Composition of Forces to Occupy Formosa", March 19, 1945, in State-Was-Navy Coordinating Committee, ed. , *SWNCC Summary of Actions and Decisions*, Part Ⅱ, 149, July 7, 1948, NARA, RG334, Records of Interservice Agencies, State-Army-Navy-Air Force Coordinating Committee Actions and Decisions 1947-1949, Entry16A, Box16.

④ The Acting Secretary of State to the Secretary of the Navy (Forrestal), May 21, 1945, United States Department of State, *Foreign Relations of the United States: Diplomatic Papers*, 1945. *The Far East, China*, Volume Ⅶ, Washington, D.C.: U. S. Government Printing Office, 1945, p. 882.

留处理的主题"。① 美方对太平洋地区作战计划和台湾接收后处置方式的模糊态度，为中国政府及负责制定接收方案的部门都带来很大困惑。

从开罗会议到 1944 年夏，美国有进攻台湾的计划，不赞成中国方面派人主导台湾行政或是在台湾设省，而是主张设立美国主导的军政府，作为将台湾交还中国之前一个较长时期的过渡性举措。后来因为军方计划有变，美国搁置这一主张，但并未明确否定其议，后来又偶有提及。毋庸讳言，若待到 1944 年秋美国搁置军政府之议或更后的时间再被动启动中国的复台工作，台湾的接管诸事会更为仓促，问题会更多。蒋介石在此之前，就冒着为美反对的风险，启动了台湾复兴计划的规划，筹设了专门机构研究复台问题，推动了复台人才的训练与储备。

不久，蒋介石借助有利时机，向美表达派员入台之意，进一步证实蒋之用心：为使中国顺利对台湾行使主权，蒋在未获美英共识情况下，启动中国政府主导的接收准备工作，并利用时机争取盟国认可。1944 年，英国对接管缅甸提出特殊要求时，蒋介石有意借机在中国政府接收台湾问题上获得认可。

中国提议组织三强会议未果

1944 年，在缅甸战场的反攻中，包括中国远征军在内的盟军取得了一定胜利，英国欲派官员进入缅甸，并要求在接管问题上达成一项普遍性的协议。蒋介石希望外交部长宋子文分别与美英两国接洽，就收复地区的行政管理问题共同签署一份书面谅解，② 或者，有可能的话，基于开罗会议的经验召开中、美、英三强会议（three-power conference）以商定此事。③ 7 月 24 日，宋子文向美国

---

① The Consul General at Kunming（Langdon）to the Secretary of State，July 23，1945，United States Department of State，*Foreign Relations of the United States：Diplomatic Papers（FRUS）*，1945. The Far East，China，Volume Ⅶ，Washington，D. C.：U. S. Government Printing Office，1945，pp. 139-140.

② The Ambassador in China（Gauss）to the Secretary of State，Sept. 19，United States Department of State，*Foreign Relations of the United States：Diplomatic Papers（FRUS）*，1944，The Near East，South Asia，and Africa，the Far East，Volume Ⅵ，Washington：U. S. Government Printing Office，1944，p. 1169.

③ 据 7 月 25 日高斯致国务卿信，召开三强会议为蒋介石的想法，但据 9 月 19 日高斯致国务卿信，蒋介石否认自己曾令宋子文提议三强会议。据笔者判断，在宋子文与高斯沟通之前，蒋介石对于三强会议的提议应有一定授意，至少会同意该提议，否则，作为外交部长的宋子文不会有如此明确且具体的试探。

驻华大使高斯（Clarence Edward Gauss）提议，以三强会议形式讨论太平洋有关地区的军事接收问题。这些地区有：1. 先前领土，如中国的东北、台湾、澎湖，英国的缅甸、马来亚，美国的菲律宾；2. 其他国家的殖民地或属地，如法属印度支那、荷属东印度群岛，三强会议可能需要扩展为四强会议以便处理此类问题；3. 泰国；4. 迄今为止由日本占领的领土；5. 日本本土。宋子文提出，既然不管占领军国籍如何，美国人都将进入菲律宾，而英国人都将重返缅甸、马尼拉，中国希望派中国官员进入东北和台湾。不论占领军国籍如何，不论中国人是否参加了占领军，中国都要求在日本本土的行政当局中拥有代表。在蒋介石正式向华盛顿和伦敦提议之前，中国方面希望先以非正式的方式由高斯向美国政府探询意见。①

对于中方建议，美国政府进行了认真的讨论，但一时还没有结果。因迟迟未获回复，8月24日，宋子文向高斯催问进展，并强调此事的重要性，高斯为此再次致函国务卿赫尔（Cordell Hull），询问如何答复。高斯推测是蒋介石给宋子文施加了压力。② 9月2日，赫尔回电表示鉴于军事机密的关系，关于三强会议的提议目前不可行。赫尔请高斯以口头的机密的方式将美国对占领区行政管理问题的普遍性原则告诉蒋介石，即：美国对民政事务的管理计划完全取决于军事考虑，对从日本手中取得地区的民政事务的军事管理是暂时的，与未来该地区地位完全无关。③

9月15日，与高斯长谈后，蒋介石记下"盟军占领友邦国土时行政主权之处理，美国不愿有一明确之协定"一语。接着，在上星期反省录中感叹：

本周外交、内政与军事形势皆险恶不利，环攻不止，尤以美大使称希

---

① The Ambassador in China（Gauss）to the Secretary of State，Jul. 25，United States Department of State，*Foreign Relations of the United States：Diplomatic Papers（FRUS）*，1944，The Near East，South Asia，and Africa，the Far East，Volume VI，Washington：U. S. Government Printing Office，1944，pp. 1165–1166.

② The Ambassador in China（Gauss）to the Secretary of State，Aug. 28，United States Department of State，*Foreign Relations of the United States：Diplomatic Papers（FRUS）*，1944，The Near East，South Asia，and Africa，the Far East，Volume VI，Washington：U. S. Government Printing Office，1944，p. 1166.

③ The Secretary of State to the Ambassador in China（Gauss），Sept. 2，United States Department of State，*Foreign Relations of the United States：Diplomatic Papers（FRUS）*，1944，The Near East，South Asia，and Africa，the Far East，Volume VI，Washington：U. S. Government Printing Office，1944，p. 1167.

望中国将来在和会中能代表中国与亚洲不失为四强之一之资格。余闻此言无异利刃刺心，若不自力更生，何以立国，何以雪耻。①

当时，在史迪威（Joseph Stilwell）指挥权问题上、租借法案支配与核定权问题上、美方准备面见中国共产党代表等问题上，美国与蒋介石均有矛盾。蒋介石感到甚为痛苦。太平洋战争爆发之后，虽然对日作战的胜利曙光日益明朗，但美国对中国的干涉颇多、美英苏等国对中国的强国地位并不认可且多有轻蔑之意。台湾的光复问题本应没有悬念，此时，却因美国有在台湾成立军政府的想法，却又不肯承诺一经收复中国便拥有对台湾的治权而变得有些脱离中国政府掌控。1944 年 7 月，蒋介石曾慨叹：

太平洋战争未发生以前，我国抗战性质简单……并不觉有如今日之苦闷也。惟自太平洋战争爆发以后，我国所受美国之接济，惟借款美金五亿元为获得其实惠以外，其他无论军事、经济，乃至于今日之政治皆受其宣传与利用之恶劣影响，是为三年以前单独抗战时代所未有料及者也。②

在太平洋战争爆发后呈现出的盟国联合对抗法西斯侵略的大好局面之下，隐藏着的是弱国的无奈。在收复台湾的问题上，国际局势的影响是两面的：一方面，26 国联合作战、美英等大国参与对日战争，确实加大了胜利的可能；另一方面，美国并不肯配合中国政府对于早日收复台湾主权的需要进行谈判或签署协定，反而给台湾的光复制造了若干的麻烦和变数。开罗会议后，中国政府想要以大国身份参与战后问题的讨论一事并非坦途。不但在 1944 年 8 月的敦巴顿橡树园会议上遭到不公正待遇，③ 就连要求参与到台湾、澎湖等中国失地的管辖权中这一问题都难以得到积极回应。中国政府试图提出的三强会议建议，并没有机会以正式提议方式提出，仅在试探阶段就被美方以军事机密为由回绝。美国固然需要在作战计划方面保持一定机密性，也固然需要根据战局对某

① 《蒋介石日记》手稿，1944 年 9 月 16 日，美国胡佛档案馆藏。
② 《蒋介石日记》手稿，1944 年 7 月 14 日，美国胡佛档案馆藏。
③ 美英对苏联的要求尽量满足，但一再推迟中国的参会，同时又让中国的参与变成一种可有可无的形式，使中国备极尴尬。参见左双文：《大国梦难圆：抗战后期国民政府的外交挫败》，《社会科学研究》2014 年第 3 期。

些计划进行调整，然而对直接关涉中国主权和利益的问题态度模糊不是盟友所应为之事。由于美国并未向中国明确说明：美军究竟要不要登陆台湾？登陆军是否完全由美军组成？是否有中国军队参加？登陆后的行政权如何分配？国民政府在接收台湾一事上受到了很大的制约。在台湾光复之前的几个月，负责制定接收对策的台湾调查委员会对这一问题还是很困惑。陈仪指出："关于收复台湾，感到许多条件是未知数"，关于登陆问题的未知使接收计划不能圆满设计。① 中国政府提出共商被接收地区的行政管理问题这一大国设想，因实力未济不能实施。对于收复失地一事的不可操控感，显示出弱国的被动。

四、台湾光复与接收

蒋介石的光复台湾规划及准备

复台之全局规划。开罗会议是战时盟国首脑的高峰会议，中国为该会认真研拟了预案。会上经中国方面力争，终于在日本窃取于中国的领土之战后处置问题上取得理想的共识。开罗会议后，蒋介石就开始考虑如何具体落实接收东北、台湾等问题，着手选派人员制订复兴计划。1944 年新年伊始，蒋介石为自己制订的大事年表，即将东北与台湾及沦陷各省复兴计划与人选列入其中。② 该年，蒋介石组建台湾调查委员会进行光复前的调查研究和规划。③ 台调会经研讨制定出的《台湾接管计划纲要草案》等重要文件均要经过蒋的审议核定。蒋研读考虑后，将纲要中的十一条进行了修改。④

开罗会议后至台湾完成受降，有关台湾的工作内容多次在蒋介石的日记中出现，收复台湾自然是其军事目标之一，也是实现光复计划的前提。⑤ 1945 年 8 月 15 日，日本天皇广播诏书，接受波茨坦公告、实行无条件投降。21 日，

① 《台湾调查委员会党政军联席会第一次会议纪录》，中国国民党特种档案，特 17/5. 15，国民党党史馆藏。
② 《蒋介石日记》手稿，1944 年大事表，美国胡佛档案馆藏。
③ 因台调会对于台湾的光复作用甚大，另设一节讨论。有关蒋介石建立台调会的情况，详见下节。
④ 秦孝仪主编，张瑞成编：《光复台湾之筹划与受降接收》，中国国民党中央委员会党史委员会 1990 年版，第 107—108 页。
⑤ 《蒋介石日记》手稿，1945 年 2 月 15 日、1945 年大事表，美国胡佛档案馆藏。

日本中国派遣军副参谋长今井武夫等 8 名投降代表飞抵芷江请降。接收台湾进入实施阶段，蒋介石开始考虑指定接收部队、审定台湾省行政公署组织纲要等事。①

中国政府十分重视台湾回归问题，将台湾的光复置于抗战胜利和国家独立自主的战略位置。1945 年 8 月 24 日，蒋介石主持中央常会、国防最高委员会联席会议时指出，国民革命最重大的目标和最迫切的工作有三点："第一、首先要恢复东三省的领土主权及其行政之完整，第二、要收复我们台湾和澎湖的失土，第三、就要恢复高丽（朝鲜）的独立自由"。若朝鲜不能独立，台湾不能回归，东三省的领土、主权与行政不能完整，"则国家的独立自由就无从谈起，而抗战的目的亦无由达成"。②

9 月 9 日，蒋介石作为中国战区最高统帅向驻华日军最高指挥官陆军大将冈村宁次下达第一号命令，令"在中国境内（辽宁、吉林、黑龙江三省除外）、台湾以及越南北纬十六度以北地区，所有一切日本陆海空军及辅助部队向本委员长无条件投降"。③ 何应钦在南京主持受降典礼，中国派遣军总司令官陆军大将冈村宁次在日本投降书上签字。蒋介石对于台湾的光复满怀期待，他指出：

> 台湾恢复，如果越南能自治，则东南已无被侵之扰，西南英法亦不如过去之可虑，如此东南、西南皆可安定，统一自主建设。此乃与日本未败以前国际形势大不相同，实已为国家立定复兴基础矣。④

台湾关涉中国东南地区的安定，并影响到中央政府对西南的控制力，进而关涉全国统一自主建设大局，为国家复兴之基础。不但如此，蒋还认为台湾与海南是今后国防资源与军事工业及海空军之基地，应积极经营。⑤ 可见，在接收台湾之前，蒋介石已意识到台湾对于中国独立与建设的意义以及对于国防军

---

① 《蒋介石日记》手稿，1945 年 8 月 25 日、28 日，美国胡佛档案馆藏。
② 秦孝仪主编，张瑞成编：《抗战时期收复台湾之重要言论》，中国国民党中央委员会党史委员会，1990 年，第 11—12 页。
③ 中国第二历史档案馆编：《中华民国史档案资料汇编》第五辑第三编，军事（一），江苏古籍出版社 1985 年版，第 771 页。
④ 《蒋介石日记》手稿，1945 年 9 月 22 日上星期反省录，美国胡佛档案馆藏。
⑤ 《蒋介石日记》手稿，1945 年 10 月 13 日，美国胡佛档案馆藏。

事的重要性，有珍惜其回归及积极建设的想法。

需要为复台储备人才。干部训练与培养是为政者尤其重视的一项工作，蒋介石也不例外。即便在抗日战争最为艰难的阶段，国民政府也在通过中央训练团等机构进行着培养党政干部的工作。太平洋战争爆发后，蒋介石指示中训团于3年内训练党政高级干部1200人。1943年1月，中训团设立高级训练班，并在抗战胜利之前训练了3批高级干部，每期120—160人不等。台籍人士黄朝琴即受训于第二期高级班。

20世纪40年代，光复台湾成为国民党高层的共识和公开宣讲的目标。1942年，国民参政会第三届一次大会上陈霆锐等提交"请政府加强培植法律人才以备将来收复失地及割让地后之用案"的提案，有40人联署。该提案经修正通过，由国防最高委员会秘书厅交行政院办理。[①]

开罗会议宣告日本侵占中国的台湾以及澎湖列岛、东北将于战后回归之后，训练大批奔赴台湾、东北接收与治理地方的干部之事变得更为迫切。台湾、东北沦陷时间长，面积大，接管尤为不易，人才的培养与储备意义匪浅。1944年，在蒋介石指示下，中央训练团开设专门的台湾行政干部训练班，并制定《中央训练团台湾行政干部训练班学员招选办法》《各机关选送台湾行政干部训练班学员注意事项》等规定。中训团台湾行政干部训练班学员招选120名，分为民政组、财政金融组、工商交通组、农林渔牧组、教育组、司法组6组，训练4个月。[②]

8月17日，蒋介石指示陈仪、陈果夫、吴铁城、张厉生、段锡朋、熊式辉6人共同筹划培训台湾所需中、高级党务与行政干部之事，并使其注意大陆教育界、工程界台籍专门人才，以备将来建设台湾之需。9月1日，蒋又令有关部门会同中央警官学校办理台湾警察干部训练事宜。[③]该月，中央设计局也出台了《东北及台湾党政干部训练办法草案》，为准备收复东北及台湾后所需要之党政干部，于中央训练团内设东北党政干部训练班及台湾党政干部训练班。

---

① 秦孝仪主编，张瑞成编：《光复台湾之筹划与受降接收》，中国国民党中央委员会党史委员会，1990年，第3—7页。

② 陈鸣钟、陈兴唐主编：《台湾光复和光复后五年省情》（上），南京出版社1989年版，第37—39页。

③ 《中央设计局秘书处致台湾调查委员会有关培训接收干部函》，1944年8月17日，国民党党史馆藏，转见中华民国专题史第十五卷，陈立文等著：《台湾光复研究》，南京大学出版社2015年版，第179页。

计划第一期从 11 月 1 日开学，每期 4 个月。在通过考试和曾担任相当职务经铨叙合格的选取办法之外，特别规定"深入台湾敌后艰苦工作或致力台湾革命著有成绩者应从宽选取"。① 9 月 17 日，蒋介石对于"东北及台湾党政干部训练办法要点"批复"似尚可行"，令陈仪等人照此办理接管台湾的中、高级干部的培训工作。②

台湾沦为日本殖民地时期，不少台籍人士来到大陆谋求生计或参加抗日战争。台湾回归祖国，蒋介石鼓励台胞返籍参加建设工作。1945 年，台湾旅平同乡会曾呈请蒋介石设法遣送台胞返籍，蒋分饬北平行营及交通部平津特派员遵照办理。1946 年，当时的北平行营主任李宗仁电复，称关于旅居平津台胞志愿返台者约千人。蒋介石为此专门致电台湾行政长官公署，请协助遣送。③

在开罗会议明确了台湾在战后的归属后，蒋介石开始为台湾的回归作具体安排。他主持复台规划，组建台调会，训练人才。起初，这一切是在美方反对之下进行的。1944 年 10 月之前，美国在有必要时进攻台湾的计划，主张先在台湾成立美国主导下的军政府，经较长时间的过渡再将台湾交还中国。蒋介石在未获美国首肯情况下启动了以中国为主导的接收计划，并试图获得美英承诺，使中国能够对接管区行使权力。虽然这一想法没有得到美国积极响应，但较早启动复台准备为台湾顺利回归赢得了时间，且使美国更加清楚地了解了中国对于台湾失地的重视和主权要求。二战末期，由于冲绳的取得使台湾作为进攻日本本土基地的战略意义降低等因素的出现，美国政府最终没有采纳在台湾设立军政府的意见，而是将其交还中国政府。

组建台湾调查委员会

台湾被日本侵占长达半世纪，许多情况国民政府不能掌握。国民政府决定成立专门机构进行调查研究，搜集台湾近况民情，提出具体接收计划，并参与实际的接管工作。

---

① 陈鸣钟、陈兴唐主编：《台湾光复和光复后五年省情》（上），南京出版社 1989 年版，第 34—36 页。

② 《蒋介石致陈仪电》，海峡两岸出版交流中心、中国第二历史档案馆编：《馆藏民国台湾档案汇编》第 24 册，九州出版社 2007 年版，第 179 页。

③ 《蒋中正电台湾省行政长官公署速派员洽办台胞返籍参加建设工作》，何凤娇编：《政府接收台湾史料汇编》（下），"国史馆" 1990 年版，第 1032—1033 页。

1944 年 1 月 17 日，蒋令行政院秘书处与国民党军事委员会国际问题研究所中将主任、日本问题研究专家王芃生研拟接收台湾具体办法与组织人事等呈报。① 3 月 15 日，行政院秘书长张厉生报告研讨后的意见，提出：接收后建立"台湾设省筹备委员会"或"收复台湾筹备委员会"这样一个过渡机构；接收台湾的准备工作由委员会为之。②

在接到张厉生呈报意见之前，蒋介石已经开始设置专门机构应对台湾接收准备事宜。3 月上旬，蒋考虑筹划收复台湾的主官人选，欲选用陈仪。日记中"陈仪"二字后打有问号，似乎还有些游移不定。③ 但事实上蒋很快就下达了命令。中旬，蒋介石令在中央设计局之下成立台湾调查委员会，筹划台湾光复诸项问题。14 日，中央设计局秘书长熊式辉奉命聘任陈仪为台湾调查委员会主任委员。也许是蒋觉时间紧迫，需要尽快成立这一机构，而自己信赖的人中除了陈仪比较熟悉台湾情况外，难以寻觅他人。对于陈仪本人，社会各界毁誉之声皆有，而蒋在此时选择此人究竟有几分迟疑，究竟为何迟疑，已无从推测。4 月初，陈仪引荐沈仲九、王芃生、钱宗起、周一鹗、夏涛声加入台调会，蒋介石皆照准。17 日，台湾调查委员会选择《马关条约》签订 49 周年的日子召开第一次委员会，宣告成立。

在任命主委和五位委员后，蒋介石感到需要多加网罗台籍人才进入该委员会，以便制定的政策方案更符合台湾民情。6 月 2 日，蒋答复行政院秘书处：关于行政院设"台湾设省筹备委员会"一事，因已有台湾调查委员会，在该会基础上稍加充实，多多罗致台湾有关人士，并派有关党政机关负责人员参加即可，不必另设，以免骈枝之弊。④ 7 月，行政院秘书处、中央设计局、台调会回函，表示根据蒋的指示，选聘在大陆的台籍人士 5 人为专门委员及专员，嗣后继续罗致台籍人才。⑤ 9 月，蒋介石任命黄朝琴、游弥坚、丘念台、谢南光、李友邦等台籍人士为台调会委员。考虑到国民党在政治中的作

---

① 《蒋介石手令》，海峡两岸出版交流中心、中国第二历史档案馆编：《馆藏民国台湾档案汇编》第 19 册，九州出版社 2007 年版，第 81 页。

② 《行政院秘书处关于收复台湾准备工作与蒋介石往来函电》，陈鸣钟、陈兴唐主编：《台湾光复和光复后五年省情》（上），南京出版社 1989 年版，第 1—2 页。

③ 《蒋介石日记》手稿，1944 年 3 月 9 日，美国胡佛档案馆藏。

④ 《行政院秘书处关于收复台湾准备工作与蒋介石往来函电》，陈鸣钟、陈兴唐主编：《台湾光复和光复后五年省情》（上），南京出版社 1989 年版，第 3 页。

⑤ 《行政院秘书长等关于会商台湾设省筹备委员会事致蒋介石签呈》，陈鸣钟、陈兴唐主编：《台湾光复和光复后五年省情》（上），南京出版社 1989 年版，第 28 页。

用，任命之前，蒋还特意致电，询问陈仪台湾党部现任主委及书记长有无加入台调会。① 6月，曾兼台湾直属党部代主委的林忠已开始为台调会工作。但当时的书记长兼代主任委员萧宜增并未加入。据褚静涛研究，萧宜增没有被延揽进入，似与 CC 系陈果夫的推荐有关。② 12月，新任台湾直属党部主委王泉笙成为兼任委员。加上台湾直属党部执行委员丘念台原本就是台调会委员，国民党在台调会保证了一定的影响力。

除网罗台籍人才加入台调会来共同研究复台问题外，台调会也举行了一些征求意见的座谈会，特意邀请来自台湾、了解台湾的人士参加。1944年7月21日，台湾调查委员会邀请台湾人——黄朝琴、游弥坚、谢南光、柯台山、连震东等座谈，李纯青等曾居住台湾的大陆名流也被邀请。黄朝琴提出，希望台湾收复以后五六年内，"以维持现状为目的，不以实验的名义而以实验的方式来治理。将来台湾省的制度，必须以单行法制定，不必与各省强同"。柯台山提出：训练大批登陆台湾的工作队伍，参加美军登陆台湾；在福建或在广东训练大批（至少一千人）适合对台工作的政工人员，在收复前秘密派往台湾，预先控制台湾舆论；对台湾收回后之处理及对台胞之待遇应有明文规定，在祖国方面公开宣传；从宽优待留"华"台籍，不妨予以政治地位，籍资重视，以便号召台胞。③

经台调会努力工作，在资料搜集整理、训练人才等方面取得显著成绩。在资料方面，台调会分函各局各处组室及有关机关供给，设法在闽向私人借用有关法规统计资料，请人从台湾带回官报及报纸，并对影片、口述等多种资料加以抄录、整理。《日本统治下的台湾行政制度》《台湾交通》等台湾资料编竣后分别送设计局各组参考。在台湾行政干部训练班开课以前，台调会编辑了教育、财政、社会、事业、卫生、户政、贸易、警察制度、专卖事业、金融10种概况，同时聘请专家编译工业、糖业、电气、煤气及自来水、农业、水产、林业矿业、水利等8种亦陆续脱稿。此外，台调会将台湾法规分为行政、司法、教育、财务、金融、工商交通、农矿渔牧7类，聘请专家分别主持，择要翻译

① 《蒋介石致陈仪电》，海峡两岸出版交流中心、中国第二历史档案馆编：《馆藏民国台湾档案汇编》第22册，九州出版社2007年版，第201页。
② 褚静涛：《国民政府收复台湾研究》，中华书局2013年版，第265页。
③ 1944年7月21日会议记录，陈鸣钟、陈兴唐主编：《台湾光复和光复后五年省情》（上），南京出版社1989年版，第17—28页。

150 万字，由中训团印成 43 册。这些概况、法规及台湾地图等资料除供有关机关以资参考外，作为台干班学员修学之用。①

1945 年 6 月 27 日，台湾调查委员会召开党政军联席会第一次会议，由陈仪主持，周一鹗、钱宗起、夏涛声等人参加。张寿贤、吴石建议研拟关于回归祖国之台胞、台俘收容运用详细计划，得到会议批准。陈仪表达了他对接收台湾和在台湾施政的一些基本观点，如他认为党政军应彻底实行三民主义，资本并非万能，须训练技术、奖励学术，等等，② 这些理念也在他接收台湾后的施政中有不同程度的体现。

台湾光复及接收

开罗会议后，台湾将于战后归还中国的预期，已在中美英三国发表的声明中得到明确，于是中国有识之士将关注点转向具体操作方面，为如何收复台湾建言献策。

谢南光建议以台湾作为中国宪政的试验区，以三民主义建设新台湾。③《中国建设月刊》发文指出："我们对解放后的台湾，不能再步日帝国主义的后尘，否则，去了一批旧的剥削者，而换了另一批新的剥削者，根本就不是我们解放台湾的目的"，并提出豁免苛杂等建议。④

在祖国大陆为抗日复台奔走呼告的台籍志士柯台山早在 1944 年 1 月就提出《台湾善后问题》的报告，该报告成为中国国民党的第三号参政资料。⑤

与此同时，台湾国民党党部从发展党务的角度提出详细的意见，为收复台湾的准备工作提出建议。意见书指出，台湾党部除秘密指导岛内各种工作外，致力于：1. 以台湾工作团名义，集结内地台胞随时予以训练，加强主义，总反攻时，则协助英美海军袭取台湾；2. 在台湾党部所在地开办台湾党政人员训练班，以资收揽人才及造就人才；3. 成立台湾政治设计委员会，聘请台湾问题专家为委员；4. 举办内地台胞总登记，由台湾党部负责办理，拟具办法呈请中央与政府通令台胞知照；5. 选派干员参加远征军及第四战区司令部担任策动该项

① 《台湾调查委员会一年来工作状况》，中国国民党特种档案，特 17/5. 13，国民党党史馆藏。
② 《台湾调查委员会党政军联席会第一次会议纪录》，中国国民党特种档案，特 17/5. 15，国民党党史馆藏。
③ 谢南光：《怎样建设光复后的新台湾》，《东南海》1944 年第 1 卷第 6 期。
④ 人本：《收复台湾以后》，《中国建设月刊》1945 年第 1 卷第 2 期。
⑤ 《台湾善后问题》，中国国民党特种档案，特 17/3. 9，国民党党史馆藏。

志愿兵伏工作，以为将来配合同盟国海军进攻台岛之前导。①

在各界人士对复台工作提出对策与建议的过程中，与台湾关系最为密切的福建省行动尤著。1944 年 4 月 27 日，福建省临时参议会第二届第二次大会续开第十一次会议，会上出现多个关于复台准备的提案。如陈村牧提"拟请政府改善台胞集中营生活、交还省内台胞业产、以增强其内向心理案"，黄谦若提"请省府迅作收复台澎准备案"，陈村牧提"拟请中央恢复台湾省制案"及"拟请政府迅在闽南设立特种师范学校、培植台湾小学师资案"等。②

1944 年 10 月，柯台山于重庆提出《台湾收复当时之处理提案》，对军事、政治、户口调查、纠纷处理、救济、干部训练班等具体问题提出意见，建议在光复初期以宽大包容态度为主，"以感化重于惩罚"。例如建议国民党从速建立统一领导机构，积极在台建立地方基层组织。对愿意参加国民党者"宽怀纳用"；对故意树立旗帜对立者，初期不宜以奸伪处置办法对待，而应明定纲纪，如再不从，再依法办理。③

1945 年 5 月 5 日至 21 日，国民党第六次全国代表大会在重庆召开。台籍人士谢东闵作为台湾沦陷 50 年以来第一位国民党代表，代表台湾参会，并获蒋介石接见。蒋介石向谢东闵表达了对台湾光复指日可待的热切期盼心情。谢东闵在六全大会提出关于台湾的三个提案。在"拟请中央统一加强对台湾工作之领导案"中，他指出目前台湾党部工作力量尚不充实，"仅欲藉此达成光复使命，及光复后巩固本党在台湾之领导权，于不可动摇之地位，势所难能"。建议"放宽尺度，洞开门户，以便延揽台湾人才，充实党之干部"；建议在台湾光复在即之时，对台湾党部宽筹经费，设特别秘密开支项目，使其能便宜行事；建议中央加强对台湾各革命团体力量的援助与指导，使其形成统一力量。在"拟请中央从速确定台湾法律地位"的提案中，建议在宪法上将台湾列为中国领土之一部分，向沦陷区及台湾岛内宣布台湾人享有与祖国人民同等之权利义务。针对第四届参政员无一台湾人当选的情况，谢东闵提出请中央设法补救，务使台湾下情得以上达。在"拟请有关台湾事务之军政机关尽量录用台湾人案"中，谢东闵提出，日本统治台湾 50 年导致"文化隔阂，法统不同，习

① 《台湾党务工作意见书》，中国国民党特种档案，特 17/1. 2，国民党党史馆藏。

② 《增强台胞内向心理从速恢复台湾省制》，《民主报》1944 年 4 月 28 日，中国国民党特种档案，特 17/1. 15，国民党党史馆藏。

③ 《台湾收复当时之处理提案》，中国国民党特种档案，特 17/3. 7，国民党党史馆藏。

惯亦渐差异",沟通之道,应首先起用国内台胞,并注意训练台闽特殊人才,策动岛内外武装台民反正,以减少牺牲。这些提案受到行政院重视,当时的院长宋子文分别函请中央组织部等部门核办,并致函中央执行委员会,告知相关情形。①

谢东闵的提案产生了一定影响。有关台湾事业之军政机关尽量录用台湾人的建议,由军事委员会饬军政军训两部遵照,行政院亦令台湾省行政长官公署注意选拔台籍优秀分子或熟悉台湾情形之人员。台籍人士在接收与重建台湾的过程中发挥了相当的作用。接收过程中,军事方面,曾参加长沙会战的台北树林人王民宁代表台湾省警备总司令部参加南京受降仪式,任陆军中将的新竹客家人黄国书作为台湾省警备总司令部参议,参加台湾军事接管工作。党务部门,台北人李友邦担任了三青团台湾区部筹备主任。在接收后的省级行政中,台南人宋斐如担任了台湾行政长官公署教育处副处长,台南人连震东担任了行政长官公署参事。地方行政中,台北人游弥坚出任台北市市长,连震东兼代台北县县长,嘉义人刘启光为新竹县长,谢东闵本人出任了高雄县长。民意机构方面,台南人黄朝琴出任了台湾省议会议长。在宣传部门,台南人柯台山负责《台湾日报》,云林人李万居负责《台湾新生报》。

1945 年 7 月 26 日,美英中三国政府领袖在波茨坦会议联合发表一份公告,向日本劝降,并指出"开罗宣言之条件,必将实施"。② 8 月 10 日,日本天皇决定接受《波茨坦公告》,15 日宣布战败投降。26 日,中国战区中国陆军总司令部致冈村宁次中字第十二号备忘录指出:"台湾及越南北纬十六度以北地区内之日本陆海空军及其辅助部队,应由贵官负责指挥向本总司令投降"。③

8 月 29 日,国民政府任命陈仪为台湾省行政长官,负责接收台湾。31 日,国防最高委员会以训令颁布《台湾省行政长官公署组织大纲》,规定"台湾省行政长官隶属于行政院,依据法令综理台湾全省政务"。④

---

① 《六全大会关于统一加强对台湾工作之领导等三案》,中国国民党国防档案,防 003/3238,国民党党史馆藏。
② 张海鹏主编:《台湾光复史料汇编(第一编)·政府文件选编(一)》,重庆出版社 2017 年版,第 44 页。
③ 何应钦编:《中国战区中国陆军总司令部处理日本投降文件汇编》,"国防部"1969 年版,上卷,第 45 页。
④ 中国第二历史档案馆编:《台湾"二·二八"事件档案史料》(上),档案出版社 1991 年版,第 31—33 页。

9月1日，台湾省警备总司令部正式成立，负责台湾、澎湖的军事接收。当时因编制尚未奉颁，仅使用少数人员办理必要工作。该部由参谋长柯远芬负责主持，设机要室，第一、二、三、四处，副官处，经理处，军法处，调查室，并直辖特务团、通信连、军乐队各一。一面向各有关机关、调用干部，一面自行甄选。① 9月7日，陈仪被任命为台湾省警备总司令。

9月28日，前进指挥所成立，由行政长官公署秘书长葛敬恩兼任主任、警备总司令部副参谋长范诵尧为副主任。10月5日，前进指挥所全所官兵71人抵台，安排接管工作。同日，中国战区台湾省警备总司令部发出台军字第一号备忘录，陈仪作为警备总部总司令宣布奉命接受在台湾省（含澎湖列岛）日本高级指挥官及其全部陆海空军与其辅助部队之投降。10月8日及11日，范诵尧与日本第十方面军参谋长谏山春树两次谈话，指示日方各部队应行集中地点以及台湾地区日军在正式向我投降前应遵守之事项。13日，前进指挥所主任葛敬恩向日军提交第三号备忘录，令驻台北地区之日军各部队于10月15日以前，全部（残留人员外）由大园庄、桃园街、莺歌庄、土城庄、新店庄、平溪庄、贡寮庄、三貂角相连之线（含线上各地）以北地区撤出，二十日以前由中港、头分庄内湾、北埔庄、角板山、阿王山员山庄、二结、三结相连之线（含线上各地）以北地区撤出。17日，行政长官公署及警备总部官佐二百余人抵台，前进指挥所将工作移交，并于25日结束使命。②

10月25日，台湾地区受降典礼在台北公会堂（后改为中山堂）举行。国民政府代表有台湾省行政长官兼台湾省警备总司令部总司令陈仪、行政长官公署秘书长兼台湾警备总司令部前进指挥所主任葛敬恩、警备总司令部参谋长柯远芬、副参谋长范诵尧、中国国民党台湾省党部主任委员李翼中、中央各部特派员、行政长官公署暨警备总司令部各处处长，盟军代表顾德里（Cecil J. Gridley）上校、柏克（Col. Henry Berk）上校、和礼（Ulmont W. Holly）上校等19人，以及台湾人民代表林献堂、林茂生等30余人，新闻记者李万居、叶明勋等10余人，日方代表台湾总督兼第十方面司令官安藤利吉等5人，参加典礼人员共

① 张海鹏主编：《台湾光复史料汇编（第五编）·台湾军事、司法接收及日产处理总报告书》，重庆出版社2017年版，第4页。
② 张海鹏主编：《台湾光复史料汇编（第五编）·台湾军事、司法接收及日产处理总报告书》，重庆出版社2017年版，第6—17页。

计 180 余人。① 签字典礼完毕后，陈仪即席广播，正式宣布台湾日军投降："从今天起，台湾及澎湖列岛已正式重入中国版图，所有一切土地、人民、政事皆已置于中华民国国民政府主权之下"。②

29 日，陈仪颁布训令，指出："除军事部分由台湾省警备总司令部负责接收，另令指示外，其原总督府及其所属各机关文件、财产及事业等项"，统归台湾行政长官公署接收。③ 随后，具体的接收工作紧锣密鼓展开。11 月 1 日起，各部门开始接收并展开各项行政工作。军事接收亦同时积极进行。主要的行政和事业机构，大体在一个多月时间内依照预定计划完成接收。军事接收在 1946 年 1 月 31 日，亦大致接收完毕。④

对日侨的处理是台湾光复后的一件大事。台湾经日本占据 50 年，日侨遣返任务要较中国其他沦陷区情形更为复杂。台湾不但有大量日本战败官兵及其家属需要遣返，还有各机关企业录用日籍官员与职员的留用或遣返问题。

1945 年 8 月 15 日，蒋介石发表了一篇亲自起草的《抗战胜利告全国军民及世界人士书》，宣称"我中国同胞们必知'不念旧恶'及'与人为善'为我民族传统至高至贵的德性……我们并不要报复，更不可对敌国无辜人民加以污辱……冤冤相报，永无终止，决不是我们仁义之师的目的"。⑤ 这个书告确定了对包括台湾地区在内的中国战区对待日侨不计前嫌的基调。

以往研究已经指出，中国对日侨遣返的态度要较其他国家和地区宽大，而这种宽大并不能单纯从"以德报怨"的角度来解释。⑥ 这一看法是接近史实的。中华民族固然有宽大的民族性格，但蒋介石采取这一处理原则，确与当时的国共争端有分不开的关系。

抗战胜利后，蒋介石惧怕中国共产党与自己争夺占领沦陷区、争夺日军枪械，因而决定尽量减少与日军的嫌怨，减少可能生变的因素，在美国帮助下尽

① 参见陈钢：《台湾光复军事接收纪事》，《中国地方志》2005 年第 7 期。
② 张海鹏主编：《台湾光复史料汇编（第五编）·台湾军事、司法接收及日产处理总报告书》，重庆出版社 2017 年版，第 19 页。
③ 张海鹏主编：《台湾光复史料汇编（第一编）·政府文件选编（一）》，重庆出版社 2017 年版，第 48 页。
④ 张海鹏主编：《台湾光复史料汇编（第六编）·台湾行政长官公署施政与工作报告》，重庆出版社 2017 年版，第 26、34 页。
⑤ 《抗战胜利告全国军民及世界人士书》，秦孝仪编：《先"总统"蒋公思想言论总集》卷 32，中国国民党中央委员会党史委员会 1984 年，第 123 页。
⑥ 袁成毅：《战后蒋介石对日"以德报怨"政策的几个问题》，《抗日战争研究》2006 年第 1 期。

快完成接收和遣返。特别是在台日侨尤多，对在台日人的处理问题在最终解决之前始终令其感到不安。1946 年 5 月，台湾省日侨管理委员会汇报工作概况时指出，"秉承蒋主席及陈长官'不以怨报怨'之指示，宽大容忍，故尚无情感冲动或骚扰报复旧怨等情事发生"。[①] 在台军事接收和整编能较为顺利地完成，蒋竟有意想不到的欣慰。在 1946 年反省录中，蒋介石感叹"当初以为台湾降俘约有五十万之众，恐生他变，不易收拾，最后亦卒告无事，安全收回。此实为战后最大、最难之问题"。[②] 他在日记中写道："去年八月间敌军宣布投降之日，余即对敌伪军队发表宽大不究之通令，使敌伪知感而安心，而乃不为'奸匪'煽惑，有以致之。"[③] 再次验证了蒋介石对日宽大与国共斗争的背景有关。

在遣返战败日俘外，对于有学术技术或特殊专长、有留台必要的日侨，台湾省日侨管理委员会采取了继续征用、令其留台的措施。经与美军驻台联络组联系，美总部同意台湾暂时保留日本平民技术人员 5600 人与其眷属约 24000 人。1946 年 4 月，蒋介石致电陈仪，告知留用与遣返相关事宜。[④] 在接收初期留用少量学有专长的日侨，对于台湾的建设固然是有好处的。另外，留用日侨是否为"日本遗毒"，是否增加了台湾的动荡？这一问题存在争议。一年后，二二八事件发生，治台主官陈仪将部分责任归咎于留用日侨，[⑤] 有台籍精英丘念台等人提出异议。[⑥] 有研究者指出，"客观上日本移民对台湾经济的发展起到过推动作用，台湾光复后日籍技术人员的留用使得台湾经济避免了灾难性的打击"。[⑦] 二二八事件原因复杂，不排除个别留用日侨成为潜在的不安定因素，但光复初期留用少量日籍平民技术人员不是台湾社会动荡的主因。除留用了少数

---

① 《台湾省日侨管理委员会工作概况》，陈鸣钟、陈兴唐主编：《台湾光复和光复后五年省情》（上），南京出版社 1989 年版，第 253 页。

② 《蒋介石日记》手稿，1946 年反省录。据《台湾军事接收总报告书》（1946 年编，美国斯坦福大学藏），投降时台湾地区日本第十方面军兵力，计有陆军五个师团，六个独立混成旅团、空军一个飞行师团及海军各部队等，达十八万余人。蒋介石所谓的五十万，大概是由包括军队附属人员及家属在内得出的印象。

③ 《蒋介石日记》手稿，1946 年 12 月 25 日，美国胡佛档案馆藏。

④ 《蒋中正委员长电复关于留用及遣送日侨一案》，何凤娇编：《政府接收台湾史料汇编》（上），"国史馆" 1990 年版，第 634—635 页。

⑤ 1947 年 4 月 7 日，陈仪致蒋介石电，台湾"中研院"近史所编：《二二八事件资料选辑》（二），1992 年版，第 233 页。

⑥ 《丘念台对台湾二二八惨案因果观察及防止复发提出报告建议书及意见书三种致于佑任呈》，中国第二历史档案馆编：《中华民国史档案资料汇编》第五辑第三编政治（四），江苏古籍出版社 1999 年版，第 877 页。

⑦ 褚静涛：《台湾光复后日本移民的遣返及征用》，《史学月刊》2000 年第 6 期。

日籍技术人员外，在美国帮助下，快速地遣返日俘日侨，对台湾较为顺利地回归和保持台湾社会经济较为平稳的状态是有利的。

除对一部分技术人才采以宽大政策、允其留台服务外，台湾省行政长官公署还留用了部分日籍行政人员及日本警察。这些人与有特殊专长、一时难以找到合适人选取代的技术人员不同，他们被台湾民众视为执行殖民统治、压迫民众的代表，他们的继续存在引起了台湾民众的不满。台湾回归祖国半年后，有参政员陈荣芳等16人提出提案"请政府严令台湾省即日停用日官日警以维国格而平民愤"。提案指出，台湾接收半年后，所有邮政电报铁路以及各重要工矿仍归日本人经营管理，台湾省行政长官公署仅派一二监理官从旁监视。以邮票为例，接收后竟然仍在沿用"大日本帝国邮票"。凡此种种，"不仅有辱国体，开世界史上未有之先例，抑亦大伤台胞内向之心，引起普遍之不满情绪与反抗行为"。[①] 从这一点上看，国民政府及台湾省行政长官公署对日侨的宽大在某些方面有失去原则之嫌。

整体而言，从1895年台湾被迫割让日本到1945年台湾光复，台湾经历了半世纪的日本占据。此间，从政治经济制度到教育文化到生活习惯，台湾的方方面面均已发生重大变化，在一定意义上台湾社会与大陆产生了疏离。与此同时，中国从积贫积弱的半殖民地半封建社会艰难挣扎，推翻帝制，北伐统一，又以艰苦卓绝的抗日战争争得位列大国会议的机会，争得美英对战后台湾光复中国的共同宣言。自1943年11月下旬开罗会议至1945年10月台湾光复，仅有不足两年的时间。不可讳言，在当时情况下，如何应对战局是第一要务，并且包括国共领导人在内的国人都不能预料战争究竟何时结束。用这么短的时间、在不确定的时局中、以并不充足的人力和并不充分的国家支持来完成收复台湾的准备工作，其实是不容易的。同时，中国政府接收台湾事实上的困难也是超出许多人以往预期的。除上文提到的，美国登陆计划和军事占领后的治理问题一直不明确对中国政府的接收准备造成困难外，还有许多因长期被日本统治造成的困难。如陈仪在筹划接收工作时曾表示，东北的行政官员是中国人，日本人不过处于辅助地位；台湾不同，委任官很少是台湾人，台湾人充雇员的很多，特别是在农林方面。中级以上人员就要派员补充。台湾民间说闽粤语，

---

① 《严令台湾省即日停用日官日警》，中国国民党国防档案，防003/1351，国民党党史馆藏。

普通通行的是日语，官厅文告用日文，语言上的障碍也需通过训练人才来克服。但人才需要多少？何时需要？这些在当时其实都是未知数。[①] 这些困难在以往的研究中很少被关注，而它们与接收后某些方面的混乱、接收后不久发生的大规模官民冲突等问题均有直接关系。

台湾的光复与接收是不容易的，它既是中国人民以流血和牺牲换来的抗日战争胜利的伟大成果，也是中国政府在国际外交舞台上不懈抗争的结果。限于实力差距，美英等大国并未对中国表现出足够真诚。对于台湾脱离日本后施政形式的不确定性，为中国政府的复台准备造成若干阻力和困难，使接收工作呈现出某些不尽如人意之处。但无论如何，应看到台湾光复的伟大意义和中国政府为光复国土进行的努力。抗日战争的胜利是中华民族伟大复兴进程中的重要标志，台湾和澎湖复归祖国是其重要体现。

---

① 《台湾调查委员会党政军联席会第一次会议纪录》，中国国民党特种档案，特 17/5. 15，国民党党史馆藏。

结　语

一、台湾被迫割让是台湾人民的悲哀，
　　也是整个中华民族的悲哀

　　台湾社会，有些人故意散布一种所谓"悲情论"，似乎祖国大陆把台湾故意丢弃了，台湾是"弃儿"，祖国对不起台湾。一些人人云亦云，是不了解台湾历史的表现，也是不了解祖国历史的表现。其实，在近代中国，台湾的历史命运，与祖国的历史命运是呼吸与共的。

　　清代中叶以后，中国的发展落伍于西方发达国家。鸦片战争开始，中国频频遭到西方殖民主义的侵略。挟着鸦片和大炮的资本主义列强打开了中国的大门，中国沦为半殖民地半封建社会。日本随后发生明治维新，革新政治，着力培植国力，走上"脱亚入欧"路线，积极加入西方列强向海外扩张、殖民的行列，把"开疆拓土"、"布国威于四方"作为基本国策。19世纪70年代以后，世界进入自由资本主义向垄断资本主义过渡的时期。远东的中国和朝鲜成为当时国际间斗争的焦点。英、法、德、美、俄等国都想在这里攫取利益。与中朝两国隔海相望的新兴的资本主义国家日本，抢在各国的前面，不仅想独吞朝鲜，而且要染指中国。

　　日本蓄谋已久，通过明治维新，殖产兴业，早已厚养兵力，弯弓待发。对于日本在1894年突然发动的这场侵略战争，清政府完全没有做好因应准备。朝廷颟顸，政府腐败，指挥无能，前线失败。甲午战争以签订屈辱的《马关条约》而结束。《马关条约》是鸦片战争以来中国政府对外签署的最为屈辱的不平等条约之一。条约带给中国的物质和精神损失极为巨大。原先以为只有西洋的英、法、俄、美等国可以轻易地使清政府就范，现在，连东洋的日本也可以轻易地迫使清政府就范了。此后，帝国主义列强在中国划分势力范围，强租租借地，中国呈现被列强瓜分之势。接着八国联军侵华，中国被迫签订《辛丑条约》，中国不仅赔款4.5亿两白银，而且土地被迫接受联军的驻扎，首都的使馆区也在列强军队的护卫之下。中国已经是国且不国了。

　　《马关条约》是中国的耻辱。它对中国的影响，无论从哪个方面来说，都

是巨大的。除了战争赔款 2 亿两白银，还有大量的土地割让。比台湾和澎湖列岛大得多的是辽东半岛的割让。在当时，辽东半岛的重要性对于清朝廷来说要大于台湾、澎湖列岛。只不过由于法国、德国、俄国的干预，日本被迫把已经吞进口的辽东半岛吐了出来，中国却平白无故地要交给日本 3000 万两白银去赎回。因此，台湾是"弃儿"之说是说不通的。台湾被割让，不仅是台湾的悲情，而且首先是祖国的悲情，是全体中国人民包括台湾人民在内的共同的悲情。

中国的痛苦不止于此。为了在 3 年内还清赔款，避免增加 5% 的利息，清政府立即着手向西方借款。从 1895 年到 1898 年，清政府先后向俄、法、英、德银行团完成 3 笔巨额借款共 3.09 亿两白银，扣除回扣，清政府实得 2.6 亿两，差不多全部交给了日本。为此，清政府承担了列强提出的严酷的政治和经济条件，大概说来，借款本息必须在 36 年或 45 年内还清，不得提前。在还清本息前，中国海关必须由外国人控制。中国政府为此要支付本息超过 6 亿两白银。战争虽是中日两国打的，其结果，却是西方列强和日本一起宰杀中国。当时中国一年的财政收入约 8000 万两白银，要拿出差不多 8 年的全部收入来偿付赔款和借款，中国在现代化的步伐上还能有任何作为吗？还敢奢言求富求强吗？经济剥削和政治奴役像两根绳索，把中国政府的脖子勒得紧紧的，把中国人民的手脚捆得紧紧的。甲午战后的中国，深陷半殖民地半封建深渊而不能自拔，坎坷的洋务自强运动也因此招致破产，微弱的现代化追求遭到致命打击。

在台湾人民遭受日本殖民统治的同时，日本又发动了长达 14 年的侵华战争，给中国人民、台湾人民造成难以形容的创伤和痛苦。在东西方帝国主义的长期侵略和控制下，中国几乎从半殖民地变成殖民地了！历史事实很清楚地昭示人们，中国近代的贫穷落后，中国的现代化难以起步，是西方列强和东方日本的侵略和掠夺造成的。甲午战争的失败，台湾的被割让，是造成近代中国贫穷落后的关键一环。

应该指出：中国人民包括台湾人民在内，并没有止步在"悲情"的哭泣之下。甲午战争的失败，台湾的被割让，刺激中国人迅速觉醒。在中国近代史上曾起过推动历史前进作用的改良派和革命派，其活动的起点都在甲午一役。孙中山于 1894 年 11 月在檀香山成立兴中会，其章程第一次喊出了"振兴中华"的口号，显然是受了甲午战争的刺激。康有为于 1895 年 5 月在北京发动"公车上书"，要求变法维新，正是与《马关条约》的签订直接相关。他们都认识到中国的落后，希望加以改变。维新派批评洋务派追求西人的"船坚炮利"，徒袭他人皮毛。他们要求革新政治，发展资本主义。此后一切"工业救国""教育救国"等方案的提出都是从维新改良主张衍化出来的。但是封建专制制度的存在，外国势力的控制，使他们的主张不能实现。与此相反，革命派看到朝廷的腐败，不仅要求根本推翻清朝廷，还要求推翻站在朝廷之上的洋人势力，如此中国才能发展。此后中国共产党主张的反帝反封建的新民主主义革命路线，也是从这一认识发展而来的。

在全国人民救亡图存的努力中，台湾人民的斗争是与整个中国人民的斗争同步的。不仅李友邦率领的台湾义勇队以及许多台湾同胞直接参与了祖国大陆的抗日武装斗争，在岛内，在辛亥革命和五四运动的影响之下，罗福星策划的以革命手段推翻日本帝国主义的斗争，林木顺、谢雪红等领导的台湾共产党的奋斗，以及林献堂、蒋渭水、赖和、杨逵、连横等从事的政治和文化诉求，都是直接间接同日本殖民者进行斗争的，都是谋求台湾回归祖国怀抱的。到1945年，中国取得了近代以来抗击外敌入侵的第一次完全胜利——打败了日本帝国主义发动的第二次侵华战争。正是全国人民坚持了14年的抗日战争取得胜利，台湾才得以回到祖国怀抱。台湾的命运与祖国的命运是结合在一起的。新中国诞生，彻底实现了国家的独立、民族的解放，奠定了中国实现现代化的牢固基础。从此，国家的发展才有了全新的起点。

在救亡图存的努力中，在反对帝国主义和国内的封建统治的斗争中，台湾人民和祖国人民一起铸成的不屈不挠的民族精神，是中华民族能够自立于世界民族之林的精神力量，是中国不能灭亡于任何外国势力的精神支柱，是台湾终得以回归祖国怀抱的内在根据。1895年日本割占台湾时，台湾曾出现过短暂的以"遥奉正朔"、年号"永清"为形式的"台湾民主国"。那是愤于清政府的卖国，是反对日本占领，绝不是"台独"的表现。日据时期台湾抗日人士提出的"台湾独立"，是要从日本殖民统治下独立出来，是回归祖国的先声，也绝不是"台独"的表现。今日岛内继李登辉"大正男"而起的赖清德等"台独"势力嚣张，是违背台湾人民光荣斗争传统的，是与以"遥奉正朔"、年号"永清"为形式的"台湾民主国"背道而驰的，也是与日据时期台湾抗日人士提出的"台湾独立"主张背道而驰的。台湾回归祖国，正是历史指示的唯一出路。

应该指出，日本在台湾50年的殖民统治，也培养了极少数愿意成为"皇民"的人。李登辉与司马辽太郎的谈话就透露了这种"皇民"情绪。台湾极少数主张"台独"的人借《马关条约》签字百年举行所谓"告别中国"游行，以及到马关春帆楼向日本表示致敬，感谢日本统治台湾，在春帆楼里留下对日本侵略行径的可耻的文字，反映的也是这种"皇民"情绪。显然这是违背民族大义的行为。少数日本右翼学者到台湾出席纪念《马关条约》百周年的所谓学术讨论会，鼓吹百年前日本不是从中国手里获得台湾，而是从清国手里获得台湾，为"台独"分子撑腰打气，透露出日本国内的右翼势力的确是"台独"分子的后台。这种违背中日两国人民根本利益的昭彰恶行是值得我们极为警惕的。

二、日据时期台湾人民的抗日斗争是被全部历史证明了的

下台多时的台湾地区前领导人、"台独"教父李登辉于2020年死亡。许多人著文评论他的一生。1994年，他开始暴露他的"台独"面目，1995年他到美国康奈尔大学演讲，提出"中华民国在台湾"的"台独"公式，为陈水扁、蔡英文、赖清德等一切"台独"势力所运用。2015年，当台湾回归祖国70年之际，他却在日本大放厥词，公然声称：他和他的哥哥曾在战时加入日本军队，为他们的"祖国"而战。他还说战时台湾和日本是"一个国家"，台湾没有抗日，"台湾很感谢被日本统治"。2018年6月，李登辉还在冲绳县和平公园内立了一块碑，题为"为国做见证"。那个公园里有一块地方是放置日本全国各地以及各军种在琉球战役中死亡者的纪念碑。在神风特攻队的碑旁，李登辉挤进去立下这块碑，是要说明他曾经为这个国家作了贡献。这是李登辉的耻辱碑！这个自称岩里政男的"大正男"，还始终不忘记他的"祖国"是日本，还为他的"祖国"争夺钓鱼岛，多次声称"钓鱼岛就是日本领土"。

李登辉说"台湾没有抗日"的媚日言行已经遭到台湾舆论和台湾有识之士的严厉抨击，这是当然的。其实李登辉的媚日言行在日本有识之士眼里，也未必受到欢迎。

说"台湾没有抗日"，是李登辉式的谎话。说岩里政男没有抗日或者不愿意抗日，"愿意接受日本统治时代教育""为国做见证"，是李登辉的内心独白，是岩里政男的公开表白。自从1895年6月，日军侵入台湾开始，台湾人民就没

有停止过抗日斗争。"誓不臣倭"是台湾人民永远的信念。以台南总兵刘永福为首的黑旗军等部清军,与徐骧、姜绍祖、吴汤兴、胡嘉猷等各支义勇民军配合作战,坚持武装抵抗。从1895年6月到10月,不畏强暴的台湾军民前仆后继,奋勇杀敌,在极为艰难的条件下谱写了可歌可泣的抗日保台篇章。日本侵略者前后出动7万大军和常备舰队的大部分舰只,付出了包括北白川宫能久亲王和第二旅团长山根信成少将在内的4800名官兵死亡和2.7万人负伤的惨重代价。

在台湾的第一个殖民统治者桦山资纪宣布台湾全岛"平定"后,台湾人民反抗日本殖民统治的斗争仍一直没有停息。从1896年元旦起,他们再次揭竿而起,连续进行了7年的武装抗日游击战,形成以北部简大狮、中部柯铁和南部林少猫为主的多支抗日义军。抗日义军虽然在日军采用武力"讨伐"和"招抚"政策下,被各个击破,但他们的抗日精神是永存的。

在日本殖民当局严密的军政和警察制度统治下,台湾人民抗日起义仍时时发动,较著名的有1907年的北埔起义、1912年的林圯埔起义、1913年的苗栗起义、1914年的六甲起义、1915年的噍吧哖起义(又称"西来庵事件")等。就在"大正男"岩里政男的儿童时代,台湾还发生了著名的1930年的雾社起义。雾社起义是台湾少数民族领袖莫那·鲁道领导的,也遭到了日本殖民者的残酷镇压。据台湾革命同盟会估计,在长期武装抗日斗争中,共有65万台湾同胞献出了宝贵的生命,在中华民族抵抗外来侵略的历史上留下了不可磨灭的历史篇章。

以上这些,都是台湾人民武装抗日的铁证,台湾总督府的记录,斑斑可考。怎么说台湾没有抗日呢?

在台湾的日本殖民当局严厉的镇压政策下,台湾人民虽然改变了抗日的手段,却始终没有改变"誓不臣倭"的态度。20世纪20年代后,台湾人民以非武装形式的抗日斗争层出不穷。要求撤废"六三法"的斗争,"台湾议会设置请愿运动",都反映了台湾人民对日本殖民者的反抗。

台湾文化协会、台湾民众党的活动,台湾工农运动,台湾共产党的活动,都显示了台湾人民要求从日本殖民统治下解放出来的努力。

以连横、赖和、张我军、杨逵等为代表的一批台湾知识分子,抱定以文保国、以史保种的决心,在日本帝国主义的高压下,发愤作文著书,向世人表明台湾是中国的一个省,台湾文化是中国文化的一部分,台湾人民是中国大家庭中的一分子。他们是文化战线上反抗日本殖民统治的英勇斗士。

1937年日本全面侵华开始后，殖民者在台湾开展所谓"皇民化"运动，台湾进入所谓"战时体制"。就在"皇民化"运动高潮中，同意改日本姓名的台湾人也只有7%。就在李登辉兄弟参加日本军队为他们的日本"祖国"而战的时候，许多不愿意做亡国奴的台湾人仍在坚持反抗日本侵略的正义斗争。除了李友邦等台湾人到祖国大陆参加抗日战争外，许多台湾人也隐秘地坚持了抗日立场。根据日本防卫研究所所藏档案，由台湾军方高级长官向日本陆军最高长官提供的情报资料"'中国事变与本岛人的动向'上报之件"，是根据当时台湾宪兵队长、总督府警务局长、各州知事及厅长的通报编纂的，资料显示，台湾民众充满祖国情结与民族大义的反抗事件及反日言论层出不穷。在短短一个多月的时间里，台湾岛内就有70多件反抗事件发生。台湾总督府在《事变发生后一年间本岛人动向的回顾》中提到："自事件爆发以来，一部分的台湾人因其民族的偏见，依然视中国为其祖国，过于相信中国的实力，被其宣传所迷惑，反对总督府、反对日本军方的言行在各地流布，他们深信日本战败的虚报，这大大动摇了民心……各种恶质的流言也不断出现，企图对统治进行反抗。"此时，日本在台湾实行殖民统治已经40多年，台湾人民的祖国情结还是那么浓厚，台湾人民的抗日情绪还是那么强烈。

李登辉说"台湾没有抗日"，日本政府机构保存的档案资料充分证明李登辉在说谎。

至于说到钓鱼岛，大量历史资料都无可争辩地证明其属于中国。1895年1月，日本趁着战胜清朝已稳操胜券，由内阁秘密作出决定将钓鱼岛划归冲绳县。但是这一决定没有公之于世，是违反国际法的。事实上，钓鱼岛在清朝归台湾管。日本占领台湾后，其也是划归台湾，1945年10月应该随着台湾一起回归祖国。一个声称多么爱台湾的人，在钓鱼岛问题上却如此露骨地背叛，是多么令人齿冷。

殖民时代已经成为历史，今天还在为殖民时代唱赞歌的人，头脑还活在19世纪，多么令人可悲。80年前台湾光复，已然否定了日本的殖民统治，否定了甲午战争日本侵占台湾的霸道行为。李登辉为日本殖民统治唱赞歌，怎么抵挡得了台湾人民追求两岸统一、追求"一个中国"、反对"台独"的坚定步伐！

继续坚持岩里政男历史观的李登辉已矣！除了落得被包括台湾人民在内的中国人民唾骂为"卖国贼"以外，他还能从日本主子或者"台独"势力那里分得一点点香饽饽吗？李登辉的言行表明，他在中国人民前进的步伐面前，已经无能为力、穷途末路了。

中国近代历史明确记载，清政府在抵抗日本侵略的甲午战争中失败，被迫在《马关条约》上把台湾割让给日本。然而，占领台湾不是日本军国主义者在甲午战争中的临时起意。早在丰臣秀吉执政时，日本就有占领台湾的企图。明治维新期间的一些日本政治家，不断把占领台湾提上议事日程。其实也绝不止此，占领台湾和占领东北都是日本所谓"大陆政策"的组成部分，其最终目的是要分割中国，占领中国，成就其所谓"大东亚共荣圈"的野心。本书以大量资料说明，日本殖民者在台湾统治是何等凶险和残酷，也说明台湾人民面对日本的殖民统治进行何等不屈不挠的斗争。

三、中国人民抗战胜利奠定了台湾光复的
政治基础，是对日本殖民统治的否定

80 年前，中国人民抗日战争取得伟大胜利，日本宣布无条件投降，台湾从此回到祖国怀抱。2025 年不仅是抗日战争胜利 80 周年，也是台湾光复 80 周年。台湾光复是包括台湾人民在内的中国人民在艰苦卓绝的抗日战争中，用巨大的牺牲换来的胜利成果，洗雪了《马关条约》割让台湾的耻辱。1945 年 10 月 25 日，当祖国政府派来接收台湾的行政长官陈仪公开宣布台湾光复时，全台湾人民一片欢腾，敲锣打鼓，热烈庆祝。台湾人民从此摆脱了 50 年的日本殖民统治，重新成为堂堂正正的中国人。

80 年前的历史场景，早已记录在史册上，无人可以撼动。

1945 年 4 月 17 日，台湾革命同盟会为纪念《马关条约》50 周年发表宣言，说："台澎同胞，为着求自由解放，为着伸张正义，为着保有民族正气，明知寡不敌众，继续奋斗，抗拒强暴。起初发动七年抗战，其次又是十年暴动，抗日反帝怒潮今日依然遍及台澎诸岛。50 年间，牺牲 65 万人。虽然尚未成功，可是先烈的不朽精神仍不断鼓励着我们勇往直前，不达目的，决不停止！"这就是身为中华民族一分子、决心"义不臣倭"的台湾人。这种精神，正是 1945 年 10 月 25 日台湾顺利回归祖国怀抱的民意基础。台湾回归祖国怀抱，表示原乡人的血流回了原乡！

　　历史告诉我们，仅有台湾人民的抗日活动是不足以获得台湾回归祖国的结果的。台湾要摆脱日本殖民统治，回归祖国怀抱，本质上说，要依靠全中国人民的奋斗。对这一点，当年在大陆参加祖国抗战的台湾人是认识得一清二楚的。1939 年 12 月，台胞柯台山在重庆提出《台湾革命过去之检讨及今后应进取之途径》的报告，呼吁"台湾之收复，台胞之解放"，均赖祖国"早日奠定此旨，速谋于成"。1943 年 6 月 17 日，中国共产党南方局在重庆主办的报纸《新华日报》，在台湾的所谓"始政纪念日"这一天刊出社论:《台湾，回到祖国来》，大力倡导刘永福的老骥伏枥、坚决抗敌的精神，指出"只有发扬刘永福的抗日民主的传统，只有加强团结，只有积极参加祖国的抗战，获得彻底的胜利，才能将日寇驱逐出台湾，回到祖国的怀抱"，"台湾的命运，决之于中国的抗战"。这些认识无疑是正确的。

　　中国人民的抗日战争及其取得的最后胜利就是全中国人民艰苦卓绝奋斗的结果。第二次世界大战的欧洲战场以 1939 年 9 月德军侵占波兰为起点，它的东方战场却早在 1931 年 9 月中国军队抵抗日军侵略时就拉开了序幕，而以 1937 年 7 月卢沟桥事变为亚洲战场的起点。中国战场上形成了正面战场和敌后战场相互配合、共同抗日的局面。这个局面的存在，是由于中国人民抗日民族统一战线的形成而确立的。两个战场的并存，在第二次世界大战期间反法西斯战线各国中是独特的。由于中国两个战场的存在，拖住了日本陆军的主要兵力，使它既无力"北进"苏联，又无力"南进"太平洋。以 1938 年 10 月为例，日本陆军总兵力有 34 个师团，分布在中国的有 32 个，占其总兵力的 94%。再以 1941 年 12 月为例，日军陆军总兵力有 51 个师团，分驻于中国的有 35 个，占其总兵力的 69%；分布在太平洋战场的有 10 个，只占其总兵力的 19.6%。到 1945 年，日军 51% 的兵力在中国战场上，49% 的兵力在太平洋战场上。中国人民以其巨大的牺牲和百折不挠的抗战精神，支持了苏联的对德战争，使它有一个稳定的后方，可以集中精力打击德国法西斯势力；又支持了美国、英国的太平洋战场，大大减少了日军对他们的压力；还粉碎了日德法西斯打通欧亚的企图，使日德法西斯不能在更大范围内给人类带来苦难。中国抗战的胜利及其对世界和平力量所作的贡献，使它开始摆脱弱国的处境，并有资格作为一个世界大国呈现在世人的面前。这个胜利是以 3500 万人的伤亡、以数千万人的流离失所、以巨大的物质损失为代价的。可不付出这个巨大代价，不取得这个伟大胜利，中国这个国家就可能万劫不复，又怎么可能让日本殖民者退出台湾呢?

我们可以从历史中得出结论：中国抗日战争获得胜利，日本无条件投降，台湾回归祖国，彻底否定了日本对台湾的殖民统治，是近代中国历史命运转变的枢纽，是此后中国发生历史性进步的基础。在这个过程中，台湾人民付出的牺牲已经融汇到全中国人民的牺牲中，台湾人民的抗日斗争也融汇到全中国人民的抗日战争中。

1945 年 10 月台湾光复，从此台湾回到祖国的怀抱。今天台湾海峡两岸的分离，实际上是 1946 年蒋介石集团发动反人民内战的结果。蒋介石背叛了人民，人民抛弃了蒋介石。1949 年后，蒋介石虽然蜗居台湾，却也始终不放弃一个中国原则。所以，两岸的统一，不是领土主权的再造，而是国家治权的统一。1949 年 10 月，中华人民共和国在北京宣告成立，就向全世界宣布了"中华民国"法统的消亡。按照国际法的原则，这是在一个中国领土范围内中华人民共和国继承了中华民国的遗产，就像 1912 年中华民国继承了清朝的遗产一样。今天台湾的当权者，虽然打着"中华民国在台湾"或者"中华民国台湾"的旗号，但是他们没有任何法统接续的根据，也没有国际法的根据。1947 年在南京召开的国民大会，违背人民的意志，被称为伪国大，那次国大通过的宪法，也是伪宪法。就是这部伪宪法，也在 1949 年 10 月以后被废除了。他们追求的法理"台独"既违背了一个中国的历史的和现实的趋势，也违背了 14 亿中国人民的意愿，他们的不能得逞是历史注定了的。在国际上，在联合国，中国只有一个，那就是中华人民共和国。中国的治权统一，是中华民族伟大复兴事业的题中应有之义，是不需要饶舌的。赖清德等"台独"头目还在蓄意歪曲挑战联合国大会第 2758 号决议的内涵和效力，妄言决议不包括台湾，完全违背常识，公然挑战联合国权威，必将自取其辱。联大第 2758 号决议充分体现和郑重确认了一个中国原则，从事实和法理上彻底解决了包括台湾在内全中国在联合国的代表权问题。台湾是中国领土的一部分没有任何疑问，决议自然无需去触及一个不存在的问题。

本书要告诉读者的就是历史上台湾经历过的人民抗日斗争和争取回归祖国的这样一些历史事实。这些历史事实告诉世人，台湾回归祖国是历史的正道，"台湾独立"历史上不曾发生过，今后也不可能发生。

大　事　记

1871 年

10 月，琉球王国所属宫古岛太平山、八重山岛民乘船到中山府纳贡，返程时遭遇船难。其中一艘太平山船漂至福建省台湾府东南岸八瑶湾，触礁沉没。幸存者上岸后，大部分被当地牡丹社人所杀。余者被当地汉人救助后，经福州返回琉球。琉球王国自明朝初年起即是中国的藩属国。

1872 年

7 月，琉球难民在台湾被害的消息传到日本，即有人建议借机征台，得到时任日本外务卿副岛种臣的赞成。

1873 年

3 月，日本外务卿副岛种臣偕副使柳原前光、翻译官郑永宁由横滨启程来华，李仙得作为代表团顾问随行。

6 月，代表团一行以觐见同治皇帝为名，探查清政府虚实。

1874 年

1 月，日本政府任命大久保利通和大隈重信为台湾朝鲜问题调查委员。

2 月，日本内阁会议作出进攻台湾的决定。大久保利通和大隈重信两人联署提出《台湾番地处分要略》。

4 月，日本陆军中将西乡从道率日进号、孟春号等军舰由东京湾品川港出发，正式发动侵台行动。日本"有功丸"搭载首任厦门领事兼台湾"番地"参谋福岛九成以及克些尔、瓦生、纽约前锋报记者爱德华·豪士（Edward H. House，李仙得之秘书）及由 200 多名士兵组成的先头部队，携带西乡从道致闽浙总督李鹤年之《日军征台之通知书》驶往厦门。

5 月，日将谷干城、赤松则良率兵搭日进、孟春舰及运输船"三邦丸""明光丸"等组成的船队自长崎出发，前往台湾。"有功丸"进入厦门港。福岛九成向厦门同知交出西乡从道的征台通知书后，随即驶向台湾琅峤湾。清政府总理衙门照会日本国外务省，对日本出兵台湾提出抗议。闽浙总督李鹤年复照日本西乡从道，声明"台湾为中国疆土，'生番'定归中国隶属，当以中国法律管辖，不得听凭别国越俎代谋"。清廷谕令福建布政使潘霨"驰赴台湾，帮同沈葆桢将一切事宜妥为筹划，会商文煜、李鹤年及提督罗大春等，酌量情形，相机办理"。清廷改授沈葆桢为钦差办理台湾等处海防兼理各国事务大臣，所有福建镇道等官，均归节制，江苏、广东沿海各口轮船，准其调遣。

6月，日军依原计划兵分三路，对牡丹社进行总攻击，攻占牡丹社，该地少数民族已事前逃离，不见踪影，遂放火将"番社"焚毁。钦差大臣沈葆桢与福州将军文煜、闽浙总督李鹤年联衔上奏，提出全面改革台政的"防台四策"。沈葆桢一行由福州马尾出发，潘霨乘伏波轮直放大洋，抵达台南安平。福建布政使潘霨等在琅峤与日本方面西乡从道等谈判，要求日本退兵，日方提出赔偿兵费。

8月，日本天皇发布敕旨，任命大久保为全权办理大臣，派赴中国，代替柳原进行谈判。淮军记名提督唐定奎奉命率第一批援台淮军抵达凤山，台湾军心为之一振。第二批五营亦于随后抵达澎湖。

9月，日本大久保利通在北京与总理衙门大臣正式谈判。

10月，在英国驻华公使威妥玛（Sir Thomas Francis Wade）见证下，中日双方谈判代表正式签订《互换条约》。

12月，中国赔付银50万两，日军全部撤回，历时7个多月的"牡丹社事件"结束。

1894 年

7月，日军突然袭击丰岛附近的中国"高升号"运兵船，引发甲午中日战争。

8月1日，中日两国同时正式宣战，均派援军奔赴朝鲜。

9月，日军兵分四路，对平壤发动进攻，老将左宝贵力战身亡。叶志超弃城而逃，渡过鸭绿江，退入中国境内。

11月，恭亲王奕䜣在总理衙门会见英、美、德、法、俄五国公使，称中国愿以承认朝鲜独立及赔偿军费为条件，与日议和，请各国调停。负责南洋防务的两江总督兼南洋大臣张之洞未雨绸缪，致电李鸿章，询问日本索台传闻的真伪，强调绝不可割台。日本递交美国驻日公使一份备忘录，拒绝中国的和议条件。

1895 年

1月，日军在山东半岛的荣成湾登陆，大举进攻威海卫。清廷派尚书衔总理衙门大臣户部侍郎张荫桓、兵部右侍郎署湖南巡抚邵友濂赴日议和，被日本拒绝。

2月，日本外相陆奥宗光在俄国表示不反对割占台湾后，致电驻俄公使说："现今形势之下，日本国不能从要求割让金州半岛（即辽东半岛）及台湾后退一步。"这成为日本领土要求的基调。

3月，台湾巡抚唐景崧电奏："台湾逼近闽粤江浙，为南洋第一要害。然我控之为要，敌据之为害。欲固南洋，必先保台，台若不保，南洋永远不能安枕。"翰林院编修黄绍箕、丁立钧、徐世昌等8人，联署上奏，认为不可迁就日人巨额赔款的要求，尤其不可割地。丁立钧等人再度联名上书，反对割地求和。李鸿章携其子参议李经方，以及参赞罗丰禄、马建忠、伍廷芳，美国顾问科士达（John Watson Foster）等人共135人，自天津搭乘德国商轮"公义"号赴日本马关谈判议和。日本"南征军"从九州佐世保港启航，20日下午抵澎湖群岛南端的将军澳屿，日军正式发动对澎湖的攻击。李鸿章为首的中国代表在马关春帆楼与日本代表伊藤博文、陆奥宗光等人举行了7次会谈，双方签订了《中日停战协定》6款。

4月，翰林院侍读学士文廷式上奏，要求朝廷严令李鸿章争取全面停战，不可中日人攻台之计。江南道监察御史张仲炘上书，指出台湾地大物博，财富甲于天下，乃中国富强之资，且战略地位极重，一旦落入日人之手，后患无穷。唐景崧再电"赔兵费、通商则可，与土地则不可"。唐景崧奏询割台虚实时，提出与英、俄结盟，并许以赔倭之款换其保辽、台。丘逢甲领衔全台绅民电奏，表示誓与台共存亡。唐景崧特别请在台英国代领事金璋到府衙，与丘逢甲为首的当地士绅会面，台湾士绅当面请求英国保护台湾的土地和居民，提出金、煤、硫樟脑及茶制品税金由英国征收，人口、土地税、疆土及其管理权仍属中国。俄、德、法三国对日提出备忘录，要求放弃辽东地区。在北京应试的各省举人，听闻马关和议的噩耗，纷纷到都察院联名上书，呼吁拒约再战，发起著名的"公车上书"。其间，台籍官员叶题雁和举人们的上书，率先被都察院代奏，当日便被呈递慈禧，成为"公车上书"的先声。

4月17日，李鸿章与日本全权代表签订了丧权辱国的《马关条约》。

5月，光绪帝批准《马关条约》。台民组织抗日义军，推举丘逢甲为首领，准备一旦阻止割台失败，即奋起自卫。中日在烟台交换《马关条约》批准书。日本政府任命海军大将桦山资纪为第一任台湾总督，并兼任台湾军备司令官及台湾接收全权委员。日本外相通过美国驻日公使，向清政府传递了交割台湾的通告。台湾官绅发布"自主保台"的公告，援引公法"让地为绅士不允，其约遂废"之例，宣布拒绝让台，称"愿人人战死而失台，决不愿攻守而让台"。公告号召内地及海外华人到台相助，并以台湾的矿产、土地等作为条件，请求各国出面"以台湾归还中国"。台北绅民在台北筹防局集众会议，推举唐景崧为总统。23 日，台湾绅民发表文告，宣布将于 25 日建立"台湾民主国"，年号"永清"，寓永远隶属清廷之意。台湾官民宣布成立"台湾民主国"，推举巡抚唐景崧为总统、丘逢甲为义军统领、刘永福为大将军、李秉瑞为军务大臣。"民主国"建年号"永清"，制定蓝地黄虎的国旗，并发表宣言，向各国通告建国宗旨。新任台湾总督兼台湾军备司令官桦山资纪，统领日本陆、海军攻台。

6 月，台湾北部北埔姜绍祖组织"敢字营"义勇军抗日，壮烈成仁。其自挽诗曰："遑成孤军自一支，九回肠断事可知，男儿应为国家计，岂可偷生降夷敌？"此为日本殖民台湾后"第一次北埔事件"。在基隆口外的三貂角海湾，李经方与桦山资纪在日本兵船上会合。双方代表经过会谈后，深夜在其所乘轮船上，签署《台湾受渡公文》，完成了台湾割让的最后手续。

桦山资纪率混合支队从基隆登陆，在基隆海关楼上，开设"台湾总督府"。当日，在台北县设立基隆支厅，建立陆海军根据地。日军进入台北城，10 日占领沪尾要塞。台湾民众公推义民统领吴汤兴为首领，祭旗誓师，准备北上收复台北。台南各界数千人在台南关帝庙集会，商讨抗日大计，共推刘永福继任"台湾民主国"大总统。刘永福拒绝了"总统"的名号，但表示愿意率领台民抗战到底。

7 月，台湾总督府公布《施行台湾人民军事犯处分令》，罗列 10 款"军事犯"行为，除反抗、破坏、间谍、扰乱等外，还包括对日本军人军属交付鸦片、烟具及提供馆舍等，一律定为"死刑"犯罪，由军事法庭或总督府民政局执行。日军山根幸成少将亲率支队主力进犯龙潭坡，用炮火摧毁了义军的阵地，义军首领胡嘉猷战死。日军大举进攻大料崁，江国辉、吕建邦、简玉和等台湾义军首领率军回师应战。

8 月，日本发布《台湾总督府条例》，此为日本在台湾继续实施"军政"统治的标志。台湾义军和黑旗军守台中彰化，与南下日军相抗衡，在彰化八卦山激战，终于不敌日军，彰化被日军占领。10 月，台湾总督府颁布《官有林野取缔规则》，规定自行开辟的林地如"缺乏所有权确证"，将收归"国有"。总督府发布第 9 号训令《警察临时规程》，以管理新招募的警察，对民政支部、分所设置、警署及警察分署设置的手续、警察事务指挥监督的办法、警察人事相关事项及巡察代理的赏罚等，作出了具体规定。刘永福所部和义军在嘉义抵抗日军。日军海军陆战队在台湾南部四鲲鯓庄登陆，占领安平，南进军司令官南岛占领台南。桦山资纪宣布"台湾全岛已全部平定"。历时近5个月的台湾军民武装抗日运动被镇压。

11月，日本公布《台湾住民刑罚令》，作为台湾刑法的实体法。除了继承以往10款军事犯罪行为及其残暴酷刑处分外，又增加了20款犯罪行为及其严苛的处分措施。桦山资纪向日本东京大本营报告"全岛悉予平定"，随即在台湾展开统治。桦山资纪发布训示，18日向大本营报告台湾全岛"平定"；决定经过一定时间的准备工作，台湾在1896年3月之前撤除"军政"，自4月1日起恢复"民政"。

12月，台湾北部各地义军纷纷阻击占领军，日军行动常遇到数百义军阻击。五六百人的义勇军携大炮攻打瑞芳守备队。简大狮率600多人袭击关渡，切断电话线，进军淡水街。磺溪头的许绍文等率500多义勇军袭击金包里屯所，杀死山下胜卫等7名宪兵。许绍文等飞檄天下，招募义勇抗日。林大北、林李成等率众在宜兰袭击大里筒日军分遣队，附近的坪林尾、三叉坑等地，都有人响应。

1896年

1月，北部民众烧毁了坪林尾的巡察派出所。义勇军300余人迂回赤羽支队左翼，冲向淡水街字新厝、新店三层厝，与日军展开肉搏战。义勇军林大北等先有300多人、后有1700人攻打宜兰东、西、北门。抗日武装义勇军在胡嘉犹、陈秋菊等带领下攻进台北，与敌激烈巷战。台北至淡水一线被义军收复，切断了南北交通电讯。日军对北部地区进行报复性"大扫荡"。台湾南部"十二虎"在温水溪庄再次结盟，共有232人到会。大槺榔堡蒜头庄的黄猫骞、蔡进、蔡来成等12人，田尾庄陈猪屎等4人加入。随后，黄国镇等率众攻打后大埔街。黄国镇等举行第三次结盟会，内埔郭金水、李欺头等40多人加入。十八重溪横山庄的阮振也加入。

3月，简大狮率上百人攻打金包里宪兵屯所，激战6日后退到山区。詹振等率200余人，攻打台北锡口宪兵屯所，在土地庙前展开激战。

3月30日，日本颁布了"法律第63号"《关于在台湾应施行的法令》，史称"六三法"，授予台湾总督可以独立颁布适用于台湾的律令，标志着台湾结束8个多月的"军政"统治时期，进入了"民政"统治时期。

4月，总督府颁布《直辖诸学校官制》，正式设立"国语"学校及"国语"传习所，实施伊泽的教育计划。

义勇军千余人在莺歌石集合，准备攻打桃仔园与淡水。桃仔园宪兵队、守备队前去偷袭，义勇军牺牲80人。

5月，台湾总督府以第18号训令发布了《警察规程》，对警察的行政职能加以强化。

10月14日，第二师团团长乃木希典将军被任命为台湾第三任总督。

台中义勇简义、柯铁等率700多人包围南投街。台中街也被义勇军攻击。恒春支厅长率日军侵入卑南，刘德杓率200多义勇军在新开园应战。

6月，詹振等联名发布控诉日寇的檄文，并率上百人攻打台北松山的宪兵巡察。大坪顶义勇军在云林取得巨大胜利，震动了台中。柯铁等率600多义勇军下山袭击斗六街。简义、柯铁等千余人到大坪顶集会，树立"奉清征倭"旗帜，改大坪顶为铁国山。柯铁、简义等飞檄台北、台南，号召共同抗日。他们计划先攻取斗六，接着席卷彰化、台中。此时，简义所部有枪1300支。简义、柯铁率众从林圯埔发动反击，攻打斗六街数小时。义勇军攻占林圯埔，日军逃向斗六、埔里社。击毙4名日兵，打伤7名日兵。陈发（法）等率五六百民众，突袭集集街妈祖庙里的日本宪兵屯所，激战数小时。义勇军50余人攻打嘉义城北门，击毙1名巡察。在枋寮，郑吉生、林少猫率80多人攻打水底寮庄的电信队及工兵宿舍。

7月，陈钗、陈越兄弟率义勇军再次攻打南投街、北斗，击毙守备队长宫永等3人。守备队逃到彰化。刘狮、杨胜率600余义勇军分3路进攻鹿港。500余人冲向北斗街道，60多人攻打鹿港溪右岸西势庄，600多人先后攻入鹿港市区。义勇军攻克莿桐巷、大莆林等地。日军讨伐队从彰化到北斗时，在员林街遭到800多义勇军阻击。黄国镇、阮振率800余人围攻嘉义城，逼近西门、南门。

第二任总督桂太郎公布紧急律令第二号《台湾总督府临时法院条例》，企图以"法治"掩盖日军的杀戮罪行。

8月，周贺、阮振率200多义勇军在南部东西烟庄、东势庄、朴仔庄、大石公山，与日军激战一天。郑吉生等以水底寮为中心，活跃在云水溪一带，张贴抗日檄文，号召民众起来抗日。郑吉生率300多人击毙日兵1人、打伤3人，后退向枋寮一带。

9月，在东港附近的南望安，郑吉生等率150多人与枋寮1个小队和14名宪兵激战，击毙1名宪兵、击伤3名日兵。水底寮的郑猫生率20多人袭击陆军用品店。郑吉生、林少猫率300多人于9月21日攻打阿猴宪兵屯所，激战20多小时，打伤日兵5人。

10月，义勇军上百人与噍吧哖守备兵、宪兵激战，牺牲12人，打伤1名日兵。

11月，在北部狮仔头寮，义勇军抗击日军1小时，打伤少尉1名、士兵4名，退向高山族居住区。

12月，在台北，上百人与木栅宪兵激战。民众与景尾派出所巡察战斗。在海山堡打铁坑白石按山，义勇军与三角涌守备兵、宪兵激战1小时。在顶浦庄附近，40余人又与宪兵10人激战。在大料崁狮仔头寮，义勇军300余人顽强抵抗日军守备队3个中队、炮兵、骑兵、宪兵包围，牺牲9人，退向山区。在北斗社头街附近，萧石生部义勇军阻击偷袭的北斗、彰化巡察、宪兵，击毙一名巡察。在嘉义东堡竹头崎庄、尖山廓庄，黄国镇、王乌猫部下150多人阻击宪兵16人和巡察队，牺牲2人。

1897 年

1月，宜兰宪兵偷袭义勇军林火旺所部，义勇军奋起抵抗，牺牲7人，伤30人。日军烧毁根据地7栋房屋物资，收缴枪13支、子弹500发。义勇军百余人在三角涌附近土城，阻击台北宪兵第2分队。廖阿烧、陈天德等在南投大南庄狙击12名巡察。数十义勇军袭击二林街宪兵屯所，又袭击番挖派出所，林暗弄带领几十人袭击北斗街。黄国镇、王乌猫等400余人，组织嘉义东堡49个村庄自卫，征粮抽税。在曾文溪上游苦苓脚，蔡爱率百人阻击噍吧哖日军42人、宪兵12人，击毙12名日兵。在冻仔脚山，铁国山百余义勇军击毙嘉义守备队4名日兵、1名巡察，击伤6名士兵。在凤山东门外溪畔，郑吉生、林少猫率600多人与日军、巡察激战。

3月，在台北番仔坑东高地，陈秋菊、詹振指挥约500人抢占高地，竖起黄旗、红旗、蓝旗等，与日军守备队激战2小时。

4月，400多义勇军袭击东港守备队，击伤日兵1名。300余人攻打潮州庄，击毙宪兵2人、击伤1人。

5月，高毛、蔡爱率150余人在善化里西堡渡仔头庄与宪兵、巡察激战。义勇军在州仔庄击毙凤山交通宪兵1人。四五十人在阿猴街附近击毙宪兵。林少猫等 50 余人击毙从阿緱到凤山的 2 名宪兵。在加柄崎庄、中坑庄，陈鱼等 300 余人袭击楠仔坑守备队，击毙日兵 1 人、打伤 4 人。在援巢中庄（今高雄市燕巢区），200 余人袭击阿公店守备队，打死日兵 1 人、打伤 6 人。

总督府发布了《地方官官制》，将原有的三县一厅改为六县三厅，并且在各县设置办务署，作为最下级的行政单位，由总督直接指挥各县厅及办务署。

5 月 8 日，为《马关条约》规定台湾同胞选定中国国籍的最后期限。当日，台湾同胞渡海回祖国大陆的有 7000 多人。詹振、陈秋菊等率领抗日武装义军 6000 余人袭击台北，冲进市区，一度占领奎府街、大龙峒等。

6 月，陈母知、陈训等义勇军 24 人击毙林圯埔宪兵驻屯所长田麟三郎。铁国山战士袭击六甲办务署。120 多名义勇军在凤山南仔坑街袭击日本 21 名巡察，1 死 1 伤。

7 月，桃仔园南崁地区、大坵园（大园庄）、南港四堵的民众屡起抗日。云林宪兵吉田源作等 4 人前去沙里庄抓捕高有福，吉田被高有福当场击毙。黄国镇派人到嘉义城张贴文告："日本逞豪强，台湾乱一场，我等经百战，攻城姓氏扬"。在淡水溪上，40 多名义勇军袭击东港宪兵和邮局职员。吴万兴、廖全所部在凤山西门外击毙 3 名日本人。

8 月，义勇军击毙基隆公署署员张良金。义勇军 600 余人与竹内大尉带领的水返脚守备兵和宪兵 57 人，在五指山激战 6 个多小时，牺牲 30 多人。林九等率部歼灭海山宪兵屯所的宪兵。

9 月，卢锦春部在台北八芝兰的石阁、崁仔脚与日军警作战。徐禄、郑文流等率 300 多人，在二八庄与安坑守备队 40 人激战。

在大葫底，义勇军 40 余人与葫芦墩的 13 名宪兵激战。简水旺等 10 余人袭击北冈率领的云林守备兵。义勇军 200 余人袭击阿緱宪兵分驻所，击伤 5 名宪兵。在内埔庄（今高雄六堆），义勇军击毙前来侦察的 3 名宪兵。

鉴于台湾各地之形势已经大致平定，日本以"敕令第 332 号"改正《台湾宪兵队条例》，改为直接援用日本内地之宪兵条例，台湾之宪兵条例与日本内地不再相区别。

10 月，义勇军在金面山、瑞芳的狮仔头山击毙宪兵野口金造。张水旺等率 50 多名义勇军袭击员林公署。

总督府决定实行在台"三段警备制"，以明确划分各系统分管辖区的方式，来减少各系统之间的不协调，而军队、宪兵、警察，则分别应对相应的地区。

11月，陈秋菊、简大狮等率300多人，在后山坡、九尾与日军交战约2小时。简大狮、卢锦春率200多人袭击九芎林庄、尖山湖。义勇军袭击横山庄宪兵屯所。在二坪顶西南，约200人阻击日军。唐潘率300多义勇军在狮子山抵抗台北守备兵500余名、宪兵30名、巡察30名3小时。柯铁、陈水仙等600余人到触口山，修筑堡垒，袭击大坪顶及崁头厝。在大目降菜寮，洪天赐等14人击毙1名宪兵，打伤2名。又袭击内埔专员公署，击伤巡察1人。在噍吧哖崁岭，张添寿等30多人击毙番薯寮警察署长和1名巡察。王禄、郭加令率众袭击大林埔巡察派出所，击毙3名巡察。七八十人袭击凤山县内埔专员公署和警察署，击毙2名宪兵巡察，捣毁公署。张天寿等28人在崁头山击毙番薯寮警察署长和1名巡察。

12月，在坪顶庄，简大狮、詹和尚率80多人阻击"扫荡"的大岛中队和草山宪兵。柯铁等率义勇军抵抗云林的饭田大尉率1个小队，与林圯埔1个中队和1个小队对触口山的进攻一天。在台南王爷宫庙，300余名义勇军阻击日军。

1898 年

1月4日晨，伍长竹田率15人出发，与鹿窟监视队田中中尉所率22名日军会合，兵分四路偷袭义勇军。在大坑庄内，义勇军几十人抵抗一阵，撤向枫仔林。在十三份庄后山，几十人袭击日军，激战1小时。柯铁与陈水仙、刘德杓等会合，在山中大鞍庄安设两三门旧式大炮，有枪600支。在凤山乌松脚，60多义勇军袭击凤山县赤崁派出所，击伤巡察1名。萧明率十几人击毙阿里港宪兵1人。在屏东附近，义勇军击毙砖仔瑶宪兵屯所1名巡逻宪兵。

2月，简大狮、罗锦春领导的抗日武装，在竹子山倒照湖一带，与日军激战6天，罗锦春牺牲，简大狮率部退进深山。在距离草山2里的山谷，义勇军80多人狙击偷袭的宪兵，打伤2名。义军60多人在宜兰礁溪西北山中袭击宜兰饭田中尉等6名宪兵。

3月，简大狮、卢锦春等部700多人，攻打金包里磺溪头宪兵屯所。卢锦春率部从南面进攻，简大狮率部从西北方向进攻。简大狮部10名敢死队员冲入宪兵宿舍。桥本所长率宪兵负隅顽抗。徐禄、陈煌率220人又从背后竹仔山出击，击退来援的金包里宪兵。义军林文秀率60多人阻击宜兰头围堡日兵、巡察，壮烈牺牲。3月，日军三面围攻大鞍庄。林德杓、林发在前线指挥，击毙日军8人击伤16人。日军先炮击大鞍庄，随后攻占。义勇军向南进入大山。张添寿等 300 人活跃在番仔山、九重桥一带，与三层崎（今嘉义中埔乡）、冻仔脚庄、内埔、羌仔寮等地义勇，互通声气，随时打击日军。郑猫生率 700 多义勇与万丹庄田历守备队、宪兵激战 3 天。卢石头、魏少开部下十几人袭击阿公店专员公署。

曾任陆军大臣、发誓要"治理"好台湾的儿玉源太郎出任第四任台湾总督，以殖民地经营"辣腕"而出名的后藤新平出任民政长官。

4 月，在台南后寮壁，高乞等 30 多人抢走 4 辆载有邮件的轻轨台车。义勇军数十人在水流东庄北击毙 10 名骑兵。在嘉义东堡阿财厝庄，30 多人阻击嘉义守备队。洪国泰、黄记等 120 多人分成四队，分别袭击东港专员公署、警察署、守备队、宪兵队，击伤巡察 1 名。郑宋率数十人占据凤山大草厝凤鼻头的岩洞，四处游击。在三块厝，陈鱼率 70 多人击毙阿里港宪兵邮政兵各 1 人、日本人 2 名。

5 月，简大狮、李豹成等 200 余人在金包里竹仔山开会，准备在 5 月 8 日之前攻打沪尾、士林街。徐禄等在石碇堡石灼庄开会，呼应简大狮等部，率两千人攻打基隆。简大狮部上百人在竹仔山与前来搜查的宪兵交战。在鹿角坑，义勇军袭击前来搜查的矿溪头桥本等 25 名宪兵。简大狮、刘本率上百人与安原小队交战 3 小时。陈开带 60 多人以楠仔坑南部山猪窟为基地，陈鱼率 120 多人活跃于淡水溪沿岸。140 多义勇军在旗山袭击大树脚庄 6 名巡逻宪兵，击毙 4 名。200 多人袭击从东港去潮州的 15 名宪兵，击毙 13 人。陈鱼、魏开等二三百人在水哮庄会合，准备攻打阿公店专员公署。

6 月，陈启明率 80 余人袭击北港埔姜仑派出所，击毙所长和 1 名巡察。

7 月，林头、林斤昌率义勇军二百余人阻击台中分队的宪兵，打死 1 名上等兵，并将日军围困在帽仔盾山上。廖阿烧、林泉所部 50 多人袭击南投街。在三界埔（今嘉义水上乡）附近，郭金水、李欺头率众击毙竹仔门宪兵 2 名。上百义勇军袭击去大树脚宪兵屯所的援巢中庄宪兵 6 人，击毙 1 人。

8 月，刘海等率百余人义勇军攻打苗栗街，与苗栗宪兵、骑兵、步兵交战 2 小时。义勇数十人在集集堡柴桥头庄击毙南投官吏。在沙连堡二城庄，抗日民众将羌仔寮屯所门两名宪兵击毙。在九苫林庄，50 人袭击斗六驻屯所护送邮件去林圯埔的 5 名宪兵，击毙 2 人。在浮圳庄，黄嗅、陈鱼等 50 余人袭击阿猴街内埔宪兵屯所，击毙 3 名宪兵。在距内埔三千米处，两名宪兵被击毙。在淡水溪，40 多人击毙阿猴田厝庄宪兵 1 人。150 多名义勇军袭击内埔宪兵。20 余名义勇军袭击巡逻的砖仔瑶庄宪兵，击毙1人。在林子内庄，上百人击毙阿猴宪兵1人。林少猫率200多人袭击阿猴街和砖仔瑶屯所，击毙1名宪兵。

总督府又公布了《保甲条例施行规则》，用以指导保甲制度的具体实行，明确规定了警察和保甲组织的关系，即保甲、壮丁团的编制、保甲职员等的选举、经费收支预决算等，必须得到郡守、支厅长、警察署长或分署长的许可，并接受其指挥监督。据此规定，保甲组织的一切活动都必须在警察官的直接指挥监督之下进行。

9月，台湾总督府开始了为期6年的土地调查，以此名义对台湾人民的土地进行直接掠夺，并提高日本资本对台湾土地投资的兴趣及方便。通过调查，他们把"发现"的大量台湾人世代开垦却没有产权证明的"无主地"收为"官有"，出让给本国资本家。

秦鲈鱼部义勇军300余人攻打三角涌街，击毙日吏一名，分别撤向中埔庄、打铁坑一带山区和福德坑。80余人袭击大甲专员公署，打伤第二课长槁谷鹤藏和1名巡察，抢走公署的现金12704圆，烧毁官衙。黄国镇、林添丁各率100人，进攻三层崎，击毙千叶少尉以下16人。20余人在碑寮庄附近毙伤竹头崎屯所宪兵各2名。十几人击毙六甲的宪兵2名。在观音上里甲滚水庄（今高雄燕巢区），陈开、张古宝率众袭击第3分队巡逻的宪兵，击毙2人。在五甲尾庄，魏少开、陈旺、陈鱼等200多人袭击阿公店宪兵、巡察，击毙1人，接着去攻打阿公店。

10月，义勇军50多人乘夜攻打苗栗街。陈万发率400多义勇军袭击北斗路口厝派出所，击毙巡察部长小坂夫妻和7名巡察。数百人袭击北斗二林派出所，击伤巡察2人。黄茂松率40多人袭击从新营去嘉义的日军运输队，击伤日兵1名。在三层崎深坑仔庄，黄国镇、林添丁率200余人袭击竹仔门宪兵屯所的14名宪兵。魏开等率300多人集中在阿公店附近的五甲尾庄，与日军、宪兵、巡察激战。50多人在冷水坑溪袭击阿里港巡逻宪兵，击毙3名。

11月，在大肚山顶，数十名义勇军袭击护送弹药的俱雅派出所2名巡察，击毙1名。在苗栗三叉河，抗日民众击毙护送邮件的日兵4名。数百人包围番挖派出所，高举写着"云龙山陈""云龙山李"的两面大旗，毙伤巡察3名。义勇军斩杀湾里专员分署1名巡察。义勇军袭杀盐水港公署1名巡察。黄国镇率部在后大埔阻击日军。在崇德西里湾崎庄，400余人袭击台南关帝庙屯所宪兵，击毙1名，抢走武器和邮件11个。20余人攻打盐水港专员公署，击毙署长石原、署员伊藤熊之助。义勇军五六十人袭击阿公店弥陀港派出所 4 名巡察。翁大臭率数百人在关庙庄北边遭遇番薯寮日军，击毙 6 名日兵，击伤 2 名宪兵。40 多人在下林仔边庄袭击凤山宪兵，击毙 1 人。在高树庄，林少猫、潘文建等 300 多人阻击前来侦察的阿里港宪兵，击毙 3 人。

总督府依据"第 337 号敕令"，再次更改《宪兵队条例》，在番号上，随着日本内地师团及宪兵队的增加，台湾的宪兵队管区番号作了调整：第一旅团守备管区原置第八宪兵管区，改为第十三宪兵队管区；第二旅团守备管区原置第九宪兵队管区，改为第十四宪兵队管区；第三旅团守备管区原置第十宪兵队管区，改为第十五宪兵队管区。宪兵队仍然主要以军事警察为主，兼任行政、司法警察角色，但宪兵队的组织和编制有较大的变化。

12 月，简大狮在北部烧煤寮计划再起抗日，发布檄文，秘密获取资金。总督府调集步兵第 1 大队、第 8 大队、各地守备队、宪兵、巡察组建北山讨伐队，包围简大狮等七八百人在北山的活动区域。简大狮部奋勇抵抗，激战 1 小时。简大狮只身逃出包围圈，逃亡厦门。

林少猫率领抗日武装 3000 余人在南部袭击潮州、恒春。柯铁等抗日武装占据大坪顶。林添丁率 150 多人在大溪坑袭击 8 名日兵，击毙 3 名。在冻仔脚和竹头崎之间，50 多人袭击嘉义第 5 大队，击毙 3 人，击伤 2 人。魏少开率 300 余人攻打弥陀港派出所，击毙 1 名巡察。在湖仔内庄，陈喜率 60 多人击毙楠仔坑屯所宪兵 2 人。魏少开率 600 余人击毙阿嗹庄派出所 7 名巡察。魏少开、卢石头率 200 多人激战楠仔坑宪兵巡察。3000 多名义勇军包围潮州庄。林少猫部数百人攻打北门，林天福部攻打东门，刘安记部攻打西门，吴老漏部攻南门。

1899 年

2 月，在员林大虎山脚下，义勇军袭击联合搜索队的羽山警部所部，毙伤巡察各 2 人。

4 月，柯铁部下陈六率 40 余名义勇军袭击芦竹塘派出所，激战 40 多分钟。

7 月，宜兰百名守备兵、15 名宪兵、80 名巡察组成讨伐队，搜捕林火旺。林火旺等人在草浦山袭击日军讨伐队。数十人袭击鹿港公署第二课。

总督府又发布训令第 104 号，"为辅助台湾总督巡察之职务，得于警察费预算范围内，雇佣本岛人为佣员，以巡察补称之"。

8 月，在三貂岭，义勇军十余人击毙护送邮件的瑞芳支署巡察原田幸吉，抢走邮件。80 多人袭击鹿港海关事务所。

9月，80余人袭击南投公署，毙伤3人，抢走现金6000圆。

日本开设"台湾银行"，作为台湾货币和金融体制的中心。

10月，数十名义勇军袭击苗栗邮电局，烧毁邮局和200个邮件。

11月，张程材等义勇军40人袭击苗栗后里派出所，击伤2名巡察。在樟普寮庄和林仔庄之间的山腰，50多名义勇军击毙2名南投宪兵。

12月，徐阿文等30多名义勇军，攻占苗栗邮局，打伤巡察宪兵各1人。

1900年

1月，约60名义勇军袭击苗栗后垅邮局，抢走步枪3支等。黄茂松、胡细汉率部攻打麻豆专员公署。番仔山义勇军450多人袭击麻豆境内的铁路线。胡细汉、田廷率部在光山与果毅后专员公署巡察激战。番仔山义勇军连续出击，打击附近的日军、巡察。柯万力所部60多人袭击新港派出所及下湖口税务分所，与来援的宪兵激战1小时。

3月，简大狮在福建漳州被台湾总督府抓捕，被台北监狱判处死刑。

4月，义勇军袭击大肚下堡湖口轻便停车场，击毙副场长冈村等。

7月，叶加岭所部义勇军活跃在文山堡一带，对日斗争极其顽强。十几人袭击大溪寮派出所，击毙巡察2名。义勇军在大茗庄击毙埔姜仑派出所长和1名巡察。

8月，受到祖国大陆义和团反帝斗争的鼓舞，葫芦墩巡察补魏春木、陈兴、李阿文、林仔呆、张仔喜、林红毛、林阿凤密谋发展抗日组织，准备发动抗日起义。

9月，大墩（台中）近郊头汴坑的詹阿瑞等70余名义勇军，袭击苗栗苑里派出所，击伤巡察渡边惟善。赖阿来带领200多人出没于头汴奥横坑庄一带，准备袭击大墩市区。百余人袭击东螺东堡（今二林乡等）砂仔仑街派出所，打死1名巡察。在朴子脚庄，吴万兴、郑加爵、黄透等率五六十人袭击大树脚派出所，击毙巡察1人。10月，义军百余人在中寮与番薯寮守备队激战，击毙军曹1人击伤日兵5名。郑忠清、吴万兴率200余人攻打赤坎派出所，义勇军聚集到1500人。郑忠清、吴万兴、郑加爵、黄透、詹池等率数百人在右冲庄、左营庄架起大炮。

1901年

1月，刘荣、简水寿等七八十人袭击竹头崎专员分署，击毙巡察部长吉利。

2月，台中义勇军詹阿瑞所部与赖阿来部300余人，在竹仔坑里的猴洞坑集合，准备攻打大墩街。他们散发传单《革命歌》。刘荣、赖福来、陈堤所部200多人，联合东大垄山中的张昌赤部100多人，准备突袭斗六。

总督府下发了民政长官通达，"确定经警察的配置由集中制转向散在制，又采用巡察补，以增加警察的耳目"，在岛内基本形成了周密的警察网。

3月，百余人袭击山杉林派出所。

4月，七八十人袭击盐水港大埔派出所，毙伤2名巡察，抢走9支枪500发子弹。

总督府又废止巡察部长，以新委任职之警部补（即警员）代其职务，专任监督统御部属。

5月，20余人袭击凤山大树脚派出所。吴万兴部下谢南等人，在竹崎山阻击凤山公署的搜查队，击毙巡察壮丁各1名。在阿公店桥仔头，四五十人分两路袭击强占土地的台湾制糖会社，击毙押解巡察，解救抗日首领吴鸿，与会社30名武装职工激战15分钟后撤离。

6月，廖远率数十人袭击仑背支署，钟佑率四五十人袭击油车店庄派出所，击毙日吏巡察9人。

8月，张昌刺、张昌赤、张昌良率百余人袭击沙仔仑派出所，击毙巡察1名。

10月，上百名义勇军在罗汉门外岭口与凤山、番薯寮的巡察激战2小时。

11月，30余人袭击盐水港安溪派出所，击毙巡察1名。吴新领、吴赈脚率300余人在大丘田西堡与朴仔脚分署巡察、壮丁以及鸭母寮派出所巡察激战。郑德等60多人袭击番仔山裤腿尾派出所，击毙2名巡察。后大埔的赖福来所部，十八重溪的黄茂松所部，北港的吴长脚所部，以及黄国镇等人的旧部，合计500余人，分4路攻打朴仔脚支厅，击毙支厅长庄崎等11人。

总督府以敕令第202号对《台湾总督府地方官官制》作了新的修正，将总督府——县、厅——办务署三级制废除，改为二级制，由总督府直辖20厅，即新划分的台北厅、基隆厅、宜兰厅等20个厅，总督府设警视总长一人，警视三人，"以指挥监视全台警察机关，收统一指挥之效"。

11月，总督府以训令第354号发布了《台湾总督府官房并民政部警察本署及各局分课规程》，规定警察本署设置警务课、保安课、卫生课，高等警察事务由警察本署长专管，形成了总督府——民政部——警察本署的三级制。

12月，庄义兄弟4人及部下50人在番坪坑袭击搜索的巡察，击毙佐佐木警部补，击伤 10 名巡察。

1902 年

2月，阮振率 50 人在石壁击毙后大埔支厅长田中政太郎。在田寮山，简施王率众与打猫支厅日军激战 6 小时。

3月，总督府制定了《警察本署处务规程》，对警察本署职务的分掌和委任作了详细的规定。

5月，抗日武装领袖阮振、林少猫等被日寇诱捕杀害。

7月6日，日阿拐率领高山族突然攻打南庄支厅。潜藏在马那邦社的詹阿瑞、詹恶人、江火炉等参加了这场战斗。简水寿所部义勇军 60 多人，在拉废坑口（斗六新庄仔）击毙云林特务足立龟次郎和宫田，又袭击樟坑章守备队，击毙两三名日军。

11月，在台中白布帆山，义勇军击毙一名日兵。在大缺山，高山族战士毙伤 6 名日本官兵。

1903 年

5月，台湾总督府训令公布《保甲条例施行细则》，对保甲制度作了进一步的细化规定，促使保甲组织成为警察的补助机关。

1904 年

3月，台湾再次大规模裁减宪兵队员，全岛只剩下第十三宪兵队。其队本部设于台北，在台北、台中、台南及澎湖设 4 个分队，分队下分设数个分遣所。

4月，总督府发布通知，除街庄事务中现金收授以外，保正甲长得支持纳税管理事宜。

5月，发布《关于大租权整理档》，以低廉的补偿金对大租权进行取消和赎买，确立小租户为土地的单一所有者，并明确其纳税义务，以增加财政收入。

7月，日本在台湾实行金本位货币制。

8月，总督府又发布训令认可保甲对街庄公所的行政援助事宜，厅长可令保甲职员补助街庄役长事务，但其种类要由台湾总督规定和认可。

11月，台湾总督府在《台湾地租规则》中大幅提高田赋，使得田赋收入在 1905 年激增至 2975736 日元，超出改制前的 3 倍以上。

1906 年

12月31日，日本以"法律第 31 号"颁布《关于施行于台湾治法令》，对

"六三法"进行了一些修改，该法案史称"三一法"。"三一法"规定自 1906
年 1 月 1 日起施行，有效期限为 5 年。但它被日本殖民统治者一再延长，直到
1921 年 12 月 30 日为止。

1907 年

11 月，蔡清琳在新竹家中对何麦荣、何麦贤说："祖国军队今夜来攻新竹，
我等须同时举事。"何麦贤等率领内大坪隘勇 48 人，攻打鹅公髻分遣所，击毙
巡察田代仓吉，士气大振。又乘势攻打多处派出所和分遣所。第二次北埔事件
发生。

1911 年

3 月，又依《台湾施行货币法件》，将日本货币延长至台湾，日台币制完
全统一。币制改革使台湾与日本的经济关联密切起来，成为了日本资本主义的
一部分。

1912 年

2 月公布的《府令第 16 号》中规定，没有日本资本的加入，台湾人或大陆
人不得单独或合资组成公司。

3 月 22 日，刘干率领约 12 名竹林庄庄民，于攻击位在林杞埔地区顶林驻
在所（今竹山镇顶林里），杀害日本巡察 2 名及台湾巡察补 1 名。此为林杞埔
事件，又称"竹林事件"。

5 月至 6 月之间，台湾嘉义厅大埤头庄土库仔（今云林县大埤乡）发生土
库事件。当地人笃信一个已故乩童柯象的肉身佛像，乩童黄朝即假托柯象降乩
指示，将由自己担任"台湾国王"，号召民众一同驱逐日本统治者。

9 月 3 日，法庭依据《"匪徒"刑罚令》，判处黄朝死刑，另判处 2 人无期
徒刑、12 人有期徒刑、1 人行政处分、8 人不起诉。黄朝因为脑震荡在审判之
前就已经去世。日本人称这次事件为"土库事件"。

9 月，南投厅东势角支厅上拣东上堡水底寮庄人陈阿荣开始组建革命党。
他准备进攻南投，策应南北，解放台湾，而事泄后被巡察逮捕。

12 月，孙中山派中国同盟会会员罗福星等秘密到台湾，宣传抗日复台，回
归祖国。罗福星在台北、苗栗等地秘密发动群众，以"驱除日人""光复台湾"
为号召，参加者达 1500 多人，准备起义，后被日警发现，许多人被捕。

1913 年

4 月，在辛亥革命和罗福星影响下，张火炉、黄炳贵、纪碣等人，以台中厅

大甲支厅的铁砧山和新竹厅大湖支厅的罩兰为根据地，秘密组织武装起义，不幸事败，张火炉等50余人牺牲。此事被称为"新竹事件"或"大甲·大湖事件"。

7月，在罗福星策动下，李阿齐到大目降高山族地区宣传抗日，动员民众，准备起义，因泄密而失败。这被日本殖民者称为"关帝庙事件"。

11月，总督府殖产局强制低价收购台中厅东势角支厅马力埔庄（今台中县新社乡）一带的土地，激起了当地农民暴动。是为马力埔事件。

12月，赖来招集谢石金、詹墩、詹勤等人到自己家中，设立祭坛，中间树立中华民国五色革命旗帜、有两旒的龙旗，两旁陈列着武器。各同志祭旗后，歃血为盟，决定按照原计划行动。赖来等人抵达东势角支厅，向支厅长及巡察宿舍开枪射击。这是"东势角事件"。

在罗福星和十二志士的努力下，华民联络会馆已经发展会员95631人。主盟人刘士明也说，"本社开办以来，已入会者，65266名。此外，林季商所组织之敢死队员二万余人，已与我社联合"。日警在全台大搜捕，罗福星等921名革命志士被捕。

1914 年

3月，罗福星英勇就义。

3月，苗栗临时法庭判决陈阿荣死刑。其他28人分别被判处5年到15年徒刑。陈阿荣领导的抗日事件为"南投事件"。

5月7日，罗阿头夜里召集同志十余人，提早袭击大坵园王爷宫（六甲乡王爷村）的警察派出所。沿途七、八十位居民亦随之起义，大队人马向六甲支厅前进。警察队于8日紧急出动，于王爷宫的造林地遭遇抗日队伍，双方激烈交战。是为"六甲事件"。

6月，日总督佐久间亲自指挥万余军警进攻太鲁阁，台湾少数民族同胞奋勇迎敌，苦战90天，毙伤日军300余人，佐久间坠崖身亡。

12月，同化会在台北铁路饭店召开成立大会，会员3178人，其中日本人仅44人，其他均为台湾人，且基本上都为区长、参事、保正或其他有影响力的人物。

1915 年

1月，台湾总督府以"妨害公安"为由，命令板垣解散同化会。

2—3月，杨临招集小商人、工匠、苦力、壮丁等各行各业的人，控诉日本殖民者的罪行，组织抗日革命党。

4月，革命党在新庄街妈祖宫内殿聚会，杨临任命了10名首领。此时，南部发生六甲等抗日事件，杨临等认为起来抗日的时机已经成熟。

4月，余清芳、江定在南庄兴化寮林吉家会面，倾诉总督府统治的罪行。两人在神明前置酒，歃血为盟，约定余清芳为主将，在平地起义，江定为副，自山中赴平地会合，共举大事。

5月，余清芳、罗俊、江定等以台南西来庵为据点，发布谕告，举旗抗日。7、8月间率部围攻噍吧哖市街，遭到日本殖民者镇压，牺牲惨重，是为噍吧哖起义，又称"西来庵事件"。

8月，革命党在新庄街关帝庙前的河边集合，商定在8月25日（农历七月十五日）夜，乘月明袭击新庄支厅。

9月上旬，巡察根据密报，逮捕了杨临、廖妈胜等94人。其中70人被送到台南临时法院，与西来庵事件中的抗日战士一起受审。是为"新庄抗日事件"。

1918 年

8月，日本在台湾成立了"台湾军司令部"，将驻台日军的统帅权交回天皇，由天皇直接任命台湾军司令官，并授予其指挥权。台湾总督也就不再兼管军事事务。同时还废除了原先限定台湾总督需由陆海军中将或大将出任的规定，改由文官担任总督。

1919 年

1月4日，总督府公布《台湾教育令》，规定台湾的教育"应以基诸有关教育敕语之旨趣、育成忠良臣民为本义"，并明确将台湾的教育分为"教授普通之知识技能，涵养国民之性格，普及'国语'为目的"的普通教育，"教授农业、工业、商业及其他实业有关之知识技能，兼培养德性为目的"的实业教育，"教授高等之学术技艺为目的"的专门教育，以及"以注重德性之涵养、养成可充任公学校之教员为目的"的师范教育四部分。

8月，修改《台湾总督府官制》，将"台湾总督由陆海军大将或中将充任"改为"总督亲任"。这就使日本文官就任台湾总督成为了可能，并且还新设立了"台湾军"。

10月，原敬内阁任命田健治郎为台湾总督，这是台湾的第一任文官总督。与此同时，又任命陆军大将柴五郎为台湾军司令官。

11月11日，田健治郎到达台湾。

1920 年

1 月，新民会成立会议在东京蔡惠如的寓所召开，会名由蔡惠如所定，取《大学》篇中"作新民"之意。这与梁启超等人当年在日本横滨创办《新民丛报》，以及倡"新民说"有同样的意涵。

7 月，新民会诸人在东京以月刊形式发行了《台湾青年》杂志创刊号。为获得日本政府与台湾总督府的批准，《台湾青年》表面以"提高台湾文化"为办刊宗旨，但实际上时有"不轨"言论，曾多次遭到当局查禁。

11 月，新民会召集 200 余名在东京的台湾留学生，于富士见町基督教会举行集会，反对台湾总督府延长"六三法"有效期限。蔡培火在讲台上树立一面写着"撤废法律第六十三号"几个大字的旗子，并与十几名主要会员轮流上台，或高喊"给我们自治权"，或大呼"撤废法律第六十三号"。

12 月末，林献堂、蔡惠如以及东京台湾留学生蔡培火、林呈禄等人，在东京神田区神保町的中华基督教青年会馆，召集百余名台湾留学生开会，为台湾议会请愿书征集签名。由于日本帝国议会会期在即，第一次请愿书准备较为仓促，共征集到 178 人签名，其中岛内签名者只有林献堂等 10 人，其他均为东京的留学生。

1921 年

3 月，日本议会正式议决、公布了"法律第三号"《关于应实行于台湾的法令》，自 1922 年 1 月 1 日起正式实施。此即为史称"法三号"。

4 月，毕业于医学校的李应章、吴海水、何礼栋等人于台北筹组全台湾青年会，向林献堂、林熊征劝募资金时，认识了蒋渭水、蔡培火，蒋渭水认为"不作便罢，若要做，必须做一个范围较大的团体才好"，于是决定组成台湾文化协会。

4 月，林献堂偕同蔡培火由东京返台，筹备第二次请愿运动。

10 月，台湾文化协会在台北市大稻埕精修女子学院举行成立大会，有 300 人参加，其中大多数为医专、师范学校、商工学校和工业学校的学生。大会推举林献堂为总理，彰化街长、林献堂妹婿杨吉臣为协理，蒋渭水为专务理事，又以总理名义指定理事与评议员人选。

11 月，《台湾文化协会会报》第 1 号刊登蒋渭水的《临床讲义：关于台湾这个患者》，以独特的形式论述台湾现状。

1922 年

1 月，旅居北京的台湾学生成立"北京台湾青年会"，蔡元培、梁启超、胡适等为名誉会员。大陆各地的台籍学生也纷纷成立学生组织，广泛开展反对日本帝国主义的斗争。

2 月，林献堂等人向日本第四十五届议会提交了第二次台湾议会设置请愿书。

1923 年

1 月，台湾议会期成同盟会以石焕长为主干（法律上的负责人），依据刚在台湾实施的《治安警察法》，向台北市北警察署提出结社申请，但总督府警务部门试图劝其自动撤回结社申请，停止组织工作，被蒋渭水等人婉拒。

4 月，《台湾》杂志社发行白话文杂志《台湾民报》半月刊，以林资修为社长、林呈禄为主笔、黄呈聪为发行人兼编辑主任。

5 月至 8 月间，议会期成同盟会干部和东京的台湾留学生一起，以文化协会名义在岛内各地举办文化讲演会，"借名促进文化而大肆促进民众对民族或政治的自觉，巧妙的引起民族意识的觉醒"。

9 月，曾任台湾总督府民政长官、官僚出身的贵族院议员内田嘉吉被任命为台湾总督，除强调延续田健治郎时期的内地延长方针不变外，还主张对台湾知识精英们主导的政治运动采取"断然处置"。

9 月，台北读报社举办台湾通史讲习会，连横主讲，每天参加的听众有二三百人。

12 月，台湾总督府警务部门经过事前的周密准备，以台湾议会期成同盟会在岛内继续存在违背了台湾总督此前的禁令、触犯了"治安警察法"为由，在全岛各地对请愿运动主要相关人员同时展开了大检举，从而酿成日据时期著名的"治警事件"。

1924 年

1 月，东京的台湾青年会和新民会将由林呈禄领衔、东京留学生 70 人签名的第四次请愿书递交日本帝国议会。

6 月，保释中的蔡培火、蒋渭水和洪元煌（刚刚辞去庄协议会员、保正等公职，专心投入抗日运动）、李山火四人作为请愿代表前往东京，向日本临时议会做第五次请愿，有 232 人参与签名连署。

1925 年

1 月初，围绕第六次请愿的相关工作陆续展开，各地都利用文化协会名义举行文化演讲，尽力进行宣传。至请愿代表赴东京前，岛内约 600 人参与请愿书连署。由于蔡培火、蒋渭水等人即将入狱，林献堂还再度出山，作为请愿代表前往东京，领衔共计有 780 人连署的第六次请愿运动。

4 月，谢雪红孤身前往上海，后与在杭州大学读书的林木顺一起，参加了国民党浙江省党部领导的革命活动。该党部由中国共产党党员安体仁、宣中华、黄中美等人领导，经安体仁、宣中华介绍，谢雪红、林木顺、陈其昌等几个台湾青年加入了中国共产主义青年团，不久又加入中国国民党。

5 月，因"治警事件"入狱的蒋渭水、蔡培火等人"假释"出狱，其在台湾民众中的声望尤胜从前，于是在出狱后巡回全台各地举办文化讲演会，借机宣传台湾议会设置请愿运动，并透过文化协会机关报《台湾民报》唤起岛内舆论。与此同时，第七次请愿在准备过程中作了些技术性调整，将请愿书由全体连署改为每人一张单独署名的方式，方便征集签名。当第七次请愿书提交日本议会时，在贵族院有 1995 人的签名，在众议院则有 2003 人的签名。只是此次请愿，结果仍然是"不采择"。

6 月，在李应章的组织下，二林地区的 400 余名蔗农团结起来，成立二林蔗农组合。

8 月，许乃昌被推荐作为中国共产党后备干部前往莫斯科的东方大学学习，成为前往苏联学习的第一位台湾人。

10 月，李应章领导二林蔗农组合与林本源制糖公司溪州糖厂展开斗争，日警逮捕了李应章及 90 多名参与抗争的蔗农，引发二林蔗农事件。

11 月，凤山农民组合成立，由简吉担任组合长，当时有成员 80 余人。

1926 年

6 月，大甲农民组合正式成立，赵港为组合长，通过了简吉所拟的纲领规章等。大甲农民组合成立后，不仅该地的农民抗争事件更加活跃，赵港、简吉等农民组合干部还试图统合各地的农民团体，以领导全台各地的土地争议事件。

在简吉、赵港等人倡议下，全台农民团体实现统一，在高雄凤山正式成立了全岛性的台湾农民组合，简吉担任中央组合长。台湾农民组合本部原设凤山，后迁到台南曾文，1927 年 12 月再迁至台中市，各地成立的农民组合成为台湾农民组合支部。

8月，台湾农民组合虎尾支部成立。

12月，广东台湾学生联合会成立，并于次年改组为广东台湾革命青年团。这两个团体均以打倒日本帝国主义、实行台湾民主革命为目标，并因加入国民党的中国共产党党员的影响，具有浓厚的左翼色彩，有不少成员后来加入中国共产党。

1927 年

1月，文化协会分裂，以连温卿为代表的左派取得文化协会领导权，文化协会进入"新文协"时代。

2月，台湾文化协会干部在雾峰组建台湾自治会，提出：实施义务教育；初等教育教授日语闽南语并用；日本人台湾人教育机会均等。

4月，在东京帝国大学新人会帮助下，许乃昌等人于东京台湾青年会之下成立社会科学研究部，并透过帝大新人会与日本共产党取得联系。

6月，台湾民众党组织筹备会在台中市召开。

7月，台湾民众党成立大会在台中市聚英楼酒家召开，共有62人参加。

9月16日，台湾民众党第一届中央委员会决定，委托蒋渭水等人针对三大纲领拟订解释案，预备分发给党员。这一纲领解释案有强烈的民族自治倾向，且明显受到孙中山新三民主义的影响，有社会革命的意图，其有关阶级问题的态度，则表明民众党主张全民运动，并为了实现全民解放同时实行阶级运动。

10月，谢雪红、林木顺收到日共党员片山潜转达的共产国际的指示，由二人回国组织台湾共产党，并由日共中央负责指导和协助。

11月，谢雪红、林木顺回到上海，中共党组织立即主动与其联系，二人得到已加入中国共产党的台籍青年翁泽生的帮助，共同筹备台共建党工作。

12月，台湾农民组合举行第一次全岛大会，成立了全台领导机构。组合员迅即发展到数万人，农民运动蓬勃展开。

12月，民众党中央常务委员会决议着手地方自治制度改革运动，要求各支部监督市、街、庄协议会的开会状况，同时通过举办演讲会等方式，对现行市街庄制度进行批判。

1928 年

2月，日据时期台湾的第一个全岛性工人运动组织——台湾工友总联盟成立。各地 29 个工会组织代表 130 人分乘 59 辆车游行台北市街。在蒋渭水的领导下，积极介入劳资争议，并以工友会名义组织劳动团体。其宗旨在于统一全岛工人运动，为工人谋福利及改善店员生活。

3 月，蔡式榖、谢春木、洪元煌等民众党委员面见台湾总督和内务局长，陈情台湾改革事项。

4 月 15 日，经中共代表彭荣安排，台湾共产党成立大会在上海法租界霞飞路横街金神父照相馆楼上秘密举行，出席者除彭荣外，台共代表有林木顺、翁泽生、林日高、潘钦信、陈来旺、张茂良、谢雪红等 7 人，另外还有朝鲜人吕运亨。会议通过了台共政治纲领和组织纲领，按照日共中央拟订的组织纲领，台共暂时以"日本共产党台湾民族支部"的名义存在，须接受日本共产党领导，透过日本共产党与共产国际联系。学术界研究，多认为彭荣是中共负责人任弼时。

4 月，台共第一次中央委员会在上海法租界翁泽生住宅召开，出席者有林木顺、林日高、翁泽生、谢雪红四人，经协商，决定由林木顺、林日高、蔡孝乾出任中央常务委员会委员，中央委员会书记长由林木顺担任。

7 月，民众党第二次党员大会在台南召开，此次大会在民众党的政策中增加了"制定劳动立法"和"制定佃农立法"两项内容，在由蒋渭水拟订的大会宣言中，则再次强调了以农工阶层为主要力量的全民运动的主张，指出全民运动是台湾解放运动必经的过程，过去解放运动失败，是因为只有知识阶级参加，今后的全民运动应使更广大范围的民众参与，尤其要以农工阶级为解放运动的主力。所以民众党今后的工作重点是扶持农工团体的发展，以农工阶级为中心，展开农工商学的共同战线。这一宣言因被殖民政府认定为"内容多涉偏激"而被禁止颁布。

8 月，民众党以蔡式榖领衔、3475 人连署的形式，向台湾总督府提交改革建议书。

9 月，在林木顺主持下，台湾共产党东京特别支部成立，以陈来旺为负责人，通过学术研究会及台湾青年会两个大众团体开展活动，一方面联系日本共产党，另一方面与岛内左翼运动相呼应，协助岛内大众团体农民组合和文化协会的左倾化工作。

1929 年

1 月，《台湾民报》社改为《台湾新民报》社股份公司，在台中举行成立大会，林献堂、林履信、林资彬、罗万俥、林呈禄为董事。

曾任驻比利时全权公使、中国国民党驻法国总支部长的国民党外交官员王景岐，在国际联合会禁烟顾问委员会第十二届会议第十五次大会上代表中国发表宣言，指出"日本代表当知台湾为中国领土"。

2月，殖民政府对全台农民组合展开全面搜捕，逮捕了包括主要干部在内的59名组合成员，其中简吉、赵港、杨春松、陈德兴等12人以违反出版规则被判刑，史称"二·一二事件"。台共东京特别支部为支援岛内的抗日斗争，派遣苏新、萧来福于4月初回到台湾。

4月，共产国际指定的台共上级指导机关日本共产党也被日本政府镇压，台共东京特别支部遭到破坏，台共在岛内一时间陷入完全孤立的状态。

7月，民众党向殖民当局提出反对现行土地政策的陈情书，主张官有土地的拨售应以与该土地有关的农民为对象，反对拨售给资本家和大地主。

7月，民众党中央常务委员会召开，通过政治部主任王钟麟提出的"对华政策反对声明"紧急动议。

8月，民众党向日本首相、外务大臣以及日本重要政党、报纸等发出由蒋渭水等人起草的如下声明："我党认为现内阁对中国国民政府解决东三省问题及废弃不平等条约之态度显系破坏民国之统一与东洋和平之行为。"

10月，台共农民组合分部正式成立，农组主要干部相继入党，进而在活跃的组合员中发展党员。由于合法运动难以开展，农民组合在台共指导下，采取地下活动方式，发动以组合员为中心的农民大众，进行示威运动，或者通过座谈会、个人访问、街头联络等方式，扩大农组阵容，并依照台共方针设置青年部、妇女部、救援部。

10月，民众党第三次党员大会在新竹召开，为避免第二次大会宣言被禁止颁布的命运，此次的宣言没有在大会提出讨论，也没有向官方报备，而是油印后秘密发给全体党员。宣言的表述也因此更趋激进。

11月，文化协会第三次全岛代表大会召开，通过了由台共主导的文协章程修订案，并展开对连温卿派的斗争，最终将连派排除出文化协会。

1930 年

1月2日，民众党直接致电日内瓦的国际联盟，控诉日本政府在台湾的鸦片政策违背国际条约，希望予以阻止。

1月，林献堂、蔡培火、蔡式榖等人提出以完成地方自治为宗旨组织新团体的主张。

3月，林献堂、蒋渭水等民众党人和前来台湾调查鸦片问题的国联委员会面，告知台湾的真实情况。国际联盟的关注使日本政界大为狼狈，尤其是主持签订鸦片条约的外务省，对此极为重视，提出阁议后决定无限期搁置鸦片新特许牌照的发放。

《台湾民报》改名《台湾新民报》。

5月，苏新等人组织成立了"台湾矿山工会筹备委员会"，并在其下设立分会。又发行《矿山工人》杂志，做宣传之用。

6月，蒋渭水、陈其昌、蔡式穀等人前往台湾总督府，提交带有一万余人签名的地方自治制度改革建议书，并向总督府总务长官陈情促进地方自治改革。

8月，以促进现行地方自治制度改革为单一目标的台湾地方自治联盟在台中成立，联盟的最高权力机构由5位常务理事构成，主导联盟成立的林献堂与1位日人律师土屋达太郎则被聘为顾问。

10月，不堪日本殖民者欺凌侮辱的雾社赛德克人在莫那鲁道的领导下发动雾社起义。日本殖民者出动飞机大炮，投掷毒气弹，残酷镇压。参与抗日的雾社部落共1236人，有343人战死，296人自缢。

12月5日，民众党开除了联盟的主要干部蔡培火、陈逢源、洪元煌等人，林献堂对此极为不满，不久辞去了民众党顾问一职。民众党内左右两派彻底决裂。

1931年

1月，文化协会第四次全岛代表大会选举出的新一届中央委员会召开，决议通过了《支持台湾共产党案》，文化协会也明确成为台共外围组织。

2月，台湾民众党第四次党员大会召开，修订党纲，明白宣示该党开展"农工阶级为中心的民族运动"。

台湾总督府颁布第32号告示，宣称为保持安宁秩序之需要，依治安警察法第8条第2项，自2月18日起禁止台湾民众党之结社。

5—6月，台共二大在台北观音山召开，潘钦信、王万得、苏新、萧来福、颜石吉、刘守鸿、庄守、简娥8人参加会议，潘钦信以共产国际远东局派遣员的身份，在会上报告了远东局和中共中央对台共的指导意见和建议，对台共过去所犯的错误进行了批评与清算，不仅主要批评台共过去所犯的机会主义错误，还提出改革同盟虽然在政治动机方面是正确的，但违反了组织原则，因此应将其予以解散。

6月开始，殖民政府对台共展开全岛性大搜捕，至该年9月，谢雪红、杨克培、杨克煌、王万得、颜石吉、刘守鸿、潘钦信、简娥、苏新等相继被捕，被捕人数总计107人，其中49人被判刑。

6月，在台北市西门町召开台湾文艺作家协会成立大会。

7月，郭秋生在《台湾新闻》发表长文《建设"台湾话文"一提案》。所谓"台湾话文"，就是"台湾话的文字化"，即闽南语的书面语言。他主张使用汉字来记录闽南语，以便将来条件允许时与大陆的白话文融合。

8月5日，蒋渭水因伤寒症英年早逝。台北为蒋渭水举办了场面浩大的"大众葬"，数百名工友总联盟成员参与护送蒋渭水的灵柩，约5000余人参与送葬，全台各地同时举办了悼念活动。

1932 年

1月，杨肇嘉再次前往东京，向日本议会进行地方自治改革请愿运动。尽管地方自治联盟进行了非常积极的陈情请愿及宣传等活动，但地方自治制度改革仍未见成效，上述建议书与请愿均未得到殖民政府的回应。

10月，台湾地方自治联盟向日本内阁与总督府建议：对台湾民众普及教育；要求实行义务教育，扫除文盲；实行彻底的共学制度。

1934 年

4月，蒋介石公开表态："不仅是东四省的失地我们要收复，而且朝鲜、台湾、琉球……这些地方都是我们旧有领土，一尺一寸都要由我们手里收回。"

9月，在总督府的压力下，林献堂决定中止台湾议会设置请愿运动。

10月，地方自治联盟召开理事会，讨论对策。

12月，杨肇嘉等联盟干部一起向台湾总督陈情，希望扩大选举权，半官半民选的议员全部改为民选，街庄协议会比照州市，同样改为议决机构。陈情之后，杨肇嘉又再次前往东京活动，希望在日本议会通过该案之前尽最大的努力。但这些努力最终并没有结果。

1935 年

1月，为反对米谷统制案和官方的地方自治方案，杨肇嘉又一次赴日本，在日本政界展开活动，也受到殖民当局的一再劝阻。

4月，借由荷兰船只"珠诺（Juno）号"因台风避难澎湖马公港而引起的珠诺号事件，台湾军部不断对总督府和在台律师群体施压，迫使文官总督为首的总督府向军部屈服。以该事件为发端，产生了以陆海军为基础的一系列右翼团体，他们和台湾军部一起，鼓吹扩大军备，强化防卫，批评文官总督及其在台实施的"同化政策"，提出重新以武官总督取代文官总督。

台湾总督府公布了台湾地方自治改革案，并定于同年 10 月 1 日实行。此次"地方自治制度修正"被定位为同化政策的延长，在打压台湾知识精英寻求自治权的台湾议会设置请愿运动的同时，以有限的地方自治，使台湾表面上实现与日本国内一样的地方制度。

7 月，台湾总督府召开民风振兴协议会，决定致力于"同化的彻底"和"国民精神的振兴"。会议倡导的民风振兴运动将日语强制使用扩大到日常生活中，并新增涵养国防思想，改善宗教及戏剧、讲古，以及打破迷信、改善陋习、改善住宅、美化部落等一系列所谓的移风易俗的措施，其主要目的是破坏台湾人民固有的汉民族文化传统，实现其殖民教化的目标。

1936 年

6 月，台湾门阀雾峰林家家主林献堂因曾称中国为祖国，在台中被日本人流氓掌掴羞辱，是为"祖国事件"。尔后加上媒体的渲染，林献堂在台湾备受歧视，主动辞去所有政治职务，避居日本东京。此事件被后世认为是由日本军方刻意制造的事件。

7 月，台湾地方自治联盟召开理事会，决议将联盟解散。

8 月，台湾地方自治联盟召开第四届全岛联盟大会，此次大会实际只有一项任务，即将联盟彻底解散。

12 月，台湾神职会发起"家庭正厅改善运动"，宗教领域的"皇民化"运动正式开始，目标是以日本国家神道取代台湾固有的宗教。

1937 年

4 月，台湾军司令部提出"对总督府的请求事项"，强调"台湾防卫的根本在于岛民思想的'皇民化'，尤其是国防思想的普及贯彻"，主张以严峻的态度对台湾人民强制实行"皇民化"运动，在对台湾人民加强国防教育的同时，开展"国语"普及等教育训练。

7 月，卢沟桥事变发生，中国人民全面抗战爆发，台湾总督府为把台湾变成日本侵略大陆的前哨基地，通过《台湾总督府国民精神总动员实施纲要》，以"国民精神总动员"为中心的第一阶段"皇民化"运动正式开启。

卢沟桥事变发生后，许多台湾同胞回到祖国大陆，投身抗日战场，与全国人民同生死、共患难。丘逢甲之子丘念台组建了东区服务队，在广东惠州、潮州、梅县一带开展抗日活动。

8月，中国共产党提出的"十大救国纲领"中，明确提出要"废除与日本签订的条约"、"驱逐日本帝国主义出中国"，各民族人民共同抗日。

9月，台湾总督府成立了"国民"精神总动员本部，由总务长官担任中央本部长，台北帝大总长、总督府下属各局局长、台湾军参谋长、总督府附属海军武官，以及一些民间人士都被任命为"参与"。

11月，宜兰等地700多名矿工集体暴动，反抗日寇迫害。

1938 年

4月，蒋介石在国民党临时全国代表大会上讲："台湾是我们中国的领土，在地势上说，（朝鲜、台湾）都是我们中国安危存亡所关的生命线……为要达成我们国民革命……必须针对日本积极侵略的阴谋，以解放高丽（朝鲜）、台湾的人民为我们的职志。"

10月，广州沦陷前，抗日志士丘念台等组织"东区服务队"，在惠、潮、梅所属的25个县中，宣传抗日，发展组织，训练民众。

11月，在中国共产党扩大的六届六中全会上，中共中央将"建立中日两国与朝鲜、台湾等人民的反对侵略战争的统一战线"列为全中华民族当前的一项紧急任务。

1939 年

1月，中共中央东南局宣传部在《战时生活》和《抗建论坛》两刊合并的基础上，创办半月刊《东南战线》，对台湾人民的抗日斗争有指导意义。

2月，台湾民众的抗日组织台湾义勇队成立，以李友邦为队长。义勇队主要从事抗日宣传，教化日军俘虏，战时医疗服务，搜集、传递情报，参与战时社会服务等活动。同日，在浙江金华成立了台湾少年抗日组织——台湾少年团，李友邦兼任团长。

5月，总督府以律令第5号公布《台湾米谷移出管理令》，实行所谓米专卖，规定所有出口到日本的米谷，全部由总督府收购，台湾总督府新设米谷局作为管理机关。

10月，总督府以律令第6号公布《台湾糖业令》，对制糖会社的经营进行管制，规定制糖业从制糖厂的设立、原料采取区域、甘蔗的处理、制糖事业的歇业或转让等，都必须获得总督府的许可才能进行。

12 月，柯台山在重庆提出《台湾革命过去之检讨及今后应进取之途径》的报告，报告末尾指出"台湾之收复，台胞之解放，其历史任务，均赖祖国国民党早日奠定此旨，速谋于成"。

1940 年

2 月，总督府以府令第 19 号公布户口规则修正案，宣布实施"改姓名"。改姓名运动一开始不带有强制性，总督府甚至将其作为对于部分充满"皇道精神"的希望改姓名的台湾人的"恩惠"。

3 月，各地台湾抗日人士聚集重庆，成立了"台湾革命团体联合会"。

5 月，宋渊源等 28 人于国民参政会第五次大会提出"策进台湾朝鲜革命使敌益速崩溃"的提案，建议：1. 应立即宣布《马关条约》无效，将台湾列为应收复之失地范围，并宣言扶助朝鲜独立。2. 通告英美法苏等国，说明台湾为日本南进根据地，韩为北进根据地，请援助台、韩民族自决，使其脱离敌之羁勒，维持亚陆与南洋和平。3. 组织台韩革命联络机关。4. 设法使台韩革命志士与敌国之革命志士密切联络。该提案获董必武、张澜、王云五等人连署支持。国防最高委员会第 32 次常务会议决议将其交军事委员会行政院参考。

11 月，台湾总督府提出"大政翼赞会"运动大纲，围绕"确立国防国家体制"的目标，在设立与各级行政机关协调一致的"大政翼赞会"本部及其支部的同时，重点加强下层组织设置，在"保"的区域设置部落会，"甲"设奉公班。

1941 年

2 月，由台湾革命民族总同盟、台湾独立革命党、台湾国民革命党、台湾青年革命党和台湾革命党五团体联合组成"台湾革命同盟会"，取代前述之"台湾革命团体联合会"，祖国大陆台湾人抗日力量实现了真正大联合。

4 月，台湾成立"皇民奉公会"，全台百姓都是奉公会会员，以"皇民奉公运动"为中心的第二阶段"皇民化"运动正式开始。

5 月，中共中央决定将延安《新中华报》《今日新闻》合并，出版《解放日报》。一切党的政策包括中国共产党的对台政策，经过《解放日报》与新华社向全国传达。

12 月，日本偷袭美国在太平洋上的海军基地，太平洋战争爆发。

中国政府旋即正式对日宣战，宣布废除中日之间的一切条约和协议，包括《马关条约》。

1942 年

1 月 1 日，26 国《联合国家宣言》发表，标志着世界反对轴心国的盟国阵线正式形成。

中国政府外交部修正拟定解决中日问题之基本原则，其主旨之第一条即为："对于既往之清算，以恢复甲午以前状态为标准，期我领土之真正完整，并维持太平洋之和平"。并进而明确指出："台湾及澎湖列岛，应同时收回"。

3 月，台湾革命同盟会第二届临时代表大会闭幕，台湾各革命团体结成统一阵线，加紧复土运动。

4 月起，台湾总督府实施"陆军特别志愿兵制度""海军特别志愿兵制度"，日本开始向台湾人募兵，共有 1.6 万余名台湾青年加入日本军队，参加日本对外侵略战争。

4 月，台湾革命同盟会联合东方文化协会、中苏文化协会、国民外交协会、国际反侵略中国协会、中英文化协会、中缅文化协会、朝鲜民族战线联盟、日本革命协议会及重庆文化界、报界等 17 团体于重庆抗建堂举行台湾光复运动宣传大会，定该日为"台湾日"。

11 月，中国政府外交部长宋子文在记者会上，进一步阐明战后恢复领土以甲午战前状态为目标，中国应收回东北四省、台湾及琉球，朝鲜必须独立。

1943 年

1 月，重庆《大公报》发表社论指出：自中国对日本宣战，《马关条约》失效，中国对日本清算关系已追溯到甲午战争。"中国必收复台湾，言情喻理，皆不应把台湾与中国强迫分离，盟国之中如有人作此想头，必受中国人的强烈反对"。

4 月，台湾革命同盟会连续发布两份文告，其内容均涉及反对台湾国际托管论，如在《告祖国同胞书》中大声呼吁："近来有人主张战后台湾由国际共管，这是多么骇人听闻的事呀，如果这个主张实现，不但台湾同胞永无翻身之日，则中国国防亦永无建设之期。祖国同胞们，你们愿意这样做下去吗？如果不愿意的话，请大家赶快起来共同摧毁其妄想。"

5 月，中国共产党举行纪念"台湾民主国"48 周年的活动。

6 月，《新华日报》发表社论：题为《台湾，回到祖国来》，再次倡导刘永福的老骥伏枥、坚决抗敌的精神，指出国外少数"不明历史发展，不顾实际情况，而抱有帝国主义思想的人们"叫嚣将台湾从中国的母体割裂，高谈国际共管，"实不值识者一笑"。"台湾的命运，决之于中国的抗战"，"不必与持谬见者争辩不休，而应该用最大的力量来决定我们的命运"。

8月，中国外交部长宋子文在伦敦接见新闻界发表谈话，表明"中国但求收复失土、而决无领土野心"，再次确认了战后收复台湾的立场，并对收复失土的范围进行了修正，没有再提琉球，仅指出"中国期望于日本失败后，收回东北与台湾"。

9月，台湾革命同盟会与台湾义勇队联合提出《代拟统一加强台湾革命工作以利收复台湾》的提案。

11月，在蒋介石提出的为开罗会议准备的有关远东政治的提案中，明确"东北四省与台湾、澎湖应归还中国"。

11月，中美英三国在开罗召开最高首脑会议。

12月1日，中美英三国签署《开罗宣言》严正宣言："日本所窃取于中国之领土，例如满洲、台湾、澎湖群岛等，归还中国。"

12月，《新华日报》大力介绍和宣传了开罗会议的成就与国内外观感，并发表《中、英、美开罗会议》的社论。

1944 年

1月，蒋介石令行政院秘书处与国民党军事委员会国际问题研究所中将主任、日本问题研究专家王芃生研拟收复台湾具体办法与组织人事等呈报。

3月，行政院秘书长张厉生报告研讨后的意见，提出：收复后建立"台湾设省筹备委员会"或"收复台湾筹备委员会"这样一个过渡机构；接收台湾的准备工作由委员会为之。

3月，《兴南新闻》与《台湾日日新报》等6家报纸合并为《台湾新报》。

4月，台湾调查委员会宣告成立。

在《马关条约》签订49周年的日子，《新华日报》刊发社论《台湾沦陷四十九年》。社论指出台湾重要的地位，号召台湾人民为自身解放、为早日回到祖国而积极抗日，并协助盟军作战。

4月，福建省临时参议会第二届第二次大会续开第十一次会议，会上出现多个关于复台准备的提案。

8月，蒋介石指示陈仪、陈果夫、吴铁城、张厉生、段锡朋、熊式辉6人共同筹划培训台湾所需中、高级党务与行政干部之事，并使其注意大陆教育界、工程界台籍专门人才，以备将来建设台湾之需。

1945 年

5 月，中国国民党第六次全国代表大会在重庆召开。台湾彰化人谢东闵作为台湾沦陷 50 年以来第一位台籍人士，代表台湾参会。

6 月，台湾调查委员会召开党政军联席会第一次会议，由陈仪主持，周一鹗、钱宗起、夏涛声等人参加。

7 月，柯台山在渝筹备成立台湾重建协会。

7 月 26 日，美英中三国政府领袖在波茨坦会议联合发表一份公告，向日本劝降，并指出"开罗宣言之条件，必将实施"。

8 月，日本天皇广播诏书，接受《波茨坦公告》、实行无条件投降。蒋介石主持中央常会、国防最高委员会联席会议时指出，国民革命最重大的目标和最迫切的工作有三点："第一、首先要恢复东三省的领土主权及其行政之完整，第二、要收复我们台湾和澎湖的失土，第三、就要恢复高丽（朝鲜）的独立自由"。若朝鲜不能独立，台湾不能回归，东三省的领土、主权与行政不能完整，"则国家的独立自由就无从谈起，而抗战的目的亦无由达成"。

中国战区中国陆军总司令部发布致冈村宁次中字第十二号备忘录，指出："台湾及越南北纬十六度以北地区内之日本陆海空军及其辅助部队，应由贵官负责指挥向本总司令投降"。国民政府任命陈仪为台湾省行政长官，负责接收台湾。国防最高委员会以训令颁布《台湾省行政长官公署组织大纲》，规定"台湾省行政长官隶属于行政院，依据法令综理台湾全省政务"。

9 月 2 日，日本投降条款在东京湾的美国军舰"密苏里号"上签署。

9 月，台湾省警备总司令部正式成立，负责台湾、澎湖的军事接收。蒋介石作为中国战区最高统帅向驻华日军最高指挥官陆军大将冈村宁次下达第一号命令，令"在中国境内（辽宁、吉林、黑龙江三省除外）、台湾以及越南北纬十六度以北地区，所有一切日本陆海空军及辅助部队向本委员长无条件投降"。接收台湾前进指挥所成立，由行政长官公署秘书长葛敬恩兼任主任、警备总司令部副参谋长范诵尧为副主任。

10 月 25 日，台湾地区日军投降仪式在台北市公会堂（即今"中山堂"）举行。台湾省行政长官陈仪代表中国政府正式宣告：从即日起，台湾和澎湖列岛正式重新归入中国版图，所有一切土地、国民、政事皆置于中国主权之下。

这一天被定为"台湾光复日"。

11月，台湾省行政长官陈仪委任连震东担任台北州接收管理委员会首任主任委员，正式接管台北州军政事务。

12月，李友邦率台湾义勇队回台，兼任三民主义青年团中央直属台湾区团部筹备处主任。

后 记

本书共有 11 章。第一章甲午战争与台湾割让，论述甲午战争的爆发和台湾被割让给日本的过程。第二章台湾官民对日本军事占领的武装反抗，论述 1895 年台湾官民面临被占领的形势，展开反抗日本军事占领台湾的经过。这两章是厦门大学台湾研究院台湾史研究所陈忠纯教授承担撰写的。第三章台湾总督府的建立及其对台湾的殖民统治，论述日本军事占领台湾后，建立台湾总督府及其对台湾进行殖民统治的历史脉络，这一章是由北京大学历史系臧运祜教授承担撰写的。第四章日据初期台湾人民的反抗斗争，论述 1896—1902 年期间台湾人民开展的反抗日本统治的武装斗争。第五章辛亥革命前后台湾人民的抗争，论述 1903—1915 年期间台湾人民开展的反抗日本统治，要求回归祖国的斗争。以上两章是北京联合大学台湾研究院李跃乾副研究员承担撰写的。第六章台湾人民从武装抗日转向非武装抗日活动，论述台湾人民的武装抗日斗争被日本统治者镇压后，台湾民间发起的非武装抗日活动，包括集会、结社、组党等主张台湾人民自治权利的斗争。这一章是由中国社会科学院近代史研究所台湾史研究室程朝云研究员承担撰写的。第七章台湾总督府血腥的"理番"政策与雾社起义，论述台湾总督府对台湾少数民族血腥的镇压政策，以及 1930 年爆发的雾社少数民族反抗日本统治的大起义。这一章是由中国社会科学院近代史研究所《抗日战争研究》杂志副主编高莹莹承担撰写的。第八章日据末期殖民统治的强化与台湾人民的抗争，主要论述 1937 年日本全面侵华后对台湾殖民统治的强化，以及台湾人民在高压下的种种反抗斗争，这一章是由中国社会科学院近代史研究所台湾史研究室程朝云研究员承担撰写的。第九章台湾同胞在文化领域的抗争，主要论述台湾民众在文化和宗教领域长期坚持的反日活动，以及对祖国大陆辛亥革命和五四运动的呼应。这一章是北京联合大学台湾研究院李跃乾副研究员承担撰写的。第十章台湾同胞在祖国大陆的抗日活动，论述日据时期台湾人民开展武装的、非武装的抗日活动以外，一部份台湾人在祖国大陆与祖国人民一起开展的抗日活动，主要叙述卢沟桥事变后，李友邦在中国共产党影响下在浙江等地组织的台湾义勇队、台湾少年团及东区服务队以及台湾革命同盟会的抗日活动和抗日主张。这一章是由厦门大学台湾研究院台湾史研究所陈小冲教授承担撰写的。第十一章中国政府光复台湾的努力与实践，主要论述国共两党对台湾光复的支持和中国政府对台湾光复的处理过程，这一章是由中国社会科学院近代史研究所台湾史研究室冯琳研究员承担撰写的。附录大事记也是冯琳研究员提供的。导言和结语由张海鹏完成。张海鹏负责全书修改定稿工作。

　　本书是课题组集体完成的作品。我感谢各位合作者的积极配合，感谢各位审稿人的大力支持。对于日据时期台湾人民的抗日斗争的研究，有关作者尽可能利用原始的档案资料，有些材料的搜集可能不尽完备，敬希读者批评指正。

　　本书即将付梓，感谢人民出版社接受这项出版任务，使得书稿能及时与读者见面。

　　本书在中国人民抗日战争胜利暨台湾光复80周年之际出版，借此凭吊为抗日保台，为台湾回归祖国而奋斗、而牺牲的无数先烈！向为祖国统一而努力奋斗的海峡两岸中国人致敬！

中国社会科学院　张海鹏
2025 年 7 月 14 日

责任编辑：刘　畅

封面设计：王欢欢

图书在版编目（CIP）数据

日据时期台湾人民抗日斗争史 / 张海鹏主编. -- 北京 ：人民出版社，
2025. 8. -- ISBN 978‐7‐01‐027488‐1

Ⅰ. K265.06

中国国家版本馆 CIP 数据核字第 20259FG370 号

日据时期台湾人民抗日斗争史

RIJU SHIQI TAIWAN RENMIN KANGRI DOUZHENGSHI

张海鹏　主编

人民出版社 出版发行

（100706　北京市东城区隆福寺街 99 号）

北京中科印刷有限公司印刷　新华书店经销

2025 年 8 月第 1 版　2025 年 8 月北京第 1 次印刷

开本：787 毫米×1092 毫米 1/16　印张：38. 25

字数：645 千字

ISBN 978‐7‐01‐027488‐1　定价：189.00 元

邮购地址 100706　北京市东城区隆福寺街 99 号

人民东方图书销售中心　电话（010）65250042　65289539